组织管理系统落地手册

贾长松 ◎ 著

北京联合出版公司
Beijing United Publishing Co.,Ltd.

图书在版编目（CIP）数据

组织管理系统落地手册/贾长松著. — 北京：北京联合出版公司，2023.8（2024.5重印）

ISBN 978-7-5596-6947-6

Ⅰ.①组… Ⅱ.①贾… Ⅲ.①企业管理—组织管理学—手册 Ⅳ.① F272.9-62

中国国家版本馆 CIP 数据核字（2023）第102403号

组织管理系统落地手册

作　　者：贾长松
出 品 人：赵红仕
选题策划：北京时代光华图书有限公司
责任编辑：龚　将
特约编辑：刘冬爽
封面设计：新艺书文化

北京联合出版公司出版
（北京市西城区德外大街83号楼9层　100088）
北京时代光华图书有限公司发行
文畅阁印刷有限公司印刷　新华书店经销
字数747千字　　787毫米×1092毫米　　1/16　　50.25印张
2023年8月第1版　2024年5月第2次印刷
ISBN 978-7-5596-6947-6
定价：168.00元

版权所有，侵权必究
未经书面许可，不得以任何方式转载、复制、翻印本书部分或全部内容。
本书若有质量问题，请与本社图书销售中心联系调换。电话：010-82894445

序　企业如何做好组织管理系统应用落地

长松公司经过近20年的研究和实践，通过和几十万名学员及8万多家企业（特别是民营企业）的交流互动，设计出一套组织管理系统，目的是让中国民营企业家和高管学会一套促进企业自循环管理的良好组织体系。

一家企业想要拥有强大的竞争力和可持续发展的能力，需要一套良好的价值体系和组织管理系统作为支持。一套组织管理系统不是孤立存在的，需要与其他的管理系统相匹配。比如战略系统、产品系统、销售系统、流程管理系统，它们和组织管理系统是相辅相成、相互依存的关系。组织管理系统作为企业管理系统的根基，和其他的管理系统共同构建出一套企业良好发展的全局式管理系统，值得企业家、高管团队，以及企业的优秀员工们深度学习。

大家在学习管理系统的过程中，要沉下心来，用认真的态度、坚定的意志，结合优秀的教材进行学习，并在日后应用于企业的实践活动中。

之所以叫管理系统，是因为有一个重要的核心点就是非单人工作。当你的公司发展到一定程度，你不再是一个人工作，而是需要团队协同合作。

举个例子，比如你是一名医生，那么一个人就可以坐诊，但假如你开了一家医院，那就需要一套人马。因为医院的工作复杂很多，需要挂号、检查、确定治疗方案，做手术前需要有准备工作，手术时需要多位医护人员合作完成，等等。这套人马在任何一个环节当中，出现任何一个小的问题，都有可能对工作造成严重的后果。

这就叫团队工作，团队工作背后人们的精神状态、技术专业度和职业化水平是否达标，都影响着这项工作的实施效果。所以我们会为这样的团队导入多个维度系统，比如做什么样的产品，挑什么样的销售方法，取什么样的机制，用什么样的架构管理，怎样去招聘……由此诞生了很多方法论。

①建立思考模型

组织管理系统的第一个学习方法是建立思考模型，首先需要学习基础理念，之后掌握基本框架，最终形成思考模型。

组织管理系统，有一套非常纯粹的科学逻辑理论体系，这套体系背后的本质是心理学，是心理学家在充分了解人性以后做出的方案。

我们如果持续学习这套体系，不断将其植入自己的头脑里，久而久之就可以养成一种思考模型。在我多年的教学经历中，只有少部分企业家建立了比较纯粹的组织管理系统思考模型，大部分企业家还是这儿取一点，那儿取一点，最后搞成了大杂烩。一套优秀的组织管理系统，可以帮助企业家和高管建立一套思考模型。遇到问题时处理的办法是什么，组织管理系统已经给出了一套方案，我会在后面的章节中介绍给大家。

②"泡脑子"

第二个学习方法简称为"泡脑子"，意思是企业家应该经常学习优秀企业的管理方法，并将学到的知识运用到自身企业中。如果不去"泡脑子"，你很容易被日常接触的古代帝王管理术、易经术等带偏。当你进行组织管理系统改革的时候，阻力就会变大，一有质疑的声音，你就马上开始怀疑自己是不是走了一条错误的道路。出现这种不自信的表现就是因为你没有"泡脑子"，只是学会了一点皮毛，遇到挫折就退回到原来的环境里面去了。

据我所知，很多优秀的企业管理者在导入组织管理系统的时候，其周边的人都感觉不理解，管理者放着自己的亲戚家人不用，到处挖人，建立体系，好像在做无用功。这时就需要管理者稳住心态。在我看来，管理企业就像学习骑自行车一样，肯定要摔几次跤，跌几个跟头。遇到挫折很正常，如果管理者的理论功底很强，那么就不会怀疑组织管理系统，自然也不会回到原来的困境中。

③学习由面到点，使用由点到面

第三个学习方法是学习时由面到点，使用时由点到面。什么是由面到点？

序 企业如何做好组织管理系统应用落地

比如减肥时，许多人只看了视频里的几个动作，认为弯弯腰、卷腹轮做一做就能减肥了，但这只是一个点。减肥需要一个面，是一个系统工程，光做几个动作，根本减不下来。比如你做完动作以后饿了，晚上吃了一包泡面，第二天继续做这几个动作，晚上又吃了一包泡面，那你永远不可能减下来。所以你在学习的时候，不要只学一个点，而是要学一个面。

如果你的理论体系不够深入，就可能导致你用这个面的时候调动不起来，这时，就需要由点到面。比如把长松公司研发的组织管理系统里包含的各项技术加在一起，打印出来要500多页，在使用的过程中，肯定不会一下子全部用起来，而是这次使用一个点，下次使用一个点，这种方式就是由点到面。先从企业最熟悉、最急迫的点做起，之后慢慢扩展到面，逐步建立起组织管理系统。很多企业家害怕使用不好组织管理系统的工具，或者过分地追求完美，虽然学了好几遍，但到最后也没有成功地在企业里建立起这套体系。

④链接组织管理系统建设优秀的企业

链接组织管理系统建设优秀的企业也是一种非常重要的学习方法。管理者应该多去这些企业里学习、走访、参观，敢于向比自己优秀的人学习。很多企业家和高管都喜欢与财富地位略低于自己的人交往，这种习惯导致他们根本接触不到优秀的企业。即使和优秀的企业接触，他们也普遍存在三个困难：第一，接触比较难；第二，交往过程中压力大；第三，不能持续。

企业家和高管的目标应该是走访万家企业。优秀企业见多了，你自然会明白，哪些理论对企业是没用的，哪些是有用的。当我给大家举例"管理成熟度"这个词语时，很多企业家只是知道这个词语，但不会用，原因有二：第一，企业从来没有做过"管理成熟度"的相关工作；第二，这些企业家也没有到特别成熟的企业里去亲身感受过。

所以企业家和高管一定要横向地加大链接，只有不断地走访优秀企业并与之交流，才能感受到自己的企业与别的企业之间的差距。有差距感，就会有努力的目标；有努力的目标，就会主动地去学习组织管理系统。

⑤学习应先慢后快

在我看来，还有一个重要的学习方法，即先慢后快，先慢慢进入状态，再逐步加快学习速度。

同样的知识，每个人学习的时间和使用的效果不同，这主要是缘于每个人的知识半径不同。知识半径短的人，学习吸收能力偏弱；而知识半径长的人，学习和转化效率更高（见图1）。

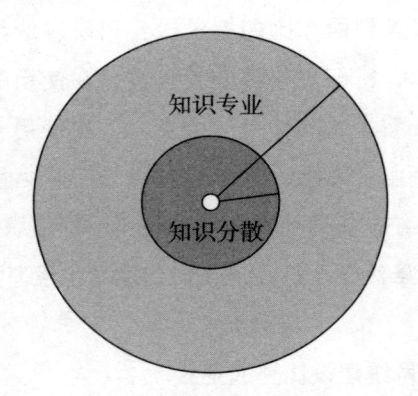

图1　知识半径

注：因为知识半径不同，对同一知识的吸收能力就会有差距，所以需要扩大自身的知识半径。

假设某种知识的难易半径是固定的长度，那么，知识半径短的人只拥有这么多知识，他是抓不住更多知识的，因为他的综合能力太弱，这就导致差距的存在。想要扩展知识半径，平常你就要去猎取很多知识，尤其是工作中需要的专业知识。当你扩大专业知识半径之后，等遇到难题时，就会发现它在你的知识半径触及范围内，直接就可以把它解决掉。对于知识半径短的人来讲，有些东西他根本听不懂，怎么办呢？讲的人只好缩短自己的知识半径，结果他还是听不懂，然后讲的人又继续缩短，既浪费了时间，得到的效果也不好。

我在做组织管理系统的过程中，看到组织管理系统的信息，就去学习和吸收，见到与组织管理系统有关的东西，就抄下来、记下来、存下来，不断

"泡脑子"。之后我在这个专业领域中吸收知识的能力就会不断提升，知识半径也变得很宽。知识面广，对应的竞争能力就强，获取财富的能力也一起得到了提升。这就是为什么有的人干了一辈子都是在一个小圆内，而有的人的圆会变得很大。

我在学习领域的研究中发现，一个人的知识半径和吸收社会信息的能力是密切相关的。视野的不同，对学习能力的影响也会不同，这就是一定要行万里路，甚至要早一些让孩子到世界各地去体验的原因。

在学习组织管理系统时，如果你只是看了几本书，下载了组织工具包是不行的，你还需要通过亲自实践，来扩大自己的知识半径。你可以选择去日本丰田公司参观，或者到美国谷歌公司参观，都能学到很多东西。我们在某一个专业的知识半径不断变长，最终会帮助我们在事业上取得成功。

⑥敢于尝试，大胆使用

最后一个学习的方法，就是要大胆尝试和使用。不要怕丢人，也不要怕损失。在使用组织管理系统的过程中，我们最担心企业家或高管因为以下几个因素的影响，不敢放手在企业里推行组织管理。

第一，怕丢人。为什么怕丢人？因为有的人觉得自己是个企业家，是个高管，如果组织管理系统用不好，不仅员工会嘲笑他，其他企业家也会嘲笑他。

第二，担心损失。企业家担心人员流失，担心利润率下降，担心丢掉客户，更担心企业经营会越来越差。正因为有这种担心，有很多人做做停停，停停做做，结果反而损失更大。

第三，知而不用。什么叫知而不用？如前所述，有很多企业家或高管虽然上了很多课，但是到最后企业什么管理系统都没有导入。因为这些人根本不信组织管理系统，而是依然坚信，只有个人勤奋干活，什么事都管，才是最正确的管理企业方式。

凡是组织管理系统使用效果很好的企业，都有一个重要的特质，虽然他们过去承受过无数小的失败，但是没有放弃，依然不断地试错和尝试，最后成功找到了组织管理系统导入企业的最有效的办法。由此，他们还拥有了一项更高的能力——系统创新。系统创新能力一旦形成，就会自动转化为一家企业自身的能力，并形成一种强大的企业生命力，这是我们为企业导入组织管理系统时最想要得到的结果。

Contents 目录

第01篇　组织管理系统相关基础知识

Part ① 组织系统概论

一、什么是组织系统 / 004

　　① 为什么要学习组织系统 / 004

　　② 组织系统的发展代数 / 005

　　③ "组织+"的作用 / 007

　　④ 组织系统运用遇到的挑战 / 007

二、组织系统的学习目标 / 010

　　① 责任归位 / 011

　　② 利益内嵌 / 012

　　③ 流程自运作 / 014

三、组织系统建立的基础条件 / 015

　　① 符合国家的趋势 / 015

　　② 建立商业模式 / 016

　　③ 建立流程 / 017

四、组织系统的模块组成 / 017

　　① 股权系统 / 018

　　② 薪酬系统 / 019

　　③ 考核系统 / 020

　　④ 目标系统 / 021

⑤ 管理者系统 / 022

⑥ 人才系统 / 024

⑦ 招聘系统 / 025

⑧ 培训系统 / 025

⑨ 晋升系统 / 027

Part ② 企业调研与分析

一、案例说明 / 030

① 企业背景说明与分析 / 030

② 分析企业问题的路径 / 033

③ 解决问题思路 / 034

④ 具体解决办法 / 035

⑤ 改革目标设定 / 037

⑥ 改革带给员工的提升 / 040

⑦ 企业要具备基本的财务能力 / 041

⑧ 基本财务能力需要的配套措施 / 044

二、企业流程改革 / 046

① 做好流程改革，企业需要考虑的几个问题 / 046

② 绘制新流程步骤 / 047

③ 企业新流程梳理 / 048

三、企业机制改革 / 058

① 机制改革的步骤 / 058

② 薪酬框架设计方案 / 067

③ 机制改革效果 / 070

Part ③ 企业目标规划

一、目标规划制定方法 / 074
　① 企业制定目标的来源 / 075
　② 制定目标的维度 / 076
　③ 年度目标制作流程 / 078

二、企业目标复盘 / 081
　① 复盘的内容 / 081
　② 复盘的流程 / 081

三、企业年度目标制定 / 083
　① 年度目标的归类 / 083
　② 企业年度目标规划示例 / 085

四、经营流程图分析 / 094
　① 企业经营的基本流程 / 094
　② 流程环节中的关键指标 / 097
　③ 考核的步骤、岗位和标准 / 099

Part ④ 企业组织架构

一、组织架构图的作用 / 104
二、组织架构图的顶层设计 / 104
　① 决策架构 / 105
　② 经营架构 / 106
　③ 人才架构 / 108
三、六级组织架构的设计原理 / 110
　① 第一级：个体户制 / 111
　② 第二级：有限公司制 / 113

❸ 第三级：有限公司中心制 / 114

❹ 第四级：分子公司和事业部制 / 116

❺ 第五级：集团公司制 / 118

❻ 第六级：投资集团制 / 120

四、组织架构的部门设置 / 122

❶ 如何设置部门、中心、事业部、分子公司、控股公司 / 122

❷ 组织架构四大中心部门设置 / 126

❸ 组织架构四大平衡 / 129

五、六级组织架构图示例 / 132

❶ 一级：个体户制示例 / 132

❷ 二级：有限公司制示例 / 134

❸ 三级：有限公司中心制示例 / 134

❹ 四级：分子公司和事业部制示例 / 138

❺ 五级：集团公司制示例 / 140

❻ 六级：投资集团制示例 / 141

六、部门与岗位的四级设置 / 142

❶ 部门四级设置 / 142

❷ 岗位四级设置 / 146

七、关键岗位的关键职责 / 148

❶ 关键岗位工作职责的制作步骤 / 148

❷ 关键岗位的工作职责 / 148

❸ 关键部门的关键职责 / 153

Part ⑤ 结算核算与财务能力

一、消费制度 / 158

二、企业系统化分级 / 161

目录

三、企业财务能力 / 162

四、内部定价与结算 / 164

    ❶ 定价结算图 / 165

    ❷ 一级结算 / 166

    ❸ 二级结算 / 172

    ❹ 三级结算 / 176

    ❺ 其他定价结算办法 / 181

    ❻ 结算目标 / 182

五、财务能力表单 / 183

    ❶ 表单1：成本归类分析表 / 183

    ❷ 表单2：利润表 / 191

    ❸ 表单3：人力资源效率表 / 197

    ❹ 表单4：财务投资效率表 / 203

六、企业核算 / 208

    ❶ 企业破产类型 / 208

    ❷ 核算账的作用 / 209

    ❸ 核算方法 / 212

    ❹ 核算账文件及核算公式 / 217

    ❺ 附：核算账文件 / 219

第02篇　企业薪酬设计

Part ⑥ 岗位价值评估

一、岗位价值量的用途 / 226

二、海氏评估法之岗位价值评估要素 / 227

① 因素一：智能水平 / 229
② 因素二：解决问题的能力 / 230
③ 因素三：承担的职务责任 / 230

三、岗位类型的划分 / 231
① 上山型 / 232
② 下山型 / 232
③ 平路型 / 233

四、海氏评估法之评分量表 / 233

五、示例说明 / 238
① 表1：智能水平 / 238
② 表2：解决问题的能力 / 246
③ 表3：承担的职务责任 / 251

六、岗位价值评估的计算方法 / 258

七、岗位价值评估的步骤 / 261
① 第一步：成立岗位价值评估小组 / 262
② 第二步：培训岗位价值评估办法 / 262
③ 第三步：试评估 / 263
④ 第四步：价值量微调 / 263

Part ⑦ 企业价值薪酬

一、薪酬概述 / 268
① 员工需求 / 268
② 收入类别 / 269

二、价值薪酬之内部调研法 / 273
① 第一步：从价值量转化到工资 / 275
② 第二步：从工资转化为五级工资 / 276

目录

③ 第三步：从五级工资转化为固定工资和绩效工资 / 277

三、价值薪酬之外部 K 值法 / 277

① 第一步：岗位价值评估，得出岗位价值量 / 277

② 第二步：薪酬调研后计算标杆岗位 K 值 / 278

③ 第三步：计算各岗位年薪 / 278

④ 第四步：将年薪转为月薪 / 280

⑤ 第五步：将级差设定为 15%，得出五级工资 / 280

⑥ 第六步：将工资分为固定工资和绩效工资 / 280

四、价值薪酬之层级法 / 281

① 第一步：岗位价值评估，得出岗位价值量 / 281

② 第二步：分层级 / 281

③ 第三步：计算层级平均分 / 283

④ 第四步：确定 K 值 / 285

⑤ 第五步：确定岗位年薪 / 286

⑥ 第六步：将年薪转为月薪 / 286

⑦ 第七步：设定五级工资 / 286

五、薪酬设计相关概念 / 286

① 薪酬战略 / 286

② 薪酬调研 / 287

③ 薪酬中位值 / 288

④ 价值评估 / 289

Part ⑧ 企业提成与分红

一、薪酬结构 / 292

① 三种薪酬机制 / 292

② 薪酬分类 / 293

- ③ 薪酬结构类型 / 295
- ④ 薪酬结构与考核挂钩 / 298
- ⑤ 岗位薪酬结构 / 299
- ⑥ 岗位薪酬结构示例 / 303

二、营销提成：菲尔德薪酬法 / 308
- ① 营销模式 / 308
- ② 菲尔德薪酬法设计思路 / 310
- ③ 营销团队晋升和保级标准表 / 319

三、结构化营销提成 / 322
- ① 结构化营销的三个级别 / 322
- ② 项目提成设计 / 323
- ③ 项目提成表示例 / 323

四、公司分红 / 326
- ① 分红流程 / 326
- ② 分红示例 / 328

五、项目系数制分红 / 330

六、有限责任公司分红 / 334
- ① 企业小组织及专家构建 / 335
- ② 实业型有限责任公司分红示例 / 335
- ③ 基于小组织的有限责任公司统一分红示例 / 338
- ④ 分红的重要工作 / 341

七、集团组织分红 / 342
- ① 集团企业布局 / 342
- ② 集团分红流程 / 343
- ③ 集团型多组织分红示例 / 344

八、超产奖 / 348
- ① 超额奖金 / 348

② 超额物质奖 / 349

③ 倍数奖 / 350

④ 超额分红奖 / 351

⑤ 对赌奖 / 352

⑥ 日常的福利奖 / 352

Part ⑨ 组织薪酬与改革

一、薪酬改革的原则 / 354

二、薪酬设计步骤 / 356

① 第一步：定目标 / 357

② 第二步：定改革策略 / 358

③ 第三步：提高财务能力要求 / 363

④ 第四步：设计薪酬结构 / 366

⑤ 第五步：岗位价值评估 / 370

⑥ 第六步：分类型薪酬设计 / 372

⑦ 第七步：薪酬测算 / 381

⑧ 第八步：实施调整方案 / 390

⑨ 第九步：考核并形成文件 / 392

⑩ 第十步：试运行并复盘 / 393

第03篇 企业绩效

Part ⑩ 工作分析

一、工作分析表概述 / 398

① 工作分析表的作用 / 398

❷ 工作分析表的制作主体 / 401

❸ 工作分析表的目的 / 401

二、工作分析表之岗位任职资格要求表 / 402

三、工作分析表之工作具体内容表 / 408

四、工作分析表的制作步骤 / 412

❶ 第一步：成立工作分析表的制作小组 / 412

❷ 第二步：梳理目标 / 413

❸ 第三步：梳理流程，收集整理工作内容 / 413

❹ 第四步：培训与通关测试 / 415

❺ 第五步：出草案 / 415

❻ 第六步：修订 / 415

❼ 第七步：培训 / 416

❽ 第八步：试运行 / 416

❾ 第九步：完善和导入 / 416

五、工作分析表的修订 / 417

六、工作分析表示例 / 418

❶ 流程法 / 418

❷ 模块法 / 422

❸ 关键事件法 / 426

Part ⑪ 绩效考核方法

一、薪酬与绩效的关系 / 430

二、优势管理理论 / 432

三、绩效考核的基本原理 / 433

❶ 绩效考核的目的 / 433

❷ 绩效考核的主体 / 434

③ 绩效考核的顺序 / 434

④ 绩效考核的意义 / 435

⑤ 组织能力与绩效考核 / 437

四、绩效考核方法 / 438

① 描述性绩效考核法 / 438

② MBO 考核法 / 439

③ KPI 考核法 / 439

④ BSC 考核法 / 441

⑤ 360 度考核法 / 441

⑥ EVA 考核法 / 442

⑦ OKR 考核法 / 442

五、OKR 考核法原理 / 442

① OKR 与 KPI 的区别 / 443

② OKR 目标设定原则 / 444

③ OKR 目标调整 / 445

④ 得分与绩效工资系数转换 / 446

六、OKR 考核表的制作 / 448

① OKR 考核表的制作流程 / 448

② OKR 考核表的制作举例 / 448

七、看板管理 / 451

① 认识看板管理 / 451

② 看板管理示例 / 453

Part ⑫ 企业绩效考核设计

一、绩效考核的步骤 / 458

① 第一步：确立目标 / 458

② 第二步：分配工作任务 / 459

③ 第三步：确立关键事项 / 460

④ 第四步：确定里程碑事件 / 461

⑤ 第五步：制作绩效考核表 / 461

⑥ 第六步：修订、审核 / 461

⑦ 第七步：签字确认 / 461

⑧ 第八步：绩效辅导 / 462

⑨ 第九步：评估改进 / 463

⑩ 第十步：绩效结果转化 / 463

二、绩效考核表的制作原理 / 463

① 绩效考核表的结构 / 463

② 计算得分方法 / 472

三、绩效考核表的业绩指标设定 / 473

① 以公司战略目标为导向提取业绩考核指标 / 474

② 按部门职能和关键人才提取业绩考核指标 / 481

四、绩效考核表的行为指标设定 / 483

① 行为指标选取原则 / 484

② 各岗位行为指标示例 / 484

③ 个别行为指标选取说明 / 485

④ 如何判断员工的行为 / 485

⑤ 注意事项 / 486

⑥ 行为考核指标库——26个行为指标 / 486

五、绩效考核表示例 / 491

① 示例1：人力资源经理的绩效考核表 / 491

② 示例2：业务员的绩效考核表 / 495

六、目标责任书 / 499

- ❶ 目标责任书的内容 / 499
- ❷ 制作基本原理 / 501
- ❸ 全年总得分的加减项 / 502
- ❹ 调整企业战略目标的情况 / 502
- ❺ 制作考虑的维度 / 504
- ❻ 签订准备工作 / 504
- ❼ 仪式感很重要 / 506
- ❽ 附：总经理目标责任书 / 507

Part ⑬ 绩效考核的实施

一、绩效考核得分与薪酬挂钩 / 514
- ❶ 方法一：考核得分与奖金系数对应法 / 514
- ❷ 如何判断评分的合理性 / 516
- ❸ 方法二：双指标挂钩法 / 518
- ❹ 绩效考核应用 / 519

二、绩效面谈与绩效辅导 / 521
- ❶ 绩效面谈 / 521
- ❷ 绩效辅导 / 525

三、绩效考核的推行与导入 / 527
- ❶ 核心原则 / 527
- ❷ 导入阶段 / 528
- ❸ 导入顺序 / 529
- ❹ 导入时机 / 531
- ❺ 考核周期 / 532
- ❻ 三级导入 / 533

四、绩效考核的分析与复盘 / 534

① 公司层面 / 535
② 部门层面 / 537
③ 个人层面 / 539

第04篇 企业股权设计

Part ⑭ 企业股权改革

一、股权设计的核心要素 / 544
① 股东选择 / 545
② 主股与间股 / 546
③ 股权激励对象 / 547
④ 速度与创新 / 548
⑤ 解放老板 / 549
⑥ 优质排他法则 / 550
⑦ 上市 / 550
⑧ 长期收益 / 551

二、股权的相关概念 / 552
① 企业股权类型 / 552
② 股权配套的相关概念 / 555

三、企业股权改革阶段 / 558
① 公司常用的三种形式 / 558
② 企业股权改革的三个阶段 / 560

四、企业股权的股东架构与投资架构 / 564
① 对母公司的投资 / 564
② 母公司对外投资的方法 / 572

Part ⑮ 员工股权激励

一、股权激励要项 / 584

　① 股权激励相关概念 / 584

　② 股权激励前期准备 / 585

　③ 股权激励的改革流程 / 588

　④ 股权激励需注意事项 / 592

二、员工股权激励办法 / 594

　① 系数法 / 596

　② 考核指标法 / 602

　③ 对赌法 / 611

　④ 病毒式扩张法 / 615

　⑤ 赠＋购（贷）法 / 621

　⑥ 现金购买法 / 624

三、股权激励的配套文本 / 627

　① 股权激励配套文本介绍 / 627

　② 关键文本的关键条款介绍 / 630

　③ 附录 / 639

第05篇　企业人才管理

Part ⑯　企业招聘体系

一、招聘概述 / 646

　① 对招聘的理解 / 647

　② 企业的人才路径 / 648

二、人力资源盘点与规划 / 649

1. 第一步：确立目标 / 649
2. 第二步：优化流程设计 / 650
3. 第三步：找出关键岗位 / 651
4. 第四步：量化关键岗位的关键能力 / 652
5. 第五步：人才来源与引进 / 654
6. 第六步：试用并实施考核 / 654

三、人才来源 / 655
1. 人才种类 / 655
2. 人才信息库建设 / 656

四、高级人才引进 / 659
1. 与关键人才的沟通步骤 / 660
2. 人才引进的工具——关键人才引进说明书 / 662
3. 其他事项 / 664

五、会议式结构化面试 / 665
1. 第一步：量化用人标准 / 666
2. 第二步：发布招聘信息 / 666
3. 第三步：收集简历信息 / 666
4. 第四步：初试 / 666
5. 第五步：召开招聘说明会 / 667
6. 第六步：采用测评工具实施测评 / 669

六、评价中心 / 669
1. 评价中心的步骤 / 669
2. 评价中心的特征 / 670
3. 附录 / 671

Part ⑰ 企业招聘测评

一、简历标杆 / 694
- ❶ 简历标杆的结构 / 694
- ❷ 注意事项 / 698

二、价值需求测评 / 699
- ❶ 评分规则 / 702
- ❷ 价值需求测评结果对应的含义 / 702
- ❸ 矛盾体得分 / 704
- ❹ 甄选人才的思路 / 704

三、文化匹配度测评 / 715
- ❶ 测评原则 / 716
- ❷ 评分原则 / 718
- ❸ 打分方法 / 718
- ❹ 结果判断 / 721
- ❺ 数据参考示例 / 721

四、经验面试 / 725
- ❶ 经验面试表的结构 / 727
- ❷ 问话方式 / 728
- ❸ 工具运用 / 729

Part ⑱ 企业晋升体系

一、企业在晋升管理中经常存在的问题 / 732
- ❶ 为什么员工只能升级不能降级 / 732
- ❷ 是否所有员工都需要设置生涯规划路线 / 732

❸ 生涯规划路线的终点是哪里 / 733

二、设置生涯规划路线的原则 / 733

三、员工的需求 / 734
　❶ 职位需求 / 734
　❷ 收入需求 / 735
　❸ 权力需求 / 735
　❹ 晋升需求 / 736
　❺ 事业需求 / 736
　❻ 心理需求 / 737

四、岗位黏性 / 738

五、晋升的综合评估 / 739
　❶ 个人的需求与成长路径 / 739
　❷ 晋升的综合评估 / 741

六、晋升路径图设计 / 744
　❶ 晋升路径图设计的八个步骤 / 744
　❷ 营销团队路径图示例 / 748
　❸ 公司晋升路径图示例 / 756

七、晋升标准 / 763
　❶ 设计晋升标准的前提条件 / 764
　❷ 晋升指标的四个维度 / 765
　❸ 降级指标的四个维度 / 768

八、晋升标准示例 / 769
　❶ 出纳或会计 / 771
　❷ 会计主管 / 771

目录

- ③ 财务代经理 / 772
- ④ 财务经理 / 772
- ⑤ 财务高级经理 / 772
- ⑥ 财务总监 / 773

第 01 篇

组织管理系统相关基础知识

Part ①

组织系统概论

一、什么是组织系统

❶ 为什么要学习组织系统

为什么要学习组织系统？就是为了处理好企业家、高管与企业之间的关系，提升企业家与企业的竞争力。

（1）处理好企业家、高管与企业的关系

如果一个企业家不做企业管理，但这家企业还可以活下去，那么这家企业必须得有一些东西做支撑。比如，我现在除了讲课以外，只负责长松公司很少一部分的管理工作，长松公司约95%的管理，都是由一个团队来做的。如果我既要讲课，又要做管理，甚至还要做业绩，那么可能就累死了。这就是为什么企业家在必要的时候，一定要走到幕后，而不是台前。一个企业家的寿命是有限的，不可能管理企业一辈子。但是企业的寿命是无法确定的，企业有可能三年就倒闭了，也有可能会存在三百年。如果想让企业的寿命延长，就要求优秀的企业家和企业高管，一定要帮助企业建立一套优秀的管理体系。但为什么现在有许多企业家不愿放手呢？原因有三个。

第一，对于一些企业家来说，企业就是一个挣钱的工具。企业家生了这个"孩子"，是为了让这个孩子挣钱，而不是让孩子实现理想。所以这些人一切的活动,都紧紧围绕着挣钱这一个目的去做。在这种情况下,企业家不希望企业做得太大,而是看得见、摸得着、抓得住、可控制。

第二,有一些企业家耐不住寂寞,什么都管,尤其喜欢管不是他们专业范围内的事。他们可能在战略管理上比较优秀,但在物流管理方面不行,但他们又偏偏喜欢管,结果肯定是管不好的。

第三,家天下的思维。有的企业家把企业当成自己的私人产物,谁敢碰一下企业,谁敢参与一下企业的管理,就像动了他的神经,在这种情况下,企业很难做大。

所以我们得明白一个非常重要的道理,作为企业家或者高管,让我们的"孩子"学会一套能够远行,能够实现企业理想,并且能进行进化的逻辑体系,要比我们天天亲自去管理企业更有用。有人说,我也想引进这套体系,但不知道该怎么做;即便知道怎么做,又心有余而力不足。这个时候,组织系统的作用就呈现出来了。

(2)提升企业家与企业的竞争力

世界上有两家存在很久的知名公司:一个是美国通用电气公司,创立于1892年;一个是宝洁公司,创立于1837年。1837年是清朝道光十七年,足见它有多古老。但是当你走进超市,会发现大量的洗发用品、护肤用品都是宝洁公司生产的,一点也不古老,反而很新潮。这家公司具备一套自我净化、自我优选、自我生存发展的管理系统。宝洁公司并不是依赖哪一个企业家而活到今天的,而是依赖这个组织体系活下来的。我们学一套组织系统,本质上是要实现两种竞争力的提升——第一种,是企业家自身的竞争力提升;第二种,是企业的竞争力提升。

❷ 组织系统的发展代数

组织系统发展到今天,已经经历了四代发展历史。见图1-1。

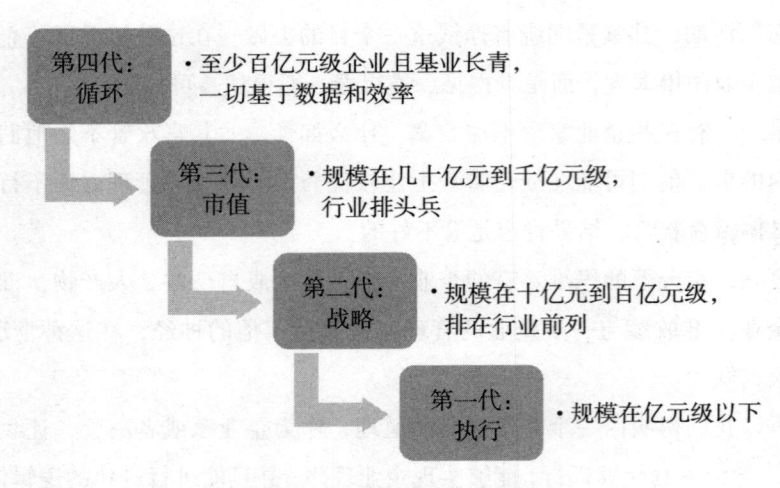

```
第四代:    · 至少百亿元级企业且基业长青,
循环         一切基于数据和效率

   第三代:   · 规模在几十亿元到千亿元级,
   市值        行业排头兵

      第二代:   · 规模在十亿元到百亿元级,
      战略       排在行业前列

         第一代:  · 规模在亿元级以下
         执行
```

图1-1　组织系统发展代数

最早我们谈组织系统时,有一个非常重要的话题——执行。那个时候大家都认为,老板是定战略的,员工是干活的,所以第一代,我们更多的是谈执行,基本内容是怎样定目标,怎样做考核,怎样做招募,怎样做辞退,怎样做劳务关系,在大学的相关教材里讲的也是这些内容。

组织系统从执行继续发展,就走到了战略。即我们应该怎样去经营企业,所以组织系统的范围一下子扩大了。一家企业的产品战略、流程战略、营销战略、人才战略,甚至规划战略、商业模式战略都与组织系统链接在一起。

一个组织怎样实现最大化的管理?大约在2005年,组织系统迎来了新生,打破了以前大家认为的组织系统就相当于一家企业的组织管理加人力资源管理的想法。

2013年,组织系统又发展到更高的一个阶段,就是市值。市值包含了战略的发展,战略是为市值服务的,所以市值价值被纳入组织系统。

在下一个十年的发展中,组织系统会紧紧围绕着一个话题展开——循环。一切基于数据、大数据管理、效率管理形成的循环管理,是组织系统发展中一个非常重要的里程碑。组织系统在发展过程当中,对企业提出了很多新的要求。凡是重点关注目标、关注执行的企业,大部分是在数千万元级;凡是关注执行的同时又把战略做得很好的企业,一般都是在十亿元级,甚至是百亿元级；凡是执行和战略做得很好，同时又开始关注企业市值的企业，一般都是行业中的排头兵，其中有很多企业已经上市了。但是，即使是几十亿元到千亿元级的企业，有的也会瞬间爆仓，突然破产，为什么？因为这些企业虽然上市了，但是依然没有解决大数据的问题、行业发展的问题，甚至商业模式重新构造的问题。企业发展到后面，又回到了自循环的问题中。

所以，在构建组织系统的过程中，我们强调企业一定要最大化地进行自循环，最后达到执行、战略、市值、循环这四方面的统一。

❸ "组织+"的作用

组织系统和互联网的概念有点类似。国家曾经提过一个非常重要的理念——"互联网+"。"互联网+"是针对行业和企业提出的一种新的经济形态，为企业的发展打开了新思路。一个人想真正地有竞争力，首先要有价值。该如何拥有价值呢？我提出一个非常重要的概念——"组织+"。比如，医生+组织系统等于医院；讲师+组织系统等于咨询公司、培训公司；互联网的技术工程师+组织系统等于互联网的平台。一般情况下，医生担任不了医院的管理者，他如果想做医院的管理者，必须要有一套组织系统从旁辅助。所以人的竞争力提升里，有一个非常重要的法则就是"组织+"。以此类推，农民+组织系统等于农业上市公司，出租车司机+组织系统等于"滴滴"类的平台，这套系统几乎每个岗位都需要，是提高企业内在竞争力的一个非常重要的砝码。

如果你不懂管理，只是在某个领域当中成为专家，那么想拥有爆炸式的发展和竞争力就不太可能。如果你是专家再加上组织系统，那你的不可代替性就是最大的竞争力。

❹ 组织系统运用遇到的挑战

"组织+"不好学，因为管理人非常难。从 2018 年开始，全球的人力资源管理遇到了几个重要的挑战,这也是组织系统运用中会遇到的挑战。

(1)智能化

第一个重要的挑战是智能化。比如,现在的清洁机不但可以拖地板,还可以擦桌子、玻璃,最重要的是它会爬墙。随着科技的发展,未来人工智能必然要与人工进行 PK,智能化越来越被重视,人工被利用得越来越少,这是非常重要的趋势。

(2)管人难题增加

企业在管人的过程中难题变多了。比如某位老师在长松公司讲课,就不能到其他的公司去讲课,我们把这种结构叫作独有制。未来,这个独有制会被打破,从而形成真正的共享时代。以后这位老师,不但可以在长松公司讲课,还可以在喜马拉雅上录节目、在抖音上开直播、到电视台接受采访、出版个人书籍……他可以多面开花,开辟出多条增收渠道。在这种情况下,企业的用人产生了新的难题。

(3)国家政策的要求

2018 年,国家的"税保补"政策出台,导致一些民营企业压力增大。首先是税。以前,每个人的个人卡是不受监控的,现在每个人的税完全公开透明。

其次是保,即社保。以前 1 万元的工资,缴纳 5000 元基数的社保;现在 1 万元的工资,要缴纳 1 万元基数的社保,公司的成本就增加了。而且 1 万元的工资,扣掉足额的税和社保,到手的可能就不到 8000 元。想要跟以前一样到 1 万元,就得要求公司涨工资。

最后是补,补是补偿。现在国家要求企业高额补偿,可能会导致员工恶性地索要补偿,遇到这种情况,企业在用人的时候需要更慎重。这种情况对组织系统构建是一个非常严峻的挑战。

（4）扁平化组织

企业如果不是扁平化组织，管理起来难度就会大很多。比如医院，美国只有超大企业和个人诊所，其中个人诊所里最多有三四个医生。美国目前流行且占比最多的是以专家为基本导向的组织体系，不管是设计师、建筑师、会计师，还是律师，一般都是个人在做，形成了许许多多的小企业。巨头公司的规模和人数就非常巨大，比如连锁超市沃尔玛，美国到处都是它的店。中国的民营企业大部分都是中型企业，小一些的有一百多人，稍大一些的有几百上千人。

（5）人文文化

最后一个对企业产生深远影响的是人文文化。我从2003年创办企业，到现在已经20年了，我明显感觉到，在企业中人与人之间的关系发展经历了三个阶段。第一个阶段是2003年到2008年，这个阶段我们公司的创业文化非常好，大家相互妥协、相互成就，做生意与人际交往、人情交往是同等的关系。2008年到2015年是第二个阶段，也是中国高速发展的时期，这个阶段我们公司的人力资源的关系发生了变化，组织中人员的变动非常大，但是人文文化的变化不大。2015年之后是第三个阶段，人与人之间的关系变得非常复杂，已经从第一个阶段——相互欣赏成就、维护人际关系，走向了第三个阶段——你为利、我为利。

到今天这个阶段，人与人之间的信任更容易出现问题。一个重要员工离开，会对公司造成严重损失，最终伤害的是所有留下的员工。这种不健康的人际关系，短期内是无法避免的，现在的企业老板只能尽可能地把影响降到最低。在互联网的作用下，信任关系如果出现问题，将会对整个组织管理造成巨大挑战。

智能化进程冲击了一批企业，管人的难题又冲击了一批企业，"税保补"限制了一批企业，小组织扁平化的压力又影响了一批企业，如果人文环境再变化，很多企业就更活不下去了。只有及早地改善关系，加强相互间的信任，才能创造良好的组织环境。

那么组织系统包含什么呢？怎样才能让一家企业的内部小环境净化，人与人之间除了发生利益关系以外，还能为共同的目标奋斗？接下来我们会一一讲解这些问题。

二、组织系统的学习目标

学习组织系统前首先要明确学习目标，即构建组织系统自循环。见图1-2。

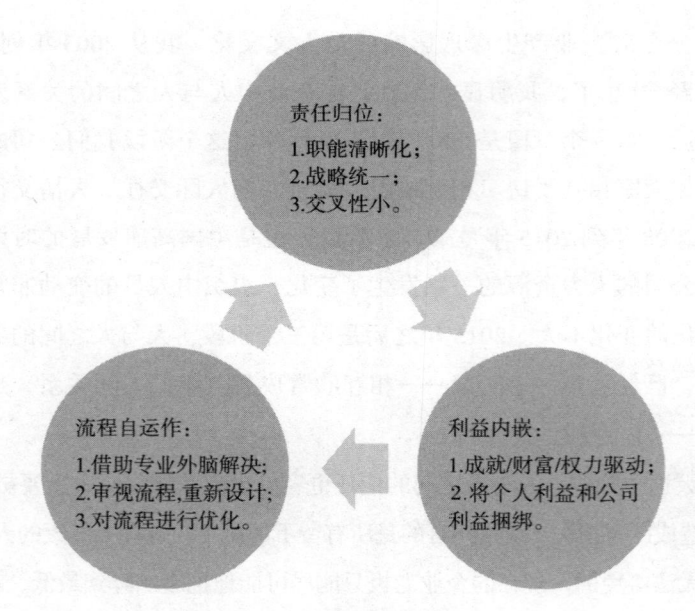

责任归位：
1. 职能清晰化；
2. 战略统一；
3. 交叉性小。

利益内嵌：
1. 成就/财富/权力驱动；
2. 将个人利益和公司利益捆绑。

流程自运作：
1. 借助专业外脑解决；
2. 审视流程，重新设计；
3. 对流程进行优化。

图1-2 组织系统自循环

一套优秀的企业组织系统不容易获得，特别是民营企业，在现代的管理当中，学习目标很重要。企业的目标，就是构建组织系统的自循环。只有实现组织系统自循环，才能解放老板。老板解放后有一个非常重要的工作——搞战略。战略做好了，企业很容易做大，但如果战略没做好，企业可能分分钟就找不到了。所以，老板要在战略的把控上下功夫。

老板管理一家企业，就像家长管孩子一样，孩子什么时候能够养活自己，做出大事业，那父母就成功了。如果父母每天都要帮孩子干这干那，什么都帮孩子去做，那么孩子就一直形成不了自循环。很多企业家，当初开公司的目标就是挣大钱，后来发现，钱没有挣到，时间搭进去了，健康也搭进去了。

在自循环当中，有三个方面要做好，才能深度地解决这些问题。

❶ 责任归位

什么叫责任归位？财务部经理负责财务，销售部经理负责销售，生产部经理负责生产，这就是责任归位。目前，很多民营企业出现的问题是，大部分岗位上的人没有承担起该岗位的责任。比如一个销售部总监，70%的责任被老板承担了，剩下30%自己承担。在这种情况下，肯定会出问题。所以，组织系统强调的第一个重要问题，就是责任归位。

责任归位从老板开始，但是有些老板自己的责任很难归位，原因是他们该做战略的时候不做：产品是模仿别人的，价格甲方说了算，促销的政策也听别人的，科研计划一点没有……所以老板没战略可定。由于老板没战略可定，只好做总经理的事情，总经理没事可做，只好做下层的事情，这就导致企业中责任不归位。

如何做到责任归位，有三个原则。

第一个原则，职能清晰化。责任归位的核心就是职能清晰化，即尊重每个岗位的责任，即使是企业老板也不能随意干涉。

第二个原则，战略统一。很多企业存在一个问题：沟通成本过高，即内耗严重。要决策就会有分歧，所以决策的时候不要去讨论，因为决策永远没有办法做到十分，但通过决策分工机制可以实现战略上的高度统一。

第三个原则，交叉性小。企业中，组织系统的高级管理人员的工作是第一时间做出反应。举个例子，比如我们分子公司出了问题，大家第一个反应是想到分子公司负责人，而不是董事长。企业一定要在责任上形成第一印象，培训员工时把企业所有的工作全部罗列出来，这事归谁管，那事归谁管，第一时间找到直接责任人，这样才能做到责任归位。

当责任归位具有这三个重要的原则以后，还需要两个"小耳朵"。

第一个重要的"耳朵"是机制，第二个重要的"耳朵"是考核。比如你想让谁做事，但是没有检查，或者没有要求日期，没有要求结果，没有要求目标，那么对方是做不出来的。责任归位这个问题，不是分一下责任就结束了，要有匹配的考核和机制。

构建组织系统自循环，第一个重要的问题是做到责任归位，其中一个重要的问题是如何让责任人找到为企业奋斗的价值。

想要企业管理形成自循环，还需要员工主动拥有责任感，而这与员工对待逆境的奋斗程度相关。奋斗程度大致可以分为三类。第一类人一遇到逆境，奋斗力就变强。逆境越大，奋斗力就越强，这类人的成就也就越高。第二类人觉得奋斗等于逆境，这类人不失败也不成功，一生平淡无奇。这样的人特别多，他们碰到巨大的压力就退缩，只肯适当地付出，企业不能指望这类人创造巨大的业绩。比如，三年前你是个会计，三年后你还是个会计，基本上你的奋斗精神与你的逆境抵抗力相等，但你没有做出爆炸式的业绩。这类人是可以成长的，企业可以去设计帮助他们转换思想。想要做到奋斗大于逆境，就需要给他们加点压力，激发他们的奋斗精神，他们只要能超越逆境，这个团队的自循环就形成了。第三类人根本不愿意奋斗，遇到困境只想逃避，企业尽可能不用这类人。

❷ 利益内嵌

构建组织系统自循环的第二个要素是利益内嵌。一个人为谁干活，精神头最重要。如果一个人是打工心态，那么他会有一个上班时间的生物钟。比如有的人，他的生物钟是从早9点到晚6点，过了这个时间，就是工作也没状态。但是有的人没有生物钟，这种人就是为自己工作的人。他状态好的时候随时可以开始工作。

利益内嵌是指如何将人们的驱动心嵌到意识里，分为三种价值驱动：第一种，成就驱动；第二种，财富驱动；第三种，权力驱动。举个例子，一个医药学家，如果用财富驱动的话，那么他只研究贵的药，因为贵的药利润率高。这肯定是不对的，也有违医生的职责。所以对待一个优秀的医药学家，不能用财富驱动，要用成就驱动。

财富驱动是利益内嵌中最关键的一点，财富驱动就是如何将个人利益和企业利益捆绑到一起，需要企业用非常专业的技巧和方法进行设计。比如用分红制、股权激励、项目入股、增量考核奖金、联合创业、项目对赌，等等。

在自循环管理的利益内嵌里，很容易出现两个问题。第一个，由于利益内嵌过分强调财富驱动，所以有潜在质量风险，也叫潜在客户风险。举个例子，房地产这个行业，员工都在拼命地做项目。但是房子的问题，一般要很多年以后才能检查出来，一开始只能检查出一些表面的问题，很多内在质量问题看不出来。要靠职业道德，靠责任感、使命感、成就感来做支撑，不能单纯靠利益驱动。如果只靠利益驱动，成本越低越好，盖出来的房子质量和靠成就感驱动盖出来的房子质量肯定是不能比的。

第二个，利益内嵌可能会导致企业偏离战略，继而出现各种问题。现在为什么那么多企业家都有一身的病？因为驱动力太强，导致他们不顾身体，不顾一切地去干活。本来创业是为了幸福，结果创业成功了，幸福却没有了，这就是偏离战略。许多企业的利益内嵌做得很棒，发展的速度特别快。但是发展的速度特别快不一定是好的现象，因为有可能偏离了企业当初设计的初心。比如我们长松公司，有两年就偏离了初心，最早我们的理想是建设中国营销学院，并且以建设组织系统为己任，结果还没建两年，发现了项目红利，于是做了十几个项目，因为有利益驱动，各路培训界的人马都来了。所以在2015年的时候，我的内心陷入了极大的痛苦之中，因为我非常清楚我偏离了战略。但那时偏离战略也没办法，因为做项目能帮我挣钱。2017年，我开始反思，当时本来是要再投三个项目的，最后都没投，因为它们偏离了我的轨迹，让我做的时候没有成就感。

一般的企业家在投资时有三种定位：第一种是纯投资，即股东；第二种是投资加战略，我不但投资，这个公司怎么发展也是我说了算；第三种是战略加管理。

纯投资型企业家希望的自循环与战略型企业家、管理型企业家希望的自循环是不一样的。纯投资型企业家想要的最重要的指标是投资回报率。在纯投资的类型当中设计利益内嵌的机制，首先要设计股权激励，然后设计利润分红，因为利润分红与投资回报率是相关联的。

事实上，有的企业家为了实现自己的战略，甚至可以不要投资回报率，比如这五年不挣钱了，买块地，这种决策只有第二种类型的企业家才能做出，第一种类型的企业家是没有权力做出的。

第三种类型的企业家要求的指标又不一样，他追求的是年度利润率。这样的企业家关注回报持续性。回报持续性里的指标，又可以细化分为利润、增长率等。他关注的不是能收回多少钱，而是如何通过经营多挣钱。经营的年度利润率指标，第一个是业绩，首先要保证业绩达标，没有业绩就没有现金流；第二个是现金；第三个是利润。这与追求纯投资的那种利益内嵌机制的设计方法是不一样的，所以给管理团队制定的目标也是不一样的。

好的利益内嵌要达到的目标是，老板无为而治，你的影子在，你的精神在，但不要你的声音、你的命令、你的职权和你的干涉。

❸ 流程自运作

企业做完利益内嵌以后，往往会有一个问题出现，就是团队成员可能不知道怎么做，这时就要设计流程，需要企业统一行为来做。通常会有以下几种解决办法。

第一，借助外脑，借助专业公司的力量去解决；第二，内部审视设计流程，进行重新设计；第三，不断改善，对流程进行优化。

我们不断地改善，找到最佳的经营运作流程，企业的组织系统自循环就算是初步形成了。怎样让自循环持续性发展？还要从文化的角度和人才选拔的角度去深度地考虑，才能做到真正意义上的持续性发展。

三、组织系统建立的基础条件

建立一套出色的企业管理系统通常要具备三个基础条件：符合国家的趋势、建立商业模式、建立流程。

❶ 符合国家的趋势

关于国家经济趋势有一个重要学说——康波定律（即康波周期理论）。康德拉季耶夫研究发现，发达国家商品经济中存在着一个为期50~60年的长周期。你不能在经济形势最高点开始做企业，因为从你开始做时算起，经济就会开始走下坡路，直到你做得筋疲力尽，经济还没开始上坡，最后你只能破产，这是趋势。

我们要有分析趋势的能力，要通过"泡脑子"学会它。康波定律和个人也有关系，比如，有的人挣了一点钱以后，被别人一忽悠就创业了，把全部家当一股脑儿扔进去，投入了几百万元，结果亏了。最近我身边有好多朋友，基本会在两个领域亏钱，第一个是区块链，因为他们根本连区块链是什么都搞不懂。第二个是创业。哪一个行业都不能背趋势而走，什么时候要做大，什么时候要做小，什么时候要收手，时机非常重要。比如最近，经济形势处于波动下滑期，你做投资时就要慎重。什么时候该买，什么时候不该买，要判断准确。

如果说大趋势相当于一场洪水的话，我们每个人都是一只小蚂蚁，再大的企业家在趋势面前都会变得不堪一击。你要在最关键的几个人生节点上，做到顺势而为，踏着时代的节拍去走，抓住每一个机会，再加上敢干、勤奋，敢于决策，才能有所成就。

组织系统本身是包含趋势分析的，从目前大的趋势来看，对民营企业来说不容乐观。目前有很多民营企业家知识半径不够长，抓住新信息的能力比较弱，对趋势的分析不够全面。未来的社会中，有三种人非常吃香，一是资本巨头，二是管理系统卓越者，三是科研创新技术人员。因为大趋势逼着企业家升级，而升级的过程又非常痛苦，所以必须得提前准备好应对的方法。企业家每年都要关注趋势，不行的项目要果断放弃，不行的人要果断裁掉，不要对无谓的项目、无谓的人、无谓的投资，抱太多幻想。

大部分人的成功都是大趋势红利下的受益者，行业、企业、个人都要顺势而为，不能背离趋势，最好能判断准未来趋势。企业家需要做的是强大自我、做好各种准备，当机会来临时紧紧抓住。

❷ 建立商业模式

收入大于成本，是企业最基本的商业模式，也是企业能够生存的保障。举个简单例子，一个家庭收入大于成本，这个家庭就会越来越有钱；如果这个家庭收入小于成本，开支大，这个家庭迟早有一天会破产。企业也是如此，一般来说，在收入大于成本的企业模式下，企业发展得最为稳定。比如，现在有很多互联网公司烧钱，到最后就会不赚钱，极有可能破产。

那收入大于成本，是不是最佳商业模式呢？也不是。除了收入和成本，企业还要关注增长率。一家企业要不断地变化，市值不断地增加，才说明拥有最佳的商业模式。最佳的商业模式代表企业的不断增长性和长期发展性。这种商业模式又裂变成9个非常重要的指标，里面包含了产品是什么，客户是谁，钱从哪儿来，等等。

趋势分析完，建立了商业模式，一家企业才可以运行，不做好这两步工作，直接开公司，大部分人是不可能赚到钱的。

上个月，有一个企业家给我打电话，向我借5万元。这个人原来身价4亿元，现在向我借5万元，中间发生了什么呢？原来前几年电厂比较火的时候，他花了2亿元投资了一个电厂，血本无归；花了8000多万元，投资了工业配件；花了 6000 多万元，投资了一个农业公司；花了 8000 多万元，投资了区块链……现在他已贷款将近 1 亿元，生活费都成了问题。这就是整个创业过程完全没有做好分析带来的后果。

在现在的企业家中存在有一个重要的现象——成于创业，败于投资。大部分人返贫，都是因为投资不当。很多工薪阶层辛辛苦苦挣点钱，投资区块链，投资房子，结果血本无归，下场凄惨。

❸ 建立流程

企业组织系统主要有三大流程，分别是营销流程、研发流程、人才使用流程。当然，企业中还有其他流程，比如物流流程、供应流程、生产流程等。但最核心的还是营销流程、研究流程和人才使用流程。优秀的企业之所以更赚钱，就是因为这三大流程比较厉害。这就是所谓的"流程制胜"。

京东为什么牛，因为京东送货快，送货是营销流程的一部分；苹果公司为什么牛，因为苹果公司研发快，它拥有着领先大多数竞争对手的技术。

四、组织系统的模块组成

学习组织系统前要对它的模块组成做清晰的了解。组织系统由 9 个模块组成，分别是股权系统、薪酬系统、考核系统、人才系统、招聘系统、培训系统、晋升系统、管理者系统、目标系统。见图 1-3。

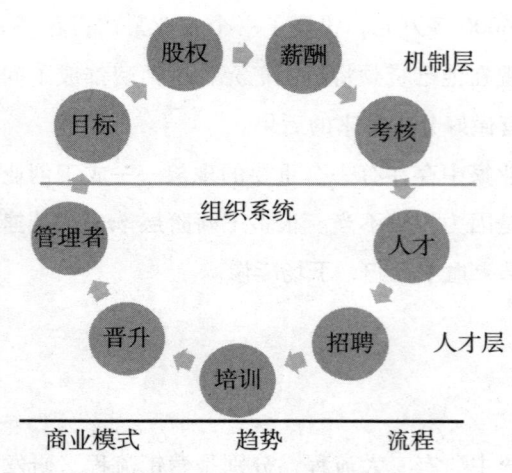

图 1-3　组织系统模块组成

❶ 股权系统

股权系统可以分为上市型企业股权体系和非上市型企业股权体系。上市型企业以市值为导向，必须考虑做股权激励；非上市型企业以利润为导向，根据企业所处行业及自身特色决定是否做股权激励。

通常，非上市型企业的股权分为两种情况：第一，企业准备上市；第二，企业不准备上市。这两种企业的不同点在于它们的市值不一样。不准备上市的企业，一般想闷声发大财。中国其实有很多企业家不准备公司上市，这样别人就不知道他们挣了多少钱。这种企业一般不愿意做股权激励，企业家认为"员工都是为我打工的，我在某一个领域当中做好就可以了"。但不准备上市的企业中有一种情况需要做股权激励，比如 IT 业，因为这种行业不做股权激励是留不住人的。如果一个产品做得比较好，大家都会马上模仿，过一段时间，到处都是同样的产品。碰到这种情况怎么办？企业要做的是把核心精英激活，给他们股权激励。

此外，还有一类是准备上市的企业。到 2021 年 4 月，中国的上市企业已经超过四千家，但是对比中国的企业总量来讲，还是一个少数群体。

针对准备上市的企业，我有几点建议：第一，在股权结构方面，一定要慎重进行股权合作。你跟别人股权合作的时候得设计好路径，如果没有设计好股权路径，那么将来上市别人查账的时候发现你的企业以前不规范，问题就大了。第二，在股权合作的过程当中，要先合规再合作。最好的办法就是不要让你的股份有太多人参与，如果真的参与了，也要合规，要干净规范，否则对企业来说风险很大。第三，不要感情用事。很多人说，这个人和我合作了很多年，我应该送他点股票。这是给了别人贪婪的机会，可能他比你想象中的更贪婪。股份很有诱惑，你给别人5%，他就想要10%，你给别人10%，他就想要20%，你给50%呢，他觉得最好全给他。所以，大家要牢记不要感情用事，严格按企业规范章程办事。

❷ 薪酬系统

薪酬系统改革可以说是适合所有企业的改革方法。一个优秀的企业家必须得有一个核心理念：不是直接给员工高工资，而是先创造一种机制，让员工通过自己的拼搏和努力拿到高工资。企业要有造富的机会，没有分红、没有股权激励的企业，就没有造富的机会，是很难留住员工的。所以企业在设计组织系统的过程中得创造出一种可能性，就是让员工挣到大钱。长松公司在过去的几年里，对大部分的岗位都实施了浮动工资制。这种浮动工资制就是拼得狠就挣得多，使很多人改变了自己的命运。这种薪酬机制的缺点是容易导致少数能力高的人有误判，觉得自己特别厉害，不愿意听老板的话，老想自己单干。不是所有人都有感恩的思想，那怎么办？作为一个企业家，你得放平心态，不管别人有什么企图心，自己要心里清楚和明白是怎么回事，这样才能避免伤害。

❸ 考核系统

"考核"这个词很有意思，很多人都不喜欢考核，有一种压抑的感觉。以前我也不喜欢这个词，但在2001年的时候，我发现了考核的魅力。在我看来，考核和目标有点接近，但又不一样，它们是两套体系。目标是理想，考核是过程。没有目标的公司，不代表没有考核，有目标的公司也不一定会考核，但是目标和考核有一部分功能是吻合的。绩效考核对一家企业的生产效率至少有40%的影响。个人也一样，在考核当中，有主动考核和被动考核两种情况。根据我的实践经验，人在被动考核下效果最好。目标和考核的关系就是有的目标需要考核，有的目标不一定要考核，甚至有的目标还要放弃考核。

当企业家具备以下三个特征时，就算是真正成熟了，也做好了考核的准备。

第一个特征，不会把目标与理想当成生命中的包袱。明明水都已经到胸口，快被淹死了，还提企业的使命和愿景，就会死得很惨。当企业家明白，有一天可能要放弃以前的理想，树立新的理想，他的这家企业就成熟了。

第二个特征，学会改变。为什么要改变？前几天，我在与公司几个核心股东人员开会的时候谈到，机制要变、考核要变、用人也要变。一谈完，几个高管都感觉变得太快，有点不适应。我们必须明白，顺势而为，适者生存。如果不主动改变，就会面临被淘汰的危险。

第三个特征，学会选择性地放弃、放下和解脱。一个企业家看到大趋势已经发生了变化，知道自己的商业模式需要优化，但是没有放弃，或者放弃得不淡然都是不行的。

所以，企业家要敢于把使命进行优化，敢于改变经营的方式，敢于放弃一些不合理的使命。

❹ 目标系统

目标和考核中的重叠部分就是企业当下的经营，也叫目标责任。

如果组织系统模块的上半部分，即机制层——目标系统、股权系统、薪酬系统、考核系统已经建设好，那么企业就基本具备了自循环的一套体系。见图1-4。

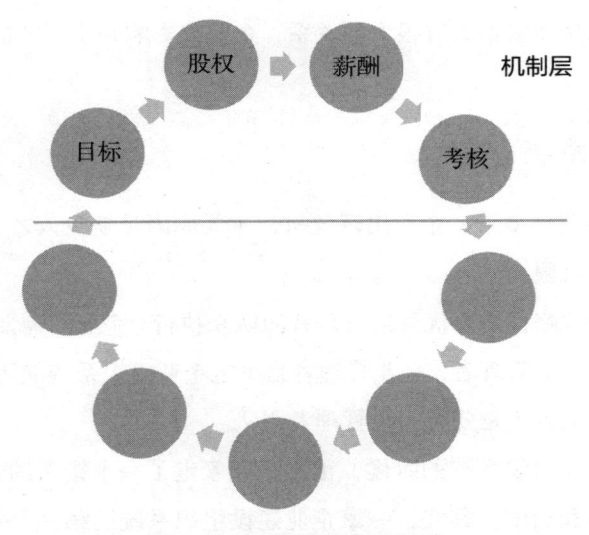

图1-4 组织系统的机制层

目标、薪酬、股权、考核，这部分叫企业的机制层，即给人创造一个环境。为什么要创造环境？因为环境对人才的影响特别大。如果企业想成就一大批大鲨鱼、大鲸鱼，就必须创造一个大海的环境，而不是一个小水坑的环境。什么叫小水坑？水是黑的，水是脏的，滋生蚊子，鲨鱼、鲸鱼无法在这种环境下生存。企业想做好环境，一个非常重要的原则就是要有善良品质的表现。如果一家企业设定了各种机制，溜须拍马的人能活下来，不做业绩的人也能活下来，没有能力、装腔作势的人也能活下来，甚至靠打击有能力、有业绩的人获得晋升的人也能活下来，长此以往人心就变了，企业的发展也会因此受阻。

在创造环境的过程中，重点要看企业是不是大海，是不是拥有海的文化、海的宽广，能不能让有真才实学的人，在企业里真正地发挥作用，这靠的是组织系统模块的上半部分。环境创造好以后，就有了下半部分人才层的重要主题——管理者、晋升、培训、招聘、人才。在这里培训和招聘是分开的，管理者和人才也是分开的。

我每年都会协助很多企业家创造企业内部良好的环境。在创造环境的时候，我会顺便做人才评估，发现大部分企业没有足够的人才，根本原因就是：第一，企业过去的环境可能不太好，有一些有苗头的优秀人才因为环境而流失；第二，和企业家本人有很大的关系，企业家影响到了人才的引进。

❺ 管理者系统

目前的经营环境下，企业出现危机，主要原因是缺少人才，人才流失或者管理者能力有限。

任何好的战略都需要优秀的管理者团队来执行。企业只需要一个战略家，却需要一群优秀的管理者，企业管理者是决定企业组织系统能否落地的关键，建立组织系统的重点是要有一个管理者团队。

在打造企业组织系统的时候，很多企业家走了一个错误的方向，先改造股权，做合规和制度。其实，一家企业建设组织系统的第一个重要的任务是要有一批优秀的管理者。如果没有一个好的管理者团队，那么这家企业很难做大，导入任何的制度和机制都会收效甚微。

在企业中重要的岗位上要有管理者，比如营销要有管理者，产品要有管理者，运营要有管理者，生产要有管理者，研发要有管理者，保障要有管理者。这几个岗位上的管理者非常重要，但是很多企业没有。所以企业需要先找到各岗位的管理者，然后进一步建立起管理者团队。

构建好组织系统机制层，加上管理者系统，一家企业的组织系统就能够起到解放老板的作用。解放了老板，老板才能一心做战略，更好地促进企业发展。见图1-5。

Part ① ‖ 组织系统概论 ‖

可以解放老板

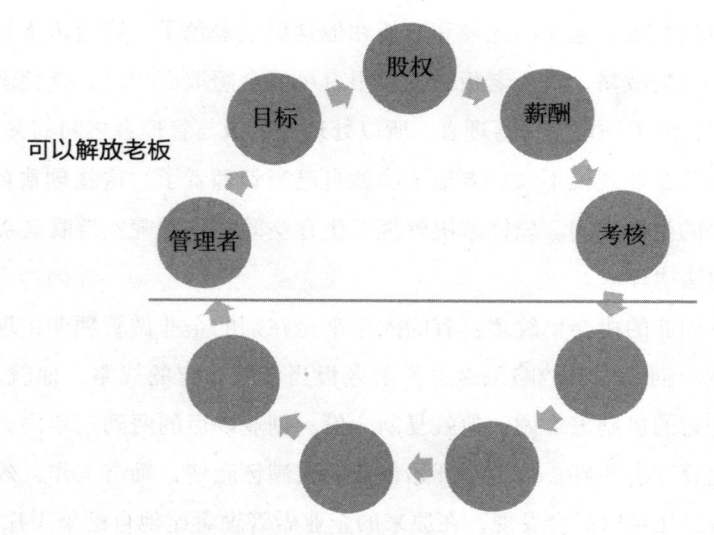

图 1-5　可以解放老板的五项系统

目前，有很多企业忽视管理者的选择。一个优秀的企业家，需要一个优秀的管理者团队，里面至少要有三五个出色的管理者。首先这点就比较难做到。

有一个市值几十亿元的公司老总，给我发了一条微信，说他请了一家外资企业做咨询，然后把他自己的调查建议书和想法发给了我。我用了一个小时看完后告诉他，现在不太适合做这个咨询。为什么？我发现他过去做过的大部分咨询都没有落地，没有达到想要的结果。他做完咨询依然没有解决问题，原因不是他不想做，也不是他没有战略，而是没有人帮他把这件事情彻底落地，缺少管理者团队。企业家的主要眼光是选择元帅，选择管理者，不是选择具体员工，但是很多企业家不关注这一点。大部分的管理者是准战略者，有很多企业不太愿意培养管理者，因为管理者流失后对企业的影响会比较大。

管理者的离开对企业造成的冲击非常大。首先，容易形成竞争对手；其次，对普通员工的冲击比较大。在一家企业中，对企业感情最深的往往是普通员工。一般来说，管理者对企业的感情比普通员工的要浅一点，甚至有的管理者不但对企业感情不深，而且往往怨言很多。管理者接触老板最多，跟老板走得比较近，老板的光环和威望在他这里就逊色了。同时由于管理者也学会了一定的战略，对于老板的位置很有可能会想取而代之。这使老板信任普通员工，但不一定信任管理者，所以处理好老板与管理者之间的关系很难。再加上有些企业规模不大，老板干脆就自己当管理者了。这就导致企业里没有管理者的生存空间。怎样解决管理者生存空间的问题呢？要看老板的格局和企业的法律环境。

现在创业的机会比较多，有的人本来是在别的企业做管理者，现在也想自己创业。创业没有战略怎么办？前老板当年怎么定的战略，他就怎么定，前老板公司的机制怎么做，他就复制一份。创业以后的两到三年内，他一般会活得比管理者要好。因为刚开始创业的人满怀激情，勤奋工作，效率比较高。但是过几年以后会发现，在原来的企业做管理者比他自己单干挣钱。

我比较反对那个公司老总去做一百多万元的咨询，就是因为他的企业没有管理者团队。这也和这个老板不太信任人，有超强的掌控他人的特质有关。现代企业的管理体系追求透明性，有的老板特别"勤奋"，控制所有的人，这是非常可怕的。

企业组织系统有目标、考核、薪酬、股权，再加上重视管理者，就可以解放老板，让老板安心做企业战略了。

⑥ 人才系统

目前，企业用人的严肃性在逐步增加，民营企业遇到空前的用人挑战。一方面国家政策对于用人的要求越来越严格，另一方面人才的专业性、职业化并没有得到本质的提升。在有限的利润空间里，如何有效地用人，是摆在民营企业面前的难题。

最近几年，企业的人才使用发生了很大的变化。我的公司用人是非常慎重，因为有四大风险：法律的风险，文化的风险，语言的风险，劳务的风险。

企业家在人才使用时必须转换思想，进行深度改革。第一，保险与税收挂钩了。第二，个税。第三，补偿。国家对员工离职的各种补偿管得非常严。

第四，专业性。很多企业没有达到专业化和职业化，用人遇到了空前的挑战。

在未来五到十年内，民营企业面临的考验非常大。大多数企业的毛利润率大概也就是10%，各项费用一加就要进入亏钱的循环。中国大部分的企业因为产业链比较多，在国际上没有竞争力。比如有的企业为别的企业做代加工，利润率只有5%。所以企业下一步怎么发展，如何处理好人才与智能机械的问题，甚至如何处理好国际化的问题，对企业来说非常关键。

⑦ 招聘系统

既然用人问题比较复杂，企业就必须努力提高招聘的准确性。一个人成为人才，是一个非常复杂的综合过程，包括环境，包括他本身的专业、人生的机遇等。

用人从选人开始，一个人能够培养的是知识和技能，但无法培养天赋。这正是招聘中所需要甄别的。企业需要通过多种工具去测评和识别，提升招聘选择人才的能力。需要注意的是，招聘不是要选择最优秀的人才，而是选择最匹配企业和岗位需求的人才。

前面讲到的是一个人的前半程，后半程还是得靠他自己。我们在招聘的过程中，主要是看这个人前半程怎么样。针对招聘的设计，我们会给大家列出各种测试的方法，包含心理学维度的、情景维度的、胜任力模型维度的，以及简历招聘法维度的、结构化招聘维度的，等等。这些方法如果运用得好，无形之中也可以形成一种帮助我们跟别人谈合作的能力。我的合作伙伴基本上都是运用这些方法，由我自己甄选出来的。

⑧ 培训系统

组织系统当中非常强调培训。培训有以下几个维度。

（1）岗位知识

第一个重要维度是岗位知识。只要到一个岗位，就要学习相对应的知识。比如你想开车，就必须得考驾驶证，而且驾驶证还有好几个档，需要考自己适用的。当我还是董事长助理的时候，第一次接老板，因为我刚拿到驾驶证，刹车踩得很硬。老板在回去的路上给我讲，开车的标准就是让坐车的人感觉不到你在踩刹车。后来我才发现，单这个刹车里的功夫就很多。这叫岗位的基本知识。炒菜要炒出合适的火候，专业的人一吃就知道差别在哪里；专业开车的人，一坐车就知道开车人的水平在哪里，这叫作专业知识。

（2）胜任力

为什么每个人的表现不一样？因为受到了第二个重要维度的影响，就是胜任力。比如开车，有的人无论心情如何都可以持续地开好车，而有的人碰到心情不好的时候就开不好车了。这就说明，他只掌握知识，但是胜任力不行。

（3）文化

民营企业最需要的就是文化，企业文化培训就是让员工入模，培养员工的善良品质。有很多企业为了挣钱，对善和恶没有清晰标准，再加上大家为了求生存，企业的文化越来越扑朔迷离。在这个环境下，大部分企业的文化是迷茫的，这样就没办法正确引导员工。

文化可以让一家企业变得神圣伟大，不断地追求卓越。这是用钱解决不了的，需要通过培养员工的使命感来解决。但是，很多企业没有倡导企业文化。真正优秀的企业的价值观和追求，会让员工体验到努力为社会做贡献的感觉。只有这样，企业才真正地具备生命力，企业的培训才是走向了正道。

⑨ 晋升系统

最后一个模块是晋升。企业一定要有数据化的晋升标准。如果企业建设好了组织系统的人才层，企业系统就具备了自更新能力。见图1-6。

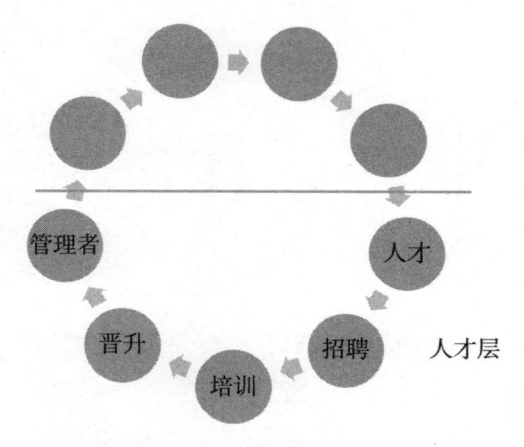

图1-6 组织系统模块的人才层

接下来的章节，我们将从目标、股权、薪酬、考核、人才、招聘、培训、晋升和管理者这几个维度展开来讲。这里有一部分内容适合企业家，有一部分内容比较适合管理者，还有一部分内容比较适合执行层面的员工。总体来讲，我们要用创造良好环境的心态，去学习这套组织管理系统。

一套管理系统是一个面，如果企业只是某一个点做得好，其他点做得不好，依然会出问题。不会管理，没有文化的支撑，大家不会去认同品质，会出现很多问题。所以，希望企业家开始用心地学习，通过长松组织系统，对企业组织系统管理有一个全面的认识和了解。

Part ②

企业调研与分析

一、案例说明

❶ 企业背景说明与分析

有一家医疗系统的企业，之前做得很不错，但是目前出现了很多问题，需要我帮忙解决。作为一名管理者，当你发现企业存在问题的时候，千万不要着急，更不要在情绪上受到影响，茫然失措，而要发现问题线索，诊断企业问题，然后用组织系统的工具来解决它。就像是一家药房里准备了很多中药，来了一个病人，最好是用最少的药来解决他的问题，让他康复。优秀的管理者，必须会从组织系统里找到合适的对策解决问题。

经过调研分析，我发现这家企业面临以下几大问题。

（1）员工流失率加大

在与这家企业的管理者沟通的过程中，我发现了第一个问题，就是员工的流失率在逐步地加大。

（2）薪酬激励减弱，需要再度改革

这家企业的老板，曾经是长松组织系统的学员，并且来长松公司学过组织系统课程4次。所以他对长松公司的组织系统比较了解，并且已在企业内部做过两轮薪酬改革。第一轮改革的时候,他导入了长松组织系统的薪酬体系,业绩增长了4倍。后来又在两轮改革的基础上,进行了适当地优化。优化完成以后,他却发现薪酬的激励作用依然没有达到想要的结果。虽然激励的效果已经从小变大,但是如何变得更大,他却没有相关办法和措施。可以看出,这家企业薪酬激励的方式出现了一定的问题。

(3) 各部门业绩不均衡

这家企业的部门之间业绩非常不均衡,大的非常大,小的非常小。但是不同部门之间的提成、分红,采用的比例却是一样的,结果导致有的人的业绩提成特别高,有的人的业绩提成特别低,员工之间的收入差距特别大。有的人一比较发现别人的工资比自己高一倍,但工作量并没有太大差别,肯定会有情绪。

(4) 企业发展遇到瓶颈,需要进行能力升级

一般处在第一个发展阶段的企业都是为了挣钱。当钱挣到一定地步,就会发现企业再想挣钱就没那么容易,主要原因是给社会提供的价值没有别的企业高。

中国是一个相对开放的国家。任何一个行业,任何一个岗位,任何一个新产品,遇到的对手都有可能是国际型的。比如医疗行业,现在有的人一生病就喜欢买进口药,如果需要做手术就去大城市,甚至跑国外去治疗。

像这样的行业,在发展的过程当中,每往前发展一步,需要投入的时间和精力都会很多。

这家企业也遇到了这样的发展问题。企业一旦提出新的发展目标,上到董事长,下到基础员工,都要进行能力的升级。但这种能力的升级是异常痛苦的,很多人不愿意去执行。

(5) 企业目标制定和分解不够精准

这家企业中有主动的部门,也有被动的部门,这些部门的目标制定得都

非常混乱，并且各个部门的目标分解也不够细致精确。

> 有一天我见到一个和我年龄差不多的朋友，我问了他三个问题。
>
> 我问："第一个问题，你在全国的经济自由度如何？"他说："我的理想很大，但经济自由度不好。"
>
> 我问："第二个问题，你现在每月收入的现金流有多少？"他说："我大概收入1万多元。"
>
> 我问："第三个问题，你能不能为你的孩子提供国内一线城市最优质的教育资源？"他说："目前还不行。"
>
> 我问："那你知道为什么你会成今天这个样子吗？"他说："我不知道。"我说："主要的问题就是，你的目标太散了。由于你的目标太散，导致了你不能专注做事。"他说："那贾老师，我应该定什么目标？"我说："举个例子，2022年，你给自己定的目标应该是挣到1000万元，企业将来上市这个事先放一放。因为你40多岁了，我要用老板的标准来要求你。"他说："不能。"我问："为什么不能？只要你用KPI（关键绩效指标法）去量化就会发现，上市这个目标很难实现。因为你每天的事情安排得太杂。你做的所有事情，和上市都没有关系。你今天接待这个人，明天去见那个人，感觉这件事情有希望，那个项目也有希望，很多与上市目标却无关。"

这个例子里有两个重要的问题：

第一个问题，很多企业的目标制定不够精准。很多人是用自己的理想骗了自己。

第二个问题，有些人虽然制定了精准的目标，但不具备实现这个目标的能力，又不愿意去提升这个能力。

企业家必须得明白，目标对我们的人生是非常有意义的。我在23岁那一年，定的目标非常简单。而且我的目标不会太多，一年的 KPI 不要超过两个，把它们做透做好，升级就非常容易。因为我的知识体系变得聚焦了，学东西就非常快。所以想把目标升级，必须得把 KPI 变小。很多企业在目标上出问题，主要就是定的目标有可能与实际的情况不匹配。

（6）企业人才质量和数量不达标

这家企业还出现了人才的问题。企业管理其实有两个重要的方面：第一个是管出好业绩，第二个是管理好人。

一般只有两种人才：一种人才是你遇见他的第一天，就有压力。因为他从来都不完全认可你的理念或观点，甚至他有很多方面都要超过你。这种人会创造出大业绩，但每天让你很痛苦。还有一种人才是能力不太够，但很忠诚。

大多数时候，人的能力一提升，马上就变得不忠诚了。我们公司的一个高管曾对我说："贾老师，你 OPP 老师培养多了，他们一定会跳槽；咨询师培养多了，他们也一定会跳槽。"其实我的成功与否，和离开一个大课老师没有直接关系，因为只要他有能力，随时都有可能离开。如果我不接受这一点，去用一批永远不会走的人，那么是改变不了公司命运的。

很多企业老板，喜欢的并不是能够给自己未来的人，往往是忠诚而听话的人。久而久之就会发现，企业出现的一个问题就是没有人才，企业人才质量和数量都不达标。

（7）主动营销思维弱，侧重于等客上门

这家企业的营销特别弱，没有营销的思维，只有等客的思维。天天等着客户上门，从来没有主动营销的意识。

❷ 分析企业问题的路径

面对企业的问题，我们一定要不断反问、深入分析、洞察企业的核心问

题。要了解在企业里，哪些问题是优先要解决的，哪些问题是不用解决的，哪些问题是一定要通过更简单的办法去解决的。

通过调查分析发现，这家企业的业绩不好，主要原因是效率低下。比如一个门店业绩不好，可能是客单价不够；一个餐厅业绩不好，可能是它的同样面积翻台率不够。所以提升效率，是治疗业绩不佳的良药。要想提高这家企业的效率，有一个非常重要的解决方法，就是把目标制定得更加精准、简单。只要目标复杂，这家企业的效率就提高不上来，因为要顾及的东西太多。

目标定得简单以后，企业也要调整薪酬机制，让内部的薪酬更加公平。通过改革目标、改变人的心态，做到相对公平，使员工之间不会时时进行比较。薪酬有效了，人才的流失率就会降低，团队就会稳定，企业就可以进行优选，解决人才的问题，进行人才的整合，不断地形成人才梯队为企业服务，最终解决企业长期的发展问题。

所以，企业要依此去解决发展路径问题。见图2-1。

企业发展路径

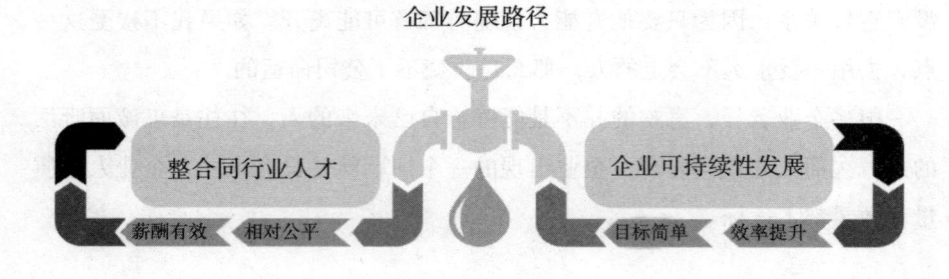

整合同行业人才　　　　　企业可持续性发展
薪酬有效　相对公平　　　目标简单　效率提升

图2-1　企业发展路径图

③ 解决问题思路

如前所述，我们首先要对一家企业做清晰的分析，了解哪些问题是最先要解决的，哪些是不着急解决的。很多企业老板一提到自己的企业就头大，感觉所有的问题都是重要问题。很多人在跟我沟通的过程中，诉苦的时间长达四五个小时，别说他们自己头大，我都头大了。所以我们在分析一家企业的问题时，要学会用正确的路径做分析。

经过对这家企业的问题进行分析与提炼，我们拟定了解决问题的思路，即这家企业现阶段需要提升与解决的事项，包含如下几点：

第一，提高效率；

第二，目标简单，做到聚焦；

第三，薪酬公平化，将收益与成果挂钩；

第四，薪酬有效化，注重成果；

第五，薪酬有竞争性，保留高质量人才，降低流失率；

第六，放开胸襟，整合人才而不仅仅是培养人才。

很多咨询师给企业做辅导方案的时候，一般都会写几十页的PPT，希望把所有的问题都一次性解决。但是我帮企业解决问题的时候，一般会把问题减少到6个左右。我们个人想发生一点改变，都是很困难的事情，何况对于问题复杂的企业。所以解决企业问题的思路的灵魂是：一年内解决问题不超过6个，切忌贪多、发散。

❹ 具体解决办法

（1）提高效率，使员工状态变好

想要提高效率，可以从以下两个方面进行改善：第一，提高企业的水平和能力；第二，在合法范围内适当延长员工工作时间。

我到这家企业考察时发现，他们上班的时间是8点半，下班的时间是5点半。这是一家医院，从理论上来讲，应该是24小时都有人上班。如果两班倒，每一班的时间至少要12个小时。

其实我的目的不是要求员工加班，而是想要员工自动自发地解决问题。如果这家医院的员工没有工作10个小时以上，那么效率肯定不会高。

我们不要认为自己比竞争对手的方法高超才能赢过他们，其实只要比他们更勤奋，比他们干得更多，就能排到他们前面。当竞争同质化时，比拼的就是勤奋程度。针对这家医院的问题，延长工作时间是目前解决效率问题的重要办法之一。

除了延长工作时间，还要提高员工的能力和水平，让他们在有限的时间内创造更多价值，这样一来效率自然也就提高了。

员工的效率提高了，设备的使用效率也会提高，单位平方米面积的工作效率也会提高，患者的就诊效率更会跟着提高。

一家企业延长了工作时间，加上不断地学习，提高了效率之后，企业的"坏孩子"就会变少。延长了工作时间，效率水平提高了，综合收入也会变高。什么样的"孩子"容易干坏事？往往是没钱但有时间、水平又低的人，他只能采用极端的方式来解决问题。

（2）设计简单有效的机制，让员工可以计算自己的收入，增强自我激励性

我们要设计一套非常简单的机制，让员工可以计算自己的收入，增强自我激励性。很多企业把机制搞得太复杂了，比如薪酬制度，员工都想要简单便捷地算出自己的薪酬，所以我们不能让薪酬计算方式太过复杂，最好是员工自己就能算出薪酬，干了多少活，能挣多少钱，马上就能算出来。如果薪酬搞得很复杂，员工干了 1 小时活，又算了 1 个半小时的工资，就起不到自我激励的作用了。

简单的薪酬机制，还有一个很大的好处，就是降低了财务工作的复杂度，不容易出错。如果一名员工，12 个月的工资，算错了 2 个月，那么这名员工对企业就会失望，接下来企业管理执行起来就会相当困难。

（3）设计让员工兴奋的机制

制度设计出来后，要让员工感到兴奋，而不是悲观失望。因为在一个悲观失望的环境里面，员工每天有着负面情绪，肯定是没有动力的。让员工兴奋，首先要解决两个前提：

第一个前提，企业的制度是安全的。员工无论做什么事，都可以遵循一

套制度，而不会因人而改变。比如领导哪天突然心血来潮搞个新项目，一大堆人的命运突然跟着发生了变化，这样做企业的员工肯定是兴奋不起来的。所以企业一定要有游戏规则，政策不能随便乱变。企业的制度是让员工工作有安全感。

第二个前提，收入有保障。企业要让员工感受到自己能做到多少业绩，企业就能及时地发放多少薪酬，而不是让员工天天担心、害怕甚至恐惧失去工作，得不到薪酬。所以企业的收入计算、发放一定要有保障性，这样才能让员工安心工作。

（4）薪酬要有吸引力

一家企业的薪酬具有吸引力，别人就愿意来，企业就能够吸引到优质人才，提高企业核心竞争力。

❺ 改革目标设定

我们在做企业问题诊断分析的时候，一定要掌握核心技术。一家企业的问题诊断出来以后，就要知道这些问题的解决顺序。这对企业来讲就是一套技术。当分析完这一套技术以后，就可以开始谈目标，特别是改革目标——经过改革，这家企业预期要达到的核心经营目标。

（1）利润目标提升100%

我在跟几个医院的管理者交流的过程中发现，他们有一个共同点，对企业实现利润100%增长没有信心。

我在4年前给这家医疗系统企业做目标的时候，就明确他们的目标要增长100%，老板表示不理解。他说："我们不可能做到。"我问："为什么不可能做到？"他说："我们的员工都已经很辛苦了，才做到现在这样，增长100%是不可能做到的。"后来我问："要实现100%的增长，有没有其他的办法？"他说："那就增加患者呗！"我马上逼问："增加患者有什么办法？"他想了想，摇头说："没有办法。"

要解决利润目标提升100%，就要求我们对企业的利润有一个认知，怎么样才能把利润做大。本质上需要从三个方面着手，分别是：业绩提升、成本下降、提高客单价。

提高客单价，意味着提高每一个顾客平均购买商品的金额，使拓客成本降低，从而提升利润。怎么样才能提高客单价？比如很多人会花好几万去买保健品，买各种医疗器械，到各种小门诊做按摩，但他们不会花钱到医院做正规的治疗。所以医院要有宣传意识，满足患者这方面的需求。

业绩、成本、客单价，这三个方面都与效率有关，要想提高企业的利润，必须先提高效率。

（2）核心员工收入提高100%

要想提高企业利润，背后一个与之相辅相成的目标，就是核心员工的收入要翻一番，即收入提高100%。核心员工的收入如果不能提高，也就没有办法确保大家全身心地自动自发工作。

（3）总业绩提升，如增加150%

要想实现利润增加100%，总业绩至少要增加150%。我当时和这家企业老板说："我们要把总业绩这个目标提上去。"老板说："贾老师，你要让我把医院做好，手术做好，我没有问题。但是我在经营管理上的短板特别多，以前我觉得我已经做得很好了，现在才发现我做得太初级。"我说："你以前对组织系统比较了解，但是对于组织系统的精髓——效率指标，你还没有形成自己的意识，仅仅觉得把人管好，不出问题就可以了，可那还远远不够。"

我们要想实现员工收入提升、企业利润提升、总业绩提升这三个重要的目标，就需要知道该用什么样的方法来解决这些问题，要有清晰的方法论。

其中最重要的是制定一个薪酬的方案。要想制定一个良好的薪酬方案，就必须找到适合企业的薪酬结构。比如，是用复杂的薪酬结构，还是用简单的？是用多维的，还是用单维的？是用年薪制，还是用奖金提成制？

在制定薪酬体系之前，必须把薪酬结构确定好。这就要求我们必须重视这个年度当中，每个重要的岗位或每个工作环节的 KPI 指标。如何发工资是以薪酬结构作为基础的，只有找到指标，才会知道工资如何发放。

很多企业针对 KPI 有很多疑问，有的人说 KPI 不好，要用 OKR（目标与关键成果法），要用 BSC（平衡计分卡），要用 360 度考核法……无论你选择什么样的方式，一定要和你的目标匹配得非常精准。

对于目前大多数民营企业来说，使用 KPI 就够了，既简单，又可以满足企业日常的需要。找到关键岗位的 KPI 指标，从本质上来讲，就是要找到一家企业的经营流程。企业在经营过程中，每一个小环节的 KPI 指标没有做好，都会影响总 KPI，总 KPI 会影响工资结构，工资结构会影响薪酬结构，薪酬结构影响利润目标，环环相扣。

很多企业老板在找问题的过程当中会发现，他们的解决方案往往与发现的问题是不匹配的。比如他们觉得业绩很低，于是把营销人员给开除了，或者把销售总监给撤了，后来发现依然没有解决问题。我们正常解决"业绩很低"这个问题的流程是，先看看商业模式有没有问题：比如自己产品与竞争对手产品之间的区别，客户有没有流失，定价跟别人比有没有优势，等等。

如果商业模式问题不大，就接着看流程中员工都欠缺哪些能力，然后看每一个流程的 KPI 有没有做好。

我的一个朋友是做房地产的，最近他的公司总是遭到客户的投诉。经过了解，他发现遭到投诉最多的就是卫生间，问题是容易渗水。因为卫生间的墙面设计得不合理，卫生间在装修的时候，经常会遇到拆墙的现象，结果就出现了渗水的问题。在所有的流程环节中，大家都不承担这个责任，最后造成客户入住后投诉不断。

只要找到流程中关键的 KPI 指标，在解决问题时，就会发现后面很多个环节出现问题都是由它引起的。所以我们先从模式上找漏洞，再从流程上梳理，然后找到 KPI 指标，从 KPI 里找到工资结构，在工资结构里找到薪酬体系，从薪酬体系里找到改革的核心措施。

❻ 改革带给员工的提升

经过改革，我们预期这家企业的员工在流失率上将有所下降，工作效率上会有所提升。根据组织管理系统方法论体系，对相对应的员工，要提出以下几个目标：

第一，降低流失率；

第二，提高工作效率；

第三，提高日工作量；

第四，提高感恩度。

我们不但不让员工走，还得想办法让员工干得更多，收入变得更高。不仅要提高效率，也要提高日工作总量。

这里的感恩度，不是让员工忠诚于企业，感恩于老板，而是增加员工与老板之间的相互信任，使其相互支撑业绩，共同成长为一个整体。感恩有以下两种理解：

第一种情况，A 做得非常大，B 做得非常小。B 感恩于 A，但 A 不感恩于 B。比如，很多老板抱怨自己的员工这也不行、那也不行，就他们自己的个人能力特别强，员工的能力都特别差，所以员工要感恩他们。

第二种情况，A 做得很大，B 寄生于 A。A、B 之间是一种相互交叉、相互合作的关系，这种关系叫作相互感恩。企业中只有存在良好的机制，才会增加相互的感恩度。只是一方对另一方全面地付出，肯定不会增加感恩度。

企业在解决问题的过程中，首先要设立一个目标。我给这家企业设定的目标是：利润的提升、核心员工收入的提升、总业绩的提升。企业要告诉员工：优化我们的模式，优化我们的流程，找出我们的 KPI 指标，然后优化薪酬结构，再优化薪酬体系，最后提高整体业绩，大家一起努力共同达到我们的目标。

❼ 企业要具备基本的财务能力

企业进行组织系统改革的前提是，企业具备基本的财务能力。一家企业要想管理提升，第一个最需要提升的能力是财务能力。企业要想管理做得好，先要算账算精准，要从一家感觉型的企业走向一家数据化的企业，基本的要求有以下几个方面。

（1）每月统计出总业绩

每月统计出总业绩，包含总部和所有子机构、子单位业绩。很多企业连像样的统计资料都没有，在做管理的过程当中，就一定会出现各种误判。比如一个企业家做出一个重要的战略决策，后来却发现这个战略决策是没有任何依据的。如果对国家形势、政策的分析，对行情的判断，都没有非常清晰的数据指标，那么企业家做出的决策就会出现很大的问题。

企业想把薪酬设计好，提高员工的工作效率，提高日工作量，提高利润，就要对财务做出重要的指标。别看这些指标很简单，但是很多企业财务部都实现不了。

（2）每月计算出各种相关利润

每月计算出相关利润，包含总部和所有分支机构的核算利润、报表利润等。利润有很多种，包含了核算利润、实际利润、财务利润、上税利润等等。不管是在中国，还是在日本、新加坡、美国，不管是税务学的利润还是实际核算的利润，对利润的理解都是不一样的。所以企业在计算前，需要确定使用哪种利润统计方法，并给出明确的定义。

（3）统计出超产量

第三个重要的统计是超产量。只有统计出超产量，作为超产奖核发的依据，才能发好超产奖。常见超产量有利润增量、业绩增量、客户增量、交付增量等。超产奖对于人力资源管理的提升是非常重要的。下面具体来看几种常见的超产量。

A. 利润增量

当企业的总业绩达到一定的额度以后，就有了利润增量。如果超过利润增量，对企业的发展就会十分有利，企业的效率会提高到一个新的高度。这个时候，就要根据核心的利润增量给总经理奖励，这个奖励就是超产奖。

B. 业绩增量

既然有利润增量，那必须有第二个重要指标业绩增量。业绩增量包含了总业绩增量、部门业绩增量、个人业绩增量。

C. 客户增量

客户增量是指这个月的客户与上个月的客户相比的增加数量。达到一定增量比例的时候，部门就可以有超产奖。

D. 交付增量

这家医疗系统的企业里的交付增量有理疗增量、治疗增量、药品增量。

在四大增量里，又可以分裂出很多个小增量的指标，比如业绩增量里面就有很多个小业绩增量。

企业最核心的是算出超产量，这对企业效率的提升影响非常大。

（4）计算出积分

由于员工的底薪与积分区间相对应，所以企业要定期计算出员工的积分。我在几年前给一家企业做了一套积分制的管理模式。原则是当相关岗位的员工达到一定指标的时候，会对底薪产生巨大的影响。公司所有员工的底薪，用的不是五级工资制，也不是八级工资制，更不是百分比增长制，而是积分增长制。

以我们公司为例，比如销售人员累计完成一定业绩以后会有积分。积分达到一定程度，可以折算成工资。一般来讲，就是以每 150 分往上递增，并且这个积分是不会取消的。

有很多公司还会举行积分换旅行、积分换礼品、积分换培训等福利活动。积分和底薪挂钩的好处，就是当一个员工的积分越来越多，这个员工就不太愿意离职了。比如你的底薪收入已经到 12000 元，而你的同岗才 4000 元，那你一走，就要从 0 开始。你每年只需要完成一定的基础量，就可以保证拿到这些工资。对专家型、技术型的企业来说，如果不希望核心人才流失，就要采用积分制。既然是积分制，就要有统计，要及时核算出对应人员的积分。

（5）成本核算

财务人员要进行成本的核算，算出企业中各小组织的利润。首先要算出各种成本，包含税收的成本、增幅的成本、部门的成本等。之后通过核算各种成本，就可以算出小组织利润了。

（6）PK 业绩统计

积分属于员工和自己比较，而 PK 业绩统计就是和同部门的其他员工比较了。当然这个 PK 一定要提前定好规则——公平公正，并且要严格按照规则行事。这样才能充分调动员工，发挥出他们的积极性，并在部门内形成良性竞争，从而达到提高工作效率的目的。

基于以上六项财务数据统计，就可以与员工激励相挂钩了。我们已经找到了六项财务的统计数据，然后又找到了一些增量的指标，如果把这些工作做好，财务的基础工作就算相对比较扎实了。很多企业之所以管理不好，主要和财务能力不足有关。如果财务人员能够及时把各种数据统计出来，那么老板在制定方案的时候，就会有非常好的决策依据作为参考了。

⑧ 基本财务能力需要的配套措施

（1）企业以正式文件形式颁发关于企业核算、企业结算等政策

当有了以上这些企业需要的数据后，财务人员有一个非常重要的工作，就是计算。企业必须以正式文件的形式，颁发关于企业核算、企业结算等政策。规定好各种成本、税收、收入的界定。出台一个由股东、董事会和员工共同认知的成本核算、工资细则等，以正式文件的形式下发，让其更具有稳定性。

大多数高管的流失，都是因为企业制定政策不稳定，公司的承诺没有兑现，让他们产生了失望情绪。最后，有能力的人都辞职不干了，我们把这种现象叫作企业的稳定性出现了问题。

（2）财务核算要准、快、清

财务数据要准确、员工收入结算要及时、财务报表要清楚。如果文件是稳定的，是正式文件，下一步就要交给一个重要的部门——财务中心，由财务中心来运行这个文件。

财务中心运行文件的时候，要求做到三个字：准、快、清。财务首先要做到的就是算得准，别算错了；其次是算得快，争取及早告诉员工，他们挣了多少钱；最后是算得清，该发钱的时候，一定要及时发。

这家医疗系统的企业原来也发分红，但它的分红是每年发50%，另外50%留到第二年的6月份再发。我问这家企业的老板为什么这么发，他说是怕员工流失，所以先压一部分钱。但是KPI往往更能留住员工，就算员工要走，企业欠人家的钱，也是要给的。这样的企业，最好把每个月的分红、提成、超产奖、业绩、工资、绩效，包括积分制里的全部计算清楚，统统发到员工手中。其实企业给员工的钱发得越快，反而越不容易造成人员流失。钱发得越慢，员工的负面情绪也就越多。其实，企业不给员工发该发的钱，员工想走暂时也走不了，那他很可能就会破坏企业的物品，或者消极怠工。所以企业拖着不发分红，没有一点意义。

(3) 财务中心是企业的数据部门

财务中心是实施企业一整套原则的重要部门。财务中心要进行企业内所有财务数据的统计和结算，并且进行相关的财务实施。财务实施的数据统计和结算主要的作用是：激励（好消息一定要及时通报）、管理（通过数据分析对各个组织、机构进行判断，为企业高级管理人员提供决策参考数据）、交付（及时结算与发放员工收入）。下面具体说明一下这三个重要的作用。

第一个重要作用，激励。由于财务部门掌握了企业所有的财务相关数据，所以要及时地去实施激励。财务不但要对数据进行有效传播，还要通过一定的语言去激活员工。因为一般人对数字都比较敏感，好的数据对人的激励作用非常大，会让人兴奋的时间更久。

第二个重要作用，管理。财务分析具有一定的预警作用。通过财务分析，企业可以评判出哪个机构好，哪个机构不好；哪个机构要注销，哪个机构要扩张。通过预警，达到组织的整体管理，为企业的高级管理人员提供有效数据——作为员工工作能力的判断依据。比如，哪个管理人员因为多次违反成本原则不能用了，哪个员工是制度的破坏者绝对不能用了，哪个员工或机构因为效率好一定要重用，等等。

第三个重要作用，交付。员工的收入都是从财务领来的，我们把这项工作叫作交付。除了基本的财务职能之外，在企业的改革过程当中，财务还起到了排头兵的作用。进行所有改革都要先提高财务的能力，否则企业改革不了。提高财务的能力，会增加企业的各种管理深度，这时再进行企业的业绩提升和机制提高，简直易如反掌。

企业要进行组织系统的改革，首先要做的就是帮助调研并分析企业的问题。分析完成后，再提出目标，让财务提升能力，是组织系统改革的一个非常重要的前提。

二、企业流程改革

❶ 做好流程改革，企业需要考虑的几个问题

企业在改革的时候，必须得把流程的要素区分清晰。一家企业经营中所发生的一切核心动作，叫作流程。一家企业最先有的一定是商业模式，有了商业模式后才会有产品。产品内部也有一套流程，流程开始之前一定要有目标，目标定清楚了，就要按流程去执行。如果流程没有搞清楚，不知道在哪个环节出了问题，就会影响到企业最终的经营质量。

（1）管好节点区分

在企业改革的时候，第一个要考虑的问题就是节点。企业的流程可以分为段、节、点。一个段分为好多个节，一个节又由许多个小点组合而成。所以在企业设计经营流程的过程中，第一个问题就是先看总共有多少段，每个段里有多少节，每个节里有多少点。采用段、节、点进行区分，其中段代表一个大流程，节代表一个小流程，点代表流程中的一个环节。

比如我们做饭时，买菜是第一段，洗菜整理是第二段，炒菜是第三段，吃菜是第四段。我们可以把这个过程中的第一段买菜分为好多节，在具体买的时候又可以分为很多点。所以做好一桌子可口的饭菜，是由好几个段、无数个节、无数个点共同组成的。企业管理的每一个过程把控，就是对每个段、节、点的把控。

（2）节点指标要清晰

企业一定要在每一个节点当中有清晰的指标。大部分做不好事情的人都有一个特征，并不是能力不够，而是他们在重要节点，要么没有指标，要么在想其他事情。

比如你做销售的时候，天天在想家里有个鱼塘要去养鱼；你在写作的过程中，天天在想自己将来有了钱，要去买一辆跑车。虽然干着这件事，心却

早就跑到别的地方了,这样不但把当下工作的时间占用了,而且想干的其他事情也会干不好。

企业考核指标不精准,会导致员工的工作完全没有意义。有的员工在工作的过程当中不用心,虽然他的双手在工作,但他的脑袋在"打游戏",他的目标与他当下的工作完全不统一,更不会为工作而奋斗。所以每一个节点都要有清晰的能够达成的考核指标。

(3) 明确责任人

谁来为这一段负责,谁来为这个节负责,谁来为这个点负责,都需要落实责任人。只有明确谁来负责,企业效率才会提高。一家企业只要把流程设计出来,明确责任人,那么企业接下来的运转问题就不会太大。

(4) 确定客单价

我前面提到过,客单价对于企业来说非常重要。所以企业在进行流程改革时,也得重点考虑一下客单价的问题。客单价代表了一定时期内顾客的平均交易金额,和销售额、顾客数密切相关。通过分析客单价,企业就可以知道在流程改革时需要增加和砍掉哪些环节,更精准地做出判断,为正式的流程改革奠定好基础。

❷ 绘制新流程步骤

重新绘制企业的经营流程前,要先找出流程环节中的关键指标。关键指标共有六项,是相辅相成的关系。见图2-2。

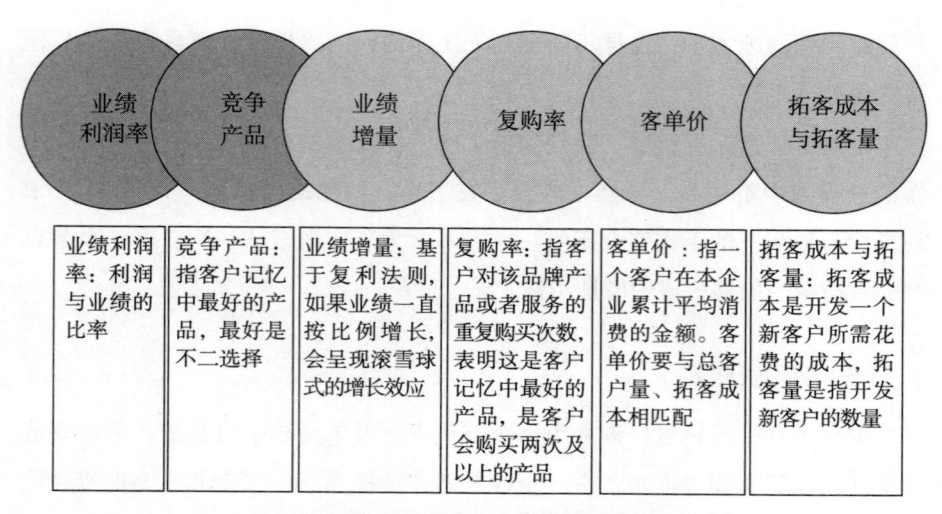

业绩利润率	竞争产品	业绩增量	复购率	客单价	拓客成本与拓客量
业绩利润率：利润与业绩的比率	竞争产品：指客户记忆中最好的产品，最好是不二选择	业绩增量：基于复利法则，如果业绩一直按比例增长，会呈现滚雪球式的增长效应	复购率：指客户对该品牌产品或者服务的重复购买次数，表明这是客户记忆中最好的产品，是客户会购买两次及以上的产品	客单价：指一个客户在本企业累计平均消费的金额。客单价要与总客户量、拓客成本相匹配	拓客成本与拓客量：拓客成本是开发一个新客户所需花费的成本，拓客量是指开发新客户的数量

图 2-2 企业经营流程中的六项关键指标

综上，要提高业绩利润率，必须提高竞争产品的数量和质量；要提高产品的竞争力，必须提高业绩增量；要提高业绩增量，必须提高客户量、客单价、复购率；要提高客户量，必须增加拓客量、降低拓客成本。

❸ 企业新流程梳理

由此，我为这家医疗系统企业设计出了新的经营流程。见表 2-1。

表 2-1 企业新流程设计

节点	指标	责任人	客单（元）
网络推广	拓客量	销售经理	500
微信公众号推广	挂号量	销售经理	100~2000
电话约号	满约率	院主任	无
前台检查与问诊	档案质量	前台	100~2000
门诊	门诊人数 医学能力 业绩增量 投诉	当值医生	无，并入前台

（续表）

节点	指标	责任人	客单（元）
检查	检查准确性 档案	检查主任	视实际情况而定
诊断与治疗	失误次数 医疗能力 治疗客单价	当值医生	视实际情况而定
理疗	本环节总利润 本环节总业绩	理疗主任	费用计入治疗内
药品与器械	本环节总业绩	药房长	费用计入治疗内
培训学堂	培训学费收入 再购买业绩	培训师	50~200
回访	复购率 业绩	销售经理	无
网上商城	商城毛利润 业绩增长率	销售经理	200~20000

注：
- 满约率：指实际到达的人数/电话预约的人数
- 医学能力：需要通过胜任模型去评估
- 失误次数：以月和年为单位统计

在客单价中，诊断与治疗、检查、前台检查与问诊、微信公众号推广这几项，是针对一个顾客所花费的同一项费用，而非累计费用。

（1）对企业流程进行审计，删除不必要的环节

想让企业每个环节、每个产品都赚钱是不现实的，但如果能设计好企业流程，就能找出企业的隐性产品。企业最赚钱的产品往往是隐性产品，是顾客根本感觉不到我们赚了钱的产品。流程中的段、节、点，一定要设计清楚。做好这些设计，才能找到企业的问题，找到责任人、指标和客单价，才能知道要去掉哪些环节，增加哪些环节。

有些人去医院看病，首先要看医院的名气，医院越大，排名越靠前，去看病的人就越多。而小医院的核磁共振没人排队，拍片子很容易，但是看片子需要高水平的医师，如何能让人们知道我们医院的水平高呢？为此我们增

加了很多相应的环节。

A. 网络推广

很多人现在都习惯上网搜索医院的信息，我们就可以在相关搜索网站上填写医院的资料，并进行一些有针对性的说明，让患者能在第一时间发现我们，并对医院的特色有所了解。

B. 微信公众号推广

除了常规的推广手段外，患者关注医院的微信公众号，还可以在上面直接挂号，微信公众号的挂号系统与电脑的挂号系统是相通的。

C. 电话约号

以前我们到医院看病要跑好几趟，现在基本上都可以提前预约。以后会更便捷，检查完以后，自己用手机就可以接收报告了。

D. 前台检查与问诊

前台有一个非常重要的工作，就是给病人做一个小检查，包括测血压、量身高、体重，再问问有没有过敏史。病人在前台挂完号，前台可以先进行初步的问诊、填表，帮助医生初步了解病人的情况，医生看到凭证表，至少能节省 60% 的前期了解时间。

E. 门诊

医生的时间是宝贵的，一个医生明明能看 30 个人，最终却只看了 5 个人，主要原因往往是无效问话太多，需要提高效率。提高效率的一个非常重要的办法，就是把某领域具有高价值的人的一些无效工作转移给别人去做。比如我认为我最擅长的是讲课，那我最好是除了讲课以外，其他活都尽量交给别人干。所有的人都干一样的活，时间浪费太多，效率也会很低。

F. 检查

医生在门诊对病人的病情有了一定的了解后，一般都会开单子让病人做更详细的检查，以便更加精准地确定病人的病情。检查这个环节主要是对设备的要求比较高，设备的准确性越高，医生诊断的正确率就越高，治疗的效果就会越好。

G. 诊断与治疗

诊断与治疗中又分为几种情况，比如有一种是打一针，吃几包药，病就好了，但是有些病症后续还需要观察、理疗、住院等。

H. 理疗

如果病人的病情比较严重或者复杂，就不能用简单的治疗方法了，而是要用更为专业的理疗方法。

I. 药品与器械

治疗之后，有时还需要用到药品、器械作为辅助治疗手段。

J. 培训学堂

医院这种机构，一个医生一次只能对一个病人，是一对一服务，其余的人必须在外面等着。我们这里增加了一个培训学堂，让医生也有一个培训师的身份，比如每个人交50元钱就可以听一堂健康讲座，如果多一些健康学堂，就能帮助更多的人了解到健康知识。

K. 回访

病人治疗完回家以后，医院要对病人进行定期回访。

L. 网上商城

网上商城的销售形式叫网销。

综上，我给这家企业设定了非常重要的流程节点，把它所有的经营做成了一个流程，分别是网络推广、微信公众号推广、电话约号、前台检查与问诊、门诊、检查、诊断与治疗、理疗、药品与器械、培训学堂、回访、网上商城。

从网上来，到网上去，由此形成了一个闭环，客户就会不断地带人进来，增大这个循环，这就是流程设计。很多企业的流程设计不成功，关键就在于不是一个闭环。

（2）对应流程的各个点，找到相应的指标

做完流程以后，第二个重要的工作就是做指标。我们在做指标的时候要把这些流程点全部画出来，根据企业的实际情况，去掉没用的、重叠的流程。

删减以后再看节点。一家企业画出流程以后，基本上会淘汰其20%的人。比如我给一家医院做咨询的时候，首先就淘汰了一些科室。很多医院以为开一些流行的科室，就有利润了，其实不是的。科室首先要配备很多检查设备，还要配备医生和相应的护士，甚至有些还要有相应的床位。流程优化以后，有很多助理级的工作人员就没有用了。

企业优化完流程以后，要找到岗位中的核心考核指标，指标不要太多，一两个就可以。找到以后，企业就明白接下来的动作是什么了。

A. 网络推广

网络推广对应的指标是拓客量。网络推广的目的主要是开发新客户的数量。这里的考核指标不要那么复杂，只要拓客量就可以了，即开发了多少个新客户。

B. 微信公众号推广

这里对应的指标是挂号量，就是指通过微信公众号挂号的数量。

C. 电话约号

这里对应的指标是满约率。比如我们今天坐诊的医生有7个，平均每个医生看了多少个病人，就会有一个非常重要的指标：满约率。

其实电话约号本身就是一个问诊。医生需要把黄金时间留给病情比较重的人，把其他病人的时间错开，进行有效的时间调配。电话约号的效率是直接在门诊挂号的效率的一倍。如果是已经来看过病的人，就可以提前和他协调好合适的时间。

D. 前台检查与问诊

这里有一个非常重要的指标，叫档案质量。病人的档案做得越详细，医院的效率越高。这个档案对内部的人员是有公开授权的。哪些人可以看到全部档案，哪些人可以看到部分档案，都是有标准的。

E. 门诊

这里有四个指标：第一，门诊人数，就是门诊的病人数量；第二，医学能力，需要胜任模型鉴定；第三，业绩增量；第四，投诉。这四个指标也就是医院的主要利润源。

F. 检查

这里包含了检查准确性和档案两个重要的指标。检查的核心问题是准确性。目前医院 90% 的检查都是用机器完成的，比如检查尿酸、胆固醇、高密度蛋白、低密度蛋白、甘油三酯、血糖、血压等，误差率很小。容易产生误差的是 X 光片、三维的 CT 和核磁，这些检查是立体的，不但对设备要求高，还对看片的人的技能、耐心和责任心要求很高。

G. 诊断与治疗

首先，要有失误次数指标，用月和年去统计，而不是天。如果一家医院一天内失误几次，那问题就大了。其次，要有医疗能力指标。最后，要有治疗客单价指标。一般的公立医院，有一个非常重要的指标就是能不让病人花钱就不花钱。民营医院也是一样，并不是让病人多花钱，而是要给病人匹配最佳的治疗方案，让病人少花钱就把病看好是最好的。所以这里核心指标设计的目的，就是要将治疗的单价与核心的价值成本、付出的成果匹配起来。

H. 理疗

理疗有两个指标：一个叫总利润，就是理疗领域当中的总利润；另一个叫总业绩。个人考核一般强调的是业绩，并不是利润，因为利润最终还要减掉成本，而公司一般是可以控制成本的。

I. 药品与器械

这里考核的总业绩不是指这家医院的总业绩，而是指药品与器械方面的总业绩。现在很多医生有一个心理障碍，觉得向病人推荐商品和器械是在向病人直接要钱，不符合医德。

对医生来讲，第一，要有医德；第二，要注意成本；第三，要把病人的病看好。我跟医生说："医生本身就是帮助延长别人寿命，提高别人健康水平的，你要先放下这个包袱，民营医院赚钱也是应该的，但不要乱赚钱。看病匹配成本，这个是肯定的，但是不能浪费。"

J. 培训学堂

培训学堂里要有培训学费收入指标、再购买业绩指标。后者就是在培训课堂上，可以卖一些有助于病人恢复健康的产品，比如营养品等。

K. 回访

回访的指标有复购率和业绩。这两个指标理解起来比较容易，就不展开详述了。

L. 网上商城

在网上商城售卖东西，包含了毛利润指标和增长率指标。

我们通过节点，就找到了对应的指标。这家企业的指标包含了拓客量、挂号量、满约率、档案质量、医疗能力、业绩增长量、检查准确性等，其中有两三个是能力指标，一两个是定性指标，其余大部分都是定量指标。

（3）找到流程各个点对应的责任人，实现"责任归位"

我们要做的第三个重要的工作，就是找到流程各个点对应的责任人。

一般企业中对应的责任人是销售经理。医院一般没有销售经理，可以成立销售部，销售部不是直接卖药，而是帮助医院做策划。销售不能过度，但又不能没有销售。所以销售经理要有一个非常重要的尺度标准和工作责任指标。

以这家企业为例，网络推广这件事情由销售经理来做，微信公众号推广对应的责任人也是销售经理，电话约号的责任人是院主任，前台检查与问诊的负责人是前台，门诊的负责人是当值医生。还有，检查是由检查主任负责，诊断与治疗是由当值医生负责，理疗是由理疗主任负责，药品与器械是由医药的药房长负责，培训学堂是由对应的培训师负责，回访是由销售经理负责，网上商城也是由销售经理负责。这样，找到了责任人，做到责任归位，目标实现起来就变得简单了。

通过把销售经理、院主任、前台、当值医生、检查主任、理疗主任、药房长、培训师等的责任全部归位，院长就算是真正得到解放了。

（4）计算流程各个点的客单价

客单价只是大家参考的价格，比如网络推广一般是500元；微信公众号推广一般是100~2000元；电话约号暂时不用设计客单价；前台检查与问诊是100~2000元；门诊不用花钱，因为它和前台是一样的；检查费用、药品和器械费用要根据实际情况而定；理疗和治疗一样，费用视情况而定；培训学堂是50~200元的客单价，单独一个人来学习，跟一群人来学习，成本是不一样的；回访客户不花钱，所以不设置客单价；网上商城的客单价是200~20000元。

（5）找出关键指标

有几个指标需要深度了解一下：拓客成本、客单价、复购率、业绩增量、竞争产品、业绩利润率。这几个指标看似非常简单，但对企业影响非常大。

A. 拓客成本

主动销售型企业的拓客成本是非常重要的，要考虑开发一个新客户需要花费多少钱。为什么大量的互联网公司最后破产了，原因就是它们的拓客成本特别高，但是赚的钱非常少。

小黄车（ofo公司）为什么不赚钱？它投资一辆自行车才几百元，但是前期需要做大量推广，挖一个客户来扫码的单人成本就已经很高了，据我揣测不会低于100元。有人来扫它的车，就会产生定金，它用定金去理财，但是理财赚的钱解决不了企业经营的问题，它得靠产品本身挣钱。小黄车拓客成本是100多元获取一个人，假设骑一次1元，那得骑100次才保本。它是不会赚钱的，主要的原因就是它的拓客成本非常高。另外，还有技术服务，平时的毁坏残损、维修、人工等成本加在一起。

B. 客单价

小黄车花了大量的钱做广告，发现每次骑车和坐公交车都需要1元钱。一辆公交车可以坐很多人，并且只要一个司机，车也特别耐用，即使这样公交公司都不赚钱。而小黄车一次只能一个人骑，骑完随手一停，这样它怎么能赚钱？所以除了顾客数，客单价也非常重要。当然客单价不是越高越好，客单价太高和客单价太低都会影响客户对产品选择。比如价钱越高，客户的群体越稀有，这时客单价一定要高一些，才能与客户数量匹配。

C. 复购率

熟客和生客的成本不一样。今天你在网上看到一家饭店，大家的评价不错，于是你去吃了一次。其实你去吃一次，商家背后已经提前花了很多钱了。比如需要策划、做广告、拍图片和视频，到媒体上做推广，这样你才看到这家饭店，才想去吃一次。这和熟客直接去消费的商家的成本是不一样的。

所有的企业经营，都是尽可能地服务好现有客户，因为他们是熟客，熟客在消费的时候，商家的成本是最低的。所以要想办法提高复购率，千万不能做一锤子买卖。因为一锤子买卖，把口碑弄差了，没有转介绍率，甚至给商家带来负面的评价，问题就更大了。

D. 业绩增量

为什么业绩增量重要，这跟复利法则有关。举个例子，20年前我大学毕业，给自己定了一个目标，希望每年的业绩增量至少超过50%。我今年挣1万元，明年就要挣1.5万元，后年应该是2.25万元，大后年是3.4万元。第5年的时候，只要业绩增量保持住50%，就可以挣到5万元，这就是复利法则推导出来的结果。转眼间20年了，平均下来我的年收入增长率为50%。虽然当年的基数很小，但是收入确实达到了年年增长的目标。

企业必须也得思考业绩增量的问题，大家千万不能觉得自己一家门店一年干多少是多少。社会的经济活动在不断增加，如果一年销售额有1亿元，在20年前你就是大企业家，而在今天可能什么也不是。

E. 竞争产品

竞争产品不是技术水平最高的，而是客户记忆当中最好的。你有没有听说过做组织系统培训第二名的是谁？股权培训讲得好的第二名是谁？演讲培训做得好的第二名是谁？一家企业必须要在客户记忆当中成为其第一选择，甚至最好让客户没有第二选择，没有代替方案。这样的企业在行业中的发展才是有竞争力的。

企业竞争产品的指标非常重要，代表了你的企业到底能不能成为客户的最佳选择，如果不能，要思考自己的问题在哪里。

F. 业绩利润率

业绩利润率就是利润与业绩之间的比例。我曾经见过拥有60亿元业绩的企业，利润只有600万元。我们培训行业有一家企业一年做了3亿元的业绩，也只有300万元的利润，这就叫利润占业绩的比例非常低，这种企业非常危险。

所以企业要不断地拉大利润与业绩之间的比例，解决的办法是提高竞争产品的数量。只要有足够的竞争产品数量，就能拥有定价权。提高竞争产品数量的办法是提高业绩增量，因为业绩增量提高了，企业就会有钱来做产品的投资、研发和策划；提高业绩增量，就是提高企业的复购率；提高复购率，就是有竞争产品，可以提高客单价。怎么样才能提高客单价、增加我们的客户量？就需要从众多客户中间选择优质的客户。

这六个指标是相辅相成的关系，我们会把它们分解到企业的各个流程环节当中。只有了解了这些指标，才可以找到企业的核心指标。

（6）设定考核指标

一般企业会考核如下指标：第一个是利润；第二个是业绩，业绩在考核中排第二，而不是第一，也就是说有利润，业绩低点也可以接受；第三个是增长量；第四个是客户总数；第五个是交付数；第六个是产品的业绩比例。这六个指标背后对应的，都是薪酬设计。我们要想到用什么样的激励手段，能让这六个指标变得越来越强大。

千万不要认为流程只是走过程，其实真正的流程设计，是要结合当下企业的发展模式，去优化企业相关的产品，帮助企业实现发展目标。

三、企业机制改革

❶ 机制改革的步骤

企业机制改革可以分为七个步骤,见图2-3。

第一步	对企业产品进行分析
第二步	目标设定
第三步	基于目标和指标的要求,设计对应机制
第四步	设计各岗位的薪酬结构
第五步	设计各岗位的工资比例、提成比例与分红比例
第六步	套用企业数据进行测算,修订薪酬方案
第七步	试行并完善薪酬方案

图2-3 企业机制改革步骤图

(1)第一步:对企业产品进行分析

在企业发展的过程当中,一定要考虑到企业的产品设计,它和薪酬、流程、营销有很大关系。我4年前接手这家医疗系统企业,当时企业的业绩只有2000万元,现在业绩将近2亿元,原因就是我对这家企业的产品做了重新的梳理和设计。下面来看一下产品设计在医院里的应用逻辑。

这家企业原来对效率的认知仅有治疗效率,而实际效率应该由治疗单价、床位及最后产生的总利润构成。

以前在医院里有一个最为重要的产品,就是治疗。比如眼科,最挣钱的两个产品一个是白内障手术,另外一个是近视眼的激光治疗。于是治疗在医生的眼里往往是核心产品。但是现在,医院有一个非常重要的目标,就是效率,很多人认为效率无非就是把治疗的个数变多,把单个的治疗周期变短。

他们认为效率就是靠治疗实现的,通过床位数乘以单价,就能得出一个治疗周期的总利润。现在这种理念是行不通的。

对这家企业的改革应考虑进行双线效率改革,分别为交付效率和销售效率。

交付效率是对医院的产品进行分析,延长产品线,由只关注治疗变成检查—治疗—康复,并增加康复产品,提高客单价。

销售效率是考虑互联网影响力,增加网络销售,并为之设计产品。这家企业所设计的网络销售产品有:第一,培训产品;第二,药品类产品,主要是非处方药;第三,用具类产品,供病人在家里进行日常理疗。

我们为这家企业设计产品的过程当中,主要设计了两条线,第一条线是以治疗为导向的,第二条线是以销售为导向的,据此我们做了很多新产品的策划。我到一家企业去做咨询的时候,往往会选择先去考察这家企业的产品怎么样,它的产品需不需要重新进行策划,需不需要增加一些新的产品等。

我们给这家企业设计了一个非常重要的产品,叫作康复。以前这家企业是检查加治疗,现在后端设计了一个康复产品,康复产品的目标就是提高效率。在经营一家企业的过程当中,提高效率的最好办法就是同样一批客户,提高其客单价。

随着时代的发展,online store(网络商店)的规模越来越大,互联网对每个人的影响都非常大。现在我们看病,第一件事情往往不是直接听别人的口碑,特别是像医疗这样比较私密的事情,而是会通过互联网进行查询,所以我们设计了网络销售。

网络销售有三类重要的产品,第一类是培训产品。比如这家企业的医疗产品,有一些是和女性有关的私密产品,于是我设计了一些如何健康生活、如何锻炼身体的培训课程,一年有 50 次课程。课程购买形式有两种,一种是单节课 50 元,另一种是重复听 400 元,大部分人会选择购买后者。

第二类是药品类产品。企业在网上做药品销售,不用太多,做几款就可以了,要有自己的品牌、特色和优势。

第三类是医疗用具,这些用具很贵,钱大多被生产厂家赚走了。想要赚到钱，企业在设计自身管理机制的时候，一定要梳理企业的产品，找到其中利润比较高的产品，作为重点进行推广。

根据上面的产品分析，这家企业的产品总共可以分为六类，一是检查类产品，二是治疗类产品，三是康复类产品，四是培训类产品，五是药品类产品，六是用具类产品。

针对各项产品设计薪酬激励机制，可做如下考虑，具体见表2-2。

表2-2 根据产品设计的薪酬激励机制

产品		对应薪酬
治疗类产品	检查类	提成
	治疗类	分红+提成
	康复类	提成
网络营销类产品	培训类	提成
	药品类	提成
	用具类	提成
		设立超产奖，达到冲刺目标后额外奖励

一家企业的薪酬设计一定不要太复杂，特别是民营企业。培训产品对应的薪酬设计非常简单，就是提成。我们以三个重要的薪酬结构设计为导向，第一是提成，第二是分红，第三是超产奖。超产奖就是超过一定增量以后，企业对这个群体的员工进行更大规模的提成，制定更大规模的定额奖金。

（2）第二步：目标设定

企业设定的目标主要包括：

第一，利润：指按照企业的规定所核算出来的利润，利润=（业绩-成本）×持续性。

第二，总业绩：指所有产品（包含服务产品）所带来的业绩。

第三，增长量：指本年度较上一年度的增长量。

第四，客户数量：指有足够多的客户量，并占用客户足够多的时间。

第五，就诊数量：就诊数量=客户数量×频率。

第六，产品业绩：指各类产品的业绩。

第七，服务业绩：指由服务所带来的业绩。

在产品设计环节，我们要从产品的维度上去看如何解决问题。产品设计比较清晰了，接着就会进入目标阶段，就是企业该怎样设计目标，目标和薪酬该如何对应。经过分析，我们为这家企业设置了六个指标。

第一个指标是利润，第二个指标是总业绩，第三个指标是增长量，第四个指标是客户数量，第五个指标是就诊数量，第六个指标是业绩。

什么是客户数量？比如我发现，荣威这个品牌的汽车保有量在逐渐加大，它生产了一款电动汽车，售价18万多元。电动汽车的市场里面，首先比亚迪、北汽新能源等车的价格都相对比较便宜，有一部分人会慎重考虑电动汽车的品质与价格，可能就不会考虑这些品牌。但是高端的电动汽车比如特斯拉，特斯拉Model X大约是100万元，相当于一辆奔驰GLC 63S的价格。中间价位还有一款车是蔚来，在30~50多万元，而荣威这款18万多元的电动汽车，价钱合适，定位非常精准，所以它的市场占有量很大。未来谁占有顾客的数量越多，谁就占有市场。

消费主义，是最近很火的一个词，奶头乐理论（Titty Tainment）里就谈到了消费主义。我们很可能是别人挣钱的工具，会被各个品牌吸引，一天24小时，被谁占用的时间越多，为谁创造的财富就越多。比如你的24小时，有5个小时在看苹果手机，那就说明苹果公司从你身上挣钱了。因为你要下载各种软件，你的各种软件产生了各种流量，都会形成苹果公司的利润链条。

就诊数量这个指标等于客户数量乘以频率。

业绩主要是指产品业绩，还有一种业绩叫服务业绩。

把指标做出来以后，企业的第一个重要问题就是怎样去实现这些指标。你要记住，所有的利润都是人干出来的，最终计算创造的利润，一定是这个人创造了多少利润，而不是这个技术或产品创造了多少利润。

（3）第三步：基于目标和指标的要求，设计对应机制

基于目标和指标的要求，我们做了对应机制设计。见表2-3。

表 2-3　与目标和指标对应的机制设计

指标	目标	机制项	要素	对象
利润	让大家关注利润，尤其是核心人员	分红	1. 让核心成员与老板形成利益共同体 2. 持续稳定的安全感（要求企业政策的持续性和稳定，机制的底层逻辑要能支撑 5~10 年） 3. 突破式成长（领头羊，通常是老板需对自身有极高的标准要求，带动其他人成长、共同突破）	核心人员
总业绩	让所有人都关注业绩	提成	1. 通常用毛利润的 35% 作为提成，包含个人提成、管理提成、坏账或物耗成本 2. 在此基准线上，需调研同行提成比例，决定是否调整提成比例	直接营销人员，职能部门人员
增长量	让业绩有持续性	超产奖	1. 需要先设定冲刺目标（较正常目标高，需要充分发挥潜力才能实现） 2. 超产奖形式多样化，包含利润增量超产奖、业绩增量超产奖、客户增量超产奖、就诊增量超产奖	所有业绩型人员，含管理者
客户数量	关注引流	积分	客户数量 × 业绩 = 积分	所有的直接业绩型人员
就诊数量	关注引流效率	提成	按次数进行提成	门诊医生
产品业绩	关注单项产品业绩，小组织盈利	提成	按所对应的产品业绩提成	销售经理
服务业绩	关注服务产品业绩，小组织盈利	提成	按康复所产生的业绩提成	康复经理

A. 利润与分红

这家企业出现一个问题，理疗师与理疗机械师的工资差额较大。企业有了理疗设备以后，需要有人去操作，但是理疗师能挣很多钱，机械师没挣到多少钱。机械师有意见怎么解决，需要给他涨工资吗？其实不用的。比如原来用这个手法，理疗师能挣 10 分，后来又做了一个项目，是器械类的，也能挣 10 分。为什么操作器械的人收入低呢？因为器械本身有折旧，有耗材，所以器械对 10 分的治疗的贡献是 6.5 分，操作的个人贡献只有 3.5 分，用器械的个人收入与不用器械的个人收入是 3.5：10。所以当使用器械越多的时候，个人的收入反而会降低。

要想实现企业的利润增长，就必须得想办法创造利润。创造利润，有一个非常重要的逻辑，就是让人关心利润。利润等于业绩减去成本再乘以持续性，那么要想算出利润，就必须让所有的人，特别是几个重要的负责人与利润挂钩。这个重要的动作叫作分红，这也是企业要做分红的主要原因。

分红的第一个重要原则是让核心成员与老板形成利益共同体。第二个重要原则是企业的稳定性与安全性，也叫持续稳定的安全感。

比如有培训机构和咨询机构高薪挖某企业的一名总裁，结果他没有动心，原因是该总裁10年来相对比较稳定，除了有利益共同体因素以外，还因为企业给了他持续稳定的安全感。这里有一个要素在起作用，就是企业政策的稳定性和延续性。企业的制度就怕经常改变，虽然我主张改革，但是我在改革的过程中有一个非常重要的理念，要么不改，要改就一定要做好底层建设，争取5到10年不做大的改变。

有一种公司，员工非常容易辞职，往往是因为公司的老板心态不是透明的，他每天想什么高管不知道。出牌应该出A，结果老板总是出B，明天大家猜他可能会出B，结果又出了A，这种情况就导致了企业持续稳定的安全性出现了问题。长松公司的几个高管，为什么工作十几年了都相对比较稳定？因为企业政策是稳定的。大家的收益政策稳定，遇到问题同吃苦共患难，在一起工作靠谱。有很多企业家，一不高兴就改革、换政策，时间长了，大家不知道他在想什么，也就失去了安全感。

第三个重要原则是突破式成长。几个高管在一起合作，一定要有一个领头羊，这个人对自己的要求是最高的，一把手比二把手、三把手学习得还慢，肯定不行。一般来说，一个团体里要有一个能带动大家的人，他动一下，大家就知道往哪个方向发展。

一家企业核心高管的凝聚，在于形成利益共同体、拥有持续稳定的安全性，以及突破式成长。企业一定要有一个核心团队，利用分红的模式让大家形成利益共同体，带领企业共同发展。

B. 总业绩与提成

提成是用百分比去计算。核算业绩提成非常有意思，它有两个重要的指标，第一个指标是毛利润，第二个指标是同行。一般达到毛利润的35%左右给提成。为什么要考虑同行？举个例子，比如毛利润35%的产品，售价100元，成本是80元，这里的成本不代表企业的经营成本，就是指营销成本，那毛利润是20元。20乘以35%，那么这个提成标准就是7元。这7元里面包含了管理奖和员工的提成，并且还要考虑一个非常重要的要素，就是欠款。计算出7%的提成比例之后企业会发现一个问题：员工达到7%的提成比例企业才能挣钱，但是为什么同行企业的员工有10%的提成比例就可以赚到钱？那就得去调研，同行企业是不是把某个产品当成了不挣钱的产品，专门用来引流，或者同行企业是不是在这个阶段搞促销？如果同行企业的价钱不是因为在引流，也不是因为阶段内促销，还一直用这个方法的话，它最终会破产。

使用业绩提成的包含了两类人员，一类是直接营销人员，一类是职能部门人员。

C. 增长量与超产奖

企业需要一个增长量。除了有利润和业绩以外，我们还希望企业逐步变大变强，把企业的潜力挖掘出来。所以在这里有非常重要的一个设计：超产奖。超产奖要有冲刺目标，这也是超产奖与业绩和利润最大的不同。

冲刺目标不是日常的目标。举一个例子，你每天要走6000步身体才能相对比较健康，这就叫目标，不久后你实现了这个目标，但是你的身体还有一些小指标不好，那怎么办呢？如果你想让你的身体变得更好，必须要加大训练量，比如进行力量训练，或者通过游泳进行心肺训练。那么这些训练指标，就可以定位成冲刺目标，健身动作就叫超产量，健身次数多了就奖励一下自己，这就叫超产奖。所以你日常走6000步是不会奖励自己的，这是你应该做的，但是你一星期健身了5天，就要奖励一下自己，这就叫作超产奖。

超产奖几乎适合所有业绩人员，包括管理人员。超产奖有很多种类型，比如利润增量超产奖、业绩增量超产奖、客户增量超产奖、就诊增量超产奖。除了上面列举的这几种超产奖外，其他指标也都可以做超产奖的指标。针对不同的人，就可以制定不同的超产奖目标。超产奖目标一定要结合企业的实际情况制定。

D. 客户数量与积分

客户数量会影响积分，积分会影响员工的基本工资。工资设计有两种方案，第一种方案往往会有以下几个点，比如全勤、学历、冠军奖、纪律奖、技能奖、年终奖等。第二种方案是积分制工资。我更建议企业用第二种方案。

举个例子，比如生产员工有一个工资的阶梯，累计生产了多少产品以后，工资会增长，具体级别分为100元、150元、300元、450元、600元、800元、1500元、2500元。积分制工资的指标非常少，一般来说最高不能超过三个，如果只有一个的话，那一定是业绩。

比如一个营销人员，累计销售了300万元以后，每月的工资涨150元；累计销售了1000万元以后，每个月再涨300元，我们把这种方法叫作积分制。它的最大好处就是，你在这家公司业绩越高，公司肯定越不想让你走，同时你也不会走，因为你已经有了这么多积分，可能已经一个月比别人多1500元底薪，别人4000元底薪，你是5500元。走的话积分会清零，如果有一天你再回来，还要重新进行积分。另外，还有学历积分，学历积分也有一个算法，它与总业绩基本上是20%比80%的关系，也就是说，这个积分会影响底薪，但只影响到20%。那需不需要其他的积分呢？也可以，与人才、创新、系统有关的指标都可以做积分。

当然，从本质上来讲，还是要做好自己的业绩，做好业绩你的工资就会越来越高。回过头来说，为什么积分与客户数量挂钩？因为客户数量本身就是一个业绩，只要是客户，一定是在我们这里花钱了，这相当于业绩积分。业绩会影响我们的工资，客户数量乘以业绩，就能换算出这个积分，积分制比较适合直接业绩型人员。

E. 就诊数量、产品业绩、服务业绩与提成

在就诊数量方面，是以次数来进行提成。一般来讲，门诊的医生会用这种方法。

产品业绩用的也是提成，比较适合于销售经理。服务业绩用的也是提成，适合康复经理。

以上，就是这家企业的考核与薪酬之间的逻辑关系。表2-3中有希望达

到的目标，有要付出的具体努力方向。表2-3很重要，是长松组织系统非常核心的一个内容。任何一家企业都得先梳理核心的目标，就是企业要做什么。很多时候，辅导师给一家企业做了调研和一套方案，却发现老板没有实施。因为老板内心对这些目标没有完全认同，他们只是在咨询的过程当中没有反对，这就相当于是做了无用功。一个优秀的老板，目标必须得清晰，并且一定要进行量化，需要填上具体数字，再进行薪酬设计的动作就简单而有效了。

（4）第四步：设计各岗位的薪酬结构

设计各岗位的薪酬，首先要把各个岗位罗列出来，之后再进行具体计算。

第一个，总经理。总经理的工资包含了固定工资、医诊提成、分红和超产奖。

第二个，销售经理。销售经理也有固定工资，如果有绩效工资，刚开始改革的时候，就用业绩乘以30%作为绩效考核。一般来讲，从来都没有做过绩效考核的企业，我建议把销售经理的业绩乘以30%作为标准。销售经理的工资结构是固定工资＋业绩提成＋分红＋超产奖。

所以这两个人的工资结构有一点不同，是技术的提成和业绩的提成的区别。

第三个，康复经理。他的工资是固定工资＋业绩提成（指康复业绩提成）＋管理奖＋超产奖。康复经理没有分红，这是他跟销售经理和总经理最大的不同。

具体计算公式如下：

管理层：以总经理为例，其薪酬结构为固定工资＋医诊提成＋分红＋超产奖。

业绩型岗位：以销售经理为例，其薪酬结构为固定工资＋销售业绩提成＋分红＋超产奖。

交付型岗位：以康复经理为例，其薪酬结构为固定工资＋康复业绩提成＋管理奖＋超产奖。

职能型岗位：以财务岗位为列，其薪酬结构为固定工资＋绩效工资＋业绩总提成+超产奖。

（5）第五步：设计各岗位的工资比例、提成比例与分红比例

这一步就是针对各个岗位的工资比例、提成比例和分红比例进行有针对性的设计。设计时，企业需要根据自己的实际情况合理分配，不能图省事，直接照搬其他企业的比例数字。

（6）第六步：套用企业数据进行测算，修订薪酬方案

我们分别做了四类岗位的工资结构，得出的结果完全不一样。当你的企业做出工资结构以后，需要做一个比例，接下来要做测算，怎么做测算？很多企业的薪酬结构做得不合理，也没经过测算，就发工资了，结果工资高的高、低的低，员工相互做比较，意见很大。

这一步就是套用企业数据进行测算，修订薪酬方案，修订率通常在20%以内。

（7）第七步：试行并完善薪酬方案

薪酬方案可先局部试行，后期仍需不断完善。

比如企业推出一个新产品，会定一个提成体制，但是其中的整体逻辑是不变的。每新出一个比例，就要做一次测算，要根据前几年的业绩、增长量、员工实际收入，一项一项测算。测算完以后要做非常重要的修订，看看哪个地方需要调整，一般修订率会在20%以内，然后再公布企业的工资结构，工资结构公布以后，就可以去做具体设计了。

❷ 薪酬框架设计方案

表2-4是我为该医疗系统企业重新设计的薪酬框架方案。

表2-4　企业薪酬框架方案

薪酬项	数额	办法	学习
工资	4000~20000元	（1）高低工资制，设定最高和最低项，中间的薪酬分布基于岗位价值量进行计算，此种方式通常为资深咨询师使用 （2）战略薪酬制，不拘泥于行业规则、独立设计一套评估机制。优秀的企业其薪酬机制往往异于同行业大部分企业，但此种方式对设计者要求较高 （3）调研制，基于岗位价值量，在同行业或同地区进行薪酬调研，计算出各岗位薪酬，此种方式较通用	（1）岗位价值 （2）价值薪酬设计
提成	测算总提成比例，再分解成个人业绩提成和管理奖（按同大同缩原则）	（1）员工级别，通常分为实习级、普通级、高级，个人业绩提成与级别对应 （2）管理奖，指由于管理所产生的提成，是管理者培训、帮助员工获得业绩所得的收益 如：总提成18%，分为： 实习员工个人提成12%+管理奖6% 普通员工个人提成14%+管理奖4% 高级员工个人提成16%+管理奖2% 经理个人提成18%+管理奖0% （3）考核	营销组织薪酬
分红	尽量不超过33% 如CEO10%+副总5%+总监3%+经理/高级医生2%+职能0.5%	（1）分红是为了激发核心成员的动力和潜力，通常CEO+副总的小组织仅需对6~7人分红即可。大组织需先拆分成分红15%+总监3%，经小组织再进行分红 （2）将总分红比例分解到各岗位，个人系数＝价值量系数×其他系数	组织分红
超产奖	视各岗位性质而定	（1）在原比例基础上提高，如超出冲刺目标，目标提高到原比例的130%、150%、200%，超产奖也会跟着提高比例，视企业情况进行选择 （2）定额奖金，如超出冲刺目标后直接奖励现金××元 （3）多一个薪酬指标，如客户量超过冲刺目标后，超过部分每个新客户奖励10元 （4）物质奖励，如购车、旅游等	薪酬结构

（1）工资

这家企业在南方的一二线城市，工资的设计是4000~20000元之间。工资该怎么算？一家企业当中的工资算法一般有几种：第一种方法，高低工资制。即企业在制定工资的时候，会制定一个最低工资和一个最高工资，中间的工资要用岗位价值量去衡量。高低工资制，就是用最低工资乘以岗位价值量，最高工资乘以岗位价值量，算出来的数值就是工资的范围，中间按比例算，一定能算出均值。但高低工资制不是所有企业都适合，它特别适合业绩型的企业，也叫业务型企业。这种企业的基本工资并不是员工收入的主要部分，员工的工资可能占30%~40%，60%~70%是浮动工资。

第二种方法叫战略薪酬制。长松公司跟同行业中哪一家企业的薪酬体系都不一样，是我自己独立设计的一套薪酬体系，即推翻行业当中的所有规则，重新设计的薪酬体系。一些特别厉害的企业会用战略薪酬制，比如华为的小湿股，英特尔公司的多种股权的激励机制，这种薪酬机制推动着它们成为卓越的企业。

第三种方法是调研制，也叫薪酬调查制。什么叫薪酬调查制？就是同行业不同地区调研，同行业同地区调研，同地区不同行业调研，用岗位价值量乘以调研的系数，最后算出企业薪酬的一种方法。

我一般希望企业用第三种方法，主要原因是第三种方法设计的薪酬和同行业的误差一般不会太大，并且能得多数员工的支持。

（2）提成

提成该怎么做？我们首先要考虑几个问题：

第一，员工级别。只要牵扯提成，就一定会有员工的级别，没有员工级别的提成是不科学的。不同级别根据业绩总量的高低，提成比例会不一样，当然基本工资也不一样，因为还有积分。一般来讲我们会分三个级别，实习级、普通级、高级。级别设置不要太多，三个就可以了。比如业务员这个岗位，可以分为实习业务员、业务员、高级业务员，其中高级业务员和代经理是一个级别。

第二，管理奖。凡是有人就要有管理，凡是有管理就要有利益，凡是有利益就会有比较，所以管理奖与员工的提成比例是最难做的。比如实习业务员来到长松公司，我们给他的提成比例是12%，管理奖是6%，那么他的经理就直接拿走6%。经理主要任务就是培训实习业务员，帮助业务员通往下一个比较高级的阶段。

第三，考核。考核的杠杆需不需要呢？我建议大家变一下提成的基数，不用销售额提成，而用毛利或用其他提成。如果你能做到 A 标准，就按 A 考核制度 A 提成标准；如果你能做到 B 标准，就用 B 考核制度 B 提成标准。业务团队的考核一定要简单，能立刻算出每个人的收入。

（3）分红

在分红当中，我们要注意几个细节。第一，分红是为了激发核心人员的动力和潜力，所以分红不要搞形式主义。一般来讲，一家小企业的分红人员就是 6 到 7 个人。第二，大企业会分成无数个小企业，小企业再分给 6 到 7 个人，比如这家企业的分红 33%，给 6 到 7 个人，按价值量算出比例去分就行了。价值量乘以一定的系数，就是加权系数。工资的级别越高，分红比例就会越高。一家企业分红最多的是董事长，因为他的系数不但高，还有加权。如果非要给一个比例的话，一般来讲，总经理分 10%，副总分 5%，总监分 3%，工程师管理者和技术型的人员分 2%，职能管理人员分 0.5%。

（4）超产奖

超产奖一般是按提高比例计算。比如分红原本是 10%，超过一定目标之后就可以拿 13%，或者 15%、20%。一般来讲，超产奖不适合用太多的标准，选一个固定比例就行。

另外，要设置定额奖金。超过目标以后，这个月就奖多少钱，有 X 标准、Y 标准、Z 标准，不同的岗位用不一样的定额标准。

或者，可以多加一个指标，比如超过冲刺目标以后，分红继续，同时，超过多少客户量，一个客户奖励 10 元。

❸ 机制改革效果

任何一套薪酬机制都有优点和缺点，很难完美。如果能好处大于坏处，好的效果大于不好的效果,那么企业就能比过去进步。

经过一系列的改革和设计,该医疗系统企业年度营业额从 2000 万元增长到 2 亿元,除了此方案设计得与企业的需求相匹配以外,该企业老板与各中高管秉持信念坚持进行改革也是极为重要的。

Part ③

企业目标规划

一、目标规划制定方法

人类大脑的记忆遵循遗忘曲线，随着时间的推移，记忆也会逐渐淡化，从而导致目标感缺失。因此，企业在年初制定了年度目标，一般在4月份左右大家就会淡忘，需要重申目标，调整其中不合适的部分，然后进行考核。

长松公司有名员工叫张君纳，是2007年毕业的。算起来她是长松公司的第8位员工，属于元老级人物。在长松公司没有成立之前，我曾是康普森公司的董事长，她曾是康普森公司的总裁办助理。那个时候，张君纳一个月的工资是2750元。我跟张君纳说："你要定挣钱的目标。"她问我："我要怎么定目标？"我说："你要定一个月至少挣5万元的目标。"她一听非常惊讶，说："我能挣5万元一个月？我想都不敢想。"我说："你就定这个目标，往这个目标努力吧！"平常我很少跟她交谈工作，但是我们每年都会做一个复盘会。到2017年的时候，她的月工资到了5万元。

如果她不定这个目标，可能10年后工资还是没什么变化。要想挣到钱，就必须提高自己的能力；要想提高自己的能力，就必须主动学习。

挣钱有三个维度：一是理财，二是通过平台挣钱，三是个人挣钱。这三个维度需要三种能力，但能力不要乱学。我们要记住，自己现在学的知识一定要和目标有关。要形成能力，首先要专注，然后要复盘，最后要行动。所有的事情都要看因果，一定要记住是你干了一件不可替代的工作才会有钱。

你每完成一个项目，就要复盘一下，总结自己的经验教训。比如你做某项目管理时，发现自己的知识不够用了，如果不增加自己的知识、提高能力，那么你的项目就不会有业绩。某领域的知识不够用，会倒逼着你自己去成长，去了解相关事物，去了解挣钱的能力，然后专注一件事情，能力就会不断地提升。你的业绩好了，个人收入就会好。个人收入好，才可以与各种平台合作，与各个分子公司合作，收入就会变得更高。这时候你的收入就变成两项：一项是个人的能力收入，一项是平台的能力收入。有了这两项收入以后，你可以从中拿出一部分进行理财，挣钱的能力就会变得更强。

在长松公司，我会把公司最挣钱的岗位罗列出来，号召大家努力成为这几个岗位中的一员。我鼓励大家用 5 年左右时间，成长为长松公司最能挣钱的岗位上的员工。我们长松公司的辅导师、大课老师、咨询师、分子公司总经理、项目负责人这些岗位都是比较赚钱的，员工自己要先确定好目标，然后按照这个目标往前走，刚开始可能容易找不到方向，但是坚持 5~10 年后，员工就可以找到适合自己的正确方向。

❶ 企业制定目标的来源

企业的目标有 50% 的因素是由老板决定的，有 10% 的因素是由财务负责人决定的，有 30% 的因素是由营销和产品等部门的负责人决定的，有 10% 的因素是由 CEO、CTO、COO 共同决定的。见图 3-1。

图 3-1　企业目标的人员划分

假如一个老板偷懒，安排财务说："你把企业明年的目标定一定。"那么这家企业的目标肯定会出问题。一家企业定目标的时候，作为老板要非常清楚目标定得准不准，有没有意义，有 50% 的责任在老板头上；因为财务要提供给企业清晰的数据，所以财务负责人也要承担 10% 的责任；各分子公司的负责人并不定公司的目标，而是定公司的子目标，每一个子目标和总目标是相辅相成的关系。定了总目标，子目标实现不了也不行；子目标没定，总目标也实现不了，它们是互相影响、彼此关联的存在。

❷ 制定目标的维度

我们在制定目标的过程当中，一般会参考三个重要的维度。

第一，挣钱；

第二，成长；

第三，发展。

这三个维度在不同的阶段，重要性是不一样的。有人说："我去公司上班，就是为了成长。"我认为这是非常错误的观点。一个不能挣钱而只能成长的平台，是不值得待下去的，能挣钱是一个平台最基本的目标。

Part ③ ‖企业目标规划‖

为什么有些公司打着让员工成长，甚至发展的旗号招聘，因为这些公司往往本身挣不了钱，自己没有利润，也就没有办法分给员工钱，只能美其名曰让员工成长。一家公司能挣到大钱，往往在于在当下这个阶段，公司的目标包含了下面这三大维度：挣钱、成长、发展。很多人错误地认为，发展第一，成长第二，挣钱是不重要的。很多合作伙伴都曾对我说："跟你合作，我不要工资都行，我就是冲着你这个人来的。"这种人其实不用考察，会被我直接排除掉。我觉得这种人假得很，不符合人性，我知道他想让我重视他，但是他说错了话。如果他说："我要跟你合作，第一，跟着你能够挣到钱；第二，我也有能力让你挣到钱。"我会马上就说："咱俩谈谈。"因为我也关注挣钱，给公司创造利润，就是首要目标。

挣钱为第一维度，指标包含业绩、成本、利润、预收款、融资、市场扩张、新品业绩。

成长为第二维度，指标包含建设系统、开发新市场、专利、提高财务能力、建立销售流程。

发展为第三维度，指标包含增长率、竞争产品、行业排名、客户满意度、市值。

虽然企业在不同阶段，目标是不一样的，但我们都得先把三大维度中的重要指标进行归类。大部分的企业之所以挣不到钱，就是因为指标太混乱。比如建设系统很重要，但前提是主要目标不能丢。

企业的目标按时间来分，一般分为5年目标、年度目标和月度目标。5年目标，我们把它叫作"使命"。年度目标叫"目标"。月度目标叫"任务"。

一般在制定目标时，制定2~5个目标就可以了，不要太多。其实，员工和老板关心的维度是不一样的。比如关于企业年度目标怎么做，当我的听众是企业全体员工的时候，我就要讲什么叫发展，什么叫挣钱；当我的听众是职业经理人时，我就要讲应该怎么制定目标；当我的听众是一个小组织的管理者时，我就要讲小组织如何和一个大企业互生。原因是我的听众发生了变化。

为什么有的年轻人非常迷茫？原因就是他只能看到他的目标，看不到他的使命。按道理来说，目标、使命、任务是要同时拥有的。我认为我自己就是一个有使命的人，我的使命是通过我总结整理的管理系统，让更多中国民营企业拥有管理系统，能够活得更持久，盈利能力更强。所以我一站到讲台上，就有一种使命感，会马上信心百倍，活力十足。

我们不能光有任务，没有目标，或只有任务和目标，没有使命。不管你在哪个位置上，都得有使命，就是要找到自己的价值是什么。

企业在制定目标的时候，首先要考虑企业这5年干什么，这主要是指企业存在的行业价值是什么。比如长松公司已经发展了10年，在这个10年，基本上实现了我们的价值，帮助企业建立起了管理系统。那么我们下一个5年的目标，一定要有清晰化的方向，就是帮助其他企业建立起管理系统。

不确定使命的企业家，是无法号召别人的。长松公司提出过"帮助企业建立管理系统，建立中国营销大学""让中国的企业更受尊重""解放老板，系统托管"等口号，员工们一听就热血沸腾，而且干劲十足。

现在很多年轻人看不到自己在公司存在的价值，只看到了自己挣钱的目标，这是不行的。目标的三个维度同时进行，才是最有效率的方法。

❸ 年度目标制作流程

做目标要有一定的流程，这个流程中有一套比较成熟的技术。见图3-2。

Step 01 为经营分析会做准备
Step 02 确定责任人
Step 03 相关责任人准备工作计划
Step 04 召开经营分析会
Step 05 制定企业目标所需参考工具

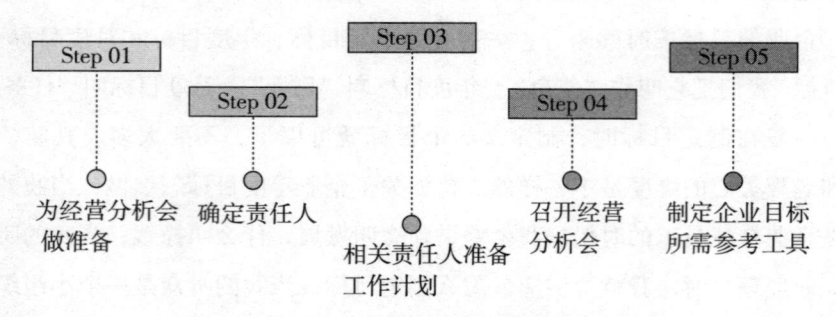

图3-2 年度目标制作流程

（1）为经营分析会做准备

做目标的第一个重要流程，就是要为经营分析会做准备。

经营分析会的准备工作包括财务数据准备、业绩分析准备、参会人员确认、开会时间确认、任务分解确认、目标责任书准备。

一般企业目标规划有三个重要的时间节点，分别为每年 10 月份开始思考第二年的战略目标；每年 12 月份制定第二年年度目标；次年 1~2 月份进行人才盘点。

制定企业目标要形成节奏，不能在战略上懒惰，要在该定战略的时候定好，该盘点人才的时候盘点好。作为一个优秀的企业家，不仅要考虑为公司挣多少钱，还要考虑为公司培养接班人，这样才能让企业基业长青。

（2）确定责任人

企业的重要目标应落实到相关责任人的头上，并作为机制设计和考核的依据。相关责任人一般包含：部分股东、董事、CEO、关键部门高管、财务、HR 等。

经营分析会是一个很重要的会议，参会人员不是来旁听的，而是来帮助做决定的。因为相关责任人的权重要占 50%，HR 要准备第二年人力资源效率怎么提升，财务要准备第二年的投资效率回报怎么做，关键部门高管要准备自己负责的区域业绩怎么做，CEO 要准备企业经营怎么做，董事和部分股东要准备第二年企业的整体规划，这些内容都要在经营分析会上讨论清楚。

（3）相关责任人准备工作计划

准备工作很重要，需要提前搜集大量的资料，让大家有充足的准备时间。相关责任人准备工作计划具体包含：收集相关数据并做出分析、对团队进行盘点、对市场进行分析、评估员工过往的工作效率、与总部沟通新战略和产品规划、获取新资源、制订详细的年度发展目标、提交董事会沟通目标。

其中，目标制定的方式有两种：一种是从上向下制定目标，称为方法 A；

一种是互生目标，即企业由基层向上逐层传递来制定目标，称为方法 B。

企业的目标要变成一个由下往上生发的过程，而不能光靠上面高压的强制措施。有的企业以前制定目标的时候，往往是用方法 A。这种方法问题很大，把所有希望都押到了领导身上。

方法 B 是生发型的，就是组织要生发目标，与战略进行对接，看是否统一。这种互生目标的方法，一般是有限责任公司制定目标的办法。目标与企业的战略不能打压组织，不能让别人有异议。海尔公司就是通过方法 B，形成了大量的 SBU 公司（Strategical Business Unit，指子公司，战略经营 / 业务单位），华为、美的、苹果公司也有很多事业部，它们都采用了这种互生型的目标制定方法。

（4）召开经营分析会

召开经营分析会包括讨论修订目标、确认目标及签订目标责任书。

（5）制定企业目标所需参考工具

一家企业的管理系统必须包含目标、责任、考核、利益，并利用工具进行具体设定。例如：季度复盘图，可以更加清晰企业目标是什么；目标规划图，主要用来制定三级或四级目标，亦是绩效考核的重要参考；组织架构图和关键责任人分配，目的是让权利与责任对等，确定责任人；利益机制图，明确企业如何分钱。

在制定目标的时候，要考虑以上这些重要的因素。从管理的逻辑到目标，到考核，再到权力分配和利益分配，我们得出了一个结论：企业的目标管理系统，第一要有目标，第二要有责任，第三要有考核，第四要有利益。事实上，年度目标流程就是由这四个重要的内容构成的，缺一不可。目标与责任是匹配的，责任必须得经过考核，没有考核的责任会散，没有考核的目标会忘。考核、责任、目标三个都实现了，但是利益不匹配也不行。

二、企业目标复盘

企业目标的复盘包括内容和流程。

❶ 复盘的内容

企业目标的复盘包含以下内容：利润（效率＋危机）、人均效率（效率）、业绩增幅（效率）、人才（效率＋机遇）、创新产品利润（机遇）。

❷ 复盘的流程

企业复盘的具体流程可以分为七个要点。见图3-3。

年度目标：利润（效率+危机）、人均效率（效率）、业绩增幅（效率）、人才(效率+机遇)、创新产品利润（机遇）

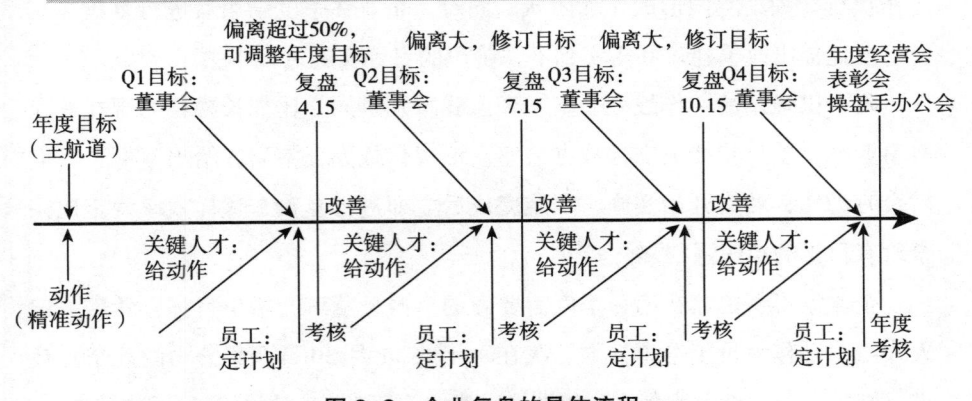

图 3-3 企业复盘的具体流程

第一个要点：年度经营分析会制定年度目标，企业年度目标制定 2~5 个，不要偏离主航道；

第二个要点：年度目标需分解为四个季度目标，关键人才提出相对应动作，员工制订实际计划；

第三个要点：实施后马上进行复盘；

第四个要点：进行考核，与复盘同步进行；

第五个要点：根据考核和复盘结果进行改善，董事会重新制定第二季度目标，改善需逐步进行；

第六个要点：根据第二季度目标，关键人才提出相对应动作，员工制订实际计划；

第七个要点：依据以上步骤完成第三季度、第四季度的目标制定、复盘、考核及改善。

企业制定目标的过程，首先由年度经营分析会开始，一般在上一年12月份召开。企业一年有三个重要的会议，一是战略会，二是目标会，三是人才储备会。在年度经营分析会开完以后，企业家一定要牢记，制定的目标不要偏离主航道。大部分企业最终死亡，都是因为主航道出现了问题。

企业目标规划的实施不要偏离主航道，路径越长越需要坚定目标路线图，我们通常将目标分解至四个季度，由关键人才给出工作目标计划，员工制订工作执行计划，共同形成作战团队。同时，企业在季度结束后进行复盘，有针对性地提出改善建议并落实到下一阶段的目标实施过程中去。

阿米巴强调的"作战办公室"理念我特别赞同。比如长松公司现在有家庭事业部，下一步要成立作战办公室。形成作战办公室后，给出目标，马上就会有动作，然后开始实施，实施完成后立即进行复盘，这样效率肯定比完全没有目标的组织强很多。

企业家得明白，在第一季度需要做的事情是董事会给出目标，然后关键人才给出动作，员工给出计划。我在每年的11月30日召集公司的几个总裁进行网络会议，谁负责什么说得非常清晰，这就叫有计划、有目标的动作。

一般复盘的时间在4月15日左右，是为了看企业这一阶段做得好不好。复盘以后就要进行考核。在下一阶段的活动过程当中，人的成长和经验才能一步一步改善。企业一定要有复盘，如果不检查、不考核、不改善，企业就会像一潭死水，一直没变化，甚至很多老板做着做着就不想做了，最终抛弃自己的企业。

企业第一季度复盘完成后，马上要做出第二季度的目标计划。第二季度复盘的时间是在 7 月 15 日。7 月 15 日，董事会、关键人才、员工的复盘都要做出来。长松公司的董事会由我提出目标，几个总裁马上给出关键动作。有了关键动作，有了计划，大家才会形成共同体。

改善完进入第二个复盘。这样循环坚持下去，企业就会每天进步。企业要进步，个人更需要进步。所以图 3-3，是一个发动董事会，发动关键人才，发动员工，盘活企业所有人的目标复盘流程图。

三、企业年度目标制定

了解了复盘图，企业就要开始做目标。做目标的第一件事情是建立一个目标库。目标库就是企业需要考核的指标。我们要按照 KPI 的考核方法，尽可能地把有可能考核的指标都找出来，一般会有六七十个指标。指标跟指标之间获取的难易程度是不一样的。

❶ 年度目标的归类

将年度目标进行归类，可分为数据类指标、质量类指标、经营核算类指标。具体见图 3-4。

数据类指标，通过 10 个维度评价企业，属于一级指标。例如销售额、利润、竞争产品数量等。

质量类指标，属于二级指标，服务于一级指标。例如售制比、拓客成本、人均效率等。

经营核算类指标，帮助企业从感觉型经营走向核算型经营，属于三级指标，分为企业核算指标和满意度指标。

企业核算指标和满意度指标都属于经营核算类指标。其中企业核算指标，

企业年度目标制定

数据类指标
- 销售额
- 利润
- 竞争产品数量
- 关键人才数量
- 达标子公司/事业部数量
- 专利与著作权数
- 总资金量
- 管理系统导入
- 客户流量与新客户数量
- 竞争产品利润百分比

质量类指标
- 售制比
- 拓客成本
- 人均效率
- 资金有效利用率
- 新员工效率增长
- 业绩增幅
- 企业流量
- 竞争产品排名
- 市值及股价
- 获利项目持续性

经营核算类指标

企业核算身指标（企业无处不核算）
- 人力资源效率
- 资金投资回报率
- 各小组组织核算利润
- 企业内部定价与结算

满意度指标
- 客户评价及满意度
- 爆款产品数量及满意度
- 优秀链接、营销方案及满意度
- 优秀项目投资及回报率满意度

> 企业必须从感觉型经营走向核算型经营

图 3-4 年度目标的归类

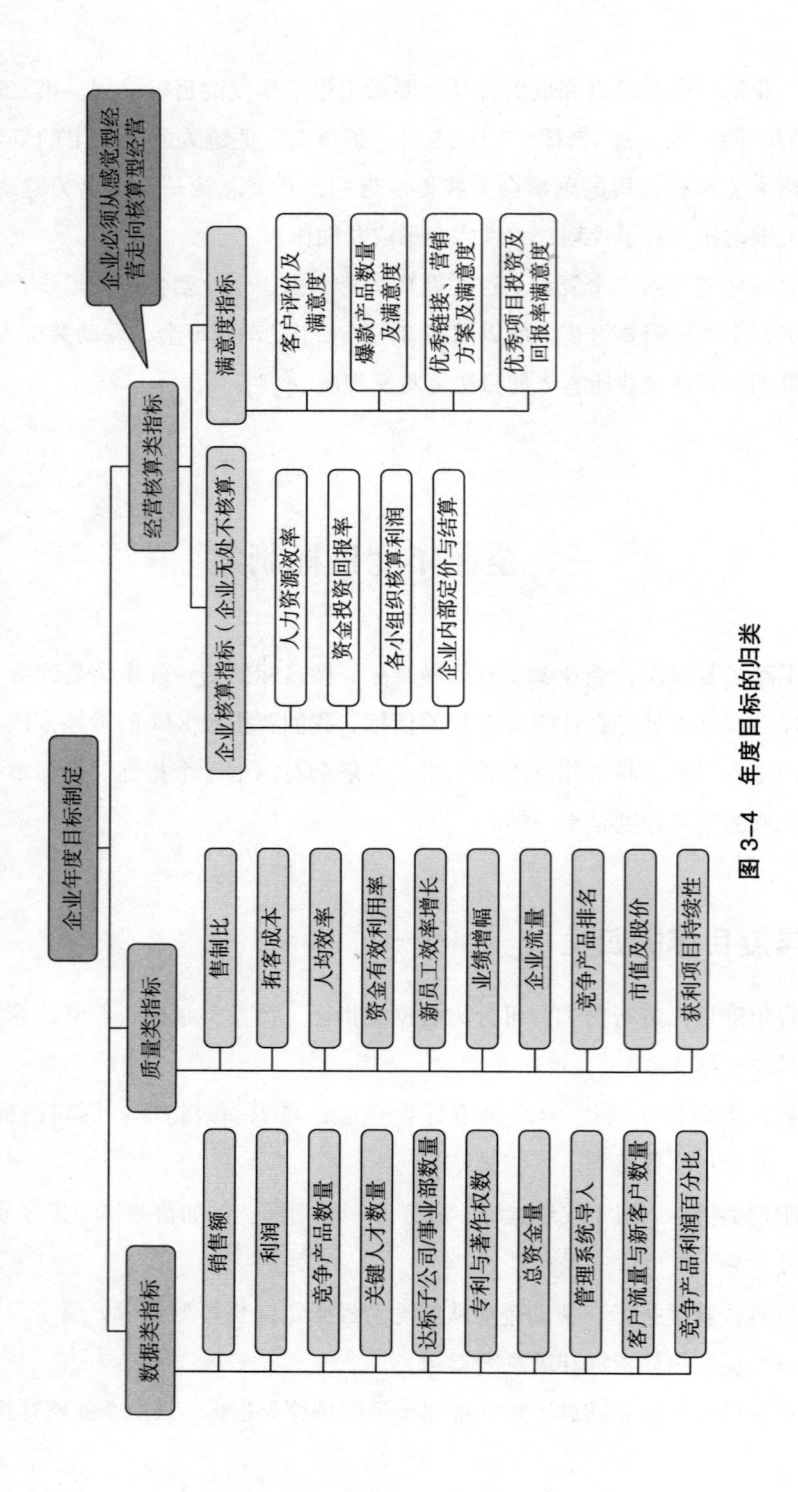

084

有人力资源效率、资金投资回报、各小组织核算利润、企业内部定价与结算。

满意度指标有客户评价及满意度，是针对客户的；爆款产品数量及满意度，是针对分子公司的；优秀链接、营销方案及满意度，是针对运营的；优秀项目投资及回报率满意度，是针对股东的。

在企业经营管理的过程中，所有的指标可以分成两大类：一类是利润指标，即赚钱的指标；另一类是管理成熟度指标。其中，利润指标分为销售指标、成本指标和市场指标；管理成熟度指标分为产品指标、团队指标和系统指标。在一家企业当中，基本不可能完全顾及所有的指标，有可能今年找到的是这几个指标，明年就会找另外的指标，不需要太多。

经营核算类指标本身不产生利润，数据和质量类指标是用来帮助分析它的。就拿业绩增幅这个指标来说，如果企业本身业绩就很少，业绩增幅也是没有意义的。假如企业这周销售额 100 万元，增幅 100% 才 100 万元。另一家企业如果销售额是 3 亿元，增幅 10% 就是 3000 万元，所以两家企业的业绩增幅反映出来的数据完全不同，不能一概而论。

❷ 企业年度目标规划示例

我们将企业经营管理中的指标进行细化，形成企业的年度目标规划图。见图 3-5。

下面我们来详细看一下这些指标。

（1）销售额

第一个重要的指标是销售额。销售额有很多种理解，比如合同额在有的公司算销售额，在有的公司就不算。

第一种销售额是指签了合同就算销售额。比如你的公司与中国铁路集团发生合作，这个轨道归你的公司铺了，你签完合同，就表明基本上拿下了这个合同，你就有了合同销售额。这个销售额是不会跑掉的。

第二种销售额指到达公司账户上的现金。但是这个销售额存在一个问题，别人把钱打给你了，但他还没有消费，这时就不能把这笔钱当成销售额。比如顾客在美容院、理发店办卡，办卡的钱会给销售员提成分红，可能顾客卡里的钱还没消费完，公司账上就没钱了，所以很多美容院、理发店干得长不了，主要的原因就是他们的奖金提成出现了问题。

销售额在长松公司的定义和目标就是指到达公司账户上的总现金额，包含预收款、销售额、销售增长额，其中不含应收款。

每家企业会根据具体的要求做出销售额和利润等指标，在制定的过程当中，我们一般不会只做一个目标，而会做3~4个目标，分别为：保底目标、平衡目标、冲刺目标、对赌目标。

平衡目标就是考核的目标，企业制定标准时是以平衡目标为准的，按照30%逐渐递增。企业还有一个保底目标，因为有的企业在给员工做目标的时候，目标额度总是往上跑。比如这个月完成100万元，下个月就会要求120万元，再下个月可能就会定到150万元，不断地往上加。这样的目标制定肯定是有问题的，所以需要有一个保底目标，并规定好一个比例，不能无限制地把目标额度往上升。

（2）利润

利润是指经过核算后可支配的现金。比如一个季度企业挣了100万元，给员工的分红是15%，就得先把这15万元扣出来，剩余的钱才可以拿去买原材料。假如企业把这100万元都用来买了原材料，那么在分红的时候，就要给员工分高一点，因为企业拿着员工的钱去做生意了。企业不能只给员工分15%，剩余的利润中还得再有一部分钱是员工的。

那么剩余的利润是不是分15%？也不一定。因为工厂是企业的，企业可能会多分一点。员工只出了原料钱，企业还要出水、电等成本。有的企业年年没有钱，因为它做100万元的生意挣了点钱，又全部投入到购买原材料里。后面做到400万元之后，因为账上没有现金分不了钱，所以只能把这部分给员工的分红"赖"掉了。

Part ③ ‖ 企业目标规划 ‖

企业年度目标制定

数据类指标

销售额：指到达公司账户上的总现金额，包含预收款、销售额、销售增长额，不含应收款
如要求销售额 4.1 亿元

利润：指经核算后的可支配现金总利润，包含项目利润、投资公司利润、集团总部利润、利润增长
如要求利润 5500 万元

竞争产品数量：指可创造持续利润的竞争力产品数量，通常要求"一大三竞"，即一种排他性产品 + 三种竞争力产品
如最好有 10 种竞争产品

关键人才数量：指引擎岗位的人才数量及关键管理干部的人才数量达标
如要求分子公司总经理 40 人、技术专家 40 人、销售技术专家 40 人

达标分子公司 / 事业部数量：指按公司业绩要求达标的分子公司和事业部数量
如达标事业部 10 个、达标分子公司 25 家

专利与著作权数：指本年度以公司名义申请的专利和著作权数
如每年要求新增专利 20 个、著作权 10 个

总资金量：指总资金量减掉负债后的可调动资金总额
如要求保有资金量 1 亿元

管理系统导入：指组织系统、营销系统、财务系统等
如要求2021年度全面导入组织系统、财务合规

客户流量与新客户数量：指已产生消费的客户流量和新增客户数量要求
如要求客户总量 80000 人、新增客户 500 家

竞争产品利润百分比：指竞争产品所产生利润占总利润的比例
如要求占总利润 20%

质量类指标

售制比：指销售额与制造成本 / 采购成本的比例。快速消费品行业多在 2.5 以上，服务业在 5 以上，工业品在 1.7/1.8 以上
售制比越高，企业毛利润率越高
售制比低的企业，需增加客户流量
如要求售制比在 5 以上

拓客成本：指开发一个新客户所需要的所有成本，包含人工成本、管理费用、公摊及分摊成本、销售费用等
如要求拓客成本从6000元/人降到5000元/人

人均效率：指公司总业绩÷员工总人数÷12个月=月度人均效率
如要求 4 万元 / 人 / 月

资金有效利用率：指年度总投资额（本年度现金投资+已存原料+往年投资折旧）所创造的利润。资金有效利润率=年度总投资额创造利润÷年度总投资额，用于投融资、并购
如要求资金有效利用率达到 100%

新员工效率增长：指新招聘员工较原有员工的业绩效率比
如要求新增员工效率增长在20%以上

业绩增幅：指本年度业绩较上年度业绩增幅
如要求业绩增幅达到 25% 以上

企业流量：代表客户关注度与客户消费量
如要求客户关注度在行业前五、每年新增消费客户 500 家

竞争产品排名：指在行业排名前三的产品总数量
如要求至少 2 个第一名产品，10 个行业前三产品

市值及股价：通常由第三方评估公司市值、股价
如按公司五年规划的市值路径图要求

获利项目持续性：指获利项目的周期长短
如按公司项目 IPD 规划生命周期进行

图 3-5　企业年度目标规划图

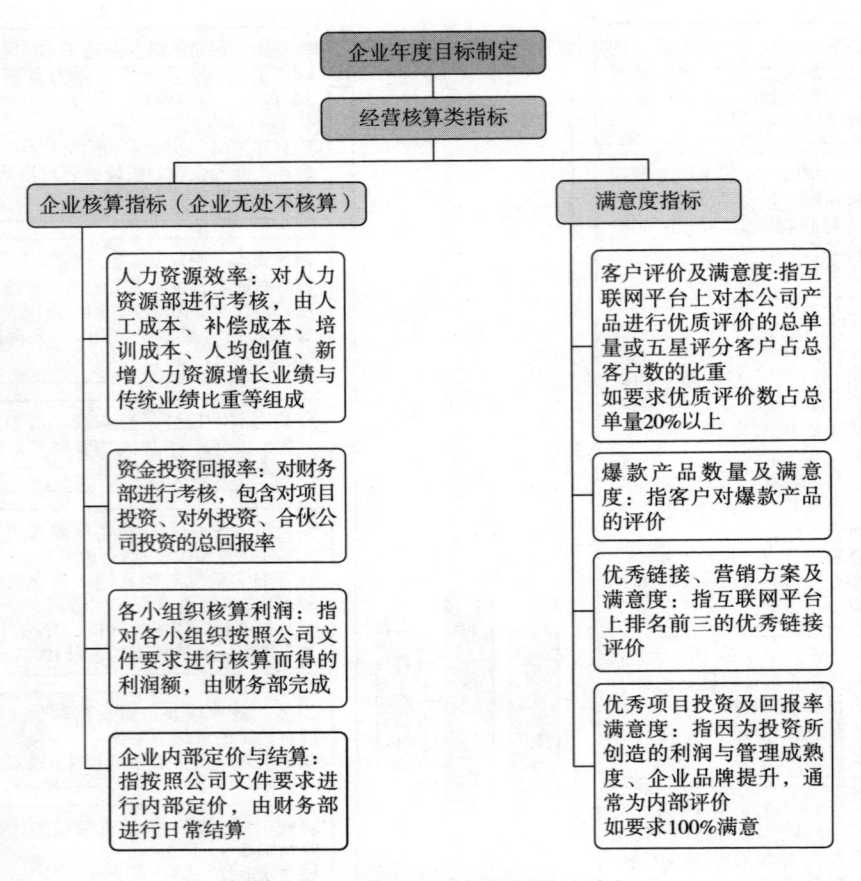

```
                    ┌─────────────────┐
                    │ 企业年度目标制定 │
                    └────────┬────────┘
                    ┌────────┴────────┐
                    │ 经营核算类指标  │
                    └────────┬────────┘
              ┌──────────────┴──────────────┐
   ┌──────────────────────────┐      ┌─────────────┐
   │企业核算指标（企业无处不核算）│      │ 满意度指标  │
   └──────────────────────────┘      └─────────────┘
```

企业核算指标下：
- 人力资源效率：对人力资源部进行考核，由人工成本、补偿成本、培训成本、人均创值、新增人力资源增长业绩与传统业绩比重等组成
- 资金投资回报率：对财务部进行考核，包含对项目投资、对外投资、合伙公司投资的总回报率
- 各小组织核算利润：指对各小组织按照公司文件要求进行核算而得的利润额，由财务部完成
- 企业内部定价与结算：指按照公司文件要求进行内部定价，由财务部进行日常结算

满意度指标下：
- 客户评价及满意度：指互联网平台上对本公司产品进行优质评价的总单量或五星评分客户占总客户数的比重
  如要求优质评价数占总单量20%以上
- 爆款产品数量及满意度：指客户对爆款产品的评价
- 优秀链接、营销方案及满意度：指互联网平台上排名前三的优秀链接评价
- 优秀项目投资及回报率满意度：指因为投资所创造的利润与管理成熟度、企业品牌提升，通常为内部评价
  如要求100%满意

图 3-5　企业年度目标规划图（续）

（3）竞争产品数量

在这方面，我们通常要求是"一大三竞"。据我所知，好多咨询公司到后面都分裂了，为什么长松公司这么多年没有分裂？秘密就是主项目的稳定性。

很多平台型的公司全力培养出一个讲师，结果没过多久老师不在这里干了，平台变成了培养讲师的基地。

所以我提前就对长松公司推出了"一大三竞"法则，"一大"是指具备极强的排他性产品。在中国，针对组织管理系统的培训第二名相当于没有姓名。排名第二的阿米巴培训、销售流程培训、股权改革培训，也都没有姓名。所以企业一定要努力做出爆款产品，成为行业内的第一名。

在组织系统培训中想占据第一名，有两个办法：

第一是和"老二"变成盟友，针对实在打不垮的几家企业，要转变思路，和它们合作。

第二是加快自己进步的速度，让"老二"望而生畏，赚不到钱。

我对自己有一个强制性的要求，每讲一堂课都要做内容更新，让竞争对手永远都跟不上我的节奏。也就是说，等竞争对手开始用我的课件招生的时候，我已经更新了大部分内容。

反竞争策略是一项战略。这项战略最常用的办法是打价格战。你卖1万元，我卖8000元；你卖8000元，我卖5000元；你卖5000元，我白送；到最后可能白送都没人要，拉别人听课都不来听。所以这项战略企业要慎用，对于我来讲，我的课只能越卖越贵。

在企业当中，我们要求的是"一大三竞"，就是一种排他性产品，加三种有竞争力的产品。但是实际上至少要有10种有竞争力的产品，一家企业才会发展得更稳定。

（4）关键人才数量

一家企业的关键人才，并不是指企业的高级人才，而是指对利润影响最多的人才。

长松公司的关键人才分为以下几类：OPP讲师、辅导师、咨询师、大课老师、项目部负责人、分子公司负责人、总监级的高管等。

对于企业的关键人才每年都要有规划。比如我对这几个核心的高管都是有要求的，没有目标，靠自然发展肯定会出问题。

（5）达标分子公司/事业部数量

在分子公司数量方面需要动态管理，长松公司最多的时候有44家分子公司，最少的时候是18家分子公司，这就是一个动态管理。分子公司的数量主要取决于一家公司的发展和国家的形势。我们不能光消耗资金。哪家做得不好就砍掉谁，当然形势好的时候要留下分子公司，因为我们的趋势在扩张，分子公司虽然没有帮公司赚钱，但至少帮公司分摊了成本。所以分子公司数量的多少，要根据公司的战略来调整。

长松公司现在的策略是，达标分子公司的数量保持不变，只扩张代理商。我们最近召开了代理商招商会，又增加了几十家代理商，招商会基本上一个月做一次。代理商的缺点是团队稳定性差，总业绩占比少。但它也有优点，就是我们可以把其中能力强的代理商发展成为分子公司。因为我发现培养分子公司总经理的难度在增加，所以要从代理商那边去整合。

（6）专利与著作权数

长松公司每个月都有大量的著作权、专利权和商标进行申请，这点是其他同类型公司没有的。

中国申请专利数最多的是国家电网，一年大约有6万多个专利，排名第二的是华为。企业将来的比拼就是以专利为基础的综合实力比拼。

（7）总资金量

一家企业要有一定的资金保有量。我在2020年年底制定的目标是第二年公司的资金量要翻一倍，要想翻一倍，必须得刺激营销；要想刺激营销，必须得改善奖励制度。目标想要翻一倍，没有现金流很可怕；想要有现金流，就要减少无效成本，减少无效人员，把无效人员转去做营销，这对企业的动员和战略能力要求非常高。

（8）管理系统导入

管理系统导入分为以下几个阶段：第一阶段，学习理论；第二阶段，制定方案；第三阶段，反复导入。很多人把这个重要的责任完全推给顾问。但是导入管理系统非常难，绝对不是听几堂课就能完全理解并熟练运用的。管理系统每时每刻都在变化，所以要不停地更新知识和方法。我们的目标就是，企业如果初次用的是长松管理系统，那么未来一定要超越长松系统。因为长松系统提供的是一个基础平台，企业通过长松管理系统的学习和成长达到了基础阶段，但这还不够，企业如果想成为一家卓越的企业，就必须拥有创新的能力。

（9）客户流量与新客户数量

企业的一切管理都是围绕客户流量进行的。现在互联网都在拼流量，一家企业最重要的也是流量，人与流量存在一个互动的关系。

（10）竞争产品利润百分比

竞争产品利润百分比与竞争产品数量和质量密切相关。企业要重视开发有竞争力的产品，才能使企业发展得更稳定。那么，怎么知道竞争产品是否达到企业想要的效果了呢？这时就要看竞争产品所产生的利润占企业总利润的比例。如果占比高，说明竞争产品优势比较大，确实是企业的龙头产品。如果占比不如预期，那么就要分析产品目前存在的问题，并进行有针对性的调整和改善，从而有效提高产品的竞争力。

（11）售制比

要想挣更多的钱，企业就要考核售制比，售制比就是销售额与制造采购的成本比例，企业的售制比一般要超过2.5。比如牛奶的售价是1元，用售价除以2.5，就等于它的成本。售制比在2.5以上，企业才可以挣钱，售制比越高越好。

企业光靠利润竞争是没有出路的，小米从上市到现在市值减少了2000多亿元，其中一个主要的原因就是它的低价战略。企业要不断追求售制比，把成本维持在一定的区间范围，当然售价能不能不断地增高，主要考验的是企业家的管理水平。

（12）拓客成本

拓客成本的重要性在前文中已经反复讲过，这里不再展开，企业一定要把这个指标重视起来。

（13）人均效率

总业绩与总人数相除，再除以 12 个月，得到的就是企业的月度人均效率。

（14）资金有效利用率

企业的资金有效利用率太低是很多企业家头疼的事情。我投资了一家企业，一个月融资了大约 4000 多万元，但现在有 70% 的资金闲置，这就是没有有效利用资金的结果。所以企业有一个好的资金理财规划师很重要。

（15）新员工效率增长

如果新增加一批员工，他们的效率比老员工高，就说明这家企业的人力资源结构在提升。

（16）业绩增幅

业绩增幅是我反复提到的一个指标，之前已经讲过，这里不再展开，企业一定要重点考察这个指标。

（17）企业流量

企业流量就是影响业绩增幅的指标，主要代表了客户对企业的关注程度，以及消费量的增长情况。

（18）竞争产品排名

竞争产品排名指在行业排名前三的产品总数量。包括产品的增长情况、行业排名的增长，以及最终的产品排名。

（19）市值及股价

假如长松公司要启动上市计划，那么股价的市值对于我们来说就很重要了。其中，股价的市值通常通过第三方进行评估。

（20）获利项目持续性

在过去的15年里，我们公司的组织管理系统一直在挣钱，这主要感谢国家的红利。

质量类的指标越好，就说明一家公司的产品质量越高，业绩越棒。没有质量的公司，国家政策一变，它很容易就破产了。

（21）效率回报率

效率回报率包含人力资源效率和资金投资回报率，需要通过对人力资源部和财务部进行考核得出。

（22）各小组织核算利润

各小组织利润主要通过企业内部各小组织进行核算，它是对企业财务能力的反映。

（23）企业内部定价与结算

与各小组织核算利润的方法类似，企业的内部定价与结算也要严格按照公司文件的要求来进行，需要人力资源部和财务部合作完成。

这里面有两个指标最为重要：一个是考核人力资源部的，一个是考核财务部的。

很多企业不知道怎么考核，或者考核的都是比较初级的指标，肯定是没有意义的。反过来，针对满意度的指标我觉得前期不用考察，这些都是三级指标，所以这里我没有对满意度指标展开讲解。一级指标考核的是数量，二级指标考核的是质量，都比较重要，而三级指标等企业做大后，逐步去考察就可以了。比如我们第一要追求客户的满意度，第二要追求爆款的满意度，第三要追求优秀链接，第四要追求项目的回报率满意度，加在一起可能就是20多个指标。要实现这20多个指标，第一件事情就是要"泡脑子"，要把理论搞透，明白它们各自都代表什么；第二件事情是作为老板和高管，要厘清重心在哪儿，不能20多个指标都考核，那样企业动作会过于复杂；第三件事情是要精选，考核一定要明确现阶段抓什么。

在商业社会从事企业管理的人，要清楚自己的获利能力在哪里，并集中时间去攻克它。

四、经营流程图分析

下面是我给一家拥有12家门店的国际贸易企业专门做的一套经营流程。这家企业从一天业绩100美金，做到现在一天业绩12万美金，一年业绩几千万美金。我们以这家跨境贸易企业为例，说明企业经营流程图的制作和考核指标的确定。见图3-6。

❶ 企业经营的基本流程

企业经营的具体流程主要有三个：产品流程、供应流程和销售流程。

（1）产品流程

其中，产品流程包含以下环节：

第一，市场调研；

第二，产品策划；

第三，产品立项；

第四，产品标准化；

Part ③ ‖ 企业目标规划 ‖

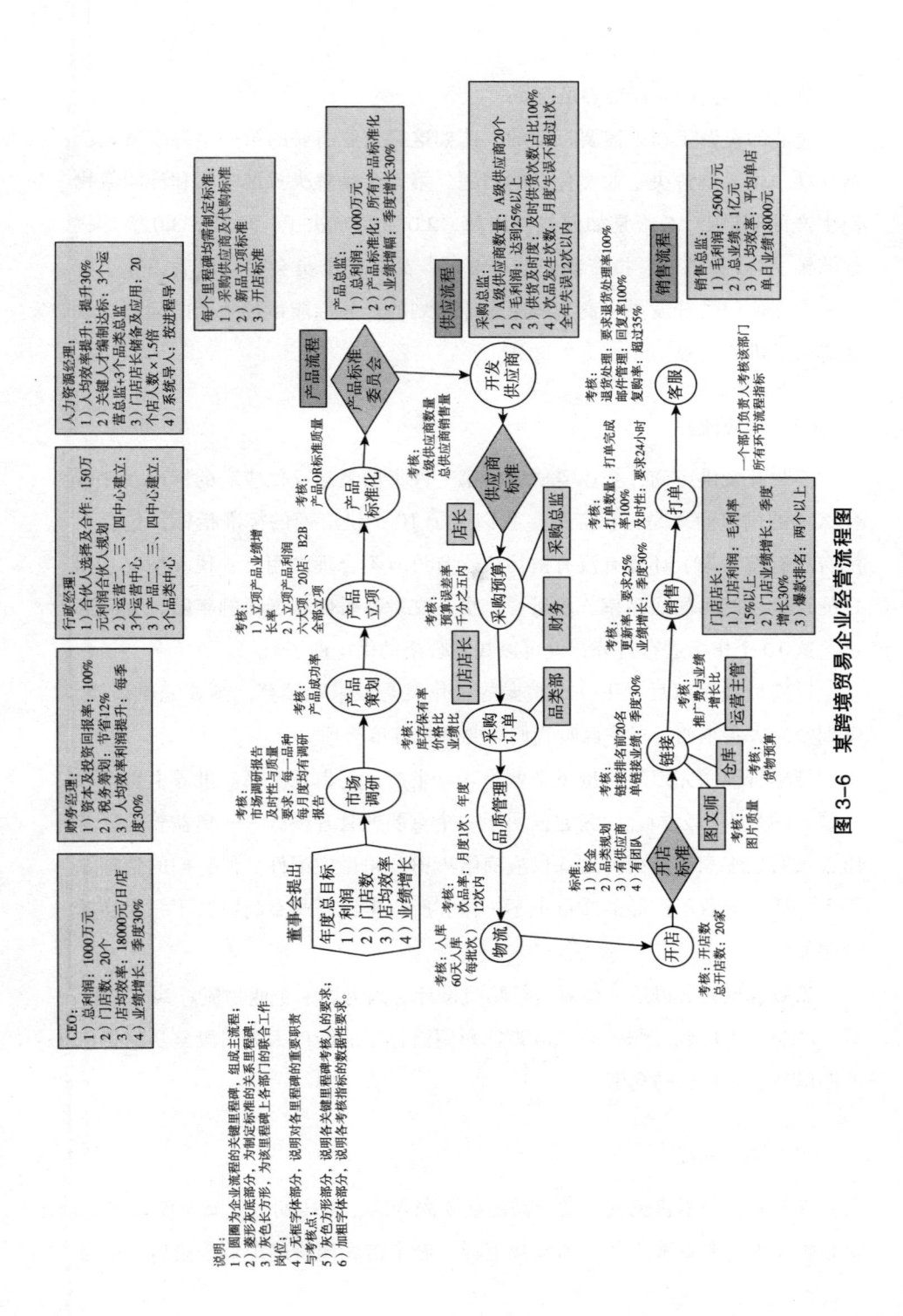

图 3-6 某跨境贸易企业经营流程图

第五，建立产品标准委员会。

企业的经营工作是需要标准的，比如这家企业需要的第一个标准就是产品标准，主要是解决企业卖什么的问题。第二个是解决找谁去买和谁能帮我们生产的问题。1.0版是如何找供应商，2.0版是解决工厂联盟，3.0版是联合营销，4.0版是工厂投资我们的企业。产品标准委员会建立以后，等于有了一个新部门去开发供应商，解决企业策划的产品谁能帮忙生产的问题。这就进入了供应流程。

（2）供应流程

要想开发供应商，企业需要做的第一件事情是建立供应商的标准，知道什么样的供应商才是好供应商。我们定了10个供应商的标准指标，包含厂房有没有被污染、环境有没有被污染、有没有不合理的用工、税收情况、用户的评价、产品的次品率、质量、产量、交货及时性和老板的年龄，我们通过给这10个指标进行打分，就可以找到合格的供应商了。

供应商找到以后，下一个重要的工作就是做采购预算。预算完申请钱，拿到钱后去买东西。买东西时我们需要进行订单管理。

订单管理做完以后，接下来就是紧盯生产，别出现次品。世界上管理数一数二的是丰田公司，因为它发明了一个重要的管理模式——精益管理。丰田公司有好多家供应商，这些供应商给丰田公司供应配件，但它们的管理水平不一样，导致了产品的质量也不一样。所以丰田公司专门设置了一个品质管理部门。

品质管理完成以后，就要进行物流设计。因为这家企业物流总共有三段：第一段是从工厂到广州，第二段是广州到洛杉矶的港口，第三段是从洛杉矶的港口到企业自己的仓库。

（3）销售流程

接下来，是销售流程。卖产品的话要先开店，开店的时候又会面临问题：要有多少人，要花多少钱，消费量怎样。做了市场调研确定消费量后才能考虑开店问题。

下一个重要的工作就是为互联网营销建立链接。链接建立以后开始销售，销售完成以后就是打单，打完单以后发货。最后是客户服务。

流程做出来之后，哪些岗位需要设定，哪些岗位不需要设定，就一清二楚了。我在做企业管理的过程当中，非常喜欢一人多岗，大家共同赚钱，千万不要一个萝卜一个坑。民营企业一定要把流程划分好，把多余的流程都去掉。

流程做出来以后，我们要对每一个流程严把质量关。比如销售没做好，任何一个环节都有出问题的可能。销售不好，没有业绩，可能是选品选错了，也可能是生产的时候有次品，这里面会牵涉到很多环节。

❷ 流程环节中的关键指标

在流程环节中，企业要找到每一个点的关键指标。

（1）产品

从刚开始市场调研流程开始，市场调研的考核指标是市场调研报告的及时性及质量，要求每一品种每月度均有调研报告。

第二步是产品策划，考核的是产品的成功率。

第三步是产品立项，考核的是立项产品的业绩增长率和立项产品的利润。

第四步是产品标准化，考核的是产品 OR 标准质量。

（2）采购

采购从开发供应商开始，在开发供应商的时候，对负责的开发经理有两个指标：第一，A级供应商的数量；第二，总供应商的销售量。

下面就进入了日常买货的阶段，由三个岗位来决定：第一，店长；第二，采购总监；第三，财务。

这三个岗位的考核指标是：第一，预算的误差不能超过千分之五；第二，下订单的时候，店长决定订单品类，但不决定订单数量；第三，他们的考核指标是库存保有率、价格比和业绩比。

（3）品质管理

品质管理中的考核指标主要有次品率，月度不超过1次，年度不超过12次。

（4）物流

然后再到物流，要求必须60天内入库。

（5）开店

开店有以下标准：

第一，公司的利润要达到一定的资金量；

第二，品类要进行规划；

第三，要有供应商；

第四，要有团队。

满足上面这些标准后，我们才可以开店。

（6）销售

销售的考核指标有以下几个：建立链接，每周链接更新要达到25%，业绩的季度增长达30%。

建立链接是多个岗位的责任，需要几个人共同负责。建立链接一般和图文、拍照、设计、小视频、仓库、运营、店长等负责人有关系。比如明明仓库已经卖脱销了，网上还有链接，客户下单购买了产品，结果发不了货，就会被罚款，这种事情出现三次，系统自动就会把店停掉。

这些负责人分别都有考核的指标：图文，考核图文的质量；仓库，考核货物预算；运营主管，考核推广费与业绩增长的比例。像这样做到人人头上有指标，这个流程才是正常的。

（7）打单

现在打单大都已经自动化，只要顾客下单，就会自动打单。这个岗位的负责人首先要监督打单有没有完成，其次要看贴单是否准时。虽然现在大部分企业都是自动发货了，全程都不需要人工操作，但这个过程要有人盯着。因为只要打错1单，后面所有的单子都会跟着打错。所以需要有一个人盯着打单过程，抽空检查一下，大货小货基本上都能判断出来了。

（8）客户服务

对于客户服务我们想达到的目标是：退货处理率要达到100%，邮件管理回复率要达到100%，复购率要超过35%。

（9）流程的循环

再往下是再开一家新店，考核的是开店数。

有的企业产品做得特别棒，但卖不出去；有的企业很会卖东西，但产品品质很差，卖两年客户就丢完了。这是因为这些企业并不懂得如何把经营流程拿出来剖析，从而想办法提高整体质量。

企业家可以先把经营流程图画出来，然后再进行相关的合并或拆分，做到每一个岗位都有意义。

❸ 考核的步骤、岗位和标准

接下来，找到这些流程的关键负责人，比如销售流程的关键负责人是销售总监、门店店长。

关键负责人主要有CEO、财务经理、行政经理、人力资源经理、产品总监、采购总监、销售总监和门店店长。所以第一轮考核的是这八个关键负责人。

（1）门店店长

决定这家企业利润的重要岗位就是门店店长，所以我们要专门对门店店长做绩效考核。考核的指标有：门店利润，要求毛利率要超过15%；门店业绩的增长，要求季度增长30%；爆款产品的排名，要有两个以上爆款产品。

（2）销售总监

销售总监的考核指标如下：第一是毛利润，第二是总业绩，第三是人均效率。这家企业要求今年的毛利润达到2500万元，总业绩达到1亿元，人均利润单店一天突破18000元。

（3）采购总监

采购的负责人是采购总监。采购总监的考核指标如下：第一，A级供应商的数量要有20个；第二，毛利润要达到25%以上；第三，供货及时度达到100%；第四，次品发生次数，月度失误不超过1次，全年失误不超过12次。采购总监下面有几个岗位，比如物流、品控、采购和预算等。对老板来讲，重点还是考察总监。

（4）产品总监

产品总监的考核指标有：第一，总利润，达到1000万元；第二，产品标准化，要求所有的产品都要标准化；第三，业绩增幅，每个季度利润要增长30%。

（5）人力资源经理

对于人力资源经理，有以下几个考核指标：

第一，人均效率提升。这家企业要求人均效率每个季度提升30%，人均效率的效率比，既可以按照年度考核，也可以按季度考核。

第二，关键人才编制达标。比如这家企业要求3个运营总监和3个品类总监要通过猎头获得。

第三，门店店长的储备及应用。比如要求20个店，店长储备人数是店铺数的1.5倍。

第四，系统的导入。除了招聘人才以外，人力资源经理还要负责一部分企业经营管理系统的导入工作，帮助企业顺利导入系统。

（6）行政经理

行政经理的考核指标有：第一，对外寻找合伙人及选择合伙人，要求150万元利润合伙人规划；第二，建3个运营中心；第三，建3个品类中心。

行政经理主要负责资源整合，即对内关系和对外关系的整合。这家企业的行政经理最初由这家企业的老板亲自兼任，后来专门交给一个人去做。

（7）财务经理

财务经理的考核指标主要有：

第一，资本及投资回报率。这家企业要求资本及投资回报率达到100%。就是我投1000万元今年要挣1000万元，投700万元今年要挣700万元。

第二，税务筹划。这家企业要求税务筹划节省12%。

第三，人均效率利润提升。这家企业要求每季度提升30%。

人力资源经理、行政经理和财务经理，这几个岗位都属于职能部门的负责人。财务、人力资源和行政是绑在一起的。他们的主要作用是来支持其他岗位和职能部门的。

（8）CEO

CEO的指标特别简单，是所有指标的总和。

CEO的指标包含：

第一，总利润：要达到1000万元；

第二，门店数：要达到20个；

第三，店均效率：要达到每个店一天18000元；

第四，业绩增长：每季度增长30%。

这里的业绩增长与其他关键负责人的业绩增长其实是同一个指标。他们的考核指标有部分是重叠的。

第二轮考核时每个岗位都要考核，有以下几个重要的标准：第一，开店标准；第二，供应商标准；第三，产品标准。这样，我们就把这家企业的流程全部做出来了。

流程做完以后，我们下一个重要的工作是召开全体员工会议，进行流程的修订，看看有没有不合理的地方。修订完以后，召开目标经营会议。依据去年做的结果进行分析。做完这些以后，开始进行指标的梳理。接下来，就是和这些关键的高管进行面谈。面谈完，再下一步就是财务算出精确的目标，每个店需要实现多少利润。然后开始进行员工培训，培训完以后制定出绩效考核表，再把考核表指标填到目标责任书里面。最后一步，就是签订目标责任书，正式进入考核的环节。

Part ④

企业组织架构

一、组织架构图的作用

组织架构是组织内部分工协作的基本形式，规定了管理对象、工作范围和上下级联络事宜。通过组织架构图可以看出企业的管理幅度、集权分权、分工协作、上下级关系等。

组织架构是企业组织系统建设的非常基础的工作，也是企业经营的一个非常重要的板块。有了组织架构，我们才去设立部门，通过部门和岗位的设置来确定每个人的工作量、工作流程及工作成果，最后转化到招聘、培训、薪酬、考核及工作效率上面。

组织架构图主要包含以下三个方面的作用。

第一，让每一个员工知道自己在工作中的位置和应该承担的责任；

第二，综合考虑管理幅度等因素，可以让人力资源更好地进行人员配置；

第三，清晰上下级隶属关系，包括工作汇报及任务分配对象。同时，便于跨部门的沟通协调。

二、组织架构图的顶层设计

组织架构从某种意义上来讲，属于企业的顶层设计。既然谈到顶层设计，就要考虑一家企业在发展过程中应该遵循的总目标是什么。一家企业的顶层设计包括很多方面，企业的组织架构仅仅是顶层设计的一部分。通常情况下，组织架构分为三大部分，分别是决策架构、经营架构和人才架构。

❶ 决策架构

组织架构顶层设计的第一个部分是决策架构。决策架构就是一家企业做决策的时候的人员都由哪些组成，通常由股东和董事会组成。股东按股份占比参与企业的决策，我们提倡同股同权，但股东参与企业经营层面的工作比较少，有些股东仅以投资人的身份出现。企业的决策通常交由董事会负责，在董事会的表决以董事席位为主，按人头表决，因此董事通常代表大股东的意见。决策架构主要有三个层面的内容：股权、股东设计和董事席位。

（1）股权

中国的法律明确规定要同股同权。意思是我有股份，我就必须有相应的决策权力。股权规定中有几个非常重要的数据，比如67%、50%、51%，都是很重要的股权结构比例。是否为核心决策者，关键看其对企业股权有没有做到完全控股。如果完全控股，责任人就会相对清晰。

（2）股东设计

股东设计分为个人股东和法人股东。一家企业在前期设立公司的时候，股东肯定是越少越好，而不是越多越好，因为这样有利于决策。前期股东个数一般建议不超过三个。随着公司的发展，会引进一些 PE 或 VC 资本，甚至产生并购等动作，之后股东会越来越多。

（3）董事席位

有很多上市公司有独立董事，独立董事要么是专家，要么是行业的领导者。企业在做决策的时候，股东参与的次数并不是很多，一年可能就一两次股东会，即使一个季度一次，一年也不超过四次。当然，有一些股东是不参与经营决策的，只做财务投资。在企业的日常管理过程中，真正做决策比较频繁的并不是股东，而是董事。股东一般是按股票的多少来做决策的。但董事通常不按照股份的多少，而是按照人数做决策。董事举手表决就算一票，但是股东举手还要看其股份是多少，按比例计算。

现在，一些上市公司的董事席位竞争非常激烈。为了平衡大股东的决策能力，很多公司有独立董事，有的会有两个甚至更多独立董事。大股东说怎么做，董事举手支持大股东就行了。

❷ 经营架构

经营架构通常指企业的产供销所需要的完整流程的人员架构，分为采购架构、生产+研发架构和营销架构。

（1）采购架构

采购架构，可以理解为战略采购体系，即对采购产品的品类进行规划，找出占80%采购成本的20%核心品类，考虑优化该品类的数量、需求预测、规格、定价、供应商等因素。

（2）生产+研发架构

生产+研发架构可以理解为企业产品体系。生产体系方面集中以精益管理为核心代表，被生产制造企业所效仿。产品研发体系主要有三种类型：以IBM为代表的产品体系；以西门子为代表的产品体系；以苹果公司为代表的产品体系。

（3）营销架构

营销架构，可以理解为营销流程体系，现在主要分为四个类别，分别以菲利普·科特勒、杰·亚伯拉罕、SPI、安东尼·罗宾为代表。见表4-1。

表 4-1　营销流程体系的四个类别

序号	类别	核心	适用企业
1	以菲利普·科特勒为代表	强调客户定位、客户策划	适合于快速消费品行业
2	以杰·亚伯拉罕为代表	强调客户价值,以客户为中心	适用于服务行业
3	以 SPI 为代表	强调流程、团队文化	适用于 2B 企业
4	以安东尼·罗宾为代表	强调面对面立刻成交	适用于直销、金融类企业

这几个营销流程强调的内容是不一样的。第一个,以菲利普·科特勒为代表的营销流程,强调的是客户定位和客户策划,适合于快速消费品行业,比如饮料和方便面行业。第二个,以杰·亚伯拉罕为代表的营销流程,强调的是客户价值,以客户为中心来设计,适用于服务行业,比如美容美发或餐饮行业。第三个,以 SPI(Sales Performance International,解决方案销售)为代表的营销流程,强调的是流程和团队文化作业,比较适用于 2B(to Business)行业,比如工程类的行业,客户是大企业,相对比较复杂,周期比较长,易形成销售漏斗。第四个,以安东尼·罗宾为代表的营销流程,强调的是面对面立刻成交。它强调员工要有状态,要有激情,比较适合直销和金融行业,培训行业也经常用这种方法。长松公司选择的是 SPI 营销流程体系。因为我们的客户大多数是企业的一个团队,希望通过集体力量解决企业问题。

每家企业一定要找到适合自己企业的营销流程,并且把它学透。比如可以多去学习以 IBM 为代表的 IPD(Integrated Product Development,集成产品开发,简称 IPD),这种方法比较适合中国企业的研发体系;生产体系的原点可以学习日本的精益管理。另外还有一些国际认可的 ISO 质量认证体系、5S 管理(即整理 Seiri、整顿 Seiton、清扫 Seiso、清洁 Seiketsu 和素养 Shitsuke,是起源于日本的一种管理方法)等,企业也可以选择合适的进行学习。

如果企业过去是凭感觉或经验学习了三四代,甚至更多代的营销流程学习,今天重新回到原点并且全员学习掌握运用了,立即就会发现自己的竞争力得到迅速上升。特别是一些成长型的民营 2B 企业,过去主要是靠老板拿订单。但是靠老板拿订单肯定数量有限,做不到人才的复制。一旦老板没有相关人际关系，拿不到订单了，企业的业绩马上就不行了。要解决这个问题，就需要从靠老板一个人转化为团队作战。不管是建立营销流程还是建立研发流程或生产流程，它的核心都是由一个人转化为一个团队，由个人能力转化为组织能力。企业在竞争中的核心是具备组织能力，组织架构的核心作用就是把个人能力转化为组织能力。

❸ 人才架构

人才架构指对企业所需的人才进行纵向的考量，可以分为人才梯队和企业家组织两个层面进行理解。

（1）人才梯队

为什么有些企业干部离开了，不会导致企业出问题？因为企业的人才梯队建好了，一些人走后，马上就有人来填这个坑。有些企业中有某个人走了，就像塌了半边天似的，主要原因就是这些企业的人才梯队没有建好。

我们可以将人才分为四个圈来理解，分别为决策圈、高层圈、中层圈和基层圈。见表4-2。

表4-2　人才梯队的四个圈

序号	类别	对象	用人原则
1	决策圈	指企业一环路人才，包含企业股东和核心管理者	选择价值观一致的人
2	高层圈	指企业二环路人才，包含各独立公司、事业部、项目部负责人	选择职业化程度高的人
3	中层圈	指企业三环路人才，包含企业的经理层	选择做事要求结果的人
4	基层圈	指企业四环路人才，企业的普通员工	选择有学习能力和潜力、愿意成长的人

A. 决策圈

决策圈又叫核心层，这是人才梯队最核心的部分，指的是一环路人才，包含了企业股东和核心管理者。决策圈的用人原则是选择价值观一致的人。

B. 高层圈

如果决策圈中有一个人出问题了，那就需要有二环路的人才做补充。二环路人才属于高层圈，包含了各独立公司、事业部、项目部负责人。这一圈层的用人原则是选择职业化程度高的人。

C. 中层圈

三环路人才属于中层圈，也叫中层干部。主要指企业里的部门负责人，或经理级别的人。中层圈的用人原则是选择做事要求结果的人。

D. 基层圈

四环路人才属于基层圈，一般是指企业的普通员工。基层圈的用人原则是选择有学习能力和潜力、愿意成长的人。

这样就从上到下形成了一个又一个的人才梯队。当其中某个人往上走的时候，下面马上有人补队。企业拥有中层人才很关键。如果一家企业老板决策很厉害，下面的员工也很多，但是缺少中层干部和部门负责人，或者这两种人才储备有点薄弱，甚至总经理也有点薄弱，老板就必须把自己的工作量下沉到中层、基层。很多民营企业老板特别忙，通常都是由于中层干部胜任力不足造成的。

（2）企业家组织

在企业里，组织架构保证企业战略目标实现，企业家组织则保证组织架构拥有有效运行的人才梯队。企业家组织会在组织机构的某一个环节任职，来保证组织架构的有效运行，从而促使组织战略目标的实现。

如果说组织架构是保证企业战略目标实现的组织，企业家组织就是保证组织架构有效运行的决策与管理组织。所以任何一家企业的老板，都需要有人才布局的能力，合理配置各个小组织的操盘手。

企业家组织决定企业的战略、对外合作、产品研发、资本运作、目标规划、企业使命等事项。部门包含：董事会、监事会、战略发展部、各委员会、审计中心等。在企业家组织里的人，会在组织架构的某一个环节任职，来保证组织架构有效地运行，从而推动组织战略目标的实现。

组织架构负责产品的研发、生产与交付、客户开发与管理、企业培训、销售额实现等工作。部门包含：行政中心、营销中心、生产中心、研发中心、客服中心等。

组织架构一般是显性公开的，让每一个人知道自己的位置和全部工作内容，以及上下级的关系。有的人，老板会直接告诉他在组织里的位置，有的人则不会告诉他，老板会暗中观察。在老板心中，会给这个人一些机会，来促使他成长进步。

组织架构虽然是顶层设计中的一部分，却是其核心内容，做组织架构是为了战略目标实现。战略目标在设计的时候，需要考虑企业的决策是什么、经营是什么、如何保证企业的组织架构有效运行。为了让组织架构有效运行，企业的人才又该如何进行匹配，才能实现效率最大化，而不是臃肿的。

三、六级组织架构的设计原理

有些企业一开始的发展速度就特别快，像三级跳。有些企业做了好多年，老板虽然想尽了各种办法，但团队就是组建不起来。

产生这种差异的原因除了机制、产品和市场以外，就是组织架构设计的量级问题，因为企业组织架构的量级和人才的量级应该是相互匹配的关系。比如世界500强的高管，一般是不会到个体户那里去工作的。虽然个体户老板可能很有格局，但因为企业组织架构的量级不一样，高管在这里无用武之地。企业组织架构的量级变大后，相应的人才自然会来。

基于企业不同的发展阶段，可以将企业的组织架构分为六级，分别为个体户制、有限公司制、有限公司中心制、分子公司和事业部制、集团公司制、投资集团制。见图4-1。

Part ④ ‖ 企业组织架构 ‖

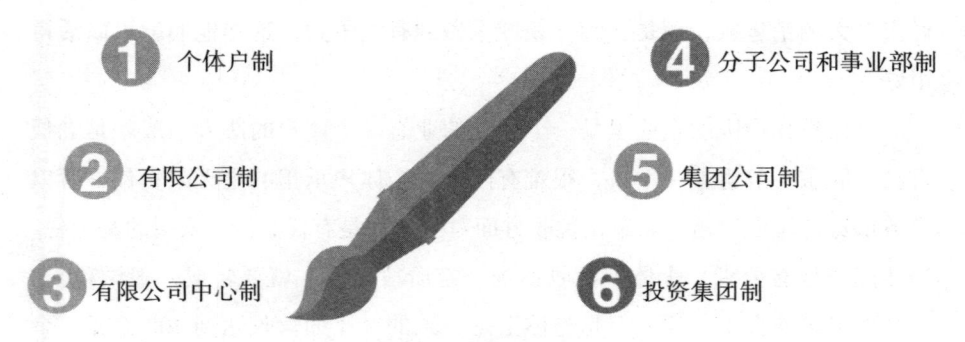

1. 个体户制
2. 有限公司制
3. 有限公司中心制
4. 分子公司和事业部制
5. 集团公司制
6. 投资集团制

图 4-1　企业组织架构的六级

❶ 第一级：个体户制

个体户制比较灵活、税收成本低，采用定额征税，抗风险能力强，但财务通道往往不顺畅。见表 4-3。

表 4-3　个体户制设计原理

股东	法人	管理形式				
股东数量	法律责任	企业老板	管理形态	分工	干部	需要突破
个体户	承担无限连带责任	既是所有者又是经营者	情感化管理为主	无明确分工	无干部	做尖刀产品

注：需要先把产品规划做清晰再考虑营销的问题。

为什么有些人感觉个体户业态发展不好？因为以前中国大部分个体户的产品没有竞争力，产品要么是 OEM（Original Equipment Manufacturer，定点生产，俗称代工）的，要么是仿制别人的，要用的是别人的技术。但现在很多个体户有了自己独立的产品和研发体系，日子过得也非常好。我个人认为，未来十到二十年，个体户将会成为中国民营企业非常重要的一种经济补充形式。

欧洲和日本的个体户特别多，他们的团队一般二三十人，超 100 人的很少。但他们做了 100 年、200 年，甚至做 300 年的都有。很多个体户会把一个产品做到极致，成为细分领域里的隐性冠军。他们的目标不是扩张，不是做出多大的销售额，而是在细分领域里做到有竞争力，这样他们就可以活得很好。

个体户在中国的企业里是一个独立的业态。个体户的法人一般就是老板自己，股东一般也就一个人，很难有两个。个体户承担的是无限责任，所以要慎重对待这个问题。国家在税收方面对个体户是有优惠的，采用的是定税。当然国家也有要求，个体户税收达到一定阶段以后，就要转成一般纳税人。不同地方可能会不一样，但是整体上是一致的，比如营收达到400万元，个体户就要转成一般纳税人。个体户很难上市，因为个体户的税收是定税，到证监会批复的时候很难，连财务报表都没法合并。

在个体户的经营管理中，老板的身份既是所有者，又是经营者和管理者，管理的形态就是控制型管理，一个人说了算。有些个体户可能也有团队形式，但是团队里的人都必须听老板的。这个时候的管理情感化占的比重比较大，一般个体户里一起经营的人会是家人、朋友、同学、邻居等。这个时候，团队氛围也相对比较好。

这个阶段没有出现明确化的分工，一个人在公司里边承担的角色可能会比较多。比如餐厅里的一个员工，既是收银员又是服务员，也会在后厨帮工，甚至还会参与洗碗、买菜等。有活大家一起干，这样的效率还是比较高的。

如果公司产供销一体，只有20个人，就会发现生产跟不上了，只能销售也去做生产，行政也去做生产，财务也去做生产，因为人少所以必须集中力量做事。这个阶段的干部，有主管就够了，老板带着几个人一起干活，老板就是董事长加总经理。总经理也不需要。这个阶段需要突破的核心是产品，要进行产品试错性的销售，对产品进行打磨，将其打磨成尖刀产品，打磨成爆品。

如果没有好产品，这个阶段的核心就不是营销。营销做得再好，产品不行，死得会更快。连产品都没有，就要搞营销，只能拿着PPT去骗钱。

所以这个阶段，需要先把产品规划做清晰，再考虑营销的问题。

❷ 第二级：有限公司制

有限公司制也称为有限公司部门制，工作效率高，公司创新能力强，但员工晋升通道不足。见表4-4。

表4-4 有限公司制设计原理

股东	法人	管理形式				
股东数量	法律责任	企业老板	管理形态	分工	干部	需要突破
1~50人	承担有限责任	既是所有者又是经营者	控制型管理/建立基本流程	明确部门分工	设置部门经理级别	营销：模式和流程

注：将营销模式和营销流程制作成销售手册，为人员梯队建设和市场扩张做准备。

有限公司是独立法人，承担有限责任，等到经营不善，出现亏损的时候，可以申请破产。但是个体户不行，个体户亏钱就要关门了，如果出现资不抵债，个人承担不了，家庭还要承担无限连带责任。而有限公司承担有限责任，如果注册资本金1000万元，那么赔偿承担的有限责任就是1000万元。

股东的数量要求一般是1~50人，最多50人。过去成立有限责任公司需要两个人，现在一个人就可以，并且有限公司和股东是不允许抽逃出资的，但可以股权转让、退股。所以很多有限责任公司的大股东经常会对小股东说："如果你们要退股，我可以收回，但是你们不能在市场上售卖。"

这个阶段，老板既是所有者，又是经营者，和第一个阶段一样，老板一个人说了算。这个阶段因为企业还小，真正能够做到民主也很难。

此时管理的形态依然是控制型管理，和第一个阶段一样。这个阶段企业会建立基本的流程，比如生产流程、营销流程、采购流程，但研发流程可以往后靠一靠，如果这个阶段企业的产品需要技术迭代，就要加上产品流程。

这个阶段出现了明确化分工，部门的设置已经基本健全，财务部、生产部、行政部、销售部各司其职。这个阶段的干部可以设置到部门经理级别，有了专业设计，老板就会轻松很多。在第一个阶段，老板什么事都干，什么事都操心，到这个阶段就有人帮老板操心了，这叫责任下沉。责任越下沉，企业做大的可能性就越大，老板可能越轻松。

这个阶段需要突破的核心工作是营销，要设立适合自己企业的模式，并且要有清晰的流程，最好做出销售手册，为人员梯队建设和市场扩张做准备。在营销时，责任要再一次下沉。

这个阶段的基本情况和第一阶段差不多，但是业态完全不一样。个体户更多的是小团队，到这个阶段可以变成大团队，企业有机会进行业务横向或者纵向扩张以及团队扩张。

❸ 第三级：有限公司中心制

有限公司中心制可成立多个SBU，SBU组织包含项目部、事业部、分公司、子公司等。见表4-5。

表4-5　有限公司中心制设计原理

股东	法人	管理形式				
股东数量	法律责任	中心制特点	管理形态	管理机制	干部	需要突破
1~50人	承担有限责任	独立核算，流程清晰，责权明确，形成独立的利润中心，共用职能部门	由控制型管理向失控型管理转化	完善薪酬、晋升、考核机制，建立企业基本组织系统	设置部门总监级别	扩张时解决营销团队的编制和人才出路问题

有限公司中心制，承担法律责任的也是独立法人，并且它的股东人数也是1~50人，承担有限责任。有限公司中心制和有限公司制的最大区别是"中心制"这三个字，具体表现为以下几个方面。

第一，中心制进行责任下沉，企业的扩张包含营销扩张和产品扩张，可以建立多个销售公司共同销售总部的产品，且进行独立核算；

第二，有清晰的流程；

第三，责权明确；

第四，可以形成独立的利润中心；

第五，通常和公司共用职能部门，比如财务共用、行政共用、人力资源共用。

事业部一般情况下不共用职能部门，分出去就是一个独立公司。但是中心制中的公司分出去以后，仅仅是一个部门。比如生产中心，能够给自己生产的同时，也可以给别人生产形成利润中心。营销中心可以卖公司的产品，然后同公司进行结算和核算，核算完以后就形成自己的利润，除了有销售的业绩以外，还有利润的分红。

有限公司制就是在老板统一管理下各个部门之间互相协调。中心制是老板的责任进一步下沉，下沉的结果是：老板所有者、经营者身份初步分离。有一部分事老板不管了，开始放权，老板管理的事会越来越少，对具体工作的参与也会越来越少。

管理的形态以控制型管理为主，并向失控型管理转化。企业虽然还是老板一个人说了算，但有个别的中心部门开始失控了。失控不是不管理，而是有效地放权和责任下沉，让其独立性更强，对利润负责。之前是老板对利润负责，大多数人和利润并不挂钩，或者有些可以挂钩，但是核心还是老板。到中心制这个阶段，要保证每个人对自己的利润负责，没有利润，收入就会减少。

这个阶段的管理机制，包括薪酬、晋升、考核等要进行全面完善，建立企业基本组织系统。在这里需要进行第一次扩张，一个是扩张营销团队，另一个是扩张产品。企业要想做好，做得相对稳定和完善，一条腿是营销，一条腿是产品，至少保证有一条是强的，当然两者都强更好。关键问题是现在有很多企业营销这条腿不强，产品这条腿也不强，导致企业根本跑不起来，甚至站着都费劲。

企业这个阶段需要突破的核心是解决营销团队人员的编制和人才的出路问题。那就意味着企业在建销售部门的时候，不能只建一个，而是要建若干个，可以有销售一部、销售二部、销售三部、销售四部。也就是说，建立若干个销售中心，每一个销售中心都是独立核算的，根据企业统一的流程，有明确的责权利，能够进行利润的核算，并且共用行政中心、职能中心。

有的销售部门的业务员，业务能力超强，但管理能力一塌糊涂，这种人不适合做管理者，但是不让他做管理者，他可能会辞职，成为企业的竞争对手，对企业的业绩会造成伤害。这时企业就可以多设立几个销售部门，让他成为销售部门里的明星经理。明星岗位在行政和生产职能部门里相对少一些，在营销团队里相对多一些。明星经理就是光杆司令，享有经理的待遇，和正常经理的区别就是不带团队。所以，他有经理的待遇，没有经理的职责。比如，别的部门8个人，他的部门就他1个人，但是他1个人的业绩，能抵1个部门的业绩。销售部门要设立若干个明星岗位，没有人就空着，空着对其他人来讲就是机会和希望。

很多企业一直说缺人才，那是因为企业没有给出人才的位置，如果没有人才位置可以先空着，以此吸引内部、外部的人才。如果企业的销售部门现在只有一个，就要把它分裂成若干个。假如销售团队有20个人，未来3年要准备做到50个销售部门，让大家每个人都有可能成为独立的销售部门经理或总经理，拥有销售部门30%的股份。

❹ 第四级：分子公司和事业部制

分子公司和事业部制可以进行独立核算，也可以对企业进行市值管理、品牌管理和资本管理，并整合外部资源，达到业绩扩张的目的。见表4-6。

表4-6 分子公司和事业部制设计原理

股东	法人	管理形式				
股东数量	独立法人	分子公司和事业部制特点	管理形态	管理机制	干部	需要突破
1~50人	总部和子公司有独立法人，分公司无独立法人	分公司与总部的产品统一，子公司一般拥有独立业务单元；事业部与总公司共用职能部门	失控型管理，仅管理财务、机制和文化	完善企业文化	设置部门总经理	进行第二次扩张构建平台，以解决技术人才的出路

注：通常有分公司的总部称为总公司，而子公司的总部称为集团公司。

事业部的法人也是总公司的法人，事业部本身是没有独立法人的，它的法人是总公司的法人；分公司也没有独立的法人，它的法人是总公司的法人；子公司有独立的法人。

事业部如果出现法律问题，就要由事业部所在公司的法人承担责任。分公司也是如此。如果分公司出问题，法律责任由投资它的总公司承担。但子公司有独立的法人资格，出事了要自己承担。

事业部通常是公司内部的产业链，主要进行产品间的互补；分公司是为了业务的开展，进行跨区域性的一些工作；子公司通常有自己独立的业务单元，有可能和总公司的业务单元不一样。分公司和总公司的产品通常是一致的，不一致就没法开展工作。但子公司与总公司的产品可以一致，也可以不一致。

分公司的总部，通常叫总公司。子公司的总部，通常叫集团公司。事业部也可以理解为分公司，因为它们都没有独立的法人，出事了都是由法人机构来承担责任。分公司和事业部做的事，通常都和总部一致。事业部通常会和总公司共用一些职能部门，但是分公司的职能部门通常是独立的，比如财务、生产、营销等部门都是独立的，相当于一个公司的设置。分公司通常是一整个链条，产供销都有可能会涉及。但事业部通常是对某一个链条上的一段工作承担责任。比如，产品事业部就做产品，营销的事不用管。

这个阶段老板的身份以所有者为主，经营者身份大部分分离。管理的形态以失控型管理为主，责任进行下放。作为老板要管的主要有：第一，财务；第二，机制；第三，文化。剩下的大多数事情都可以不管，至于业务流程怎么开展，技术如何革新、迭代都是下级的事。

老板失控型管理做得多了，意味着在一线的机会就少了，这时候最需要做的就是企业文化建设。每个人有自己所在的部门、事业部、分公司、子公司，没有整体的企业文化做支撑，各念各的经，整个公司就乱套了。

这个阶段的干部设置可以做到部门总经理，就是部门的负责人可以达到总经理级别。在公司战略指导下，部门如何设计，流程怎么设计，利润怎么设计，人才怎么设计，产品怎么设计，都由部门总经理来负责。

这个阶段需要突破的核心是进行第二次扩张，构建平台来解决技术人才的出路，因为技术才是产品的核心竞争力。如果有管理人才，有营销人才，但没有技术人才，就相当于缺了一条腿。有了营销人才，有了技术人才，管理人才大概率也就能解决了。

⑤ 第五级：集团公司制

集团公司一般拥有 6 个 O，即 CEO（Chief Executive Officer，首席执行官）、CTO（Chief Technology Officer，首席技术官）、COO（Chief Operating Officer，首席运营官）、CFO（Chief Financial Officer，首席财务官）、CSO（Chief Solution Officer，首席问题官）、CHO（Chief HR Officer，首席人力资源官）。设计原理见表 4-7。

表 4-7 集团公司制设计原理

规模	企业老板	管理形式			
		集团公司制特点	管理形态	管理机制	干部	需要突破
三家及以上规模，达到要求即可成立集团公司	企业老板是所有者	打通产业链	完全失控型管理	建立大组织管理，集团总部下的垂直管理	职业经理人的身份由经营者转化为所有者，成为股东	集团公司内的产品应互补，其中事业部的产品形成一定规模以后，可成立独立子公司或分公司

国家明确规定，三家及以上经营独立法人，并且经营规模达到一定的要求，就可以成立集团公司。集团公司有多种复杂的形式，其中一种是集团+分公司制，分公司没有独立法人，但集团公司有法人。分公司的最大领导叫负责人，不叫法人。如果这家企业准备上市，就需要将分公司的财务报表合并。

分公司比较多的企业有以下几个特征：第一，有上市需求，可以进行财务报表合并；第二，集团公司各个业务单位业绩不均衡，比如有 A、B、C 三家公司，A 公司挣钱，B 公司不挣钱，C 公司不挣钱，为了纳税进行筹划，可以把这三家并到一起，都变成分公司合并纳税。但前提是这家企业的业绩不均衡，如果业绩都均衡，纳税也少不了多少。

其子公司如果没有上市需求，过得会比较滋润，因为可以责任分散。目前的趋势是集团公司总负责人做总法人，由上市公司对小企业进行参股并购，这些小企业都是独立法人。

这个阶段，老板的身份是所有者和经营者基本分离。管理的形态基本上是完全失控型管理。管理机制的核心是建立大组织管理，可以理解为集团总部进行垂直管理，不是由老板一个人来管理，而是由一个大的组织来管理。

这个阶段职业经理人要进行身份转化，由经营者转化为所有者，成为股东，还要承担法律的责任。所以老板会给职业经理人让利，但让利的前提是其承担相应的责任。

集团公司的组合方式非常多，有的企业为了经营方便，把事业部变成了分公司或者子公司，这也是为了财务上的方便。现在的很多集团公司其实本质上不是集团公司，而是事业部。虽然集团公司下面有许多法人公司，但是从业务单元上看还不能叫集团公司。

集团公司制这个阶段要突破的核心，不是做多少家公司，而是要打通产业链。有一家企业主业做得还不错，拿到了第一桶金，于是就开始进行扩张。有的做了房地产，有的做了金融投资，还有的做了养生会所、餐厅，而这些企业都是老板一个人注册的，老板是法人，并且是唯一的股东。从法律层面来讲，虽然可以叫集团公司，但是从经营层面不能叫集团公司，只能是大杂烩。

企业处于第一个阶段或者第二个阶段，即个体户或有限公司制阶段的时候，无论在哪个产业都可能被别人卡着脖子，生活在产业链的最低端，没有利润空间。企业到达第三个阶段，即有限公司中心制阶段的时候，老板挣了钱，却不知道往哪儿放，见人就问："有项目吗？要不我投一个？"结果投完就发现钱回不来了。到达第四个阶段，即分子公司和事业部制阶段，老板已经明白和主产业关系不大的产业会分散精力，还不如专注把一件事做明白。到达第五个阶段，即集团公司制阶段，老板一般不跨行业，基本都跑到第六个阶段，即投资集团制阶段去做全产业链发展了，但前提是先把产业链打通。

所以集团公司制的核心不是有多少家公司，而是能否打通产业链。有很多老板做的事太多，并且各个项目之间都借不上力，既做餐饮，又做金融、房地产、物流、外贸，最后发现，不但人才分散，精力也分散。跨的产业越多，对一个人的知识体系要求越高，风险也越大。集团公司应在打通产业链的基

119

础上，再横向进行扩张。

集团公司内事业部之间产品应该是互补的关系。集团公司的 A 事业部做大了，它可以独立出去，叫分公司也好，子公司也好。B 事业部做大了，再成立个分公司或子公司。事业部一个个成立独立公司以后，就变成了集团公司。发展成集团公司的形式比较多，可能是参股、合作、并购。前期可以是事业部，也可以是独立公司，后期成立集团公司。集团公司就可以把整个产业链打通，形成一个大的平台。

6 第六级：投资集团制

投资集团制阶段，总部成立人力中心、财务中心、分析中心等部门，下设各投资公司，各投资公司自主运营，总部可以控股也可以参股公司，可以进行跨产业投资，或者进行裂变扩张。

到这个阶段，可能会有很多的投资公司，靠老板一个人肯定不行，需要若干个团队来共同工作。投资公司的核心不是买卖产品，而是买卖公司，做公司的投资并购。比如会有控股公司、参股公司，可能还有全资子公司，目的就是对它们进行产业链上的一些控制。当然，投资集团还有自己的投资部，于是就形成了投资集团制。

企业到了这个阶段，就可以进行跨产业投资了。一般情况下，在前五个阶段，我并不建议大家跨产业投资，因为成功概率偏小。只有先打通产业链，知道了商业规律，建设好人才梯队，再进行跨产业投资，企业成功的概率才会大一些。

即便到第六个阶段，很多投资型企业还是围绕自己的主产业和未来有可能成为风口的产业进行投资。原因主要有两个。

第一，怕落后，被迭代。比如做医疗的，可以投资的有医院、门诊、研发、生产。很少见做医疗的去投资农业，也很少见做畜牧业的人去投资人工智能。因为跨产业对人的要求太高了，他的知识体系不一定能达到。即便到这个阶段，可以做到跨产业投资，也很少有人跨产业，而是在自己熟知的某几个领域里投资。比如有人擅长投资生物技术，有人擅长投资高科技，有人擅长投资区块链，和自己领域关系不大的领域，他们知道风险比较大，也就不会投了。

第二，跨产业形成不了内部的裂变，很多时候，做企业不仅仅是为了做加法，更多的时候需要能够做次方，甚至是幂次方，争取做到几何级的增加。很多时候，企业老板们的工作的难度是一样的，付出的代价是一样的，但收获的结果往往不一样，因为他们的思维体系不一样，脑海里的架构不一样。组织架构也体现了一个管理者的构架能力。

企业每往前走一个阶段，量级基本上会增加10倍。企业的业绩规模在第一个阶段可以做到千万级别，但想做到上亿级还是挺难的。到第四个阶段，企业量级做到上亿还是相对简单的。企业量级决定人才量级，比如，前面讲过的，集团公司的高管一般不愿意到个体户的公司工作。即使个体户老板有格局，并承诺给股份，高管也不愿意去。因为他即使去了，也无用武之地。到第四个阶段的时候，企业才有机会进入行业的"第一集团军"。这个阶段是平台化的管理，事业部可以横向扩张为事业部A、事业部B、事业部C、事业部D……分公司也可以纵向扩张，构建一个平台。企业的规模会越来越大，量级也逐步提升。

企业往上走一个量级，能量往往会增加10倍。但是退一个量级，能量就会降低100倍。

任何一家企业的系统建设和流程建设，本质上都是人才优化。新的人才进来，企业的能量场增加。比如从第三个阶段准备到第四个阶段的时候，适合第四个阶段的人才都会留下，不适合的就会分流，企业又需要大量的人才进来，以适应第四个阶段。当然，适合第四个阶段的人回到第三个阶段，也会不适应。所以从下一个阶段到上一个阶段的时候，企业一定要提前做好规划，尽量不要轻易地回来。因为回来，就意味着企业可能会出大问题。

如果在第一个阶段，没有第二个阶段的知识体系，就做第一个阶段也挺好。如果在第二个阶段，想要到第四个阶段，就要考虑解决营销人才、技术人才以及管理人才的出路。在第四个阶段时，未必跑到第五个阶段就一定是好的。因为在第四个阶段，如果企业能有自己的流量平台，有自己的核心技术，不用到第五个阶段也可以。但是如果在第四个阶段，没有自己的平台或核心技术，就要想办法进入第五个阶段，成为集团公司，打通产业链，才有更多的竞争优势。

四、组织架构的部门设置

❶ 如何设置部门、中心、事业部、分子公司、控股公司

部门制、中心制、事业部制、分子公司和控股公司到底有什么区别？

（1）部门制

部门制通常由公司提出战略并完成产品设计，由部门完成目标。

（2）中心制

中心制依然是公司制定战略，并协作部门进行研发，由中心完成目标且进行独立核算。这里的研发由原来的公司做主导转换成部门做主导，但由公司来协助。

到底是设部门制还是设中心制，这里面非常重要的区分方式，就是是否进行独立核算，形成直接的独立利润、完成目标。

（3）事业部制

事业部制由公司进行战略方向制定，事业部自己制定战略明细，进行产品策划和研发，并且完成经营目标。公司提方向，事业部进行产品研发，公司只是给一些指导意见，具体的产品，怎么策划、怎么定价、怎么研发、怎么生产、怎么完成销售目标，全部由事业部来管理，这种形式就叫事业部。

事业部的权力相对比较大，责任下放得更多，失控型管理做得更多。

（4）分子公司

公司下达投资目的，进行战略、文化、机制的管理，部门完成经营目标，可设置为分子公司。

（5）控股公司（参股公司）

控股公司又叫参股公司、投资公司。公司有非常清晰的投资规划，由职业经理人完成经营目标，可设置为控股公司。当然，有的人还把它叫集团公司。经理人在整个过程中进行策划、研发、团队组建，达成经营目标。

某洗衣店老板目前有15家店，目标是成为该市洗衣店的第一品牌，老板事必躬亲，所有事都要参与。从开店到技术、店面运营、招聘、物流、采购，全部由自己负责。假设等店面扩张到150家时，因为没有进行责任下沉，老板需要亲自管理所有门店，那么根本无法做到。因此，需对其组织架构进行调整。

这家企业当时的组织架构见图4-2。最上面是老板（董事长），CEO也由老板兼任。老板下面是店长，店长下面是店员。从这个架构上看，这位老板能做15家店已经很不容易了。因为他没有做到责任下沉，开店、选址、运营都亲自出马，所以老板很累，效果却不好。

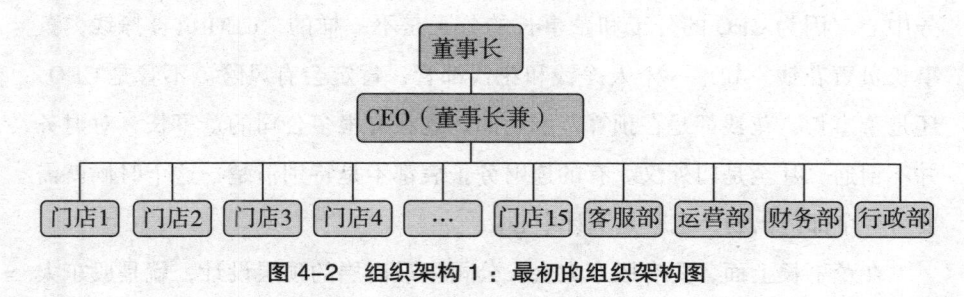

图 4-2　组织架构1：最初的组织架构图

我问这位老板："如果你要做到该市第一品牌，那你的店面保底量应该做到多少？"他说："按照现在的市场规模和竞争对手的情况，大概做到150家门店，就可以成为第一品牌。"

按照这家企业原有的架构，做到150家店还是比较困难的。这位老板做到15家，虽然累一点，但还能够在自己的掌控范围之内。如果老板直接管150个店长，肯定是管不过来的。所以需要把现在的组织架构，从顶层进行优化。要做到150家店，就要有直营店和加盟店，直营店做到100家，加盟店做到50家。

这是一个递进的过程，需要有人去负责这件事，进行责任下沉。有管直营的，有管加盟的，当然还要有大客户中心。大客户中心，其实也是一个非常好的盈利点，有很多企业也需要这样的服务。

经过评估设计股东大会，下设董事长、监事会以及审计中心，董事长下设财务中心和CEO，CEO下设直营店管理中心、加盟店管理中心、大客户中心、招商中心、运营中心、客服中心以及人事行政部，据此设计了组织架构2，具体内容见图4-3。

设计客服中心，是为了了解客户的需求，做一些有针对性的服务，特别是回头客该怎么服务，需要设计一套服务的标准流程。除此之外，还要有运营中心。运营中心包含采购，比如负责洗涤原材料的采购等；物流，需要做配送；日常的仓库管理等。当然，人事行政部也是必不可少的，其中包含了人事、行政和后勤。

财务中心不归CEO管，上面一定要设置董事长的职位，由董事长管理财务中心。因为CEO的分工和董事长的分工是不一样的，CEO负责挣钱，董事长负责花钱。如果一个人挣钱和花钱都管，肯定会有风险。不管是CEO，还是董事长，花钱都是在预算范围内的。现在有很多公司的董事长，对财务并不精通，甚至是门外汉。有的连财务报表都不是特别清楚，这个时候就需要另一个部门出场，也就是审计中心。

在董事长上面，要有股东大会。公司里最高层的顶层设计，就是股东大会。董事长是对股东负责的，但董事长不一定是股东，比如国有企业的董事长很多就不拥有股份。国家有一个要求，股东人数在两人以上，就可以成立股东大会。当然有些公司可能就一个股东，也会成立股东大会，因为组织架

Part ④ ‖ 企业组织架构 ‖

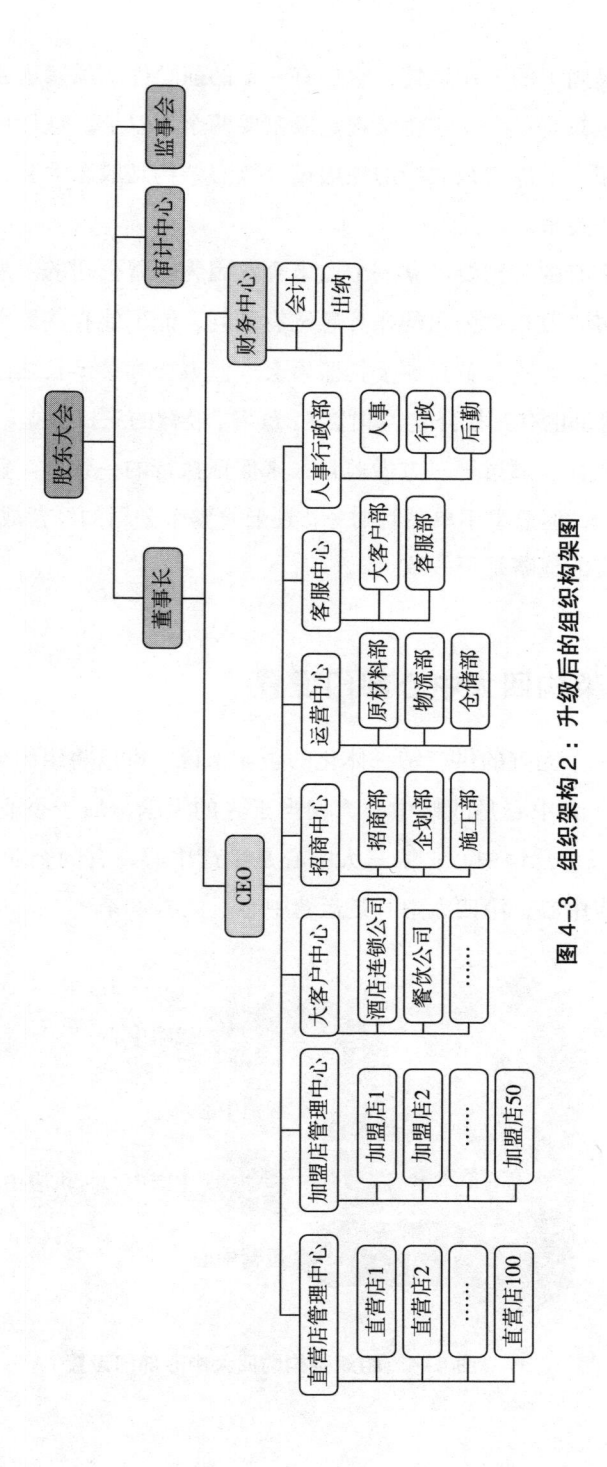

图 4-3 组织架构 2：升级后的组织构架图

构不仅仅是当下的工作运转，它还有一定的前瞻性。虽然这家公司有股东大会，但股东只有一个，法律又规定股东要两个人以上，这让员工看到了成为股东的希望。所以组织架构的顶层设计核心结构是股东大会，由此形成一个上下负责的关系。

为什么有的公司要成立一个监事会？因为随着公司的发展，股东的人数会越来越多。股东对公司的账务感觉有疑问，能不能直接到财务查账？我的建议是不能，要查账就需要委托监事会。监事会和董事长之间是一个并列的关系。公司里也有三权分立，即监事、董事、经营的三权分立。董事长要花钱，经营要做预算，通过第三方做监督，来保证执行的一致性。监事其实也是对股东负责的，但监事不单是管财务，还要管整个公司的经营战略有没有跑偏，和公司既定的战略是否一致。

❷ 组织架构四大中心部门设置

对于一个完整的供产销一体化的企业来说，可以将组织架构设置为四大中心。第一大中心是战略中心，相当于人的大脑，属于企业的核心发动机；第二大中心是营销中心；第三大中心是生产中心，有的企业因为没有生产，所以叫供应中心；第四大中心是运营中心。见图4-4。

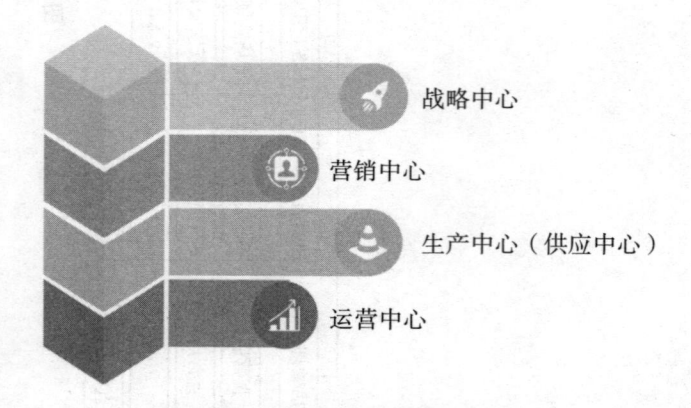

图4-4 组织架构的四大中心部门设置

（1）第一大中心：战略中心

战略中心包含的部门有股东大会、监事会、董事会、财务中心、战略委员会和考核委员会。

股东大会的成立原则上需要至少两人以上，如果企业只有一个人也可以设立，位置可以先空着，给大家一些希望。股东大会里边有股东，董事会里边有董事和监事。战略委员会、财务中心是管钱的。整个财务中心归董事长管，战略也是围绕董事长去做的。

战略可以帮助老板思考未来，监事保证在执行过程中符合企业的整体战略。股东们成立这家企业以后，总的战略由监事做监督，同时监事也负责财务的安全性和合规性。财务中心主要管钱，花钱要做预算和审批。从理论上讲，审批归董事长，但是由于董事长的事情非常多，就可以授权让总经理签字。当然董事长也可以授权让营销中心或行政中心负责人签字。有副董事长的企业，可以让副董事长签字。需要注意的是，董事长的授权要有一定的权限，比如授权50万元、20万元、10万元，或者5万元，这要根据企业具体情况而定。

（2）第二大中心：营销中心

营销中心是企业重要的业绩部门，任务就是制定相关战略，把产品卖出去，把钱拿回来，这是营销中心的核心职能。营销中心包含的部门比较多，负责对外占领市场，占领渠道，占领消费者心智，把销售额拿回来，把市场拿下。既然是对外的，营销中心的销售部可能不止一个，而是若干个。只有销售部还不行，有些企业还要有招商中心，它的任务也是把市场份额拿回来。

此外还有网络营销中心、大客户部、客服部。有的企业做得很规范，会有第六个部门，即市场部。市场部的主要功能是做策划，从营销的角度，市场部更多偏向于"营"的层面，销售部更偏向于"销"的层面，形成一拉一推的局面。

有的企业市场部是独立的，比如快速消费品行业，对市场部的策划要求会比较高。营销策划做好了，销售也就简单了。招商中心也可以是若干个，主要功能是找加盟商。

（3）第三大中心：生产中心（供应中心）

生产中心的核心不是生产，而是提供有竞争力的产品。有的企业是弱生产，更多的是让别人 OEM（代工），甚至 ODM（贴牌）。生产中心包含生产部，也叫制造部，主要进行生产的工作。生产中心还包含研发部，也叫研发中心，此外还有质检部、采购部。质检部也叫品控部，负责对生产质量进行管控。有的企业还会有仓储。这里分为两种情况，有的企业仓储是在生产中心，而有的企业仓储是在运营中心或者由后勤管控。

有的企业有物流部，仓储和物流可以同时放到运营中心，也可以放到生产中心，主要看仓储和物流对销售的贡献程度。如果企业对仓储和物流的要求比较高，就可以把它独立出来，成立供应中心。

生产中心的任务，就是把产品做明白，生产和研发是核心，此外有质检和采购。有的企业对采购要求也比较高，因为采购原材料时，要么是紧缺，要么是市场价格波动比较大，甚至有的会动用期货。这个时候，采购部有可能会独立于生产中心成立一个大部门，但对一般产供销一体的企业来说，这些都可以放在生产中心。

有些企业没有生产，但有产品。产品就在产品研发部，这些产品可能是服务型的产品，也可能是我们做代理商，采购代理的产品。这个时候对采购中心的要求就比较高了。因为企业自己没有产品，想要拥有市场竞争力的产品，就必须到市场去采购。比如在快消费的时尚服装行业中，有的企业没有生产，它的研发又很弱，就需要建立一个强大的采购中心，专业名词叫"买手"，他们会去看世界各地产品发布会的走秀，如果遇到心仪的设计就直接咨询购买下来。

（4）第四大中心：运营中心

运营中心的核心是保证生产与营销之间的链接，包含后勤部、行政部、人力资源部、财务部等部门。在有的企业中，运营中心也叫服务中心。有的企业把行政和后勤直接并到了一起。也有企业把后勤、行政、人力资源都并在一起，叫人事行政部。随着企业的发展、团队的壮大、市场规模的扩大，人力资源在企业里起的作用会越来越大。因为要培养人才梯队、对员工进行考核、制定激励机制、进行文化的导入，需要人力资源介入的地方会比较多。

行政主要面对的是事，而人力资源面对的是人以及和人有关的事。招聘、培训、绩效薪酬、员工关系、晋升等，这些基本都属于人力资源的工作。像水、电、保安、厨房、宿舍、车队等，基本上都是后勤和行政的工作。

比如培训师到一家公司讲一次课，就是人力资源负责的事。培训师到这家公司后，行政需要进行接待。讲课还需要一个会场，这当然也是行政负责。再比如今天有一个客户来到公司拜访，也是行政负责接待工作。

这四大中心，是企业组织非常重要的核心架构。当然，每个公司会根据自己的实际情况有所偏重。比如有的企业偏向于营销，在设计组织架构的时候，可能对营销中心的部门设计就相对丰富一些，让其具有一定的扩张性和侵略性。而有的企业可能不需要做太多营销，他们会重点在产品上面下功夫，所以组织架构就会围绕生产中心来建设。当然，有的企业这两个都不做，完全以人为中心，只要相关的人到位，无论是营销还是生产就都没太大问题，其组织架构会围绕着行政、人力资源来做。比如有的企业会成立企业大学，目的是为企业培养大量的人才。

❸ 组织架构四大平衡

其实组织架构四大平衡，从某种意义上来讲也是一种权力的平衡、责任的平衡。平衡做好以后，企业就不会失衡，就会相对稳定。企业一旦出现失衡，就会出现"一支独大"，或某人的权力巨大的情况，这会导致企业在决策或执行的时候形成小团队或一言堂。

（1）董事会与监事会之间的平衡

有董事会的企业基本都有监事会。当然，在很多成长性的民营企业里只有董事长，甚至连董事会也没有，都由老板一个人管理。老板一旦做失控型管理，责任下沉，不再做具体事情的时候，就要有监事会来平衡董事会。董事会和监事会都要对股东负责，也就是股东下达的任务，监事会要监督董事会有没有跑偏，不该投的项目有没有投，该重点突破的项目有没有突破。监事会的工作就是监督董事会，必要时可以对企业进行查账。

（2）总经理和财务部之间的平衡

财务中心的工作有投资与融资，代表董事会进行财务管理，负责日常财务管理与执行等工作。财务归董事会直接管理，董事长同时管理财务负责人和总经理。

总经理对财务进行日常管理，包含成本管理、账务管理、日常财务执行等。不归总经理管辖的财务范围有：预算权、投资权、保密权、财务信息、资产管理与资产折旧、现金管理等。

（3）销售部与客服部之间的平衡

一些企业里客服部和销售部是在一起的，并且归一个人管理。这种管理方式会产生下面的问题。

当销售部有一个人业绩做得不错的时候，有可能从销售部经理到普通销售员，都想把这个人挤走。因为这个人走后，他的客户就留给了大家，其他人就不用那么辛苦地开发新客户了。这就导致有很多企业只维护老客户，从来不重视开发新客户。

销售部的业务员如果离开了，他的客户就变成了孤儿客户。企业可以规定，孤儿客户直接归客服部管，不归销售部管。销售部负责人的任务，就是把销售团队的人稳定好。如果有人离开，孤儿客户产生的业绩，就和销售部没关系了。这样，销售部负责人就会保证销售团队的稳定性，不会随随便便地开除业务员。

客服部除了服务客户的功能，还有促进孤儿客户再销售的功能，所以也应该有这部分的提成。如果把孤儿客户给客服部，却不给客服部提成，客服部的人肯定不愿意干。但按照业务员提成的标准给到客服部也不行，因为前期最难的开发客户环节，销售已经做完了，客服部可能打个电话，甚至电话都不用打，就能产生业绩。

我们通常会按销售部业务员提成的20%~30%给到客服部。第一，销售部的人不会随便把业务员赶走，因为赶走了得不到任何好处。第二，当孤儿客户归到客服部以后，提成只有原来的20%~30%，意味着公司的利润在增加。同时，销售团队稳定了，客服团队也稳定了，员工服务老客户的积极性也增加了。

通常客服部不归销售部管，而是直接归总经理管，它们是两个相对平衡的部门。这里要做好客户备案制。所有业务员必须对客户进行备案，谁备案得早就按谁的来，但要注意，可能会出现下面几种情况。

第一种情况，两个业务员都说备案了某客户，这个客户有两个名字，一个真名，一个艺名，还有两个手机号。这个时候，要让业务员自己协调。

第二种情况，协调好该是谁的就是谁的，协调不好问客户愿意让谁服务，客户说归业务员A，那就没业务员B的事了。

第三种情况，如果业务员也协调不了，客户自己也不愿意说，那就由总部直接界定，或直接收回公司所有，两个业务员都不算业绩。

（4）生产部与研发部之间的平衡

研发部负责产品从信息调研到产品发布信息且退出的全流程。生产部负责产品的生产与制作。

研发部研发产品，生产部实现产品工艺。研发部研发的产品，如果生产部认为没有价值，或者利润很低，就可以选择不生产。研发部研发的产品，生产部不愿意生产，或生产不出来研发部要求的工艺，或者工艺不达标，研发部可以找别人生产，生产完以后转给销售去卖。这样就变成两个利润中心。

当然，生产部也会认为研发部研发的产品不但自己的生产部生产不出来，别人也生产不出来。生产部也可以生产别人的产品，前提是先保证公司的产品。

五、六级组织架构图示例

❶ 一级：个体户制示例

个体户的组织架构一般可以分为两种形式，见图4-5。

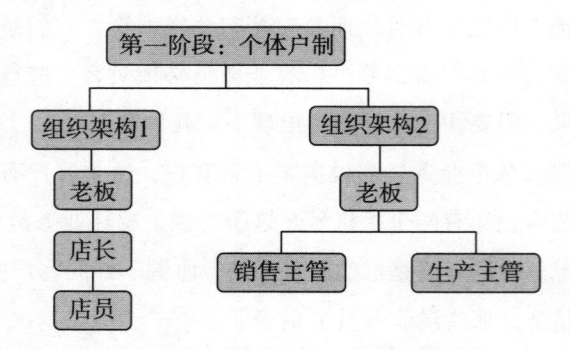

```
              第一阶段：个体户制
           ┌──────────┴──────────┐
       组织架构1               组织架构2
         老板                    老板
                           ┌──────┴──────┐
         店长             销售主管      生产主管
         店员
```

图4-5　个体户制组织架构图

比如一家洗衣店，可能是老板—店长—店员的架构，比较简单。

个体户还有稍微复杂一点的架构，比如一家餐饮店，店长下面有后厨、前厅、收银。有的后厨会分热菜、凉菜、点心；前厅会分A班、B班。有的餐饮店把行政主厨直接放到店长的位置上。但是更多的企业还是希望店长做行政管理，后厨主管菜品。

有的餐饮店比这两种组织架构都复杂一点，比如前面有店长，店长下面有后厨、前厅、运营。后厨分热菜、凉菜、点心。前厅分为一楼层、二楼层，每个楼层又分一区、二区。运营包含迎宾、收银。有的企业还有采购负责去买菜。有的餐饮店为了省事，采购归后厨管。但采购归后厨管要规避自己做菜自己采购，防止出现不能控制的问题，比如在财务上出现回扣之类的事情。前厅还会设置一层经理、二层经理。经理下面有主管，主管又分包房主管、大厅主管、宴席主管等。

当然，更大的餐饮店，基本上相当于一家公司了，虽然是个体户，但是像公司一样运作。上面有总经理，总经理下有行政总厨、前厅、策划、运营、行政。行政包含后勤、人力资源。运营包含采购、物流、洗地。行政总厨又分为几大类，热菜、凉菜都分得很细，还包含净菜工、洗碗工。有的公司净菜工和洗碗工会放到运营里面。前厅分为包房、策划等。除了策划，有的公司还会设计一个大客户部，搞各种各样的庆典活动，如喜宴、寿宴、生日宴等。

这样的门店看着是个体户，其实它本质上相当于一家公司。有的餐饮门店不止一个，有可能就不是个体户了，已经到了公司的运作层面。比如总经理下面有直营、加盟、策划、运营、行政、人力资源、财务。直营有1~100家店，加盟有1~50家店。

有的企业在加盟和直营中间还有一个更大的中央厨房。其中，部分企业中央厨房是和运营在一起，另一部分企业中央厨房直接独立出来。中央厨房还会有一套班子，所有门店70%的菜就在中央厨房里面完成，店面只需要完成30%就可以了。当然还有一些做快餐的企业，100%的菜都在中央厨房完成。不管是直营还是加盟的门店，在店里直接加热就行了。比如快餐品牌麦当劳、肯德基、真功夫，它们都是公司化运作，不但是公司化的运作，而且都是集团化的公司运作了。

这种就不能叫个体户了，而属于公司了。个体户是指一个店面，或者是几个店面，没有进行公司化运作，每个店都相对独立。

个体户别看它小，其实它包含的部门也很多。往往有产品中心、销售中心、行政中心、服务中心，比如一个店里就夫妻两人加上一个孩子，总共三个人，老爸炒菜，老妈招呼客户，儿子收银、做采购、端盘子、擦桌子、迎客送客等。这样的个体户效率比较高。为什么有的店面活得比较久，能存在几十年，甚至上百年。因为他们的人什么活都能干，成本低。

❷ 二级：有限公司制示例

有限公司制的组织架构也分为两种，见图 4-6。这里只讲其中一种。

有限公司制，董事长下面是总经理和财务。总经理下面有销售部、生产部、行政部、人力资源部。这是传统意义上的产供销一体化公司。生产部包含采购、仓储，甚至物流等。销售部包括市场部、客服部。后勤就是行政和人力资源。负责人就相当于经理这个级别，有的企业会放到总监这个级别。它的产品比较单一化，没有太多的个性，可以理解为标准化比较多。

有一家生产型企业的组织架构，上面是 CEO，下面是生产部，生产部还有生产一车间、生产二车间、生产三车间，然后是销售部、客服部、采购部、物流部等，这叫扁平化管理。我们发现中间缺少一个支撑的"腰"，这样做最累的肯定是总经理或老板，因为所有人直接对着老板汇报工作。这家企业完全可以把功能类似的部门进行合并，再下放责任，大家各自都有了责任。我们常用的一些工具，比如工作分析表和绩效考核表，其实就是责任下沉非常重要的工具。

有一家做包装盒的企业，他们的组织架构，上面是老板，老板下面有生产一车间、生产二车间、采购、打样、客服、物流、后勤。后勤包含比较多，有厨房、宿舍、行政、前台。这些人都对老板一个人负责，中间缺少人给老板分摊责任，所以大家遇到问题就找老板，但老板精力是有限的。所以还是要对部门进行整合，把责任下沉。

❸ 三级：有限公司中心制示例

有限公司中心制的组织架构一般比较清晰，见图 4-7。

责任下沉就是对利润进行核算，核算就要有对应的公式和制度。也就是说，中心制里的一些部门要对利润负责。有限公司部门制对目标负责就行了，利润可以参与得少一点。但是有限公司中心制，因为责任下放，意味着利润要再次分配。中心制的一个最重要的核心，就是进行独立核算。独立核算对

Part ④ ‖ 企业组织架构 ‖

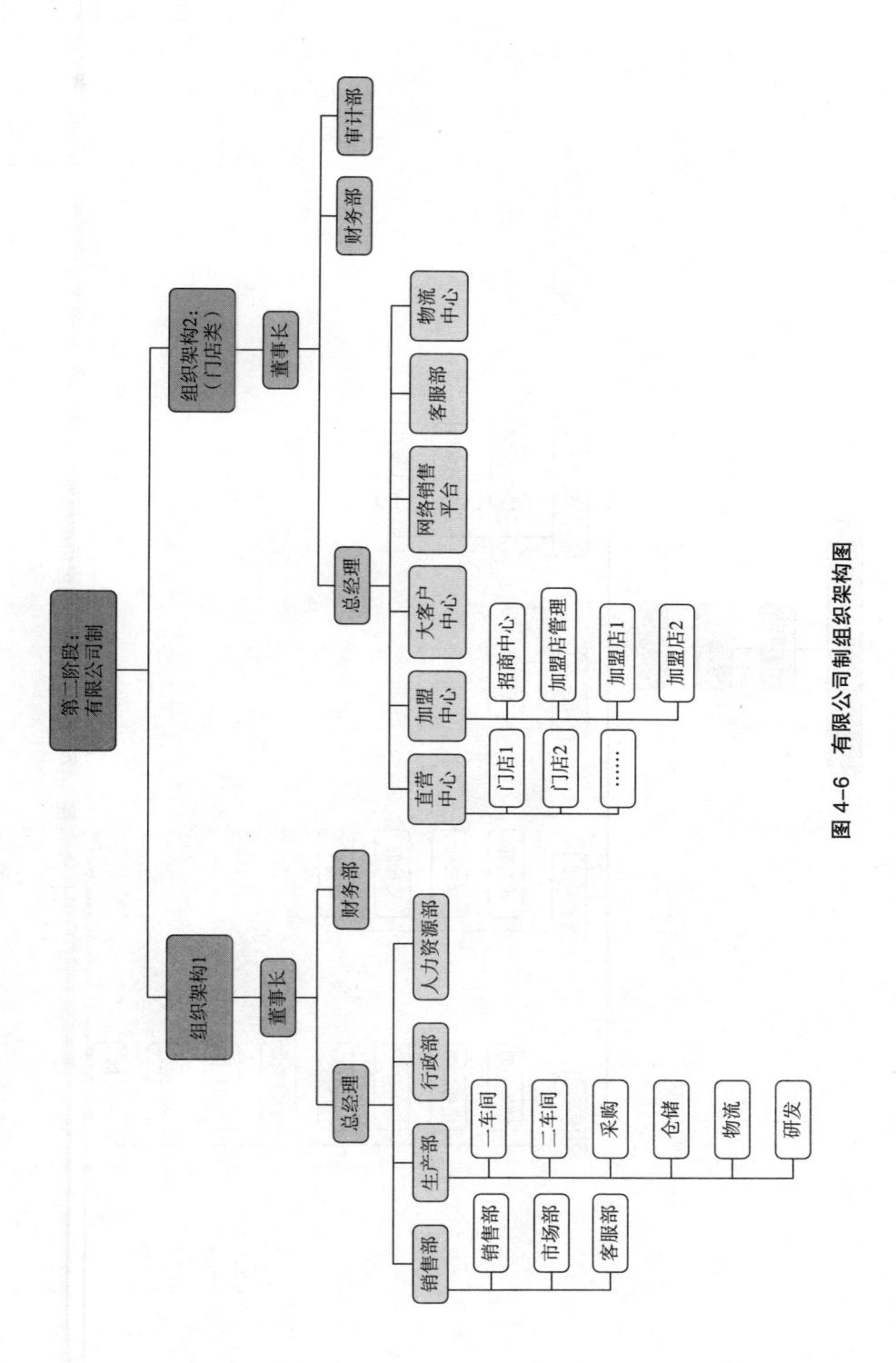

图 4-6 有限公司制组织架构图

图 4-7 有限公司中心制组织架构图

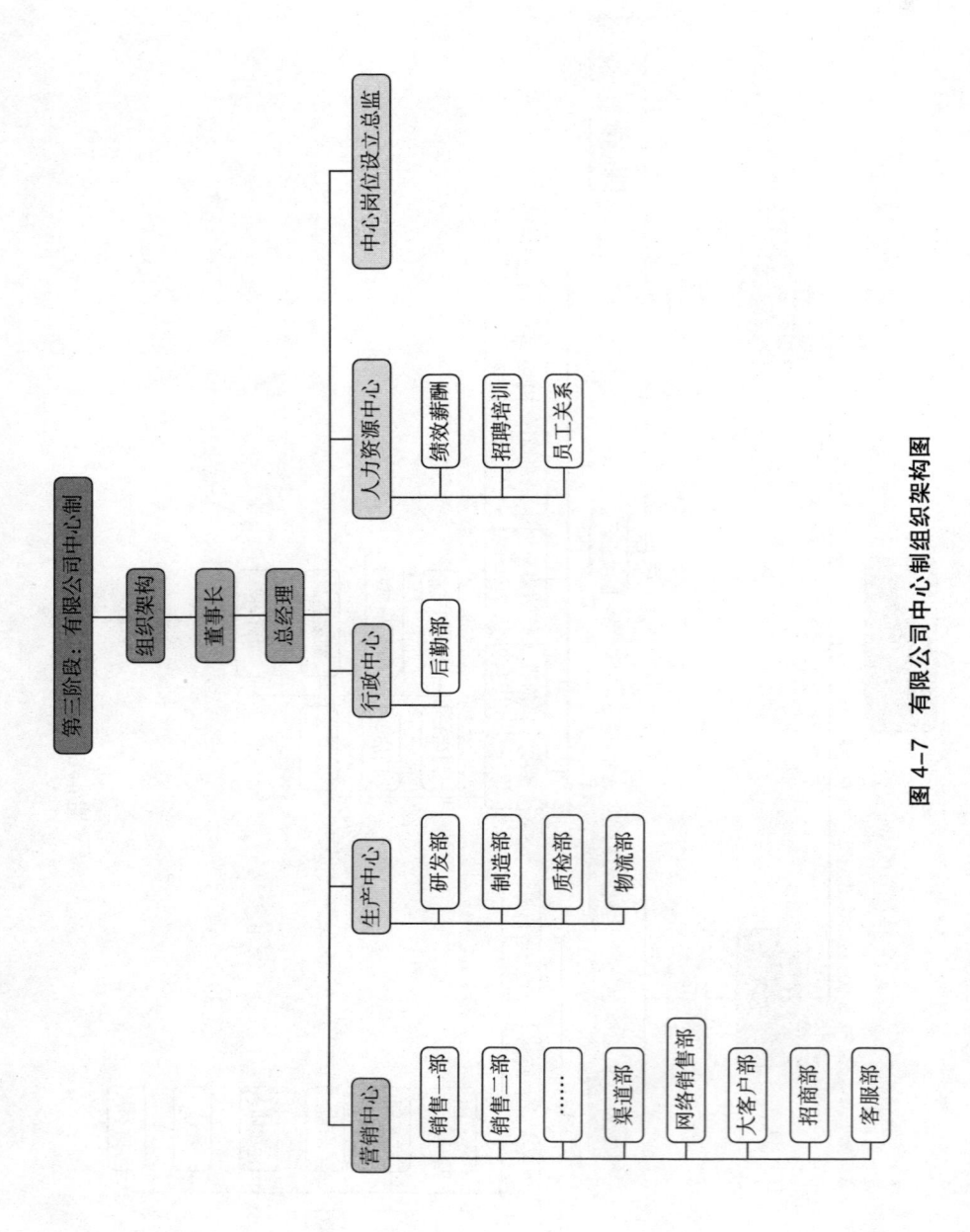

营销中心的作用最有效、最直接。

从组织架构上看，营销中心的上面是总经理，平行的有生产、行政、人力资源等部门。既然要进行独立核算，营销中心就不能只设一个部门了，可以设销售一部、销售二部、销售三部、渠道部、大客户部、客服部等，有的企业还会加上策划部。总而言之，就是要把权力放大，责任放大。这些部门之间都进行独立核算，甚至包含客服部都要进行独立核算。销售一部挣的钱和销售二部没有关系。

作为销售一部的负责人，除了销售业绩方面有奖金，产生利润以后可能也有分红，当然具体要看企业情况，分红比例可以高达50%。这仅仅是部门分红，和企业总部的总分红是没有关系的。营销中心自己来策划，包括策划销售、策划流程、策划活动、策划服务、策划客户流量。销售流程的改进，不仅仅是总经理的事，也是营销中心负责人的事。营销中心的负责人，他至少要到总监这个岗位，当然也有可能是营销中心总经理。

除了在营销上进行一次扩张以外，其实在生产上也可以设生产中心制。因为有的企业营销很简单，它的客户都是订单制的，比较稳定，几个客户就够了，但是客户对生产要求比较高，所以也可以把生产作为一个中心制来对待。比如做服装的企业，上面是CEO，销售就非常简单，基本上就是订单制，开一个订单会就成。接下来的重点就是生产了。当然服装的款式有许多种，企业的目标客户一般定位区间相差在5岁左右。另外企业要设计好爆款产品。当企业做好爆款产品时，就是对利润负责。

做服装的企业，很难再做别的产业。扩张其他行业的前提是，把其中一个品牌打响了，将一类客户人群拿下，然后再进行扩张。生产一旦做中心制，就需要有独立的研发能力。所以生产中心下面又分一中心、二中心、三中心，每个分中心都对自己的利润负责。

综上，对中心制的理解有两种，营销中心制和生产中心制。我建议大家先把营销这条线打通。如果公司不是以营销为导向，而是以生产为导向，那么把生产设成中心制也可以。还有一类做工程、市政、土建、施工的企业，也都可以独立成立中心。这种中心还没有到事业部这个阶段，因为它们只能独立完成项目，背后的运作是自己完成不了的。比如销售订单由别人来完成，产品是基于公司来研发的，而不是自己独立创造的。如果自己独立创造一个产品，对利润负责，那可能到了事业部，共用行政、人力资源、财务、物流、仓储，甚至还可能共用人才。

中心制的第一个核心，能够进行独立核算；第二个核心，对本部门的利润负责；第三个核心，做到责任下沉。责任下沉的第一步，就是老板要初步解放双手，让下面的部门自己做事。

④ 四级：分子公司和事业部制示例

分子公司和事业部制的组织架构，见图4-8。

长松公司就是分子公司和事业部制的组织架构。总经理下面有各种组织事业部，如营销事业部、财务事业部、家庭事业部，还有很多销售公司，如广州公司、北京公司、上海公司，它们之间是独立核算的关系。

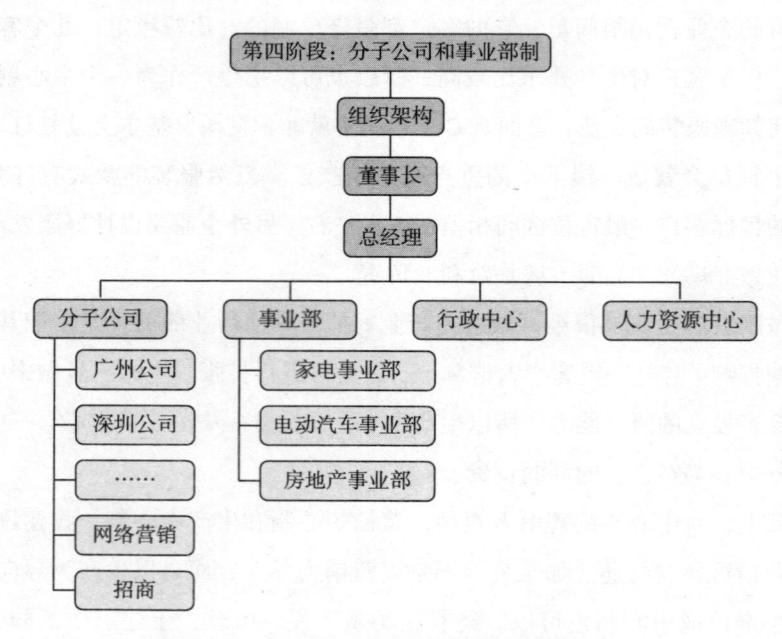

图4-8 分子公司和事业部制组织架构图

长松公司有个老师企业文化的课程讲得不错，我们就做了一个企业文化事业部。我们发现外面有一个讲生产的老师讲得不错，那我们再设一个生产事业部。这种内部专家加上外部专家的模式，销售也可以这样操作，比如有个人具有做销售公司总经理的能力，那我们在无锡开一家公司请他去做总经理。我们发现一个做营销的人才不错，也可以邀请过来，到南京做一个独立的分公司或子公司，并对他进行股权激励，他拿的是分子公司的股份。

事业部的任务有两个。

第一个，研发出有竞争力的产品。产品不好卖，不能怪销售团队，可能是产品没有竞争力。所以销售的第一步，不是销售给市场，而是销售给销售团队，来检验我们的销售团队愿不愿意卖我们的产品。

第二个，做好产品的售后服务。产品做得不好，后续的麻烦事要自己解决。我们不能让负责营销的去解决技术的问题。产品做得不好，要自己做好售后服务。

事业部和分子公司并行，形成一个大平台，它们之间是独立核算的，核算的公式都是有分摊的。比如有一个产品售价 1000 元，成本假设是 200 元，总部和分子公司、事业部进行分割。比如对毛利润的分配销售占 60%，生产占 40%。生产的成本是 200 元，毛利是 800 元，那 800 元的 60% 就是 480 元。销售部留下 480 元，把销售费用、管理费用、税收去掉之后，就是销售部的利润。生产部是分配 800 元毛利润的 40% 即 320 元，再加上成本的 200 元就是 520 元。卖一个产品 520 元，再把研发费用、运营费用、服务费用和员工费用、办公费用减去，就是生产部的利润。各个事业部拿自己事业部的利润，把责任再次下沉，生产对产品负责，销售对市场负责。其中，某些事业部可以共用一些职能部门。

这就需要我们有独立的研发能力，对利润负责，对市场负责，对未来的发展负责。这种方式中国的很多企业都在用。事业部做好了，可以独立作为一个真正的公司。一家企业所有的事业部都做成了独立公司，这家企业就变成了集团公司。

到这个阶段，不管是内部人才还是外部人才，是技术人才还是营销人才、管理人才，都可以根据战略的需求吸纳进来。有行业第一集团军的人来了，进入行业第一集团军就比较容易了。

❺ 五级：集团公司制示例

集团公司制的组织架构，见图 4-9。

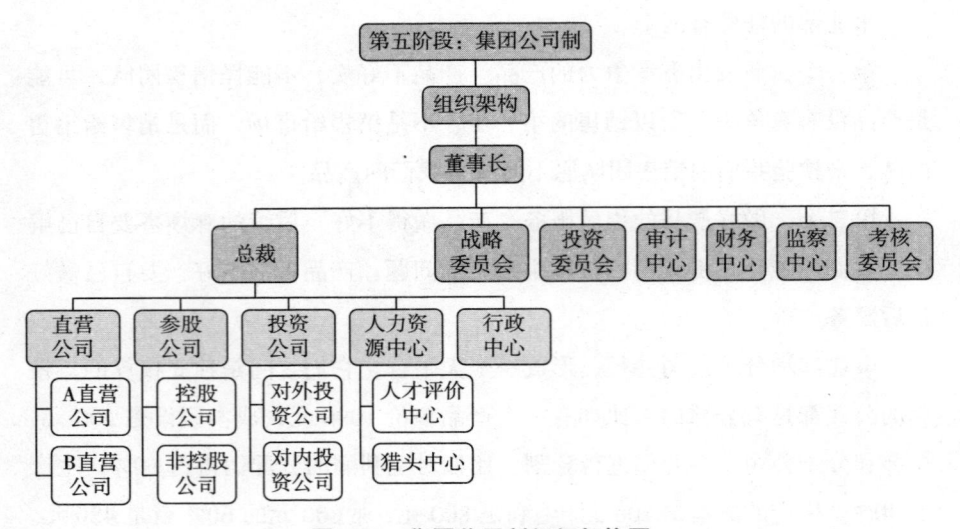

```
第五阶段：集团公司制
        组织架构
         董事长
    ┌──────┬──────┬──────┬──────┬──────┬──────┐
   总裁   战略   投资   审计   财务   监察   考核
        委员会 委员会 中心   中心   中心   委员会
 ┌──┬──┬──┬──┐
直营 参股 投资 人力 行政
公司 公司 公司 资源 中心
              中心
 │   │   │   │
A直营 控股 对外投 人才评
公司  公司 资公司 价中心
 │   │   │   │
B直营 非控 对内投 猎头中心
公司  股公司 资公司
```

图 4-9 集团公司制组织架构图

集团公司制，总裁下面是集团的 A 公司、B 公司，还有参股公司、投资公司等。这个阶段，对上面的组织架构要求会更高，比如有投资中心、战略中心、公关中心、财务中心、审计中心等。图 4-9 是设计集团公司的最基本版本，当然还有稍微复杂一点的版本。总裁在这里叫直营公司，或直营管理中心。还有战略委员会、投资委员会、审计中心、财务中心、监察中心和考核委员会。在这个阶段，很多公司的 CEO 都被叫总裁，虽然不同公司的叫法不一样，但本质上都是同一个职位。

总裁下面的人就叫总经理。总经理对项目负责、对利润负责、对目标负责。所以集团公司制比较复杂，集团总部上面有董事长，下面有总裁。总裁下面会有很多部门，也可以分为 A 公司、B 公司、C 公司、D 公司，或者投资公司、控股公司、直营公司、加盟公司、并购公司等。

一些大的集团公司还会单独设立一个并购中心，比如阿里巴巴和腾讯。它们的并购中心都非常重要，看见未来发展有潜力的公司或项目，或者可能对它们造成冲击的公司或项目，都要以最快速度买下来。所以集团公司的核心任务不是横向投资，更多是在打通产业链，建立自己的生态系统。

生态系统主要包含以下几个方面。

第一个，流量生态。

最典型的就是腾讯，腾讯的流量生态里一个是QQ，一个是微信。

第二个，利润生态。

第三个，技术生态。

第四个，人才生态。

一般情况下，集团公司就是来建设这些生态，打通产业链的。因为不同公司的产业链存在差异，有的偏流量，有的偏利润，有的偏技术，有的偏人才。各个公司的偏重都不一样，公司需要根据自身特点形成适合公司的产业聚集，打造自己独有的生态系统。

⑥ 六级：投资集团制示例

投资集团制的组织架构，见图4-10。

投资集团制的核心不仅仅是直营，更重要的是围绕自己的直营去做全产业的投资。在做全产业投资的时候，集团公司往往会偏重于某几个领域或一个领域去投。所以投资集团制对战略会有较高要求，对投资分析、投资趋势的要求都会比较高，需要考察未来能不能顺利拿到市场份额。到了这个阶段，不仅要把自己的直营公司做好，更多的是为了投资。将投资的所有项目，与自己直营的部分，形成一个全产业的互补，把全产业的信息链条、利润链条全部打通。

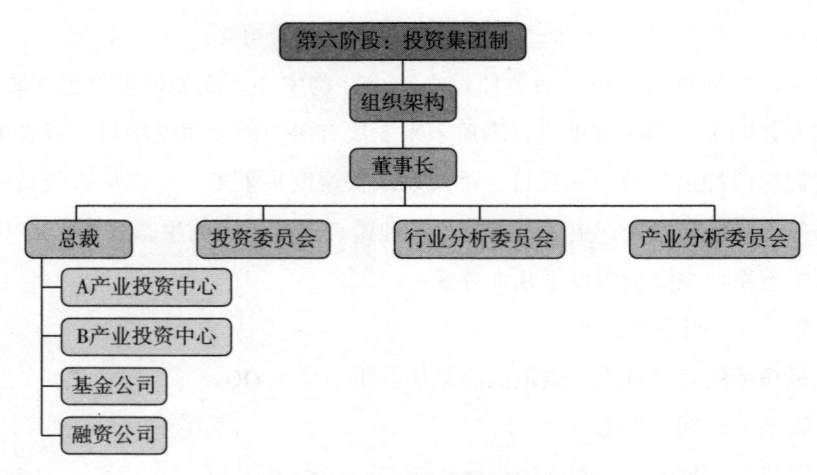

```
                    第六阶段：投资集团制
                           │
                         组织架构
                           │
                          董事长
                           │
    ┌──────────┬───────────┼──────────────┐
   总裁      投资委员会   行业分析委员会    产业分析委员会
    │
    ├─ A产业投资中心
    ├─ B产业投资中心
    ├─ 基金公司
    └─ 融资公司
```

图 4-10　投资集团制组织架构

以上是几种组织架构的类型，企业在不同的阶段组织架构也会不一样，对人才的需求也不一样。有的组织架构以人才为导向，有的以技术为导向，还有的以营销为导向。不管是哪种导向，其目的都是让人才在组织架构里能量最大化、效能最大化，从而实现战略目标。组织架构具有承上启下的作用。不仅仅是为了满足当下，更重要的是在满足当下的基础上，有一定的未来性和前瞻性，这是组织架构设计的整体框架和基本思维。

六、部门与岗位的四级设置

基于企业处于不同的发展阶段，企业的部门和岗位的设置也是不同的，大体可以分为四级，企业要从一级逐级完善到四级。

❶ 部门四级设置

下面我们分别对战略中心、营销中心、生产中心、运营中心进行四级设置。

（1）战略中心

一级战略中心包含董事长、总经理、财务，这是最早的一级架构。

二级战略中心包含股东大会、董事会、CEO、CTO、COO、CFO。相比于一级战略，二级战略变得丰富了。

三级战略中心包含股东大会、董事会、监事会、审计中心、财务中心、战略委员会。

一级战略中心是董事长，下面有总经理、财务。二级战略中心除了股东大会、董事会外，其余都是由一个人进行管理。三级战略中心的时候，董事长变成了一个组织，即董事会。还有监事会、审计中心、财务中心、战略中心……都由个人变成了组织。

四级战略中心更复杂，包含股东大会、董事会、监事会、审计中心、财务中心、战略委员会、薪酬委员会、考核委员会等，有的企业还会多一些设置，如公关中心、投资中心等。

组织架构不一样，企业规模也就不一样。第一级时老板必须自己考虑薪酬，到第二级时老板有时候要参与薪酬，第三级时老板对薪酬就不用管那么多了，下面的人做完方案，薪酬委员会通过，然后召开股东大会或者董事会，董事长最后做出决策就可以执行了。考核、检查、审计、投资也是这样，战略都由各部门一起思考，所以更为全面。

（2）营销中心

营销中心也可以设成四级。

一级营销中心就是销售部，客服有可能也在销售部里。在任命上可以设置主管级别。

二级营销中心除了销售部外，还会独立出来客服部。在任命上可设置经理级别。

三级营销中心有销售部、客服部、策划部。它和前面两级最大的区别是虽然都有销售部、客服部，但是它可以进行独立核算，而前面两级可能不进行独立核算，由老板个人决定如何分配销售额。所以这一级进行了独立核算，责任进行了一次下沉。

四级营销中心设置的部门会更多。比如客服、销售、渠道、策划等。这个时候企业可以以客户为导向，参与产品研发，提供更多一手信息。虽然四级营销中心架构和三级营销中心架构很像，但它的功能发生了变化，而且会有多个销售部，发展多个渠道。

从销售的流程上可以发现，一级营销中心靠个人，个人销售能力强就可以完成工作；二级营销中心，要建立销售流程；三级营销中心，要建立销售模式；四级营销中心，要设置利润模式。如果从建构的角度上讲，一级营销中心需要销售手册，二级营销中心需要销售流程，三级营销中心需要销售模型，四级营销中心需要利润设计，每一级营销中心的功能是不一样的。

所以一级营销中心的负责人，可能做到主管级别，二级营销中心是经理级别，三级营销中心是总监级别。经理级在第三阶段和第四阶段用得比较多一些，总监级在第五和第六个阶段用得比较多一些，当然也有个别企业用到第四个阶段。

（3）生产中心

生产中心也有四级架构。

一级架构就是车间，它的领导是车间主任，车间主任就相当于一个中低层干部。它的产品基本要求就是标准化，不存在产品的策划，也不存在产品的链条设计，按照标准把产品做出来就可以了。

二级架构是生产＋质检。

三级架构包含生产＋工艺改造＋质检。除了生产，还得把工艺改造和质检提升上来，以保证交付的质量。三级架构对技术的要求变高了，要求工艺有改进，效能要提升。

四级架构包含生产＋研发＋技术＋质检＋工艺。这个时候就要求生产要有独立的产品研发能力，这个研发能力要基于市场的需求，不断迭代，包括对未来趋势的把握。

（4）运营中心

运营中心也有四级架构。

一级架构就是后勤部，管理水电、物业、前台，多为执行性工作。

二级架构是行政＋人力资源。这里对人的要求上升了一个阶段。

三级架构包含行政＋服务＋人力资源中心。人力资源中心到这个阶段，一般就分得比较细了，比如有薪酬考核、招聘培训、员工关系，每一个板块都有主管。这时运营中心可能到总监级别了。这里更多强调行政和服务，以及人力资源的放大。光靠一个人已经不行了，要靠一个部门，甚至还要把它独立出来。

四级架构分为行政中心、人力资源中心、公关中心。人才需要会应对媒体，对人才的要求比较高。人力资源中心到这个阶段，可能会牵扯到猎头，人才储备会做得比较多。

除了猎头人才中心以外，其实还可以将培训独立出来，培训也可以分四个级别。

一级培训是培训主管和专员。

二级培训是企业内部培训中心。

三级培训是企业商学院。

四级培训是企业大学。

当然，现在国家已经不允许叫企业商学院或企业大学了。但原则上到企业商学院阶段，对人才的要求就很高了。到企业大学阶段，需要在整个行业里面做到引领地位。企业前期建培训中心还是很有必要的，但是对成长型的民营企业来讲，建培训中心压力比较大，比如要配备培训资源、培训老师、培训课题，要求比较高。

培训中心有两个核心功能：传播企业文化，赋能。现在很多企业认为，员工工作的结果不好，是因为心态出了问题，心态出了问题，其实是文化出了问题。但是企业忽略了员工解决问题的能力。如何让员工具备解决问题的能力呢？关键在于赋能。所以企业里70%的培训应该针对内部，而不是外部。很多企业内部没有培训，因为没有老师，企业的干部不具有培训的能力。从外面找老师成本又很高。这就要求企业的高管或部门负责人，要有给员工赋能解决问题的能力。现在有很多企业不给员工赋能，反而天天强调员工心态要好。员工心态很好，没有解决问题的能力，还是会出问题。

一个员工刚加入企业的时候，心态好，有激情，很想把事做好，但是工作几个月以后，往往就会有情绪。有的员工甚至开始消极怠工了。我们通常把这种员工叫"见光死"，让他去见客户，还没张嘴，客户就骂走他了，再好的心态也被打击得没有了。

很多人还谈到一个观点"压力就是动力"，但是我不认可，我认为这个观点不适合所有人，只适合优秀者。对普通人来说，压力并不是动力，很多时候压力是恐惧、不安。出现这种情况的原因，是普通人缺少解决问题的能力。企业带团队的干部，一定是企业内部非常重要的核心人物，他们可以在完成目标的基础上，赋予员工解决问题的能力。员工有了解决问题的能力，心态自然而然就会好。

❷ 岗位四级设置

岗位级别的设定不是随意的，应按照对该岗位的需求设定。下面我来分析一下背后的逻辑。

（1）主管

公司提供战略，并且设计部门及其职责、流程，然后公司负责招聘，由部门负责人进行管理，负责人可以设置为主管。部门职责清晰了，公司主管带着大家一起干活，完成目标。

（2）经理

公司提供战略，并且设计了部门及其职责、流程，由部门负责人负责招聘、培训、赋予能力，从而完成部门目标，负责人设置为经理。简单来说，就是这个部门有了，岗位职责、岗位流程、工作标准、目标都有了，经理就负责把人吸引过来，并对其进行培训、赋能，提高其解决问题的能力。

（3）总监

公司提供战略，并且设计部门及其目标，由部门负责人设计流程、职责，并招聘、培训、赋能，进行团队组建，负责人可设置为总监。

（4）总经理

公司提供战略，对部门提出利润目标，由部门负责人设计部门组织架构、内部业务流程，进行团队组建、赋能，负责人设置为总经理。

比如长松公司要做一个财务事业部，财务事业部的负责人就是财务事业部总经理。这个总经理要对财务事业部的利润负责，财务事业部的讲师设置由财务事业部总经理决定。工作流程怎么开展，部门里有哪些岗位和员工，员工需要什么能力，都由财务事业部总经理来定夺。

做总经理的人要有一定的策划能力，会做一些方案，并且有一定的培训能力和执行能力。不同的岗位在设计的时候，能力要求是不一样的。

所以大家在设计岗位级别的时候，千万不要随便乱用。本来公司要的是一个总经理，结果找来一个经理级别的人，想要的目标肯定实现不了，因为岗位要求和他的能力之间的匹配出现了问题。最危险的情况是他的能力低，但给的位置高。高一档还能勉强够得着，高两档或以上肯定就够不着了。出现这种问题的原因就是没有把责任细分。责任细分后，公司才可能找到合适的人选，后续工作起来就会轻松很多。

七、关键岗位的关键职责

❶ 关键岗位工作职责的制作步骤

组织架构关键岗位的工作职责就是责任下沉。如何做到责任下沉,界定关键岗位职责呢?流程一共有四步。

第一步,做出工作分析表。

第二步,界定工作分析表的核心责任。比如工作分析表的责任内容有十项,甚至更多一些,但是最关键的责任可能不多,只有三五项,我们的目标就是找到这些关键责任。

第三步,将所有岗位的工作责任进行罗列,形成清单,最终形成工作责任表。

第四步,根据工作责任表,进行岗位价值评估。

岗位价值评估会转化为岗位收入、绩效收入。我们为什么只找关键岗位?因为关键岗位遵循管理的"二八定律",就是重点关注 20% 的关键事项,实现 80% 的核心工作责任和核心结果。所以每一个岗位,大概找 2~5 条关键指标就可以了,不需要太多。

❷ 关键岗位的工作职责

不同岗位的关键职责是什么呢?下面我们来看一下。

(1)董事长

董事长的主要任务有以下八个。

第一,制定公司战略,并颁布实施。

在制定公司战略的时候,我们一般建议企业做 3~5 年的战略,时间不需要太长。有一些企业家在做战略的时候过于理想化,上来就喊要做百年企业,要做行业第一集团军,想法很好,但离目标太远。当大家认为目标太远的时候,目标就变成了一种空想,不具有可操作性。所以建议企业制定3~5年的战略,核心是年度战略计划。

第二,代表董事会实施公司的战略利润目标。

董事长是公司利润目标实现的核心负责人。一家公司股东的最终可分配利润的多少,和董事长有直接责任关系。虽然总经理也有责任,但最核心的还是董事长。

第三,实施公司投资人的规划愿景。

作为一个董事长,要对股东们负责。股东们想得很简单,主要思考的是公司能不能盈利,公司能不能持续发展。公司千万别冒进,一冒进,投资人可能就不干了,要把董事长换掉。

第四,与总经理联合实现公司基本管理系统建设。

比如组织系统、营销系统、生产系统、产品研发系统、销售流程系统、运营系统,这些都需要董事长和总经理亲自去做。建系统的事靠一个人是不行的,必须靠核心关键人物的推动,解决从0到1的问题,可以不完善,但是一定要有。

第五,对新项目立项的把关。

一个新项目通常由董事长拍板,因为董事长要全局考量这个项目是不是和公司的战略匹配。可能这个项目很挣钱,作为总经理来讲实现利润目标没有问题,但是和公司的大战略不一致。这个时候,董事长就要决定到底要不要做这个项目。

第六,财务体系建设及财务管理。

董事长在财务方面要做好管理工作。

第七,关键人才的培养及引进。

招聘公司最核心的关键人才时,董事长要亲自出马进行谈判,加大砝码。

第八,企业文化的建设。

董事长是企业文化的发源地。民营企业里的老板、大股东基本都是董事长,所以他要对整体的文化建设起到一个核心的作用。企业文化发源于董事长，由总经理来执行，由人力资源部来设计、归纳、总结、完善。

（2）总经理

总经理，也叫首席执行官，简称 CEO。但首席执行官不一定是总经理，有可能董事长就是首席执行官。

总经理的主要任务有以下几点。

第一，实现公司总业绩。

董事长对业绩的要求并没有上到更高的高度，而是对利润有要求。总经理要对公司的总业绩负责。

第二，实现公司的利润目标。

第三，实现业务的拓展。

第四，提高产品研发及竞争力。

也就是提升有竞争力产品个数，增加爆品的个数。

第五，建立基本的管理系统。

总经理和董事长的工作职责会有一些重叠的地方，可以联合去做。

第六，提高人才的综合素质和人均效益，以及整个团队的组建。

团队到底健不健全，完不完善，战斗力怎么样，和总经理有直接关系。总经理是团队组建的核心人物和关键人物。除了董事长帮他去物色一些关键人才以外，人力资源以及各个部门负责人也要参与进来，共同战斗。

（3）COO

COO 是首席运营官的简称，相当于行政总经理，有的企业把其定义为行政总监。COO 主要负责的是行政、人力资源、经营安全、外部资源、政府关系、公共关系。很多人认为 COO 是做行政的，不是特别重要，这是错误的。很多企业老板在公司很忙，都是因为 COO 不能够胜任而导致的。比如今天工商局的工作人员到公司来进行例行检查或非例行检查，如果 COO 沟通不畅，解决不了问题，就要请出老板。很多老板被工作绑架，做得不够顺心，主要就是因为在内部的日常管理上出现了一些问题。

(4) CTO

CTO 是首席技术官，主要工作之一是负责产品的研发，包括迭代，还包括技术人才的培养及引进。技术人才培养是一个大工程，如果企业急需技术人才怎么办，就要去引进。产品的交付及实施也是 CTO 的职责，交付不好，满意度低，CTO 要负责；产品竞争力弱，CTO 也要负责。

(5) CFO

CFO 是首席财务官，又叫财务总经理，比财务总监高一个级别。CFO 的工作包含投融资、现金流、合规、纳税筹划等。作为 CFO 还要会做账，千万不能出现两套账。此外像财务体系的建设、财务人员的能力提升、财务人员的培训等，都是 CFO 要管的事，这是关键能力，也是关键技术、关键责任的要求。

(6) CHO

CHO 是首席人力资源官，比人力资源总监高一个级别，人力资源总监叫 HRD。CHO 负责企业的人力资源配置及管理，人力资源配置包含得比较广，一方面是内部的人才梯队的建设、编制的搭建、胜任力模型的构建；另一方面包含外部关键人才的引进。当然 CHO 的工作还包含管理，比如日常的管理、考核的管理、薪酬的激励、晋升通道的打通、培训能力赋能等。针对 CHO 来讲，最终评价有一个非常重要的指标，叫人均效益。因为这个部门以及 CHO 的存在，员工的人均效益有没有提升，如果没有提升，那证明 CHO 胜任不了。

(7) CSO

CSO 是首席问题官，比总监高一个级别，负责客户的规划、销售流程建设、销售模型设计、流量管理、流量变现、销售团队打造、市场策划。CSO 做的事基本上都是对外的，涉及公司内部的事情较少。

（8）董秘

随着公司的发展，有一些企业还会有董秘出现。很多企业在上市的时候，董秘是由财务来做的，但是随着企业的发展，董秘通常是一个独立的岗位，他的任务是协助投融资中心工作和财务中心完善信息发布、信息披露，以及进行企业上市工作的筹备和正常的运营。董秘不是董事长秘书，而是一个独立的岗位，和投融资、信息发布、上市有关系。

（9）战略委员会

前文讲过，战略中心的四级架构里有薪酬委员会、战略委员会、考核委员会。其中，战略委员会在企业里的作用是，第一，协助企业制定战略；第二，保证战略的畅通和一致性。很多老板在做战略的时候，因为每一个阶段接收的信息不一样，战略往往会变，可能跨度非常大，就失去了连贯性，导致不畅通，就有可能走弯路。一致性保证企业的前后目标一致。我在做3年目标、5年目标、10年目标，甚至20年目标的时候，要保持一致性，一步步地往前走，而不是进行大的跨越。大的跨越对于很多企业来讲是一件好事，但是往往这种好事会变成一个陷阱，一旦跳到这个陷阱里就容易造成更大的损失。

根据企业的战略，我们进行系统的建设，包含组织系统、营销系统、生产系统、产品研发系统等的建设。比如在建人才系统的时候，我们要考虑今年需要什么人才，三五年以后，甚至10年以后需要什么样的人才，要不要提前进行布局，战略委员会要去考虑这些问题。建其他系统也是一样的道理，我们用多长时间建组织系统，用几年去建营销系统，用几年去建生产系统，可不可以同时去建，这是战略委员会要思考的问题。如果战略委员会没有把这件事思考明白，让老板去做，就很难保持一致性和连贯性。

随着企业的发展，组织系统要逐步放到一个比较重要的位置上去思考。可能在第一、第二阶段，对战略要求还不高，企业只要能活着就行。但是，到了第四阶段，企业对战略的要求可能会很高。特别到了第五个阶段，战略要上升到一个新的高度。

❸ 关键部门的关键职责

下面分别以财务部、人力资源部、采购部、销售部、生产部、研发部和行政部为例，说明关键部门的关键职责。

（1）财务部

财务部有五大核心功能，也就是五大核心责任。

第一，现金安全管理。

这里包含有没有人设小金库，有没有吃回扣，有没有应收款，有没有呆死账，还需要严格把控公司账上的每一笔钱。

第二，经营风险管控。

经营风险管控由事后转事中，最好是事前，这是财务部的事情。财务的事后就是记账，事中就是预算和核算，事前就是精算。精算在金融、保险、投资领域用得比较多，现在有很多大型的民营企业也在用。中国很多的传统性民营企业更多是事后，亏了就亏了。我们尽量把经营风险管控由事后转到事中，能转到事前当然更好。这是财务的责任。

第三，信息管理。

信息管理包含信息化管理、信息流管理和信息的准确性。

第四，税务筹划。

对一些与国家政策相关的内容进行税务方面的筹划。

第五，财务安全。

现金安全是财务安全的一部分，财务安全包含财务投资、财务账务、财务票据、纳税筹划、财务人员安全管理。

（2）人力资源部

人力资源部的核心职责包括以下几个方面。

第一，组织系统的导入。

组织系统的导入是民营企业现在急需补的一堂课，组织系统的完善是一个长期的工程。我认为在企业系统里，在组织系统、营销系统、财务系统、生产系统、战略系统、文化系统中，最不好导入的是组织系统。为什么？因为组织系统在导入的时候，总是牵涉到员工的利益，一牵涉利益，人与人之间就会出现矛盾，很多问题都来源于利益的冲突。

第二，各部门培训计划及结果汇总。

培训来源于三个方面的内容：企业文化、赋能、职业化。

第三，考核制度的拟定及培训。

第四，薪酬管理及应用。

薪酬管理里包含改革部门的薪酬结构、薪酬调查、薪酬测算。

第五，人才培养及招募。

第六，人员编制实现及胜任力达标。

人员编制实现是人力资源规划里的，包括胜任力达标。胜任力达标的前提是要建立一个胜任力模型，这是人力资源部要去考虑的事。

（3）采购部

采购部的核心职责包含以下几个方面。

第一，供应商资料库的建立。

供应商资料库建得越多越好。这里有一个模型，叫1+3+6模型。供应商哪些是稳定合作的，哪些是经常合作的，哪些是偶尔合作的，一旦平时稳定合作的供应商不愿意和你合作了，至少应有3家经常合作的供应商、6家偶尔合作的供应商可以选择。比如有一家公司做瓶子的外包装，外包装标签假设1个1元，公司杀价杀不下来，就去找偶尔合作的供应商看能不能帮忙设计一下，可能9分就可以拿下，然后公司可以拿这个合同去找稳定合作供应商，说人家质量和你一样，价格能降下来，你的价格能不能再降？很多公司的问题就出在这里，只有一家供应商，没有备选，别人的价格都降下来了，他们的供应商价格还很高，这会对公司的利润造成一些伤害。

第二，供应商资格考察及筛选。

第三，货物类别筛选及优化。

第四，订单采购完成。

第五，原材料性能培训。

第六，采购资金，使用效率最大化。

（4）销售部

接下来看销售部的核心职责。

第一，新客户的开发及渠道建设。

第二，销售团队的组建。

第三，客户关系维护及服务。

第四，客户复购及转介绍。

第五，销售目标实现。这是最重要的。

销售部的核心是实现业绩目标，不是利润目标。利润做上去了，但是销售规模没上去，市场本来有很大的潜力、很大的机会却没有抓住也是不行的。所以销售部的核心任务是先把钱拿回来，之后再考虑利润。

（5）生产部

生产部的核心职责主要有以下几个方面。

第一，可控成本下的产品生产。在成本控制下，把优质的产品生产出来，可以改良工艺。

第二，生产流程的优化。

第三，生产系统的建设。

第四，生产订单的完成。

第五，生产安全，这是核心职能。

（6）研发部

下面是研发部的核心职责。

第一，公司创意产品的提交及研发。

第二，实验室研发。

第三，根据市场反应进行产品修订。

第四，产品专利的申请。

第五，产品手册的拟定。

第六，产品迭代及技术更新。

如果转化成考核指标，就是研发的产品在市场上产生的销售额及利润，即对公司利润的贡献度。

（7）行政部

行政部的主要工作职责是以下几个方面。

第一，公司正常的经营审计。

第二，预算管理。

行政是可以批一些预算的，这需要董事长授权，比如授权给行政总监，当然前提是行政总监能力要过硬。

第三，公司内外部的风险管控。

第四，公司基本制度建设。

第五，后勤管理。

后勤管理包括物业、水电、保洁、保安、前台。

第六，公司会务的管理及运行。

公司要开各种会议，包括总经理会、销售例会、生产例会、经营分析会，这些会议都由行政部负责。

第七，公司形象策划及宣传。

公司的形象要有一个口径对外宣传，这个口径的出口就是行政部。有的公司在部门设计的时候更全一些，还有公关部。有的公司会把企业的形象策划、宣传归到公关部去。

不同的部门，不同的岗位，应该承担的岗位职责、关键职责是什么，这些要在工作分析表中提炼出来，这是一个大方向。

Part ⑤

结算核算与财务能力

一、消费制度

管人是非常难的一件事。我们买一辆车、买一台机器，什么时候维修，什么时候加油，什么时候上路，特别好管理，因为它们不会反抗，也不会有情绪，我们花多少钱买它们，它们就会给我们创造比这个投入更高的价值。但是人力不一样，人力资源是世界上最难管理的一种资源，主要原因是人是有情绪的。管理者的技术水平不同，产生的效果也不同。所以我们必须研究管理人的艺术。

关于人的管理有很多维度，包括管理人的知识、情绪、状态、效率、忠诚度，但是最核心的管理就是机制的管理。当一个员工到企业上班，从根本上讲，他上班的动力是"消费制度"。员工加入企业，本质是消费企业制度，所以企业应创造一套优秀的机制来吸引人才。

作为一家企业的老总，特别是当你想成为一家优秀企业老总的时候，你就必须得了解一个重要的理念，"有钱者自带使命，无钱者自带负能量"，这是网上特别流行的一句话。钱分为两种情况：一种是挣钱，一种是赚钱。"挣"这个字，往往是自己干活。比如设计一张图所得，这叫挣钱。而"赚"这个字，不一定是自己干活。炒股、买房、买基金等所得，都叫赚钱。所以赚钱有一个非常重要的特征，除了自己挣的钱之外，还有别人帮你挣的。

赚钱的人和挣钱的人，看待别人的眼光是不一样的。赚钱的人容易看到别人的闪光点，在我们的平台里，某个人非常重要，我看他时感觉哪儿都好，原因是他为这个平台赚到了钱。挣钱心态是见到一个人，先找到别人的不足，因为存在竞争关系，所以总是看到别人的缺点。要想拥有赚钱的心态，你对身边所有的人，第一眼就要看到他们闪光的地方。

赚钱的人靠的是服务，挣钱的人靠的是劳动。比如今天我要设计几张海报，加班到凌晨12点，这叫劳动。但赚钱的人不一定劳动，靠的是服务。想赚大钱，就必须提高服务的标准，而不是劳动的勤奋程度。如果我们有100名员工，我们为他们提供服务，给他们发工资，就叫服务；给别人提供办公室，这也是服务。所以劳动与服务，是截然不同的理念。

如何为员工提供服务，是企业要学习的重要内容。有的人认为人际关系就是对或错，而有的人认为人际关系是看别人有什么闪光点和能为其他人提供什么服务。如果我能提供服务的人越多，我创造的价值就越高。当一个企业家明白这个道理以后，就会发现当领导的人并不是高高在上的，也不仅仅只是靠权力让大家服从，而是需要为大家提供不可代替的服务。

有一个学员问我："我对付总特别了解，他很辛苦。我想问一下，您是怎么做到让付总这么拼命努力的？"我跟他说："其实我也在为付总做服务。付总一定是感觉到被服务了，才会拼命地工作。"这里说的服务不是指按摩等表面形式的服务，而是指精神上的服务。这其中的奥秘就是消费制度。我们要设定优秀的制度，这才是最重要的要素。

一个企业的老板，一定要成为设计消费制度的高手。消费制度包含的内容如下：

第一，公平。要让大家感觉到公平。

第二，通道。要设计一个通道，让大家可以按照这个通道前进。能力"偏科"的人，可以各取所长；能力全面的人，可以拥有一条清晰的发展通道。

第三，数据。人不能靠感觉决策，而是要靠数据。感觉很多时候是不可靠的，而数据是可以衡量的。

第四，透明。一个企业的财务情况一定是清楚透明的。如果一个老板连企业有没有利润也不想让任何一个人知道，那么这家企业很难做大。

第五，PK。要有比赛PK的精神。在一个阶段当中，你准备下多大功夫，决定了你的实力表现。

第六，行善。有的企业制度制定出来以后，往往让员工变得越来越坏。一家企业在制度上面的设计，要让"坏孩子"往"好孩子"的方向改变。不要轻易地考验一个人的人性，企业的理想就是把"坏孩子"变成"好孩子"。

第七，稳定。有很多企业家多次推翻自己创造的制度，一年改三轮，改到最后员工都不想干了，因为适应不了企业的变化。所以设定制度时要测算一下，这个制度能不能用10年。如果能用10年，人心一旦稳固，员工就会愿意主动干活。

第八，先进性。有很多企业家做大以后，目中无人。他们不愿意学习理论，企业的管理系统制度也不具备行业先进性。我研究了一些世界500强的企业发现，他们不但在产品上具有先进性，最重要的是在制度上具有先进性，他们的制度在全球处于无可代替的地位。

我们学会了阿米巴经营，但是真的会用阿米巴吗？能超越阿米巴吗？学会了精益管理，能超过丰田吗？肯定超过不了，因为我们用的是"仿药"，疗效下降了很多。

各项消费制度的基础分别为：公平，需要有相应的文件为基础；通道，用的是晋升；数据，靠数据决策；透明，用的是信息管理段；PK，用的是竞争；行善，通过流程和机制来解决；稳定，通过测试来解决；先进性，用复盘工具来解决。

任何制度都要具备可操作性，不能光讲大理论，不能用虚假的东西来解决问题。消费制度的基础是数据。没有数据，也就没有透明；没有数据，也就PK不了；没有数据，也就无法流程化；没有数据，也就无法测试。所以，数据就显得非常重要。

数据是一种非常重要的财务能力。但是我们在经营管理过程当中，很容易对它产生误解，认为财务能力就是财务部的能力。其实真正的财务能力，由三个重要的能力构成：老板的财务思维，财务部的数据能力，管理者的财务应用能力。

也就是说，在企业当中，不是光靠几个财务高手，就能把公司的财务做好。

在企业管理中,一家企业不能把上市作为唯一的目标。一家企业在每一个阶段,都应该用这三个重要的维度来解决管理问题。我见过很多企业冲刺上市,一旦上不了市,企业崩盘,员工散伙,这肯定不是经营企业的目的。

二、企业系统化分级

企业在发展过程中的系统建设和财务能力是有级别之分的,通常包含五个级别。

第一级,完全无系统思维;

第二级,有思维并支付成本;

第三级,行动、学习及应用;

第四级,形成相对全面的方案并应用;

第五级,成为行业系统权威。

很多民营企业老板觉得自己的企业已经做得很好了,但是我问他们业绩、利润、人均效率是多少,他们统统不知道。原因是:第一,算不出来;第二,老板也不重视;第三,算出来也没有人看,没有人用。

我在一期组织系统班上,曾经对800个学员做过调查,我对他们说:"你们公司每周都看财务报表的请举手。"结果800个学员,举手的人不超过5个。我又说:"你们每个月都看财务报表的请举手。"结果稀稀拉拉冒出来几个人。我说:"你们每个季度都看财务报表的,请举手。"结果没有超过25%。大量的企业家虽然学了组织系统,但是他们本身就没有这个意识和思维。他们没有要把系统建好的心态,还是停留在以前的小作坊、小工厂、小个体户,用类似把肉烂在锅里的心态在经营企业,没有系统思维。

企业家必须形成一种思维,即企业不能仅靠企业家自己来获取收入。企业家也必须要形成一种重要的意识:我不能成为利润的核心主体,必须得有一个团队，这个团队得完成企业 90% 的工作；我作为一个老板，可以完成不可替代的、非常重要的一些工作，但是不能把所有工作都干完。

老板不应该直接管理基础员工，而是需要不断增加中间层。想增加中间层，要做好两件事情：规划位置；制定机制。民营企业老板按照设定的制度往前走，干得越多，收益越高。

在一家企业当中，要大力地挖掘四类人：第一类，独立公司的操盘手；第二类，平台的管理者；第三类，各个产品的专家；第四类，独立核算的负责人。

如果一家企业有"三O（CEO、COO、CTO）"甚至"六O（CEO、CTO、COO、CFO、CSO、CHO）"来管理，这家企业的平台化就初具规模了，用人的核心就在这里。

三、企业财务能力

老板的财务思维，加上财务部的数据能力，再加上管理者的财务应用能力，共同构成了财务能力。我们要想把企业做好，光靠股东创富是不够的，得有一套体系和思路。我们要想有这个思路，就要有财务的思维。

一家企业有了财务的能力和组织管理的能力，才会有相对全面的方案，才会不断进步，成为行业系统的标杆。一家企业的老板，核心的工作不是直接面对客户，不是请客吃饭，也不是个人加班，更不是投入全面的研发，而是把员工的效率通过一定的机制有效提升上来。

听财务课程当然是有帮助的，但核心的问题还是财务的管理，而不是会计、出纳，更不是一个财务报表。为什么只有不到 25% 的人看季度财务报表，而大部分的老板连财务报表都不去看？因为看不懂，也不愿意学。但如果没有财务做支撑，想做出一个非常科学的战略体系是非常困难的。

在企业经营管理中，财务能力包含以下九点。

第一，核算能力。一个人挣的钱再多，也有可能会马上花完。那么，怎么样才能有钱？一是要挣得多，二是要花得少。想要花得少，就要有核算能力。在企业中核算是为了算出每一个小组织到底能赚多少钱。

第二，成本分析能力。成本分析能力也很重要，举个例子说明。我穿的衣服的品牌绝对比大多数人的少，特别是我穿的西装，都是在同一家公司定制的，因此我穿其他品牌的衣服的机会屈指可数。看似我只穿一个品牌的衣服花钱多，但是平均到我的单位时间内，我的衣服成本并不高。原因是我穿同一个品牌的衣服，穿搭非常容易。我在家里随便拿两件衣服往身上一套，就比较和谐。有的人身上穿着各种名牌，但配在一起，怎么也不好看，既浪费钱，也浪费时间，成本反而更高。

第三，利润管理能力。不能光会挣钱，不会管钱，这样依然是没钱的状态。

第四，效率分析能力。投入回报要算效率，因此要有效率分析能力。

第五，内部定价能力。内部定价，也叫制定内部的价格，让员工做到心里有数。

第六，计划预算能力。当一个人跟你说这个月要花多少钱的时候，不要马上给他批复，而要先问他："你的计划是什么？"要重计划轻预算，而不是重预算轻计划。

第七，融资管理能力。融资管理，通俗点说，就是怎样借别人家的鸡，下自己家的蛋。

第八，风险管理能力。经营企业时必须学会及时发现风险，改造或防范风险，从而做好经营决策。

第九，税务管理能力。税务管理能力体现在企业日常税务管理的很多方面，包括税制理解能力、税法语境下的交易分析能力、税法选择能力和逆向选择交易能力。这些能力的集中体现，就是税务决策能力。

四、内部定价与结算

要想让大家按照一定的游戏规则做事,首先要学会核算,其次是分析企业的成本,再次是进行利润的管理,进行效率的管理,进行内部的定价、计划管理,然后是融资,最后要避免风险,做税务的筹划。

财务能力当中,最重要的是内部定价能力。

定价,即确定价格;内部定价,即在企业内部确定各个交易环节的价格。很多老板以前从来没有接触过内部定价,一般是直接管员工,不需要定价,每个岗位创造了多少价值不需要算出来,挣的钱年底给大家发红包就行了。但是工厂越做越大,项目越来越多,如果企业内部不定价,就会十分混乱。

通过定价,就可以形成组织架构。见图5-1。

老板(股东)+经营团队(负责人+管理者+员工)

图5-1 定价的组织架构

在此架构中,老板为投资者,起到战略指导的作用,经营团队无须出资,作为具体项目的经营者,可以享受该项目的利润分配。

企业家要有内部定价的能力,首先在管理的逻辑上,要形成老板是企业主人的意识。员工、管理者、负责人是企业的经营者,他们是企业利益的创造者和受益者。

对于老板来讲,最伟大的理想是不通过项目经营就能获得利润。利润是干活的人创造的,对待他们的理想情况是,不做任何投资,只通过管理,就能够创造利润。大家不但能分到钱,而且各自还能达到自己的目的。

为了达到此架构,企业会形成多个小组织的自组织运营,需要进行利益分割,即内部结算。能够进行清晰的利益分割的关系,才是持久的关系。利益分割可以分为三级,见图5-2。

Part ⑤ ‖结算核算与财务能力‖

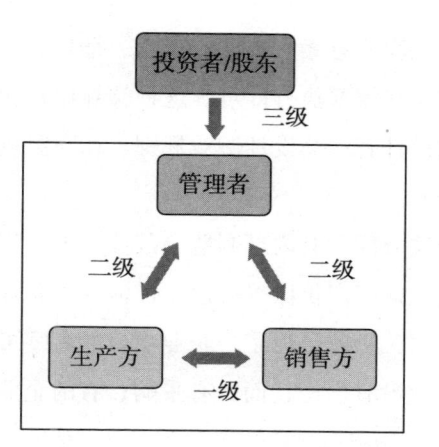

- 一级分割：生产方与销售方的结算
- 二级分割：管理者与生产方、销售方的利益分割
- 三级分割：投资者与经营者的利益分割

图 5-2　利益的三级分割模型

一级利益分割是企业里最基本的财务关系，生产一个产品的过程中，只有生产方和销售方创造的价值区别开，才会知道他们各自应该分到多少钱。比如销售方要辞职，原因是分到的钱少，解决这个问题的方式是谈判，具体应该拿多少钱，要和他创造了多少价值联系在一起。从生产到销售形成了一级财务关系，让生产方和销售方的利益分割清楚。

管理者负责管理生产方和销售方，于是就产生了二级利益分割。到底技术能赚多少钱？管理者能赚多少钱？营销做业务的能赚多少钱？解决完这些问题，就可以把经理人层面所有的经营利益问题分割完毕。

❶ 定价结算图

定价的办法有许多种，我们经过评估，得出一张万能定价结算图（见图5-3），适合绝大多数的企业。

内部定价分为，一级结算：产品方与销售方结算；二级结算：产品内部各段结算，销售内部各段结算；三级结算：产品内部各环节节点结算，销售内部各环节节点结算。

我们了解产品和经营的关系，以及领导和负责人的关系以后，就可以进行内部定价。外部定价是一套营销学的体系，内部定价是管理学的体系。

165

执行型管理者会主动设计好机制、流程、方案、产品、定价、策划、文化等，所有的机制分配和考核全部做完，只需要执行即可。这种领导比较初级。真正高级的领导者，是宏伟蓝图的设计者，会设计游戏规则。在高级机制当中，这张宏伟蓝图是非常重要的枢纽。

内部定价，也就是人与人之间的利益分配，有内部利益分割法、毛利润定价法、人力资源定价法、成本加价法、谈判定价法等方法。任何一家企业都不可能同时使用这些方法，基本上用两三种就可以了。企业项目的名字可以根据实际情况进行修改，比如有的企业没有生产，而是有采购；有的企业既有采购，又有生产。

企业的人才分为两类：一类是把产品做出来的人，一类是把产品卖掉的人。会做东西的人，不一定会卖东西；会卖东西的人，不一定能做东西。

在企业当中，第一件事情就是分割出产品和销售。产品基本上分为研发、采购和生产。研发分为技术提供者和产品研发者；采购分为开发供应商和采购；生产分为生产和运输。销售可以分为三类：运营、策划、业务。策划分为外包和动态；业务分为业务和业务的管理者。

作为一个企业的操盘手，既要把不同人的利益进行分割，又要知道关键点在哪里。利益的分割情况，决定了企业整个战略的版图。一个优秀的平台，会有无数个产品和无数个销售操盘手。比如 Costco（开市客）这家公司就有一拨人专门到处找产品，到今天为止他们找到了 1000 多个品类，3000 多款产品。在产品和销售两者之间做利益的分割，叫一级核算。

❷ 一级结算

（1）毛利润定价法

毛利润定价法的结算方式为：产品分毛利润的 40% 加上制造成本，销售分毛利润的 60%。企业按产品与销售 4∶6 分配结算后，可反推出销售额的比例应该如何进行分配。

Part ⑤ ‖ 结算核算与财务能力 ‖

一级结算——产品和销售结算：
产品分毛利润法：产品分毛利润40%+制造成本，销售分毛利润60%
1. 毛利润定价法：产品分毛利润40%+制造成本，销售分毛利润60%
2. 定位定价法：按前、中、后端产品倾斜
3. 谈判定价：双方谈判定价（按市场供需关系）

二级结算——技术与研发
三级结算——技术与研发
1. 利润回报法
2. 利润比例法

二级结算——供应合作
三级结算——供应合作
1. 市场法
2. 联合营销法
3. 统计分销法

二级结算——产品内部结算：
1. 毛利法
2. 谈判法
3. 内部采购法：成本加价法、目标倒推法
4. 定额比例法、人均相等法、人均边际贡献法
5. 加层法

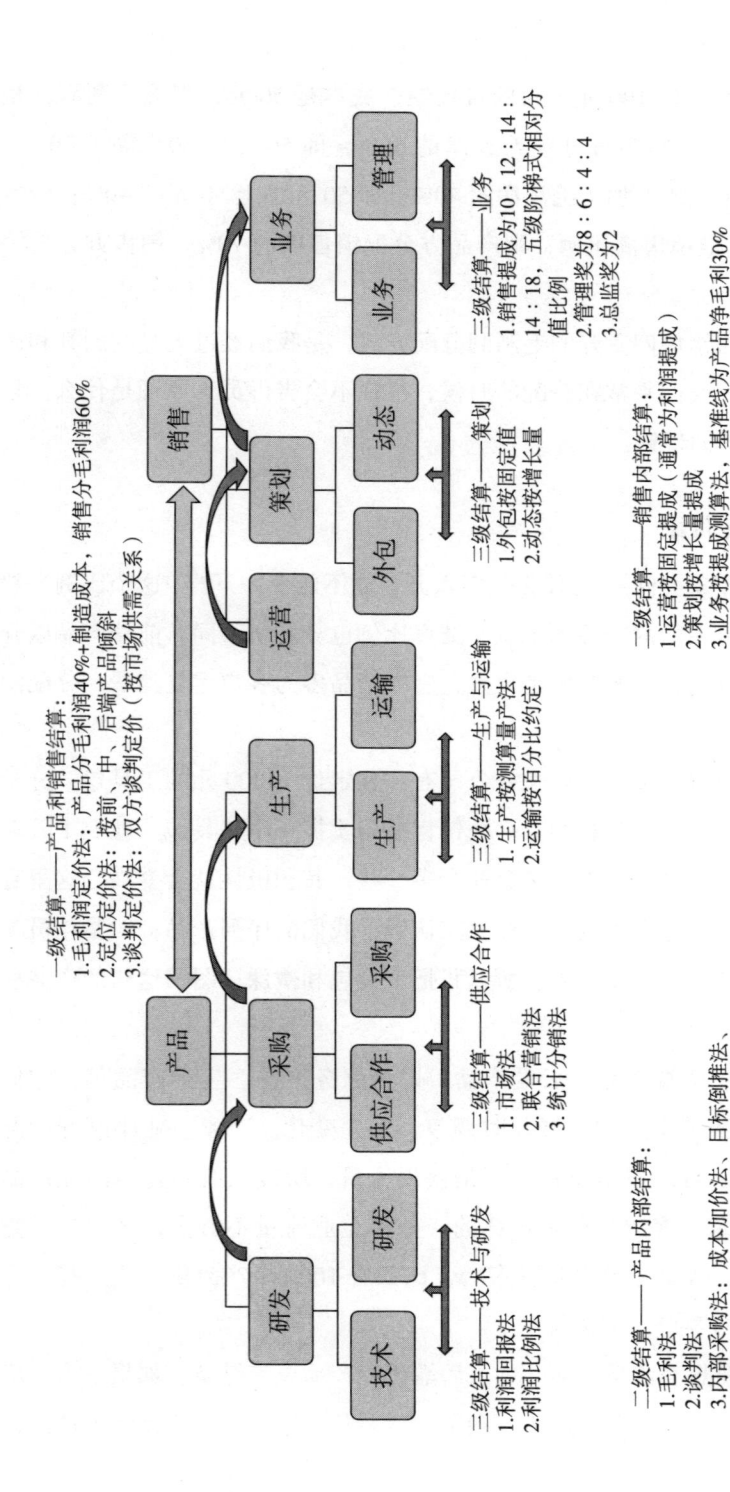

二级结算——生产与运输
三级结算——生产与运输
1. 生产按测算量产法
2. 运输按百分比约定

二级结算——销售内部结算：
1. 运营按固定提成
2. 策划按增长量提成
3. 业务按提成测算法

三级结算——策划
1. 外包按固定值
2. 动态按增长量

三级结算——业务
1. 销售提成为10：12：14：14：18，五级阶梯式相对分值比例
2. 管理奖为8：6：4：4
3. 总监奖为2

三级结算——销售内部结算：
1. 运营按固定提成（通常为利润提成）
2. 策划按增长量提成
3. 业务按提成测算法，基准线为产品净毛利30%

图 5-3 万能定价结算图

167

如果一个产品卖 100 元，它的直接制造成本是 50 元，那么毛利润就是 50 元。一般来讲，销售方分配毛利润的 60%，即 50 元的 60% 等于 30 元。生产方分配为生产成本加上毛利润的 40%，即 50 元加上 50 元的 40%，合计等于 70 元。反推销售额比例，则产品方分配销售额的 70%，销售方分配销售额的 30%。

上述产品与销售四六开的毛利润分配方式，是我们经过大量的测算和调研得出的数据。我们平常在分配的时候，往往不会告诉员工原理是什么，只会给出一个具体的价格。

（2）定位定价法

很多的企业家会问："为什么是四六开？能不能变一下？"这个比例当然是可以调整的，不同的产品和定位，结算比例也会有所不同。前端产品以开发客户流量为导向，分配倾向销售方；后端产品多为客户重复消费，分配倾向产品方。

这和产品定位有关。比如长松公司有一款定价 14800 元的工具包，分子公司可以拿走 1 万多元的利润。一个销售公司卖掉一个工具包，就有 1 万多元的进账，前端的员工获得的奖金就会多一些，其积极性就会变高。这里有两个好处：一是通过卖工具包，让大家认识了我们的序列产品；二是让员工有钱赚，员工就会自愿留下来。所以我把工具包和微课、图书这样的产品称为前端产品。

前端产品、中端产品、后端产品，以及服务产品、生存产品等，它们的结算模式要随着企业的发展及时调整，发生变化。一家企业刚刚开始开发客户的时候，目的不是赚钱，而是获得流量。所以这时企业的前端产品就是要增大流量。客户是用来选择的。如果企业流量不够多，客户的质量就会参差不齐；等企业流量足够多后，比如有 1000 个产品供客户选择，那么遇到不好谈的客户，不卖就是了。

一家企业要想有流量，前、中、后端生存产品要有链条。如果是为了增加流量，前端产品扣除基本成本，剩下的就要让利给大家，激发大家的工作热情，这样前端产品卖得多，流量就增加了。

在设计产品和销售时，企业家可以根据自己的经营思想充分发挥，但基本的原则是，前端的产品要主动让利给那些拼命干活的人，后端的产品要让利给那些深度去服务的人，这样才会形成一个有机结合体。结算绝对不是大家想象的一刀切，四六开就行了，需要灵活地掌握。所以该便宜的东西再便宜一点，该贵的东西可以再贵一些。具体的分配方式可以参考图5-4。

一级结算——产品机构与销售机构分配

产品机构		销售机构
正常结算	产品毛利润40%+ 直接制造成本	产品毛利润60%

类型	产品方	销售方	特征
前端产品	0%~40%	60%~100%	增大流量
后端产品	40%~85%	15%~60%	重复消费

步骤：
1. 计算出产品的直接制造成本，算出产品毛利润。
2. 将产品毛利润在销售与产品间进行结算。
3. 根据产品属性进行调整。前端产品向销售方倾斜，后端产品向产品方倾斜。

图5-4 一级结算：产品机构与销售机构分配方式

企业要重视产品的定位。前端产品宁愿不要利润，比如扣除直接成本，所有的利润全部给销售推广人员。也可以前端产品是销售方分配60%，后端产品是生产方分配85%，企业必须解决二者之间利益分割问题，才能达到既激活生产方，又激活销售方的目的。

一家优秀的企业是靠大家拼出来的。我们得通过设计一种机制去激活大家。想要激起大家的动力，首先要有引擎岗位。一家企业中最重要的岗位不是老板，也不是高管，而是引擎岗位。引擎岗位就是一家企业中对利润影响最重要的几个岗位，这些岗位上的人决定着企业的命运。

（3）谈判定价法

谈判定价法是根据市场供应关系进行比例调整的方法。比如现在产品与销售结算的比例已经四六开了，但是市场前景广阔，挣钱太容易了，董事会可能会根据市场的困难度把生产方的分配比例多调一些。如果市场出现疲软，马上就要激活营销团队，把销售方的分配比例多调一些。

长松公司的这两个比例平均每年都要调一调，因为我们一般会在12月份和次年的1月份冲业绩，只有业绩好了，员工才可以带着更多的钱回家过年。我们公司会做两个动作，一个是逼着员工出业绩，另一个是给员工一定的奖励政策。所以长松公司最近5年，在过春节前的一个半月或两个月都一定会出奖励政策，并向销售方倾斜。总部和事业部的一些人不理解，认为让利给销售方，我们不就受损失了吗？这种想法是不对的，因为我们得到了更多的流量，也赢得了员工的心，对公司长远的发展绝对有利。

企业家一定要明白，分配比例要根据经营情况随时发生改变，绝对不是一成不变的。企业家对于市场要保持敏感，数据决定命运，企业要从感觉化走向数据化管理。要通过数据的变化随时调整定价，我们把这个定价叫作一级定价。一级定价是企业当中最重要的定价结算方式，完成一级结算，企业就可以做独立的事业部了。

完成一级定价结算，企业就可以在股东与员工间增加一级负责人，大股东直接面对负责人即可。企业至少增加一个产品负责人和一个销售负责人，核算出3个利润，分别为销售中心利润、生产中心利润和公司总部利润。

销售方可以分裂出2个销售中心，算出3个利润。如果再分裂1个事业部，就可以算出4个利润。如果分出10个销售方和10个事业部，那就算出20个利润。能算出20个利润，老板下面就会诞生20个小的负责人。这个老板直接面对的就不是员工，管理的主要对象就变成了这20个负责人。以前老板每天关心的问题是销售怎么协调，品质怎么提高，采购怎么做，与供应商的关系怎么改善。企业老板挣钱的多少，主要取决于老板的精力。如果能分裂出10个销售中心和10个事业部，那么他之前关心的这一大堆问题，就改由各自的负责人操心,等于帮老板做了很多战略实施、战略执行的工作。老板就不必过多操心这些杂事,可以把精力更多地放到企业未来发展的规划上。

如果企业有多个产品、多个销售机制,就可以核算出多个组织的利润。老板可以将具体客户谈判、产品生产事宜下放给小组织负责人,将自己的关注点转向人才布局与企业战略规划。老板管理角度发生了变化,从一个目标执行者,变成一个目标规划者和目标决策者。之后,企业就可以进行大规模的分裂和整合了。

15年前,我开始讲课做培训。我通过8年的时间,迅速地成长为一个知名的企业教练。那个时候我天天有课讲,因为课太多了,我根本没有休息的时间。当时我就知道,靠一个人肯定是不行的,得靠一群人。所以,我果断地放弃了企业教练这个课题,进入了营销管理的课题。从那时起我就决定:我一定要开公司、建平台、进行组织分化,把大组织分成小组织,每个小组织要有负责人。

我要想做这件事情,就必须放弃我原来的工作。我原来的工作是直接面对客户,所以当时我和很多老板一样,一直问自己:你愿意放弃吗?你敢授权吗?你敢责任下沉吗?其实这都是在考验一个老板的管理能力和水平。

那个时候,我得到了几条重要的经验:第一,让别人赚多,我赚少;第二,敢于相信别人,相信别人是授权的前提。当然,相信别人,别人不一定干得好,有可能会变得更坏。所以在授权的同时,还要有考核和检查。决定进行组织分化后,我们公司从我自己直接面对员工,走到建立第一级重要的组织——小组织独立核算。

我在小组织独立核算这个阶段摸索了两年,也吃了不少亏,但是我坚信平台的建设和小组织核算是我们公司做大的根基。所以我坚持了下来,并摸索出要想做好小组织的核算,就必须做好内部定价。

长松公司从2008年开始,到现在诞生了无数个分子公司的老总和很多事业部的专家及负责人,还有大量的辅导师。他们每一个人在关心自己的项目,把自己的项目做透的基础上,再相互协作,一级核算组织就能发挥出它巨大的威力。

❸ 二级结算

将产品、销售环节继续细分为几个大段，在几个大段之间进行结算，即二级结算。

（1）二级结算之销售机构内部结算

例如，某企业销售公司制定的各环节结算机制如表 5-1。

表 5-1　增长率定价法

人员	结算设计
运营	季度利润在 50 万元以下提成比例 0.5% 季度利润在 50 万~80 万元之间提成比例 1% 季度利润在 80 万~100 万元之间提成比例 1.5% 季度利润在 100 万元以上提成比例 2%
策划	无策划时月度销售额为 100 万元，要求经过策划后销售额增加 30%，达到至少 130 万元 月度销售额在 130 万~150 万元间部分，提成比例 0.5% 月度销售额在 150 万~200 万元间部分，提成比例 1% 月度销售额在 200 万元以上部分，提成比例 1.5% 此月度销售额指的是经过策划实现增长后的销售额度
业务	总提成比例基数线为产品毛利润的 30%，包含业务人员工资成本、业务人员提成、管理人员提成，再在其中进行分配

注：目标——让销售组织全员关注公司指标，让总经理和总监关注小组织利润，让全员关注小组织业绩和增长量。

A. 运营的结算设计

通常我们是直接把运营和策划绑定到业务上结算的。比如长松公司的运营就是直接绑定到业务上。诞生了多少销售额，运营和策划的工资就可以算出一个比例，接着还可以算出成本，将来核算利润分红的时候，会把成本直接摊到员工工资里，这是最直接的一种办法。

运营和策划一般要看业务的增长率。增长率有一个原则，它一般是按过去累积的平均环比做对比的。有的是按上个月的，有的是按去年同月的。企业业绩一直在上升的行业，可以按上个月和当月的比例来计算。相对比较稳定的企业，比如餐饮、服装等行业的销售公司，因为有一定的面积限制，所以业绩相对来讲是比较稳定的。

要算出这个比例，需要先找一个参照物。假设一个人从去年或上个月的目标的70%开始有奖金。只要超过上一个目标，超过部分就翻倍奖励。如果系数是1的话，就可以奖到2.5。设定增长部分的特殊奖励，大家才不会被动地听指挥，而是主动地想这个东西该怎么策划。所有机制都得想办法让每一个人主动地去解决问题，而不是等领导安排工作。要想充分地利用每一个人的效率，就得让他自己主动去干活，而不是等着别人告诉他去干活，这叫效率增长法。

运营主要使用的是等量阶梯提成法，因为运营不能大规模地策划。运营的功能是提升服务的。运营做的工作和策划做的工作风格是不同的，运营做的工作是在上一个运营的基础上如何提高效率和服务。

目前在长松公司最稳定的岗位就是运营。我们运营的10年流失率还没有超过30%，特别是在总部，运营岗位的流失率基本上为0。因为我们采用的是绑定政策，如果不采用绑定政策，流失率一定会增加。

B. 策划的结算设计

策划的结算也是这种情况。我们会给策划定一个目标，超过这个目标业绩以后的增长部分会有提成。大家的策划水平增长越高，提成比例就越高。如果业绩没有增长，他们的收入就会变得非常低，这时流动率也会变大。

下面这种结算的办法叫增长率定价法。比如一个分子公司一个月的销售额是100万元，那么我们从销售额70万元开始定奖金。销售额在70万元~100万元的部分提成为1%。销售额达到100万元以上部分，提成比例就会变高，有可能会变成2%~2.5%。销售额达到200万元以上部分，提成比例会是2.5%~3%。

运营主要是进行微创新，创新迭代越来越好就可以。但是策划不同，策划有可能完全推翻。一个优秀的企业，一定是一个优秀的创业策划者。

策划对业绩结果的影响是很大的。完成目标的比例高，策划拿到的奖励也就越高，这是一个放量式比例增长。策划和运营要分开制定政策，绝对不能目标实现多少,就按实现的数据乘以一个系数,因为策划和运营的风格完全是不一样的,所以算出来的数据肯定是不对的。

销售机构内部结算的具体内容如图5-5所示。

二级结算——销售机构内部结算

目标:让销售组织全员关注指标
- 小组织利润——总经理、总监关注
- 小组织业绩——全员关注
- 小组织增长量——全员关注

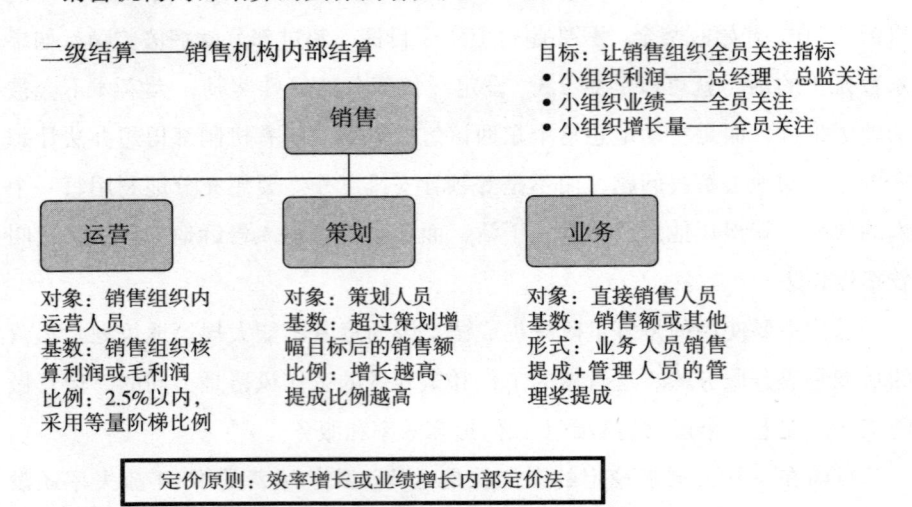

销售
├─ 运营
│ 对象:销售组织内运营人员
│ 基数:销售组织核算利润或毛利润
│ 比例:2.5%以内,采用等量阶梯比例
├─ 策划
│ 对象:策划人员
│ 基数:超过策划增幅目标后的销售额
│ 比例:增长越高、提成比例越高
└─ 业务
   对象:直接销售人员
   基数:销售额或其他
   形式:业务人员销售提成+管理人员的管理奖提成

定价原则:效率增长或业绩增长内部定价法

图5-5 二级结算:销售机构内部核算方式

(2)二级结算之产品内部结算

产品内部结算通常使用流程系数法,研发、采购、生产比例为1∶1∶1,此系数为起步系数,各个环节再设置系数增加的指标。

产品内部结算的具体内容如图5-6所示。

一个产品包含了研发、采购和生产三个重要的阶段。所有产品的研发都有一个非常重要的核心,就是要解决客户的刚需和痛点。产品从研发开始,最终会落实到生产。生产创造的利润分配方式往往是毛利润分配法,按照毛利润去分是因为采购有成本。这种方法不是最好的方法,对待生产,建议大家采用流程系数法。

首先研发、采购和生产从理论上来讲,价值量比例应该是1∶1∶1。一个产品当中的研发成本、采购成本和直接生产成本是能够算出来的,再加上它们的1∶1∶1的毛利润以后,分割给它们的业绩量基本上就清楚了。谁想多赚钱，就要提高效率，三个部门会重点去打造各自负责的三个工作方向。

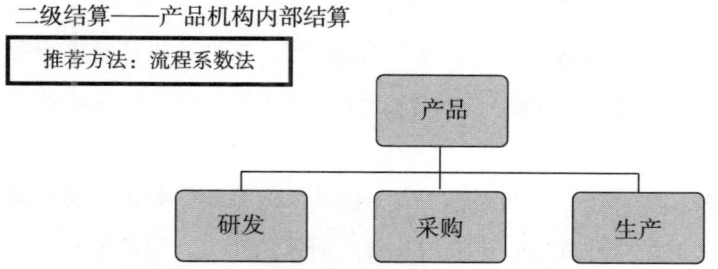

二级结算——产品机构内部结算

推荐方法：流程系数法

	研发	采购	生产
初始系数	1	1	1
系数增加要求	研发新产品且达到公司对新产品的业绩和利润要求	优质供应商选择、账期及资金周转效率提升、成本控制	生产效率提升、产品毛利润率增加、次品率降低
示例	如新研发一个产品增加系数0.1	如成本下降1%增加系数0.1	如次品率下降1个PPM，增加系数0.1
调整系数	1.1	1.1	1.1

注：PPM（parts per million），是指每一百万个产品中不良率的统计标准。

图5-6 二级结算：产品机构内部核算方式

A. 研发的结算设计

除了老产品按1∶1∶1的利润分配外，大家还需要不断开发新产品。随着开发新产品数量增加，需要出台新的奖励政策。研发新产品且达到公司对新产品的业绩和利润要求了，可以增加提成系数0.1。第一代的分配方式，研发、采购和生产之间的系数可以是1∶1∶1；到第二代的时候，系数就变成1.1∶1∶1。研发的成品产品多，分配的比例就会变多。

B. 采购的结算设计

采购的原料和供应商的质量越高，销量越多，对业绩越有利。我们要考察的是A级供应商的个数、账期、资金周转效率的提升和原料的整体价格成本的控制。如成本下降1%，增加系数0.1，采购的分配比例也会变成1.1∶1∶1。

C. 生产的结算设计

生产如果要提高分配比例，那么生产的效率就要提升，产品的毛利润率要增加，次品率要降低。如次品率下降1%，生产的分配系数增加0.1。

也就是说，研发、采购和生产都会为增加分配系数而往不同的方向努力。大家相互赶超，最后经过努力分配比例变成了2∶2∶2，也还是等于分配比例1∶1∶1。企业就是要通过一种机制，让员工不断地把他们的本职工作做好。

在研发、采购和生产上，起步系数是1∶1∶1，但是我们要设定突出系数，研发要看产品的受欢迎程度、研发的代数、研发的机会；采购要看供应商的质量、供应商的成本、供应商的品质；生产要看生产的效率、次品率、订单及时性。当大家的指标都高的时候，虽然分配比例没变，但是大家的收入都提升了。

实现了1∶1∶1以后，按流程法进行分配，对流程的关键目标进行考核，考核完以后可以增加分配比例。比例都增加后，就看哪部分工作做得突出，会有分配上的倾斜，以此激励其他部门努力赶上。

❹ 三级结算

三级结算首先需要找出产品方和销售方的引擎岗位，设计激活引擎岗位的机制。

在三级结算中，业务分为业务和管理，策划分为外包和动态，运营分为运营和运营管理，生产分为生产和运输，采购分为开发供应商和采购，研发分为技术和研发。

（1）三级结算之销售机构内部定价

销售机构内部定价是三级结算中最重要的一个结算，核心是业务人员和业务管理人员之间的利益分配。企业需要规避以下几点。

第一，管理者与业务员收入没有差距，企业没有销售管理者。

有的企业业务员的收入很高，但管理者的收入差很多，导致管理者都跑到竞争对手那里。在这种情况下，必须要进行优化。

第二，管理者拿走核心资源，业务员存活率低。

第二种现象是管理者的收入很高，业务员的收入不高，导致有点能力的业务员都跑到别的公司。更可怕的是，由于管理者挣得太多，导致业务员集体组团跑路。

老板、销售负责人、业务管理者、团队管理者和业务员，他们之间的利益要有一个平衡。就像天平一样，不能过分地向谁倾斜。

为了避免过分倾斜，企业需要根据实际情况做出改变。企业产品的政策变革的方法为：旧产品用老政策，新产品用新政策。新产品重新制定规则，再次平衡。已经长到人家身上的肉，我们拿着小刀去割，别人肯定会痛。但是还没长肉，重新制定分肉规则总是可以的，所以这类产品可以重新策划。一个新产品的规则是谈出来的，是双方都可以理解的。优秀的领导者，就是利益的平衡者。

三级结算的销售机构内部定价方式见表5-2。

表5-2 三级结算的销售机构内部定价方式

销售机构提成相对比	销售人员分级	管理者类型
例如总销售比例为20%，销售提成比例为10%：12%：14%：14%：18%，五级阶梯式相对分值比例法	员工需要分至少五级：实习业务员、业务员、高级业务员、代经理、经理	英雄型，以个人业绩为主
管理奖为8%：6%：4%：4%：0%。	不同级别的人员，其个人业务的提成比例不同	榜样型，以个人业绩为主+帮助他人为辅
总监奖为2%	管理者需要帮助下属完成业务，业务员的级别不同，管理奖比例不同	管理型，以帮助他人为主

A. 业务人员分级核算

国内外的管理咨询公司和专家经过多年测评得出一个结论，企业不同职位员工之间的利益分割，总销售比例为20%。员工一定要分级，且至少分为五级，分别为实习业务员、业务员、高级业务员、代经理（代主管）、经理，销售提成比例为10%、12%、14%、14%、18%，管理奖为8%、6%、4%、4%、0%。根据毛利润的比例，同时扩大或者缩小不同级别员工的比例。

以前经理的提升比例跟业务员的提成比例是一样的，比如都提成10%，经理再拿一个团队管理奖，90%的企业都是这么做的。但是这么做有一个很大的问题，就是没有人愿意当管理者，特别是销售冠军更不愿意当管理者。所以我们公司直接把两级制调整成了五级制，按照级别的不同，提成比例依次上升。这是一个利益分割，也是一个内部定价，想实现利益最大化，就需要员工自己努力往上升级别。

B. 管理奖核算

目前，很多管理者不会培育业务员，管理者虽然拿8%的管理奖，但帮助一个实习业务员出单的困难度太大。有时候虽然只拿4%，但容易拿到单，所以拿4%就是旱涝保收，想要拿6%管理者就要多关心一下，要拿到8%就必须得手把手教，甚至代而管理才能拿到，这是一个非常重要的逻辑。

也有人说，作为管理者干脆就把实习业务员的客户拿走自己做不就行了吗？这是不行的，因为客户创造的业绩，不单是有提成的，还有积分。积分决定了晋升，把客户拿走，实习业务员可以马上投诉管理者，因为实习业务员要靠客户的积分改变提成比例。

管理者一般可以分为三类：英雄型、榜样型、管理型。

第一类，英雄型，以个人业绩为主。

这种管理者就喜欢自己一个人干。公司考核他是不是合格经理，最主要的指标是看他是否完成销售目标。有可能一个部门的指标，他一个人就完成了。所以只要他能完成业绩，让他做光棍经理就行。

第二类，榜样型，以个人业绩为主+帮助他人为辅。

这种管理者既喜欢自己做业务，也喜欢带团队。这种两头都能平衡好的经理当然也不少。

第三类，管理型，以帮助他人为主。

这种管理者是自己不干，只让别人干。

企业不要干涉管理者，要求他一定要怎么做，每个人都有自己擅长的部分，让他发挥优点即可，不要试图去改变他。明明是英雄型的，就喜欢自己来，非得让他教别人，不仅教不好，而且容易影响他自己的业绩。

C. 总监奖核算

总监这个岗位，对比管理奖还可以再给他 2% 的提成比例。这里说的比例数只是一个教学举例。公司具体给多少，要根据毛利润测算，绝对不能拿着我举例的比例直接去用。有的公司可能是千分之几，有的公司可能是百分之几，有的公司也可能不按销售额结算，比如按吨、按件、按米、按量都有可能。有的公司业绩越高，比例越高，但这种算法也很危险。

往往业绩越高，在成交价上越有可能让利。本身毛利润降低，提成又变得更高，结果会导致公司没钱赚。所以我并不完全主张业绩越高，提成比例越高。有的公司采用的是定额奖，就是超过一定的比例后，给一个定额奖励，我们可以把它优化，可以按照创利的多少分配比例。

（2）三级结算之产品方采购的结算

有很多公司把采购和供应合作变成了一个岗位，其实我并不主张这样做，因为采购在本质上有三个重要的工作：第一，找工厂供应商；第二，日常买东西；第三，品质管控和运输，甚至生产和运输。

按道理来说，这三个工作不应该是同一个人干的，甚至在很多公司需要两个部门来做。开发供应商，是一个部门负责，日常采购又是另外一个部门负责。一般供应商只需要开发一次，前期需要做各种考察，但买东西是要反复做的。三个工作交给同一个人去做，就容易产生贪污。

产品方采购的结算有两种方法：系数法和市场法。见表 5-3。

表 5-3 三级结算：产品方采购的结算方法

方法一：系数法	方法二：市场法
如贸易型企业无生产，其核心在于开发供应商、采购、运输三者之间的关系。开发供应商：采购：运输，初始系数为 1∶1∶1，对每个流程点，根据绩效考核的结果系数可以上调。开发供应商的核心工作是开发稳定的供应商，优质的供应商足够多的时候，企业利润可以翻倍	即参考市场采购价格进行定价，开发供应商后，上交给企业，按采购金额的一定比例提取佣金奖励给开发团队

A. 系数法

开发供应商、采购和运输，三者的初始分配比例是 1：1：1，根据绩效考核结果，比例系数可以上升。比如跟供应商的关系走得近，供应商的各种东西做得好，系数可以从 1 升为 1.2 或 1.3，甚至升为 2。开发供应商的核心工作是开发稳定的供应商，优质供应商多的时候，企业的利润可能会翻倍。

B. 市场法

市场法即参考市场采购价格进行定价，开发供应商后，上交给企业，按采购金额的一定比例提取佣金给开发团队。

采购的三级结算方法有市场法、联合营销法、统计分销法等，但整体上用得最多的是市场法，也叫考核法。开发供应商的核心工作主要是发现工厂。

长松集团在美国的 GSS 公司，从业绩 100 美金 1 天，增长到现在 11 万美金 1 天，整理数据后我们发现 80% 的利润来源于稳定的供应商生产的产品。我们公司的供应商有 70 家，80% 的利润是由其中 3 家工厂创造的。下一步我们想创造更多的利润，就是要开发出更多稳定的、强关系的供应商。

长松公司的产品链当中，80% 的利润是由组织系统创造的。我们公司用两种办法来增加利润：第一，不断地整合外面的事业部进来；第二，不断地把组织系统的产品做大。其实对我们公司最有效的是把组织系统的产品不断地做大。首先，企业要知道自己的主要利润是由什么来创造的。我发现，我们的很多其他项目只创造了 20% 的利润，同样，我们出版的各种光盘、书籍中组织系统的比例最高。所以就需要把组织系统的产品继续深挖。其次，企业要分析下一步的产品方向是什么，需要配备什么样的流程和人才，要重新进行规划。一个企业家得明白，哪个是自己的优势项目，要把优势项目做深、做透。

我们经过考察发现，公司目前优质强关系的供应商有 10 家。有了这个指标，我们公司的利润立刻翻了 3 倍。按照采购、品控和运输的比例 1：1：1，继续采用分隔考核法。当然也可以采用市场法，专管开发的部门完成开发后，把供应商交给公司，另一个部门负责采购，开发部门提成一定的比例。谁采购的量多，谁获得的奖金就更多。

（3）三级结算之产品方生产的结算

生产和运输从理论上也可以进行细分。比如按生产量测算法或者按百分比测算法，通过计算比例拿走提成和收益就可以了，它是可以将生产与运输绑定，按生产量或百分比进行测算的方法。

（4）三级结算之产品方研发的结算

现在很多人认为，技术就等于产品。比如，我会讲课，大家就错误地理解成课程就等于产品。其实这是不对的，技术如果等于产品，就需要以下多个步骤：技术研发，寻找合作机构，多次试验，将产品投入生产，运输，进行市场策划，销售产品，提供服务。所以技术需要我们进行研发且产品化后才能变成批量产品。这就是一大批技术专家，手握一个技术就感觉自己要发财了，却始终没有发财的原因。

❺ 其他定价结算办法

（1）成本加成法

成本加成法，就是将产品从研发到销售分为若干个环节，每个环节进行加价。成本加成法的缺点是对市场要求比较高，一般市场不错的时候可以用这个方法。比如歌华有线、移动通信、国家电网，这些企业都可以用成本加成法，因为一直有客户，产品一定会卖出去。

（2）定额比例法

定额比例法就是算出一个产品的毛利润是多少，按照流程中各个环节的价值量进行分解，计算出每个环节的比例，谁的效率高，谁赚得更多。

（3）人均边际贡献法

假设我们每一个人创造出的价值，人均贡献是一样的，每个环节按所占人数计算出环节的结算，哪个部门的员工多，创造的总利润就高。人均边际贡献法比较适合不进行研发的生产型企业。

（4）成本加价法

基于原来的成本，上浮一定比例，最后算出市场定价。

（5）谈判法

谈判法，就是几方一起坐下来谈判。当然结算比较大还是小，需要董事会参与并决定。

❻ 结算目标

结算目标就是要计算出每一个小组织、每一个环节、每一个流程点、每一个人的利润贡献，将企业变成多个小组织的集合体，各小组织甚至每个人都能实现盈利，这也是结算的终极目标。

其实只要能把本章的图5-3吃透，企业内部市场的核算定价基本上就能解决。内部市场的核算定价解决以后，内部的利益分割就形成了，之后就可以形成无数个小组织。企业最好的管理方法就是武装到每一个人。

即使做不到核算出每一个人的贡献，最起码也要做到核算出每一个小组织的贡献；如果一个小组织的核算也做不到，那最起码要做到核算出其中一个大流程的贡献值；如果一个大流程的核算也做不到，那最起码要做到核算几大环节；如果几大环节的核算都做不了，那最起码要把生产和营销分开核算；如果再做不到，那就只能等着企业破产了。

重要的工作是核算出每一个环节的成本，并进行优化。因为成本是管理的核心，避开成本不谈是不可能的。市场的目标销售减去成本，就等于赚的钱。只有算出我们能赚的钱，才知道如何给每一个人分红。

Part ⑤ ‖结算核算与财务能力‖

五、财务能力表单

❶ 表单1：成本归类分析表

企业有两个数据最为重要。

第一个数据是收入。企业的营业收入越高，表明企业的机会就越多。占有行业的收入比例越高，企业的行业地位就越高。所以我们关注的第一个数据就是收入。

第二个数据是成本。成本在成本归类分析表上显示出来的内容，不但对企业有很大的帮助，对个人也有很大的帮助。

（1）成本管理原则

成本管理有三个原则。

第一，必须把成本变成卓越成本。

关于成本意识，有一堂关于成本的课对我产生了非常深刻的影响，这堂课是由中国人民大学的一个老师进行讲解的。当他讲到我们花出去的钱是一种消费还是一种投资，将决定你这个人未来的财富情况的时候，我异常兴奋。比如有的人喜欢消费，而有的人关注投资。对于消费的钱，你也就没有了控制，这些钱也就变成了别人的收入，变成了别人的投资款。

我大学刚毕业的时候，做了第一个重要的人生决定，就是减少个人的消费，增加投资。大学毕业的第一年，我就决定买房子，于是我一有时间就去看房，当时北京的房子非常便宜，稍微偏远一点的地方每平方米只有几百元。但就是这样便宜的价格，我也没有钱买。我刚毕业那一年，兜里只有3500元。于是我到处去借钱，向朋友、亲戚、

183

同学、老师借，总共借了16个人的钱，最后终于凑足了头款，付了20%首付款，贷款买了我人生中的第一套房子。房子买完以后，一年不到房价就翻了一倍。原来总价20万元的房子，一下子变成了40万元。也就是说，我用了4万元的成本，白白地挣了20万元。所以在那个时候，我明白了，成本管理太有魅力了，原来我还可以借助时代的脉搏去进行理财。

我从2002年开始创业，到现在为止，从来没有拖欠过员工一天工资，因为我坚持要做一家有现金流的公司。只有有现金流，才不会拖欠别人的工资。我借别人的钱，也从来没有违约。为什么十几个人都会借给我钱，因为我借别人钱的时候，一定会算好给别人的利息，我的利息点是10%。借钱要给别人好处，这样你才会有信誉，别人才会愿意帮你。

第二，成本是可以管理的。

我们还要明白，成本是可以管理的。最大的问题是，我们根本不知道有些钱到底该花不该花。只有学了成本管理，了解成本管理，关注成本管理，才知道钱怎么花。

第三，要想做好成本管理，最好的办法是做比较。

成本结构需要比较，我们要向优秀者学习。巴菲特、扎克伯格等对生活成本都是有控制的，但他们把成本变成卓越成本的比例非常之高，所以他们会越来越有钱。有人说越来越有钱，又不花钱，这不就是守财奴吗？不，其实他们都是有使命的人。他们拿到一些钱，带着使命去做事情，不是为了挥霍，也不是为了娱乐。

（2）成本结构分析

表 5-4 成本归类表

	物资	人资	管理与折旧	税与备用金
研发	实验 物料 设备	人员成本 引进补偿	购买专利、专利申请 消防 折旧、报废 外包 办公室、合作企业费	研发基金 培训费 专利费
制造	原料 设备 次品率成本	人员成本 奖金 超产奖	次品报废 管理费 安全生产费用	备用金 合作费
管理	办公文件 固定收入	管理工资 管理奖金 总培训	培训、公关、电话、交通、差旅、公共关系、广告、宣传、旅行	发展备用金 服务费
营销	产品成本 包装运输 材料 广告资料	人工工资 提成 管理奖 运营奖	电话、差旅、促销、手续、交际经费、运营、会议	营业税 所得税 个人税 扩张备用金
总额	总物资	总人工	总管理与折旧	总固定备用金与税费

表 5-4 是我学习到的有关财务管理的一个工具。我发现，很多民营企业目前遇到了巨大的挑战。当我们的国内生产总值增长率超过 10% 的时候，几乎所有的企业都可以赚钱。20 世纪 90 年代只要一个人足够勤奋，有胆识，就会赚钱。现在，我们的国内生产总值增长率往往在 6%~7%，这个时候创业公司的平均盈利率为 50%，也就是 100 家创业企业中至少有 50 家会亏损。因为经营的业绩太低，成本太高，就有很多企业不赚钱。所以我们的目标永远只有两个：把业绩做到最高，把成本降到最低。

企业要做精细化管理，要抠每一种成本。我们把成本结构变成 16 格。在表 5-4 当中，经营逻辑总共分为四个重要的阶段，分别是研发、制造、管理、营销。有的企业没有生产工厂，只是一家代理商，这样的企业是研发、采购、管理、营销四个阶段。这四个阶段都会花钱，只不过因为行业不同，花钱的比例不同。在使用表 5-4 的过程中，企业可以根据自己的需求进行修改。

比如有的企业没有研发，只是做代理商，但有调研，那就可以把研发改成调研。有的企业没有制造，而是有采购，就可以分为调研、采购、管理、营销。有的企业研发成本太高，销售成本很低，管理成本很高。这种企业会亏损，因为他们不懂得营销，而研发投入了大量的资金，产品的成功率太低。我们要分析这四个阶段成本的总额，确定它们的价格。成本分析做多了，你就会找到它的规律。

我个人认为，未来管理成本一定会逐步地下降，因为人工成本实在太高了。

有的企业销售与成本几乎持平，甚至是亏损的状态，想赚钱就必须学会精打细算，把每一块成本都抠得非常精细。

成本无非就是四大归类：物资、人资、管理与折旧、税与备用金。

A. 物资成本

比如桌椅板凳等办公家具就属于物资成本。对于物资，我们都要做测算。物资成本包含研发成本、制造成本、管理成本、营销成本。

第一，研发成本。

企业有研发的时候，会投入物资。比如华为每年会投入数百亿的研发成本，与业绩相比，它的研发投入比例是相当高的。小企业最大的困难是，搞研发没有效益，不搞研发就会落后挨打。到底搞不搞研发，这里面有一个成本问题，搞研发最大的节约并不是每一项都节省钱，而是提高研发的成功率。因为一个产品只要失败了，它研发所花的钱就全部打了水漂。要想提高研发的成功率，降低物资的成本，建议严格遵循IPD流程。

长松公司的研发成功率可以达到60%~70%。研发10个产品，一般有6个产品是可以赚钱的，因为我对成功率的把控是有逻辑的。有很多老板不算账，他们爱好什么就去做什么，在实验室里倒腾一圈，到最后没做好就扔掉了。还有的人不研发，别人搞啥他跟着搞啥。这种公司没有发展，并且时间一长，自己企业的文化也就被破坏了。因为员工会认为，公司产品研发技术是偷的、是借的。

第二，制造成本。

目前中国的制造成本优势还主要是在人工成本上，但其成本并不低，所以必须加强研发、提高产品竞争力。

随着中国国内的工资逐渐变高,整个物资成本不断变高,现在制造成本一旦上去,那就可怕了。所以我们要加大研发力度,提高产品的竞争力,拉高价钱。

第三,管理成本。

我们的管理成本现在整体都偏高,所以必须严格控制管理成本。

第四,营销成本。

营销成本也叫营销效率的成本。包含了产品成本、包装运输成本、材料成本、广告资料成本等。

对于物资成本,我们有三个重要的对照可以参考。

第一,和国际上先进的企业做对照,看看我们的成本高不高。

第二,和国内的同行业对比一下,看看我们的成本高不高。

第三,和我们过去经营好的时候做比较,看看我们的成本高不高。

B. 人资成本

中国过去一直享受着人口红利,但现在很多企业已经招不来合适的人了。很多时候是想要的人没有,不想要的人一大堆。前几天我们需要一个总经理,我的微信里总共有1500名好友,我一个一个地查,看谁适合。我将这些人进行了分类:第一类,适合担任总经理,但他们一定不会来,因为人家有工作;第二类,他们适合我们公司,我可以把他们吸引过来;第三类,他们不适合这个岗位。这1500个人,除了我自己的亲人,我全部筛选了一遍之后,发现没有适合我挖过来的,他们都不符合条件。

第一,人力资源有一个效益比,就是某个人工资很高,但他创造了更高的价值。如果他没有创造价值,工资高一点就是浪费。所以人力资源要算综合成本。

第二,人均效率、人均效益、人均成本,是劳动密集型企业必须分析的数据。它们对很多公司的意义不大,但对有些公司很有意义,比如对一个餐饮公司就是非常有意义的。

第三,尽可能让机器来代替人。我站在一个老板的角度,希望能够养活更多的家庭。但是我站在一个专家的立场上，希望工厂没有一名员工，全是机器。因为机器不会仲裁公司，机器不会有情绪，并且买一个机器平均到每个月的单价很低。但人就不一样。将来越来越多的岗位会被机器所代替。

C. 管理与折旧

有的公司的折旧速度太快，比如食品厂如果销售情况不好，原料和成品都会报废。再如一个餐馆，它早上进货，如果当天没有那么多客流量，做不了那么多菜，就会导致货物剩下，变得不新鲜或坏掉，就要亏钱。它亏钱不是单个客人的消费不够，是整体成本太高。

折旧太快或太慢，都不是好事。折旧太快说明原料、耗材浪费太过严重；折旧太慢，则说明企业在费用摊销上过于宽松。

关于管理，有研发的管理、生产的管理、管理的管理和营销的管理，都在花钱。

D. 税和备用金

备用金，是企业为了未来的发展而准备的资金。丰年积谷，荒年防饥。企业一定要有提留"备用金"的意识与习惯。

对于税最基本的要求是合规，一定符合国家的规定，不要偷税漏税。

（3）16格成本表的运用

表5-5的成本归类及分析总表，竖向和横向总共分为16类，横向是物资成本、人资成本、管理与折旧成本、税务与备用金，纵向是研发成本、制造成本、管理成本、营销成本，交叉相乘总共有16格。我们每个月都可以根据里面的条目，把所有的成本选出来。下个月再做表格的时候，同栏中的数字一对照，就知道哪个成本高，哪个成本低了。

粗放的可以只看研发成本和人力资源成本是在增高还是在降低。精细的可以把每一项都写出来。比如我们发现包装成本变高了，或广告成本变高了，都可以去做评估找变高的原因。也就是通过这16个维度的成本，公司的任何直接和间接的、看得见的和看不见的开支都可以知晓。比如你办了一张健身卡，每个月都在扣卡里的钱，你没去还是在继续扣钱，这就是看不见的开

表 5-5　成本归类及分析总表

		项目	物资 1 2 3 4 5 6 7 8 9 10 11 12 小计		项目	人资 1 2 3 4 5 6 7 8 9 10 11 12 小计		项目	管理折旧 1 2 3 4 5 6 7 8 9 10 11 12 小计
研发		实验费用 物料费用 设备费用			人员成本 引进补偿			购买专利 专利申请 消防 折旧与报废 外包 办公室 合作企业费	
	研发物资费小计：			研发人资费小计：			研发管理与折旧小计：		
制造		原料 设备 饮品率成本			人员成本 奖金 超产奖			管理报废 管理费用 安全生产费用	
	制造物资费小计：			制造人资费小计：			制造管理与折旧小计：		
管理		办公文件 固定投入			管理工资 管理奖金 总培训			培训费 公关费 电话费 交通及差旅费 公共关系费 广告与宣传费 旅行费	
	管理物资费小计：			管理人资费小计：			管理段管理折旧小计：		
营销		产品成本 包装运输费 材料费 广告资料费			人工工资 提成 管理奖 运营奖			电话费 差旅费 促销费用 手续 交际经费 运营费 会议费	
	营销物资费小计：			营销人资费小计：			营销管理与折旧小计：		
	总物资额：			总人资费：			总管理与折旧额：		

（续表）

	项目		税与备用金													项目		未分类成本												合计
			1	2	3	4	5	6	7	8	9	10	11	12	小计		1	2	3	4	5	6	7	8	9	10	11	12	小计	
研发	研发基金																													
	培训费																													
	专利费																													
	研发税与备用金小计：																未分类成本小计：													
制造	备用金																													
	合作费																													
	制造税与备用金小计：																未分类成本小计：													
	发展费																													
	服务费																													
管理	管理税与备用金小计：																未分类成本小计：													
	营业税																													
	个人税																													
	所得税																													
	扩张备用金																													
营销	营销税与备用金小计：																未分类成本小计：													
	总税金与备用金金额																总未分类成本额：													

支。特别是现在手机支付广泛应用以后，我们会感觉平常花费的每一单都不高，但是过一段时间看看账单，会发现花销项竟然有那么多。

16 宫格的成本管理最好的办法是，在每个格里按 12 个月再分，一张表就可以把全年的成本都算出来。有的企业要在后面多出一项，叫未分类成本，有些开支叫不出来名字，就可以把它们放到这里。当 12 个月的成本全部反映在一张表上的时候，每个月的状况就可以分析出来了。

将成本进行规划，就会大幅度地减少企业支出。现在很多企业家舍不得断臂求生，把无效的人、无效的成本、无效的管理、无效的折旧和无效的备用金全部留了下来，这就会使企业成本越来越高，企业发展越来越困难。

❷ 表单 2：利润表

企业老板要把赚钱当作企业重要的目标，且企业老板一定要形成日常看表格数据的习惯。

了解成本归类及分析表以后，我们就会拥有全新的思维模式，就会有利润。很多企业在做经营的过程当中，出现了一个严重的问题，那就是关于目标的问题。

前几天，我见了一个非常要好的朋友，这个朋友年龄比我稍微小一点。我问他："你今年挣多少钱？"他说："没有挣到。"我又问："去年呢？"他说："也没有挣到。"我说："你公司市值有多少？"他说："快两亿元了。"我一听就明白了。我说："你的目标有问题，你的目标太散。"

我的目标非常精准。一个人如果到了三四十岁，他的经济收入还不到理想情况的话，这个人对收入一定没制定目标。因为一年收入 20 万元，和一年收入 200 万元，以及收入 2000 万元，所需要具备的知识完全不一样。比如现在需要人去管理一家 4500 万美金的跨国公司，很多人肯定干不了，因为他们没有相关的知识储备。

有的人也有目标，但目标不精准。我们第一个要明确的目标就是钱。当然我们不是提倡拜金主义，先不要和那些上市公司去比，而要和与自己同一水平线上的,但比自己优秀的公司去比。

老板要把赚钱当作非常重要的目标,且一定要形成常看表格数据的习惯。我在上课的时候做了一个调研,发现大部分的老板是不看表格的,他们基本上不知道自己赚了多少钱,利润率是多少,只知道业绩是多少,都是凭感觉赚钱。

(1)销售公司利润表

下面给大家推荐一张非常重要的表格,叫销售公司利润表,见表5-6。这张表不属于标准的财务表,而是被改造过的。因为标准的财务表很复杂,老板是看不懂的,各项之间的逻辑关系非专业人士很难理解。

我们先看横向,把公司分为销售公司或事业部,就可以诞生无数个公司。我们先写成A公司、B公司、C公司、D公司、E公司……这个可以无限延伸。从主营收入上看,公司所有的收入谁多谁少都能看到。并且这张表可以随意转换,可以用业绩排名,也可以用利润排名。

下面我们看竖向。所有的报表关键看三类内容:第一类,收入;第二类,成本;第三类,利润。其中收入减成本等于利润。用收入减成本乘以市场,就等于持续利润。所以,市场扩张的程度和公司的利润也有关系。

表5-6 销售公司利润表

	A公司	B公司	C公司	D公司	E公司	合计
一、营业收入						
主营业务收入						
其他业务收入						
人员数量						
人均业绩						
二、营业成本						
事业部产品结算成本						
人工成本						
提成成本						
奖金与奖励成本						
房租与办公费用						

（续表）

	A公司	B公司	C公司	D公司	E公司	合计
培训费用						
促销费用						
广告宣传费用						
运营费用						
不可控费用						
税金						
人员数量						
人均成本						
三、利润总额						
人员数量						
人均利润						
四、时间与产值						
总时间						
正常时间						
加班时间						
公共时间						
间接时间						
单位时间产值						

A. 营业收入

从表5-6上看，营业收入包含主营业务收入和其他业务收入，另外还有两个指标：人员数量和人均业绩。比如我们的营业收入是1000万元，员工数量是1000名，我们的人均业绩就是10000元。公司与公司的最大差别是人均业绩不一样。比如你的公司一个人一个月业绩是2万元，别人的公司是5万元，那你肯定竞争不过别人。

B. 营业成本

以长松公司为例，因为我们是一个销售公司，要卖别人的东西，就要给事业部做一个比例，减去事业部的比例以后，剩余的就是成本。成本包含人工成本、提成成本、奖金成本和奖励成本等。

将低工资高提成和固定工资这两种工资形式对比，会发现低工资高提成的成本高，因为员工会拿到更多风险工资。拿固定工资，无论干好干坏都是那么多的钱。企业在没有业绩的情况下，一定是低工资高提成的成本低，但只要有业绩和正常经营，企业给员工风险工资，成本就高。因为企业既然增大员工的收入风险，那他得到的工资总量就要升高，这就是风险越大、收益越高的原则。固定工资，本身是成本比较低的一种薪酬方式。像超市、餐饮等行业，大部分人采用的是固定工资模式，因为他们的流量是一定的，稍微给一点奖金，就会有人来干这项工作，也就没有必要给高提成。不同的企业在设计工资的时候，一定要考虑流量获取，不要统一算法。

除了以上成本，企业还会有房租和办公费用、培训费用、促销费用、宣传费用、运营费用、不可控费用和税金这些营业成本。表5-6中总共罗列了13项。很多企业的培训费用并不清晰，销售型的企业当中，大部分的培训费用约占总成本的10%。不同的企业类别不一样，企业要根据实际情况来进行优化和讨论。成本不是一个绝对概念，比如我们请朋友吃饭花了2万元，绝对值是贵的，但是还要看请的人带来的是直接收益还是间接收益。直接收益是请完以后，就做成了一单生意；间接收益是我请他吃了顿饭，他感觉我特别好，把我又介绍给别人，间接促成了一单生意。

成本和销售是一个相对比，所以我并不关注人均成本是多少，但是要看人均销量是多少。人均销量高，就允许人均成本高；人均销量低，人均成本必须要低，它们是相辅相成的关系。我们的目标就是，拉开人均销量与人均成本的百分比差距。

C. 利润总额

总业绩减去总成本等于总利润。总利润再除以总人数，等于人均利润。最危险的企业是人均利润不高，但人均数量很高。企业有几十万名员工，但是不赚钱，这种企业是最有风险的，必须马上进行优化。

我曾经帮助一家企业裁员1万名员工，因为这家企业有大量的保本项目，养了很多人，老板不舍得砍。老板的至理名言是"万一哪天这个项目赚钱了呢"。最后这家企业只剩400人，老板也轻松了。

D. 时间与产值

总时间包含正常时间、加班时间、公共时间、间接时间，加在一起可以算出单位时间产值。提高单位时间产值和效率就是我们的目标。

只要能够算出单位时间产值，就知道什么事可为，什么事不可为。

这张表拿到很多企业当中，财务都笑话太不专业了，但是太专业的表老板不看。这张表中要重点关注人均业绩、人均成本、人均利润、单位时间产值等核心指标。

（2）事业部利润表

事业部利润表与销售公司利润表单差不多，横向是事业部 A、事业部 B……见表 5-7。表 5-7 当中，左列各项中依然有营业收入、营业成本、利润总额、时间与产值。其中事业部与营销公司不同的就是成本的类别不一样，经营的主题不一样，风格不一样。由于这些不一样，导致了这两张表不能合在一起。

营业收入里依然有人员数量和人均业绩。营业成本里依然包含人员数量和人均成本。

表 5-7　事业部利润表

	事业部 A	事业部 B	事业部 C	事业部 D	事业部 E	合计
一、营业收入						
主营业务收入						
其他业务收入						
人员数量						
人均业绩						
二、营业成本						
制造/采购成本						
人工成本						
办公费用						

（续表）

	事业部A	事业部B	事业部C	事业部D	事业部E	合计
培训及咨询						
房租						
折旧						
库存分摊						
不可控费用						
税金						
研发						
人员数量						
人均成本						
三、利润总额						
人员数量						
人均利润						
增长量（上月增长量）						
增长量（同比增长量）						
四、时间与产值						
总时间						
正常时间						
加班时间						
部内公共时间						
间接时间						
单位时间产值						

利润总额里依然有人均利润，但有了新指标增长量，分为上月增长量、同比增长量。

增长量就是今年收入与去年收入相比增加的部分。根据复利法则，如果企业每年的收入增加50%，30年以后就能增长好几万倍。要想收入有所提高，我们就得不断学习和成长，我们要有这种目标规划的意识。收入越低的时候，就要让增长量要越高,否则永远赶不上别人。

我们只有从报表里看到更多的数据,企业应该怎么做才会更加清晰,因为数据是不会骗人的。

财务能力 = 老板的财务思维 + 财务部的数据能力 + 管理者的财务应用能力

一家企业的整体财务能力变强,这家企业对数据就会更加敏感。一家对数据敏感的企业,它的战略、经营以及各种措施就会相对比较理性。一家理性的企业,在经营过程中就会减少失误。所以一家企业的财务能力,是管理改革的基础。

我去过一家发展势头不错、产品也很好的企业。这家企业有强烈的经营升级的愿望。我对这家企业做了一轮调研后发现,老板改革的决心和意识是有的,但企业有一个很大的问题,就是财务能力不行。我在与他们的财务沟通的过程中了解到,这家企业的财务只承担着基础会计的工作。可以想象,这样的企业做组织系统的改革绝对会失败,因为组织系统的基础框架就是财务能力。

对于一些表单、成本意识、内部定价,如果大家能够深度地掌握,并长年应用的话,企业能力就会有一个大幅度的提升。企业能力提升以后,我们就可以做二级财务能力的优化和升级。可以通过对财务数据的分析,达到更理想的结果。

这里我给大家推荐了两个重要的表单:一个是人力资源效率表,另一个是财务投资效率表。

❸ 表单3:人力资源效率表

长松公司每人每月是4万~5万元的业绩。苹果公司的效率非常高,每月人均业绩是197万美金,是我们的300多倍。我们以前的人力资源效率非常低,这就导致我们的定价没有办法上涨,但原料是在逐步上涨的。在这种情况下,我们只好主抓效率,重点关注这些重要的二级表单。

人力资源效率表属于间接财务能力的二级表单，是基于财务数据进行人力效率分析，也是考核人力资源部最核心的指标之一。我们可以通过这张表来了解企业管理出现的问题。

这张表的主要指标包含：人均业绩、人均成本、人均利润、拓客成本、生产效率、人均业务增长量、关键人均提高值、市场参考数据、分析总结、集中度分析。见表5-8。

表5-8　人力资源效率表

核心动作：办公自动化、强化核心业务、实施管控、人工成本变革。

	2020年	2021年	当季	当月
人均业绩				
人均成本				
人均利润				
拓客成本				
生产效率				
人均业绩增长量				
关键人均提高值				
市场参考数据				
分析总结				
集中度分析				

（1）人均业绩

人均业绩不是指人均销售做了多少，而是指所有员工的人均业绩。比如我们公司2020年11月1日当天销售额是1200万元，我和培训咨询界的几个老总经过沟通发现，好几家企业的业绩不如我们公司，他们人数并不比我们少，但业绩增幅没有我们多。这就说明了他们的人均业绩没有我们公司人均业绩高。

就目前来看，长松公司的人均业绩在培训机构里面相对还是比较高的。

有很多企业因为总量不高，导致人均业绩不高。由于人均业绩不高，导致公司出现困难，很容易陷入亏损状态。所以这个指标非常值得关注。

长松公司的销售人员，大概可以分为三大类。

A. 管理干部

这类人的业绩没有问题，但是最大的风险就是他们特别容易流失。在培训行业，员工的年流失率一般会达到25%左右，也就是4年左右老干部就走完了。虽然长松公司的流失率是所有培训机构中相对比较低的，但也有流失。比如我们销售公司的总经理、营销总监流失得就比较多。

B. 冠军级销售

管理干部一流失，就只能把业务冠军级的员工拉去做管理者。这些人一做管理者，企业冠军级的人又没了，于是就只好从社会上招募新人补充销售队伍。

C. 公司的新人

公司纯新人业务员短时间内肯定是没有业绩的。比如，想在长松公司做得比较好的话，基本上要3~4个月。来了就有业绩的是特殊现象，我们不能拿特殊现象来做比较。

这就导致了一个结果，如果一家公司的新员工过多，就会拉低整体的人均业绩。这也就是很多公司销售高手很多，也创造了很多好的业绩，但是依然不赚钱的原因——公司的新人太多，拉低了整体业绩。

人均业绩，同时还取决于公司的闲职人员多不多，以及人力资源的结构配备怎么样。比如，有的公司10个销售人员有10个管理者，还有好多其他服务职能岗位，直接做营销的人员的中坚力量太少，也会拉低公司的业绩。所以一家公司能够到市场上做出业绩并产生业绩结果的人越多，这家公司的人均业绩才会越高，公司的现金流才会比较顺畅。

人均业绩与人均成本有时是直接关系，有时是间接关系。直接关系是指一般人均业绩高的，人均成本都高；间接关系是指有的公司人均业绩低，但人均成本高，原因是有一大堆人不创造业绩。这些人虽然是为做业绩的人服务的，但是做业绩的人业绩没有做起来的时候，人均成本就会变高。

现在有很多公司，能够直接算出每一个员工可以创造的利润。谁为公司创造的利润高，拿到的收入就高。我们既能做出公司的平均利润，也能做出每个部门的，甚至每一个人的利润。这三个指标还可以做比较，分析出公司的经营状况，分析出每个事业部的利润是在上升还是在下降。每家公司或事业部的不同发展阶段，都要有它应该匹配的数据。

（2）拓客成本

拓客成本是指公司开发一个新客户的成本，也就是将办公场地的租金、办公的各种文具、水电费、工作人员的工资社保等加在一起得出总成本，然后平摊到每一个新开发的客户身上的成本。

假如长松公司的拓客成本是每人6500元，那一个客户购买公司产品的价格必须得再乘以2，就是13000元。因为销售子公司还要向总部交一些钱。也就是我们开发了一个新客户，消费是13000元以下的话，一定是亏钱的。我们有好多老师，感觉自己在长松公司做得不错，于是就出去开公司了。结果开了一段时间破产了，他们总结是自己营销能力不够或其他的原因。事实上最重要的原因就是他们的课单价太低。当我们只用课程进行交付的时候，客单价一定要超过13000元。只要是管理培训类的课程，客单价低于13000元，公司一定会亏损。

一家企业根据拓客成本就可以推出客单价。我们根据拓客成本，同时也可以做产品链的设计。比如长松公司的组织事业部利润做得还不错，就是因为设计了专门的产品链。首先我们卖一些图书光盘，大概单价在几百元。然后再卖一点小课程，单价在1680元、1860元、1890元、2800元，这些加在一起，一个人已经消费了3000多元。下一个重要的目标，就是让客户报企业操盘手课程班。企业操盘手的课程门票大概是14000元，这个时候再加上前端的各种产品，一个客户总共消费可以达到17000~18000元。我们的拓客成本是6500元，按照上面的算法只要卖到企业操盘手课程班级别的课程，这个分子公司就不会亏钱。所以我们的分子公司做得特别聪明，在给客户大力推企业操盘手的课程班。

那怎样才能赚钱呢？我们后端又诞生了一个产品，叫组织系统班。组织系统班的价钱，设计的是2人团价59800元，但是大部分都是3人团，为89800元。所以一个分子公司，卖了光盘，卖了小课程包，卖了企业操盘手的课程，卖了组织系统班的课程，这个分子公司正常情况下就可以有利润了。如果后面继续诞生产品，诞生辅导和咨询，就会持续带来盈利。

一个优秀的分子公司在做产品销售结构的过程当中，只要规划清晰，赚钱是完全没有问题的。赚钱的多少，通过拓客成本这个指标是可以设计出来的。我们的分子公司不管是哪一家，拓客成本是不会轻易变低的。想要变低，只有通过一些新技术来实现。

长松公司一年3亿多元的业绩，2.5亿元的工资成本。我们要想办法通过一定的措施，去优化解决成本。长松公司2.5亿元的工资成本中包含了员工的工资、福利、提成、奖金、分红、个税、保险等。

想要解决如此高的工资成本，下一步我们还是要在营销结构方式上去改造，如果不去改造，成本就会一直居高不下。

长松公司要想改革拓客成本，本质上就两种方法：第一，提高销售技术，但光靠提高人的销售技术达到业绩的提升，肯定是有限的；第二，改造销售流程，不仅要在交付形式上走向网络，在营销方面也要走向网络。

特斯拉汽车的营销基本都是通过网络实现的。我订购的蔚来汽车基本也都是在网上完成所有的流程。这套流程下来，拓客成本反而是降低的。

通过上面的分析我们可以了解到，影响人力资源效率这两个重要指标的因素有很多。如果自己的企业不去做分析，也就不知道自己亏在哪里，更不知道应该用什么办法去挣钱。

我们长松公司目前的目标很简单，就是提高人均利润，降低拓客成本，一定要做深度的改革，这决定了我们公司未来10年的发展前景。所以要选择主动地改革，主动地迎接和挑战，主动地去对有些指标进行优化。

（3）生产效率

在生产效率方面，最成功的是日本丰田公司。我建议大家在学阿米巴之前，一定要学一下精益管理。

丰田公司最早不是做汽车的，而是做织布机的。后来丰田公司创始人丰田喜一郎去德国访问，参观了德国的汽车厂，非常震撼。在德国，丰田喜一郎买了一台德国的发动机，回到日本，他下令把发动机拆开，做模型浇筑钢水，重新铸造一台发动机，从开始做试验算起，累计试验了两年半，最后终于成功，制造了日本历史上第一台汽车发动机。从此以后丰田公司就开始生产汽车了。刚开始，丰田喜一郎赔了很多钱。但是丰田喜一郎说："我做汽车不是为了我的企业，而是为了日本的命运。日本有没有汽车，在世界上的地位以及发展的机会，是完全不一样的。我们丰田人，一定要代表日本在全世界上抢到一个机会，去超越美国和德国，因为落后就会挨打。"

之后，他根据这台发动机，造出了日本第一辆汽车。日本政府当时就给他批准了可以生产拉货货车的营业执照。当然他为了这个执照也花了不少的工夫。他刚刚建好工厂，第二次世界大战爆发了。汽车刚刚生产出来，就被征用了。又经过几年，日本战败了，工厂要移交给美国，在被移交美国之前，他们把所有的汽车资料都销毁了。销毁以后，工程师都回家了，事隔多年后，日本又准许生产汽车的时候，这些工程师们又重新回到工作岗位，他们通过手绘把记忆里的东西重新绘制到一起，形成新的丰田技术。刚恢复生产时，丰田公司的技术已经比德国落后了30年。

丰田公司要从一个落后的位置追赶厉害的企业很难，最后他们终于想到了一个可以让丰田汽车赶超的办法，就是改善效率。于是丰田公司创造了一种管理方法，叫精益管理。精益管理的核心，就是"改善"。不只是老板要改善，而是每天每个人都要改善。据此，丰田公司创造了一整套管理流程，很快就提高了他们的生产效率。

丰田公司提高生产效率以后，对每一个小细节都进行了改善。丰田汽车是一个大组合，他们有十几万家供应商，主要的供应商有一万多家，有生产履带的，有生产轮胎的，有生产座位的，有生产仪表盘的，有生产方向盘的，其实丰田公司就是一家组装厂。

管理好一万多家供应商是需要有相当高的管理水平的。比如，有的企业该供货的时候，管理跟不上，产品供不上，有的供上了但是有次品。丰田公司当初做精益管理的主要目的，就是让那一万多家供应商按照丰田公司的管理模型去做。丰田想了两种方式：一是输出管理模式，二是派专家过去指导。之后，丰田公司变成了全球最大的汽车生产厂。

丰田公司的汽车产品链很多，有的销量特别好，比如一个卡罗拉车型一年是1400万辆的销量。再比如凯美瑞这款车，价位是人民币20多万元，但是它的配置相当于德国车30多万元的配置，并且缺陷很少，利润空间也很大。

再看雷克萨斯的车，价钱和奥迪差不多，但是比奥迪豪华得多，配置好很多。我自己亲自到这家工厂很多次，买车我推荐最多的也是雷克萨斯。

最后还有两个指标不能忘记：一个是人均业绩增长量，另一个是关键人均提高值。

当上面的这些数据得出来以后，我们要结合市场参考数据做总结和分析。通过总结和分析，我们就能知道在这几项指标当中具体应该怎么调整。

表5-8这个工具特别适合各个项目的管理者。当你长年不具备数据分析能力的时候，想把一个项目做好，难度是非常大的。

④ 表单4：财务投资效率表

财务投资效率表是很重要的一个表格。见表5-9。

表 5-9　财务投资效率表

	20×1 年		20×2 年		备注
	A 项目	B 项目	A 项目	B 项目	
一、年利润额					指本年度实际利润额
二、总投资额					
1. 原始投资额					指初期的投资额或实收资本额
2. 当年资金量					指上一年度 12 月 31 日期末资金总额
3. 库存投资额					指库存产成品、半成品、原料等转资金额
4. 累计投资折旧					
4.1 往年投资折旧					往年投资未使用完结转到本年度的金额
4.2 固定资产折旧					大型设备等固定资产按公司约定财务准则折旧后当年度金额
4.3 分摊折旧					大额费用分摊后本年度金额
累计（2+3+4）					年度投资总额 = 当年资金量 + 库存投资额 + 累计投资折旧
三、投资回报分析					
5. 总回报额					指截止到本年度，历年累计的总利润
6. 年度投资回报率					本年度利润 ÷ 本年度投资总额
7. 累计投资回报率					累计年度利润 ÷（原始投资额 + 再投资金额）注：再投资金额不含上一年度利润再投资
8. 投资分析					各项目间投资比较、经营收益投资回报

　　企业每年都会有项目，比如 20×1 年有 A 项目、B 项目、C 项目、D 项目，20×2 年也会有许多项目。如果一个企业的财务，连之前讲到的成本归类分析表、利润表、人力资源效率表都做不出来，那财务投资效率表也很难做出来。只有把前面讲到的几张表搞懂，才能把这张表搞透。

　　通过对财务数据分析提高投资效率，是考核财务部最核心的指标之一。表 5-9 里重要的指标包含：年利润额、总投资额、投资回报分析。

（1）年利润额

很多老板在投资一个项目的时候，根本没有年利润额这个概念，完全忽视年利润额的后果很严重，需要引起企业的重视。

（2）总投资额

总投资额包含原始投资额、当年资金量、库存投资额和累计投资折旧。下面我们分别来看。

A. 原始投资额

长松公司最早投资额是 100 万元，做到现在年营收可以达到几亿元。所以投资企业是回报率比较高的一种投资方式。我在做投资的过程当中，曾碰到过一个厉害的老师，我向他请教我适合做什么产业，这个老师说："你做产业要记住三个重要的要素：

"第一个，固定资产投资率要很低。意思就是要做一家轻资产公司。"

"第二个，应收账款要很低，最好是有预售款。"

"第三个，毛利润率要高。"

"总结来说要'两低一高'——低呆账、低投资、高利润率。"

我发现培训咨询这个行业比较符合，于是就进入了培训咨询业。首先，培训咨询投资额很低，比如我就只投了 100 万元；其次，没有应收账款，都是先交钱。

但有些公司和行业收款的水平就很低。我有一个朋友做的是园林绿化行业，2003 年的时候就中标了 2 亿多元的项目，最后绿化都做完了，结果人家钱还没给完。他就开始不停地要账，2008 年的时候账还没完全要回来。

B. 当年资金量

很多企业账上都没钱，一谈前景都很好，一谈利润率都很高，一谈梦想都很大，但一谈钱就没有了。

对这个问题，我提出了重要的法则，即"挣口粮，保口粮，分口粮"。

第一个重要的法则，挣口粮。

未来的五六年，国际形势不明朗。中美贸易战可能还会持续很久，后疫情时代经济的复苏还需要一个过程。所以从国际经济形势上看，不确定性很大。挣口粮战略，就是必须设计产品，从客户那儿收钱，保证自己兜里有钱。

我现在收钱采用三大招：一，找融资；二，收预收款；三，收货款。不单是长松公司，我投资的 GSS 公司，也完全采用这种办法，在短短一个月时间里，就有 2000 多万元的融资款到账。账上先要有现金，不管这现金是你的钱还是别人的钱，是交付的钱，还是没交付的钱，都要先有钱。挣口粮，这个战略必须要清晰。我这两年重新优化了很多产品，目标就是收钱，交付前先把钱收到账上，先有资金量。

第二个重要的法则，保口粮。

保口粮，就是能不花的钱就不花。只有公司有钱，每个人才能活着。公司没有钱，就会宣布破产。现在我对财务的要求是，资金每天波动超过 60 万元就立刻向我汇报，并且审批非常严格。我专门和财务总裁进行了专项沟通，以后的审批要加大控制力度，能不花的钱统统不花。

第三个重要的法则，分口粮。

分口粮要保守地分。公司跟大家谈好，哪些钱是你的，哪些钱是共有的，哪些钱是你个人要分的。

C. 库存投资额

实业企业有一个特征，叫"投于固定资产，死于库存"，这是实业企业两大重要的致命硬伤。第一就是对固定资产的投资太大，第二就是库存太多。

我在两年前曾经同时给两家企业做辅导，这两家企业刚好还是邻居。我跟他们说："从今天开始，我给你们一个建议，无论怎么样，当月都要分出利润的 40% 出来，这是战略性原则。"结果 A 老板听了我的话，而 B 老板根本就是左耳朵进右耳朵出，他干的第一件事情就是搬家，在飞机场旁边的开发区域搞了一大块地，投资 8000 多万元，不但把账上的钱花完了，还把家底都投进去了，之后又从银行贷了不少款。他感觉第二年厚料要涨价，于是把回款的钱也全部砸到库存上去了。最后东西卖不掉，现在准备破产。而A老板，现在小日子过得有滋有味，他一年只有七八百万元的利润，会先分三四百万元到账上，每年都有钱赚。B老板总是想把所有的钱都挣到，反而效率更低。

长松公司虽然是一个不太挣钱的公司，但是它投资回报率非常高，所以我做这个公司，个人觉得还是相对比较不错的，原因是：第一，我不用再往里面投钱，反而每年分钱；第二，有稳定的团队、稳定的平台和稳定的项目；第三，我们的客户素质都非常高。其实我现在很幸福，不管是在公司，还是到客户那儿，都受人尊敬。大家都是带着赏识的眼光和微笑，以及取悦的心态，来和我们进行接触。

D. 累计投资折旧

最后一个有关总投资额的指标是累计投资折旧。企业在整理总投资额时，往往会忘记加上累计投资折旧这部分钱，导致企业在算年利润额时总是不准确，有时甚至差额过大，使企业的投资效率持续降低。累计投资折旧主要包括三个方面的内容。

第一，往年投资折旧。指的是企业往年投资的钱没有使用完，剩余资金必须结转到本年度里，不能直接划掉，或者略去不算。

第二，固定资产折旧。指的是企业里的大型设备等固定资产，需要按企业制定的财务准则上的标准算出来，计入本年度的累计投资折旧里。这项指标大多数企业都比较熟悉，操作起来应该也会比较轻车熟路。

第三，分摊折旧。指的是企业花费大额费用分摊后的本年度金额。

把这三项指标加起来，就是累计投资折旧的总金额了。之后，再把算出来的当年资金量和库存投资额，与累计投资折旧相加，企业的年度投资总额就可以算出来了。

（3）投资回报分析

在做投资回报分析时，一要算出总回报额有没有赚到，二是算出年度投资回报率怎么样，三是看累计投资回报率怎么样。

　　长松公司的年度投资回报率相对来讲还是比较高的。我们不要看最后挣了多少钱，要看过程当中分了多少钱。分完后，还要看总回报额是多少。综合这些信息，就能分析出财务的回报率。

　　经过分析，我们可以明确今年哪些产品应该去掉，哪些产品应该增加，哪些产品应该优化。这样我们才会知道，目前做的很多工作是不是有意义的。然后再考虑一下，我们的平台需不需要换，产品该如何去做，如何才能把利润的效率做到最大化。

　　我们有了这些表单以后，才可以为企业的目标制定、经营管理、战略决策以及产品设计提供重要的基础。这些表单也为企业的薪酬设计提供了良好的数据平台。

六、企业核算

❶ 企业破产类型

　　在财务学中，企业破产有很多种方式，第一种叫固定资产投资破产法；第二种叫应收账款破产法；第三种叫库存折旧及库存成本分摊破产法；第四种叫贷款破产法；第五种叫利得投资失败破产法；第六种叫固定折旧破产法。下面重点介绍一下企业最有可能遇到的几种破产方式。

（1）应收账款破产法

　　有的公司有应收账款，会把发票开给人家，结果钱一直没有收到。假如发票开出去的未到账款是1000万元，实际已回款是2000万元，收入总共是3000万元。公司的成本是2000万元，按道理来说，公司是赚了1000万元，一般就应该按照企业所得税25%的税率缴250万元的税。但是有1000万元的钱是没有收过来的，账上等于零。那这个时候，企业所得税要不要缴？严格来说要缴纳。不管你这个钱有没有收回来，因为你已经把发票开出去了，所以就应该向国家缴 250 万元的企业所得税。但是由于这 1000 万元没到账，导致现在企业没有这笔钱了。所以企业一定要重视应收账款，不要随意开发票，很多民营企业就是被应收账款拖死的。

（2）库存折旧及库存成本分摊破产法

很多企业今年卖了 A 的数值，于是明年就要做 A+，后年要做 A2+，后面有一年没卖掉，结果就把前几年挣的钱全砸了进去，库存也已经不够偿还欠款了。我们西安的一个客户，2003 年的时候账上大概有 3800 万元的铁，那个时候铁是 4200 元/吨，最后铁掉价到 1700 元/吨，公司很快就破产了。

（3）贷款破产法

很多企业用 3000 万元做 1 亿元的生意，需要贷款 7000 万元，经过中间的相关手续等实际收到 6000 多万元，按年息 8% 即 560 万元偿还利息，经计算，企业原则上可以盈利并偿还贷款，但实施过程不够顺利导致破产。比如开发房地产，原来是通过 5 年时间盖好房子并卖完可以赚点钱，结果办理销售证耽误了点时间，土地审批又耽误点时间，遇上两个钉子户又耽误了点时间，再加上销售不顺利耽误点时间，最后一点点耽误，本来是 5 年就可开发的项目，整整用了 15 年。本来每年要还 600 万元的利息，结果用了 15 年，要还近 1 亿元的利息。

❷ 核算账的作用

核算遵循公式，才能保证公司的长治久安。有限责任公司建立若干个事业部、分子公司等多个利益共同体，利润分红主体包括股东、战略决策者、负责人、员工等，公司盈利后大家进行分钱。核算账的前提是信任，股东之间的信任才是合作的基础。

前几天我让公司的会计帮我买了几箱野燕麦，总共花了5800元。如果从我的工资里面扣钱，具体应该扣多少钱？表面上看是扣5800元，但现实当中不是的。野燕麦是我个人用的，也有发票。很多民营企业补5800元进去就行了。那补5800元放在我们公司以后，就会出现一个问题：我的这笔开支只要公司报账了，各个事业部就分摊了成本。就等于我办了私事，公司的很多人头上莫名其妙地增加了成本，这对他们是不公平的，于是信任就会被破坏。我作为董事长如果偷偷地报销5800元，这就叫带头破坏规矩。

我如果直接交代财务给我报了，她说："那我就从你的工资里面扣。"这句话的意思就是这张发票不能用，因为这张发票报到公司，叫"真的假账"。它真，是因为有发票，有人签字，该走的流程都走了，所以真。但为什么叫假账呢？因为公司实际没有发生过这件经营的事情。

如果从我的工资里扣，就是从我的工资里领出来5800元，再倒推回去，推到公司应该给的钱数是5800元再加个税。然后再算出我应该缴的个税，一共应该从我的工资里扣8000多元。如果这笔钱从我自己的银行卡上出，就是5800元；但如果是走公司的账，就变成8000多元。

对于这件事情，首先这张发票是没有用的，公司是不可能报的，因为公司报了，就变成"真的假账"。

很多企业的股东，为了省钱，自己吃顿饭的发票也往公司的账里塞，孩子报个课外班的发票也往公司的账里塞。这样的心态永远整合不了大量的人才跟你形成利益共同体，这就是为了小钱，伤了大平台。

没有了信任，就说明别人认为你做人有问题。做人有问题，即使做事再棒，也形成不了利益共同体。所以在我们公司里面，核心的股东和高管绝

Part ⑤ ‖ 结算核算与财务能力 ‖

对不能这么做。要有一个清晰的标准，规定该怎么做就怎么做，公是公，私是私。

核算账的本质不仅仅是为了算账，而是为了解决信任的问题。很多老板搞不清楚，思想境界也到不了这个级别，自然算不清账。

一个公司的经营利益可以总结成一幅图，见图5-7。利益图的上面是股东，下面是战略决策者。战略决策者的下面，左边是主营项目，右边是平台。平台下面又有很多项目负责人，为了管理这些项目负责人，公司就会诞生"3O"，里面包括CEO、COO和CTO。

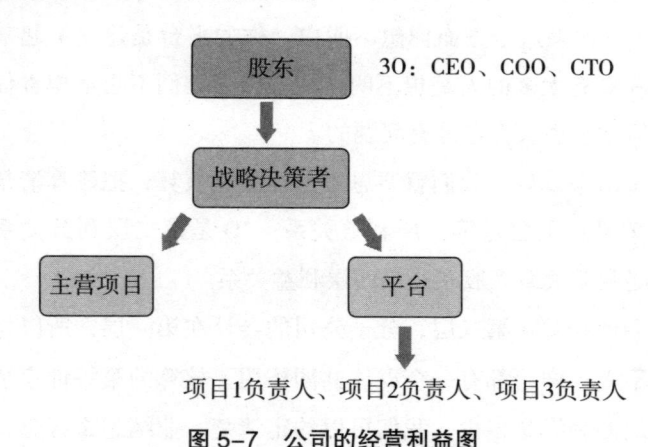

```
   股东          3O：CEO、COO、CTO
    ↓
 战略决策者
   ↙  ↘
主营项目   平台
            ↓
项目1负责人、项目2负责人、项目3负责人
```

图5-7　公司的经营利益图

如果你只做一个项目，开一个小公司，不核算没有问题。但是如果你有一堆项目的时候，企业核算就很重要了。这么多的项目和项目负责人，在一起打造一个平台是很困难的，不仅仅是机会的问题，也不仅仅是红利的问题，很多时候是老板和股东们的格局问题。

3O分钱的过程中，要分到所有项目中的25%以上，股东和战略决策者分总额的35%，3O分平台各项目的15%，主项目负责人分本项目的50%，平台分本项目的25%~50%。我们先设计一个版图，在版图当中，股东一定要明白，你拿到的公司总利润的比例占总比例的35%就可以了，比例再往上提高要格外慎重，不能太贪心。

虽然是自己开创的企业，但这一个项目，自己作为主项目负责人已经拿到

211

50%了，再加上作为股东和战略决策者可以再分35%，至少能拿到85%。如果项目变多，能拿的比例变得更多，这时老板最好把利益比例压缩到35%以内。

老板把主项目做好以后，就要逐步去找3O，建立平台。每个人都可以合作，谈25%~50%的分红。谈完后，3O基本上能拿到平台各个项目部15%左右的分红，所以3O的重要使命是大规模地找项目。项目越多，这个15%的总量就会变得越高，他挣得也就越多。而且，作为股东和战略决策者，还有提成比例。如果做好了，平台就可以变成一个生态链。

有的人说："我凭什么给别人机会？我凭什么要吃亏？为什么我占少的，他们占多的？"如果这个方面你想不明白，你的平台是建立不起来的。现实生活中，也确实有太多的人是想不明白的，因为他们不想承担责任，只想价值最大化，但这种想法肯定是有问题的。

利益图做出来以后，我们就要思考怎样去做核算，把账算清楚。这里共有四层利益关系：平台是第一层利益关系，3O是第二层利益关系，战略决策者是第三层利益关系，股东是第四层利益关系。

总部的会计利益在第三层，分子公司的会计在第一层，所以每一个利益层的关系都不太一样，都有一个群体共同作用。核算的第一件事情，就是算出每个小组织的利润是多少，我们可以约定清楚，业绩怎么区分，成本怎么分摊，税收怎么分配，提留怎么设计。之后我们就可以根据这些重要的要素，把平台搭建起来。

每个人在不同的项目里，主要的关注点肯定不在同一个方面，每个人都会关心自己的责任，每个人都在做自己的事情，这样的效率才是最高的。

❸ 核算方法

下面我们通过《富爸爸穷爸爸》说明收入、成本和利润三者的逻辑关系。《富爸爸穷爸爸》这本书的核心内容是穷爸爸和富爸爸的收入虽然差不多，但是他们的成本维度不一样。穷爸爸把大量的成本用于消耗性物品，比如喜欢买房、买车、买衣服等。而富爸爸会把收入中比例很小的一部分用于消耗性物品，大部分的成本用来学习，提高自己的文化，然后做理财投资。

穷爸爸和富爸爸的收入差别不是很大，但他们在成本的支出上发生了一定的结构改造。富爸爸的资产变得越来越大，穷爸爸的资产越来越小，因为钱都花掉了。

多年以后，富爸爸变成了百万富翁，穷爸爸还是万元户，人与人的差别就是能否把收入、成本和利润之间的逻辑关系进行有机结合。

（1）企业财富积累的三个阶段

企业财富的积累从 A 级开始逐步完善，到 C 级企业就可以形成良性循环，具体内容如下，见表 5-10。

表 5-10 企业财富积累的三个阶段

A 级	业绩	成本	分钱
B 级	业绩	成本和投资	分钱和期权
C 级	业绩、融资、预收款	成本、投资、减少库存、租赁、整合	分钱、资产、期权、股权激励

通过表 5-10，我们头脑中就形成了这样一种关系：企业是否有钱，第一个相关的问题是收入，第二个相关的问题是成本，第三个相关的问题是利润，利润后面还有资产。事业部本质上就是在不断地规划收入、成本和资产的逻辑关系。

与 A 级企业对比，B 级企业除了成本支出之外，增加了一个投资；除了正常分钱之外，还有了期权。到了 C 级企业，业绩收入不但有正常的业绩，还有融资和预收款。不仅有成本，还有整合。我们分钱的时候，先分一部分给资产、期权和股权激励，再留一部分，这样可以增大我们的资产，特别是当资产中虚拟资产的产权非常多时，有股权激励就可以让成本降低。

很多企业只学到了分红这个初级概念，知道的其他手段太少。真正的分红要有高级概念，收入里不但有业绩，还有融资以及预收款的设计。根据富爸爸穷爸爸的原理，可以把企业说成富企业穷企业，穷企业挣完钱就开始购物，开始团建，开始花钱。但富企业不会这么做，富企业会做理财，会提高综合能力，所以富企业的资产变多了，之后这些资产又会变成利润。

像长松公司是一家投资很少的公司，所以做到B级就可以了。但如果我们是一家大型的重资产企业，那么必须得启用C级。所以一家企业做得好，是因为有它的经营逻辑。我见过很多企业家，穿得比我好，花得比我多，车开得比我好，吃得比我好，但是企业没有钱。因为企业的成本一直在变大，资产一直在变少，所以它的业绩扩张性就小。

（2）打造利益共同体

利益共同体总共可以分为三个阶段：

第一个阶段，打造初级共同体；

第二个阶段，打造利益共同体；

第三个阶段，打造命运共同体。

打造利益共同体的前提是信任，双方提前约定核算的明细，如果利益没有形成共同体，就不可能形成命运共同体或价值观共同体。

我们跟自己的团队要形成利益共同体，必须得说清楚什么叫收入，什么叫成本。关于收入和成本，主要内容见表5-11。

表5-11 利益共同体核算明细

收入	成本
业绩收入	公摊费用：需出文件规定
预收款：一般不能分红，业绩利润（客户没有上课有退款风险），分子公司采用业绩利润分红	分摊费用：事业部独立办公分摊的成本
交付款：总部采用实际交付利润分红	税收成本：约定
应收款：可预期应收款和不可预测应收款	备用金：研发、扩张、发展三类备用金，实业和科研型企业设研发备用金一般留10%，营销型企业设扩张备用金，发展备用金用于企业亏损时帮助企业发展
收入分配	产品成本
	管理费用：因管理人员产生的各种费用
	员工工资和提成
	其他费用

注：以上明细是建立信任的基础，所有核算账的分红是可支配的现金。

A. 成本明细

第一，公摊费用。

首先得约定清楚公摊费用，比如员工去参加学习或培训会产生成本，这个成本就要分摊给各个事业部。先定好规矩，并形成文件，约定这个公摊费用怎么报。

第二，分摊费用。

分摊费用是指事业部独立办公的费用。比如每个事业部会用办公室、网络、水、电等，我们约定公摊费用的同时，也要约定好分摊费用。

第三，税收成本。

如果只有一个公司，那税收就摊给一个公司。如果是有事业部和分子公司，税收怎么分要约定清楚。

第四，备用金。

备用金包含了研发备用金、扩张备用金、发展备用金。研发备用金，就是企业创造利润以后，会留一批钱用于研发。像实业型、产品型的公司，这笔钱会用来做新产品的研发，比例应该是留利润的10%。销售型的公司会留着钱做扩张备用金。一般销售公司都会有扩张，比如餐厅要开多个分店，要把利润的30%留着用来扩张。发展备用金是企业利润连续下滑，前景不妙的时候，帮助企业渡过难关的。比如企业这两年亏损，就可以启用发展备用金。

第五，产品成本。

产品成本一般来说比较清楚透明，出不了什么矛盾，比如我们生产的杯子成本多少钱就是多少钱。

第六，管理费用。

管理费用是指管理人员的各种费用，以及因为管理产生的各种费用。

第七，员工工资和提成。

这个比较容易理解，就是员工的工资、福利、社保，以及提成等费用。

第八，其他费用。

其他费用也要清晰地约定。上一节里，我提到关于5800元野燕麦钱报销的问题。有很多老板喜欢什么钱都报到公司账里，这样是整合不了别人的。

我有一个朋友，他和几个股东在一起合伙开公司，最后股东们都跑完了。他不理解是什么原因，我到他公司做了调研以后发现，他把自己家里的水电、用车、孩子的各种费用支出，都报到公司的账户里去了。他认为这种做法可以省钱，但是把与股东的信任关系搞砸了。大家不信任你了，你就建不了平台，也就没有办法整合更优秀的人员。大部分公司无法建起来，主要还是信任问题，信任问题的背后就是数据问题。

B. 收入明细

一般来讲，预收款是不能分红的。像长松公司就有两种预收款：一种叫交付利润，一种叫业绩利润。比如我们现在收入1000万元，但客户还没有上课，说明有退款的风险。如果现在我们把这部分钱的50%拿出去分红了，遇到大量客户退款怎么办？我们现在的分子公司采用的是预收款分红制，这个就是有风险的。既然有风险，为什么还要用呢？因为我们不采用交付制的话，客户有可能三年以后才开始上课，这笔钱一直放在那里也不行，权衡利弊之后，我们的分子公司还是决定采取预收款分红制。

目前我们总部采用的是实际交付的分红制，而分子公司采用的是预收款分红制。营销人员发工资有个特点，就是"快"，恨不得上一分钟做完业绩，下一分钟就算出来账，再下一分钟钱已经到账了。而快的就是预收款，慢的就是交付款。公司肯定希望通过交付利润分红，但交付利润比较难算。另外，公司很容易在这个方面出问题，所以我们业绩收入包含了预收款收入和交付款收入，以及应收款收入。应收款，就是没有收到钱，货已经发了。在应收款里也有两种情况：一种情况是虽然没有收到钱，但是对方非常遵守协约，3个月以后一定会给到钱，这种情况叫可预期应收款，这个生意是可以做的；另一种可怕的情况是不可预测应收款，比如发出去5000万元的货，对方还不能保证你什么能拿到货款。

伟大的公司没有一家是靠不可预测收入做大的，都要靠现金业绩收入或预收入。所以如果企业要做预期收入，还可以有所发展。如果企业要做不可预测收入，这种生意要及早放弃，因为早晚有一天企业会吃大亏。

（3）收入分配

当公司销售完成以后，一般会先将收入进行分配。收入分配本质上分为以下几种方式。

一维分配：直接按照全部收入分配利润；

二维分配：将收入分配到产品与营销两个机构，比例为毛利润的40%：60%；

三维分配：收入分为产品、营销和服务，服务先提5%服务费用，余下的产品与营销按毛利润的40%和60%进行分配。当然，这个比例是可以灵活调整的。

有的集团型公司是事业部和营销公司挣的钱，集团总部直接提走5%。比如像美容美发行业，总部是服务方，任务就是给分公司提供培训，包括产品的设计、战略方向的定位、管理等。总部提走一个确定的比例后，剩余的部分就分给产品与营销。

不同的公司，要根据自己的需求进行调整。随着时间，以及层级的不同，分配还会发生变化。有些地方可以提高，有些地方可以降低。比如收入越低，分配比例越高。员工要想挣得多，就得把业绩做大。业绩做大，总部拿得少，剩下大部分利润用来激励大家。

利益共同体的建设，就是各个小组织要形成清晰的收入归属。每个地方的收入怎么分摊？利益怎么分配？成本怎么分摊？这些是建立在信任的基础上的，亲兄弟也要明算账，要把账算清楚，如果兄弟账算不清楚，兄弟的感情一定出问题。

董事方要把各个平台的利益相关的负责人的账算清楚。企业所有分红的核算账比例，要按可支配现金，而不是按库存分配。大家能够分到的一定是钱，绝对不能分一些物品了事。

❹ 核算账文件及核算公式

在协商沟通一致的前提下，由董事会颁发核算账文件，以《关于各事业部核算明细的通知》为例，核算账公式如下：

事业部利润＝总部实际销售额－（事业部人员薪酬及提成＋营销中心分成＋办公租金＋公摊费用＋办公管理费用＋营运费用＋赠送产品费用＋约定服务费用＋税金＋其他相关费用）

当各个成本和收入做好以后，就可以形成一个文件。但颁发文件的时候，要与各个事业部的负责人和各个管理者协商清楚，得到大家的认同，千万不能私下和某个人达成一致。

规定了核算的办法，就要列出公司的核算账公式，这个公式是一个约定，不能说自己有多少成本，就一定要摊进去多少成本。有的成本是能摊的，而有的成本是不能摊的，有的成本只能摊一部分，公司要根据实际情况分清楚。

比如我们公司规定了实际销售额已经减掉了给分子公司的那一部分钱，然后再减去一些项目，包含事业部人员的薪酬和成本，总部因为营销产生的提成、租金、公摊的费用，办公管理的费用，日常开支的营运费用，赠送别人产品的费用，约定服务费用（比如有的产品要退款，退的时候提成都已经发完了，所以我们就会从每一个产品当中提一个比例，来约定费用），还有税金以及其他约定的相关费用，所以事业部的利润就是总部实际销售额减去这些费用。

我们会对这些费用做出明文的规定，比如公摊费用当中，包含了总部统一举办的营销费用、总部办公的费用和经营活动产生的费用，其中办公的费用包含了日常的、活动的等财务约定费用。另外，人员所产生的相关费用，包含了雇用老师、营销中心、行政中心、财务中心、渠道中心等的工资和福利成本。

其中，公共费用分摊的方法有三种：平均分摊法，适合各个事业部发展均衡；事业部规模法，按规模大小进行分摊；年度业绩比例法，根据去年的业绩，按照规定好的系数做出来。分摊费用其实是不用分的，因为本身就是这个部门要干的，直接扣掉就行。

还有就是专属费用，包含了工资、福利、提成、奖金，还有自己独立运营的费用、实际发放的税金、约定的成本、各事业部启动的费用、各事业部的招待费用等等。

固定资产费用没有什么争议性，都是企业自己产生的，把控变成企业的成本就可以了。

各事业部可分配利润的比例，就是准备分多少钱给大家，有多少钱用于发各展金，多少钱用于风险提留金，等等。

这个文件我们可以作为事业部的分配方法，当然也可以单独给分子公司做这个文件。一家企业像这种文件一般会有好几个。形成文件的好处，一是可以明确地约定销售的成本是什么，二是可以明确地约定核算的办法是什么，三是可以明确地约定核算账的公式是什么，四是可以做出三个表，分别是事业部的、分子公司的、总部的，规定他们分别该怎么核算。大家协商好，就可以应用于实际工作经营当中了。一个好的核算账公式可以用10年，不要变来变去，机制要确保稳定性。

❺ 附：核算账文件

××××公司文件
关于各事业部核算明细的通知
字（　　年　　月第　　号）

财务中心、各事业部总经理：

经公司研究决定，特就各事业部费用分摊与利润核算明细通知如下：

一、相关利润核算办法：

××事业部利润＝总部实际销售额－（事业部人员薪酬及提成＋营销中心分成＋办公租金＋公摊费用＋办公管理费用＋营运费用＋赠送产品费用＋约定服务费用＋税金＋其他相关费用）

二、公摊费用：

以下费用属于各事业部公摊费用，包括：

1. 营销费用，即总部统一举办的一系列会议活动、市场活动（专属某事业部的营销活动或促销活动除外）所产生的费用；

2.总部办公费用，包括总部办公的日常开支、活动费用等财务约定的相关费用；

3.人员费用，包括雇用老师、营销中心、行政中心、财务中心、渠道中心等的工资及福利成本；招聘费用，即由总部统一组织的招聘会、招聘网站所产生的费用（专属某事业部的招聘渠道所产生的费用除外）。

公摊费用采取各事业部均摊方式，即总发生费用额/总事业部数量，以简约计算。

参与公摊费用分配的事业部目前共_____个，包括有：_____。

三、分摊费用：

1.××职场房租及水电费用：由××事业部、××事业部、××事业部平摊；

2.××职场房租及水电费用：由××事业部、××事业部、××事业部平摊。

四、专属费用：

1.各事业部所属人员工资、福利、提成、奖励，其中各个事业部中，若事业部人员存在较大程度共享，由各事业部负责人提交名单，在工资表核算中予以分开体现；

2.各事业部独立运营的费用；

3.各事业部实际支付税金；

4.各事业部约定服务成本；

5.各事业部专属前期启动费用，包括前期人员成本、专项立项费用等；

6.各事业部支出招待费、差旅费等；

7.各事业部支出广告费、推广费、网络运营费用等；

8.各事业部固定资产费用，后期购买的固定资产全额归入该事业部，前期由公司拨转的固定资产按折旧期限进行换算。

五、核算周期：

按季度结算。

六、项目可分配利润：

各事业部均拿出事业部利润的_____%用于分配团队成员。

项目可分配利润在第一项项目利润核算的基础上,为保障公司发展基金,再减去以下两项:

1. 公司发展金,为项目利润的_____%;

2. 公司风险提留金,为项目利润的_____%。

即总共减去_____%,项目团队成员的分红以此项目可分配利润为基数。

七、补充说明:

新成立的事业部,目前没有收入采取先记账制。

其他新事业部成立运作后,另行发文通知说明。

八、实施周期

以上核算方式,自_____年_____月_____正式执行。

附:《事业部核算利润表》

特此通知。

×××× 公司

年　月　日

第 02 篇

企业薪酬设计

Part ⑥

岗位价值评估

岗位价值评估是指通过对企业岗位的相对价值进行评价，经过量化形成一个数值。这个数值就叫岗位价值量。

一、岗位价值量的用途

岗位价值量的用途有很多，主要包含以下几个方面。

（1）计算工资

根据岗位价值量，可以计算出各个岗位上的员工具体该发多少工资。

（2）测算分红比例

我们要对关键人员进行分红，但是不能平均分，比如现在有5个人干同一个活，不能将10%的分红让5个人平均分。如果平均分，肯定干活最少的人最开心，干活最多的人最不开心。所以，可以用岗位价值量去测算分红比例到底是多少。

（3）计算项目奖金或项目提成

很多人的收入里，除了工资、分红以外，还经常会有项目奖金或项目提成。一个项目里有不同的分工，当这个项目产生效益以后，不同分工的人如何进行分配，也要基于这些不同分工的岗位价值量去进行分配。

（4）计算结构化提成比例

结构化提成已经接近营销的概念了。营销的方式可以分为直接销售型和间接销售型两种。

直接销售型是一个业务员要把销售的所有工作都完成。业务员从找客户到跟客户建立关系，最后把产品卖给客户，这种方式叫直接销售型。在直接销售型里，客户有可能从头到尾只会见到业务员一个人。比如保险行业，我们买保险的时候，主要见到的人就是保险代理人。

间接销售型是指有一些产品需要复杂营销，即解决方案式的营销。比如路桥工程要做营销，它就不是一个业务员能解决的问题。一家路桥工程公司，会有业务员、营销总监、技术工程师，甚至还会有技术总监等，他们的营销由不同部门的人共同参与。前来采购的企业，也会接触从老板到技术部门，再到实施部门的人。这也叫结构化营销。

同样，由于参与一件事情的人有不同的分工、不同的价值量，所以这群人又要进行提成分配，这同样基于岗位的价值量。我们在整个薪酬设计的过程中，只要涉及"给一个岗位设定一个比例"，或"给一群人设定一个分配的比例"，都绕不开"岗位价值量"这个词语。下面，我给大家分享评估岗位价值量的工具和方法。

二、海氏评估法之岗位价值评估要素

岗位价值评估方法有20多种，但所有岗位价值评估都是基于海氏评估法进行设计的。海氏评估法是岗位价值评估方法里使用最多、分布最广泛的一种岗位价值评估方法。它是由美国大学教授爱德华·海于1951年发明的，为了纪念他，人们就用了他的名字来对这种方法进行命名。海氏评估法主要从三个维度进行评估,见表 6-1。

表 6-1 海氏评估法

付酬因素	付酬因素释义	子因素	子因素释义
智能水平	要使工作绩效达到可接受的水平所必需的专门知识及相应的实际运作技能的总和	专业理论知识	对该职务要求从事的职业领域的理论、实际方法与专门知识的理解。该子系统分为八个等级,从基本的(第一级)到权威专门技术的(第八级)
		管理诀窍	为达到要求绩效水平而具备的计划、组织、执行、控制、评价的能力与技巧。该子系统分为五个等级,从起码的(第一级)到全面的(第五级)
		人际技能	该职务所需要的沟通、协调、激励、培训、关系处理等方面主动而活跃的活动技巧。该子系统分"基本的""重要的""关键的"三个等级
解决问题的能力	在工作中发现问题,分析诊断问题,权衡与评价对策,做出决策等的能力	思维环境	指定环境对职务行使者的思维的限制程度。该子因素分八个等级,从几乎一切按既定规则办的第一级(高度常规的)到只作了含混规定的第八级(抽象规定的)
		思维难度	指解决问题时对当事者创造性思维的要求,该子因素分为五个等级,从几乎无须动脑只需按老规矩办的第一级(重复性的),到完全无先例可供借鉴的第五级(无先例的)
承担的职务责任	指职务行使者的行动对工作最终结果可能造成的影响及承担责任的大小	行动的自由度	指职务能在多大程度上对其工作进行个人性指导与控制。该子因素包含九个等级,从自由度最小的第一级(有规定的)到自由度最大的第九级(一般性无指引的)
		职务对后果的影响	该子因素包括四个等级:第一级是后勤性作用,即只在提供信息或偶然性服务上出力;第二级是辅助性作用,即出主意与提供建议;第三级是分摊性作用,即与本企业内外其他部门和个人合作,共同行动,责任分摊;第四级是主要作用,即由本人承担主要责任
		职务责任	可能造成的经济性正负性后果。该子因素包括四个等级,即微小、少量、中级和大量,每一级都有相应的金额下限,具体数额要视企业的具体情况而定

❶ 因素一：智能水平

智能水平指担任岗位所需的知识、资历、经验、背景等，包含三个子因素，分别为：专业理论知识、管理诀窍、人际技能。

（1）专业理论知识

专业理论知识，如学历、背景等。一个人的学历越高，往往对他的专业理论知识要求就会越高。

（2）管理诀窍

管理诀窍指管理岗位级别越高，对管理能力要求也越高。

比如，经理岗的收入会比员工岗的收入高，有两个重要的原因：一是经理岗所承担的责任、背负的目标比员工岗所承担的责任、背负的目标要高。二是员工岗需要的能力是把自己的本职工作做好，不用管别人，管好自己就可以了；但是管理岗有管理诀窍的要求，不仅要会自己干活，还要会带动一群人干活，这群人包括本部门的人，也包括协调来共同干活的别的部门的人。管的人越多，级别越高；管的人越多，头衔越大；管理的幅度越大，横向跨的部门越多，对管理诀窍的要求就越高。

（3）人际技能

人际技能指需要跟其他人进行沟通，如谈判、激励等。不同岗位对人际技能的要求不同。

比如程序员这个岗位，对专业理论知识要求很高，但是对人际技能的要求相对较低。因为程序员这个岗位，大部分是人机对话，不需要过多跟真实的人对话。但是有些岗位需要跟人对话，而且跟人对话还很困难。比如，有些岗位跟人对话的时候，还存在要激励别人的情况；有些岗位由于与沟通对象之间存在着利益冲突，还需要通过谈判来达到一种平衡。

❷ 因素二：解决问题的能力

我们如果要把自己所有的知识、技能及经验最终转化成产出，就需要在整个工作过程中不停去解决和处理问题，这种能力叫解决问题的能力。解决问题的能力要从两个方面进行评估：思维环境和思维难度。

（1）思维环境

思维环境指做决策时是否有过去的案例可以参考。决策时，是否可供参考的案例，就是看这是一种无先例的思考，还是有很多之前的案例，只需要在别人的案例的基础上做一个有限的调整就可以。越是无先例，对解决问题的能力要求就越高。

（2）思维难度

思维难度指做决策的复杂程度，包含创造性的思考和有限调整的思考。越是创造性的思维，对于解决问题的能力要求就会越高。

❸ 因素三：承担的职务责任

为了方便理解，我们通常会把智能水平理解成类似计算机的输入和输出。

输入的意思是，不管是谁，在担任一个岗位之前，必须具备这样一种能力——我作为一个任职者，要把这种能力输入到岗位里面去，然后再变成产出。

输出叫承担的职务责任，包含三个子因素，分别为：行动的自由度、职务对后果的影响、职务责任。比如营销总监这个岗位，一定会有一个任职资格要求，我们会按照这个要求去找人——营销总监需要背负营销的目标、解决营销过程中的一系列问题、建设营销团队等。这是这个岗位的责任。

(1) 行动的自由度

通常级别越高，行动的自由度越高；最不自由的是流水线上的工人，哪怕要去上洗手间，都得严格地按照时间标准表。级别越高行动越自由，级别越低行动越受控。

(2) 职务对后果的影响

职务决策对公司带来的影响分别为直接责任与间接责任。直接责任分为主要与分摊，间接责任分为后勤与辅助。比如以销售额为目标，营销人员对销售额产生直接的影响，负直接责任，财务人员对销售额产生的是间接的影响，负间接责任。

(3) 职务责任

职务责任通常可以分为微小、少量、中量和大量，可以用金额来界定。如果我是一个董事长，做了一个错误的决策，盲目地投资，有可能公司明年就没有现金流了。不同的级别岗位所做出的决策，造成的后果是不一样的。

总之，海氏评估法的整个量表，通过智能水平、解决问题的能力和承担的职务责任这三大方向和八个小项共同对一个岗位的价值量进行评估。

三、岗位类型的划分

海氏评估法把岗位分成三种类型，分别是上山型、下山型和平路型，这是比较形象化的表达。

❶ 上山型

我们描述一个人上山，通常会说这个人今天爬了一座很高的山，关注的是他最终爬到了什么样的高度。上山型岗位是以业绩为导向，或者说以结果为导向的，我们关注的是一件事的结果，而非这件事的过程。这就说明，企业里有很多岗位最终都是以结果为导向，是以成败论英雄的。

明显具备这种特征的是营销型岗位，关注的是销售额是多少、开发了多少客户、产生了多少业绩。同样，高管层岗位也具备这样的特征，比如对一个企业的总经理进行考核，会考核他为股东、公司创造了多少利润。还有对一些生产型的一线岗位进行考核时会采用计件的方式，生产了多少件合格的产品。这些都是以结果为导向的岗位，都属于上山型岗位。

上山型岗位，会更加重视承担的职务责任，也就更加追求结果完成度。

❷ 下山型

先上山才能下山，不上山也下不了山。一个人首先必须具备一定的高度，才能担任一个岗位的职责。就是不管产出如何，先要看这个人是否具备要干的这个岗位的相应能力，包括资历、资格、背景等。在相应能力中，最重要的是适应这个岗位的能力，只有具备这个能力，才能干这个岗位。所以，下山型岗位是以技术为导向，以能力或者资质为前提的。

下山型岗位更看重智能水平。具备相应的智能水平，才能担任下山型岗位。一些偏技术型的岗位就属于下山型岗位，比如工程师、医生，最典型的就是医生。正常情况下来讲，医生属于下山型，因为要成为一个医生太不容易了，首先得在医学院读至少 5 年，然后还得去临床干至少 3 年，也就是一个人得用将近 10 年的时间才能成为一个医生，对人的资质要求非常高。但是，现在有的医院的薪酬体系设计成了上山型，就是医生按照开药的提成来获取高工资，这其实违背了这个岗位本身的特征。

❸ 平路型

平路型岗位有以下两点要求：第一，必须有相应的资格才能担任；第二，对这个岗位的产出也有一定的要求，但是没有特别侧重说要求具体哪一项。企业里绝大部分以职能为导向的岗位，比如人力资源人员、行政类人员都属于平路型岗位。平路型岗位通常对能力和结果要求比较均衡。

当然有很多企业家可能会问能不能调整一下岗位类型，比如有些岗位故意往上山型靠一靠。我服务过的一家企业的老板就提出，能不能把他们所有的总监都变成上山型的，把他们的薪酬调成以效益为主、固定收益为辅的结构，跟公司的利润挂钩。其实，这也是可以的。因为我们刚才介绍的是普遍规律——在普遍情况下，规定什么岗位是上山型，什么岗位是平路型，什么岗位是下山型。但是企业如果有一些特别的地方需要调整，就可以根据企业自己的具体情况去调，同时，也可以根据具体岗位的要求去进行设定。比如保安这个岗位，正常情况下是平路型的。但如果是保镖，那它就变成了下山型的，因为保安和保镖的到岗要求不一样，要求的资质也不一样。

到底如何去界定岗位的类型，有以下几个基本原则，分别为：

第一，参照普遍性规律；

第二，根据企业实际情况进行个性化的调整；

第三，结合岗位自身的要求进行调整。

四、海氏评估法之评分量表

如何运用海氏评估法进行岗位价值评估，关键就看下面这三张表。见表6-2、表6-3、表6-4。建议大家把这三张表给打印出来，因为大家在进行岗位价值评估的时候，会反反复复地使用这三张表，打印出来放在手边可以方便练习。到底如何用这三张表对一个岗位的价值量去进行评估呢？我们选择一些通用型的岗位来进行介绍，便于大家透彻理解。

第一个岗位是总经理，一般企业都有这个岗位。当然，有的企业是老板兼董事长、总经理、营销总监、采购总监、后勤部部长，但是不论如何，我们评估的时候，都需要明白总经理是一个岗位。如果是老板兼总经理，从某种程度上来讲，老板就应该拿两份收入：一份收入是担任总经理的经营收益，除了拿工资，还应该拿经营分红；另一份是作为老板或者股东，按照股份比例所获得的收益。

第二个岗位是营销总监。民营企业尤其是中小型民营企业，大部分是营销驱动型，所以营销总监这个岗位对于民营企业来讲非常重要。

第三个岗位是人力资源经理。

第四个岗位是出纳。

我们选这四个岗位进行试打分。总经理是上山型，营销总监是上山型，人力资源经理是平路型，出纳可以是平路型也可以是下山型，我们这里暂时把它看成平路型。上山型、平路型和下山型在计算方式上会有很大的不同。

通过这样一套科学的方法来进行岗位评估，最大的好处是可以避免人为感觉因素的干扰。大家可能都会遇到类似的问题，比如同为部门经理，为什么 A 部门经理的收入要比 B 部门经理的收入高？大家可能觉得 A 部门经理比 B 部门经理重要，这句话在表述上没有问题，但是到底为什么一个比另一个重要，重要多少，可能无法用笼统的语言来描述。如果我们用海氏评估法去进行价值评估，就会得出一个具体数据。A 部门经理会有几项的分值比 B 部门经理高，也就是他到底比 B 部门经理重要多少，最后可能会得出一个分值。关于这个分值，我们通常不会用差值，会用比例值。比如 A 部门经理可能得分是 716 分，B 部门经理可能得分是 578 分，于是我会用 716∶578，最后算出来一个比例值。这个数是相对比例，叫岗位之间的价值相对比，或者叫岗位之间的相对价值比。那么在这之前，需要解决的问题是岗位的价值量是如何出来的，首先就要根据表 6-2、表 6-3、表 6-4 这三张表来进行计算。

表 6-2　海氏职务分析指导图表之智能水平的分析

人际技能		起码的			有关的			多样的			管理决窍 广博的			全面的		
		基本的	重要的	关键的	基本的	重要的	关键的	基本的	重要的	关键的	基本的	重要的	关键的	基本的	重要的	关键的
专业理论知识（有关科学知识、专门技术与实际方法）	基本的	50	57	66	66	76	87	87	100	115	115	132	152	152	175	200
	初等业务的	57	66	76	76	87	100	100	115	132	132	152	175	175	200	230
		66	76	87	87	100	115	115	132	152	152	175	200	200	230	264
	中等业务的	76	87	100	100	115	132	132	152	175	175	200	230	230	264	304
		87	100	115	115	132	152	152	175	200	200	230	264	264	304	350
	高等业务的	100	115	132	132	152	175	175	200	230	230	264	304	304	350	400
		115	132	152	152	175	200	200	230	264	264	304	350	350	400	460
	基本专门技术的	132	152	175	175	200	230	230	264	304	304	350	400	400	460	528
		152	175	200	200	230	264	264	304	350	350	400	460	460	528	608
	熟练专门技术的	175	200	230	230	264	304	304	350	400	400	460	528	528	608	700
		200	230	264	264	304	350	350	400	460	460	528	608	608	700	800
	精通专门技术的	230	264	304	304	350	400	400	460	528	528	608	700	700	800	920
		264	304	350	350	400	460	460	528	608	608	700	800	800	920	1056
	权威专门技术的	304	350	400	400	460	528	528	608	700	700	800	920	920	1056	1216
		350	400	460	460	528	608	608	700	800	800	920	1056	1056	1216	1400
		400	460	528	528	608	700	700	800	920	920	1056	1216	1216	1400	1600
		460	528	608	608	700	800	800	920	1056	1056	1216	1400	1400	1600	1840

表6-3 海氏职务分析指导图表之解决问题的能力分析

思维环境	思维难度				
	重复性的	模式化的	中间型的	适应性的	无先例的
高度常规性的	10%　12%	14%　16%	19%　22%	22%　29%	33%　38%
常规性的	12%　14%	16%　19%	22%　25%	29%　33%	38%　43%
半常规性的	14%　16%	19%　22%	25%　29%	33%　38%	43%　50%
标准化的	16%　19%	22%　25%	29%　33%	38%　43%	50%　57%
明确规定的	19%　22%	25%　29%	33%　38%	43%　50%	57%　66%
广泛规定的	22%　25%	29%　33%	38%　43%	50%　57%	66%　76%
一般规定的	25%　29%	33%　38%	43%　50%	57%　66%	76%　87%
抽象规定的	29%　38%	38%　43%	50%　57%	66%　76%	87%　100%

表 6-4　海氏职务分析指导图表之承担的职务责任分析

职务责任	大小等级	微小							少量							中级							大量						
	金额范围	间接责任			直接责任			主要	间接责任			直接责任			主要	间接责任			直接责任			主要	间接责任			直接责任			主要
		后勤	辅助	分摊	主要	后勤	辅助	分摊	主要	后勤	辅助	分摊	主要	后勤	辅助	分摊	主要												
职务对后果的影响	有规定的	10	14	19	25	14	19	25	33	19	25	33	43	25	33	43	57
		12	16	22	29	16	22	29	38	22	29	38	50	29	38	50	66
		14	18	25	33	19	25	33	43	25	33	43	57	33	43	57	76
	受控制的	16	22	29	38	22	29	38	50	29	38	50	66	38	50	66	87
		19	25	33	43	25	33	43	57	33	43	57	76	43	57	76	100
		22	229	38	50	29	38	50	66	38	50	66	87	50	66	87	115
	标准化的	25	33	43	57	33	43	57	76	43	57	76	100	57	76	100	132
		29	38	50	66	38	50	66	87	50	66	87	115	66	87	115	152
		33	43	57	76	43	57	76	100	57	76	100	132	76	100	132	175
	一般性规范的	38	50	66	87	50	66	87	115	66	87	115	152	100	115	152	200
		43	57	76	100	57	76	100	132	76	100	132	175	115	132	175	230
		50	66	87	115	66	87	115	152	87	115	152	200	132	152	200	264
行动的自由度	有指导的	57	76	100	132	76	100	132	175	100	132	175	230	152	175	230	304
		66	87	115	152	87	115	152	200	115	152	200	264	175	200	264	350
		76	100	132	175	100	132	175	230	132	175	230	304	200	230	304	400
	方向性指导的	87	115	152	200	115	152	200	264	152	200	264	350	230	264	350	460
		100	132	175	230	132	175	230	304	175	230	304	400	264	304	400	528
		175	152	200	264	152	200	264	350	200	264	350	460	304	350	460	608
	广泛性指引的	132	175	230	304	175	230	304	400	230	304	400	528	350	400	528	700
		152	200	264	350	200	264	350	460	264	350	460	608	400	460	608	800
		175	230	304	400	230	304	400	528	304	400	528	700	460	528	700	920
	战略性指引的	200	264	350	460	264	350	460	608	350	460	608	800	528	608	800	1056
		230	304	400	528	304	400	528	700	400	528	700	920	608	700	920	1216
		264	350	460	608	350	460	608	800	460	608	800	1056	700	800	1056	1400
	一般性无指引的	304	400	528	700	400	528	700	920	528	700	920	1216	800	920	1216	1600
		350	460	608	800	460	608	800	1056	608	800	1056	1400	920	1056	1400	1840
		400	528	700	920	528	700	920	1216	700	920	1216	1600	1056	1216	1600	2112

五、示例说明

我们用这四个典型的岗位来进行示例——上山型的总经理，上山型的营销总监，平路型的人力资源经理，平路型的出纳。当然如果对出纳的技术或者资质要求特别高，也可以将其设定成下山型，这取决于企业的具体情况。绝大部分企业里都有这几个岗位。

我们用海氏评估法对这些岗位的三个因素——智能水平、解决问题的能力、承担的职务责任进行打分，得分结果如表6-5所示。

表6-5　四类岗位分值表

	类型	岗位名称	岗位职责	智能水平	解决问题的能力	承担的职务责任
1	上山型	总经理	1. 实现公司总业绩 2. 实现公司总利润 3. 提高人均效率	1216	87%	1216
2	上山型	营销总监	1. 实现公司营销中心的业绩 2. 实现人才培养目标 3. 实现对下属的培训目标	528	57%	528
3	平路型	人力资源经理	1. 实现人力效率目标 2. 实现人才培养目标	460	38%	304
4	平路型	出纳	1. 对成本环节的监督 2. 成本核算与成本分析	100	22%	76

注：

（1）不同的岗位薪酬层级之间会有重叠现象，如员工级最高薪酬与上一级的最低薪酬出现重叠，此为正常现象。

（2）进行岗位价值评估时，需要参考企业的组织架构图和工作分析表进行打分。

下面我们来具体看一下这些分值是如何算出来的。

❶ 表1：智能水平

智能水平就是在担任一个岗位的时候，必须具备的资质、能力、经验、背景、资格等要求。所以前文的表6-2是由专业理论知识、管理诀窍、人际技能这三项共同组成的。

（1）第一要素，专业理论知识

智能水平分析中纵轴这一列是专业的理论知识，即有关科学知识、专门技术与实际方法。专业理论知识分成八级——基本的、初等业务的、中等业务的、高等业务的、基本专门技术的、熟练专门技术的、精通专门技术的、权威专门技术的。见表6-6。

表6-6 专业理论知识的不同等级及含义

● 子因素1：专业理论知识

对该岗位要求从事的职业领域理论、实际方法与专门知识的理解。该子系统分为八个等级，从基本的（第一级）到权威专门技术的（第八级）。

等级	含义
基本的	熟悉简单工作程序
初等业务的	能同时操作多种简单的设备以完成一个工作流程
中等业务的	对一些基本的方法和工艺熟练，需具有使用专业设备的能力
高等业务的	能应用较为复杂的流程和系统，此系统需要应用一些技术知识（非理论性的）
基本专门技术的	对涉及不同活动的实践所相关的技术有相当的理解，或者对科学的理论和原则基本理解
熟练专门技术的	通过对某一领域的深入实践而具有相关知识，或者/并且掌握了科学理论
精通专门技术的	精通理论、原则和综合技术
权威专门技术的	在综合技术领域成为公认的专家

如果一个岗位是普通的员工岗，并且是没有什么特别专业性要求的普通员工岗，那基本上就在基本的、初等业务的、中等业务的、高等业务的这四级。但是如果一个岗位是管理岗，或者是专业性要求比较高的岗位，比如工程师，或者是比较资深的工程师，就需要我们在基本专门技术的或往上的地方画一条线——这条线代表了这个岗位的专业性要求。至于是基本使用还是

比较熟练地运用专业的知识，就看我们把这条线画在哪里。

我们再在权威专门技术的和精通专门技术的这里画一条线。权威专门技术的要求岗位既要在公司领先，又要在所处行业领先。当然行业可以是细分行业，比如一个生产某某电容器的行业，通常在这个行业里面处于前几名的企业对于岗位的技术要求也会很高。

画完上述两条线之后，我们再具体看一下每一级的要求分别是什么。

A. 基本的

专业理论知识中最低一级的叫基本的，要求非常简单，就是一个人一入职就能干活。比如我们今天招一个保洁人员，招进来只要给他一把扫帚，一只簸箕，他就能干活了，不需要培训。除此之外告诉他几点钟来上班，几点钟下班，怎么打卡，就可以了。我们只需要告诉他工作程序是怎样的就行了，不需要对他做过多的培训，这种就叫基本的，要求是最低的，一般人都能干。

B. 初等业务的

第二级要求略微高一点，需要经过一些简单的培训，叫初等业务的。比如一些生产线上的工人要经过一些基本的培训：东西应该如何缠，如何绕，如何包装。培训非常简单，有可能一两个小时或者一天以内就能培训完成，这种就叫初等业务的。比如我们今天招一个前台，需要给他讲解一下如何收发邮件，或者一些基本礼仪，这也叫初等业务的。一些特别基础的办公室人员、一线人员，以及要求不高的餐馆服务人员，基本上都是这种等级。此外，保安也是初等业务的，给他进行一些简单培训即可，比如当车进来要敬礼，礼怎么敬等。

C. 中等业务的

有的岗位要求有一些设备的使用能力，并且还有一定的专业性，需要经过一定的培训时间，才能掌握一些设备的使用方法或者一些技能。很多有一定技术要求的文职岗位是这样的类型。比如图片设计人员，就需要掌握一些制图软件的技能。比如一些助理岗要求会用 Excel 软件做表格，并且还要做一些基础的分析。再如会计岗位，需要进行一些成本分析的表格整理。这些都叫中等业务的岗位。这些岗位的人员需要有使用专业设备或者专业软件的能力。

D. 高等业务的

在中等业务正常运用的情况下，有了更多高级运用的一些说明，就叫高等业务的。在中等业务的基础上，高等业务的会有更多关于使用性的要求。比如同样要做 Excel 分析，中等业务的只需要把 Excel 表做出来就行了，但是高等业务的就需要把 Excel 做成数据透视、回归分析、拟合曲线、标准差和离差的离散分析。比如程序员，有些人就是会写代码，但是有些人不仅会写代码，还会做一些算法。在同样的场景里，对于技术运用的深入度会有很大的差异。比如技术员这个岗位，就分为初级、中级、高级，同样做技术员，对于专业性的运用转化程度要求会不一样。

E. 基本专门技术的

如果是管理层的岗位，或者是对于专业要求比较高的岗位，就需要考虑基本专门技术的这个等级了。

基本专门技术的以两种类型为代表：一种是工程师级别，另一种是部门的管理者级别。当然，这里指的不是基层管理者，基层的班组长不算在内，最低也得是部门主管，即要有一群人归他管。这种部门主管以上级别的，叫基本专门技术的岗位。

基本专门技术的要求是对涉及不同活动的实践所相关的技术有相当的了解，或对科学的理论和原则有基本的了解。通俗一点讲就是，基本专门技术的要能够充分地理解岗位所需要的专业知识和技能，并且能够培训从事这个岗位的人。

F. 熟练专门技术的

熟练专门技术的较基本专门技术的前进了一步。在某个领域里，相关人员不仅具备相关的知识，而且还能够把知识运用落实到本公司，甚至能够进行一定的流程优化和制度建设。比如人力资源经理就是熟练专门技术的。

首先，人力资源经理一定要非常熟悉薪酬理论和绩效理论。不仅要熟悉，还要能够对公司的薪酬体系进行优化和调整；能够组织实施公司的绩效管理，能够对公司的业绩和人员的效率起到正向的推动作用；能够把自己的理论知识运用在这个岗位上并产生效果,将理论和实践相结合得非常好。这种就是熟练专门技术的。

G. 精通专门技术的

比如 CTO 这个岗位,通常一个人如果叫 CTO,那就证明他有一项技术一定是全公司里最好的。如果他的这项技术不是最棒的,别人就会不服他。只有他的技术最棒,他才能做到精通专门技术。精通专门技术的,意思就是要担任一个岗位,就得是一家公司在这个领域中做得最好的人。比如管理能力最好的人一定是一家公司的总经理。如果总经理都管不好公司,那就证明总经理的管理能力不行。采购总监一定是在采购谈判上做得最好的人,人力资源总监一定是在人力资源规划和关键人才猎头上做得最好的人。如果别人比你做得还好,那么你就不叫精通专门技术的了。

H. 权威专门技术的

这一层级的人员不仅是公司内部专家,还是自己所处的行业里公认的专家。

（2）第二要素,管理诀窍

管理诀窍分成五级,分别是起码的、相关的、多样的、广博的和全面的。见表6-7。

表6-7 管理诀窍的不同等级及含义

●子因素2：管理诀窍

等级	含义
起码的	仅关注活动的内容和目的,而不关心对其他活动的影响
相关的	决定部门各种活动的方向、活动涉及几个部门的协调等
多样的	决定一个大部门的方向,或对组织的表现有决定的影响
广博的	决定一个主要部门的方向,或对组织的规划、运作有战略性影响
全面的	对组织进行全面管理

A. 起码的

起码的,就是没有人归他管,他只归别人管,所以这一层级对管理是没要求的，听别人的就行了。一般员工的级别都是起码的。

B. 相关的

相关的，意思是我虽然不是这个部门的经理，但是我有可能是这个部门的副手或者主管，我的决定会影响到整个部门的决定。通常主管、副经理或者比经理低一级的管理岗，都叫相关的。

C. 多样的

多样的，就是部门负责人，比如运营中心的总监就是这个中心的负责人，对这个部门负责任。

D. 广博的

广博的，是指不仅仅要对一个部门负责任，还要对跟这个部门产生一系列关系的部门负责任；或者对整个公司和整个组织都有很重要的影响。广博的比较有代表性的是，有些企业除了总经理以外，还会设副总经理或者常务副总。除了像我们一直提倡的"3O"制度，即"CEO+COO+CTO"，还可以加上 CHO、CSO 等。

E. 全面的

全面的，就是全面管理公司的。董事长、总经理一定是全面管理公司的，对公司的全面管理负责任。

（3）第三要素，人际技能

人际技能也称为人际关系技巧，分成基本的、重要的、关键的。见表6-8。

表6-8 人际技能的不同等级及含义

●子因素3：人际技能

等级	含义
基本的	基本沟通技巧要求在组织内与其他员工进行礼貌和有效的沟通，以获取信息和澄清疑问
重要的	既要理解他人的观点，也要有说服力以影响行为和改变观点，或者改变处境；对于安排并督导他人工作的人，需要此类沟通能力
关键的	对于需理解和激励人的岗位，需要最高级的沟通能力；需要谈判技巧的岗位属此等级

A. 基本的

基本的，就是只需要做到我说的话你听得懂，你说的话我听得懂就够了，双方能保证基本的沟通。

基本的沟通只要求你能听懂我的，我也能听懂你的，可能我说得不是特别好，或者是沟通的技巧不是特别好，但我们能互相理解就行了。

B. 重要的

重要的，指的是我不仅要保证你能听懂我，我能听懂你，我还得影响你。比如我今天说完这句话，我还要让你认同我说的话，并且你还得按照我说的话去做，我要对你施加影响。作为一个管理者，人际关系技巧至少得达到这一级。我作为管理者，不是说完就可以了，我要确保下属充分理解我的意思，并且能够按照我的意思去执行，得到我想要的结果。

C. 关键的

关键的主要有两种类型。

第一种类型，不仅要有影响能力，还要有激励能力。有很多岗位是需要激励的。比如长松公司业务人员的管理者，就需要激励团队，因为做业务是很容易受到挫折的，我们不能让业务人员在客户那里受了挫折，回到公司再受挫折。所以我们得激励业务人员，给他打气，想尽各种办法鼓舞他的士气。

第二种类型，具备谈判沟通能力。一个岗位如果本身就存在一个特点，即跟沟通对象之间有利益冲突，或者有对抗性，就需要极强的谈判和说服能力。比如，采购有的时候是属于谈判性质的。这和采购的特点分不开。采购有几个特点：第一，总是想要最好的东西；第二，总是想要最便宜的价格；第三，要让你按照他的时间走。这几个特点之间是有冲突的。在一定的冲突下，如何让别人按照自己的要求去做，就需要极高的谈判技巧。

（4）示例

表6-5中共有四类岗位，首先看总经理。总经理的智能水平是1216分。总经理在专业理论知识方面，应该达到精通专门技术的这一级。管理诀窍是广博的。总经理是一家公司的全面负责人，他的人际技能一定是关键的。

华为创始人任正非有很多文章流传得非常广，比如《华为的冬天》《北国之春》，他通过文字的方式去激励员工，这也是一种沟通能力。

我们再来看营销总监。营销总监智能水平的得分是 528 分。他的专业理论知识体现在专门技术上，营销总监是负责公司营销的，属于管理岗，肯定是熟练专门技术的。他的管理诀窍可能是多样的或者广博的，具体看企业的组织结构图。如果企业的组织结构图里，营销总监同时管辖几个营销中心，那么他就有可能是广博的。但是假如这家公司有三个营销中心，每个营销中心的负责人都叫营销总监，那营销总监的管理诀窍就是多样的。

人际技能方面，营销总监通常是营销型的管理者，人际关系技巧都会到关键的，因为这个岗位需要有极强的团队驱动能力。营销管理者和技术管理者驱动团队的方式是不一样的。营销管理者需要用很多激励的方式去驱动团队，但技术管理者很少用激励的方式驱动团队。

假设一家公司没有人力资源总监，人力资源经理是部门的负责人，对总经理负责。他的专业理论知识应该是在熟练专门技术的，管理诀窍首先不是广博的，虽然他有可能跟其他部门之间有交集，但是他对其他部门不是管理关系，更多的是支持和协作关系。人力资源经理的人际关系技巧的要求达到重要的就够了，不要求其有非常强的激励能力。虽然也要求他有一定的谈判性，但不是非常冲突性的谈判，更多的是沟通，所以其智能水平得分是 460 分。

如果一家公司人力资源经理在智能水平这一项和营销总监是比较接近的，那么前提就是这家公司有三个营销中心，这个营销总监只是其中一个营销中心的营销总监。如果这家公司的营销总监同时管理三个营销中心，那么他的智能水平得分就不是 528 分了，而是 700 分。因此，还得看对这个岗位的管理关系是如何要求的。

对出纳的专业理论知识要求，一般情况下会定义成中等业务的。因为他不是一个简单的复印工作，还需要文件的处理能力。他的管理诀窍一定是起码的，因为他就是一个普通员工。他的人际技能掌握基本的就够了。一般情况下我们不要求出纳有特别好的人际沟通技巧。出纳的智能水平得分是 100

分。这是一个比较保守的得分，只要求出纳按照标准去做事情就行。如果我们对出纳要求稍微高一点，那么他的评分就会到132分，这看每个企业的具体要求。

❷ 表2：解决问题的能力

解决问题的能力，通俗的理解就是，我们要干好工作，除了有智商，还得有情商。从某种程度上来讲，解决问题的能力也可以理解成情商，就是在具体的环境中，如何处理和解决问题。前文的表6-3是双维度表，由两个方面组成。纵向这一列是思维环境，横向这一行是思维难度。

（1）第一要素，思维环境

思维环境总共分八级，分别是高度常规性的、常规性的、半常规性的、标准化的、明确规定的、广泛规定的、一般规定的、抽象规定的。见表6-9。在标准化的这里画一条线，线上面基本都是员工级别，也就是只需要按照规定、章程、标准和程序去操作就可以了，不需要做太多的创新。就算创新，也是基于本岗位做创新。

我们在广泛规定的这里画一条线，把一般规定的和抽象规定的这两个抽出来。一般规定的要求是只有一个粗略的组织目标或目的，在这个粗略的目标和商业的准则下进行思考，里面的很多东西是模糊的。抽象规定的则更简单，连组织的目标都没有，只需要合乎商业的规则和行业的惯例就可以了。一般而言，决策层的岗位才会有这样的要求。

表6-9 思维环境的不同等级及含义

●子因素1：思维环境

思维环境是指思维是否可从他人处或过去的案例中获得指导。

等级	含义
高度常规性的	有非常详细和精确的法规和规定作指导，并可获得不断的协助
常规性的	有非常详细的标准规定，并可立即获得协助

（续表）

等级	含义
半常规性	有较明确定义的复杂流程，有很多的先例可参考，并可获得适当的协助
标准化的	有清晰但较为复杂的流程，有较多的先例可参考，可获得协助
明确规定的	对特定目标有明确规定的框架
广泛规定的	对功能目标有广泛规定的框架，但某些方面有些模糊、抽象
一般规定的	为达成组织目标和目的，在概念、原则和一般规定的原则下思考，有很多模糊、抽象的概念
抽象规定的	依据商业原则、自然法则和政府法规进行思考

A. 高度常规性的

高度常规性的，是指所有工作都要极其严格地被量化，比较适用于行动极其没有自由度的那些人。例如流水线上的工人，他们什么时候去洗手间，多长时间必须回来，都会被严格地规定和量化，这就叫高度常规性的。

B. 常规性的

常规性的，是指有非常明确的作业章程和作业指导，但是还没有细化到以分、小时为单位，可能是以天或者半天为单位进行规定。所有工作都是在标准的规范下进行的，不能超出这些范围，这叫常规性的。

C. 半常规性的

半常规性的，是指在作业指导的基础上，有一定程度的改良。比如前台的文员，虽然工作的职责规定得非常细致，但是可以想办法在其他方面改良。比如，把前台的位置布置得美观一些，把要处理的表格变得漂亮一点，这叫有限的改进。这种改进是有很多人可以给出指导的。

D. 标准化的

标准化的，是指基本上按照岗位的章程进行工作，如果有不明白的，可以去问上级或者资深的同事，只对自己岗位的工作创新或调整负责。

到这一级为止，基本上都属于员工级别执行类的岗位。接下来的明确规定的和广泛规定的，这两级通常是指一般的管理者。

E. 明确规定的

明确规定的，是指有具体的目标，并且这个目标是比较清晰和量化，可以分解的。比如有年度目标，还有月度目标，有年度行动指南，还有月度行动指南等。但是这些具体的目标和具体的行动指南如何落实成具体的动作，就需要靠某个岗位的人去做。即给出的框架非常清晰，并且这个框架是有时间界限的，就叫明确规定的。

F. 广泛规定的

广泛规定的，会模糊一些。比如我有一个目标，销售额必须实现5000万元，这是一个广泛规定的目标。但是如果变成明确规定的，就会变成销售额要实现5000万元，为了实现5000万元，那就必须采取20个动作：第一个月要做什么，第二个月要做什么，第三个月要做什么……每个动作到底如何分解到每个人头上，那就是你自己的事情了。如果把这些动作再明确分解，比如20个动作中有一个动作是每月需要开发50个新客户，为了保证开发50个新客户，每天需要打100个电话，这就是标准化的或半常规性的了。动作越细致，思维环境要求越低。广泛规定的就是只有一个粗略的指标或者动作，你可以根据这个指标想办法去细化、去完成。

G. 一般规定的

一般规定的，是指销售额5000万元这个数据是你自己推出来的。不过，销售额5000万元是有依据的，比如有去年的数据，有人均效率的分析，还有一些行业数据参考、公司目标的分解等，是有很多逻辑在里面的。

H. 抽象规定的

抽象规定的，就是没有太多可以参考的惯例和数据支撑你的思考，更多是要靠自己的思维进行判断。到抽象规定的这一等级，情况又发生变化了。比如我们公司最近准备设计一个新项目，这个项目是没有任何参考的，你只能自己反复地去测试，这种就叫抽象规定的。

（2）第二要素，思维难度

思维难度和思维环境之间，有一定的对应关系。如果思维环境是偏常规性的，思维难度一定会表现在重复性的和模式化的里面。见表6–10。

表 6-10　思维难度的不同等级及含义

● 子因素 2：思维难度

思维难度是指思维的复杂程度。

等级	含义
重复性的	特定的情形，仅需对熟悉的事情作简单的选择
模式化的	相似的情形，仅需对熟悉的事情进行鉴别性选择
中间型的	不同的情形，需在熟悉的领域内寻找方案
适应性的	变化的情形，要求分析、理解、评估和构建方案
无先例的	新奇的或不重复的情形，要求创造新理念和富有创意的解决方案

A. 重复性的

重复性的，是指不需要运用思维，只要每天机械性地像一个机器化的人一样工作就行了。

我有一年参观日本丰田公司，他们为了让人的效率提到最高，采用了很多动作：第一，每个人移动的幅度要越少越好，比如一条生产线中，站在工位上移动的幅度就在手臂能够到的范围；第二，需要用的所有工具都在身上绑着，节省了大量拿东西的时间；第三，每个人必须在很短的时间里完成很多个动作，并且这些动作都是高度重复性的、熟练化的。我们最后得出一个结论，在这条生产线上，人跟机器人是没有区别的，只是有些操作需要更多的灵敏度，目前机器人还做不到，还需要人工去做。但是就操作的流水程度而言，人和机器人都可以做完全一样的重复性工作。

B. 模式化的

模式化的，是指有的时候可能会在相似的情况下，略有变化，需要做鉴别性的选择。比如门卫岗突然遇到一辆车不按规定乱闯，那就需要做鉴别性的选择：是把它请出去？是把它请进来？还是跟车主吵一架？

C. 中间型的

中间型的，是指虽然场景大部分是一样的，但是还会有一些变化，针对这些变化的解决方案，可以参考过去的案例，或者用方式或方法，不需要做大的改变。

D. 适应性的

适应性的，是指环境变化度非常大，比如年初定的目标是5000万元，但是在过去的一个季度里，我们每个月以50%的速度在增长，那目标就不止5000万元，有可能得突破7000万元。但是，要实现7000万元的目标，需要去重新配备资源，重新构建团队以及实施方案，这种调整就是适应性的。

E. 无先例的

无先例的，就是没有什么可以供参考，必须自己去进行创造，以及提出全新的解决方案。

（3）示例

我们先看一下总经理这个岗位。其思维环境应该在一般规定的，思维难度要么是适应性的，要么就是无先例的，这要看公司的总经理和董事长的分工。这就要求大家一定要有组织结构图，除了组织结构图以外，还要有岗位职责分析或职责说明书，即工作分析表。因为只有看到这些内容，我们才知道一个岗位承担的责任到底有多大。

在企业里面，董事长和总经理的分工有很多种：有小董事长大总经理的，也有大董事长小总经理的。小董事长大总经理，即董事长基本不参与具体管理，每年只是定战略，规划方向。比如我在长松咨询就属于小董事长，平常不怎么参与具体的经营管理，但是对整个战略方向的把控是非常严格的。日常工作由具体负责运营的几个总裁完成。有的企业是大董事长小总经理，即董事长基本上是董事长加总经理，即总经理更多是做执行的工作。

假设总经理是一个大总经理，那他的得分应该是多少，大家可能会出现选择的困难。表 6-3 里一个数是 76%，一个数是 87%，这个时候大家不用纠结，定个标准，比如我们公司统一选第二行，那接下来所有岗位都选第二行。就拿我自己来说，我一般喜欢选较大的数字，因此，总经理在这里的得分百分比是 87%。其实我们重点看的是相对比，绝对值在某种程度上是没有意义的。比如纠结一个岗位得分是 716 分好，还是 736 分好，是没有意义的，重点得看它跟其他岗位的比是多少，相对数远远比绝对数有意义。

营销总监的思维环境，正常情况下应该是广泛规定的，因为很多的动作是需要他提出来，而不是公司给他规定的。营销总监的思维难度我们一般会选择到适应性的，因为外部环境在不停地变，他需要随时调整，因此营销总监的得分百分比是 57%。

人力资源经理的思维环境应该是明确规定的，思维难度是中间型的，得分百分比是 38%。企业对人力资源经理的创造性要求不是特别高，更多是需要这个岗位有常规性解决问题的能力，对于规划性解决问题的能力要求并不是很高。

出纳的思维环境是半常规性的，思维难度是模式化的，得分百分比是 22%。

解决问题的能力用的是百分比，因为解决问题的能力，本身是没有产出的，它需要智能水平，加上解决问题的能力，再加上职位对后果的影响，才能形成一个岗位的价值量。也就是说，"一个员工解决问题的能力很高"，这句话没有意义。应该说，"某某员工在过去一年里，解决了什么样的问题，产生了什么样的结果"，这才有意义。解决问题的能力的百分比，需要放到一定的场景里面去才会有意义。

③ 表 3：承担的职务责任

管理学中有一句话叫"担其责，授其权，享其利"，意思是，我承担相应的责任，同时也有为了实现目标所对应的权利，当然我也应该获得相应的收益。如果不承担责任，是不能享受跟责任相对应的权利和收益的。所以在岗位价值评估里,有专门的一张表来对岗位所承担的职务责任进行分析,这也是岗位价值非常重要的一个组成部分。见表6-4。

(1)第一要素:行动的自由度

我们在前文提到过,职位越高,行动的自由度越高,行动就越自由。通常严格考勤的,都是普通员工。高层管理者如企业的老板,他不能一天8小时都在办公室,他需要有更多的时间去跟外界接触,去寻找资源,去了解更多的信息和知识,去探知新的领域。行动的自由度分为九级,最低的叫有规定的,最高的叫一般性无指引的。见表6-11。

表6-11 行动的自由度的不同等级及含义

●子因素1:行动的自由度

等级	含义
有规定的	岗位有明确工作规程或者有固定的人督导
受控制的	岗位有直接和详细的工作指示或者有严密的督导
标准化的	岗位有工作规定并已建立了工作程序并受严密的督导
一般性规范的	岗位全部或部分有标准的规程、一般工作指示和督导
有指导的	岗位全部或部分有先例可依或有明确规定的政策,也可获督导
方向性指导的	仅就本质和规模,岗位有相关的功能性政策,需决定其活动范围和管理方向
广泛性指引的	就本质和规模,岗位有粗放的功能性政策和目标,以及宽泛的政策
战略性指引的	岗位组织政策的指导,法律和社会的限制,组织的委托
一般性无指引的	岗位受社会法律制约,受国家或地区宏观形势影响

行动的自由度,我们总共分为三大级。第一大级包括有规定的、受控制的和标准化的,通常指的是偏一线类的和偏操作层的员工,完全按指令去执行。

第二大级包括从一般性规范的到广泛性指引的,通常指的是需要一定技术要求的员工岗以及大部分的管理岗。

第三大级包括战略性指引的和一般性无指引的,通常指的是企业的决策层。企业的决策层可不仅仅指的是董事长和总经理,有些企业设有各种管理的"O"，如CTO、COO等都属于决策层。他们对于整个组织的战略规划和战略目标实现有极大影响力的岗位，统称为决策层。当然，不同企业的决策层可能不一样。我见过很多民营企业特别喜欢设置常务副总这个职位，我一直对于这个岗位特别好奇，因为从组织架构上来看，我看不出常务副总和总经理有什么区别。常务副总一定是属于决策层的岗位。

A. 有规定的

有规定的，是指所有操作有非常严格的标准和规范程序，员工只需要按照严格的程序去做，并且不允许有一丝一毫的偏离，高度标准化的流水线上的工人就是这种情况。我们在丰田公司参观的时候做过一个测试，丰田公司要求工人在1分钟之内必须装多少个螺丝钉，我们20个人都做了这个测试，我的成绩是1分钟装50个，最快的工人1分钟能够装80个，但是丰田公司的标准是1分钟能够装120个。从行动的自由度上来理解，这个叫极度的不自由。

B. 受控制的

受控制的，是稍微自由一点点的。大部分企业都会有保洁岗位，保洁比流水线上的工人稍微自由一点点，比如在1个小时里，他把地扫完、拖完就可以了，至于他每分钟在干什么我们并不在乎。我们关心的是，这1个小时有没有人去洗手间打扫过，有没有人在工作表上打钩。虽然受控制的也是极其不自由的，但是不至于受控到以分和秒为单位。

C. 标准化的

标准化的，较受控制的稍微自由。当然，岗位也有非常严密的工作章程，时刻处于被督导的地位。你一抬头就能看见他在干什么，他的所有行为都在被监管的状态之下。大部分的普通文职人员，通常都在这个级别。

基本上比较偏一线的员工，或者非常基层的员工，都在前面三级。对员工专业性有一定要求的岗位，以及管理类的岗位会在后面四级。

D. 一般性规范的

一般性规范的，通常是针对有一定要求的文职类岗位，岗位有比较规范的工作流程和标准，没有要求完完全全在领导眼皮底下工作。通常以天或者以周为单位，领导会对这些岗位做一些节点管理。

E. 有指导的

有指导的，就会更自由一些。有指导的，意思是有一定的规范和章程，但是岗位里有很多东西是需要自己去进行发挥的。我们并没有把职责细致到每一条都非常清晰的地步，因为需要员工有一定的自我发挥性，所以是有一定自由度的。这个级别通常涉及两类岗位：一类是管理人员，不包括基层管理人员，最低级别是主管，另有一部分小部门的经理；另一类是有专业性要求的岗位，比如工程师。

F. 方向性指导的

方向性指导的，自由程度更高。比如我作为一名营销总监，给你定一个目标——年销售额达到5000万元，但如何实现5000万元，你需要自己出方案，而不是我来出方案，但我可以给你一个方向。我觉得要实现这一目标有几个对应的指标，比如我要求你的客户量要达到多少，毛利润率要达到多少，团队的人数要达到多少——这些都是方向性指标，我不会告诉你每一条具体如何去做。用专业术语来讲，叫有功能性的政策，确定其活动的范围和管理的方向，至于你用什么样的途径去实现，就是你自己的事了。

有些人为了实现业绩，有可能自己干2000万元；有些人可能自己不干，而是带着团队去干；有些人会通过整合资源去干，比如这5000万元，他们可能会跟别人合作3000万元。可以自由地选择实现目标的途径，也就是说有一定的自由度去做一件事情。

G. 广泛性指引的

广泛性指引的，就更粗放了。比如实现年销售额达到5000万元这个目标，我只告诉你两个指标：第一，销售额达到5000万元；第二，利润达到多少。其他的你想怎么做，你就去做，你自己去配备资源。岗位有粗放的功能性政策和目标。

从一般性规范的到广泛性指引的这四类，主要涉及部分员工以及管理人员。

H. 战略性指引的

从战略性指引的开始，涉及的都是决策层的岗位。战略性指引的岗位通常还不是企业的一把手，因为战略性指引的会接受企业一把手所制定的组织政策的指导。战略性指引的，通常是除一把手以外的二把手、三把手，或者是次一级的决策层负责人。

I. 一般性无指引的

一般性无指引的，通常指的就是企业的一把手。如果董事长是企业实际意义上的一把手，那就是董事长。如果董事长只是定个框架，具体执行的是总经理，那就是董事长加总经理。这要看每个企业的具体情况。

（2）第二要素：职务对后果的影响

职务对后果的影响，指的是职务对我所产生的后果，我的作用力程度如何。我们把作用力分成两个大类四个小类，两个大类叫直接责任和间接责任。四个小类为后勤、辅助、分摊、主要。见表6-12。

表6-12　职务对后果的影响的不同等级及含义

●子因素2：职务对后果的影响

等级		含义
间接责任	后勤	由于向其他岗位提供服务或信息对职务后果形成作用
	辅助	由于向其他岗位提供重要的支持服务而对结果有影响
直接责任	分摊	岗位对结果有明显的作用，介于辅助和主要之间
	主要	岗位直接影响和控制结果

A. 直接责任

直接责任，定义是我对所需要实现的目标能够起到直接性的影响。在企业里，我们通常把这个等级界定为效益产生部门。效益包括销售额、毛利润。比如，销售目标为5000万元，对这一目标承担直接责任的首先是营销总监，营销总监再把这个目标分解下去。比如我有5个营销经理，我会分解成每个营销经理承担1000万元。然后继续往下分，一直分到最基层的业务员，可能每个业务员要承担200万~300万元。

一线营销人员，对营销目标的实现负直接责任。那么，还有哪些岗位有可能对这个目标的实现负直接责任？比如说，要实现销售目标5000万元，是不是也得交付5000万元？现实中制约企业营销的方式有很多种，有些企业是以销定产，有些企业是以产定销。比如企业以产定销的时候，就得考虑我卖5000万元，你也得给我交付5000万元。因为你不交付5000万元，我也卖不了5000万元。直接跟营销匹配的交付类部门，有些企业可能是采购部，有些企业可能是生产部，它们都对这个目标起直接作用。没有它们，企业是没有办法实现目标的。

直接责任又分成两类：一类是主要，一类是分摊。主要，意思是指如果以考核的角度去评估，那么这个指标一定是你的考核指标，并且这个考核指标占你的考核比重会非常大。分摊，意思是指它也是你的考核指标，但有可能占比不太大，是考核比重的10%~20%。

B. 间接责任

与直接责任相对的，叫间接责任。间接责任岗位不是直接产生效益的部门，但是这个岗位的存在能够对效益的产生形成一定的连带作用，包括叠加或者减少。比如，对于公司的利润，财务部门并不能够起到直接决定公司利润的作用，但是财务部门可以通过各种手段，比如预算的管理、税务的筹划、资金的周转或资金使用效率的规划等手段，让利润率得到提升。这就叫间接责任。换句话说，我不会直接把销售额或者利润拿回来，但是通过我的作用，可以让效益的数据变得更好。比如关于人才效率的问题，我努力提高企业的人才效率匹配，那么它会对企业的利润和业绩的实现，产生极大的推动力。

间接责任又分为两种：一种是后勤，一种是辅助。人力资源、财务起的作用都是辅助；保安、保洁、食堂工作人员等，包括一些非物业公司的物业工作人员，都是起后勤作用。从某种角度上去理解，如果企业要选择一部分功能外包，最有可能选择后勤。这种属于纯粹的支持性部门，对效益的影响度是相当有限的。

(3) 第三要素：职务责任

表 6-4 第一行是职务责任。职务责任，是指职务对公司产生经济效益的影响有多大。比如我这个职务决策正确或者决策失误，对于公司的经济效益会产生什么样的影响。这通常会以级别为界定，肯定是级别越高，对公司所产生的经济效益的影响越大。从等级和区间范围来看，我们把职务责任分成四级，分别是微小、少量、中级和大量。见表 6-13。

表 6-13　职务责任的不同等级及含义

● 子因素 3：职务责任

等级	含义
微小	组织中一般岗位的责任
少量	组织中较重要岗位（主管、重要技术人员）的责任
中级	组织中中层岗位、技术权威的责任
大量	组织中高层岗位的责任

我们可以对职务职责的等级进行量化，按照金额数量的多少给等级明确一个范围。有的企业是这样操作的：大量的范围在该职务的决策对企业的影响金额在 10 万元以上，中级的范围在 1 万~10 万元，少量的范围在 1000~1 万元，微小的范围在 1000 元以下。这只是一个参考值，不同的企业，也可以根据自己的情况进行设定。

(4) 示例

我们先来看总经理的行动的自由度。如果一家企业属于小董事长大总经理这一类，应该就属于战略性指引的，职务对后果的影响是直接主要的，职务责任影响等级是大量的，于是我们找到了得分：1216 分。表 6-4 跟表 6-2 很类似，它有三行，选择的原则是有三行就选中间这一行。当然，如果大家可以熟练运用海氏评估法，并且你的企业岗位数量有很多，你可能就会在这三行里反复筛选，比如往前侧重或往后侧重，但初学者我们不建议去做这样的调整。

营销总监的行动的自由度肯定是在一般性规范的到方向性指引的这个区间，如果他是方向性指导的，那么至少应该是中级的。如果他背负的指标对公司的整体业绩影响占比非常大，那我们也有可能把他放到大量里去。比如他背负了5000万元的指标，但公司今年的指标总共才7000万元，那就有可能放到大量里去，这取决于企业的情况。职务对后果的影响也是直接主要的，得分是528分。如果营销中心有一个营销副总监岗位，其他要素都和营销总监一样，职务对后果的影响就从直接主要变成了直接分摊，得分是400分。

人力资源经理是直接对总经理负责的，他是方向性指导的。这个职务对后果的影响要看企业的界定，比如有些企业会定一个金额进行界定。人力资源经理需要对公司的整体人力资源效率负责，因此职务责任可能是大量的。职务对后果的影响是间接辅助的，最终得分是304分。

出纳是员工岗，出纳的行动自由度是一般性规范的，因为他的工作处于被严密监控的状态，但稍微宽松一点，他只要能按时考勤就可以。职务责任的等级是少量的，职务对后果的影响是间接辅助的，得分是76分。这是一个比较低的得分。

六、岗位价值评估的计算方法

经过一轮说明之后，我们发现每个岗位都有3个分值，事实上我们要得到岗位价值量的一个汇总得分才行。想要查到表6-2、表6-3、表6-4这三张表很容易，但是如何计算总得分，计算方法对大家而言非常重要。

岗位价值量的公式是：

岗位价值量＝（因素1+因素1×因素2）×系数1+因素3×系数2

其中，系数1和系数2基于不同的岗位类型，比例也有所不同，具体见表6-14。

表6-14 不同岗位类型的系数

岗位类型	系数1（%）	系数2（%）
上山型	40	60
平路型	50	50
下山型	70	30

上山型、平路型和下山型这三种岗位类型侧重点是不一样的。上山型是以结果为导向的，所以上山型岗位的系数1占比是40%，系数2占比是60%。平路型岗位是一个偏职能型的岗位，它同时要求岗位的智能水平和岗位承担的责任，可以理解成它对于表6-2和表6-4的要求是比较均衡的，于是系数就各为50%。下山型岗位强调必须具备相应的任职资格和能力，也就是对岗位的智能水平要求比较高，所以下山型岗位系数1占比70%，系数2占比30%。

上山型、平路型和下山型这三种不同的岗位，最终得分也会不一样。一般情况下，下山型岗位得分会最高，因为下山型岗位系数1的占比是最高的。

以总经理得分为例，岗位价值量的计算公式如下：

$$得分 = (1216+1216×87\%)×40\%+1216×60\% ≈ 1639$$

这个得分一般四舍五入，取整数。以四个典型岗位为例，岗位价值量得分如表6-15所示。

表6-15 四个岗位的价值量得分表

	类型	岗位名称	岗位职责	智能水平	解决问题的能力	承担的职务责任	价值量
1	上山型	总经理	1. 实现公司总业绩 2. 实现公司总利润 3. 提高人均效率	1216	87%	1216	1639
2	上山型	营销总监	1. 实现公司营销中心的业绩 2. 实现人才培养目标 3. 实现对下属的培训目标	528	57%	528	648
3	平路型	人力资源经理	1. 实现人力效率目标 2. 实现人才培养目标	460	38%	304	469
4	平路型	出纳	1. 对成本环节的监督 2. 成本核算与成本分析	100	22%	115	119

这四个岗位正好是四个级别，出纳属于员工级，人力资源经理属于经理级，营销总监属于总监级，总经理属于决策层。客观来讲，出纳得分76分略微低了一点，在大部分企业里，出纳的得分在110~140分之间是比较合理的。如果觉得出纳的得分低，我们可以调整。比如我们一般认为出纳承担的职务责任是一般性规范的，间接辅助的得分是76分，我们可以把它调成有指导的，于是得分就变成了115分，价值量得分就变成了119分，这就相对比较合理。

人力资源经理469分，是一个相对合理的得分。在大部分企业里，人力资源经理得分在400~500分这个区间，如果低于400分，那就说明这个人力资源经理的得分比重偏低。营销总监648分，也是一个正常得分，主要是取决于企业在对营销总监的要求。我们设定的是占比超过公司总目标50%以上的非常主要的营销中心的总监，这个得分是相对合理的。总经理得分1639分，作为一家1亿元左右规模的企业，总经理得分为1639分是比较合理的。如果是高科技企业，或者创新型企业，总经理的评分可能就会比较高，可以到2000多分。

事实上，只看岗位价值评估得分的绝对值意义不大，只要得分在某个区间内就是合理的。比如，出纳是110~140分，人力资源经理是400~500分，营销总监是550~700分。

为了在分红设计中便于计算，建议大家使用价值量相对比：

价值量相对比 = 最大价值量 / 最小价值量

计算结果如表6-16所示。

表6-16　四种岗位类型的价值量相对比

	类型	岗位名称	岗位职责	智能水平	解决问题的能力	承担的职务责任	价值量	价值量相对比
1	上山型	总经理	1. 实现公司总业绩 2. 实现公司总利润 3. 提高人均效率	1216	87%	1216	1639	13.77
2	上山型	营销总监	1. 实现公司营销中心的业绩 2. 实现人才培养目标 3. 实现对下属的培训目标	528	57%	528	648	5.45

（续表）

	类型	岗位名称	岗位职责	智能水平	解决问题的能力	承担的职务责任	价值量	价值量相对比
3	平路型	人力资源经理	1. 实现人力效率目标 2. 实现人才培养目标	460	38%	304	469	3.94
4	平路型	出纳	1. 对成本环节的监督 2. 成本核算与成本分析	100	22%	115	119	1.00

一家企业总经理的价值量得分是 1639 分，营销总监是 648 分，人力资源经理是 469 分，出纳是 115 分，这个时候最低的分是出纳的。通过计算，我们可以得出这几个岗位的相对比是 13.77、5.45、3.94、1.00。所以当出纳是 1 的时候，人力资源经理是 3.94，营销总监是 5.45，总经理是 13.77。意思是，如果出纳的年薪是人民币 10 万元，那么人力资源经理的年薪就等于 10 万元乘以 3.94，是 39.4 万元，营销总监的年薪是 54.5 万元，总经理的年薪是 137.7 万元。如果为了方便计算，就可以取个整数。比如，出纳变成年薪 5 万元，人力资源经理的年薪就是 20 万元左右，营销总监的年薪就是 27 万元左右，总经理的年薪就是 70 万元左右。

相对比，意思就是各个岗位之间的比较，能比出各个岗位之间的收入差异。大家注意，这个收入的差异比是最低比，不是最高比。我们现在只比了一个系数，这个系数叫价值量系数。正常来讲，我们在给岗位设计薪酬的时候，还需要有变动的收益去拉大这个价值比。我们会让对公司效益产生巨大影响的岗位收益变高。有一个词语叫"利益内嵌"，就是将一个人获得的收益和他所产生的价值进行链接。

七、岗位价值评估的步骤

岗位价值的评估共分为四步。

❶ 第一步：成立岗位价值评估小组

有些公司的老板把岗位价值评估这项工作交给人力资源经理，但是人力资源经理可能会觉得有难度。主要有以下原因。

人力资源经理不一定清楚所有岗位的职责，对于岗位职责最清楚的人是岗位员工和他们的上司。上司对下属进行评分，可能会比人力资源经理评得准，但是人力资源经理对于岗位评估的专业度比上司要高。这里涉及专业度和对岗位的了解相结合的问题。

岗位价值评估这项工作并不容易做好。岗位价值评估的得分每一分都是钱，评低了，拿工资的人不高兴；评高了，其他评得低的人不高兴。

为了让岗位价值评估更公平、公开、公正，我们的建议是，企业最好设立一个岗位价值评估小组，由四类人组成——管、银、子、员。

"管"指的就是管理人员，主要是企业的决策层引领的核心管理人员。比如，当岗位的得分出现争议的时候，千万不要让人力资源经理去拍板，而是让老板去拍板，给出一个明确的裁断。

"银"就是管银子的人，即财务部，薪酬的计算要有大量的财务数据作支撑。很多企业喜欢问我一个岗位给多少比例合适，我往往会告诉他们一个区间，但是这个区间里到底取哪个值最合适，只能由他们自己去做测算。测算出来的值，要满足三个条件：第一，员工比较满意；第二，在企业可承受范围；第三，在市场上有竞争力。这需要财务人员的参与。

"子"指的是子机构的负责人，如果企业是集团型的，有一些分支机构，也需要这些分支机构的负责人来参与。

"员"指的是员工代表，比如，像监事会、工会里，一定要有员工代表。

❷ 第二步：培训岗位价值评估办法

提前准备好岗位价值的评估方法，并把相关材料发给小组成员。培训完评估办法之后，进行试评估还需要准备：组织机构图，岗位职责表。当然，如果有工作分析表是最好的，如果没有，也得要有岗位职责表。

培训的方式非常简单。比如我们用的是海氏评估法，大家就培训海氏评估法，给所有人放一遍视频，让大家对照着评估资料进行学习。

❸ 第三步：试评估

关于试评估，这里有几个原则需要给大家做强调和说明。

第一个是环境，做岗位价值评估一定要在相对安静的环境下进行。比如在一间封闭的会议室里，大家把手机关掉或者调成静音，安安静静地去进行评估，避免反复地被干扰。

第二个是评估一定要一气呵成，因为人的思路如果中断，再衔接的话就有可能和上一个思路不完全匹配。如果公司的岗位数量并不多，比如50个岗位，正常评完应该在2个小时之内，就尽量不要中断，一气呵成把岗位全都评完。如果岗位数量非常多，大家就分层级、分部门来打分。但是分层级、分部门的那一批岗位，也得一口气评完。

第三个是分表评估。我们可以把三张表（表6-2、表6-3、表6-4）都打印出来，避免在评分时出现手忙脚乱的情况。

❹ 第四步：价值量微调

评估完以后，如果觉得某些岗位的得分偏低，我们就可以重新调，这叫价值量微调。价值量微调，主要是根据两个点：岗位的价值量区间和相对比。

（1）岗位的价值量区间

这一点可能对专业性有一定的要求，大家不一定都需要非常清楚每个岗位的价值量区间，如果有把握不准的地方，可以寻求公司相应的技术人员的支持。比如微调出纳岗位的得分，就是根据岗位的价值量区间进行调整的。

（2）价值量相对比

通常情况下，一次试评估的结果不会是一步到位的，一般都会经过调整，两到三轮是正常的。价值量会根据相对比和区间值进行一定的调整，调成我们觉得最合理、最贴近企业情况的数据。这样，数据才会可信。

比如我们经过一轮测试之后发现，总经理和出纳之间岗位的价值量相对比是 13.77，这就属于正常的比值。因为用海氏评估法评最高级和最低级，在 11~20 之间都是合理的价值量区间。如果最终评出来总经理和出纳之间只有 8 或者 9 的价值比，就不太合理，可能就需要重新调整。

价值量相对同样有一个参考值，如果大家对于这个参考值不是太清楚，可以联系相关专业人员，寻求相应的支持。

为了方便计算，建议大家用 Excel 表来呈现我们的岗位价值的评估，见表 6-16。总共分成几个项目。

A. 类型

包含上山型、平路型和下山型。大家注意，不要写成上山、平路或下山，因为如果设置了计算公式，会影响自动计算的结果。

B. 岗位名称

大家可以按照企业中岗位名称去写，表 6-16 只是列举了四个典型岗位的名称。

C. 岗位职责

如果大家有岗位说明书，可以拿着岗位说明书对照，不用写这一列内容。如果没有，就可以把岗位职责写出来，方便随时去查岗位的职责。这不是必选项。

D. 智能水平

就是表 6-2 的得分。

E. 解决问题的能力

就是表 6-3 的得分。

F. 承担的职务责任

就是表 6-4 的得分。

G. 价值量

就是表 6-15 的得分。

H. 价值量相对比

就是表 6-16 的得分。

智能水平、解决问题的能力、承担的职务责任，把这几项的得分填上去，就会得到价值量。如果设置好了公式，所有岗位的得分就会自动计算出来。

Part ⑦

企业价值薪酬

一、薪酬概述

好的薪酬机制，能够让普通员工变成优秀员工；好的薪酬机制，可以让员工实现自己的梦想，让企业实现远大的目标。

企业在用人过程中，关于薪酬的重要环节是什么？和什么有关？需求是什么？这些问题都需要我们仔细考虑。

❶ 员工需求

企业要了解员工的需求。员工加入企业的需求，大致可以分为三类：收入、成长和成就。见图7-1。

①收入需求
可以获得匹配付出的收益

②成长需求
可以获得自我提升

③成就需求
可以实现自我梦想与想法

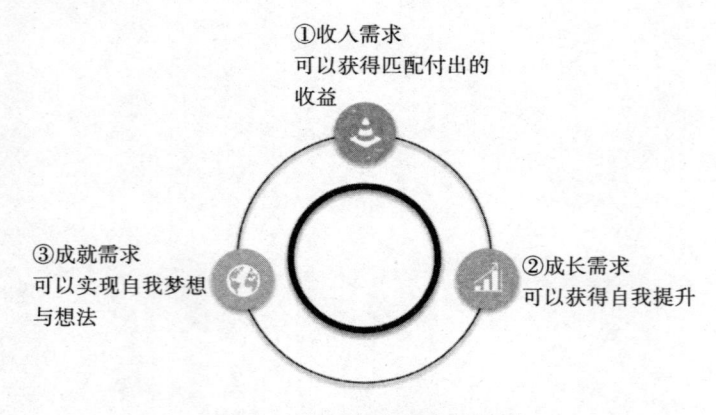

图 7-1　员工加入企业的需求

（1）收入需求

我们现在管理员工，需要注意以下几种平衡。

第一，道德的平衡。我们不能为了钱而违反道德。我们要通过合法渠道获得收入，不可破坏行业规则，更不可触碰法律。

第二，健康的平衡。有的人为了收入而不顾健康，这样不可取。工作和健康要做好平衡，工作时间长的话，更要休息好、运动好。

第三，家庭的平衡。我们要平衡好事业和家庭的关系。

追求收入是公司发展历程中的一个重要阶段，员工只追求收入，不追求成长，不追求成就，这样的公司处于利益诉求阶段。

（2）成长需求

员工为什么愿意去优秀的企业工作？一个很重要的因素就是他会得到被动式成长，也叫环境式成长。所谓环境式成长，企业管理得很好，员工自己就会成长。

（3）成就需求

很多人工作不仅是为了钱，还为了有成就感。很多员工的工资并不高，但工作得很开心，因为他们的很多想法可以在工作中实现。也有很多员工，有成就的事情他们不做，因为觉得有风险，他们只要挣钱。这就要求企业关注员工在成就方面的需求。

❷ 收入类别

员工可以获得的收入分为三类：工资、分红和期权。设计薪酬需要学习相应的内容，包含三个重要模块。

第一个重要模块，工资收入，就是员工拿到的工资；

第二个重要模块，效益收入，包含业绩提成和利润分红；

第三个重要模块，期权收入。

（1）工资

大家要想了解工资，就需要了解一系列的抓手，包含岗位价值评估、薪酬调研、薪酬预算、薪酬战略、五级工资、固定和绩效工资、资质工资等。

A. 岗位价值评估

岗位价值评估是一种对各岗位职责及企业贡献价值大小进行分析和量化的活动。岗位价值评估对调整不同岗位的薪酬，起到了一定的指引性作用。

B. 薪酬调研

外部的薪酬是什么样，内部的薪酬是什么样，我们要追求外部的公平性和内部的公平性。追求外部的公平性，就要做薪酬调研。现在也有一些行业的薪酬调查数据，可以购买作为参考。

C. 薪酬预算

一个企业要发多少工资，很难做预算。很多小微企业刚开始都没有利润，预算很难做。

D. 薪酬战略

公司的工资策略是采用高薪酬模式还是低薪酬模式，是追随模式还是保守模式？我们需要有一个清晰的战略，不能看别人怎么做，我们就怎么做。

E. 五级工资

一般我们要设计多级工资。同一个岗位会有多个岗位人员，在工作的过程当中，我们会根据每个人的水平设计他的薪酬。

F. 固定和绩效工资

员工是一定要考核的，这就会产生绩效考核工资。如果员工没有考核，就缺少了一条晋升的依据。

G. 资质工资

有的企业对员工的资质是有要求的，资质越好，拿到的薪酬越高。这是为了鼓励大家多学习，学习之后能力得到提升，对企业的帮助是很大的。

（2）分红

分红的抓手包含分红资格设定、利润核算、分红规划、内部定价、股东与经理人比例、各岗位分红比例、分红考核（目标责任书）等。

A. 分红资格设定

分红第一个重要的抓手是资格的问题，谁能够接受公司的分红，谁有资格接受分红，这是需要设定的。

B. 利润核算

企业的利润关乎分红的多少，如何核算呢？有很多企业在利润核算的过程当中存在着各式各样的难题，大部分是核算的问题。特别是民营企业，有大量的应收账款，还有利益交错的关联企业，有的企业产业链模糊不清，大家不遵守合同，不遵守行规，就很难核算清楚利润。在这种情况下谈分红，就有很多难题。

C. 分红规划

分红有一个非常重要的特征——企业的股东与管理人员之间有利益的分配。

一个老板问我："贾老师，我的几个核心高管要占分红利润的百分之多少比较合适？"我问他："你一年的利润大概有多少？"他说："一年的利润有5000万~6000万元。"我说："那大概分15%，也就是七八百万。"他说："是不是太多了？"我说："如果你的公司是从创业的时候开始分红，你是没有感觉的；现在从几千万元开始分红，就会感觉特别多，但是如果不给大家分这个钱，也就招不来想要的人了，机制可能会出现问题。只能用比较听话能力却不足的人，但这种人又创造不了重大的业绩，要靠老板去拼命，老板一旦开始拼命，很多平衡就会被打破。"所以，老板要考虑分红的规划。

D. 内部定价

内部定价就是内部的产品或者价值该如何去核算。我们在前面章节里面，专门讲了一张重要的内部定价图，见图 5-2。学会这张图以后，再看这个问题就相对比较简单。

E. 股东与经理人比例

股东是一群人，挣完钱，各自拿多少，应该先做规划，这个规划相当重要。如果比例高，企业从社会优选人才的可能性就非常大；如果比例非常低，就没有人干，或者大家自己创业去了；但是如果分得太高，公司就没有钱，资本的利益驱动力又不够。这里的平衡该如何保持？这就需要结合企业的历史发展背景去具体分析。

F. 各岗位分红比例

一般来讲，各岗位分红比例有两种方法：一种方法是系数法，也叫价值量评估法；另一种方法是比例法。

G. 分红考核（目标责任书）

在分红考核当中，引入了一个非常重要的工作，叫签订目标责任书。我们在做绩效考核时，需要非常清晰地了解目标责任书该如何签订。大家也会发现，分红、股票、工资，它们属于相互交叉信息的模块。

（3）期权

期权和股权有非常大的重叠部分，有几个重要的抓手，包含市值、分红转期权、上市型公司股权结构、内部员工股权激励办法及配套工具等。

A. 市值

如果公司的市值没搞清楚，那么股价就没搞清楚。很多知名的公司就是充分掌握了投资和回报之间的逻辑关系，对市值的了解非常清晰。所以，大家要多去学习关于投资市值方面的知识。

B. 分红转期权

分红转期权有两种转法：一是直接转成股票，二是直接转化成项目投资。比如你给员工的分红达到 50%，但是钱都分完了，公司就没有现金了，可能会错过一些重要的项目。在这种情况下，公司可以采用的措施主要是，该分给大家的钱先不分，直接投到项目当中，以获得更高的项目回报。不过一定要清楚，投资项目如何转化成后来的结算。

C. 上市型公司股权结构

上市型公司的股权结构对期权的影响也是非常大的，我们在前面已经有非常详细的介绍了。

D. 内部员工股权激励办法及配套工具

老板要建立一个非常重要的理念——在老板与经理人之间建立利益共同体。没有利益共同体，大家只是一种打工心态，那么老板就会非常辛苦。当一个企业里有 10 个人认为自己的利益与公司的利益是完全相等的，拼命工作的时候，项目就会比较顺利。但如果在一个大项目中，所有人都是打工心态，等死工资，这个项目很可能会进行得不顺利。

除了要看各项目的分红比例之外，还要看核算，看怎样才能算出清晰的利润。分红比例弄清楚了，但是利润账务没算好，也会出问题，因为账务才是信任的核心。为什么民营企业的老板和高管之间，永远很难建立绝对的信任？这里有多种原因，其中一个原因是高管对公司财务状况毫不知情，根本不了解企业的经营状况。哪一天老板把公司挣了多少钱，成本是多少，全部告知核心高管，才是迈出建立信任的第一步。这一步确实特别难迈，所以民营企业家要重点去做。

二、价值薪酬之内部调研法

企业设计薪酬首先要明确是选取外部 K 值法还是内部 K 值法。K 值是一个系数。在海氏评估法或点因数法当中，岗位价值量是一个相对价值量，不是工资，它得乘以系数才能换算出年薪，这个系数就是 K 值。

企业在做从价值量转化为工资的时候，有两种可以参考的换算方法。

第一种方法是参考整个行业的调研,我们把这种方法叫外部企业调研法(简称"外部调研法")。

第二种方法是内部公平调研法(简称"内部调研法")。行业基本上不用调研,大家的工资都差不多,根据企业的实际情况,在内部做出一套体系和方法。内部调研法最重要的前提是,一家企业的主要收入,除了工资以外还有其他收入,比如有分红、股权、提成、期权、超产奖、福利、资质工资、工龄资质、积分制等很多收入形式。

工资是一个保障工资,不代表全部收入。如果员工的工资已经占到全部收入的80%,就要用外部调研法,绝对不可以用内部调研法。

内部调研法的五级工资制主要适用于工资并非全部收入的企业,适用于保障工资占总收入50%以内的企业。为了追求内部相对公平可以考虑此方法。

我们使用内部调研法的时候,有三个步骤。

表7-1 某医院岗位工资表

价值量差:836　　工资差:12000　　工资差/价值量差:14.354

岗位	价值量	工资	五级工资（级差15%）					固定和绩效工资（按合格工资）	
			欠资格	期望	合格	胜任	超胜任	固定70%	绩效30%
院长	1140	15000	10500	12750	15000	17250	19500	10500	4500
高级主任	876	11211	7847	9529	11211	12892	14574	7847	3363
科室主任	824	10464	7325	8894	10464	12034	13603	7325	3139
门诊主任	760	9545	6682	8114	9545	10977	12409	6682	2864
医生	670	8254	5778	7016	8254	9492	10730	5778	2476
康复主任	560	6675	4672	5673	6675	7676	8677	4672	2002
康复师	540	6388	4471	5429	6388	7346	8304	4471	1916
检查科医师	510	5957	4170	5063	5957	6850	7744	4170	1787
住院主管	502	5842	4089	4966	5842	6718	7595	4089	1753
财务经理	472	5411	3788	4600	5411	6223	7035	3788	1623
行政人事经理	472	5411	3788	4600	5411	6223	7035	3788	1623
销售经理	472	5411	4113	4762	5411	6061	6710	3788	1623

Part ⑦ ‖企业价值薪酬‖

（续表）

岗位	价值量	工资	五级工资（级差15%）					固定和绩效工资（按合格工资）	
			欠资格	期望	合格	胜任	超胜任	固定70%	绩效30%
实习医生	440	4952	3467	4209	4952	5695	6438	3467	1486
网络推广	440	4952	3467	4209	4952	5695	6438	3467	1486
会计	390	4234	2964	3599	4234	4870	5505	2964	1270
住院护士	370	3947	2763	3355	3947	4539	5132	2763	1184
器械康复师	340	3517	2462	2989	3517	4044	4572	2462	1055
出纳	330	3373	2361	2867	3373	3879	4385	2361	1012
前台	330	3373	2361	2867	3373	3879	4385	2361	1012
实习康复师	304	3000	2100	2550	3000	3450	3900	2100	900
实习器械康复师	304	3000	2100	2550	3000	3450	3900	2100	900

❶ 第一步：从价值量转化到工资

我们以表7-1某医院为例进行说明。首先，一家企业在设计薪酬时，一定要清楚自身的最高价值量和最低价值量分别是多少。比如这家医院的最高价值量是1140，最低价值量是304。其次，把所有价值量得分全部除以最低价值量304，就会得出最低为1、最高为3.75的一列数值。它们都是相对值，我们做工资、分红、期权、项目提成的时候，也可以用这些相对值进行换算，再加上其他维度，就能知道在做其他薪酬结构时该如何计算了。

以上面这家医院为例说明计算逻辑：首先，确定最高工资是15000元，最低工资3000元，两者差距为12000元；其次，确定最高价值量为1140，最低价值量为304，两者差距836；接着，计算出单一价值量对应金额为12000/836是14.354；然后，计算岗位薪酬，即每一个岗位减去最低价值量后，分别乘以14.354，得出每个岗位高于最低工资以外的收入；最后，该收入再加上最低收入3000元，即为本岗位的薪酬。

我们计算出来的岗位工资，见表7-1"工资"一列。

❷ 第二步：从工资转化为五级工资

我们不能只有一个工资标准，企业中大部分的岗位都是需要进行工资分级的。比如由于水平不同，不同的会计或者同一会计在不同时期拿到的工资应该不一样。会计的能力越高，他为公司提供的工作价值越大，带给公司的效益越大，我们对会计的工作价值要求是没有限度的。比如会计先要把账务信息做好，然后把经营做好，如果还能给公司创收，那就更好了。

一般情况下，我们会把工资分为五级，分别是欠资格上岗、期望、合格、胜任和超胜任。当然，业界流行的还有其他薪酬结构，比如很多人用到的宽带薪酬、价值薪酬等，它们适合组织架构非常大，具有实用的人力资源预算体系、架构体系和财务体系的公司。相比之下，五级工资比较简单，非常实用，方便计算。

五级工资的第一级是欠资格上岗，它适用下面列举的情况：比如有些软件程序员学了很多知识，但是开发不出来软件程序；再如有些人学了很多摄影，但拍出的照片就是不好看。我们把这种人叫欠资格上岗人员，他们符合欠资格上岗的情况。

第二级是期望，是员工可以开始工作，但是距离完全掌握一项技术还有一定的差距。

第三级是合格，就是基本上过关。

第四级是胜任，比合格又优秀一点，即办事让人放心。

第五级是超胜任，就是在岗位上做得特别棒。

有很多公司把工资的涨幅定在5%，这样涨工资其实是有问题的，很容易掉进复利的陷阱。工资低的时候，5%的涨幅就很少。但是工资高的时候，5%的涨幅就很可观了，最后可能会涨破公司的利润线。涨工资可以遵守一个重要的原则——定额制。比如今天给员工涨800元的工资，那下一次涨工资也是800元。

五级工资，级差最少不能低于12%，可以选12%，也可以选13%或14%、15%。超过15%，就是宽带薪酬了。我们把工资级差做到20%的时候，工资的差距就会非常大，重叠部分也会特别多。五级工资级差最低要高于12%，最高不超过15%。当然也有一部分岗位的比例是15%，有一部分比例为13%，凡是那种不容易晋升的岗位，涨幅比例可以高一些。比如会计、文员，这些岗位晋升的难度就比较大，涨工资的幅度可以大一点。但是有的岗位特别容易晋升，比如销售、生产管理、采购，这些岗位的涨幅比例可以适当低一点。比如，我们可以把销售经理这个岗位的工资增幅定为12%。

每个岗位都有五级工资，有的企业的五级工资做得很低的时候，很容易低于当地的最低保障工资。于是我们就把凡是低于当地最低保障工资的，调到最低保障工资之上，这是一个重要的细节。

❸ 第三步：从五级工资转化为固定工资和绩效工资

绩效主要是做考核用的。刚开始可以将固定工资和绩效工资的分配比例定为 70%∶30% 进行计算，固定工资与绩效工资见表 7-1 "固定和绩效工资"列。

三、价值薪酬之外部 K 值法

企业做完内部调研以后，还是要做外部的调研。外部的调研，我们依然要按照内部的调研流程操作。

❶ 第一步：岗位价值评估，得出岗位价值量

企业在制定薪酬的过程当中，有一套逻辑体系。有的企业会把营销部的工资专门分出来，设计一套单独的体系，因为营销体系的人员的普遍收入偏高。我个人觉得没有必要单独分出来，虽然他们的工资高，但是风险也大。

有的营销人员月薪有几万元、几十万元，也有的营销人员工资很低，只够维持生活。而工资很低的人会拉低平均工资，依然符合这个价值量的工资高度。

如前所述，制定薪酬有两种方法：一种是层级法，一种是岗位价值量法。岗位价值量法又包含两个重要的工作：一是对岗位做出工作的分析；二是得出岗位价值量。

❷ 第二步：薪酬调研后计算标杆岗位 K 值

第二步是选 K 值。标准的薪酬设定方法是要调查出 5 个 K 值，分别是普工或助理、经理或主管、总监、高层、决策层的价值。民营企业没有必要调查出 5 个 K 值，调查出 3 个 K 值就可以了，分别为决策层或总监、经理层、基层，设计方案时可选择 1~3 个 K 值。做方案的时候，也可以只做 1 个 K 值，但是我并不主张用 1 个 K 值。

我们以一家国际贸易企业为例对选择 K 值进行说明。这家企业没有必要调查 3 个 K 值，调查 2 个 K 值就可以了：总监级以下的 1 个 K 值，决策层 1 个 K 值。

标杆岗位的调研包括本城市同行业调研、本城市不同行业调研。企业前期可采用购买调研信息的形式，了解这些内容以后，自己就可以去做。

❸ 第三步：计算各岗位年薪

这一步主要围绕企业的薪酬战略展开。企业的薪酬战略决定了企业用人时，主要的方向点在哪里。我们以成本会计这个岗位为例来说明。成本会计有以下几个特点：第一，这个岗位是正职；第二，它长期存在；第三，它的名字非常容易理解；第四，大部分企业都有这个岗位。标杆岗位的特点是：正职岗位，长期存在，容易理解，具备岗位胜任力。某企业以 HRM 年薪 15 万元和 CEO 年薪 60 万元为标杆 K 值，计算各岗位的年薪，见表 7-2。

Part ⑦ ‖企业价值薪酬‖

表 7-2 某企业岗位年薪的计算——K值法

	类型	岗位名称	价值量	标杆岗位K值 HRM 150000	CEO 600000	年薪	月薪	五级工资（15%级差） 欠资格	期望	合格	胜任	超胜任	固定和绩效 固定	绩效
1	上山型	董事长	1750		640476	640476	53373	37361	45367	53373	61379	69385	26687	26687
2	上山型	CEO	1639		600062	600062	50005	35004	42504	50005	57506	65007	25003	25003
3	上山型	销售总监	900		329469	329469	27456	19219	23337	27456	31574	35692	13728	13728
4	平路型	采购总监	718		263019	263019	21918	15343	18631	21918	25206	28494	13151	8767
5	下山型	产品类经理	621	241948		241948	20162	14114	17138	20162	23187	26211	14114	6049
6	上山型	销售经理	516	201039		201039	16753	11727	14240	16753	19266	21779	8377	8377
7	下山型	产品主管	419	163383		163383	13615	9531	11573	13615	15658	17700	9531	4085
8	平路型	财务经理	402	156721		156721	13060	9142	11101	13060	15019	16978	7836	5224
9	平路型	人力资源经理	385	149903		149903	12492	8744	10618	12492	14366	16239	7495	4997
10	上山型	推广培训师	384	149567		149567	12464	8725	10594	12464	14333	16203	6232	6232
11	上山型	采购工程师	376	146338		146338	12195	8536	10366	12195	14024	15853	6097	6097
12	上山型	店长	369	143610		143610	11968	8377	10172	11968	13763	15558	5984	5984
13	上山型	推广主管	356	138814		138814	11568	8097	9833	11568	13303	15038	5784	5784
14	下山型	摄影师	335	130329		130329	10861	7603	9232	10861	12490	14119	7603	3258
15	下山型	平面设计师	298	116257		116257	9688	6782	8235	9688	11141	12594	6782	2906
16	下山型	动漫设计师	298	116257		116257	9688	6782	8235	9688	11141	12594	6782	2906
17	下山型	总账会计	291	113526		113526	9461	6622	8041	9461	10880	12299	6622	2838
18	平路型	考核主管	282	109932		109932	9161	6413	7787	9161	10535	11909	5497	3664
21	平路型	行政主管	252	98010		98010	8168	5717	6942	8168	9393	10618	4901	3267
19	平路型	预算考核专员	248	96760		96760	8063	5644	6854	8063	9273	10482	4838	3225
20	下山型	产品物控	210	81623		81623	6802	4761	5782	6802	7822	8843	4761	2041
22	下山型	成本会计	153	59458		59458	4955	3468	4212	4955	5698	644	3468	1486
23	平路型	采购跟单	147	57419		57419	4785	3349	4067	4785	5503	6220	2871	1914
24	下山型	出纳	138	53883		53883	4490	3143	3817	4490	5164	5837	3143	1347
25	平路型	客服专员	131	50930		50930	4244	2971	3608	4244	4881	5517	2546	1698

279

❹ 第四步：将年薪转为月薪

接下来的重要工作，就是把年薪变成月薪。有些是除以 12 个月，有些是除以 13 个月，也有除以 14 个月的。我们简单一点，直接除以 12 个月，就可以算出月薪。

我们将年薪转化成月薪，就是一个月发多少钱的工资。转化后的月薪如表 7-2"月薪"一列所示。

❺ 第五步：将级差设定为 15%，得出五级工资

五级工资一般是 12%~15% 的级差，也就是在设计工资的时候，一般不会让它超过一倍。我们将月薪再分为五级，分为欠资格上岗、期望、合格、胜任和超胜任，如表 7-2 所示。

❻ 第六步：将工资分为固定工资和绩效工资

我们把岗位分为上山型、平路型和下山型。业务员、民企老板就都属于上山型的岗位；平路型一般是服务型的；下山型一般是搞技术的。

岗位类型不同，固定工资与绩效工资的比例不同。具体比例如下。

上山型：业绩导向的岗位，如企业家、业务员，比例为 50%：50%。

平路型：职能导向的岗位，如行政、人事，比例为 60%：40%。

下山型：技术导向的岗位，如工程师、产品主管，比例为 70%：30%。

薪酬做出来以后，工资结果可根据市场供需关系进行调整，一般调整在 20% 以内。比如某些岗位招不来人，那就必须涨工资，要涨到一个符合他们心理预期的工资，才会招到人。

人力资源的市场也是市场化的，是根据供需关系决定的。大家的工资也随着市场的变化进行调整。

四、价值薪酬之层级法

外部 K 值法选取了两个标杆岗位：一个是人力资源经理，年薪 15 万元，一个是 CEO，其偏固定型的收益为 60 万元保底，另外还要加上变动型收益。

无论是内部调研法，还是外部 K 值法，都是选取了一个岗位，并针对这个岗位计算出来薪酬。如果企业的岗位数量在 50 个以下，用这两种方法就没有太大问题，因为岗位数量少，不容易拉开层级。但是有些企业岗位数量非常多，或者有些企业每年都会有新增岗位，如果我们用这两种方式，那么每出现一个新增岗位，就必须再算一遍价值量。这不仅加大了工作量，而且对打分的精度要求特别高，即使每个岗位差别很小，也会差很多钱，要求我们对每一个岗位的评估精度都要非常高。

事实上，如果企业的人数比较多，岗位比较多，我们最终会走向层级制的薪酬模式——将大类别分成许多小类别。每个级别对应的是不同的待遇，包括了现金型的收入、股权型的收益等。

为了方便大家理解，我在后文依然用表 7-2 中的这家企业举例。当然这家企业没有必要用层级法，因为它的岗位数量太少，用层级法反而增加了它的复杂度。

❶ 第一步：岗位价值评估，得出岗位价值量

层级法的步骤和外部 K 值法的步骤都是先进行岗位价值评估，然后计算出每个岗位的价值量。但要注意，价值量只打一遍分是不行的，我们一定要反复地打分，只有经过多次打分，才能找到一个最适合的价值量。

❷ 第二步：分层级

我们每个层级的起点，都是从 100 分开始。级差有 4 个标准，员工级的

级差是 25，经理级的级差是 35，总监级的级差是 45，决策级的级差是 55。

比如，员工级从 100 开始，到 125、150、175、200。一点点往上升，一直升到人力资源经理的岗位。人力资源经理是经理级别的，级差就从 25 变成了 35。再一直往上走，到了采购总监这个岗位。采购总监的得分是 718，由于总监级的级差是 45，于是往上走一级就从 718 变成了 763，然后就以 45 的级差，继续往上走。大家在实际应用中会发现，再往上有很大一段是空的，这就说明这家企业真正的决策层岗位非常少，只有总监层到 CEO 层，缺乏辅助 CEO 做事的全面管理人员。继续往上走，出现的岗位是 CEO，CEO 属于决策层，级差就变成了 55。最高级别是董事长，董事长到达 1750。我们在最高的这一级又预留了两级，董事长的得分并不是这个岗位的最高得分。随着企业规模的发展，对董事长的要求可能会提高，董事长的得分也可能会涨，但是一年之内增涨的幅度不会太大，所以我们预留了 100 分左右的幅度，相当于往上加两级。

分层级如何分呢？第一层级的起点是 100，我们评出来的一线岗位可能有保洁、保安。如果大家有低于 100 分的岗位，就从 75 分开始。一般情况下，很少有得分低于 75 的岗位，最低不能低于 50 分。

假如总共有 25 个岗位，就把这 25 个岗位按照它们的得分与相对的层级对应。我们会发现采购、出纳和客服专员的薪酬是同一级，因为它们的得分非常接近。再如平面设计师、动漫设计师、总账会计、考核主管都在同一级，也就意味着这几个岗位是同一级的薪酬。这家企业总共有 46 级薪酬，那么这中间还有很多级别是没有岗位的。随着企业的发展，我们会增加岗位，但是不会增加层级，增加的岗位会填充到对应的层级。

比如产品总监的得分是在 856 分，在第 23 级里，他的薪酬就会直接对应这个层级。再如经过新的组织机构调整，有些岗位的要求会提高，销售总监不是 900 分了，变成了 1054 分，于是就会到第 18 级里去了。在不增加层级情况下，岗位跟层级会重新产生对应关系。

❸ 第三步：计算层级平均分

层级的平均分有三种计算模式。

第一种，一个层级只有一个岗位，那就用这个岗位的价值评估得分，做这个层级的得分。

第二种，有一堆的层级没有岗位，那就用平均分，即把最高分与最低分相加除以 2 得出层级平均分。

第三种，是多个岗位在同一个层级，把该层级里的所有岗位得分相加再除以岗位数量，即得出该层级的平均分。

得出的平均分见表 7-3 "层级平均分"一列。

表 7-3　层级法薪酬计算

分层级			年薪	月薪	五级工资（级差 15%）				
层级	层级平均分	层级岗位列表	HRM15 万元 + CEO60 万元		欠资格	期望	合格	胜任	超胜任
1	1883		689140	57428	40200	48814	57428	66043	74657
2	1828		669005	55750	39025	47388	55750	64113	72476
3	1750	董事长 1750	640635	53386	373700	45378	53386	61394	69402
4	1718		628737	52395	36676	44536	52395	60254	68113
5	1639	CEO 1639	600000	50000	35000	42500	50000	57500	65000
6	1613		590299	49192	34434	41813	49192	56570	63949
7	1568		573826	47819	33473	40646	47819	54992	62164
8	1523		557352	46446	32512	39479	46446	53413	60380
9	1478		540879	45073	31551	38312	45073	51834	58595
10	1433		524400	43700	30590	37145	43700	50255	56811
11	1388		507932	42328	29629	35978	42328	48677	55026
12	1343		491458	40955	28668	34812	40955	47098	53241
13	1298		474985	39582	27707	33645	39582	45519	51457
14	1253		458511	38209	26746	32478	38209	43941	49672
15	1208		442038	36836	25786	31311	36836	42362	47887
16	1163		425564	35464	24825	30144	35464	40783	46103

(续表)

分层级			年薪	月薪	五级工资（级差15%）				
层级	层级平均分	层级岗位列表	HRM15万元+CEO60万元		欠资格	期望	合格	胜任	超胜任
17	1118		409091	34091	23864	28977	34091	39205	44318
18	1073		392617	32718	22903	27810	32718	37626	42534
19	1028		376144	31345	21942	26644	31345	36047	40749
20	983		359671	29973	20981	25477	29973	34468	38964
21	938		343197	28600	20020	24310	28600	32890	37180
22	900	销售总监900	329469	27456	19219	23337	27456	31574	35692
23	848		310250	25854	18098	21976	25854	29732	33610
24	803		293777	24481	17137	20809	24481	28154	31826
25	758		277303	23109	16176	19642	23109	26575	30041
26	718	采购总监718	262843	21904	15333	18618	21904	25189	28475
27	673		246187	20516	14361	17438	20516	23593	26670
28	621	产品品类经理621	241948	20162	4114	17138	20162	23187	26211
29	603		234740	19562	13693	16627	19562	22496	25430
30	568		221100	18425	12898	15662	18425	21189	23953
31	516	销售经理516	201039	16753	11727	14240	16753	19266	21779
32	498		193831	16153	1307	13730	16153	18575	20998
33	463		180195	15016	10511	12764	15016	17269	19521
34	419	产品主管419	163247	13604	9523	11563	13604	15644	17685
35	387	财务经理402、人力资源经理385、推广培训师384、采购工程师376	150682	12557	8790	10673	12557	14440	16324
36	363	店长369、推广主管356	141234	11769	8239	10004	11769	13535	15300
37	335	摄影师335	130519	10877	7614	9245	10877	12508	14140
38	313		121753	10146	7102	8624	10146	11668	13190

（续表）

分层级			年薪	月薪	五级工资（级差 15%）				
层级	层级平均分	层级岗位列表	HRM15万元+CEO60万元		欠资格	期望	合格	胜任	超胜任
39	292	平面设计师298、动漫设计师298、总账会计291、考核主管282	113864	9489	6642	8065	9489	10912	12335
40	252	行政主管252	98182	8182	5727	6955	8182	9409	10636
41	248	预算考核专员248	96623	8052	5636	6844	8052	9260	10468
42	210	产品物控210	81818	6818	4773	5795	6818	7841	8864
43	188		73052	6088	4261	5175	6088	7001	7914
44	153	成本会计153	59610	4968	3477	4222	4968	5713	6458
45	139	采购跟单147、出纳138、客服专员131	54026	4502	3152	3827	4502	5177	5853
46	113		43831	3653	2557	3105	3653	4200	4748

❹ 第四步：确定 K 值

每个层级的岗位确定好之后，为了方便理解，我们还是用外部 K 值法的两个标杆岗位确定 K 值。

总监级以上的岗位，用的是 CEO 60 万元为 K 值进行计算：

K 值 =600000/1639=366.08

总监级以下的岗位，用的是 HRM 15 万元为 K 值进行计算：

K 值 =150000/385=389.61

它们的 K 值的计算方式是一样的，总监级以上的标杆岗位 CEO 的价值量是 1639，年薪是 60 万元，用年薪除以价值量 1639，得到的 K 值系数是 366.08。同样，我们用 HRM 15 万元，价值量是 385，算出来总监级以下的岗位 K 值为 389.61。

⑤ **第五步：确定岗位年薪**

把 K 值乘以层级平均分，就能得到各层级岗位的年度薪酬。它的计算方式和外部 K 值法是一模一样的。这两种计算方式，其实计算出来的差异度不大。如果企业岗位数量多，并且有很多新增的岗位，才需要分层级，否则用外部 K 值法是绝对够用的。

⑥ **第六步：将年薪转为月薪**

将年薪转为月薪，即年薪 /12= 月薪，具体数值见表 7-3 "月薪"一列。

⑦ **第七步：设定五级工资**

我们将级差设定为 15%，得出五级工资。具体数值见表 7-3 "五级工资"对应内容。

五、薪酬设计相关概念

薪酬设计板块会涉及一些概念，有些是比较专业的。我们来了解一下这些概念。

① **薪酬战略**

何谓薪酬战略？简单理解就是，企业的薪酬在市场中是一个什么样的定位。一般情况下，我们把薪酬战略分成三种：

第一种是领先战略，即高于同行业薪酬水平，通常是为了吸引优秀人才的加入；

第二种是平和战略，即与市场薪酬持平，大部分企业会选择此薪酬战略；

第三种是追随战略，即低于市场薪酬水平，适用于项目终结期或者品牌衰退期。

这几种战略无所谓好和坏，大家千万别以为追随战略就不好，领先战略就好，它们适用于企业的不同发展阶段。比如企业处于衰退期，或者某个项目打算砍掉，我们肯定用追随战略，因为用追随战略会让人自动离开，避免企业主动大批量裁员。

一些品牌效应好的企业会采用非常陡的薪酬曲线。"陡"的意思是，企业中高层岗位的薪酬比市场水平要高；但是中低层岗位，尤其是低层的岗位薪酬，比市场水平要低。它采用的是分开策略，就是中高层市场领先，正常层市场平和，最普通的员工市场追随。比如会计师事务所，采用的就是这种策略。会计师事务所的实习生收入并不高，跟市场相比并不具备竞争力，但是它有很好的晋升体系，会给新员工规划好半年能达到什么程度，一年能达到什么程度。

❷ 薪酬调研

薪酬调研是很多企业都面临的一个问题，就是去了解同行的薪酬水平。通过网络我们能搜索到很多资料，也能搜索到一些行业标杆企业的薪酬资料，但是这些资料并不具备参考性。我们需要比较的是跟我们差不多级别的企业的岗位，以及跟我们处于同一个细分领域的岗位，这些岗位对于我们的薪酬才具备参考性。薪酬调研有很多种方法，下面介绍常用的几种。

（1）行业协会调研法

这种方法更适合于人力资源，因为不同的人，会有不同的圈子。比如人力资源有人力资源的聚会，财务有财务的聚会。通常在这个时候，大家会互相交换一些信息，这是一种很常见的交流方式。大家会把这个行业的数据拿出来，最后汇总形成数据，但是它适合的圈子比较窄，通常在同城或在同行业里使用。如果是跨区域、跨行业的话，这种方式就比较难用了。

（2）招聘调研法

比如现在有几个新岗位，我们也不知道市场的薪酬水平如何。那我们就专门发布招聘信息，或者专门组织招聘会，进行数据调研。调研只要过100个人，这个标本量就可以接受了。

（3）调研报告购买法

我们会向一些咨询公司购买调研报告。通常，调研报告是分行业的，不同的行业会出不同的薪酬调研报告。大家一定要注意，咨询公司都会在调研报告中告诉大家，岗位在价值量体系里得分是多少，需要我们去匹配一下价值量。当然，现在很多招聘网站也会发布调研报告，这都是有一定可信度的。

（4）官方报告法

官方公布的数据是可以用的，但是需要我们做一些处理，因为它是大样本，我们需要的调研报告是小样本。小样本的样本精度要更高；大样本会出现长尾理论，只要有部分岗位的个别数字特别高，就会拉高整体值。所以我们更应该看它的高频段和中位值到底在哪里。我通常会在中位值以下取高频段，就像会计这个岗位，高频段就在5500元，而不在7000元以上。

❸ 薪酬中位值

如果大家看过薪酬调研报告，对"薪酬中位值"就不会感到陌生。我们通常会把一个企业的薪酬跟市场比，看它到底有没有竞争力，其实看的就是薪酬中位值。我会把它的位值分成几个部分：位于50分位值，即平和战略；位于75分位值，即领先战略；位于25分位值，即追随战略。

比如，调研会计岗位，因为会计岗位属于职能型岗位，我通常在本城市调研。我总共调研了16家企业会计岗位的薪酬，得到了他们的范本，分别是13000元、11000元、10000元、9000元、8000元、7000元、7000元、6500元、6300元、6000元、5500元、5500元、5500元、5000元、5000元、4500元。我们发现市场上最低薪酬的会计是月薪4500元，最高的是月薪13000元，而其中比较高频的数据7000元、5000元，都出现了2次，但是最高频的数额是5500元。

在统计学里，平均数没有意义，因为只要有高分，就一定会把平均数给拉上去。我们通常会看平均值、中位值和高频值。这16个值从高到低排列，排到中间的数即为中位值。本次调研共16个数，第8和第9个相加再除以2即为中位值，经计算为6400元，75分位值为9000元，25分位值是5500元，同时5500元也是高频值。

❹ 价值评估

我曾经给三家医院企业做过咨询，当时的打分和现在的打分会有一些不同，原因是：第一，我要保护别的企业；第二，我做得也比较简单，这个分是通过海氏评估法打出来的。

有的公司的得分，上面特别高，下面特别低，有可能会差15倍。有的公司的打分整体在中间；有的公司的打分从中间往上走；还有的公司的打分都在下面。像律师事务所、高级工程测绘、企业咨询，整体的得分都非常高；像有些企业虽然属于高科技，但干的都是技术活，大部分的工作岗位对学历要求并不是很高，得分就在中间；而很多生产工厂得分就很低。

往往我们给高科技企业的董事长打分，有可能会打2000分。但是我们给生产型企业的董事长打分的时候，有可能会打1300分或1400分。如果不同的行业都打一样的分，肯定是错误的，董事长和总经理在不同的行业当中，得分是不一样的。

Part ⑧

企业提成与分红

一、薪酬结构

薪酬背后，都是人的需求。人之所以会工作，就是因为有各式各样的需求，比如收入的需求、成长的需求、成就的需求。

这么多年，我在研究薪酬的时候，大部分时间是在考虑其背后的人性。我发现我们公司的员工大部分都有一个特征：富二代很少，员工普遍都是普通人。这些员工无非就三个需求：

第一个，改善生活的需求；

第二个，成长见识的需求；

第三个，改变命运的需求。

我们需要去设计几种非常重要的薪酬结构，来为实现这些需求提供条件。

老板只有把薪酬机制设计得很好，员工才能全身心地投入工作中。如果薪酬结构做得不好，员工就会对薪酬有看法。当员工不耗费时间去谈薪酬的时候，企业的薪酬体制一定做得非常优秀。

❶ 三种薪酬机制

第一种，年薪制。

这种机制特别适合于利润比较透明、具有可预测性的企业。年薪制的薪酬结构 = 工资 + 绩效 + 奖金，特征是总成本最低，员工风险最小。

第二种，低底薪提成制。

这种机制下，员工拿到的基本工资比较低，但是富豪都是从这里诞生的。比如美国英特尔公司的一些重要高管，年薪大概有几十万美金，只要业绩足够好，可以为公司带来足够多的利益，个人的收入自然就高。薪酬结构＝固定工资＋绩效工资＋提成＋分红＋期权＋超产奖。它多适用于民营企业，特征是总成本最高，员工风险最大。

第三种，中底薪分红制。

这种机制种适用于项目周期比较长、商业模型比较清晰、员工对底线需求比较高的企业。薪酬结构＝固定工资＋绩效工资＋业绩奖（业绩不会与提成挂钩）＋分红（与小组织分红不同），多适用于国企。

长松公司是典型的民营企业，选择的是低底薪提成制的薪酬制度。我在风险经营的基础之上，考虑到我们的总开支是低的，当公司经营状况良好的时候，给员工的比例是最高的。

这三种薪酬里，总成本最高的是第二种。当一个人的收入特别稳定的时候，说明他的风险最低；当一个人收入最高的时候，说明他的风险最大。所以企业要有一种合适的薪酬策略。

❷ 薪酬分类

薪酬分类可以画成一个象限图。见图 8-1。

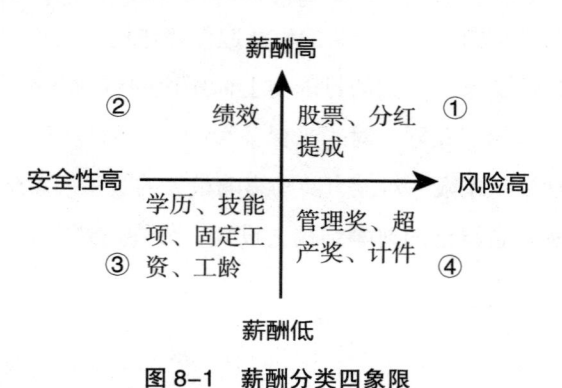

图 8-1 薪酬分类四象限

这个十字象限的左边代表安全性高，右边代表风险高，上面表示薪酬高，下面表示薪酬低。

第三象限是安全性高，但收入比较低，比较典型的就是固定工资和工龄工资。符合这个特性的薪酬包括固定工资、工龄工资、学历工资、技能工资。比如，工龄工资是每多上一年班增加 100 元，超过 5 年的就按最高限 500 元去算。

第二象限是既安全但薪酬又比较高，有绩效工资等。

第一象限是风险高收入也高，包括提成、分红、股票等。

第四象限是风险高，但收入低，包括超产奖、管理奖等。

我们简单地把薪酬分为四个象限，可以将这四个象限应用于不同的企业中。比如企业只有固定工资，如果必须加一种薪酬类型的话，我们可能会加提成；如果再加一种薪酬类型，我们会加绩效；如果再加一种薪酬类型，还可以加超产奖。很多企业设计薪酬，就是按照固定工资＋工龄工资＋学历工资＋技能工资的模式，不利于优化，要不断调整才行。

在给一个销售经理设计工资的时候，一般是固定工资＋绩效工资＋提成＋超产奖。如果需要增加新的种类，会选一个风险和效益高的，比如分红。后续还有管理奖和其他福利。

我们在给员工发工资的时候，要达到四个重要的目的：第一，对他的生活要起到重要的支持作用；第二，在他提高能力以后，给其一个奖励，不管是计件还是超产，还是管理奖，都是对他能力的认可；第三，对他改善生活产生巨大的影响；第四，对他未来的生活起保障作用。

而这四种薪酬类型，达到的目的与上面所说的目的基本能呼应：对当月生活影响最大的是第三象限，对未来保证影响最大的是第二象限，对改善生活影响最大的是第一象限，对能力奖励影响最大的是第四象限。

企业可以挑适合自己的薪酬结构去设计，最终达到企业利润和员工收益之间的平衡。

❸ 薪酬结构类型

（1）保障工资

固定工资的一个重要作用，就是保障日常生活。聪明的老板，会做一个非常重要的生存工资。给员工 2500 元的底薪，他在大城市是根本活不下去的。生存工资，就是满足基本生存的工资，比如我们长松公司出了一套小的课程包，定价 580 元/套，我们的制造成本是 100 多元，减去这 100 多元，员工的提成可以给到 400 元。一个月不要求他出大单，卖几个课程总是可以的。卖 5 套的话就能挣 2000 元，再加上 2500 元的底薪，合计 4500 元，他离职的可能性就小多了。

所以大家就能理解为什么长松公司的团队，这么多年来一直这么稳定了。我给的工资其实并不高，但是我给了员工生存工资。给生存工资的前提是有非常重要的生存产品。比如我们的课程包、书籍、OPP 课程，甚至我们的营家 App 课程卡，都是生存产品。生存产品给员工的提成特别高，员工也容易拿到提成，他就能生存。我们不要看员工的底薪有多低，要看他活下来的概率有多高。如果员工的工资无法保障其生活，他肯定会走。长松公司采用的战略是，员工刚到公司时，薪酬大致为固定工资＋生存工资。当然，也有 3 个月不出一单的员工，那肯定就会被淘汰掉。通过自然筛选，选出适合我们的人。

我们公司 80%~90% 的员工，都属于业绩型的人才，他们是经过生存产品的考验留下的。有的员工刚到公司干一天就离职了，说明公司的土壤环境不适合他。我并不希望来到我们公司的人 100% 都能够留在我们公司上班，而是要通过薪酬机制的设定，让一部分适合的人留下来。

（2）绩效工资

绩效工资对结构化经营的公司特别有用，比如工程、园林、设计、软件公司。这类没有办法用提成去做考核，因为工作很难量化。我们不能看他今天写了多少个代码，就马上给他多少提成，所以用固定工资＋绩效工资＋生存工资这三类形式解决他的保障性问题。

（3）效益工资

效益工资分为提成和管理奖。

A. 提成

一般来讲，获得提成有很多种方法：有靠业绩取得提成的，有靠计量单位取得提成的，比如按千克、米、公斤等。提成可以和单一指标的业绩直接挂钩，比如生产员工的计件工资也算是提成。很多企业加上提成就能调动人员积极性，激活公司，反之就无法激活公司。

B. 管理奖

我赞成管理者不要拿团队的管理奖提成，而要拿业务员个人的提成。我们会在菲尔德薪酬结构里专门讲解如何拿营销型的管理奖。

（4）分红

分红包含分红管理奖，这是让老板业绩收入扩大的一个非常重要的理念。老板要想挣钱，第一要在企业内部打造小组织负责人，激活组织；第二要打造专家团队，整合大量的行业专家为自己工作，形成一个稳定结构。

老板真正的核心经营法则，就是创造新的经营模式，改变过去的传统经营模式。领导力等于对红利的把握能力、人格的魅力。老板参与太多具体的事情，并不一定是好事。所以，老板要打造小组织负责人，给他们设计工资结构。我们想提高公司的管理绩效，就要给员工提成；要想有利润，就要跟员工谈分红。

我们要针对企业目标达成的需要，设计薪酬结构，具体内容如表8-1所示。

表8-1 薪酬结构设计表

老板目标	员工激励类型
利润	分红
业绩	提成

Part ⑧ ‖企业提成与分红‖

（续表）

老板目标	员工激励类型
增长	超产奖
稳定	积分工资
管理成熟度	管理奖
解放老板	期权
纯成本	保障工资

即便最不懂管理的人，也要追求让员工对老板忠诚。员工忠诚于老板的前提条件是，老板要很强大。有很多企业为了实现公司的利润，想了很多主意，比如降价、增加客户量、降低研发成本。其实，这些都不是老板想的事，老板应该想清楚，要想增加公司的利润，最好的办法就是让员工拿到分红。老板想满足自己的利益，就要先满足员工的利益，满足各个子公司负责人及各个专家的利益。只有满足了他人的利益，才能满足自己的利益。真正的人格是要满足别人的需求，从而最后满足自己的需求。这就是为什么我们一直要强调，老板和企业要有分红这个重要的理念。

老板想要员工完成业绩，就要满足员工的提成；想要增加业绩，就要给员工超产奖；要想追求稳定，最好给员工积分工资，让员工舍不得走；想要成熟度，管理上要增加管理奖；要想解放老板，最好要给员工期权。不管是积分工资，还是分红、提成、超产奖、管理奖、期权，都是企业调动员工积极性的手段。企业要达到目的，就必须要为员工考虑。

老板在企业中培养了一大堆负责人，然而这些人都纷纷创业去了，肯定会对老板产生影响。我们必须创造良好的环境和制度，留住人才。

老板想实现自己的目标，就必须得先实现员工的目标。一个优秀的企业，是先成就他人。我从来不主张给员工固定工资。比如，一位老板挖来人才，这个人才要年薪50万元，本质上只拿到了保障工资，而这个保障工资在公司就是纯成本，保障工资起不到实现员工目标的作用。

而员工得到了高额分红以后，会想拿更多的分红。他想拿更多的分红，就得拼命地干活，公司也就顺便获得了利润。当员工拿了一次超产奖，他就会发现干到一定程度可以得到更多的钱，于是他就拼命挑战，这样公司的业绩也就增长了。当他干了3年，积分变多了，就可以再干5年、10年，甚至更多年，如果一旦离职，这些东西就会全部归零，他会尽可能不走；并且随着职位越高，他的管理奖越高，拿到的团队分红和提成就越高，企业的管理他就会参与越深，也越难离开。

管理成熟度，是需要人执行的。作为一个老板，要想实现自己的目标，必须得考虑员工的诉求是什么，这些要通过薪酬结构体现出来。

❹ 薪酬结构与考核挂钩

薪酬与绩效的对应关系：薪，代表物质，包含工资和奖金，通过实现职责和目标获得，可以对应"绩"；酬，代表精神，包含荣誉和晋升，通过遵守纪律和品行高尚获得，对应"效"。薪酬的各项结构如何与考核挂钩，见表8-2。

表8-2 薪酬结构与考核对应表

固定工资 + 绩效工资 + 提成 + 分红 + 超产奖 + 股权 = 薪酬结构

薪酬项	固定工资	绩效工资	提成	分红	超产奖	股权
来源	海氏评估法进行岗位价值评估，价值量×K值而得	毛利润测算		海氏评估法计算的岗位价值系数×其他系数	冲刺目标测算	海氏评估法计算的岗位价值系数×股权系数
挂钩	出勤	月度考核或季度考核	直接发放可以ABC制	50%直接发放50%年度考核	达标即奖	严格考核，四指标：业绩、人才、满意度、电网指标

我们给工资的时候，一般会参考一个结构：固定工资与考勤有关，给员工固定工资的时候，不会和业绩有太大关系，因为它是一个保障工资。绩效工资和绩效考核有关，提成和业绩有关，分红与50%的考核、50%的保障

有关，超产奖和冲刺目标有关，股权和业绩、人才、能力等因素有关。

企业可能会有7个薪酬类型/项目，也可能会有5个或3个薪酬类型/项目，但是企业最好不要只有两个薪酬类型/项目。假如企业用7个薪酬类型/项目做出一套工资体系，这套工资体系是要做测算的。测算后，就知道员工的总收入是多少。固定工资只与考勤有关，但是和考勤有关的，除了固定工资以外，还有提成、分红。比如一个总经理长年累月不在岗，公司虽然有分红，但是这个总经理不一定会拿到分红——如果他每个月请假超过9天，分红就没有了。

一般绩效工资占总工资的30%，它是和考核有关的。提成则不做考核，可以根据完成多少，提成比例提高多少来确定。管理奖是与团队的提成有关的。分红有一半来自考核，一半不做考核。超产奖是单独设定一个冲刺目标。员工想拿到股权，需要多个指标。岗位薪酬结构的原则是，员工的级别越高，薪酬结构项目越多。

❺ 岗位薪酬结构

岗位薪酬结构，可分为如下几项，见图8-2。

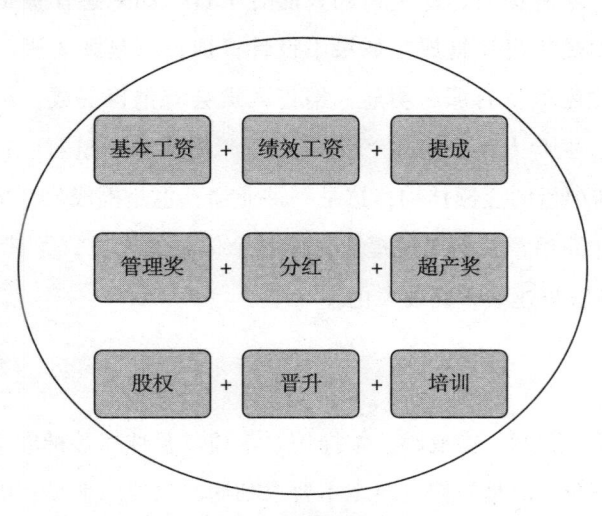

图 8-2　岗位薪酬结构细分图

（1）工资

工资包含了基本工资和绩效工资。一个岗位的薪酬结构，一定是要多样化的。我们一定不能只有一个项目，就是工资，最多再加上年底的红包，这个结构是极其不合理的，对员工没有激励性。

一个员工如果要获得工资，第一，要出勤；第二，要接受公司的工作要求。

与普通员工薪酬不同的是，上市公司负责人的年薪很多都是千万级别的。有很多公司某些岗位的收入特别高，比如 A 企业就出现过项目公司总经理的年收入超过 1 亿元，当然，这不仅仅是现金，还包括一些项目的分红和其他收益。但是不管怎么样，单纯靠工资是没有办法把员工收入拉开的。

（2）提成

提成与业绩相关。如销售人员有销售提成，生产员工有产量提成，项目提成与项目数量和金额挂钩等。

我们为了鼓励一批人做得更好，就增加了很多收入项目，比如提成。只出勤不能有提成，要想有提成就要有业绩。比如做运营，有销售额回来并且到账了，才有提成；每天出勤只能有工资。如果想让员工不停地做业绩，就必须给员工设计提成。如果不设计提成，只是死工资，那么他对自己的业绩关注度就没有那么明显。销售人员会有销售提成，销售提成和销售业绩对应；生产人员会有生产提成，生产提成和产量对应；项目工程师跟的项目量和项目的金额挂钩，这是一种业绩，也是提成。将提成与业绩挂钩的目的非常简单，就是通过提成，让各个体系的人员，尤其是营销人员，去关注如何能够将业绩做到最大化。

（3）分红

业绩不等于利润，提成跟业绩挂钩，业绩需要减掉各种成本和费用，最后才会得出利润。但是我们对员工不要求利润，只要求业绩，因为员工对利润的影响幅度，更多的是从业绩的角度去影响，他们对于成本和费用的影响并不大。但是我们需要有人对公司的利润负责,所以又设计了一个分红体系,分红跟利润相挂钩。我们一定要明白公司的利润不是公司老板一个人的事情。如果公司的利润是公司老板一个人事情,就会出现大家只会关注自己业绩的情况。

很多公司的老板,对于公司的利润极度关注。每天下班时,有的老板都要一个一个办公室地去检查有没有关灯。水龙头没关,灯没关,最心疼的人是老板。

有一次我去江西一家企业实地考察,在生产车间里,有一台设备一直在运转。我们一开始以为那台设备必须 24 小时运转,因为有一些设备是不能停转的。后来发现那台设备晚上下班后会关,只是中午不关。我问他们:"这台设备中午不能关吗?"那老板想了半天说没有这个规定。那么这台设备既然晚上能关,为什么中午不能关呢?中午是完全可以关的。这是超级耗电的设备,中午不关,每天就多运转两小时,在那空转。其实对这个问题最有发言权的就是这个生产车间的负责人。他对这件事一直不说的原因很简单,因为利润跟他没有什么关系,所以他就没有去关注这件事情。

(4)管理奖

我们必须要让管理人员尤其是负责人,或者独立核算机构的负责人,有一个分红的薪酬结构。这个分红结构跟利润挂钩,他们就会想出很多办法来控制利润。

一定要相信"智慧在民间"。如何节省和控制费用?每个一线管理者比老板更有发言权。比如一个岗位到底是配 5 个人,还是 6 个人?处于一线的管理者会更加了解这些情况,因此必须把权力下放到一线的负责人那里去。

（5）超产奖

超产奖跟超额目标挂钩。超额目标有很多种，比如超额的销售额，超额的利润目标实现，超额的产量实现。不同的岗位，可以设计不同的超产奖。因为企业目标设定的原则是目标分成保底目标、平衡目标和冲刺目标。保底目标是在正常情况下无论如何都应该完成的目标，除非是出现非常大的外部环境变化或者突发事件。平衡目标是只要经过努力就应该能实现的目标。冲刺目标是必须达到冠军级的水平或者超常发挥才能实现的目标。这里的冲刺目标也叫超额目标，超额目标的实现是有更大压力的。为了鼓励员工实现超额目标，我们要学会设计超额奖。

超产奖对应的是超额的一个目标。超产奖通常不会以月为单位，发放周期有可能是年度。这类待遇是在一年内的待遇，我们把它叫中短期待遇。

（6）股权

每家企业里都有很多的员工，企业希望留下一些有价值的员工跟企业一起成长，也希望跟这部分人做长期绑定，于是我们设计了一个薪酬项目，叫股权。股权是为了长期的利益捆绑。股权的变现有很多限制性的条款，但无论如何，它是出于一家企业想跟员工做长期利益绑定而做的事情。

（7）晋升和培训

我们还有非薪酬的项目，比如晋升和培训。这两个项目对于企业和员工而言，都是非常重要的。

晋升的方向是鼓励员工能力的提升。员工得到晋升，一定会有几个条件：第一，绩效是达标的；第二，必须要有担任上一级岗位的能力，即能力需要达标。这就是说，晋升的本质是鼓励业绩和能力的提升。当岗位级别越来越高，除了看业绩和能力，还要看品行。大家经常讲"用人为贤"，贤就是品德好的人，这句话的意思是用品德好又有业绩和能力的人。所以晋升是要求能力、业绩、品行同时并进的一件事情。

培训要的就是胜任力。一个员工加入一家企业，有很多种出发点，比如有待遇的需求，有希望得到发展的需求，有实现个人价值的需求，等等。员工可以有很多种的需求，但是在众多的需求当中，有两种需求一定是共通的：获得收益的需求，获得发展的需求。所以，培训是为了让员工更具胜任力，在组织里能够得到更多的训练和提升空间。

⑥ 岗位薪酬结构示例

当我们掌握了这几个大的薪酬项目以后，就可以自如地去设计很多岗位的薪酬结构了。

（1）董事长的薪酬结构

我们先从最高层开始设计。董事长的薪酬结构＝工资＋分红＋超产奖，其中分红占比较大。

董事长是一个全面负责的岗位，首先他向股东汇报，是股东委派的代表，要进行公司全面经营管理。股东最关心的不是销售额，而是利润，与利润挂钩的是分红。除了利润之外，股东还关心市值。如果是上市企业，股东的主要收益不是靠股息分红，就是靠股价的变动获得收益。但是非上市型企业，股东关心的就是利润以及与之挂钩的分红。除了工资和分红以外，董事长还会有一定的超产奖，通常超产奖奖励的是利润超产。当然我们也可以把工资分解成固定＋绩效，这就要看企业的具体情况了。

（2）CEO 或总经理的薪酬结构

CEO 或总经理的薪酬结构和董事长的类似。假如 CEO 或总经理不是负责全面，只负责营销板块，他的薪酬结构就会有一些变化。既然是负责营销，就可以有提成，但不是个人业绩提成，而是整个组织业绩提成。CEO 或总经理作为决策层岗位，对整个企业的相关指标都有影响，薪酬结构就是工资＋

组织业绩提成＋分红＋超产奖。在创业初期他们的重点关注销售额，所以组织业绩提成占比大。进入稳定发展阶段后，分红的占比大。

（3）COO 的薪酬结构

有些企业有负责运营的 COO 岗位，COO 的薪酬结构是工资＋公司分红＋超产奖＋所负责项目分红，其中公司分红占比大。如果有单独负责的项目，可能就会加上"所负责项目分红"这一项，但是它不是必选项，不同公司的情况不一样。

（4）CTO 的薪酬结构

负责技术的 CTO 的薪酬结构是工资＋所负责项目分红＋公司分红＋超产奖，其中项目分红、公司分红占比大。

（5）CFO 的薪酬结构

负责财务的 CFO 的薪酬结构是工资＋公司分红＋超产奖，其中工资占比大。CFO 的工资也可以分成固定工资＋绩效，超产奖可能要同绩效挂钩。比如他可能是双向超产：一个是公司的利润得超产，一个是所负责的板块对公司的利润超产起了重大帮助——比如资金的周转效率提升了，税务筹划节税了。

如果 CFO 通过税务筹划节税 500 万元，就要给他提成。曾经有一家企业的 CFO 和我诉苦，他给公司带来了大半的利润，公司却没有给他相应的提成。

如果 CFO 有这方面的能力，是可以适当考虑给一定的提成的，因为从某种程度上来讲，这个岗位是可以创收的。但是提成不能占非常高的比例，因为它建立在多种因素的基础上。比如高新企业等技术企业的退税，不是靠 CFO 一个人去完成的，需要公司的各种资源配合才能完成。当然，需要 CFO 做这件事，才会有相应的返还。

以上这几个岗位，基本上囊括了公司主要的核心管理者。董事长的收益中，分红占的收益最大。如果工资占的比重大，就会出现一个问题，董事长不会特别关注公司的利润创造，所以必须让董事长的分红占比高。

负责营销的CEO或总经理的薪酬结构里，应该是组织业绩提成、分红这两项占比大。是组织业绩提成占比更大，还是分红占比更大，这得看企业的发展阶段。如果企业处于初创期，主要目的就是跑马、扩地、占市场，这个岗位更关注的应该是销售额，因此会在短期牺牲一些利润率，并以组织提升为主；如果企业已经进入相对稳定的阶段，追求市场空间和客户，那么企业就以分红为主，追求业绩的质量，在同等业绩之下，能够做出更高的利润率。

COO的运营收入中最重要的一项，应该是公司分红。严格意义上来讲，如果COO跟公司的分红不挂钩，那就是一个纯粹的行政管理者了。只有跟公司分红挂钩，COO才能算是公司的运营负责人。

负责技术的CTO的主要收益来自项目分红＋公司分红，因为一个公司的CTO所负责的项目，应该是这个公司最主要的项目，或者是公司的主要项目之一。

负责财务的CFO的工资里，占比最大的应该是工资。如果CFO的收入里，公司的分红占比最大，就有可能出现记账混乱的问题。

一家企业接近于全员分红制，它的财务人员上到经理，下到出纳都有分红。企业每个季度的利润率是不均等的，这家企业的财务经理计划离职，离职之前他想捞一笔，正好当时是第三个季度，有一笔180万美金的大费用要入账，但这个财务经理为了让第三季度的利润高一些，就把这笔费用直接记到第四个季度。正常情况下，这笔费用应该是分摊到货物里面去，采用分摊制。于是第三个季度的利润率，迅速冲了上去。第二季度利润率是5%，第四季度利润率是13%，老板还特别高兴，觉得第四季度公司省钱很厉害。于是财务经理拿了第三季度的分红以后，就辞职走了。

结果到了第四季度，新的财务经理一接手就快哭了。因为第三季度和一些第二季度的费用，之前的财务经理都没处理，第四季度的季度利润直接跌到 −3%，就是亏损3%。

于是这家企业就认为，他们实行的分红制度错了。其实，企业的分红制度没错，错的是没有人去做监管。从薪酬结构上来看，CFO 的薪酬收入中应该是工资占的比重比较大，其次才是公司分红，然后才是创收的提成，最后才是超产奖。这跟岗位的性质有关。

（6）研发工程师的薪酬结构

研发工程师是一个比较难设计薪酬的岗位。这个岗位的薪酬结构通常会拆分成固定工资 + 技能工资 + 研发节点奖金 + 研发产品收益提成／分红。

一个新入行的研发工程师有可能领每月 6000 元的基本工资，但是资深研发工程师有可能拿每月 20000 元的基本工资，差别在于经验或者技能。研发工程师有一档工资叫技能工资，他们的固定工资可以一样，但是技能工资一定要拉开差别，要让高手进来。

研发工程师的薪酬一般都会跟一定的产品研发或者项目挂钩，会出现研发节点奖金。比如，一个产品研发出来有可能需要一年，在市场上拿到效益有可能还需要一年的时间。今天我们招来一个人负责 A 产品的研发，但是要两年之后才有可能拿到奖金，他就会觉得奖金有可能拿不到，基本上就认为奖金等于没有，他不会把奖金当成一个目标去看待。为了避免这种情况的出现，我们可以设节点奖金。因为在研发的过程中，一定会有若干个节点，达到某个节点，就给一份奖金。一个项目有可能为期 3 个月，也有可能为期 4 个月……如果中间会有节点奖金，就会让研发工程师觉得这个目标是比较容易实现的。同样，研发产品也可以设置收益提成或分红。最后，薪酬结构中再加上短周期的和长周期的提成或分红，就比较合理了。

（7）专家的薪酬结构

企业中还会有专家岗位。专家的薪酬结构就比较复杂，因为往往有能力的人都比较有个性，专家不仅追求收益，还追求价值实现，所以企业需要给专家匹配资源。

专家的薪酬结构是保障收入＋项目收益分配＋自有项目股权。专家的薪酬设计核心，在于事业感或成就感。薪酬结构里首先一定要有保障收入，因为我们得让专家不用为当下的柴米油盐等生活琐事而烦恼，给他创造一个能让他安心研发的环境；其次是要有项目收益分配，项目收益有可能是分红，也有可能是提成；最后是要有项目股权，比如项目做得好，可以把这个项目单独做成一家公司，让他持有其中的股权。

（8）策划经理的薪酬结构

策划经理不直接产生业绩，但是会通过策划对公司业绩产生一定的促进作用。策划经理的薪酬结构是固定工资＋绩效工资＋增量提成＋小组织分红。

策划经理的工资也可以变成固定＋绩效，也可以直接考核绩效。通过策划，其所获得的增量提成是可以加入薪酬的。薪酬中也可以加一定的小组织分红，比如属于这个营销中心的分红。

我们给大家举了几个岗位的薪酬结构例子，也提醒大家在做薪酬结构时，一定要考虑如下因素：

第一，岗位的薪酬结构要多样化，让员工有所期待；

第二，薪酬结构要根据岗位的目标导向和鼓励方向来设计。

最后，我们对薪酬结构做一个简单的总结。比如董事长不要提成要利润，因为他的导向就是要利润；营销 CEO 的导向是要销售额，我们就给他设计提成的薪酬结构；研发工程师要设计一个节点奖金，鼓励其按照计划去完成研发；策划经理要设计一个增量提成，要看策划之后业绩有没有增长，当然有可能这个增长不仅仅是因为策划，也可能由多方面作用力影响；专家需要有事业感，他的薪酬一定要跟项目收益有捆绑。

二、营销提成：菲尔德薪酬法

设计提成的目的是让营销人员提升业绩，让生产人员增加生产业绩，提成跟业绩是相对应的。对于很多企业而言，首先要设计的提成是营销提成，因为生产提成并不好设计，通常要换算成计件的模式。由于不同行业的计件模式相差很远，因此我们很难找到一个统一的模式去界定。而营销提成有很多统一的模式，有很多的共性规律，设计起来比较容易。

❶ 营销模式

营销提成的设计跟营销模式有很大关系。从市场营销角度来讲，营销模式有很多类别。但是从薪酬学上来讲，我们把它分成两大类：直接销售型、结构化销售型。

（1）直接销售型

直接销售型，顾名思义就是从业务员到客户。业务员会完成几乎所有的销售动作——从找到客户信息开始，到跟客户建立联结，到卖东西给客户，到把钱收回来，再到给客户做服务。整个环节里，基本上都是业务员在做这些动作。当然在这个过程里，有可能业务员会请经理帮忙成交客户，但是其他人只是帮忙，自始至终主要对接客户的人就是业务员，从最开始的环节到最末的环节，全是业务员在起主导作用。在这种模式下，完成成交业绩最重要的人就是业务员。因为没有业务员，没有人去开发客户，也就没有人去跟客户建立关系。

针对直接销售型的提成模式，主要由两类人员的提成组成。一类人员是业务人员，就是直接接触客户的人。当然，业务人员有可能是营销经理，还有可能是营销总监，由这类人员主导的提成叫个人提成。一类人员叫管理者，我们要让业务员完成对客户的所有动作，需要对业务员进行整个业务流程的训练，让他提升业务技能，在必要的时候还要帮他成交客户，这一系列工作都需要管理者的指导和帮助。由管理者带来的提成，叫作管理者提成。

直接销售型在保险行业比较常见，保险行业从头到尾主要见到的一个人，就是保险代理人，他完成了所有销售工作。凡是直接销售型的行业都有一个特征，就是给业务员的提成比例通常会比较高，比如保险代理人的提成就很高。因为业务员的入门门槛虽然不太高，但是寻找客户的难度比较大。

除了保险行业，培训行业、快速消费品行业、外贸行业也都是直接销售型。菲尔德薪酬法就是专门针对直接销售型的行业做薪酬设计。菲尔德薪酬法是菲尔德发明的，这套方式最早用在大都会保险公司。当时这家保险公司在如何激发保险业务员去开发客户的问题上比较困惑，因为客户不是从天上掉下来的，得一个个去寻找，而这种开发遇到的挫折是非常大的。为了促进保险业务员开发客户，菲尔德设计了一套营销提成模式，这家保险公司应用了这套模式以后，利润直接从亏损变为盈利，并且一度跻身全美前十的保险公司行列。所以，这套模式在效果上是非常明显的。

（2）结构化销售型

结构化销售型跟直接销售型有几个不同点，见表8-3。

表8-3 直接销售和结构化销售模式

营销模式	销售人员	提成设计	适用企业	特点
直接销售	由业务员完成销售过程的所有环节，其中在成交环节会借助外力，但最重要的人员是业务员	业务员和管理者分别设计提成，即菲尔德薪酬法	保险、培训公司、快速消费品等行业企业	由业务员完成所有销售环节

（续表）

营销模式	销售人员	提成设计	适用企业	特点
结构化销售	不同的环节由不同的人员完成	根据各个环节的价值量设计提成比例	以B2B为主的项目类、工程类企业	1. B2B为主 2. 客单价较高 3. 有相应的方案 4. 交付周期较长

结构化销售模式不是由单人完成一场营销活动，而是由一群人完成一场营销活动。销售方不只出现一个人，会有业务员、研发工程师、技术工程师、营销负责人、法务人员、交付工程师，甚至还会有预结算人员和财务、客服等。客户方有招标的负责人、技术方的评标的负责人、使用部门的负责人、企业的决策者等。虽然业务员在这里起到一个枢纽的作用，但是不能替代其他人的工作，大家都是有分工的。比如要销售一个路桥工程，就会有很多人去对接，有业务员，也有工程师，而对方企业会有招标办和技术人员，因为对方也要评审我们的技术标。商务谈判中，除了有业务员，还会有总监和技术负责人等，对方也会有相关人员参与，可能出现总经理。交付的时候还有交付工程师，收款的时候是财务对财务，售后服务会由售后工程师和客服对应对方的人员。

结构化销售的销售对象一般是公司，大部分情况下是以B2B（Business-to-Business，电子商务交易的双方都是商家）为主的项目类或工程类企业。它有以下几个方面的特点：第一，以B2B为主；第二，客单价比较高；第三，销售一定要有相应方案；第四，交付周期比较长，通常会分多次结款。

在众多的结构化销售方式当中，我推荐解决方案营销。我们认为在大客户销售领域或结构化销售领域，解决方案营销是目前最好的一种方式，当然也是比较难的一种方式。

❷ 菲尔德薪酬法设计思路

基于直接销售型企业设计菲尔德薪酬法之前，我们重点考虑两个提成设计：一个是业务员的提成怎么设计，一个是管理者的提成怎么设计。再详细一点，整个菲尔德薪酬法的设计，我们需要考虑如下六个问题。

第一，给营销人员发多少提成合适？发多了老板难受，发少了业务员难受，这个总提成比例应该怎么给？

第二，假如总提成比例为15%，那么这15%里到底有多少分给业务人员？有多少分给管理者？这之间的比例关系如何设计？

第三，既然有了业务员，那么我们是否还需要有客服这个岗位？如果需要，客服部和销售部如何设定？

第四，公司的总目标要对应不同的销售部或者不同的门店，应该如何分解？

第五，有人的地方就存在竞争，如何在机制上解决抢客户问题？

第六，有时候业务员一个人无法成交客户，因为业务员的能力有高有低，当他不能单独成交时，可以寻求帮助。给予业务员帮助的人，又该如何给予回馈？从机制上，该如何界定这件事情？

下面我们来一一解答这些问题。

（1）总提成比例是多少

设定总提成比例有一个计算公式。我们通常会把销售毛利润的30%~35%作为总提成比例。提成基数可以是销售额，也可以是销售的毛利润，以及销售的单位数量，比如个数、吨数、件数、公斤数，企业可以根据自己的实际情况决定。毛利润等于售价减去成本。从财务学上来理解，就是主营业务收入减掉主营业务成本等于主营业务的毛利润。主营业务成本包括生产费用、原材料费用、直接的人工成本和一部分的制造费用。销售收入减掉销售费用或销售成本，就等于销售组织或销售产品的毛利润。有些企业需要做公关，做公关的费用是无法界定的费用，我们通常会有一个费用率，比如5%，以此作为销售费用的成本进行扣除，得出销售产品的毛利润。销售产品的毛利润会分成三大部分：第一部分用来给销售组织做提成和人工，以及做相应的推广；第二部分是研发人员、交付人员、采购人员、行政人员、人力资源人员、财务人员等人工成本及办公费用，这些费用都要从毛利润里扣除；第三部分是公司的剩余利润。

在考虑多种情况的前提下，能够拿出来的总提成比例大概占销售组织毛利润的30%~35%。然而这笔钱是用来给业务人员做提成，还是用一部分做推广另一部分作为业务人员的提成，就要根据公司的具体情况进行设计了。有些行业的提成比例特别低，像超市行业基本就没有人员提成，但是有其他的费用，超市要做促销、要打广告、要做推广，以及销售人员在卖场卖货这些都是有成本费用的。成本费用占比太高，可能会减少销售人员的提成。

由于销售产品或者销售组织毛利润的数值太难计算，大家就需要反推销售额提成或反推卖的产品毛利润提成。如果在售价固定的情况下，可以用销售额提成。尽管员工对于成本没有任何决定权，但有些行业的报价是浮动的，客户会跟业务人员讨价还价，最后业务人员会报出一个价格。只要报的价格不低于成本，公司都会接受。那么在这种情况下，员工通常就得有毛利润提成。

（2）业务员与管理者提成比例如何划分

在直接销售型的企业里，业务员的层级通常叫"三级九岗"。三级分别是员工级别、经理级别、总监级别。九岗是指员工级别里的实习业务员、业务员、高级业务员，当然也可以叫作初级业务员、中级业务员、高级业务员，经理级别中的代经理、经理、高级经理，总监级别中的代总监、总监、高级总监。如果是营销子公司，还可以有副总经理、总经理。

除了提到的个人提成和管理提成之外，其实还有一种组织提成。假设一家公司经过刚才一轮测算，总提成比例是18%，这是一个个人提成。个人提成会分解成个人提成加上管理提成。一般来说，实习业务员10%，业务员12%，高级业务员14%，代经理14%，经理18%，高级经理18%，代总监18%，总监18%，高级总监18%，这些指的是个人提成。在同等做业绩的情况下，级别越高，个人提成比例就会越高。如果想要获得高的提成比例，就必须考虑提高级别。

Part ⑧ ‖ 企业提成与分红 ‖

很多企业的业务员做到一定程度的时候，就没有冲劲了——他觉得现在挺好，维护一下老客户，然后再随便开展一些工作，是能够做到小富即安的。但是，这种情况在我们现在设计的这套机制下是行不通的，这套机制会配合另外一套晋升和降级的标准。如果想要个人业绩提成高只有一个办法，就是不断想办法往前走，往上晋升。只有不断往上晋升，个人提成比例才会变高。

总提成比例是18%，我们只给实习业务员10%，还有8%给他的经理。因为实习业务员是标准的新手，缺乏经验。其他业务员没有义务教实习业务员，有义务教实习业务员的只有一个人，就是他的上级经理。经理是代经理、实习业务员、业务员、高级业务员等人的上级领导，所以经理必须要教实习业务员。但是经理教实习业务员就会考虑——我个人做业务是否能拿18%，要是我教你的利益不高，还不如自己去做业务。所以我们一定要给经理足够的奖励，让他愿意做指导。当实习业务员出单之后，他自己拿10%，经理拿8%，比如做成一笔1万元的单，业务员拿1000元提成，经理能拿800元的提成，这样经理也会比较有动力做这件事情。

当然，也有人特别较真地问："如果一个实习业务员特别幸运，走在大街上，突然有人要跟他买东西，难道他的经理也要分他8%的提成吗？"其实，这种情况下，经理也是要拿提成的，因为我们不能确定他所有的单都能如此幸运。同时，经理还可以分业务员的6%的提成，分高级业务员的4%的提成。

正常情况下，级别越高，工资也会越高。但是菲尔德薪酬法属于低底薪、高提成的薪酬方式，即工资相对会比较低，工资的增幅占比不大。业务人员变成经理以后，会发生一些变化：第一，个人的业绩提成比例会增加；第二，不仅可以靠自己做业务挣钱，下属做业务也能够挣钱，所以扩充团队对经理有很多好处，每来一个人，他都能挣一笔钱；第三，虽然经理分高级业务员的提成比例低，但是高级业务员的绝大部分业务都能自己干，经理基本上不需要管，高级业务员只要在部门工作一天，经理就会有他业绩的提成。

如果销售经理只带一个业务员，这个架构是不太合理的。销售经理应该有一个团队，可能包括代经理、高级业务员、中级业务员。如果要招新业务员，新招的人员一定是实习业务员。正常情况下来讲，销售经理下面最少要有 4~8 个业务员，这样才是比较合理的。假如有 1 万元的业绩，销售经理的收入包括他个人业绩 18%，代经理的 4%，高级业务员的 4%，业务员的 6%，实习业务员的 8%。

一家公司可以有多个销售团队。我以个人提成 18% 为例，说明业务员与管理者的提成分配，如表 8-4 所示。

表 8-4 不同级别人员的提成比例表

	个人提成	部门提成 （部门管理奖提成）	组织提成 （组织管理奖提成）
总经理			1%
副总经理			2%（所管辖团队）
高级总监	18%		2%（所管辖团队）
总监	18%		2%（所管辖团队）
代总监	18%		
高级经理	18%		
经理	18%		
代经理	14%	4%	
高级业务员	14%	4%	
业务员	12%	6%	
实习业务员	10%	8%	

在设计比例时需要注意如下事项：

- 实习业务员个人提成与部门管理奖提成比例为 5：4；
- 实习业务员个人提成比例大于部门管理奖提成比例；
- 经理个人提成 /2 ≤ 实习业务员个人提成；
- 高级业务员与代经理的提成比例相同，高级经理与代总监的提成比例相同；
- 代经理、代总监均为晋升为正职之前的缓冲和试用。

设计的总体原则：

第一，级别越高，个人提成比例就会越高。如果想要获得更多的收入，就要努力晋升级别。

第二，从员工岗变成经理岗以后，除了获得个人业绩的提成以外，还能够获得所辖属员工的业绩提成。经理主要是根据员工级别不同，帮助他们的程度不同，获得不同的业绩提成。一般来说，实习业务员最需要经理的帮助，最不需要经理帮助的人是高级业务员。简单而言，越是新手，经理所获其提成比例越高。这个设计的目的就是鼓励经理不停地去招聘新人和培训新人。

很多时候销售经理之所以不愿意招人和培训人，是因为招人和培训人太麻烦了。我们需要通过机制鼓励经理去招人和培训人。员工一旦升为经理，根据提供帮助的程度不同，会有不同程度的提成。级别更高以后，会拿属下所有团队的提成。所以作为一个管理者，想要拿到更多的收益，最佳的方式就是建团队——团队越大，他所获得的收益就越高；团队的个人能力越强，他所获得的收益就越高。这是典型的通过团队能够获得收益的方式。

菲尔德薪酬法的驱动性非常明确，通过这样的机制设计让企业的营销人员有不断向上的意愿，让管理者有不断扩建团队的动力。

（3）客服部的职能与营销提成设定

从某种程度上来讲，带直接销售型的团队就是在带欲望和野心。我们鼓励业务人员通过个人努力开发客户，强化业务人员的个人能力和个人信念，并不断鼓励其上进心。然后必须要扩建团队，因为无论是经理还是总监，他们收入相当大的一部分来自管理提成和组织提成，所以必须想办法建设团队。团队人数越多，管理者就越受益。比如保险公司就一直在想办法扩建团队，原因就是团队的人越多，收益越高。

但这样做会导致一种现象——业务员的流失率非常高。实习业务员绝对是流失率最高的，因为他有可能干了6个月，才出了2单，养活自己都困难。虽然业务员会离职，但是他会留下客户，而且有的客户是重复消费的。离职业务员留下的客户，叫"孤儿客户"。如果这类客户归销售部，最大可能性是归给经理。比如一个实习业务员留下了2个客户，这2个客户在很大程度上是归经理服务的。这样，经理也许就不愿意找客户，不会把时间用在去寻

315

找新客户以及培养团队身上。业务员走了，对经理还有好处，这就很难留存一支稳定的团队。

为了让经理把主要精力放在扩建和训练团队上面，我们专门设定了以下几个机制。

第一，所有客户需要在客服部备案。没有经过备案的客户，不受公司保护。

第二，"孤儿客户"交给客服部，由客服部代表公司进行维护和管理。如果"孤儿客户"后面产生消费，客服部提取正常提成比例的25%作为奖励。

第三，公司统一的客户信息管理归客服部负责。如果客户的信息分散在各个销售部中，公司没有整体的客户信息，就很不利于后期的客户服务。

（4）销售目标分解

我们采用菲尔德薪酬法的薪酬模式，目的是鼓励不断扩建团队。这样，会有很多个销售部，而且每个销售部都有很多人。比如一个销售总监下面有3~6个销售部，每个销售部有4~8名业务人员。不断扩建团队，就会出现一部、二部、三部、四部等很多个部门。那么，每个部门的目标如何设计呢？比如这个销售中心目标是5000万元，现在有4个销售部，这5000万元如何分解到这4个部门呢？有以下4种方法。

A. 人均业绩目标法

人均业绩目标法，即按照人均效率进行分配。有些企业特别关注人均效率数据，比如人均效率是每人每月5万元，每年的人均效率就是60万元。假如一部现在有5个人，二部有6个人，三部有7个人，那么一部的目标就是300万元，二部是360万元，三部是420万元。每个部门的目标要依人员编制进行设定。

B. 均分法

均分法指的是每个部门进行均等业绩划分。假如总共是5000万元的业绩目标，现在有4个部门，我们要求每个部门都必须做到均等业绩。5000万元除以4，每个部门的业绩目标就是1250万元。均分法是最简单的一种方式，不用考虑过程变动。

C. 部门级别法

部门级别法是根据不同资源的配备进行级别划分。假如现在要求5000万元业绩，我们要分给若干个部门，就要根据每个部门的资源配备来分。每个部门的资源不一样，尤其门店类企业特别典型。比如同样是药店，按地理位置、人流量等将药店划分为A级、B级和C级，级别不同，销售目标也不同。通常级别越高，销售目标就越高。我们会发现小区门口的药店生意特别好，因为它的地理位置好、人流量大。但是在高速公路的服务区上开一家药店，这家药店的生意可能就不会太好。

长松公司也会分级，比如特大型城市北上广深都叫A级，因为市场容量足够大；一般的省会城市都叫B级，因为省会城市的容量也比较大；到了地级市级别，市场容量变小，就变成C级了。这是一种按照资源去分类的方式。不同的资源，目标会不一样，比如我们会给A级定2000万元的目标，给B级定一年1500万元的目标，给C级定一年700万元的目标。

我们可能根据资源配备的不同、总经理能力的不同等，调整相应的级别。我们也可能会把能力最强的总经理放到A级里，把能力不足的总经理放到C级里。有可能在A级公司一个总监的能力，抵得上一个C级公司总经理的能力。

D. 环比法

环比法是指基于过去的数据和现有的投入与相关资源，通过正推法制作销售目标。公司可能会有想法，也会分析个人的能力。比如一部在去年做了1500万元的业绩，我们就会跟去年的业绩做比较，算出今年的各种投入，得出来今年大概能做到1800万元。公司经过调研之后，如果认为这个目标可以实现，就会定下这个目标。

（5）设定机制解决员工之间抢客户的问题

相对结构化销售型来讲，直接销售型的流程相对简单，可以分成四个环节或四个动作,分别是收集客户信息、建立联系、成交、完款。见图8-3。

```
收集客户信息
    ↓
  建立联系
     ↓
    成交
     ↓
    完款
```

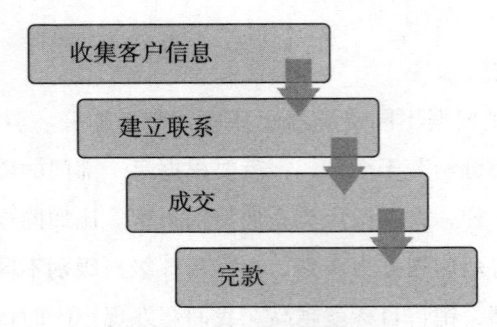

图8-3 直接销售型流程图

如果我们把整个销售总提成界定为100%,这四段各占25%,完成一段就可以拿25%。

想要员工之间不抢客户,并且还要乐于帮助他人成交客户,首先要保证所有客户必须在客服部备案,不备案是不受保护的。

(6) 帮助营销的机制设计

不同的人员,能力不一样。比如,有些人特别擅长收集客户信息,一天能够找几十个意向客户。但是这些客户有一个共同的特点——"见光就死"——没见面之前聊的一切都挺好的,一见面就完了。我们前文提到过,实习业务员首先得找经理帮忙,去见这些客户,因为经理也分他的提成,经理如果也没有搞定这些客户,就会找别人帮他;如果帮他的不是经理而是别人,就存在要不要分给这个人提成的问题。所以,我们需要根据每个人的特长进行节点划分。

第一种场景:A特别擅长收集客户信息,但后面的就干不下去了,接着B从建立联系开始接手,通过打电话、视频、见面等方式,最终把这个客户跟到完款的环节,这个客户就属于B了。这个客户可能会具备持续的成交可能性,如果后面还会成交,以后是不是都能分给A一些提成?是可以的,但是分给A的最多不超过25%,因为搜集客户信息的价值就到这里了。而且正常情况下,A的提成只会低于25%,有可能最多给到10%。这个可以根据具体的情况制定政策，但是不要让两个人私下协商，公司最好出台一个政策。

第二种场景：A已经完成收集客户信息和建立联系动作，并且已经邀请客户来到公司，准备成交了，但是A觉得自己有可能成交不了，正好经理又不在，如果那天不能和客户成交，有可能就没希望了，或者只能下一次沟通。于是A就去找B帮忙，B帮助A见客户，客户愉快地在现场签了合同，交了一笔定金成交，A继续完成后续的完款动作。在这种情况下，A应该拿总提成的75%，客户是A的，该客户从头到尾都是A在跟；B帮助A完成成交，可以拿25%。

第三种场景：A完成了收集客户信息、建立联系以及成交三个环节，但客户就是不完款。于是A找B帮忙，由B负责完款。这种情况也可以A拿75%，B拿25%，客户依然属于A。

如何解决帮忙营销的利益分配的问题？我们一定要形成一个观念，帮忙营销的利益分配需要通过机制去解决，而不能通过管理人员的裁判去解决，因为管理人员反复在中间做裁判，容易产生很多纠纷，不利于解决问题。

❸ 营销团队晋升和保级标准表

为了鼓励营销人员晋升或在原岗位充满干劲，我们结合菲尔德薪酬法，专门设计了营销团队晋升标准表。

营销团队晋升标准表，不仅包括晋升标准，也包括降级标准。见表8-5。

表8-5 营销团队晋升标准表

岗 位	业绩指标	学习成长	培养干部	关键指标	降级指标
实习业务员	个人业绩月度达到2万元以上	新员工培训通关，业务流程合格		5个新客户前端产品销售2个	2个月不能满足要求即淘汰
业务员	个人业绩7万元以上	参加预备主管培训并通关	增员1人	累计10个客户	连续2个月无业绩

（续表）

岗位	业绩指标	学习成长	培养干部	关键指标	降级指标
高级业务员	个人业绩10万元以上	参加预备经理培训并通关	增员1人	累计30个客户，其中新客户10人以上	连续2个月业绩在2万元以下或无新客户
代经理	团队40万元，其中个人业绩10万元以上	参加储备干部培训并通关，并具备培训业务流程的能力	招聘并组建团队，培养2名高级业务员	客户重复消费率超过20%	团队业绩连续2个月在10万元以下，或个人业绩在7万元以下
经理	团队业绩100万元或连续2个月评比前两名	参加储备干部培训并通关	培养代经理2名，并编制达标	客户重复消费率超过20%	团队业绩连续2个月低于30万元或在评比中倒数第一
高级经理	团队业绩100万元或评比冠军	参加储备干部培训并通关	培养2名经理或代经理	管理满意度达到80%	管理满意度低于60%，或PK后两名，或业绩低于30万元
总监	所属区域业绩500万元以上	参加储备总经理培训并通关，具备销售管理、组织管理、财务管理能力	培养经理3名以上，复制团队1支	管理满意度超过85%	1）连续3个月业绩低于270万元 2）人才流失率超过50% 3）管理满意度低于50% 4）目标完成率低于50% 符合一项降一级
副总经理	所辖区域保持盈利，月度业绩600万元以上	参加总经理培训并通关，有组织、营销、财务系统能力	培养经理4名或总监1名以上	管理满意度超过85%，大客户单超过10%，重复消费率30%以上	3个月业绩低于270万元，降级不得高于经理；3个月业绩低于350万元，降级不得高于高级经理；3个月业绩低于400万元，降级不得高于总监，可以主持工作
总经理	完成公司目标	参加集团核心干部训练并通关，认同公司文化与机制	培养总监3名以上或副总1名	管理满意度超过85%	参照公司相关文件执行

在整个菲尔德薪酬法的体系里，我们要鼓励人员不断往上晋升，以及不断去扩充团队，但是，我们不能让营销团队躺在过去的客户功劳簿上过日子，要让大家有持续的动力。很多公司的营销团队都面临这样的问题，达到一定阶段，大家就开始疲倦甚至没动力了，要从机制上去解决这个问题，不断完善晋升的标准和保级标准，让大家不停地往前冲。

Part ⑧ ‖ 企业提成与分红 ‖

晋升标准总共包括四个部分，分别是业绩指标、学习成长指标、培养干部指标和关键指标。不同的公司可以设定不同的指标。有些公司特别强调开发客户数量，有些公司特别强调产品的产销比，有些公司特别强调客户的复购率。

实习业务员、业务员、高级业务员，强调的是个人的业绩能力，只要个人业绩达标就会不停地晋升。对于业务员，不强调培养干部，就强调增员。招聘最好的方法，不仅仅是在人才市场上招聘，还可以通过员工介绍，并且这种招聘方式的成功率超级高。

接下来是代经理。我们发现业务员要想往上晋升，只需要有个人业绩，再加上一定的增员和培训就行了，但是到代经理就不同了，从代经理开始要求团队业绩了。这是因为从业务员晋升到管理岗之后，对于团队的业绩指标要求度就开始高于个人指标了。所以从代经理开始，不仅要求团队指标，还要求组建团队，培养人员。到了总监级别，对区域业绩、管理满意度提出了要求，并具备销售管理、组织管理、财务管理能力等。

表8-5中的最右边一列，是降级指标。不同岗位的降级指标也是不一样的，比如副总经理的降级就分成几种类型：第一种是业绩虽然没有达标，但是可以继续主持工作；第二种是业绩不理想，无法达到副总经理的标准，就直接降到高级经理了；第三种是不仅达不到总监标准，连高级经理标准都达不到，只能直接降到经理了。

总监也有降级标准，比如连续3个月业绩低于270万元，人才流失率超过50%，管理满意度低于50%，目标完成率低于50%，只要有一项没有实现保级，就降一级，一直降到业务员为止。

如果要在企业里用菲尔德薪酬法，需要把表8-4和表8-5，以及如何去规避客户的管理问题组合到一起，这才是一套完整的直接销售型营销人员的提成方案。

三、结构化营销提成

结构化营销提成特别适合于营销团队使用。它针对的不是一个人，而是一个群体。

❶ 结构化营销的三个级别

（1）第一级，推销法

推销法是由销售人员一个人完成销售环节，属于低营销工作。

比如你突然间接到了一个电话，对方说自己是卖保险的，你从开始了解这个信息，到最后买了保险，接触的就这一个人。或者你到门店去买一个手镯，给你介绍商品和最后成交的也就只有一个销售人员。这种方式叫作推销。

（2）第二级，OPP 营销

OPP 营销是招商营销、会议营销、直销、合作营销、上门营销等各种营销方式的总称。这种营销大体可以分为三个环节：第一，组织一场会议；第二，邀请客户到会场；第三，由专家讲课进行营销。

（3）第三级，解决方案式营销法

随着时间的推移，我们发现 OPP 营销也不能完全解决问题。在做营销的过程中得有不同的环节，这种营销方式叫解决方案式营销。

综上所述，我们在学营销的时候，不能只学推销，还得学 OPP 营销和解决方案式营销。

❷ 项目提成设计

首先，设计团队提成的总比例，它主要受几个因素的影响。

第一个重要影响因素是毛利润。毛利润越高的企业，提成比例就越高。比如卖钢材的，可能用千分之几来提成，生产工厂大概有 1%~2% 的提成。

第二个重要影响因素是行情。大家都给了高提成，你给得低就招不到员工，你可以把产品链变多，前端的产品不挣钱，就给员工高提成。后端再出一些高端产品，让公司赚钱。

第三个重要影响因素是品牌。比如卖一款名酒，提成可能只有 30 元，但是你卖其他品牌的酒，1000 元就能提 600 元。品牌对销售的难度影响很大，也会对提成产生影响。

第四个重要影响因素是每个成员的提成标准。成员的提成标准会受以下几个因素的影响：岗位的岗位价值量、岗位的人数、岗位的条件。

在成员的提成标准里，还有两个小指标：一是是否担任管理者，二是工作的年限。

❸ 项目提成表示例

我们以某个项目部为例，岗位分别有项目总监、技术总工、施工经理、采购经理、土建工程师、预算工程师、项目会计和项目文员。这些岗位的提成设计如表 8-6 所示。

表 8-6　某项目岗位提成设计表

项目总提成比例：10%　　岗位提成系数＝价值系数×管理系数×工龄系数

	岗位名称	价值量	价值系数	岗位人数	管理系数	工龄系数	人员工龄	岗位提成系数	岗位提成
1	项目总监	797	7.66	1	1.5	1.30	10 年	14.94	3.53%
2	技术总工	580	5.58	1	1.5	1.09	3 年	9.13	2.16%
3	施工经理	530	5.10	1	1.2	1.09	3 年	6.66	1.58%

（续表）

	岗位名称	价值量	价值系数	岗位人数	管理系数	工龄系数	人员工龄	岗位提成系数	岗位提成
4	采购经理	377	3.63	1	1.2	1.09	3年	4.74	1.12%
5	土建工程师	335	3.22	1	1.0	1.06	2年	3.41	0.81%
6	预算工程师	335	3.22	1	1.0	1.06	2年	3.41	0.81%
7	项目会计	142	1.37	1	1.0	1.06	2年	1.45	0.34%
8	项目文员	104	1.00	1	1.0	1.06	2年	1.06	0.25%
				累计：				42.29	10.00%

注：如有专门的销售经理或销售团队，销售经理或销售团队获得总提成50%，剩余人员累计获得项目提成的另外50%。销售经理不参与项目交付提成或项目分红分配。

下面我们来看一下设计的具体步骤。

（1）通过海氏评估法得出岗位价值量

项目文员的岗位价值量得分是104，项目会计是142，预算工程师是335，土建工程师是335，采购经理是377，施工经理是530，技术总工是580，项目总监是797。用海氏评估法反复进行打分，得出岗位价值量以后，设计企业提成，就非常容易了。

（2）计算价值系数

每一个岗位的岗位价值量除以最低价值量，得出价值系数。我们以价值量最低得分的项目文员104为基数，每一个岗位的得分除以104，比如，项目文员的价值系数就是104除以104等于1，项目会计的价值系数是142除以104等于1.37。按照此方法，分别计算出其他岗位的价值系数。

（3）确定管理系数

采用三级制系数，员工级为1，经理级为1.2，总监级为1.5，管理系数就是1∶1.2∶1.5。一般来讲，一个小团队提成只用三级，即普通员工是1，一般主管是 1.2，总监级是 1.5。一个岗位的工资级别越高，提成就越高，分红也更高。

（4）计算工龄系数

我们找到有代表性的岗位，假如一个项目总监的工龄有 10 年，1 为基数，每 1 年增加 0.03，工龄 2 年等于 1.06，工龄 3 年就等于 1.09，工龄 10 年就等于 1.3。

（5）计算岗位提成系数

计算公式：价值系数 × 管理系数 × 工龄系数 = 岗位提成系数。我们还是以项目总监为例，计算总监岗位的提成系数。7.66（价值系数）×1.5（管理系数）×1.3（工龄系数），得出岗位提成系数 14.94。

（6）计算岗位提成比例

假如我们把总提成的 10% 分给大家，那么岗位提成比例 = 总提成比例 10%×（岗位提成系数/岗位提成系数总和）。通过计算，提成系数当中总分是 42.29，项目文员的岗位提成比例就是 10%×1.06/42.29 ≈ 0.25%。以此类推，项目总监的岗位提成比例是 3.53%，技术总工是 2.16%，施工经理是 1.58%，采购经理是 1.12%，土建工程师是 0.81%，预算工程师是 0.81%，项目会计是 0.34%。

几乎所有岗位提成比例，都是通过这个逻辑算出来的。本质算法就是，价值系数乘以管理系数，乘以工龄系数，算出每个岗位提成系数。每个岗位的提成系数相加，得到岗位提成系数总和。最后再算出各个岗位的提成比例。这种算法的主要目的是让员工更便于计算，从而让我们在销售工作管理过程中更有效率。

四、公司分红

公司分红，重要的是老板和核心团队形成利益的共同体。形成利益共同体最重要的一个原理就是解放老板，系统托管。老板不能什么事都自己做，公司里要有一些人真正去操心具体的工作。老板不能光靠自己劳动挣钱，还得借助平台去做管理挣钱。只有这样，老板的收益才会变高。

企业要想挣钱，最好的办法就是老板创造一个平台，吸引一群人，这群人每个人都在挣钱，然后大家共同分钱。考验老板有两个真正的核心指标：一个是领导力，一个是机制。领导力就是老板与高级人才建立信任的能力，它也是一种人格魅力。另外老板需通过分红机制，激励团队完成企业目标。

❶ 分红流程

发展好一个团队，核心工作就是分红。分红的流程主要分为以下几个步骤，见图 8-4。

A.股东与经理人的利益分配比例设定	B.确定分红人员资格	C.进行岗位价值评估	D.设定分红系数，开展背景调研	E.计算分红比例	F.对分红人员实施绩效考核

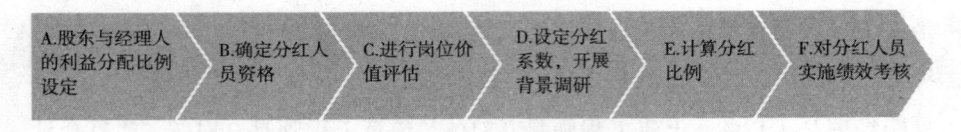

图 8-4 分红的流程

（1）股东与经理人的利益分配比例设定

利益分配比例的设定法则是毛利润设定法，即在缴纳企业所得税前进行分配，其分配比例的高低由以下几个因素决定。

第一，投资金额。

一般投资金额与分红比例成反比。比如股东投资了一个大型工厂，投资金额为30亿元，他不可能给经理人分50%。但是如果他就投资10万元，他有可能给别人分50%，这和投资的比例是有关系的。

第二，看企业是人合还是资合。

以人力资源为导向的公司即为人合，通常来看，企业对人力资源依赖程度越高，分红比例越大。这与企业采用的商业模型有关系，比如说律师事务所、会计师事务所，这些大部分都属于人合型的公司，都是以人力资源为导向的公司，他们创造的利润分配比例也非常高。而资合型的，即有很多项目的公司，即使他们拿分红，也不会拿得很高，因为"一架飞机"投资是很大的。

第三，看企业所处行业。

分红比例与行业习惯看齐。有的行业分红比例比较高，而有的行业就比较低，这都和行业习惯有关。

因此，我们建议老板先设定好给团队分多少钱。我们给出一个分红基准参考比例，如下：

- 股东＋税务占70%，经理人团队占30%；
- 有限责任公司通常为18%~25%；
- 中心制有限责任公司为30%；
- 投资且由他人主导经营的企业分红为40%~60%。

（2）确定分红人员资格

企业分红办法有两个，一个是核算公司整体利润进行分红；另一个是核算每一个小组织利润，分别进行分红。分红的资格可以有如下要求：

- 公司工龄：如入司时间需超过2年；
- 学历要求：如大专以上；
- 级别要求：如主管级别以上；
- 业绩要求：如平均绩效考核得分在85分以上；
- 其他要求：如业绩累积达到×××元，有一定的业绩积累。

（3）进行岗位价值评估

因为岗位价值评估决定了工资的具体金额，所以全公司的岗位价值都会评估，这样我们就可以精确地计算出每一个岗位价值的得分了。

（4）设定分红系数，开展人力资源背景调研

对其他关于人力资源的指标的实际情况进行背景调研，并且设定分红的系数。

（5）计算分红比例

根据公式，算出分红的相应比例。

（6）对分红人员实施绩效考核

最后，对分红人员实施绩效考核。

❷ 分红示例

一家公司老板准备给团队分红 30%，我们以这家公司的分红为例，具体分配如表 8-7 所示。

表 8-7　某公司分红表

总分红比例：30%

序号	类型	岗位名称	价值量	价值系数	岗位人数	分红人背景	分红系数	总分红系数	岗位总分红比例	岗位分红比例
1	上山型	董事长	1750	4.74	1	职位1.2*工龄1.3*学历1.2*绩效1.2	10.651	10.651	6.17%	6.17%
2	上山型	CEO	1639	4.44	1	职位1.2*1.1*1.2*1.0	7.03643	7.03643	4.08%	4.08%
3	上山型	销售总监	900	2.44	1	1.2*1.0*1*1.1	3.21951	3.21951	1.86%	1.86%
4	平路型	采购总监	718	1.95	1	1.1*1.3*1.0*0.9	2.50592	2.50592	1.45%	1.45%
5	下山型	产品品类经理	621	1.68	1	假设均为1	1.68	1.68293	0.97%	0.97%
6	上山型	销售经理	516	1.40	1	假设均为1	1.40	1.39837	0.81%	0.81%
7	下山型	产品主管	419	1.14	1	假设均为1	1.14	1.13645	0.66%	0.66%

Part ⑧ ‖ 企业提成与分红 ‖

（续表）

序号	类型	岗位名称	价值量	价值系数	岗位人数	分红人背景	分红系数	总分红系数	岗位总分红比例	岗位分红比例
8	平路型	财务经理	402	1.09	1	假设均为1	1.09	1.09011	0.63%	0.63%
9	平路型	人力资源经理	385	1.04	1	假设均为1	1.04	1.04268	0.60%	0.60%
10	上山型	推广培训师	384	1.04	1	假设均为1	1.04	1.04035	0.60%	0.60%
11	上山型	采购工程师	376	1.02	1	假设均为1	1.02	1.01789	0.59%	0.59%
12	上山型	店长	369	1.00	20	假设均为1	1.00	19.9783	11.57%	0.58%

分红的具体步骤有六步。

（1）确定分红总比例

该公司总分红比例为30%。

（2）确定分红人员资格

这一步要确定哪些人具有分红资格。不同的企业具有分红资格的岗位是不一样的，这要根据自己企业的实际情况来决定。例如，这家公司具有分红资格的岗位包含董事长、CEO、销售总监、采购总监、产品品类经理、销售经理、产品主管、财务经理、人力资源经理、推广培训师、采购工程师和店长。

（3）计算各岗位的价值量得分和价值系数

用海氏评估法算出具有分红资格岗位的价值量得分，然后根据前文介绍过的计算方法，计算出具体的价值系数。

（4）开展人力资源背景调研

这一步主要对相关岗位开展人力资源的背景调查。调查的内容包含职位、工龄、学历、绩效等，依据这些内容算出各个岗位的分红系数。

（5）计算岗位总分红比例和各个岗位分红比例

根据上面我们核算出来的数据，套入公式，计算出各个岗位的总分红比例及各个岗位的分红比例。

（6）对分红人员实施绩效考核

最后，对有分红资格的人员实施绩效考核，计算出具体的分红金额。

分红首先要做两件事：第一，确定岗位价值量；第二，确定具有分红资格岗位的人员。表8-7中，价值量最低的是369，369除以369，系数等于1，即价值系数最低是1。价值系数最高的是4.74。价值分红的级差，就是岗位的差别。但是不能说岗位的差别，就是分红的差别，因为我们还要考虑个人因素，比如岗位级别、学历、工龄、绩效这4个因素，通过这些因素得出一个分红系数。有了分红系数，我们还要结合岗位的人数，最终得出总分红的系数和每一个岗位应该分红的系数。

我们设定总分红比例是30%，就能够计算出每一个人折算成30%的时候，应该能分到多少了。

五、项目系数制分红

分红是构建利益共同体的一个重要部分。

如何让员工高效地投入工作当中？分红就是可以使员工提高效率的方法之一，分红的机制在项目制企业里同样适用。分红有多种多样的方式。怎样让一个项目自循环管理，解放老板，一般有以下几个重要的步骤。

（1）确定项目总分红比例

总分红比例可参考行业内部规则，如职业经理人可以分项目总分红比例的23%，股东分33%，企业所得税缴纳25%，发展备用金预提10%，研发基金预提 9%。

（2）罗列分红岗位条件

这一步我们把组织架构的工作人员罗列出来。分红岗位条件包含文化认同、岗位级别、任职时间、公司的规章制度、管理满意度和业绩。具体内容如表 8-8 所示。

表 8-8　分红岗位条件

序号	指标	指标说明
1	文化认同	同频思维，认同公司文化和价值观
2	岗位级别	管理层为经理级以上，技术人员为工程师级以上
3	任职时间	本岗位任职时间 1 年以上
4	公司的规章制度	年违反次数在 2 次以下
5	管理满意度	85% 以上认同
6	业绩	平均绩效得分在 75 分以上

（3）得出岗位价值量

通过岗位价值评估的方法，得出各岗位的价值量。

（4）计算价值系数

通过岗位价值量，找出各个岗位的价值系数。

（5）确定分红岗位人数

确定每个岗位上有分红资格的人应当符合的条件是什么，以及人数分别是多少。

（6）对分红人员进行背景调研

对分红人员的级别、学历、工龄等背景进行调研。

（7）计算出价值总量

我们准备给别人分多少，什么时候给。

（8）计算各岗位价值占比

看分红的比例有没有可能调整。

（9）分红系数

分红系数＝岗位价值系数×岗位类型系数×学历系数×历史贡献系数×绩效考核系数

具体内容见表8-9。

表8-9 其他系数

岗位类型系数			历史贡献系数		
（1.0~1.2）			（1.0~1.3）		
序号	岗位类型	类型系数	序号	工作年限	工龄系数
1	职能（平路）	1	1	1年以下	1
2	技术（下山）	1.1	2	满1年	1.03
3	营销	1.2	3	满2年	1.06
可增加，顶级技术专家1.3			4	满3年	1.09
学历系数/胜任系数			5	满4年	1.12
（1.0~1.2）			6	满5年	1.15
学历		学历系数	备注：工作年限每满1年，工龄系数增加0.03，以此类推，但最多不超过1.3		
硕士及以上		1.2	:::		
本科		1.1	:::		
专科及以下		1	:::		
可增加博士学历，最高1.3					
绩效系数（0.8~1.2）						
上一年度绩效等级			绩效系数		
A（100分）			1.2		
B（295分）			1.1		
C（285分）			1		
D（<85分）			0.9		
E（<60分）			0.8		

如何通过系数法来给你的企业做分红？参考上述方案的时候，要代入到你的企业——如果你的企业有项目，你应该怎么去分红。

（10）计算岗位分红比

这一步我们要做的第一件事情，就是确定这个项目给各岗位的分红比例。为什么要确定这个比例？因为这个比例原则上没有统一的规定，它和企业如何看待职业经理人有关系。一定要找出这个比例会受哪些因素影响的话，无非有以下两个。第一，是行业的利润率；第二，是确定企业是人合型的还是资合型的，也就是企业的利润主要是由人来创造的还是由资本来创造的。一般来说，国际上有一个相对比较重要的规则，职业经理人大约拿23%（最近流行的趋势是23%~30%），股东大约拿33%，还有25%的企业所得税，加上10%的发展备用金，还剩9%，就是研发基金。按照并列式分红的原则，一般会给到20%~30%。长松公司可以给到50%，是因为我们采用的是人合型分配比例，长松公司最值钱的就是人，最值钱的岗位有大课讲师、OPP讲师、咨询师、子公司营销精英等，如果这些人都没有了，公司就散掉了，所以这个比例就有可能高。假如为20%，这些人怎么去分？第一个重要的问题，就是选择计算方法，一般是价值量乘以一些指标，前提是你肯定不用价值量去分。分红有个特征，得分越高，级别越高的人，分红比例就越高。分红还会受其他指标的影响，比如文化认同；岗位的级别，级别越高，系数也会翻倍；任职的时间；管理的满意度；业绩；等等。

经过计算，得出各个岗位的分红比例，如表8-10所示。

表8-10 项目分红比例表

项目总分红比例：20%

	岗位名称	价值量	价值系数	岗位人数	价值总量	价值占比	分红人背景	分红系数	岗位分红比例
1	项目总监	797	7.66	1	797	26.98%	上升期、本科、满10年	13.15	6.34%
2	技术总工	580	5.58	1	580	19.66%	技术、硕士、满3年	8.03	3.87%
3	施工经理	530	5.09	1	530	17.93%	上升期、本科、满3年	7.33	3.53%

（续表）

	岗位名称	价值量	价值系数	岗位人数	价值总量	价值占比	分红人背景	分红系数	岗位分红比例
4	采购经理	377	3.63	1	377	12.77%	职能、本科、满3年	4.35	2.10%
5	土建工程师	335	3.22	1	335	11.33%	技术、本科、满2年	4.13	1.99%
6	预算工程师	335	3.22	1	335	11.33%	技术、硕士、满2年	4.50	2.17%
7	项目会计	142	1.37	无分红			职能、本科、满2年		
8	项目文员	104	1.00	无分红			职能、本科、满2年		

具体来说，就是算出公司要给这些人一共分多少，然后确定他们内部到底该怎么分——用岗位价值系数乘以岗位类型系数，乘以历史贡献系数，乘以学历系数，再乘以绩效系数，于是我们就得出了这个数值的价值量的权重，经过测算以后，得出一个结果，就可以分红。其中项目会计和项目文员不享受分红。经过计算可知，价值总量等于2954，几个岗位占分红比例的26.98%、19.66%、17.93%、12.77%、11.33%、11.33%。

但实际的计算中还要加上这些人的背景，比如你是上山型的，他是平路型的，这就有了加权系数，要和刚才制定的那个标准重新进行计算以后，再用表8-9的数据来乘，最后得到分红系数分别为13.15、8.03、7.37、4.35、4.13、4.50，加起来等于41.49，最后得出了岗位分红系数是4.3%，总共为20%。这样，我们就可以将其应用到现实的企业当中，比如一个项目的20%分给大家，其中项目总监分6.34%，技术总工分3.87%，施工经理分3.53%。我们可以拿着这种方法进行大量的项目的临时组合，做出分红。

六、有限责任公司分红

有限责任公司分红更复杂一些，具体见下文。

❶ 企业小组织及专家构建

作为一个老板，不要直接管员工。尽可能在中间安排两个层级：一个是负责人，另一个就是专家。

老板的主要职能是企业管理、产品研发与业务开展，除此之外，有些老板还要应酬客户。我们公司提出的重大理念是"解放老板，系统托管"。做老板压力是非常大的。我这么多年来，很少跟客户在一起应酬，主要原因是我用分层把自己解放了。

建立一个业务团队，这个团队包含团队负责人、营销专家和团队成员。很多企业老板有一个错误的理念：自己招一个业务团队，就感觉业务有人干了。但是在很多情况下，招完业务团队，也没有业绩。一个企业的业务要想真正从老板手上转交出去，需要三步，也就是说，实现"解放老板，系统托管"，关键有三步。

第一步，业务转交出去，分红要付30%左右。

第二步，把研发交出去。企业要有大量的事业部和分子公司，要整合大量的项目，整合合作人和专家，同时转移研发职能给他人。因此，项目创造的利润分红，至少要给他们35%~50%。

第三步，把管理权力也交出去。可以建立"3O"团队，即CEO负责营销，CTO负责产品，COO负责运营，这些人的分红比例大约是15%。

通过这几步操作，老板最后所剩的利润分红是分营销团队的45%，事业部团队的50%。把管理交给了3O，研发交给了项目团队，业务交给了营销团队，达到了把销售、研发、管理都交出去的目的。

❷ 实业型有限责任公司分红示例

一个老板跟我说："贾老师，我特别疲惫，我想解放我自己。我的孩子逐渐长大，需要接受良好的教育，我需要陪伴他们。所以我需要一定的时间，但我不知道该怎么办。"我经过了解得知，他们一家吃住都在工厂里，他有3个孩子，其中前两个孩子都是在工厂出生的。

这个老板该如何解放自己？我给他设计了一个方案。

这家企业的年营业额是5000万元左右，年利润也就是五六百万元。对这家企业进行改革，有以下几种策略：

第一，有独立核算账。

数据等于信任，但是现在很多企业的老板在公司里算账算不清楚。要想建立信任，就要先建立核算账。企业如何算出利润，里面的折旧成本、库存、研发到底怎么分配，一定要有清晰的核算账，没有核算账就不要谈分红。

第二，设置3O。

我将这家企业的总经理、行政总监和制造总监定位成3O。老板要明确一个观点：设置3O可以把自己的管理责任委托出去，这样才有时间去解决自己的问题。

第三，签订目标责任书。

企业内部所有人要签订目标责任书，要有考核。没有考核的公司，一般要靠老板的精力，靠老板的两只眼睛去监督。

第四，要有分红机制。

分红机制可以让员工和公司形成利益共同体，这一点非常重要。

经过改革以后，这家企业的分红机制开始细化，如图8-5所示。

老板给大家分红，大家的责任就会变大。我发现这家企业的管理者几乎都没有接受过高等教育，根本不懂管理，都是老好人。在这种情况下，还是要给大家分红，而且要从当下开始，立刻行动。就像种一棵树，行动越早，得到成果越早。

第一，从营销总监开始分红，营销总监在正常情况下分5%。很多企业的营销总监由总经理兼任，像这种一人兼任多项职务的，不重复分红按兼任

Part ⑧ ‖企业提成与分红‖

实业型有限责任公司分红

总经理7%（兼营销总监）

分红说明
- 总分红比例20.5%（含老板担任总经理的7%）
- 分红基数为公司可支配现金利润（以核算账红头文件为准）
- 月度分红50%直接发放，年度分红50%且与年度绩效考核挂钩
- 所有分红人员，必须签订目标责任书
- 保底目标以下，公司有权扣除50%分红目对人员调岗；保底到冲刺目标以上部分，对应绩效考核，分红翻倍；冲刺利润目标以上部分，分红翻倍，即45%，再额外奖励50万元现金，按系数分配

财务经理1%
- 出纳
- 会计

行政总监2%（兼审计）
- 行政部
- 人力资源部
- 审计

生产总监5%（兼技术经理）
- 技术部
- 采购部
- 生产部
- 团队总分红4.5%

营销总监（由总经理兼任，不重复分红）正常分红，分红5%
- 国际销售部
- 销售一部
- 销售二部
- 销售三部
- 团队总分红3%，前三名销售经理各1%

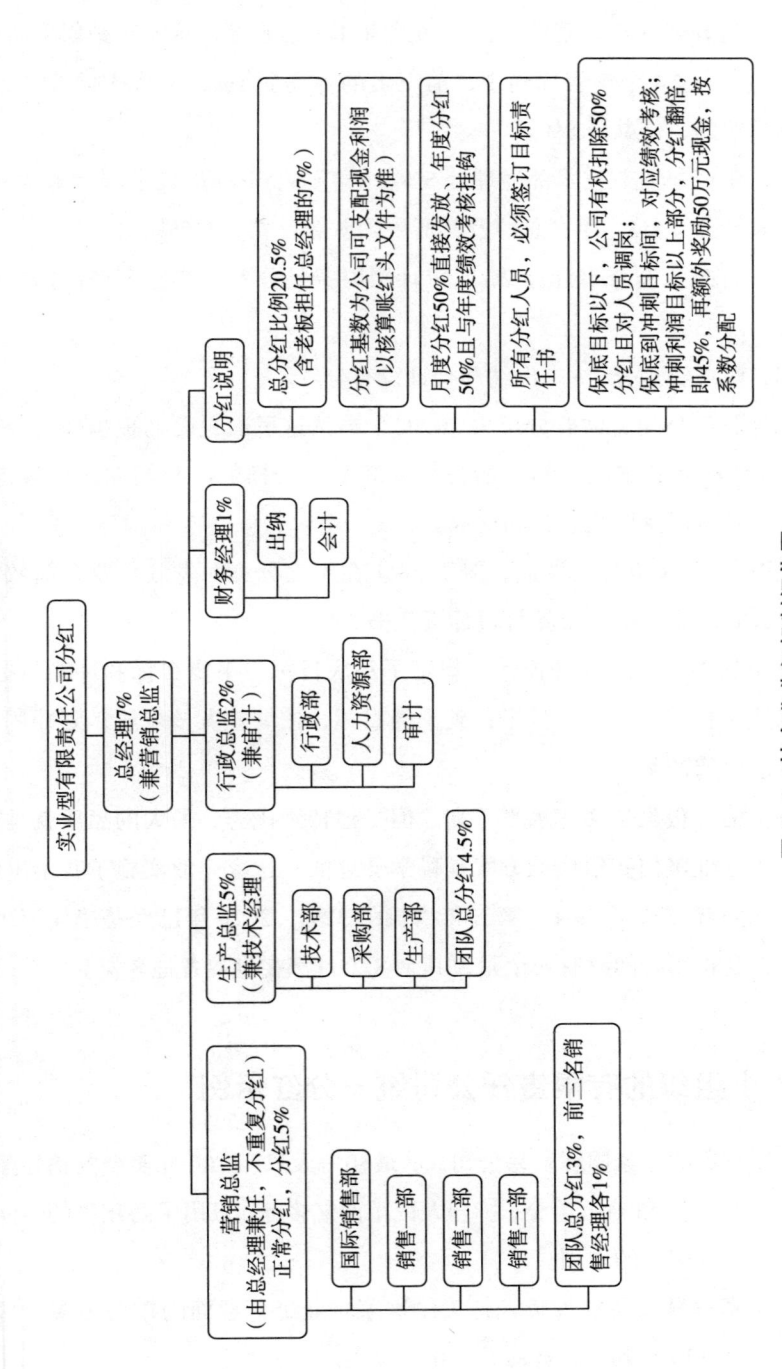

图 8-5 某企业分红机制细化图

职务中最高的分红计算。营销总监下面共有4个销售部,这4个销售部总共分3%,也就是这4个销售部当中,前三名的各享受1%,总共3%,再加上分给营销总监的,一共分8%。

第二,生产总监兼技术部经理分5%。生产总监下面的技术部、采购部、生产部,累计分4.5%。生产总监及其所属团队合计共分9.5%。

第三,行政总监兼审计分2%,审计跟财务是分开的。这个部门的主管没有分红。

第四,财务经理分1%。出纳和会计没有分红。

综合计算,公司总共要分出去20.5%,当然这里面包含老板担任总经理的7%。对于利润的定义,不同的公司理解是不一样的。我们在这里规定,所有的分红是按可支配现金利润支取。

月度分红按50%直接发放,剩下50%在年度分红时发放,要和绩效考核挂钩,并且所有人员都要签订目标责任书。

目标责任书有一个标准模板,规定了保底目标、平衡目标和冲刺目标。一般在保底目标以下,分红减半;到平衡目标,按绩效考核发放;到冲刺目标,就可以给超产奖。

案例中的老板虽然文化水平不高,但是他特别优秀,最大的品质就是信任支持他人,他坚信我给他的方案是科学合理的。这家企业实施了我给出的方案,当年业绩增长了49%,第二年增长了32%,2020年已经是第4年了,老板一年在公司的时间只有4个月,其余8个月都在世界各地游览。

❸ 基于小组织的有限责任公司统一分红示例

我曾经投资的一家国际贸易公司,从最初一天只有100元美金的销售额,做到现在一年营收4300万美金,折合人民币两亿多元,只用了两年半的时间。我认为机制起了很大的作用。

我是这家贸易公司的投资人,关注这家企业经营层面的东西更多一些,我并不是一定要做方案,而是每天优化一点点。

Part ⑧ ‖企业提成与分红‖

现在这家企业已经有 12 家门店,于是我们就做了 12 个利润中心。优秀的企业要把一个庞大的组织划分成小组织来进行管理。大组织变成小组织,重要的就是通过一定的内部定价手段诞生无数个负责人、无数个小专家。这些负责人把老板的事变成中心的事,再把中心的事变成每一名员工的事。

为了达到创造高利润的目标,我们对几个部门进行了重要改革。

第一个是产品规划部门,第二个是开发供应商部门,第三个是日常的采购部门。这三个部门也分别对应了规划、开发、采购三个重要环节。

我们经过对这 12 家门店的利润测试,发现公司 80% 的利润是由 3 家工厂创造的,而现在合作的工厂有 60 多家。我们把它们的状态重新罗列出来,发现这 3 家工厂完全和我们达成了战略联盟。于是我们又成立了一个部门,叫工厂发展部,专门与公司签订工厂发展战略联盟。我们的目标是今年签 20 家,如果达到 20 家的效果,就能轻轻松松实现 1 亿元的业绩。

> 我们不单有一个工厂发展部,在美国还有专门的市场调研部,由市场调研部反馈给中国的产品中心,产品中心再去发展工厂,工厂再发展采购,采购再进行采买,形成一个新的流程。以前我们所有的市场调研都来源于亚马逊的数据,也就是亚马逊什么好卖,我们就卖什么,并没有真正地走向客户。给大家举一个例子,欧美国家,在厨房里面拿东西,很多人都需要用梯子。我们在亚马逊的网站上,光靠卖梯子就赚了很多钱。

分红的第一件事情还是核算,所有人都围绕着这 12 家门店创造利润。见图 8-6。分红的顺序如下:

运营中心(门店)共分 17.33%。门店一创造利润,大家就分钱。比如产品中心一管 5 家门店,产品中心二管 3 家门店,产品中心三管 4 家门店,它们都有各自的所属门店。各门店店长的分红是分本门店的 7.47%,运营主管

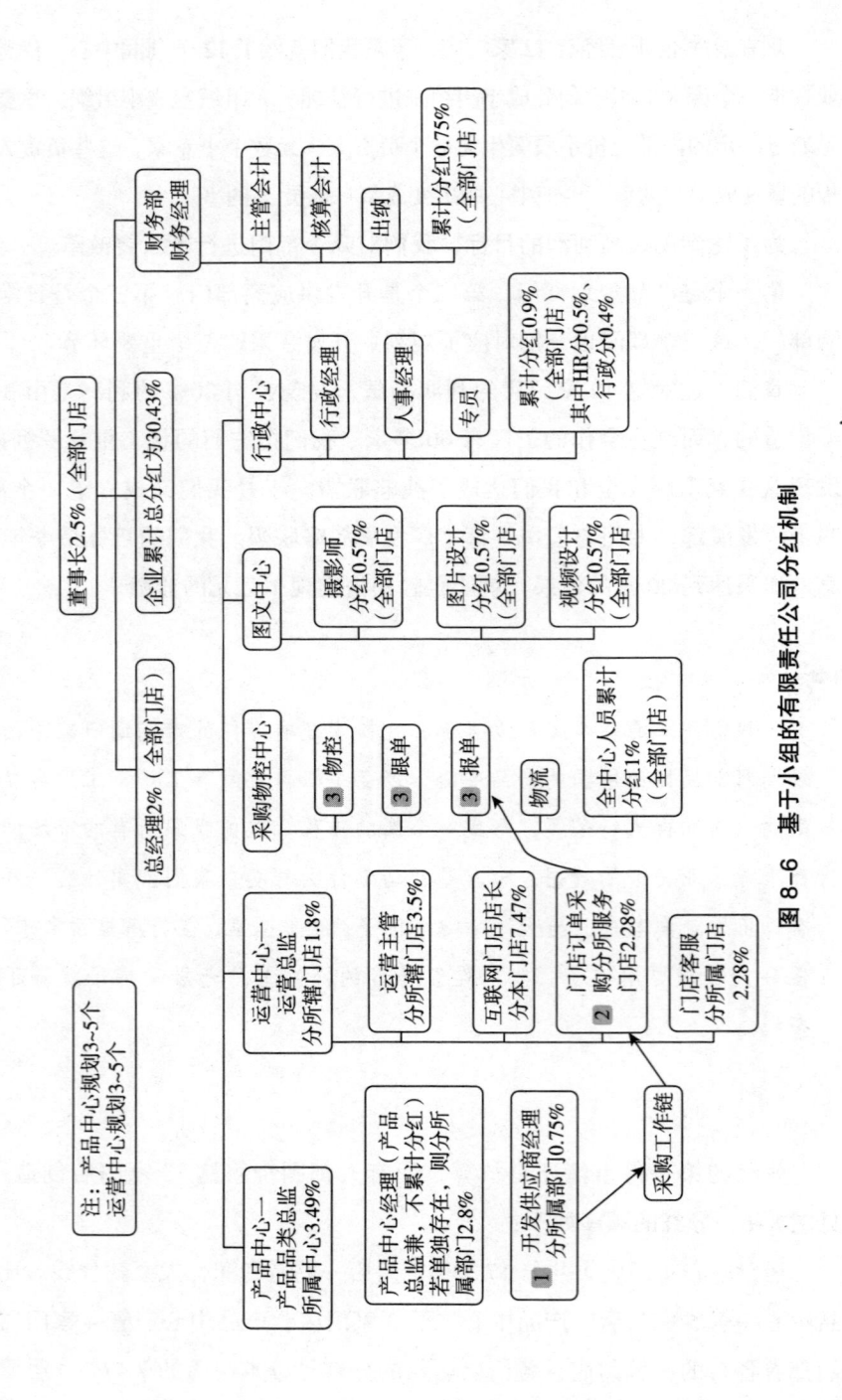

图 8-6 基于小组的有限责任公司分红机制

大概是分 3.5%。一个运营主管要管 4~5 家门店，自己分所属门店的；运营总监分所辖门店的 1.8%。我们未来规划有 3 个运营中心，大概包含 30~40 家门店，总业绩预计达到 2 亿美金，折合人民币 12 亿元左右，这个叫主利润区。

然后是采购物控中心。12 家门店里面大概有 4~5 个订单采购，有的订单采购包 2~3 家门店，有的包 4~5 家门店，有的人只包 1 家门店，自己所属门店的 2.28% 的利润分给门店订单采购。

产品中心分 3.49%，产品策划经理分 2.8%，这两个就是自己管多少门店，就分多少。

门店店长是分自己经营的，运营主管分他们所管辖的，运营中心分他们管辖的，采购也分他们管辖的，每家门店的客服也分自己管辖的，产品策划也是分他们自己管辖的。门店和采购共同决定了他们卖什么和怎么卖，就相当于产品部和销售部或产品中心和销售中心。所以它们会按照总利润去分配。

再往下，图文中心分 0.57%，行政中心累计分 0.9%，其中 HR 分 0.5%，行政分 0.4%，财务部分 0.75%，最后总经理分 2%，董事长分 2.5%，累计分了 30.43%，剩余的都是股东的。

我们给员工分完以后，股东再按比例分红。通过这样的设计，员工被激活。我们的成长速度非常快，在很大程度上取决于这种分红激励机制。

❹ 分红的重要工作

一家公司要想挣钱，必须得培养负责人和专家。这家公司里应该有采购专家、门店专家、策划专家、图文专家，要不断找到这些人并引进到公司，要坚持这个理念。老板的任务是要不断地为公司吸纳人才，让这些人才帮助企业实现目标。

老板要根据企业的现实情况，做三项重要的工作。

第一，设计清晰的核算账。

算好核算账，就是清楚利润怎么拆分，怎么样算才会有可支配的现金。

第二，确定分红的比例。

设定好大家的分红比例是多少。比例没有统一的标准，要看老板的格局。但我不主张分红给得太多。因为分红给得太多可能不是好事，会让人变得贪得无厌。

第三，进行薪酬测算。

测算一下，目标实现以后，大家都能拿多少钱。

这三项重要的工作做完以后，就可以和团队签目标责任书了。企业要想做出具体的分红比例，可以用海氏评估法打出一个分数，然后测算出具体的分红比例。

七、集团组织分红

下面具体来看集团组织的分红方法。

❶ 集团企业布局

随着企业慢慢做大，老板的位置也会发生变化，见图8-7。这张宝贵的图可以举一反三，不同企业的情况是不一样的。企业老板的核心工作是布局。我们要想做集团化的管理，需要清楚几个问题：

第一，谁来规划？

第二，谁负责战略清晰化？

第三，谁落地执行？

第四，谁做具体的管理？

第五，谁做具体的工作？

我们把这个叫作布局，这里位于核心位置的人非常重要，董事长代表的是股东。企业随着中心制的扩大，老板关注的不再是一个点，而是一个大的面。如果一直只是关注某个业务，或者某个工厂，老板就会忽略大的时代变化。作为企业的掌舵人,老板要时刻地关注国家的政策及全球的经济走势。因为老板的一个决策,会影响企业员工的收入和生活。

董事长代表股东
01

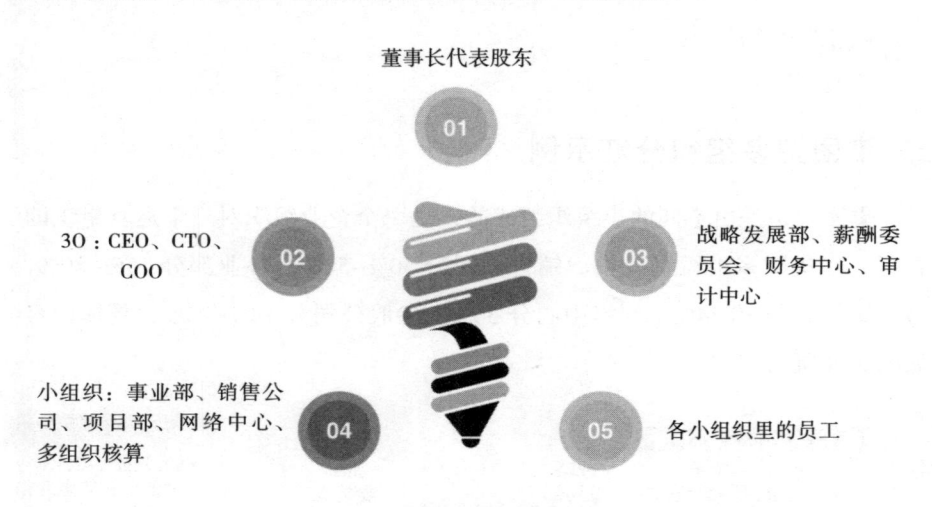

3O:CEO、CTO、COO —— 02

03 —— 战略发展部、薪酬委员会、财务中心、审计中心

小组织:事业部、销售公司、项目部、网络中心、多组织核算 —— 04

05 —— 各小组织里的员工

图 8-7　集团企业布局图

要想把集团型公司管理好,首先要提升财务能力,把账务做好,算出每一个小组织的利润分红点。利润分红点做好了,我们就可以让每一个小组织自己去做事情,实现小组织的目标,进而一起实现集团管理的战略目标。

❷ 集团分红流程

企业要想实施集团型的战略分红,可以参考以下步骤:

- 画出组织架构图;
- 对所有关键人才做工作分析表;
- 做内部组织划分,分模块划分;
- 做好内部定价;
- 制作核算账公式;
- 核算分红比例;
- 设定约定成本,如研发费用等;

- 按照顺序进行分红；
- 签订目标责任书；
- 培训并实施。

❸ 集团型多组织分红示例

集团公司是由不同的小组织组成的，是一个企业组织对一个运营组织的管理。在集团多组织划分中，销售公司分30%~50%，事业部分15%~80%，多组织核算分30.34%，网络中心分30%，参股公司分18%~25%，具体内容如图8-8所示。

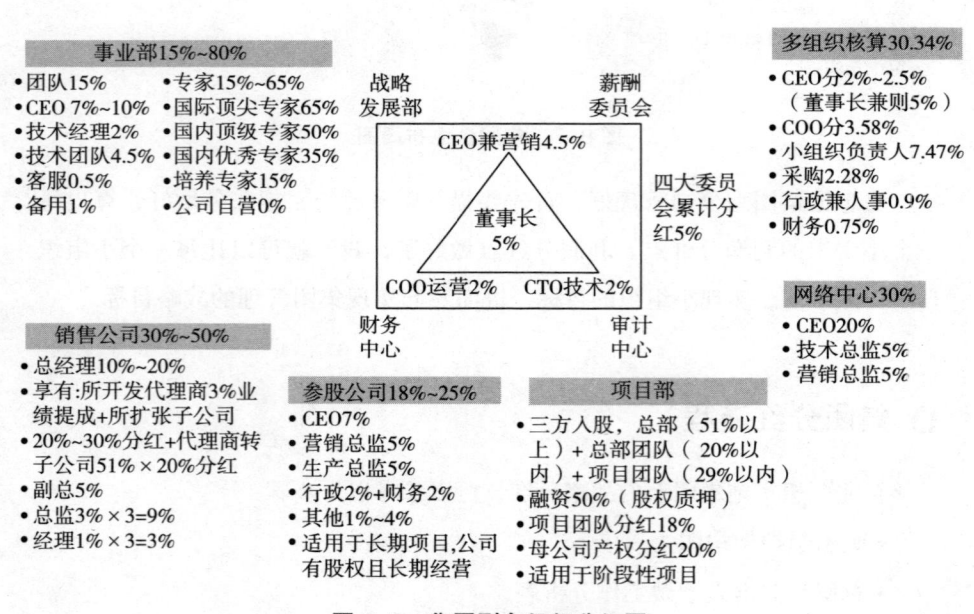

事业部15%~80%
- 团队15%
- CEO 7%~10%
- 技术经理2%
- 技术团队4.5%
- 客服0.5%
- 备用1%
- 专家15%~65%
- 国际顶尖专家65%
- 国内顶级专家50%
- 国内优秀专家35%
- 培养专家15%
- 公司自营0%

战略发展部　　　薪酬委员会

CEO兼营销4.5%
董事长 5%
COO运营2%　CTO技术2%

四大委员会累计分红5%

财务中心　　　审计中心

多组织核算30.34%
- CEO分2%~2.5%（董事长则5%）
- COO分3.58%
- 小组织负责人7.47%
- 采购2.28%
- 行政兼人事0.9%
- 财务0.75%

网络中心30%
- CEO 20%
- 技术总监5%
- 营销总监5%

销售公司30%~50%
- 总经理10%~20%
- 享有：所开发代理商3%业绩提成+所扩张子公司
- 20%~30%分红+代理商转子公司51%×20%分红
- 副总5%
- 总监3%×3=9%
- 经理1%×3=3%

参股公司18%~25%
- CEO 7%
- 营销总监5%
- 生产总监5%
- 行政2%+财务2%
- 其他1%~4%
- 适用于长期项目,公司有股权且长期经营

项目部
- 三方入股，总部（51%以上）+总部团队（20%以内）+项目团队（29%以内）
- 融资50%（股权质押）
- 项目团队分红18%
- 母公司产权分红20%
- 适用于阶段性项目

图8-8　集团型多组织分红图

（1）项目部

项目部的特征是没有独立的法人，它不会单独注册一个公司。所以项目部里不会有人事部、行政部、质检部、设计部等部门，它要和其他项目部共用一些部门，但项目部可以独立进行核算。公司要想大规模地扩张项目，可

以邀请几个股东入股。比如某个项目部，总部直接投51%，总部的高管团队可以投20%，管理项目的这些人可以投29%，累计投100%。

我们还可以把项目稀释以后，再向外融资。资金投进来以后，就要给团队分红。一般项目团队的分红是18%~22%。母公司产权分红20%。比如项目部的CEO分5%，营销总监分5%，制造总监分5%，客服经理分1%，财务经理分1%，人事经理分1%，总共分18%就可以了。不同的公司，这个比例会根据不同的条件发生变化。

（2）销售公司

想经营好销售公司，不是一件容易的事。特别是一家存在10年的销售公司。我们要考虑企业建销售公司能不能持续存在，能不能长久。经营销售公司一般分为下面三个重要的目的：第一，事业部能赚钱，销售公司也能赚钱，于是老板就挣两份钱；第二，保事业部舍销售公司，建销售公司的目标就是为事业部卖产品，销售公司就是全面代理商，只不过是公司投资的；第三，允许一部分销售公司亏钱，目的是均摊总部和销售的成本。

销售公司的分红一般占公司总利润的30%~50%。一般销售公司的利润给团队分红的时候，不会少于30%，要比其他地方高一些，因为销售的风险特别大。销售公司的总经理会拿走大约一半，甚至更高。总经理会分20%。在项目部里，总经理和其他部门的比例一般不会差这么多，因为项目部属于结构化经营，在销售公司，老板要先培养负责人，然后让负责人去培养团队。

总经理也享有所有代理商创造出的利润3%的分红。总经理出去开发代理商，还会享有其他提成，并且享受扩张子公司20%的分红。如果他再扩张销售公司，还可以再拿一轮分红。其中副总经理拿5%，总监拿3%乘以3等于9%。如果有5个总监，就取前3名，每个3%，总共9%。经理是1%乘以3，也就是无论有多少个经理，我们只给前3名分红。3%+9%等于12%，12%+20%+5%=37%——我们大约分出去37%的分红。

（3）事业部

如果我们没有其他小组织，只有产品部和销售部，就会做一个内部定价。比如销售100万元，有60万元分给销售部，40万元分给产品部。产品部用这40万元减去成本，就等于利润。有的公司有事业部、项目部和销售公司3个部门，它们各算各的账。

事业部和项目部有什么区别？项目部可以借用其他部门，而事业部永远是独立核算。比如长松公司的家庭教育项目就是一个家庭教育事业部，是内部核算。

要想建好一个事业部，有两个群体是非常重要的：第一个群体是团队，第二个群体是专家。如果只有团队，没有专家，我们就要从外面去招聘专家或整合专家。一般团队分红比例，大约就是15%。

比如，长松公司要和做股权设计的专家合作，分红大概就是专家本人分50%，我分25%，团队分25%。一般情况下，我会这样给专家分配分红：如果是我自己培养的专家，我会给15%，而国内优秀专家是35%，国内顶级专家是50%，国际顶级专家是65%。建立一个事业部，如果是自营的，那就是分0%；如果是自己培养的专家，就是15%+15%=30%；国内优秀专家是35%+15%=50%；国内顶级专家是15%+50%=65%；国际顶级的专家是65%+15%=80%。他们的级别越高，得到的分红就越多。

（4）多组织核算

集团公司里面是多组织时，CEO兼董事长分2%~2.5%，COO分3.58%，小组织负责人分7.47%，采购分2.28%，财务分0.75%，行政兼人事分0.9%（人事和行政，一个分0.5%，一个分0.4%）。

（5）网络中心

网络中心可以分30%，其中CEO分20%，技术总监分5%，营销总监分5%。

（6）参股公司

我们要给参股公司，即我们投资的其他公司设定一个游戏规则——CEO分7%，营销总监分5%，生产总监分5%，行政分2%，财务分2%，其他人分1%~4%。但参股公司往往没有资本价值，就是为了赚钱分钱的公司。

一般集团型公司是由无数个不同体制的小公司组成的。企业真正的管理，不是老板管员工，而是企业家的组织管理企业组织，即企业管理是一个组织对另外一个组织的管理。

参股公司一共分18%~25%，还剩75%~82%，剩余部分都是高级集团总部的利润。

（7）3O

3O的分红一般是CEO兼营销分4.5%，COO负责运营分2%，CTO负责技术分2%，合计共分8.5%。在长松公司，我直接给3O的分红合计是15%，也就是我拿公司利润的15%，把我作为董事长的管理时间分出去，把我自己解放了。所以我一年可以有6个月的时间全球各地跑。

管理的奥妙，就是让一群形形色色的人形成命运共同体。有很多老板过分往家人那儿倾斜。其实，作为老板，私心不能太重。当然，如果没有私心，老板可能也没有动力。这需要平衡。

我们还可以成立薪酬委员会、战略发展部、财务中心、审计中心，它们累计分红5%。

（8）薪酬委员会

薪酬委员会指负责公司所有薪酬机制的部门。

（9）战略发展部

战略发展部履行企业重大战略架构的职能，它可以让企业进行正常运转。

（10）财务中心

财务中心除了记账和报销之外，还负责整个集团的投融资等资本运作。这对财务人员有一定的要求。

（11）审计中心

审计中心的工作是对所有代理商和分子公司进行监控和审计。这项工作不做账，也不报税，更不管钱，就是监督别人的。

这个分红架构图设计完以后，如何让这些人自动自发地创造利润，是要搭建平台的。搭建平台最重要的是领导力，也离不开机制、时机、流程、产品等。机制就是组织系统。时机也就是运气。

八、超产奖

超产奖是超过正常目标的奖励。超过正常的目标，通常我们会把它界定为冲刺目标，或者对赌目标。我们需要付出超过正常的努力，或者需要达到冠军级的水平，或者需要达到前几名的水平，才能实现这样的目标。

为了鼓励大家，或者充分地刺激大家的潜力去实现这个目标，我们专门设计了一个项目——超产奖。它是企业的一种奖励机制。管理者，包括中层管理者，都需要学会运用一些激励机制，去充分调动人员的积极性和士气。这是管理者必须学会的东西。

超产奖的种类很多，总结起来共分为六类。

❶ 超额奖金

超额奖金，指额外奖励奖金。假如有 10 个业务员，一年大概能够完成正常中位值业绩是 500 万元。其中，冠军级业务员，一年的业绩能够达 800

万元。那有没有人比冠军业务员做得还好呢？于是我们就定了一个奖励政策，如果谁的业绩能做到一年1000万元，除了正常的提成以外，再额外奖励20万元，这就叫超额奖金。换句话说，就是定一个超出我们目前能够实现的目标的更高目标，一旦达成这个目标就额外给一份奖金。但是这份奖金通常会有限制，因为我们不知道年业绩超过1000万元的会有几个人，说不定政策一出，业绩超过1000万元的就变成了5个人。于是我们可以定一个政策，比如年业绩超过1000万元以后，第一名可以额外奖励20万元，但第二名就减半，第三名再减半。

比如我们公司的OPP讲师，最高业绩是一年2000万元。有一年我们出了一个奖励政策：业绩超过2500万元能有额外奖励。那一年有3个人做到了2500万元，最高的一个人做到了3000万元。我们发现大家在奖励政策之下，爆发出来的潜力是超乎想象的。第二年，我们就把年业绩3000万元定为目标，把年业绩4000万元定为超额，结果一年还没有结束，就发现有5个人达到3000万元了。

所以，只要定出额外奖励政策来，就会有很多人奔着这个目标走。尤其是当有人做到3800万~3900万元的时候，他会想自己差一点就能做4000万元，可以拿到额外奖励了，会更加努力。但是在没有额外奖励政策的情况下，他可能就觉得无所谓，反正都一样。

❷ 超额物质奖

物质奖励通常针对的是完成超额目标，并且排名是第一名，或者做到前三名的人。超额物质奖和超额奖金是比较类似的，只是不给奖金，而是给物质。

我们公司曾经出过物质奖励政策，年业绩达到3000万元以上，并且业绩排名第一的，公司奖励一辆轿车。还有些公司奖房子的首付、名表等，这些都是物质奖励。

超额物质奖与超额奖金的目的是树立收入标杆。好的业务人员，会特别关注收入最高的那个人；混日子的业务人员，会关注中间的那个数；担心自己能不能胜任的业务人员，会关注做得最差时能拿到的保障收入是多少。企业想要的是那种希望做好的业务人员。希望做好的业务人员关注的问题永远是，在公司做得好的人能够拿多少钱，这个数就是收入标杆。

收入标杆不适合于职能岗位，因为职能岗位的主要收入来源于工资，但是它适合于业绩型岗位。业绩型岗位的收入比重是一个椭圆形，不同类型的岗位，收入是不一样的。一般来说，企业的收入曲线是一个比较陡峭的指数型曲线。岗位的级别越高，层级越高，收入就越高。但是到后面的几个级别岗位，收入就很平稳了。比如公司有100个业务人员，有收入很少的，也有收入很高的，收入很高的业务人员人数可能连10%都没有，也许就是5%左右。至少有80%的人收入是中等的，还有10%~20%的人基本上是不能维持生活的。

我们在设计业务人员收入曲线时，重点是想办法提高业绩好的业务人员的收入。企业的薪酬分配就是造富运动，造富运动绝对不是一下子让大家都富起来，而是让一部分人先富起来。

无论是超额奖金，还是超额物质奖，都是奖励前几名的人。我们就是要想办法把前几名的人的收入打造成收入标杆。如果有人准备挑战，我们就告诉他去年做得最好的那个业务员光提成就拿了七八十万元，公司还奖了他一辆轿车。

❸ 倍数奖

企业为了鼓励大家完成业务目标，也会采用等额倍数提成的方法。在营销提成中通常采用三级提成。

一家门店定了一条每月100万元的利润线，它的超产奖有很多种设计方式。比如，每月100万元是一个平衡目标，冲刺目标通常是1.3倍，就是每月130万元，完成后提成5%，超出部分提成7%。但是从100万到130万元之间的差距是很大的，并且是很难完成的。很多人不一定有信心能做到每月

130万元，为了鼓励大家分阶段实现目标，我们就采用等额倍数提成法——基准的提成比例是5%，如果业绩做到了1.1倍，提成比例也是1.1倍；如果业绩做到了1.2倍，提成也拿1.2倍；如果做到130万，即1.3倍，达到了冲刺目标，我们还可以再给额外奖励。这就叫等额倍数法，适用于很难一瞬间得到大提升的工作。

这种倍数法可以用到薪酬里，采用三级提成。

我们发现业务人员很容易存在惰性，为了不让他有惰性，我们得有很多刺激办法，于是会出台一些政策。比如我们把目标进行分解，为了防止业绩产生波动性，有可能将其分解到月度、季度。我们以分解到季度举例，中间的目标要求是每季度100万元，采用三级提成，分为以下几种情况：

达到保底线，80万元，则下个季度提成降到正常比例的80%；

达到标准线，100万元，则下个季度提成比例正常；

达到冲刺线，120万元，则下个季度提成比例为1.2倍。

如果全年总业绩达到冲刺线，可以把前几个季度扣除的提成返还给业务人员。

以上这种方式就叫三级提成。也就是，如果你这个季度做得好，下一个季度你会从中受益。你如果这个季度只做了50万元，就会影响到你下一个季度的提成。但是你全年完成400万元就行。如果你全年的业绩超出了120万元，我们可以帮你把之前未完成的全都补回来。所以第一个季度没做好没关系，第二、三季度还可以翻盘，但是前面三个季度都没干好，第四个季度也就难指望了。在这种方式下大家不能偷懒，一偷懒，下个季度的提成就会受影响。

❹ 超额分红奖

正常的分红通常适合于利润目标的保底、平衡和冲刺。超过冲刺目标的部分的分红，可以达到正常分红的1.3~1.5倍，至于到底是1.3还是1.5倍，取决于企业的具体情况。比如正常分红是10%，那超额的部分可以拿到13%

或者 15%。这叫超额分红奖。与超额分红奖比较像的是倍数奖，倍数奖更适合于那种目标实现具备很大弹性的情况。如果目标相对弹性不大，区间比较窄，我们就会用超额分红奖。

❺ 对赌奖

对赌通常是针对股权的，周期一般会比较长。比如我们签对赌协议，通常至少会签两年。如果在两年之内，实现多少销售额，获得多少利润，或者评估市值达到多少，就会给团队一定的股权激励。对赌法在"员工股权激励"的部分还会进行详细讲解。

❻ 日常的福利奖

前面几种超产奖基本上都以年度为单位，或者最少得以季度为单位，时间都比较长，但是对于基层岗位来讲，周期需要更短一点。企业可以做日常福利奖，比如我们就经常做以两个月为单位的奖励，如果员工两个月的业绩达到 30 万元，并且排名前 30 名，我们就会有一个特殊的奖励政策或者福利政策，比如奖励出国旅游一次，奖励一个特殊的礼品或者培训。

再如我们要推出一个新产品，新产品推广的两个月之内，业绩达标，提成翻倍，或者直接奖现金。不同的企业可以根据自己的情况去进行设计。

Part ⑨

组织薪酬与改革

一、薪酬改革的原则

一家公司如何制定工资？哪些人员需要考虑给提成？哪些人员需要考虑给分红？这些人需不需要做相应的考核？比如一家公司可能有5个程序员，这5个人的水平不一样，他们各自应该对应哪一档薪酬？这些标准应该如何去设计？这些都是我们需要思考的问题。

企业进行薪酬改革容易出现的问题归纳起来有以下几大类。

（1）企业希望设计一套十分完美的薪酬方案

有的企业设计薪酬方案，光设计就不止一年。从第一版开始，每个月都在不停地改方案，一直改到第12个月还没改完，结果最终也没有公布。当员工在听说要改薪酬的时候，会怀着一种激动、期待、兴奋的心情，结果一直到第12个月也没有看到薪酬方案，很多人的美好愿望落空了，有的可能就离开公司了。

十分完美的薪酬方案是不存在的。我们需要考虑的是，做一个相对完美的薪酬架构。长松公司的薪酬架构用到现在差不多有10年了，中间有过很多次调整，但是大的架构并没有做过大的调整。我们需要的是一个相对良好且稳定的薪酬架构，这个架构能够支撑企业3到5年。在这个架构里，有很多的细则和数据会依据企业人员的情况做一些调整。我们不要把薪酬方案理解成是静态的，它只是一个相对静态的框架。

薪酬方案是动态的，不要追求完美的薪酬方案，而是采用适合企业发展阶段的动态方案。

（2）企业特别喜欢做一套非常复杂的薪酬方案

复杂的薪酬方案并一定是好的。我们需要思考的问题是，什么样的薪酬方案能够帮助企业实现目标。这才是设计薪酬方案的初衷。有些企业为了设计方案而设计，而有些企业的薪酬方案恨不得用10种技巧，因此特别容易导致实施起来比较复杂。

对于薪酬计算，财务人员是比较清楚的。员工自己去算的时候，就很容易出问题。财务人员给员工解释的时候，有可能会解释不清。员工理解的薪酬和财务人员理解的可能是不一样的。员工理解的薪酬，是能算出来的薪酬。比如今天你跟某个员工说：“小东，你好好干，如果这个月我们公司利润好，你的收入也会增加。”小东听到这句话的第一反应是，不知道什么叫公司利润好、自己的收入多，公司利润好到什么程度，自己的收入会多呢？所以他听到这句话的时候，其实是不知道自己能拿多少钱的。但我们把这句话换一下，“小东，你好好干。这个月网络推广业绩只要做到100万元，你的提成比例就会增加2%。"这句话他就比较清楚，因为他会算账了。他每天会去看这个月的网络推广业绩的进展情况，再看看自己的提成比例，自己就可以把薪酬算出来。所以好的薪酬方案不一定要用非常复杂的技巧，最终呈现的是员工自己都可以计算出来的数据往往会更好。

只有员工能算出自己能拿多少提成，他才会有动力去做事情。比如长松公司有个岗位叫OPP讲师，OPP讲师就非常清楚自己能挣多少钱，因为计算模式很简单，销售额乘以提成比例就是收入。因此，OPP讲师每去一个地方都能算出自己能够拿到多少提成。复杂的薪酬设计不仅计算难度大，员工也不容易理解，最好的薪酬方案要简单易计算，员工本人可以自行计算出来，这样激励性更强。

（3）很多企业缺乏对薪酬分配的测算

很多老板一直接受的观念是，一定要分钱给员工。因为很多人教育老板，做老板必须要有格局，要有大爱，要敢于分钱给员工。很多老板接受了这个观点，于是一拍脑袋就定了一个分配比例。但这个分配比例是没有经过任何测算，也没有经过评估的。

薪酬分配不是由企业主向员工让渡的利益分配，它的本质是通过一种分配的机制驱动组织的管理者和员工一起去提升组织的业绩，也就是向市场要收益，要回来的这部分收益，更多地让渡给员工。这不是从我们自己的口袋里掏钱给员工，而是我们共同去外面拿钱回来，再进行分配。这里的逻辑关系企业老板一定要明白。

薪酬方案要进行多级测算，最终才能实现与员工的共赢。共赢表现如下。

第一，企业方获利能力增强，从而进一步获得利润。

企业各方面的数据都能有所提升，比如销售额、利润、市值、市场空间。不同企业，关注的焦点不一样。

第二，员工在提升企业业绩时获利。

在企业的数据提升的基础上，员工也能随之而获利，实现大家共同获利的目标。

第三，老板自己得到解放。

老板解放了自己，就能全身心地去策划企业未来的发展，从而获利。

企业要运用系统管理，做到"解放老板，系统托管"。老板在这个过程当中更多地解放自己的精力，策划企业的蓝图，带着企业走向美好的未来，这才是一个正向的循环。

二、薪酬设计步骤

薪酬设计分为十步，如图 9-1 所示。

Part ⑨ ‖组织薪酬与改革‖

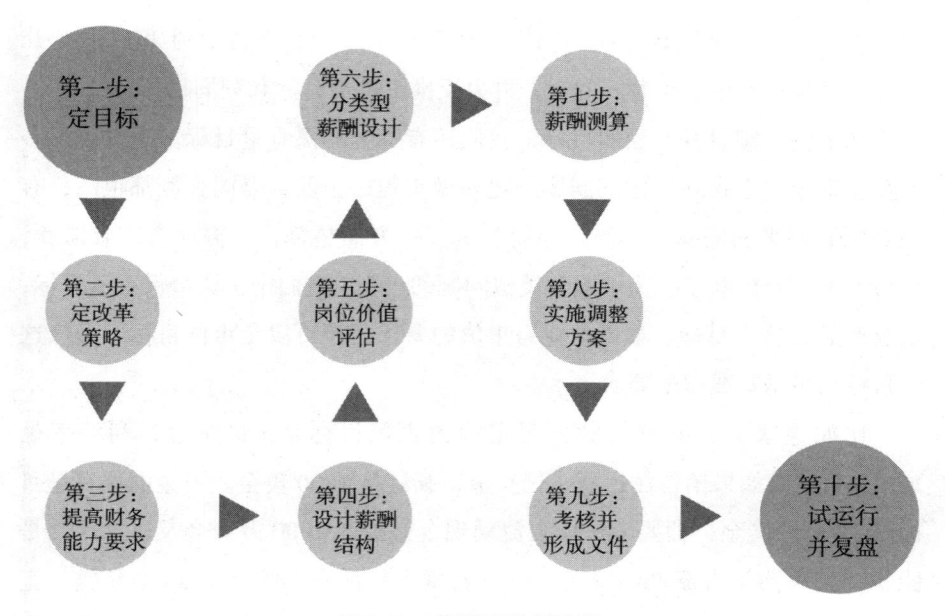

图 9-1 薪酬设计的步骤

❶ 第一步：定目标

这里主要是详细介绍一些跟薪酬相关的核心目标项。

薪酬改革不是从做薪酬方案开始的，我们做薪酬改革的目的是实现目标。也就是，所有的改革，所有的调整，都为企业目标的实现负责。当我们知道了为何而改、因何而改之后，需要考虑的就是定目标。一家企业需要定的整体目标包括业绩类的目标、人才类的目标、管理类的目标。

在前面讲薪酬的时候，我们用过一家国际贸易公司的例子。后来我又对这家公司重新做了一次评估，给其定下了近些年的目标——销售额、利润率、资金保有量、产品竞争力、市值管理等。

几乎每家公司都有销售额目标。只有一种情况公司可能没有销售额目标，那就是公司刚成立，还不知道如何定销售额目标。长松公司成立的第一年是没有定销售额目标的。公司创立的第一个月定的目标是要实现从第一个月开

357

始就不亏损。后来发现，我们确实是从第一个月开始一直干到 2015 年，几乎每个月都不亏损。奔着不亏损，再去反推销售额目标和利润目标。

除了销售额目标、利润目标，我们还有资金的保有量目标。我发现很多企业在资金链上存在一定的问题。比如做工程的企业，合同金额都很高，有些合同看起来利润率也颇高，但得垫资。一方面垫资，一方面有应收账款，最后发现资金链断了。为了避免类似问题的出现，我们定了资金保有量目标，以及产品竞争力目标。如果企业有市值的要求，还可以定市值目标，当然这个目标更多是对股东的要求。

比如这家做国际贸易的公司定的销售额目标是 1 亿美金，利润率是 15%，也就是如果销售额达到 1 亿美金，利润是 1500 美金。资金的保有量目标是 1000 万美金，即要求账面上流动现金必须在 1000 万美金及以上。这是能驱动其采购正常流动的资金。产品竞争力目标是必须新增 25 个品类，竞争力做到品类第一。他们评核竞争力的方式很简单——销售排名是不是在第一，而市值要求是年度要达到 1 亿美金。

不同企业定的目标可能会不一样。我们对利润率有要求，而利润率是据毛利润算出来的。要把毛利润做高，有两个办法：一是提高价格，二是降低成本。

要提高价格就必须增加产品的附加值，对产品进行技术创新。我们需要根据用户的需求，增加或调整产品的一些功能，让用户觉得有更高的附加值，这样我们的定价才能比正常的价格略高。

降低成本也有很多种方法，比如所有的工厂都有自己特别擅长的产品，如果组成工厂联盟，就有可能会拿到最新技术，降低产品和仓库的成本。

❷ 第二步：定改革策略

定完目标之后，才会定改革策略。定改革策略需要结合目标和现实的差距去制定。比如销售额目标是 1 亿元美金，但是我们现在的力量大概只能做 7000 万元美金，中间会有落差，就需要看如何去弥补这个落差。

比如长松公司要补充辅导师，我测算过公司至少得有 15 个落差，但是我们不能只招 15 个人，需要招至少 20 个人，因为中间还会有流失或淘汰，还要算耗损率。这是根据资源的短缺计算出来的。

我们要结合现有的资源去定改革的策略。我们先要盘算现有的家底是什么样的状况。盘算之后，我们发现这家贸易公司存在几个非常严重的问题。

第一个问题是费用和成本存在极大浪费。比如仓储和运输费用，公司没有做过任何控制，形成了完全不均匀的费用，这部分浪费占费用比高达 6%。我们要求的利润率目标是 15%，毛利润率 25%，利润率在 5%~7% 之间波动，离目标大概有 10% 的距离。毛利润率目前在 15%~20% 之间波动，中间都是有一定差异的。经过分析，我们发现费用成本浪费非常大，最高的时候达到 6%。

第二个问题是品类太多，爆品太少。

第三个问题是过程管理非常少，工作落实度很低。

第四个问题是新品类推广的成功度低。

关于第一个问题，为什么大家不关注费用和成本？原因是除了董事长和总经理以外，大部分人用的是毛利润提成，费用成本不在毛利润里。用毛利润提成导致的结果是，大家为了出业绩，根本就不考虑成本。业绩完成就有提成，以至于忽略了成本的增加。

关于第二个问题，品类特别多，爆品特别少，这跟销售流程有关系。因为销售流程不以品类为导向。这就类似于开实体店，里面什么商品都有，根本就不管什么商品卖得好，只要有就全部堆上去，只要卖出去就算成功。这种肯定是没有做过品类优化的。如果以品类为导向，就会要求大家想办法把每个品类做成第一。

关于第三个问题，过程管理少和工作落实度低，原因是他们目前的绩效考核是形式化的，虽然有绩效考核，但是它和要求落实的工作没有关系。比如一个指标是这个月要把 FOB（Free On Board，离岸价）的仓储费用下降 2%，结果一个月过去了，才发现没人负责这件事，过程管理非常少，工作落实度非常低。

关于第四个问题，新品类推广的成功度低，主要原因是在组织架构里没有人对新品负责，所有人都只关注卖东西的毛利润，不会去关注新品。新品刚出来，销售额是比较低的，所以大家不愿意聚焦地推新品，也没有人去专门推新品。无论是采购还是销售，大家对于新品的关注度都很低。只有当老品销售额下来了，大家才觉得应该去推新品了，但是，中间已经出现空档期。

出现这些问题跟这家企业的机制是有一定关系的。我们结合企业的目标，以及企业目前存在的问题和制约的条件，为这家企业制定了新的调整机制，他们需要采取以下策略（见图 9-2）。

（1）调整组织架构

组织架构需要形成一个三叉形的架构。首先是要有专门的产品类人员，他们主要负责：做品类规划，打造爆品；做技术的创新，把售价提高上去。当然这些都需要建立在足够的市场调研和用户需求分析的基础上，我们不能盲目地去做这些事情。我们一定是只针对某一部分人，专门分析他们的需求。这一部分人愿意花钱，也得让他们的钱花到值得的地方。

其次是要有采购人员，他们涉及两个动作：一个是采购，另一个是 PMC（物控）。费用成本损耗率十分惊人，这说明中间的物控有很严重的问题。所以在采购环节里，我们需要控制采购和物控的一些因素。除了正常采购以外，我们需要加大物控的力度。

没有营销人员，销售额是无法产生的，所以要有营销人员。我们最不担心的是这家公司的销售额，从成立到现在，他们的销售额每年是以 100% 以上的速度在增长，甚至翻倍。大家更担心的是采购能力和产品能力不能支撑营销。为了鼓励大家提升营销能力，这家公司将原来的一个营销中心扩充为三个营销中心。我们的观点一直是，企业需要有多个营销中心，如果只有一个，也得想办法变成三个，哪怕另外两个比较弱小，也得把它们扶持起来。

调整组织架构之后，会新增一些岗位，或者原有岗位会增加一些新的职能。比如原来负责采购的人，现在不仅要做好采购，还得做好物控，因为费用成本是在这个环节增加的。

（2）进行利润核算

作为一个普通的营销人员，跟毛利润挂钩没有问题。作为一个普通的采购人员，跟采购的品类的毛利润挂钩也没有问题。但是作为一个部门经理，或作为一个中心负责人，如果跟毛利润挂钩，就很容易导致对费用的忽视，或者有一些不受控制的做法。因此，我们把对利润的核算做成了三级。

第一级核算，毛利润提成。

这一级是让营销人员、采购人员，以及营销的支持人员都可以用毛利润提升业绩，以此对他们考核。

第二级核算，中心核算。

公司分了三个营销中心，每个中心都能计算出利润。于是我们将各个中心的部门经理、部门总监跟各个中心的利润挂钩。在中心核算里，产生的各种过程费用是要算进去的。中心的成本包括这个中心要用多少人，如果想要做业绩，就拼命招人。但问题是除了招人要求，还有人效要求。比如一个人一个月做1万元的业绩，对于公司而言是亏的，需要把成本都计算进去。中心核算要把部门经理和部门总监的考核都跟中心的利润挂钩，这样大家就会考虑控制成本了。如果不控制成本，就会对利润产生影响，也就是对大家的收益产生影响。

第三级核算，公司核算。

这一级是让董事长、总经理，以及职能部门的负责人跟公司的利润挂钩。比如财务负责人、行政负责人，这些人员一定不能单独对某一个中心负责。比如一个人只对营销一中心负责，就会把所有的资源投入到营销一中心，因为营销二中心跟他没关系。

公司核算改变了之前单纯的毛利润方式，让主要的管理人员的效益收益跟利润挂钩，而不是跟毛利润挂钩。

（3）调整销售流程

我们曾经谈到了新产品推广不利的情况。产生这种情况，和销售流程、总销售额,以及没有专人负责新品有关系。为此,我们不仅调整了组织架构,还调整了销售流程——从杂货店模式走向了专卖店模式。现在我们不需要那么多品类,只要精品。整个的销售流程也从什么都卖、只追求销售额,变成了要追求打造爆品为导向的销售流程。销售流程的调整不属于组织系统改革的范围,它只是营销导向发生了变化。

(4)对营销人员设计三级提成

我们希望营销人员卖得更多,因此对他们划分了三级提成,拉大营销人员的收入区间。重点是提高前几名营销人员的收入,以吸引更优秀的人加入。在这种机制下,营销人员是完全有机会拿到更多收入的。

(5)重新调整考核

调整考核并加大考核力度,加大效益收益。这家国际贸易公司以往在招人的时候,有些岗位招人比较难,谈了非常高的固定工资。但一个岗位的总收益是有限的,当固定工资特别高的时候,效益收益就会降低;效益收益降低了,大家就不会关注毛利润。所以我们计划把效益收益加大,让固定收益占比下降,并且在这种情况下,让大家的总收益增加。调整目标是,通过加大考核力度,加大效益收益,让公司的核心人员或引擎岗位收益收入增加的幅度在20%~50%之间,变成原来的1.2~1.5倍。

我们希望通过这样的方式,让我们所注重的岗位的收益能够增加20%~50%。这就是这家企业结合自己的情况定出的一个改革策略。

如何定改革策略?对大部分企业来说,需要先明确企业的目标,然后找到当前的情况和所要实现目标之间的差距,找出那些制约企业实现目标的因素,找到因素背后跟机制相关的原因是什么,然后制定改革的策略。制定完改革策略,会有一个初步的区间值,比如公司在实现目标的情况下,员工收入大概会在一个什么样的水平。

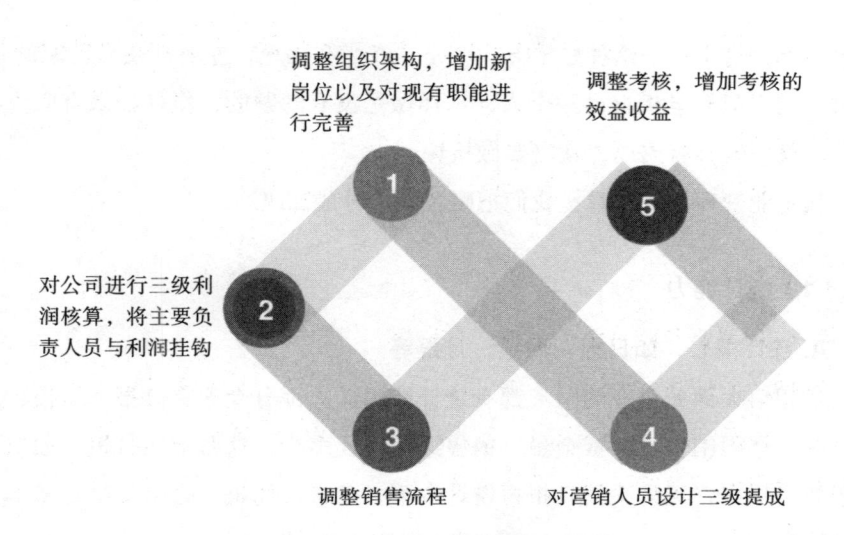

图 9-2 制定公司的改革策略

③ 第三步：提高财务能力要求

定完改革策略，还不能马上做薪酬设计。我每次给企业做薪酬辅导的时候，都要求两个部门必须到场：第一个部门是人力资源部，因为人力资源部是做薪酬设计的；第二个部门是财务部，因为我们在做薪酬设计的过程中，需要运用大量的财务数据做虚拟测算和模拟。薪酬设计还会涉及小组织核算、公司核算，以及各种类型的核算，这些核算都会对公司的财务提出很高的要求。

另外，我们还会要求财务有优化成本空间的能力，这也是对财务的基本要求。此外，我们也要对这家企业的财务能力有一个预估，看其能不能支持我们做到小组织核算这一级。

在一次组织系统班上，我做过一个调研，我问谁能够准确地回答自己公司的利润率水平，或者谁认认真真地看过自己公司的利润表。结果现场举手的人还不到前来听课的人的一半，这个数据是非常可怕的。很多老板没有认认真真算过自己公司的利润，他们认为公司就是自己的，自己兜里没有钱了，

363

从公司拿就行了——这种思维方式就是"肉烂在锅里，左右都是自己家的"。如果公司里只有老板自己一个人，这样做是没有问题的，但是如果有职业经理人，就可能会有问题，就需要做核算。

从企业管理角度来看，我们把财务能力分成四级。

（1）统计能力

A. 统计报表，如日报、周报、月报等

我相信大部分企业的财务都有统计能力。大部分企业有日报、周报、月报。每天会报销售额、资金量，销售渠道占比多少，这些都叫日报。如果我们想要做周报，无外乎把日报再统计一下。日报、周报、月报都是最基本的统计报表。

B. 报表报税

企业每个月都需要做报表和报税，如财务经常用的负债表、利润表和现金流量表。如果跟薪酬挂钩，它需要按照考核的周期提供绩效考核的数据。最好的绩效考核，就是上司打的绩效考核的得分和下属自己评的得分基本接近，有可能相差几分，这是一个很正常的幅度分。所有数据都是可以量化的，一定是以财务的数据为准。有一些比较定性的指标，比如有些企业会评品行，上司给下属评3分，下属往往给自己评的是5分。这是很正常的情况。

C. 按周期提供绩效考核的考核数据

一个好的绩效考核表，一定是高度量化的。正常情况下，企业的绩效考核有60%以上的绩效考核数据是需要财务来提供的。很多企业让人力资源部去给绩效考核表打分，这个做法是错误的。绩效考核表的得分要分成几步完成。首先由财务提供绩效考核的数据给上司，再由上司根据财务部门以及其他部门提供的数据进行评分。高度数据化的评分可以避免上司对下属因个人因素乱打分。比如，有的上司不喜欢某个下属，他有可能故意打低分。

（2）核算能力

统计能力对财务而言非常基础，但是这种能力还不足以支撑一家企业的财务对经营的支持。要想做到更好，我们就要提出第二级要求——核算的要求，涉及设立核算模型和结算模型。这家国际贸易公司，要把大部分人按照毛利润提成，改成管理人员按照核算利润分红，这就需要建一套核算模型。核算利润是怎么算出来的？哪些费用需要核算？哪些费用不需要核算？一个部门管理者需要告诉财务哪些费用需要核算进去，管理者对费用有控制权。经过讨论，确定一套核算模型和结算模型。

当我们建立完核算模型和结算模型，财务就会自动核算、结算、发放，不需要非得经过老板批准。这就形成了一种完全自循环的机制。

（3）管理能力

A. 预算管理

财务部门不仅仅是一个管理部门，还是一个创收部门，我们对财务部门可以提出更多的管理要求，有效的预算管理能够让企业的资金利用率做到最大化。有些企业会涉及大额资金的调动，比如需要备货，这个时候预算管理对资金调控的影响是非常大的。再如，有一些重资产的企业，像房地产、建筑行业的企业，对于预算和资金的要求也非常高，因为需要不停调拨资金。如何用最低的杠杆、最优化的杠杆，去实现资金的调拨，这对于财务的考验是极其大的。

B. 成本优化

另外，如果很多账我们不算，就永远不知道问题出在哪里。这家国际贸易公司的老板之前一直没有认真算过账，他觉得挣钱了，结果到月底一看报表，应该挣的钱都没挣到。后来老板才发现有些钱花出去了，但是这花出去的钱从来没有做过有效的管控。这就要求财务对成本做一些优化和管理。

C. 税务筹划

税务筹划是一个经久不衰的话题。如何通过各种合理的税务政策去实现企业的税务最优化，这是很正常的筹划手段。很多地区都有一些产业扶持和倾斜的政策，其中就有很多的税务筹划政策。

从管理的角度看，财务需要做预算管理，做成本的优化和税务筹划，也就是当财务到达管理高度的时候，它已经不仅仅是一个支持部门，还是一个创收部门。它完全可以通过各种管理手段，帮助公司实现利润率和资金效率的最优化。

（4）经营能力

我们把财务分成事后、事中和事前，统计能力与核算能力属于事后能力，管理能力属于事中能力，而经营能力属于事前能力。

统计一定是事后的，所有报表，只有发生过，才能统计出来，最快也只能在发生的当时做出来。比如财务常做的几张表，有很多企业是到了月中才出上个月的报表，具有滞后性。滞后性导致的问题是，数据刚分析完就变了。我们最想要的是做到事前，这就对财务的经营能力提出了要求。

第一，项目分析及产品分析。

财务需要做项目分析和产品分析，需要分析出现有的资源投放了哪些项目，投放了哪些产品，并且预计收益率是什么样的。

第二，资金布局，做到效率最优化。

第三，市值管理。

第四，推演目标路径，目标路径背后需要有大量的数据做支撑。这些数据应该以财务的数据为枢纽，推演出我们目标实现的最优路径。

项目管理学都强调关键路径。关键路径就是用最短的时间能够实现目标的那条路径。事实上，在企业里同样有关于目标的路径是需要去推演的，财务需要了解企业目前对财务能力的要求是何种程度。这家国际贸易公司，至少要求财务具备核算能力，并且要逐步从核算能力向管理能力过渡。财务能力只有达到这个程度，相应的薪酬计算以及相应考核才能得以实施。

❹ 第四步：设计薪酬结构

薪酬结构里有一个核心，叫"利益内嵌"，这是我们在谈薪酬设计和薪酬运用的时候，会反反复复用到的。

比如想让一个总经理关注公司的利润,最好的方式是在他的薪酬结构里加一项分红。如果他的薪酬就是销售提成,要他关注公司的利润也就只能是说说而已。我们只有把他的薪酬结构直接设计成主要薪酬来源是分红,那他自然就会关注利润了。这就叫利益内嵌。

比如我们想要让业务员出业绩,就一定不能给他设计特别高的底薪、特别低的提成,我们一定要做成低底薪、高提成的薪酬模式。将他的收入设定成绝大部分由提成组成,即直接做成利益内嵌,这样他才会去关注业绩。如果不做利益内嵌,业绩就只是镜花水月而已。

比如我们希望研发人员更加关注产品投放市场之后的效益,那么研发人员的薪酬结构里就一定要有一项产品效益的收益。有了这一项,他才会关注这件事情。

(1) 设计利益内嵌的薪酬结构

利益内嵌是要把目标、薪酬和考核全部绑定到一起进行设计。具体内容如表9-1所示。

表9-1 利益内嵌的薪酬结构设计

目标	薪酬结构	考核
销售额1亿美金	提成:营销、采购、产品人员 超产奖:同上	提成不考核,采用三级提成制
利润率15%	中心分红:经理、总监 公司分红:公司管理者	50%分红与考核挂钩
产品中25个新品	新品毛利润提成高于老品:产品推广与产品销售人员	采用分级提成与超额奖
资金保有量1000万美金	——	考核CEO、CFO
市值1亿美金	设计股权激励草案	考核董事长、CEO、CFO

我们给这家国际贸易公司定的第一个目标是销售额1亿美金,第二个目标是利润率达到15%,第三个目标是产品达到25个新品,第四个目标是资金的保有量达到1000万美金,第五个目标是市值达到1亿美金。目标要跟薪酬绑定,要想达到销售额1亿美金的目标,那一定得有对应的薪酬结构。

首先，营销、采购、产品等相关人员都得有提成，除了提成以外，还可以有超产奖。针对这些人，如果是提成，可以不考核，但是采用三级提成制的例外。三级提成本质上就是一种考核，因为完成的目标低，提成就下降，考核结果也会直接出来，只是不用以考核表的形式呈现而已，但事实上已经做了考核。

利润率跟分红挂钩。经理、总监拿的是中心分红，公司管理者拿的是公司分红。把50%的分红与考核挂钩，比如董事长有5%的分红，其中有2.5%的分红要跟考核挂钩。

产品要求25个新品，对应的薪酬结构应该体现出鼓励推新品：新品的毛利润提成会设得高一点，当新品销售达到正常值的时候，会设计成正常的提成比例。同时，企业应该鼓励产品推广和销售人员卖新产品。这里可以设置分级提成与超额奖，比如当新品毛利润在比较短的时间里达到一定程度的时候，就可以给相关人员超额提成。

资金的保有量要求1000万美金，这是一个考核指标，没有必要做薪酬结构设计，它要考核的是CEO和CFO这两个关键的人，其实就是让他们两个人的薪酬跟经营挂钩。

为了鼓励大家为市值1亿美金奋斗，我们可以做一个股权激励草案，这也是很多公司尤其是科技型公司经常做的事情。很多公司年薪的40%都会变成股权激励。大家都会猜测公司几年后能不能上市，如果不能上市，股权激励的变现率就很低，但是如果能上市，那就值钱了。年薪变成股权有两个好处：第一，公司能够做到当下利润不用分，没分的钱就变成了公司的利润；第二，大家也会更加关注公司的市值。

（2）目标分解

随着薪酬结构的项目逐渐丰富起来，我们也找到了一些核心考核项。比如销售额继续分解，分解成不同营销中心的销售额，以及新品销售额和老品销售额。利润率也继续分解，比如利润率要做到15%，毛利润率要做到25%，有两个要求：第一是技术创新，价格要上浮，这个指标应该由产品部门完成；第二是需要跟工厂结成联盟，降低采购成本及仓储费用，这个费用由采购部门及物控部门继续分解。继续分解之后，就会变成非常细致的薪酬结构表和考核表。这两张表做完，各个部门的核心指标就会出来。

比如一级目标为销售额1亿美金，如果变成二级指标，就会出现几种类型：销售额分解，一中心5000万美金，二中心3000万美金，三中心2000万美金；品类分解，采购新品3000万美金，25个新品，每个品类120万美金；采购老品7000万美金，每个品类××万美金；人员分解，分别从人均效率和人均效率提升两个方面综合考虑进行分解。

为了方便计算，假设我们完成以上目标需要100个销售人员，但是现在中心只有60个人，需要新招40个人。这40个人里，一中心要15个，二中心要15个，三中心要10个，这几个指标会分给每个中心负责人。有可能会出现这种情况：这100个人效率太低了，中心又提了第二个指标，只想要80个人，这样的话，人均效率指标就要提升20%以上，人均效率也要从100万美金提到120万美金，这个指标又分给了三个中心负责人。同时也对人力资源部提了要求：先不要招40个，只要招20个人就行，但是新招的人必须都能达到人均效率。

（3）薪酬结构表

目标不停地分解下去，不仅是分解营销中心的指标，也是分解采购、产品、人力资源的指标。这是因为财务既有资金支持的要求，也有保障的要求，就会把相关部门都牵扯进来。

这里会出现很多考核指标，也会出现很多薪酬项目，最后就会形成各个岗位的薪酬结构表（见表9-2）。

表9-2　不同岗位薪酬结构表

岗位	薪酬结构	考核关键项
董事长	保障工资＋公司利润分红	市值、利润、产品竞争力、关键人才到岗

（续表）

岗位	薪酬结构	考核关键项
营销总监	工资＋本中心核算利润分红＋本中心超产奖	销售额、毛利润率、人均效率、新品成功数量
采购总监	工资＋所有营销中心利润分红＋公司超产奖	采购额、毛利润、采购供应质量
营销人员	工资＋新品销售提成＋老品销售提成＋超产奖	销售额、新品销售、链接质量

表9-2中，董事长的薪酬结构是保障工资＋公司利润分红；这家国际贸易公司有三个营销中心，营销总监薪酬结构是工资＋本中心核算利润分红＋本中心超产奖；采购总监的薪酬结构是工资＋所有营销中心利润分红＋公司超产奖；营销人员的薪酬结构是工资＋新品销售提成＋老品销售提成＋超产奖。营销总监和采购总监的超产奖不一样，因为营销总监的超产奖更多是来自本中心的超产，而采购总监的超产奖更多是来自全公司的超产。

我们还可以把各个岗位的考核关键项列出来，比如董事长考核的关键项有市值、利润、产品竞争力、关键人才到岗；营销总监的考核关键项有销售额、毛利润率、人均效率、新品成功数量；采购总监的考核关键项有采购额、毛利润、采购供应质量；营销人员的考核关键项有销售额、新品销售、链接质量。这些关键项并不是凭空而来的，而是根据前文介绍的步骤推算出来的。

当我们在第四步里得出岗位的薪酬结构和关键考核项时，这家国际贸易公司的薪酬结构框架就出来了，比如哪些岗位应该设计什么样的薪酬类别，以及针对薪酬需要做什么样的考核利益内嵌。只有考核薪酬跟公司的目标紧密结合，才是真正的利益内嵌。

⑤ 第五步：岗位价值评估

设计完薪酬结构，我们就需要做岗位价值评估了。在前文介绍岗位价值评估的时候，我们就提到过价值量数据是非常重要的。价值量不仅仅是算工资的依据，同时还是计算提成和分红的依据，以及计算团队合作中利益分配的依据，所以岗位价值评估所得的价值量数据，接下来会反复用到。

薪酬结构框架出来，下一步需要做的事情是计算工资是多少，提成比例是多少，分红是多少，这些内容我们在前文的薪酬模块里面都有详细介绍。

这家国际贸易公司经过组织架构调整，新增了一些岗位。我们对新增的岗位进行了一系列的岗位价值评估，最后得出一个结果：这家企业经过一轮的调整，新增的岗位有 30 多个。当然有些岗位还做了一些职责调整，是按部门的形式呈现的。经过比较发现，这家企业价值量最低的岗位是出纳岗位，价值量是 153 分。我就用这个最低的价值量，算出公司的价值系数。一家企业价值量最高得分理论上应该是董事长，因为他是这家企业的最高负责人。这家企业的董事长的价值量已经超过了 2000 分，这是一个相对比较高的价值量，由于企业的规模还在扩大，行业的竞争力也在提升，对于董事长的要求也在提升，这些都要求董事长从销售型变成战略型，所以其价值量也相应提升。当出纳的价值量是 153 分的时候，董事长的价值量是 2014 分，价值量系数为 13.16。这是一个合理的区间，如果我们想拉大区间，也可以做一些调节。

对这家国际贸易公司进行岗位价值评估和计算，得出了各岗位的价值量系数，见表 9-3。

表 9-3　岗位价值评估表

序号	部门	岗位	价值量	价值量系数
1	高管	董事长	2014	13.16
2		总经理	1586	10.36
3	产品中心	产品品类总监	1058	6.91
4		市场工程师	314	2.05
5		市场专员	240	1.57
6		研发主管	491	3.21
7	采购中心	采购总监	900	5.88
8		采购主管	598	3.91
9		采购工程师	384	2.51
11		采购跟单	211	1.38
12		PMC 主管	630	4.12

（续表）

序号	部门	岗位	价值量	价值量系数
13	服务中心	综合服务总监	836	5.46
14		人力资源经理	564	3.69
15		人资专员	238	1.56
16		策划经理	452	2.95
17		策划文案	324	2.12
18		平面设计师	315	2.06
19	财务部	财务经理	667	4.36
20		财务主管	405	2.65
21		总账会计	344	2.25
22		成本会计	291	1.90
23		出纳	153	1.00
24	营销一中心	一中心经理	717	4.69
25		外贸业务员	278	1.82
26		内销业务员	244	1.59
27	营销二中心	二中心经理	1032	6.75
28		品类主管	524	3.42
29		运营主管	464	3.03
30		运营人员	344	2.25
31		推广专员	314	2.05

⑥ 第六步：分类型薪酬设计

在价值薪酬基础上进行分解，分为固定薪酬（五级工资）+ 效益薪酬（提成、分红）。不同的岗位类型，薪酬结构亦有所不同。

我们做完岗位价值评估，就会发现企业里分为很多种岗位，比如董事长、CEO、财务总监、行政总监等都是偏管理类的人员，他们会跟公司的分红挂钩。除此之外，还有小组织的人员，比如营销子公司里有事业部，这些小组织的人员更多的是跟小组织的利益挂钩。另外，还有辅助人员，比如要做运营和推广，会有文案人员、设计人员来配合，他们的支持和辅助，能让公司的业绩得到增长。此外，还有纯粹的技术类人员，比如研发人员、交付工程师。

Part ⑨ ‖组织薪酬与改革‖

不同类型的人员，特征是不一样的。

比如技术类人员最需要的是底薪。我们和技术人员首先要谈的是，他们的工资是多少，在什么情况下他们的工资能够涨。我们会把重点放在他们的五级工资的设计，以及五级工资如何匹配上面。

支持辅助类人员以底薪和一部分支持辅助提成为主。我们要告诉他们，底薪应该如何去匹配，支持辅助的提成应该如何获得，如何才会有阶梯式的收益。

针对小组织的核算分红，要设计正常的分红、超产奖，让小组织成员把主要精力放在跟小组织挂钩的这部分效益收益里。

管理人员则要把主要的收益和公司的效益挂钩。

我们会发现，每一个岗位最后都会算出来工资和收入的区间值，收入区间值的分解规律是不一样的。因此，在做完岗位价值评估之后，需要进行拆分。

举个例子。业务员岗位经过岗位价值评估之后，得出年薪是5万元，但这个岗位可能有10个人，这10个人年薪并不一样：有人是10万元，有人是8万元，有人是6万元，有人是5万元，有人是3万元，甚至还有人是2.4万元。大家的年薪汇总到一起，并计算得到平均值，发现平均值接近中位值，即5万元。因为这个岗位的薪酬结构是底薪加提成的模式，底薪大家基本都一样，但是提成会拉开差距。

业务员这个岗位的薪酬，强调的不是中位值，而是做得好的业务员能够拿多少钱。我们招聘业务员时，肯定会告诉对方我们公司做得好的业务员能拿多少钱，而不是说我们业务员平均工资是多少。

财务岗位和业务员岗位不同，假设财务的年薪是6万元，6万元除以12个月，月薪是5000元，15%的级差，变成五级工资就是5000元、5750元、6500元、7250元、8000元。假设这个财务就是一个二线城市的财务人员，就会出现这样的一个规律分布。如果财务岗位有10个人，其中一个是会计专业的毕业生，可能就拿5000元，因为他没有经验，叫实习会计；等他基本能上手了，就会拿到5750元；到了基本合格的时候，就会拿6500元；随

373

着他越做越好，不仅能做一个普通的凭证处理，还能够做很多的核算，于是就拿到 7250 元；再接着，他不仅能做核算，还能做经营分析，就能够拿到 8000 元了。这个时候，他已经具备了做主管会计或主办会计的能力了。

财务岗位有一个往上走的阶梯，更多是看个人的能力水平。财务的技能水平体现在他所能承担的工作上面，他所承担的工作责任的大小，决定他的升值区间，但这个区间的拉升不可能像业务人员这么高，会按照一个正常的阶梯提升。而业务员更多是看业绩水平。我们会认为他的业绩水平高，他的个人能力就好。当然，也可能有运气的成分，但现在就看他的业绩水平如何。

同样是 5 万元的年薪，不同类型的人员，分解方式是截然不同的。比如业务员就需要考虑如何把提成的差距拉大，提高业绩优秀业务员的收入，让其他人向他们学习，调动其他人的积极性。像有一定技术性要求的职能人员，就得考虑到底是五级工资，还是七级工资或九级工资。这几级工资怎么设计，还有这几级工资对应的要求到底是什么，都是要考虑的问题。有对应的要求，大家就知道如何做才能够涨薪，不用每次都猜测应该如何去做才会涨薪。这样也可以鼓励大家去进修学习，去考取专业证书。

不同岗位的人员，要求也会不同。从价值量到设计成薪酬，不能按照一种统一的方式去做，一定要考虑根据不同岗位人员的特性分开去设计，形成几套不同类型的薪酬的体系。

下面，我们对不同类型的人员，匹配不同的薪酬设计。

（1）平路型人员的薪酬结构

行政、人力资源、财务等岗位都属于平路型。我们以总账会计价值薪酬 10 万元为例，进行薪酬分解说明，如图 9-3 所示。

价值薪酬分解成固定收益和效益工资，固定收益分解成固定工资和绩效工资。由于职能人员不会以效益工资为主，我们把效益工资定为 20% 就可以。薪酬结构中有 20% 是跟公司的效益挂钩，另外 80% 都是固定的。按这个比例计算出效益工资是 2 万元，固定收益是 8 万元。

Part ⑨ ‖ 组织薪酬与改革 ‖

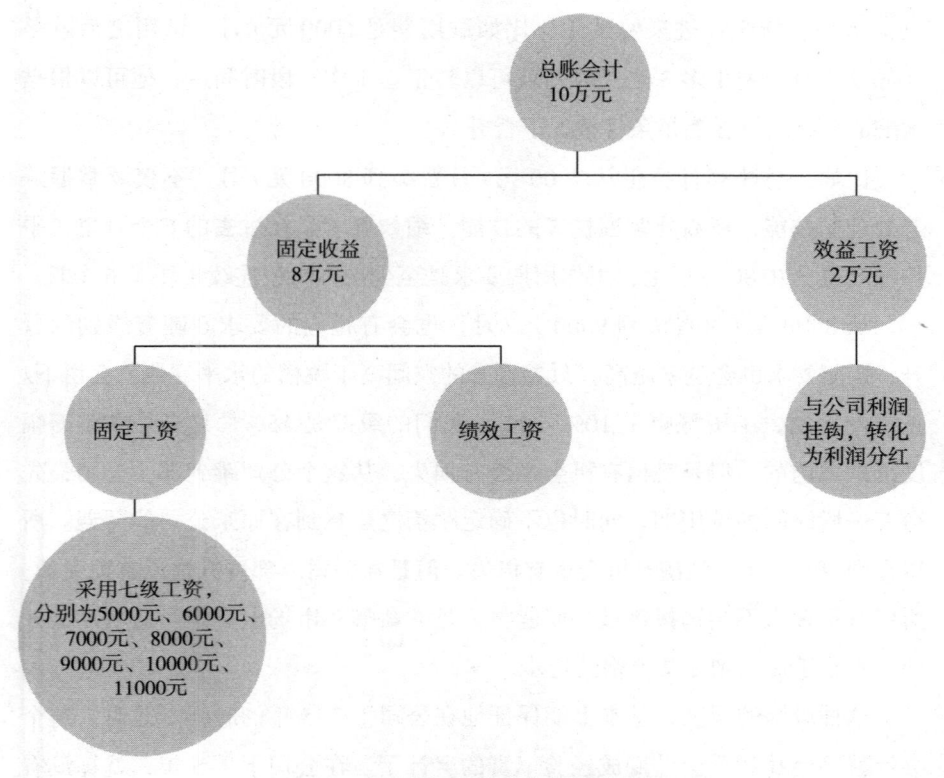

图 9-3 总账会计的价值薪酬分解图

根据我们的薪酬结构设计，总账会计的收益是跟公司的销售额挂钩的，转化为公司的利润分红。这一岗位的固定收益现在是 8 万元，换算成月薪是 8 万除以 12，为了方便计算，我就把它写成每月 7000 元，再做七级工资，这样七级工资就变成了 5000 元、6000 元、7000 元、8000 元、9000 元、10000 元和 11000 元。

会计岗位是职能岗和支持岗，晋升很难，很少有企业会设两个财务经理，除非企业开辟了第二业务。在需要员工稳定的前提下，会计岗位可以增设七级工资，同时设计晋升标准表，加两级的好处是，市场上新招一个总账会计，最低每月 5000 元开始起。如果是一个刚毕业的人员，我们会选 5000 元 / 月；如果他具备一定的经验，我们就会选 6000 元 / 月；如果他跟我们的匹配度比较高，就会选 7000 元 / 月。当然有一个前提，这个水平在市场上也是正常水平。新会计进来要试用，比如试用期是 6000 元/月，试用之后就是 7000 元/月，差不多 3 个月时间就可以转正。工作一段时间后，他可以根据薪酬的晋级表，在满足条件情况下晋升。

比如，总账会计要想从 7000 元/月晋级到 8000 元/月，不仅要掌握账务处理的技能，还需要掌握核算的技能。绩效要求是在过去的 6 个月里，平均绩效得分在 80 分以上；工作周期要求是至少在本岗位连续工作了 6 个月。

从 8000 元/月晋级到 9000 元/月，也会有相应的要求。随着级别的晋升，技能要求也会越来越高。只要晋升的空间高于跳槽的水平，他就会留下。正常的跳槽，工资涨幅是 10%~20%，我们的级差是 15%，其实是在跳槽幅度范围之内的。但是跳槽有机会也会有损失，从这个公司跳到那个公司，先得有一段时间的试用期，同时也不确定跳槽之后拿到在原来公司的待遇。所以在同等空间下，跳槽有机会也有损失。但是在公司内部晋升是没有损失的，所以有很多人不会选择跳槽。职能类人员的薪酬在市场上是相对透明和公开的，不至于保密到非常严格的地步。

这种级别的岗位，基本上能保证他在公司干 3~5 年的时间。此时，这个会计就已经从新手会计变成经验丰富的会计了。在公司干了 5 年，就算没有特别好的机遇，他也不会随便离开。

一个人的黄金工作时间是有限的，在这一时期内，有的人从员工变成经理，变成总监，也有些人可能自己去创业。

员工在一个岗位上工作的新鲜期也就是 3~7 年的时间，时间长了，就会出现职业倦怠，就会降低对工作的热情，缺乏动力。这个时候来一个新人，有可能做得比老员工还好。这是职业的黏性的表现。

不同类型的岗位，有不同的黏性。黏性最高的是纯技术型的岗位，它的黏性能有 7~14 年。比如技术人员可能会一直在技术岗位上工作，他的晋升属于一条管理路线，即专家路线，一辈子就是做技术。他能把技术做得非常专，非常精。医生也属于这种类型，有些内科医生可以做一辈子。

管理人员的黏性差不多是 4~7 年。可以这样理解，一个员工升到了经理，他能够接受 4~7 年都在经理这个岗位上。

业务人员的黏性最低，大概是1~1.5年。换句话说，作为基层的业务人员，如果一年多还在每天重复地去拜访陌生客户并被拒绝，他是很难支撑的，因为他的压力太大。如果他在一年半之内得到了晋升，升到了管理岗，黏性周期就会重新开始。

我们讲黏性周期，主要是因为从五级工资变成七级工资，要根据不同岗位的黏性及其特性，对其工资进行划分。

对于职能人员，我们首先把他们的总收入分解成了效益工资和固定收益，效益工资的占比可以比较低。我们这里设了20%，至于能不能调成25%，或调成15%，这要看不同企业的具体情况。我的建议是，要适当有一点效益工资，然后再把月工资从五级调整成七级，符合这一岗位的黏性周期，同时要出台薪酬的晋级标准，将其拆成固定工资、绩效工资，用绩效工资去做考核。

职能组织的薪酬，包括行政类人员、HR类人员、财务类人员、设计类人员，他们的薪酬设计思路都是这样。设计的核心点是以下几项：薪酬分为五级薪酬，最高可以到七级薪酬；与晋升标准匹配；平级对应。

比如总账会计这个岗位，可能有两个人，一个叫张三，一个叫李四。张三现在的工资是6500元/月，李四现在的工资是7800元/月，张三对应A3，李四对应A4。于是在工资提升的基础上，按照他们对应的薪酬级别，变成了固定工资+绩效工资。我们要明白，绩效工资并不是从0开始的，绩效工资的系数是0.6~1.2。也就是，即使你的绩效考核很差，也和原来的工资相差无几，因为平路型岗位的绩效工资占比40%左右。这些岗位，并不是所有的工资都要做考核。

价值薪酬要转化成职能类人员的薪酬，第一是要把薪酬的分级增加，第二是要有匹配晋级的标准，第三是要有匹配的平级对应。

（2）下山型人员的薪酬结构

技术类人员基本上都属于下山型岗位，具体包括研发工程师、程序员、设计师、电工、大巴车司机等。我们还以年收入10万元为例，一个技术人员的固定收益为10万元，换算成月薪每月为8334元。技术人员的薪酬结构包含：

A. 薪酬工资分为九级

一般情况下是五级工资，而我们会把技术人员的薪酬工资分到九级，因为黏性最低的是业务人员，黏性最高的是技术人员，所以把技术人员工资级别做到九级。

B. 可以为其规划专家线

技术人员不一定要走管理线，成为管理者。事实上，技术人员走管理线，走得好的人并不多，因为技术管理和技术是两种技术。比如在医院里，院长属于管理岗位，能做院长的人一般是行政管理做得特别好的人。但一家医院最权威的专家并不是院长，他的收入有可能比院长还要高，这种情况是很正常的。对于技术人员，需要规划一条专家线。

C. 效益挂钩奖，如研发节点奖、市场业绩增长奖等

就算下山型人员的薪酬结构中没有效益收益，也需要设计效益挂钩奖。比如研发节点奖金、市场业绩增长奖等。我们通过设计相应的效益奖，让其效益收益有所增长。

D. 开通专家合作机制，进行项目合作

技术人员有可能成为专家，有可能会研发产品，也有可能会开发一个新的项目。因此，我们可以开通专家合伙机制，走项目合作制。

一些偏交付型的，比如做工程的岗位项目经理，偏产品型的、偏研发等纯技术型的，以及偏项目型的技术人员，都归于技术口。

项目型的人员，我们希望他们把更多的精力聚焦在产品和项目的交付实施上。他们的薪酬结构就有一些变化。产品项目型人员的薪酬结构为：工资＋产品／项目交付提成＋产品／项目利润分红＋超额奖。

但这种类似上山型的薪酬结构不适合研发型的人员，因为研发在短期内见不到效益。这种薪酬结构比较适合每个月都有产品、有项目正在交付和正在实施，并且利润是能够计算出来的岗位，也就是说我们知道有多少利润，并且还可以通过努力实现更多的利润。比如，做工程项目的因为有项目在做，而且项目的利润，跟工程项目经理，以及工程项目团队的管理能力是有很大关系的。所以这种已经在做的项目，就可以用这种薪酬结构。

比如国际贸易的采购人员和产品人员就可以采用这种方法。他们的产品每个月都会有业绩，他们的业绩实现速度非常快。而App研发的薪酬结构如果和采购人员的一样，就有问题了。因为App研发需要一定的时间，即便研发成功并投入市场，也不一定可以马上赚钱。我们就要给研发岗位设计另外一种薪酬结构，比如增加流量奖，或者产品奖，也是我们在前面说的效益奖。

（3）营销人员的薪酬结构

每家公司基本都有营销人员。我们还是以10万元的年薪为例，营销人员的大部分薪酬结构都是：50%以上是变动收益，即提成；50%以下是固定工资，通常为保障工资。

营销人员的薪酬结构可以设计为：低底薪+高额生存产品提成。

不同类型的人员，薪酬分解是不一样的。最有保障的是研发型的技术型人员，他的固定收益占比最高，我们很难判断他的效益在什么时候产生；而业务人员，他的效益产生通常会比较快。这就是说，越快能看到效益产生的岗位，越容易做变动收益。比如交付型的技术人员，就可以考虑按照上山型，或比较接近上山型的岗位去做效益型收益，因为他能很快看到效益产生。而那些需要很长时间才看到效益收益的岗位，就很难把变动收益占比拉得非常高。比如人力资源部人员，这个月让公司利润提升5%，这件事就比较难做到。而且即使能做到，营销部的人会说，这不是人力资源部的功劳，而是营销部的功劳，比较难界定。

营销类人员的变动效益，可以换成提成；固定效益，可以换成保障月工资。有些企业会把保障月工资额降得很低。每一个城市，都有一个最低的工资标准，低底薪就是接近于这个城市的最低工资标准线。员工仅仅靠低底薪，会影响生活质量，如果再加上生存产品高额提成，就能获得基本的生活保障。虽然拿不到10万元年薪，但至少能拿到7万~8万元年薪，是比较正常的待遇。如果再销售一点东西，加上提成就能够拿到10万元的年薪。

正常工资是五级，但是营销人员的主要收入应该在变动效益提成里，他的工资占比很低，最多占50%。我们要激发营销人员不断往上爬的野心和欲望，可以直接把他的工资变成三级。尽量避免他在业务员这个岗位时间过长，而是想办法让其升到经理岗位。假如不升到经理，业务员干得再好，收入也不会有很大提升。

（4）核心管理人员的薪酬结构

虽然核心管理人员不是很多，但是很重要。核心管理人员就是几个"O"，比如CEO、COO、CTO、CFO、CHO等。有些企业可能叫总监，比如技术总监、生产总监、营销总监、采购总监等，他们都是核心管理人员。

核心管理人员，以年薪50万元为例。年薪50万元对于一个营销总监来讲确实不高，但是他要求这50万元全部要拿成月工资，就有点问题，说明他不敢对结果做太多担保。我们要把核心管理岗位的年薪分解成固定收益和变动收益，这和上山型岗位的有些类似。核心管理人员的固定收益基本上占其总收益的40%~50%，变动收益占50%~60%。这样一分解，50万元年薪的营销总监的固定收益占40%，即20万元，变动收益为30万元。见图9-4。

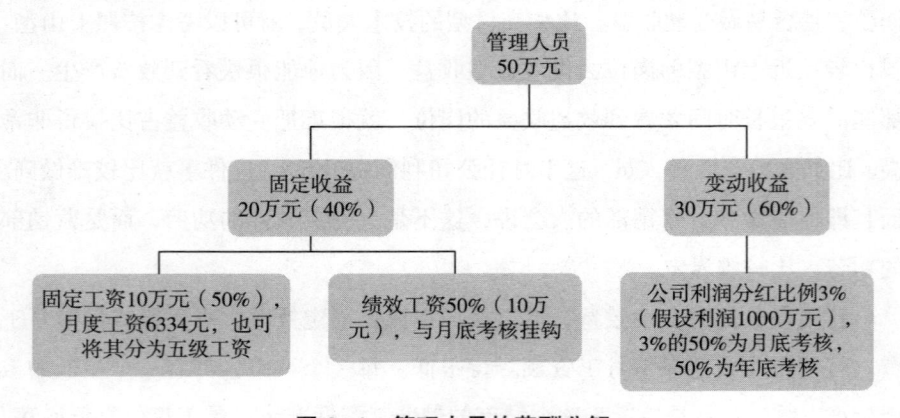

管理人员 50万元
├── 固定收益 20万元（40%）
│   ├── 固定工资10万元（50%），月度工资6334元，也可将其分为五级工资
│   └── 绩效工资50%（10万元），与月底考核挂钩
└── 变动收益 30万元（60%）
    └── 公司利润分红比例3%（假设利润1000万元），3%的50%为月底考核，50%为年底考核

图9-4 管理人员的薪酬分解

固定收益又分成固定工资和绩效工资，直接五五分，也可以四六分。为了计算简便，我们采用五五分，也就是10万元：10万元。每月的固定工资是8500元左右，继续分成五级。直接设计成每月8500元的固定工资加上

8500 元的绩效工资，绩效跟月度考核挂钩。考核一定不能一年考核一次，因为考核是一种过程管理，能按月度考核的就月度考核，坚决不搞季度考核。

核心管理人员的收益通常跟公司的利润分红挂钩。假设这家国际贸易公司预计利润是 1000 万元，核心管理人员的分红收益 30 万元，分红比例就是 3%。所以我们在跟这家公司的核心管理人员谈薪酬的时候，谈成了 50 万元的年薪，其中固定工资是 8500 元，绩效工资是 8500 元，再加上公司分红 3%，对应 1000 万元的公司利润。如果是一个新入职的总经理，可能会有一个起点的要求。比如这家公司总共利润目标是 1500 万元，从 500 万元做起点，再加上 1000 万元，就是他从 501 万元开始分红，因为公司之前创造的利润跟他没有关系。分红比例是 3%，其中，1.5% 是月度发放，1.5% 作为年度考核，也就是说 50% 的分红按月度发放，50% 做年度的考核。这就是我们对管理人员的薪酬分解：固定工资＋绩效工资＋年度内利润分红＋年底利润分红＋年底考核。

综上所述，不同类型的人员的薪酬分解的方式是不一样的。如何对薪酬进行分解，需要根据岗位特性进行。

⑦ 第七步：薪酬测算

所有的薪酬一定要测算。没有经过测算，可能会出现一个最大的问题：我们不能准确判断人工成本和员工心理满足度之间的关系。心理满足度设计得太高，大家会觉得工作不太容易，反而会让员工有出去创业的想法。这里有一个正常的区间值，但是它不是指员工心理非常满意就好，而是在一个正常的情况下，能够得到基本的满足就好。

有些企业在设计薪酬时，会加上一定的股权。股权的变现性比较差，如果员工成为公司的股东，还有一些竞业限制条款，在离开原公司后，在一定期限内无法从事与原公司有竞争关系的工作。因为你是股东，我用商业保密条款、竞业限制条款举证你，要容易很多。

薪酬测算要有一个合理的区间值。不能测算得太低，太低就不能保障员工的基本生活。薪酬的测算核心在于公司的人工成本和员工的心理满足度之间的比例要合理。

（1）基于岗位价值量得出价值薪酬

薪酬测算的方法如表9-4所示。

我们算出了岗位价值量，同时基于岗位价值量开始计算年薪，我们把它叫价值薪酬，于是有了这张五级工资表。其实这张表格，也可以叫价值薪酬表。我们从价值量、价值量系数的数据中取了几个K值，用它们计算出年薪。需要注意的是，年薪是岗位的总年薪，我们没有进行分解。前文提到的这家国际贸易公司的岗位数量不多，为了方便大家理解，我们就做了一个比较简单的标准，把所有上山型的效益收益都设为50%，所有平路型的效益收益都设为25%，所有下山型，即技术类的人员都设为15%。此外，我们把交付类的技术人员，直接从下山型改成了上山型。

大家可以根据自己的情况，去设计一个适合自己企业的分解模型。这家国际贸易公司想让员工更多地去关注公司的效益。我们分解完之后，就得出了一系列的效益工资和固定工资，然后把固定的年薪分解成了月薪，把分解出来的月薪和目前的月薪进行比较。至于比较的结果，一定会有高有低。

这家企业在今年提出的一个方向是，希望全员都关注业绩。基层的人员关注销售额，关注产品的毛利润。核心管理人员关注中心的核算利润，把重心从固定收益向业绩效益倾斜。因此，工资不要做得太复杂，但是可以把更多的设计放到提成比例和分红比例上。

总监级的岗位基本上保持在月薪1万元左右，比如品类总监、采购总监、综合服务总监；经理基本上保持在7000~9000元的水平。董事长和总经理原来的月薪，一个是4万多元，一个是3万多元，首先董事长和总经理带头把月薪往下压，然后把效益工资往上升，固定收益缺的部分，补到了效益工资里，再用效益工资去测算提成和分红。当然有些岗位，比如职能型岗位和纯技术型岗位，对固定工资还是有一定需求的，所以还是给他们做了五级工资。

表 9-4 价值薪酬表

序号	岗位类型	部门	职位	价值量	价值量系数	年薪测算	效益收益分解 上山型50% 平路型25% 下山型15%	固定收益分解	固定月薪分解	目前月薪	调整月薪	五级工资 欠资格	期望	合格	胜任	超胜任
1	上山型	高管	董事长	2014	11.71	589488	294744	294744	24562	48160	20000	14000	17000	20000	23000	26000
2	上山型		总经理	1586	9.22	464216	232108	232108	193421	34400	15000	10500	12750	15000	17250	19500
3	上山型	产品中心	市场品类总监	1058	6.15	309668	154834	154834	12903		10000	7000	8500	1000	11500	13000
4	下山型		市场工程师	306	1.78	81704	12256	69448	5787	7000	7000	4900	5950	7000	8050	9100
5	平路型		市场专员	240	1.40	64247	16062	48185	4015	5500	5500	3850	4675	5500	6325	7150
6	下山型		研发主管	491	2.86	143861	21579	1222	10190		11000	7700	9350	11000	12650	14300
7	上山型		采购总监	900	5.23	263482	131741	131741	10978	20000	10000	7000	8500	10000	11500	13000
8	上山型	采购中心	采购主管	598	3.48	175204	87602	87602	7300	8000	8000	5600	6800	8000	9200	10400
9	上山型		采购工程师	384	2.23	102470	51235	51235	4270	5500	5500	3850	4675	5500	6325	7150
10	平路型		采购跟单	211	1.22	56271	14068	42203	3517	4500	4500	3150	3825	4500	5175	5850
11	下山型		PMC主管	630	3.66	184452	46113	138339	115258		10000	7000	8500	10000	11500	13000
12	平路型		综合服务总监	836	4.86	244746	61186	183559	15297	9000	9000	6300	7650	9000	10350	11700
13	平路型		人力资源经理	564	3.28	165221	41305	123916	10326	9000	9000	6300	7650	9000	10350	11700
14	平路型	服务中心	人资专员	238	1.38	63509	15877	47632	3969	5000	5000	3500	4250	5000	5750	6500
15	下山型		策划经理	452	2.63	146232	21935	124298	10358	15000	15000	10500	12750	15000	17250	19500
16	下山型		策划文案	324	1.88	86577	12987	73591	6133	6500	6500	4550	5525	6500	7475	8450
17	下山型		平面设计师	315	1.83	84109	12616	71492	5958	7000	7000	4900	5950	7000	8050	9100

(续表)

序号	岗位类型	部门	职位	价值量	价值量系数	年薪测算	效益收益分解 上山型50% 平路型25% 下山型15%	固定收益分解	固定月薪分解	目前月薪	调整月薪	欠资格	五级工资 期望	合格	胜任	超胜任
18	下山型	财务部	财务经理	667	3.88	195131	29270	165862	13822	10000	13000	9100	11050	13000	14950	16900
19	下山型		财务主管	405	2.35	108227	16234	91993	7666	9000	9000	6300	7650	9000	10350	11700
20	下山型		总账会计	344	2.00	91915	13787	78128	6511	6500	6500	4550	5525	6500	7475	8450
21	下山型		成本会计	291	1.69	77725	11659	66066	5506	5500	5000	3850	4675	5500	6325	7150
22	下山型		出纳	153	0.89	40776	6116	34660	2888	5000	5000	3500	4250	5000	5750	6500
23	上山型	营销一中心	一中心经理	717	4.17	209966	104983	104983	8749		8000	5600	6800	8000	9200	10400
24	上山型		外贸业务员	278	1.62	74400	37200	37200	3100		5000	3500	4250	5000	5750	6500
25	上山型		内销业务员	244	1.42	65302	32651	32651	2721	3000	3000	2100	2550	3000	3450	3900
26	上山型	营销二中心	二中心经理	1032	6.00	302126	151063	151063	12589	20000	10000	7000	8500	10000	11500	13000
27	上山型		品类主管	524	3.04	153276	76638	76638	6387	7000	6000	4200	5100	6000	6900	7800
28	上山型		运营主管	464	2.70	135723	67861	67861	5655	6000	6000	4200	5100	6000	6900	7800
29	上山型		运营人员	344	2.00	91785	45892	45892	3824	5000	5000	3500	4250	5000	5750	6500
30	上山型		推广专员	314	1.83	83929	41964	41964	3497	5000	5000	3500	4250	5000	5750	6500

(2) 三类分红

进行完固定工资分解之后，就开始测算效益工资，即测算提成和分红比例是多少。没有经过测算的薪酬，是不可以使用的，因为没有经过测算的薪酬风险性非常高。我们把分红分为三大类，也就是我们对于公司的三级核算。

A. 分红一：公司人员分红

第一级核算跟公司的利润挂钩。跟公司利润挂钩的人员包括董事长、总经理、综合服务总监、人力资源经理、财务经理和财务主管这几个岗位。经计算，这几个岗位能够拿到公司的分红比例总共是8%。

我们在前面专门有一节介绍过结构化分红。以表9-5为例。比如董事长的价值量是2014，由于董事长的价值量系数是13.16，我们觉得这个系数有点低，想拉大系数比，所以就做了系数调整。经过一轮测算，换算出来这个岗位占公司的分红比是2%，比如董事长的薪酬是固定工资2万元/月，可以分成固定工资加绩效工资，也可以不分。他拿2%的公司分红，50%跟考核挂钩，50%是直接发放，就是变成了月工资2万元+正常分红1%+考核分红1%。

需要注意的是，因为这个绝对值得跟规模相匹配，比如某家公司今年是1000万元的销售额，它的利润率要求是15%，就是1500万元，拿到手的这个数才有意义。

正常情况下，要做四级测算，即去年的数据，今年的保底、平衡、冲刺。这里我只做了三级，分别是保底、平衡以及冲刺。比如这家公司要求的利润率是15%，15%是一个平衡，它希望冲刺的利润率是20%，要求的保底利润率是10%。因为这家公司每年的利润是翻倍增长的，所以用去年的数据做测算没有意义。如果我们的企业是平稳型的企业，今年和去年比大概也就是差10%左右，那就有必要用去年的数据做测算。

经过测算，这家企业如果按照保底的利润率算，董事长的收入是161万元；按照平衡的利润率算，董事长的收入是230万元；按照冲刺的利润率算，董事长的收入是292万元。与2018年比较，我们发现保底收入就已经是 2018 年的 1.34 倍了。平衡收入基本会翻倍，这跟业绩翻倍的幅度差不多。冲刺收入是 2018 年的 2.5 倍，这个增幅和承担的责任是相对合理的比例。

表 9-5 是用来做测算用的，这是针对以公司分红为主的人员做的测算。大家不一定要用这张表。薪酬测算的核心原则是：第一，要做四级测算；第二，测算之后要看两点：总收入额是不是达到了对方的心理满足度；跟过去的收入相比，今年的付出和收益比是不是合理。

如果董事长或总经理是外聘的，就得评估一下 230 万元，是不是他的心理期望值。比如他最近刚刚买了房子，或者孩子在国外读书，一年开销最少也得 100 多万元，那给他 230 万元，他可能就会觉得有点紧张，所以我们还得评估他的心理的满足度。另外，我们要考虑如果同行想挖走他，有可能以什么样的水平挖走他。总之，要结合他的需求等各方面去进行评估。

B. 分红二：各中心分红

以中心分红为主的人员的测算，见表 9-6。这张测算表跟表 9-5 不同。比如采购总监最后的薪酬组成是固定工资 1 万元 / 月，他能够拿所有的营销中心分红的 0.36%。公司的营销中心设立越多，对采购总监而言越好。采购总监的待遇是固定工资 1 万元 / 月 + 分红 0.36%，其中 0.18% 直接给，另外 0.18% 跟考核挂钩。

C. 分红三：毛利润提成

有许多基层人员可以直接拿毛利润提成，见表 9-7。我们的测算都包括了保底、平衡和冲刺三级，但是这些人拿到的比例不一样。我们会拿着测算的数据和相关人员交流，就算是保底，跟 2018 年也是基本持平的。如果达到正常，研发主管的 126.95% 这个比例是比较合理的。虽然公司的总业绩翻番，但是不代表研发主管的工作量翻番。这是因为企业有可能会增加研发主管，增加营销人员，增加采购人员，增加研发人员，企业不会让一个研发人员承担所有的工作。

我们不仅要测算出这个比例合不合理，还要和市场参考水平进行比对，看这个数据在市场上有没有竞争力。如果是在一个理想值的情况下，我们应该要达到市场水平的上限。在一个平衡值的情况下，就看企业的薪酬战略了。

Part ⑨ ‖组织薪酬与改革‖

总分红比例：8%　　销售额（万元）1000　　保底目标　　平衡目标

表9-5　公司人员分红设计——董事长

序号	部门	岗位	价值量系数调整	预计岗位总价值量	编制	年固定工资	单岗位所占比	单个岗位分红转为公司分红	保底利润率分红测算 单岗位分红额	保底利润率分红测算 总收入额	保底利润率分红测算 与2018年比较	平衡利润率分红测算 单岗位分红额	平衡利润率分红测算 总收入额	平衡利润率分红测算 与2018年比较	冲刺利润率分红测算 单岗位分红额	冲刺利润率分红测算 总收入额	冲刺利润率分红测算 与2018年比较	2018年度收入	市场参考水平	备注
1	高管	董事长	2014	2478	1	24000	25%	2%	1376000	1616000	134.7%	2064000	2304000	192%	2752000	2920000	249.3%	120000		
2		总经理																		
3	综合服务中心	综合服务总监																		
4		人力资源经理																		
5	财务部	财务经理																		
6		财务主管																		

387

表9-6 各中心分红设计测算表

序号	部门	岗位	分红说明	价值量	层级调整	预计编制	岗位总价值量	年固定工资	单岗位所占比	岗位中心利润分红比例	薪酬测算							2018年度收入	备注市场参考水平
											保底利润率分红	与2018年比较	平衡利润率分红	与2018年比较	冲刺利润率分红	与2018年比较		
产品+采购
1	产品市场中心	产品品类总监																
2		市场工程师	营销一中心+营销二中心+营销三中心分红	900		1	1038	120000	28.6%	0.36%	536160	148.93%	732000	203.33%	854400	237.33%	360000	30万~60万元
3	采购中心	采购总监																
4		采购主管																
5		PMC经理																
各营销中心
6	营销中心																	

388

表 9-7 毛利润提成设计

序号	部门	岗位	价值量	预计编制	岗位总价值量	部门总价值量	月工资	岗位总量成比例	岗位毛利润提成比例	保底 按80%		平衡 按100%		冲刺 按120%		2018年度收入	市场参考水平	备注
										年薪总额	与2018年比较	年薪总额	与2018年比较	年薪总额	与2018年比较			
		支持人员提成比例																
1	产品中心	研发主管	491	1	491		1100	2.12%	2.12%	1194333	103.86%	1459916	126.95%	2123874	186.68%	1150000	14万~18万元	
2	采购中心	采购主管																
3		PMC经理																
4	服务中心	策划经理																
		直接营销人员提成比例								年薪总额	与2018年比较	年薪总额	与2018年比较	年薪总额	与2018年比较			
5	营销中心	品类主管																
6		运营主管																
7		运营人员																

薪酬战略有追随战略、平和战略和领先战略三种。如果采用的是平和战略，那正常值基本上得跟市场的中位值差不多。如果是领先战略，那正常值得跟市场的75分位值比较接近。

⑧ 第八步：实施调整方案

经过再测算之后，我们会发现有一些岗位需要进行调整。进行调整之后，我们就要开始实施调整方案。从这一方案中，员工可以看到，自己是什么样的岗位，目前的状况，目前的待遇是底薪多少、提成多少，超产奖是怎么设计的，以及对应的考核是什么等内容。

这个实施方案会针对每一个岗位进行调整，最后形成以部门为单位的实施方案。比如现在财务部有5个人，我会告诉他们在五级工资里分别属于哪一级，公司希望他们能到第几级，以及他们如何努力才能够到第几级等。这些都叫岗位的调整方案。

做完之后，我们就可以向员工公布薪酬了。很多企业现有的薪酬方案和新的薪酬方案，在结合的过程中会出现很严重的问题，因此我们在这一步实施的方案是套档套薪（见表9-8）。

表9-8套档套薪中的所有人名都为虚拟。套档套薪之后，我们会将每个岗位的具体情况逐一列出。比如综合中心总监马建飞，月薪是24167元，年总收入是156000元。由于他刚刚上任，我们也不知道他是胜任还是合格，于是先给他期望档的工资。再加上这个岗位的薪酬结构是底薪+分红，测算出来他的保底、正常、期望年薪，如表9-8所示。如果他好好干，哪怕是保底，他的收益也都会比2018年高。

我们发现他在平衡的情况下，增长率达到了85.9%。虽然他在这个岗位的时间不长，但是这个岗位兼任了公司一个非常重要的职责，是PMC的整个管理，因此它的分红比例里，有50%是给本岗位的，有50%是给兼职岗位的。

在这种情况下，我们就需要对他做双重考核，并且明确告诉他，如果不能做好PMC这个岗位，他的分红中有一半将会被拿走给PMC。因为他是兼

Part ⑨ ‖ 组织薪酬与改革 ‖

表 9-8 套档套薪

序号	部门	岗位	姓名	数量	价值量	欠资格	期望	合格	胜任	超胜任	保底	正常	期望	年薪总额	月薪	2018年年薪	与2018年薪酬对比增长	对应方案
								五级工资			收益测算（纯利分红）							
1	服务中心	综合中心总监	马建飞	1	836	6812	7830	9000	10170	11492	182005	291208	364010	290004	24167	156000	85.9%	兼PMC岗位，50%分红给本岗位，50%分红给兼职岗位，需要接受双重考核标准
2		人力资源经理	陈小兰	1	564	634	7395	8500	9605	10854	114675	183481	229351	216675	18056	15600	38.89%	新年度加大考核，对人才引进提出明确要求，并与分红挂钩
3		人资行政专员	郭强	2	238	3482	4002	4600	5198	5874	44848	71756	89695	10048	8337	66000	51.59%	新年度加大考核，重点完成绩效考核实施与绩效分析，并与分红挂钩
4	财务部	财务经理	赵岚	1	769	8578	9860	11333	12807	14472	145109	232175	290219	28119	23426	168000	67.33%	新入职，初始分红（前6个月）按正常分红70%
5		总账会计	张霞	2	704	4415	5075	5833	6592	7449	66420	106273	132841	136420	11368	10800	26.32%	正常考核
6		成本会计	李丽丽	1	291	4163	4785	5500	6215	7023	54886	87818	109772	120886	10074	10200	18.52%	正常考核
7		出纳	张建	1	172	3785	4350	5000	5650	6385	32500	52001	6001	92500	7708	7800	18.59%	正常考核

职 PMC，并不是 PMC 岗位的专职人员。如果增长幅度在 30% 左右，就是一个正常的水平。

我们会结合每个岗位的不同特征，做出相应的方案。比如总账会计、成本会计、出纳这三个岗位，与 2018 年薪酬对比增长幅度都在 30% 以下，就不用出特别的调整方案，只需要正常考核。但是像人力资源经理的调整幅度超过了 30%，达到了 38.89%。这个时候我们就会希望人力资源经理引进能够提升公司人员工作效率和公司效益的人才，这项内容也会跟他的分红挂钩。即使公司的利润高，如果这项没有做到，其个人分红也拿不到满额。这就是套档套薪。

我们给员工公布的薪酬方案一定要坚持一个原则——最好能够让员工计算出自己拿多少钱。如果员工自己计算不出来，他的感受就不是很强。

⑨ 第九步：考核并形成文件

岗位调整方案确定以后，我们需要立马配套考核。经常有企业咨询我们："我们能不能只做薪酬咨询，不做考核咨询？或者我们能不能只做绩效考核咨询，不做薪酬咨询？"这种情况下，我通常都告诉他们："可以把薪酬考核和其他内容分开，但是薪酬和考核是不能分开的。因为我调了薪酬，不做考核，就没有办法形成约束的调整。如果只调考核，薪酬没有变，那么员工会认为这是在变相扣工资。所以薪酬和考核，是'焦不离孟，孟不离焦'。如果要调整一个，就必须要调整另外一个。"

我们新调整的薪酬方案必须跟考核挂钩，不跟考核挂钩是没有意义的。比如一个员工要从三级工资调到四级工资，除了技能要求以外，还应该有考核要求。

考核会有一系列文件，有目标责任书、绩效考核表等。当然，一些基层岗位，还可以用看板管理。考核要形成文件，就是要有签字——所有的东西不签字都是口头的。因为从法律角度来讲，只有书面的文件才具备法律的约束力。

所以，我们要设计考核的文件，并且最终要形成文件。这样，要签目标责任书的，就签责任书；要签考核表的，就签考核表。大家必须要签字，签字这个过程就是表示确认已经接收到了自己的岗位目标，并且认同岗位的薪酬结构。

⑩ 第十步：试运行并复盘

完成工作之后，能否获得满意的收益，谁也不知道，因此还有最后一步——试运行和复盘。试运行最少一个月，两到三个月会进行一定的调整，之后我们会进行复盘，对方案进行修订。修订完之后，我们再重新公布。一般情况下，如果前面的步骤大家都是严格地按照整个推演路径去做的，在后面的调整中，我们的调整幅度通常不会超过20%，微调是正常的。如果调整幅度特别大，超过了30%，那可能就需要重新去看是不是哪一步骤算错了。

没有十分完美的薪酬方案，所有方案都是要在运行的过程中不断地去验证的。所以进行一定时间段的试运行之后，我们就要进行一次复盘，看看哪些地方还需要进行调整。但是大家切记，调整的速度不能过快。

我见过一家企业，他们在一个月的时间里几乎每周都调整一次提成计算方案。结果，下个月计算上个月提成的时候，财务人员往往一头雾水。上周签的合同，这周完款，这是很正常的一种状态。于是，这家公司出现了一个问题：上周有一个提成方案，这周又有一个提成方案，是按上周的提成方案还是按这周的提成方案，财务根本不知道怎么核算。

每周都有人提意见，其实这些新意见都很正常。因为任何一套方案，不可能保证所有的人满意。不管什么样的方案，一定有一部分人满意，一部分人不满意，还有一部分人持观望态度。有些人自己本身特别厉害，比如"个人明星"，但是新方案对他们的利益产生了触动，而鼓励团队作战，他们就会跳出来反对这件事情，这种情况也很正常。如果团队作战是公司的一个方向，那这个时候，我们就得考虑取舍问题。

现在，薪酬改革的所有步骤、路径、方法，各种薪酬结构如何设计，如何运用，如何实施，都已经做了详细的说明。我衷心地希望所有的企业都能够通过机制的调整和优化，让企业的人员更有干劲，最终实现企业、企业主、员工三者之间的共赢。

第 03 篇

企业绩效

Part ⑩

工作分析

一、工作分析表概述

工作分析表是管理者手中最基本的管理工具。工作分析表，也叫职位说明书、岗位说明书、岗位职责表等。不管是什么名称，本质都是一样的。工作分析表是用来确定一个岗位用人的基本标准、基本流程和内容的。

如果管理者手上只能留一个工具，那就应该是工作分析表。作为一个管理者，如果连工作分析表都不会运用，或者不会制作，那就说明其管理还处在经验阶段，没有到科学阶段。会制作并且使用工作分析表，是一个管理者在管理工作中的里程碑事件。

❶ 工作分析表的作用

工作分析表分为两个部分：岗位任职资格要求、工作具体内容。它的作用非常多。

（1）让员工清晰职责及工作做好的标准

有很多员工在自己岗位上不知道干什么。特别是新员工，在公司工作的第一天热情澎湃。第二天依然很有热情。等到第三天就会问领导："你看我都来公司三天了，有什么工作要做的？"有的领导就说话了："不用着急，再过两天你啥都明白了。"结果一个星期以后，新员工选择了离开。员工需要干什么，以及干好的标准没有确定下来，是导致其离职的主要原因。

（2）便于人员招聘

我们在招聘的时候，不能完全凭感觉。招人确实是人力资源部的事，但招人也是用人部门的事，人力资源部最多是帮忙组织一下招聘，用更科学的标准帮忙评价一下应聘者。

要看应聘者是否符合岗位的基本要求，就应该拿出工作分析表，对照看岗位的具体工作内容要求，应聘者能不能做。

（3）提供绩效考核标准

工作分析表是用来衡量岗位工作的标准。大家都在同一个岗位上工作，工作内容是一样的。但因为每个人的工作阶段不一样，所以工作内容重点会有一些偏差，这个时候就要对员工做考核。所以工作分析表也是对员工做考核的一个标准。比如一个业务员这个月完成1000万元的销售额，那他干得是好是坏，是不好说的，因为没有标准。如果标准是1亿元销售额，那证明他干得不太好；如果标准是100万元销售额，那表示他做得不错。

绩效考核和工作分析是密不可分的。开展工作分析，必然涉及绩效考核；进行绩效考核，必然需要工作分析。如果没有工作分析，只有考核，那样的考核没有标准，也就没有意义。

（4）辅助培训

有些员工不愿意参加培训，不愿意学习。因为学习对他们来讲是比较痛苦的事情。一个成年人的思维方式和工作习惯往往已经形成。如果有一个人告诉你，你有一些地方需要改正、改善，甚至做得不对，你就会觉得很痛苦，因为改变是很令人恐惧的一件事情。另外，也可能是他们不知道自己的工作情况和岗位需求的差距有多大。如果发现某个人在某个岗位上工作能力与岗位要求不一致、弱于岗位要求的时候，我们就要对他进行培训。

为什么很多企业对员工的培训不知道从哪儿抓？原因就是没有最基本的

工作分析文件。如果有工作分析表，那就可以一条一条地对照学习。

一个新员工，在刚加入公司的那一刻是有信心能把事情做好的。但三个月过去了，半年过去了，他的情绪有了问题，工作情况也不理想。可能是因为我们只告诉他心态好就行，但是没有教给他用好心态拿到好结果需要的技能。就像开车，一个人不会开车，即便他心态再好，你敢把车交给他开吗？

一家企业没有流程，没有标准，没有技能培训，只一味地强调心态，而忽略赋予员工能力，特别是赋予新员工能力，通常就会出现"见光死"的现象。"见光死"，就是如新员工兴高采烈、信心满满地去见客户，到了客户那吃了闭门羹，心态就不好了。员工心态不好，技能可能就会出问题；员工没有解决问题的能力，心态自然也不会好。

我们要加强对员工能力的赋能，这就需要培训。工作分析表能帮助解决一些培训问题，比如工作分析表中的内容，可以看员工哪几项会，哪几项不会，不会的加强培训学习。

（5）为薪酬设计提供基础

有些员工总认为自己的工资低，有的员工认为自己收入还行，但是感觉不公平。其实问题依然出现在工作分析上。如何衡量一个人工作的最终价值？工作分析和薪酬需要挂钩。

如何把岗位价值转化为薪酬？依然离不开工作分析表。工作分析表能够解决岗位的基本价值评估，它不仅是薪酬设计的基础文件，也是一家企业进行股权激励的基本文件。

（6）标明晋升后岗位要求的变化

一个业务员做得非常优秀，业绩也非常好，想提拔他做销售经理。这时候就得让他明白：销售经理的岗位要求和业务员的岗位要求不一样。销售经理除了做业绩以外，还要承担带团队的责任，其工作内容、工作标准也相应发生了变化。

❷ 工作分析表的制作主体

工作分析表由谁来制作？如果让人力资源部给软件工程师设计一个工作分析表，他不一定能设计好，因为软件工程师的工作内容，人力资源部不一定清晰。工作分析表的制作，最好是由本岗优秀员工和上级管理者一起完成。

本岗优秀员工代表着岗位的先进性和最高效率，工作分析表体现了对未来的一个要求。有人问，如果优秀员工设计工作分析表，结果他把好干的工作全写上，不好干的工作都没写，那怎么办？这就需要上级管理者共同完成。上级管理者来调配下级员工的工作内容、工作量、占用时间，最后交给人力资源部进行修订。

工作分析表修订主要包含以下几个方面。

第一，制作内容是否存在漏项和重复项。

如果有漏项就补上，比如有项工作很重要，但工作分析表中没有，那肯定要补上。如果某项工作有若干个岗位都涉及，那也不行，因为这意味着大家都可能不会承担责任，容易出现人力资源的浪费。

第二，与企业目标是否一致。

要看项目是否与企业的目标一致，和目标没关系肯定不行。

第三，使用规范性语言。

在制作工作分析表的时候，要注意表达的准确性，即使用规范性的语言。

第四，编写工作分析表的人是否可掌控。

如果他没有这个能力，企业也没有相应的资源，那可能工作分析表写完以后也没有用。

工作分析表确定好后，人力资源和相关部门执行工作的时候就简单多了。

❸ 工作分析表的目的

工作分析表的目的有两个：

第一，做到事事有人做，人人有事做。不出现漏项，不出现重叠项，不出现有的人干活、有的人不干活的情况。

第二，要达到一件事只有一个人负责的结果，千万不能多人负责。

很多企业会出现一种情况，某件事是人力资源部和行政部共同负责的，想让两个部门协商一下解决这件事，很多时候根本解决不了。还有些企业在安排事情的时候，会让销售部和生产部把某个问题解决掉，各承担50%工作，可最后的结果就是没有人承担。所以最好是一件事只有一个人负责。

但是，一个人可以负责多件事。因为有的人能力强，他不但能做好一件、两件、三件事情，甚至可以同步开展多项工作。

二、工作分析表之岗位任职资格要求表

工作分析表由两个表组成：岗位任职资格要求表，见表10-1，工作具体内容表（详见后文示例）。

表10-1 岗位任职资格要求表

从事岗位名称		有无兼职	
我的上级岗位名称		我的部门名称	
下级的岗位			
岗位任职资格要求	◆ 年龄： ◆ 性别： ◆ 籍贯： ◆ 学历： ◆ 婚姻状况： ◆ 经验要求： ◆ 知识要求： ◆ 能力要求： ◆ 其他要求：		

岗位任职资格要求表是解决谁来干的问题。主要包含六点，见图10-1。

Part ⑩ ‖ 工作分析 ‖

从事岗位名称 → 有无兼职 → 我的上级岗位名称 → 我的部门名称 → 下级的岗位 → 岗位任职资格要求

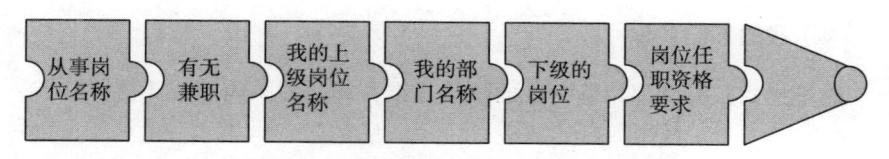

图 10-1　岗位任职资格要求表的六项内容

岗位任职资格要求表，好似一份简历标杆。一个团队、一个组织、一个公司，通过一段时间的工作沉淀，最后留下来的优秀者的基本特征，就叫简历标杆。按照现在比较流行的话，就是大数据。当然，一些指标是显性的，一些指标是隐性的，更详细的内容会在"企业人才管理"部分做出详细讲解。

（1）从事岗位名称

指岗位的位置，书写要正规化，要有普遍认知。比如说销售部，大家都叫销售部，如果随便起名，就很难形成共识，特别是对外沟通的时候，会出现一些障碍。

（2）有无兼职

一般不建议兼职。

在企业里，我建议只有一种情况下可以写兼职——工作胜任并饱和。

兼职就是有两份工作或者多份工作。A 工作胜任并且饱和，兼第二份工作。两份工作都胜任，都饱和，太难了。但如果两份工作都不饱和，甚至都不胜任，那不能叫兼职。只要不胜任，并且不饱和，兼职工作越多，这个人的岗位价值反而越低。

企业比较典型的岗位有两个，就是行政和人力资源。如果行政工作不胜任，也不饱和，人力资源工作不胜任，也不饱和，又干人力资源，又干行政，不写兼职，可以叫人事行政专员、人事行政主管，把两个岗位名称并到一起。

（3）我的上级岗位名称

这里包含两个含义：一个是本岗位归谁管理，另一个是晋升的目标岗位。

403

(4) 我的部门名称

这里指我归哪个部门管，我的团队是谁，我的团队内的战斗伙伴是谁。

(5) 下级的岗位

这里也包含两个含义：第一，如果有下级，你管谁；第二，如果你降级了，你会去哪儿。

岗位有升有降，归谁管和管谁，我在哪个大部门，我有没有做别的工作。这是表10-1的上半部分。

接下来，我们看表10-1的下半部分。岗位任职资格要求一共九项。这九项就是我们在招人的时候，最基本的入门门槛。既然是最基本的入门门槛，就要考虑企业以及团队岗位的未来前瞻性。

(6) 年龄

年龄，指容易出高业绩的年龄段。

我发现有很多企业这样写，比如招总经理年龄要求35周岁以上，乍一看好像没问题，但是仔细一琢磨好像又有问题。这个人80岁你要不要？再次强调，年龄指的是容易出高业绩的年龄段。很多企业喜欢用有能力的人，但有能力不代表有好结果。要写清楚年龄段，例如，长松辅导师年龄范围为35~45岁。

(7) 性别

可填写"女""男""女优先""男优先""不限"。

如果某岗位只有女士能干，可写"女"，但不能写"限女"。如果这个岗位需要的女士多、男士少，可以写"女士优先"；如果需要的男士多，女士少，可以写"男士优先"，以及"性别不限"。

（8）籍贯

籍贯指的是出生地，不是户口所在地，也不是祖籍。说得简单点，就是在哪出生的，6岁以前在哪儿长大的。籍贯分为"本地农村""本地城市""外地农村""外地城市"和"籍贯不限"。

比如在长松公司，前期组建团队的时候，既有外地的，又有本地的；既有城市的，又有农村的。后来发现我们公司员工的情况是，本地城市的员工留存率非常低，来自外地农村的员工留存率相对比较高。所以我们在招聘时，会考虑到这个因素。当然不是地域歧视，只是发现了这个规律，我们会更注意。当然，每一家企业都有自己的具体情况。

（9）学历

学历，指的是容易出高业绩的学历段。例如，长松的业务员学历要求为大专、本科。我们的辅导师，要求的第一学历是本科，最好是双一流大学毕业的。

（10）婚姻状况

填写"已婚"或"未婚"。

（11）经验要求

包括公司外经验、公司内经验、岗位经验、行业经验。

比如我们要招一名总经理，希望他到我们公司做总经理之前，曾经做过总经理，这叫公司外经验。

但是有公司外经验的人流失率比较高，原因是我们只考虑公司外经验，而没有考虑公司内经验。我们招来一名总经理，他曾经做过总经理，他来到公司，首先要了解公司的文化、公司的架构、公司的流程、公司的机制、公司的团队、公司的使命。如果都没有了解，一来公司就开始干活，会有很多冲突，留存率就会低一些。

很多企业招聘的高管外部能力很强，但到公司里活不下去，很多时候就和其公司内经验有巨大的关系。所以需要试用期，一方面是保护企业，另一方面也是保护引进人才。

我们公司在招业务员的时候，喜欢选择没在培训公司干过，但做过业务员的人，有同行业经验的人反而不太会选择。因为我们发现过去几年，我们从同行业引进的一些人才，前3个月业绩很不错，3个月以后就有些乏力，他们把老客户重新再"吃"一遍，没有新的动能。所以我们更喜欢没有在培训公司干过，但在别的行业做过业务员，特别是做过两三年业务员的人。长松公司现在的总经理，基本都是这样来的。

经验要求具体指什么？比如要招一名人力资源总监，有的企业要求有10年以上人力资源工作经验，3年人力资源总监经验，对薪酬股改有丰富的经验，这就是经验要求。再如有的企业对营销总监的经验要求是，有独立的市场策划能力，有独特的商业模式构建能力，有打造销售平台、组建团队的经验，擅长大客户开发。

经验可以证明一个人过去的工作情况，如果我们想要这个人有工作成绩，那就先看一看他曾经有没有做出过成绩。有过成绩，来到我们公司才有再做出这样成绩的可能性。如果他以前从来都没有完成过这样艰巨的任务，没有做出过成绩，那来到我们公司重新去开辟，试错成本会有点高。

比如我们要招一名总经理，面试时问他有没有带过团队，他说带过两个人，业绩从20万元做到过200万元，企业的规模是2亿元，那对我们来说这样的总经理就不合适。我们用人的时候，为了防止错误用人造成的公司风险，可以提前做一些"近调"，就是调查一下他过去的背景，了解一下他的经验成果。

（12）知识要求

知识包括行业知识、企业知识、岗位知识、通用知识。

企业规模不一样，企业所在的行业位置不一样，企业对员工的知识要求当然也不一样。比如一个国际化公司，那员工就必须了解国际化的知识体系。

比如上市公司，员工就要了解上市公司的运作体系，甚至管理体系。

决定一个人竞争力的，不是岗位知识，也不是公司知识，更不是行业知识，而是通用知识。一个人的通用知识的获得，和学历教育，以及继续教育情况有很大关系。

一个人的知识面越宽，他的适应能力往往会越强。一个人知识体系出问题，他的接收能力、转化能力都会受到很大影响，甚至会影响他的决策。

（13）能力要求

指员工具体的工作能力，而非知识。

知识转化为生产力才有用。对企业来讲，员工要具备的第一种基本能力为讲授能力，也就是培训能力。如果你是一个部门的负责人，要看你能不能把部门工作需要的能力、技能传授给下属。如果你是一个基层员工，要看你能不能把应该做的事情讲授给同级部门、联合部门，甚至客户，让他们理解、接受。

员工要具备的第二种基本能力为方案书写能力。也就意味着，你能不能写出一些文字性的文件，通过文字让岗位具有传承性——即便有人从这个岗位上离开了，岗位的操作手册依然存在。

当然，还有沟通协调能力、领导力、决策力、学习力等。研究发现，社会价值量比较大的，或者对社会贡献比较大的人通常有以下几种能力。

A. 行动力

敢于行动，敢于试错，并且专注地去行动。我们将之称为折腾，敢于折腾才有机会，善于折腾才能成功。成功人士，面对不同的环境，会不停地去折腾，但行动的时候并没有盲动乱动，而是围绕一件事情、一个目标进行到底。

B. 学习力

在行动过程中，往往会遇到这样那样的困难和障碍。光有行动力也不行，还要有学习力。提升学习力的核心，不仅仅是获得知识，而且是有效地转化。

学习力的核心是转化，行动力的核心是专注。有行动力又愿意学习，是一个人成功的基础条件。

C. 动员力

动员力，也可以理解为号召力。当你为某件事情做动员的时候，有人愿意付出行动。

当然，如果一个人只有行动力，只能干体力活。如果一个人有学习力，那作为一个小主管领导是没有任何问题的。如果一个人有动员力，他一定能带好一个团队。动员力的核心是让别人行动。管理者需要具备的能力包括讲授能力（培训能力）、方案书写能力、沟通能力、领导力、决策力、学习力等。

（14）其他要求

指岗位特定要求，特定要求有时甚至可以一票否决。

比如空姐有身高要求。因为她需要帮旅客放行李，身高太低放不上去。即便其他方面都做得很好，这一条不行也不能用。

三、工作分析表之工作具体内容表

（1）工作分析表内容来源：基于工作目标达成

表10-1上半部分是谁来干，下半部分是这份工作的具体内容、工作标准、重要性以及占用时间。这张表是由本岗优秀员工与管理者共同完成，并交人力资源部进行修订。其中，工作内容主要来源于三个方面。

第一，岗位要求，即为达成工作目标，必须完成的关键事项。

工作分析表的制作是奔着目标实现去的。为达成工作目标必须完成的工作事项，也就是岗位需要你完成这项工作，对目标实现才有帮助。

第二，客户要求，即客户对公司提出的合理要求。

虽然客户要求和岗位关系不大，甚至没关系，但是如果客户的要求合理，就可以成为工作内容。

第三，上级要求，指上级指派性、临时性的工作。

比如有一天你上班的时候，领导让你帮他处理的事。所以在制作工作分析表的时候，最后总会写上一句话：完成领导临时指派工作内容。

（2）工作分析表执行不到位的原因

企业员工执行不力的原因有以下几个。

第一，目标不清晰。不管是公司目标，还是部门目标、岗位目标，哪个目标不清晰都有可能导致执行不力。

第二，能力不胜任。员工在岗位上但不具备岗位需要的相应能力，又不去学习和培训。

第三，责任不清。工作内容和流程出现了错、差、漏等现象，导致责任不清。

第四，员工没有参与。这也是最核心的原因，直接指派工作导致员工对工作理解不足。

工作分析表是对岗的，不是对人的。很多人在制作工作分析表的时候，不考虑岗位对目标的贡献，而是考虑个人的能力。他们看一个人的能力强，制定的岗位要求就高；一个人能力弱，制定的岗位要求就低。这种情况不太科学，岗位要求应该与企业目标相符，人能力不行，训练人；责任不清，分责任。员工不愿意参与，就让他们共同制作。这样目标实现的可能性就提高了。

（3）格式：三段式，动词+结果+目标量化

工作分析表采用三段式的书写方法，就是动词+事件的结果表述+目标量化。

现在有一些团队在制作工作分析表的时候，总是把过程写得很细。这是不恰当的。过程叫操作手册，工作分析是奔着结果去的，写的是结果怎么来达成，是通过培训来完成，还是通过操作来完成。

常用的动词有：

A. 负责

是指谁来负责，一件事最好只有一个人负责。完成这件事，光靠一个人有时候行，有时候却不行。当需要团队完成的时候，可以指派别人来协助完成，但负责人还是一个人。

B. 协助

协助通常指的是平级岗相互之间的协作。如果协作的事出问题了，不会找协助的人负责，而是找负责的人，因为他是责任人。

C. 监督

监督通常指的是上级岗对下级岗。如果一件事有人负责、有人协助、有人监督，效果就出来了。有的企业岗位表述不清楚，责任分配不清晰，导致员工相互扯皮。

当然还会有一些别的动词。比如完善，别人让你去协助做目标，做方案，这应该叫完善方案。还有推进、审批、审查、审核、修订、起草、检查、规划、整合、整顿、贯彻、分析、授权等，也是常见、常用的动词。

用动词的目的是量化责任，如果不用动词，你能把责任量化清晰也行。

有了责任，有了结果，量化对应的是目标值。这个目标值，对应的是目标规划里的平衡目标。目标规划里常规有三级目标，一级目标叫保底，二级目标叫平衡，三级目标叫冲刺，当然有的企业还会有四级目标，叫对赌。

量化的维度包含以下几个方面：

第一，时间维度。

比如薪酬调研，每季度调研一次，并于季度结束后 5 天内提交报告；比如绩效评估，要下月 4 日前做出上月的绩效评估面谈；前台拿到文件、信件以后，公司内的信件 5 分钟内必须递交到当事人手中，这都是时间维度的要求。

第二，效率维度。

比如设计文案的一次性通过率。效率行不行会影响效能。

第三，质量维度。

残次品率、销售计划完成率、合格率、管理满意度、客户满意度，都属于质量维度。

第四，成本维度。

比如员工工资平均成本每年递增，但要在一个正常的幅度内，别一年降低，一年增加；再比如管理成本降低率，办公费用降低率，预算计划执行达标率，都要控制在一个范围。

所以在量化的时候，要么是奔着时间去的，要么是奔着效率去的，要么是奔着质量去的，要么是奔着成本去的。一般情况下，至少会选择其一。当然有的企业，可能会同时选择两个维度，既要求时间，又要求成本。

有的企业在效率方面会做得更细，比如把销售额、生产量也放进去。效率维度又叫数量类维度，就是员工数据完成怎么样，效率怎么样，有没有达成目标，有没有完成销售额、成本要求等。

（4）工作分析表书写方法

常用的三种方法：分别是流程法、模块法、关键事件法。这三种方法，适应的内容不一样。见图10-2。

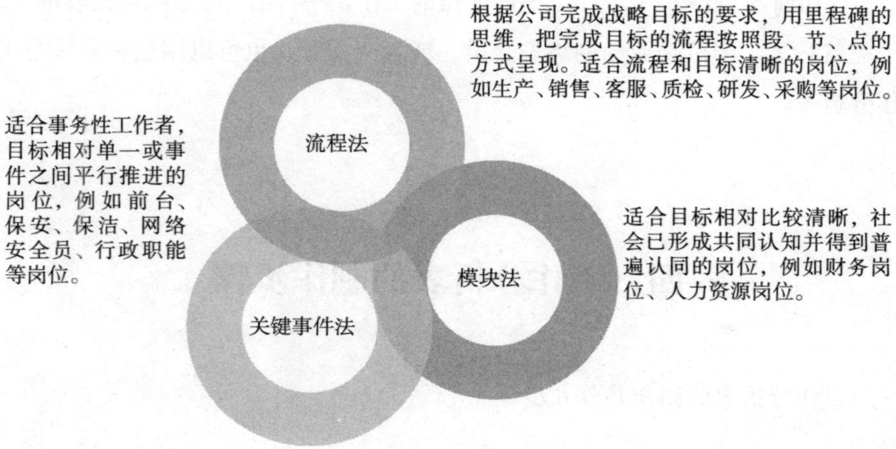

图 10-2 工作分析表书写的方法

A. 流程法

流程法是根据公司战略目标的要求，用里程碑的思维，把完成目标的流程按段、节、点进行分解，制作工作分析表的方法。

比如我们为了完成某个目标，会做若干件事，会有若干个流程。我们把这些流程按段、节、点的方式呈现，里程碑可能是时间节点，也可能是成果节点。把每个节点需要做的事——填写上，并且量化，于是就形成了一类工作分析表。

流程法适合流程清晰、目标清晰的岗位。比如生产类岗位。做生产，从来料到最后出货，是有整个流程和过程的段、节、点的。还有销售、客服、质检、研发、采购等岗位，都可以用流程法来做工作分析表。

B. 模块法

模块法适合目标相对比较清晰，并且社会已经形成了共同认知的岗位。

比如财务类的岗位，就适合模块法。财务的工作内容就是现金、账、票、税、成本、核算、预算等。

模块法不但适合财务，还适合人力资源。

C. 关键事件法

关键事件法适合目标相对单一，或各项工作可以平行推进的事务性工作者。比如前台、保安、保洁等，他们要做的工作是平行的，目标相对比较单一，干完就行了。当然企业的网络安全员，或者叫网管，也可以用这种方法写工作分析表。

四、工作分析表的制作步骤

工作分析表的制作共分九步。

❶ 第一步：成立工作分析表的制作小组

成立制作小组，也就是找一群种子选手，把这件事干了。工作分析表的制作小组大概包含三大类人。

第一大类是人力资源，人力资源主要负责工作分析表背后的方法论，工作有没有重叠，有没有漏项，以及工作的分配、流程的分配。

第二大类是各部门的负责人，因为他们最了解自己部门的目标，以及工作流程和工作标准。

第三大类是岗位优秀员工。

❷ 第二步：梳理目标

由制作小组梳理公司、部门，以及岗位的目标。先找出这些目标是什么，然后进行基本的梳理。董事长、总经理需要参与此环节，目的是让全员清晰目标，防止工作分析表中出现错项、漏项和重叠项。

❸ 第三步：梳理流程，收集整理工作内容

由制作小组根据公司目标梳理工作流程，并对工作内容进行收集和整理。

除了优化以外，还要了解每个岗位和每个部门的工作内容，对其进行整理，以免出现一些错项、漏项。

工作内容主要来源于三个方面：第一个是岗位要求的，第二个是上级要求的，第三个是客户要求的。如何把这些工作内容收集准确，有以下几种方法。

（1）流程节点法

如销售流程是发现客户→建立关系→要求成交→交付及服务→复购及转介绍。我们可以按照流程节点来收集工作内容，也就是一个员工来到公司上班，一天下来需要做哪些工作，有哪些节点、哪些流程，收集的时候要进行文字化记录。

（2）访谈法

与岗位优秀员工沟通工作内容，一对一或一对多边访谈边记录。

问员工来到这个岗位早上干什么，10点干什么，11点干什么，12点干什么，平常都和谁打交道，内部和谁进行沟通，有没有协作，有没有对市场的工作，对供应商的工作，对渠道商的工作，工商局去不去，税务局去不去，消防局去不去，有没有一些公关，有没有一些媒体关系维护，边访谈边记录。由一个部门有代表性的几个员工一起来参加访谈。

（3）问卷法

提前设计一份问卷，让被调查者填写问卷，之后再对问卷进行收集、整理。

（4）工作日志法

通过记录日常工作进行痕迹管理的方法。

现在很多企业员工是有工作日志的，每一天需要干什么，达到什么标准，要做记录。比如，今天有什么目标，完成了什么目标，有哪些没有完成，哪些完成了，哪些完成得好，哪些有待提升，哪些工作需要支持。工作日志法是一种痕迹管理，需要长期的积累。

（5）任务指派法

根据公司的目标与流程，将工作任务直接指派给某岗位。

公司有目标，部门有目标，岗位有目标，公司可以根据流程和组织架构，直接指派工作。比如有些公司的司机负责维修车。但有的企业里，这类事就不归司机管，而是归行政管。公司将这项工作指派给谁了，谁就要去做。

（6）现场询问法

到被访者的工作环境中，直接面对面与被访者沟通。

作为组织者，直接到一线和员工面对面进行沟通，问员工干了什么。这和访谈法有点像。但访谈法可能不是在工作岗位，而是在一个固定的区域，比如在办公室里访谈。现场询问法，比如针对做销售工作的员工，最好不在公司里访谈。再比如生产工作，也要在现场看，问工作是怎么做的，和谁交接、对接，流程是什么。

以上六种方法，企业一般会选择一两种运用，只要把基本的原理弄明白，后面的事慢慢去优化、完善就可以了。

这些基础方法、思路和相关的工具，不建议大家直接套用，而是要根据企业的情况做基本的调整。和自己企业没有关系的就去掉。

❹ 第四步：培训与通关测试

由人力资源部对制作小组进行工作分析表制作方法的培训，制作小组需多轮学习后进行通关测试。

人力资源部对各个部门、各个小组进行工作方法论的培训，把背后的方法论全部讲透。参与的人要进行通关测试。

通关测试就是让他们制作工作分析表，看一看他们制作的表格靠不靠谱。

❺ 第五步：出草案

由制作小组做出工作分析表草案，避免口语化。

特别是非人力资源部门的人，他们制作的工作分析表可能会过于口语化，不太好用。

❻ 第六步：修订

草案会有很多不完善的地方，由人力资源部带着各部门的负责人，以及岗位优秀员工，对草案进行基本修订。

修订什么内容呢？第一，工作的内容和目标是否一致；第二，表达和量化是否清晰；第三，是否存在漏项、错项和重叠项；第四，当事人是否可掌控。修订完以后，工作分析表就相对完善一些了。

❼ 第七步：培训

培训内容主要有两个方面：一是对全员如何制作工作分析表做出培训；二是对工作分析表内容的分配是否合理进行培训。

这一步由人力资源部负责。这种培训建议至少做 5 次。让员工了解制作工作分析表的方法、动作以及背后的原因。大家都参与了，达成了一致的意见，工作内容、难易程度也分配了，工作的内容边界也界定了，大家在工作中一般就不会再找借口了。工作有困难并不可怕，可怕的不是难，而是连自己干什么都不知道。

❽ 第八步：试运行

大家达成一致意见，认可了工作分析表，就可以执行。全员试运行工作分析表。不会的工作内容可以学，可以接受培训，公司要赋予员工这种能力。

认同比执行更重要。试运行期间会出现边界界定不清晰等问题，需要大家在认同的基础上协力解决。关键就是及时发现问题，以便后续解决问题。

❾ 第九步：完善和导入

根据需要再次修订完善工作分析表，然后正式导入企业。

修订完善以后接着执行，于是就进入了良性循环。

通过这九步，我们就知道了一家企业、一个团队，在执行任务、完成目标的过程中，需要经历的内容。

五、工作分析表的修订

工作目标在不停地往前推进，工作内容也在不停往前推进。随着目标和环境的变化，公司组织架构和流程，以及规模的变化，公司对员工的要求也会变得不一样。所以工作分析表的制作与调整是一个动态的过程，不是一劳永逸的，它会随着环境的变化做一些调整，需要不停地进行修正和完善。

工作分析表具体多长时间修订一次？我们总结出以下五种情况下，要进行工作分析表的修订和完善。

第一种情况，战略发生调整时。

战略变了，工作分析表就要跟着战略改。因为工作分析表的使用环境变了，企业的需要会跟着环境的变化做出调整。

第二种情况，工作内容发生改变时。

工作内容改变，工作分析表也会跟着变。

第三种情况，工作流程发生改变时。

企业的流程也会随着环境和市场机会的变化，以及效率的要求做一些调整。这时，工作分析表也要做相应的修订。

第四种情况，工作标准发生改变时。

目标变了，企业规模不一样了，工作标准也不一样了。做1亿元的目标和做10亿元的目标，即便是同样一个岗位，对员工能力的要求，以及工作内容的要求程度，也是不一样的。比如有的企业在前期成立的时候，存在一些客户投诉，会要求员工处理好投诉问题。但随着公司的发展以及公司品牌的强大，公司对客户的满意度要求更高，甚至会要求零投诉。这就是标准发生变化了。

第五种情况，组织架构调整的时候。

组织架构调整，比如部门和部门之间，以及岗位和岗位之间有了调整，这时工作分析表也要跟着调整。

所以工作分析表的调整是一个动态的、随时随地的过程。遇到以上五种情况，要随时做调整。

六、工作分析表示例

依据流程法、模块法、关键事件法三种方法制作工作分析表。

❶ 流程法

流程法适用于营销、客服、采购、质检等岗位。以某家企业的业务员岗位为例说明。

先看表10-2，也就是岗位任职资格要求。"从事岗位名称"是业务员，"有无兼职"为无。"我的上级岗位名称"是销售经理，也就是归销售经理管，如果要晋升，可以晋升为销售经理。当然有的企业，可能称为销售总监。"我的部门名称"叫销售部，有的企业叫营销部，有的企业叫市场部。"下级的岗位"无。

表 10-2　流程法：工作分析表（一）

从事岗立名称	业务员	有无兼职	无
我的上级岗位名称	销售经理	我的部门名称	销售部
下级的岗位	无		
岗位任职资格要求	◆ 年龄：22~25 岁 ◆ 性别：不限 ◆ 籍贯：不限 ◆ 学历：大专、本科 ◆ 婚姻状况：不限 ◆ 经验要求：有两年以上同岗位工作经验 ◆ 知识要求：熟悉公司产品、了解公司销售流程，针对客户需求推荐相关产品 ◆ 能力要求：良好的沟通能力、抗压能力 ◆ 其他要求：心态积极向上，可适应长期出差		

接着看表10-2的"岗位任职资格要求",一共有九项内容。

A. 年龄

表10-2中的这家企业的业务员要求的年龄段是22~25岁。这当然要看企业的具体情况,比如工程类企业,可能这个年龄段就有点偏小,要求年龄会稍微大一点,社会阅历丰富一些。很多时候要根据这个岗位上出现的优秀者的年龄段,找规律。

B. 性别

这家企业对业务员的性别要求不限。

C. 籍贯

这家企业对籍贯的要求是不限。

D. 学历

学历指的是容易出高业绩的学历段。这家企业的要求是大专以上,本科以上。

E. 婚姻状况

这家企业对婚姻状况的要求是不限。

F. 经验要求

经验要求包括公司外经验、公司内经验、岗位经验和行业经验四个方面。当然企业对经验的要求肯定不一样,比如这家企业要求同岗工作两年,不是同行业。

G. 知识要求

知识分为行业知识、公司知识、岗位知识、行业知识和通用知识。有的企业要求会更高一些,比如要求营销总监必须熟练掌握行业发展趋势。比如做外贸的企业,必须了解国际关系,以及对未来的发展趋势有基本的判断。这家企业要求业务员熟悉公司产品、了解公司销售流程、针对客户需求推荐相关产品。

H. 能力要求

这家企业的能力要求是有良好的沟通能力、抗压能力。有的企业还要求有一对一成交能力,或者针对客户需求提出解决方案的能力。

I. 其他要求

其他要求一般是对一个岗位员工的特定要求。业务员，要心态积极向上，可适应长期出差，这是对身体状况的要求。比如做服务行业的，要求身体健康，不能有传染性疾病。比如财务要有会计从业资格证，律师要有法律职业资格证，司机要有机动车驾驶证，电梯维修人员要有特种设备作业人员证，即要具备相关从业资格证。

表10-3为具体工作内容，分三个部分，分别是重要性、具体工作和占用时间。

表10-3 流程法：工作分析表（二）

重要性	具体工作	占用时间（%）
1	完成公司制定的销售目标 1）完成公司制定的全年销售任务1000万元 2）单月销售额最低不低于80万元	30%
2	发现客户 1）客户备案不低于500个 2）客户有效信息完善不低于90%	10%
3	与客户建立关系 1）意向客户不低于300个 2）客户对产品知晓率不低于80%	15%
4	要求成交 1）客户合同履约率不低于95% 2）战略性客户占比不低于20% 3）新客户开发不低于5个	20%
5	交付及服务 1）交付满意度为100% 2）服务满意度不低于90% 3）客户投诉解决率为100%	15%
6	复购及转介绍 1）复购率达到30%以上 2）转介绍率达到20%以上	10%

重要性，指按照完成此项工作对目标实现的帮助程度进行次序排列。也就是在工作的时候，知道哪些工作是最重要的，哪些工作是次要的，哪些工作可以暂时缓一缓。

占用时间，指的是完成此项工作所用时间占总时间的百分比。假如总时长是一个月，也就是完成此项工作，在一个月总时间内的百分比。

具体工作内容，包含一些基本的标准。制作步骤如下。

第一步，根据公司战略目标及对本岗位的目标要求，做出基本量化。

完成公司制定的销售目标，这是总任务。可以把这个总任务分成若干个节点，这里分成了5个节点。销售节点有：发现客户，与客户建立关系，要求成交，交付及服务，复购及转介绍。

第二步，根据公司业务流程进行关键节点设计（即里程碑设计），通常为5~7个节点。

先写总的，再写里程碑、关键节点。

第三步，把每个节点的关键事项进行梳理，形成工作分析表。

梳理完关键节点里的工作成果，工作分析表就出来了。

比如完成公司制定的销售目标，这句话很笼统。如何把它进行量化？可以写成完成公司制定的全年销售任务1000万元。有的企业可能是2亿元或10亿元，有的企业会低一点。有的企业还会写得更细一些，比如单月销售额最低不低于80万元，就是允许有淡旺季，但淡季，最低不能低于80万元。有的企业要求会更高一些，比如要求战略性业绩占比不低于20%，因为这是公司未来的生存线。还有一些企业要求某类产品业绩占比不低于多少。

发现客户，就是要知道客户在哪里。比如备案客户不低于500个，客户群很大，但是你了解的有多少，怎么确定你知道？关键就看客户有没有备案。当然，每一家企业对客户备案的要求是不一样的。有的要求有很多的必填信息，少一项就不算客户备案。长松公司在客户管理方面，用的也是客户备案制。谁备案，客户就属于谁，即便别人成交了也是属于备案者的。这样做的好处是，不至于有的业务员认为客户好，出于私心却不成交。还有一些企业要求客户有效信息完善率不低于90%。

下一步是与客户建立关系。请客户吃顿饭，喝个酩酊大醉，称兄道弟，歃血为盟，就建立客户关系了吗？当然不是。我们对客户关系的定义标准是：意向客户不低于300个，当然这个数字要根据企业情况而定。客户对产品的知晓率不低于80%，不能喝完酒，你问客户知道公司干什么的？他说不知道，那证明这场酒白喝了。如何确定客户对我们产品的知晓率，打电话做回访——问他知道我们公司是干什么的吗？知道公司有多少种产品？知道某种产品的定价吗？知道我们的销售政策是什么吗？知道我们销售渠道是什么吗？

接下来是要求成交。这里我们的要求有两个：第一个是客户合同履约率不低于95%。如果签完合同，客户就再也不跟我们合作了，那只是一锤子买卖。客户只有持续不断进行重复性消费，我们才能够持续合作。第二个是战略性客户占比不低于20%。我们不能只拉一堆小客户合作，公司的战略性客户决定着公司未来发展，是决定公司生存死亡的。这样的客户太少，对公司发展肯定是不利的。有的公司还会有更详细的要求，比如完全按照公司的成交流程成交客户。不是碰运气，而是按照流程步骤一步一步来成交客户。还有企业要求新客户开发不低于5个，以及要求老客户流失率不能超过10%。

再就是交付及服务。成交了，就要去服务客户，交付给客户。要求的指标有，交付满意度不低于100%，不能在交付过程中出大问题。服务满意度不低于90%，客户投诉解决率为100%。

最后是复购及转介绍。复购率达到30%以上，转介绍率达到20%以上。准确地说，销售的起点在成交，结束于复购或转介绍。比如做婚纱摄影的，一般是没有复购的，客户不能总结婚，但有转介绍。

❷ 模块法

模块法适合人力资源类和财务类岗位，因为他们的工作内容基本上都成形了。

我们以人力资源经理为例来进行说明。从表10-4中，我们可以看到"从事岗位名称"是人力资源经理，"有无兼职"为无。有的公司人力资源经理会兼行政。"我的上级岗位名称"是总经理，当然不同公司也不一样。"我的部门的名称"是人力资源部。"下级的岗位"是人力资源专员。我们来看"岗位任职资格要求"部分的内容。年龄要求是30~45岁。性别不限。籍贯要求本地。学历要求本科，有的企业要求更高一些。婚姻状况要求已婚。经验要求有5年以上人力资源管理经验，3年以上人力资源经理岗位经验。也就是不是新培养的，而要曾经做过人力资源经理，并且在500人以上规模的企业有工作经验。比如我们的团队规模不小，如果他只在小企业做过，来到我们公司，可能胜任不了。我们希望他有和我们公司对等的基本经验。知识要求是要熟悉《劳动法》《公司法》及精通人力资源管理6大模块，擅长绩效管理及薪酬设计。因为公司招这个人的核心目的是解决绩效和薪酬问题的。能力要求是有培训讲授能力，他要能对公司的员工做出一套培训方案，并且能够讲授。还要有沟通协调与方案书写能力，就是把领导的想法转化为方案，并且把方案转化为培训，让员工拿到结果。其他要求是心态积极向上，有的企业还要求性格不能暴躁，不能狐假虎威。

表 10-4　模块法：工作分析表（一）

从事岗位名称	人力资源经理	有无兼职	无
我的上级岗位名称	总经理	我的部门名称	人力资源部
下级的岗位	人力资源专员		
岗位任职资格要求	◆ 年龄：30~45岁 ◆ 性别：不限 ◆ 籍贯：本地 ◆ 学历：本科 ◆ 婚姻状况：已婚 ◆ 经验要求：有5年以上人力资源管理经验，3年以上人力资源经理岗位经验；在规模500人的企业有工作经验 ◆ 知识要求：熟悉《劳动法》《公司法》；精通人力资源管理6大模块；擅长绩效管理及薪酬设计 ◆ 能力要求：有培训讲授能力、协调沟通能力、方案能力 ◆ 其他要求：心态积极向上		

我们再来看表10-5的具体工作内容。人力资源岗位的工作内容，大致有传统的6大模块：人力资源规划、薪酬及福利、绩效管理、招聘及培训、员工任用、员工关系。不管是财务类，还是人力资源类的岗位，把所管辖的岗位的模块往里一放就可以。当然，人力资源经理的工作内容相对全一点，如果是招聘专员、绩效专员的工作内容，专注某一模块就可以。

表 10-5　模块法：工作分析表（二）

重要性	具体工作	占用时间（%）
1	人力资源规划 1）负责编制公司 3~5 年人力资源规划，形成报告，并通过 2）根据人力资源规划及企业战略，做出企业组织架构图及岗位人员编制 3）做出 3~5 年内人力资源成本测算	15%
2	薪酬及福利 1）每半年做一次薪酬调研，并形成薪酬分析报告 2）根据公司战略、组织架构及人员编制，设计薪酬改革部门的薪酬方案，并做出三级薪酬测算 3）根据国家要求及企业现状，设计员工福利，并通过	25%
3	绩效管理 1）做出公司绩效考核方案，并对员工进行培训，培训通关率达到 90% 以上 2）每季度对员工做一次绩效面谈，并形成绩效改进方案，面谈时间每人不低于半小时	25%
4	招聘及培训 1）根据公司岗位编制及人才需求，设计招聘流程 2）招聘渠道不低于 5 个 3）招聘上岗率不低于 80% 4）新员工培训通关率不低于 80% 5）企业培训计划执行率不低于 90%	15%
5	员工任用 1）根据企业组织架构，做出晋升路线图及晋升标准 2）员工任用需通过 4 个以上工具，进行客观测评	10%
6	员工关系 1）员工劳动合同签订率 100% 2）根据国家法律要求，设计公司员工五险一金 3）员工档案保存率为 100%	10%

人力资源经理的第一个工作内容模块是人力资源规划，他需要负责编制公司 3~5 年的人力资源规划。编制未来人才需求，形成报告并得到通过。根据人力资源规划以及企业战略，做出企业组织架构、岗位人员编制。当然可以再细一些，比如每年的 1 月 1 日提交并通过下一年的人力资源规划。还要做出 3~5 年内的人力资源成本测算，要去测算员工的薪酬总支出，今年大概工资成本多少，明年多少，后年多少，至少做出 3 年的，以及算一下人力资

源成本在公司总成本中的占比。

第二个模块是薪酬及福利。比如每半年做一次薪酬调研，形成薪酬分析报告并提交。量化到半年后的下一个月的 5 日前提交。根据公司战略、组织架构及人员编制，设计薪酬改革部门的薪酬方案。做出薪酬结构的方案，并做出三级薪酬测算，提交公司董事会。另外，根据国家要求及企业现状，设计员工的福利并得到通过，前提是不能违法。

第三个模块是绩效管理。首先，要做出公司绩效考核方案，并对员工进行培训，培训通关率达到 90% 以上。不管是用 KPI、BSC、360，还是 EVA 或 OKR，只要做出适合企业的考核方案就行。其次，每季度对员工做一次绩效面谈，并形成绩效改进方案。面谈时间，每人不低于半个小时。当然有的企业还会谈到绩效面谈的问题。现在有很多企业高管，对下属的绩效面谈流于形式，甚至根本就没有面谈。绩效面谈是为了更有效地了解员工，以便拿到成果。

第四个模块是招聘及培训。首先，根据公司岗位编制及人才需求，设计招聘流程。其次，招聘渠道不低于 5 个，现在招聘渠道非常多了，不能在一个渠道找。再次，招聘上岗率不低于 80%。有的企业可能要求会更高，比如要求必须达到 100% 上岗率。然后，要求新员工培训通关率不低于 80%。通关和真正地去学是两回事，大家可能都学了，但不一定都能通关。最后，要求企业培训计划执行率不低于 90%。也就是说，人力资源经理不但要做培训计划，还要负责培训的执行。

第五个模块是员工任用。首先，根据公司的组织架构，做出晋升路线图及晋升标准路线图。其次，通过 4 个以上的工具对员工进行客观测评，因为只用一个工具测评，结果有可能不准确。市场上有专门针对企业管理和企业员工的测评工具。

第六个模块是员工关系。首先，员工劳动协议签订率要求 100%。其次，根据国家法律要求，设计公司员工五险一金。再次，员工档案保存率为 100%，不能随手弄丢员工的档案，或者放得太乱，防止用的时候找不到档案。

同样，财务岗位的会计、出纳、财务经理、财务总监等，根据每个模块需要做的工作内容，做个量化，也可以形成他们自己的工作分析表。

❸ 关键事件法

关键事件法适合行政职能，以及基层事务性工作者，比如保安、保洁、司机等。

我们看表 10-6，用关键事件法给小车司机写一份工作分析表。"从事岗位名称"为公司开小车的司机。小车司机无兼职。"我的上级岗位名称"是行政经理，有的企业是小车队队长。"我的部门名称"是行政部。"下级的岗位"为无。任职资格要求年龄在 28~42 岁，但也不是全部超过 42 岁的人就不能开车了。籍贯要是本地的。学历要求是本科，也可以写招总经理助理兼司机，主要任务开车。婚姻状况要求是已婚。经验要求有 5 年以上驾龄，无重大事故发生。知识要求熟悉道路交通相关法律法规，懂基本商务礼仪。能力要求有良好的沟通能力，有同理心。其他要求有 C 照，身体健康，并且无不良嗜好。

表 10-6　关键事件法：工作分析表（一）

从事岗立名称	小车司机	有无兼职	无
我的上级岗位名称	行政经理	我的部门名称	行政部
下级的岗位	无		
岗位任职资格要求	◆ 年龄：28~42 岁 ◆ 性别：男 ◆ 籍贯：本地 ◆ 学历：本科 ◆ 婚姻状况：已婚 ◆ 经验要求：有 5 年以上驾龄，无重大事故发生 ◆ 知识要求：熟悉道路交通相关法律法规、基本商务礼仪 ◆ 能力要求：良好的沟通能力、同理心 ◆ 其他要求：C 照，身体健康，无不良嗜好		

我们看表 10-7 的具体工作内容。作为小车司机，第一项工作是负责车辆行驶安全，无事故；第二项工作是负责车辆行驶遵守交规，无违章；第三

项工作要负责车辆卫生整洁，无污渍；第四项工作是负责车辆维修、保养、年检，这项工作内容不一定是司机的，有可能是行政的；第五项工作是负责领导及指定人员接送，在约定时间内抵达；第六项工作是每天保证车内的温度 22℃~24℃；第七项工作是根据乘车人员的喜好，选择性播放乘车人员需要的或者是喜欢的音乐；第八项工作是保证车内每天有 3 种以上新鲜饮料。

表 10-7 关键事件法：工作分析表（二）

重要性	具体工作	占用时间（%）
1	负责车辆行驶安全，无事故	50%
2	负责车辆行驶遵守交规，无违章	5%
3	负责车辆卫生整洁，无污渍	20%
4	负责车辆维修、保养、年检，参照《保养手册》	5%
5	负责领导及指定人员接送，按约定时间抵达	5%
6	保证车内温度在 22℃~24℃	5%
7	根据乘车人员，选择性播放音乐	5%
8	保证车内每天有 3 种以上的新鲜饮料	5%

3 种以上新鲜饮料，钱肯定不多。很多司机没有准备是因为公司对其没有要求。所以大家一定要记住，一切的管理在于要求，管理的核心就是要求。很多时候不是员工不愿意做，而是公司压根就没要求。有的司机要求还会更高，比如要求保守公司机密，零泄密。学会该说的说，不该说的不说。

Part ⑪

绩效考核方法

一、薪酬与绩效的关系

薪酬中的"薪"指的是物质,"酬"指的是精神,物质简单理解就是钱,精神简单理解就是爱。物质分为工资和奖金,需要通过完成职能和目标来获得,对标的是员工的业绩;精神分为晋升和荣誉,通过良好品行和遵守纪律获得,对标的是员工的行为表现。业绩可以理解为"绩",而行为可以理解为"效",以上为薪酬与绩效的紧密关系。如果一个管理者,既不跟员工谈钱,又不跟员工谈爱,员工是不会跟着他走的。要想少给员工钱,就必须多给员工爱;不给员工爱,那就跟员工谈钱。而且现在员工的需求,正在从物质需求向精神需求转换。特别是"90后""00后"的员工,直接谈钱已经不灵了,大家的需求发生了非常大的变化。

很多企业,正在从满足员工物质需求向满足员工精神需求转换,这就是源于员工需求的转换。

比如有一家企业,花了2亿元在公司里建了足球场、篮球场、电影院,甚至幼儿园,这就是满足员工精神需求。

同时,这家企业为员工上下班提供班车接送,组织旅游度假,中秋节发月饼,给员工提供相应的提升能力的培训,这些都是酬。赋予员工能力,给员工晋升,让他承担更大的责任,有更大的权力,也属于薪酬的酬。

给一个人发工资,是因为这个人在自己的岗位上完成了岗位职能工作。给这个人发奖金是因为他除了完成本职工作以外,还完成了公司制定的目标。

完成目标越高,奖金越高,收入就越高。给这个人晋升,当然不单单是因为他的业绩好,同时还需要他的品行也好。给这个人发奖状,不单是这个人的目标完成得好,他还要遵守公司纪律,品行好。

绩效的"绩"指的是业绩,"效"指的是行为,业绩包含职能和目标,行为包含品行和纪律。有的企业关注了薪,忽略了酬;有的企业关注了业绩,忽略了行为,公司的业绩奔着目标去,但是发现员工的行为出了问题,导致公司文化出问题;有的企业关注了薪酬,忽略了绩效,薪酬发得比同行业高出很多,但是绩效考核没有标准,没有要求,和薪酬之间没有很好的链接,导致出现问题。

对员工做考核,一般有两个层面:一个是业绩层面,一个是行为层面。员工来到岗位,对其的基本要求一个是业绩方面,一个是行为方面。业绩好考核,因为多是固定的,比如成本、客户量、投诉率、满意度。行为部分在实际操作过程中不好考核。比如主动性,员工说自己很主动,领导说他不主动,这就出现了偏差。但是行为又很重要,因为行为增加1分,效率很可能会增加100%。薪酬和绩效的关系见图11-1。

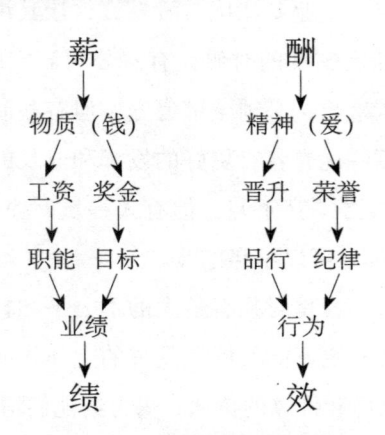

```
        薪                    酬
        ↓                     ↓
     物质(钱)              精神(爱)
      ↓    ↓                ↓    ↓
     工资  奖金             晋升  荣誉
      ↓    ↓                ↓    ↓
     职能  目标             品行  纪律
      ↓    ↓                ↓    ↓
        业绩                  行为
        ↓                     ↓
        绩                    效
```

图11-1 薪酬与绩效的关系

二、优势管理理论

"业绩就是话语权，品行就是通行证。"这句话在长松每个分公司的墙上都挂着。你想在公司发表自己的见解，就要拿出业绩成果来；你想当领导，不但业绩要好，品行也得要好。我们把这叫"优势管理理论"。

世界上的资源是有限的，企业的资源也是有限的。企业的业绩往往是由优秀者贡献的，所以企业要把更多资源向优秀者倾斜，以发挥其最大的价值。

比如当某个阶段企业业绩出现下滑的时候，企业的探讨往往分两个方向：有的企业在探讨是市场环境不好，是大环境不好，是贸易战的问题，是同行不按套路出牌，竞争对手的产品比他们的产品价格有优势等问题，他们会找一堆做不好的理由，都是外在的问题；还有企业讨论的是即便他们整体业绩不好，但依然有个别做得好的人和团队，做得好的人做了什么。

在讨论问题的时候，企业要让优秀者发言，让其讲自己是如何做的，以达到榜样复制。比如在定制度的时候，有些公司制定的制度要求所有员工，下到基层员工，上到董事长，必须全部遵守。但有些制度，不是所有人都要遵守的，而是为了让那些优秀者有更好的发挥和成长的空间。比如有企业要求所有员工上班的时候必须穿工装，但有人提反对意见，那你可以告诉他："如果你是销售冠军，你也可以不穿工装。"

在企业里保护弱者，就是对强者最大的不公平和打击。所以企业制定的制度，一定要让优秀者有更好的发展和发挥的空间，而不是追求所谓的完全公平。企业给优秀者资源和优厚的待遇，竭力给他们增加驱动力，减少障碍。

企业不是社会福利院，是要创造价值的。

企业里业务员A是优秀者，业务员B是普通者，领导对A说："A你比较优秀，不管市场发生什么，你总能把业绩拿回来，你让我比较放心，我比较看好你。但B有一点弱，我要把精力放在他的身上，经常到他负责的市场上帮他一把，如果他的业绩做到你这样，我们公司业绩就好了。"

于是领导就跑到 B 的市场去帮助 B，这无可厚非。不过，A 也希望得到领导的关注和认可，甚至帮助，但领导没有关注 A。A 如何让领导来帮忙？只有一种方法，就是把业绩降下来。可见，强者是公司主要业绩的来源，公司没把资源往他身上倾斜，而是放在一些对公司只能产生 20% 利润的人身上，结果不会太好。

现在，有很多领导的做法是在给员工设定障碍，遏制他的驱动力，这是不对的。带团队，从某种意义上来讲，就是经营人才。

三、绩效考核的基本原理

谈到绩效考核，很多人既兴奋又恐惧，兴奋的是有数据可依，恐惧的是这和自己的利益挂钩，做得不好怎么办。

❶ 绩效考核的目的

绩效考核的主要目的有以下 3 个：

第一，保证完成公司、部门、个人的月度、季度、年度目标。

绩效考核的目的和工作分析一样，都是奔着实现目标去的。

第二，挑战业绩的极限。

业绩好的可不可以再好一些？可不可以再提升一些？可不可以再优化一些？绩效考核可以激励员工不断挑战业绩的极限。

第三，提高员工胜任能力。

通过绩效考核，我们能够知道员工哪些地方做得好，哪些地方做得不好。做得好的地方延续、发扬；做得不好的地方修正完善，进行培训赋能。

❷ 绩效考核的主体

在企业里，绩效考核是以人力资源部为纽带，由总经理挂帅，被考核者直接上级进行具体操作的。

首先，以人力资源部为纽带。

在整个考核过程中，人力资源部充当培训者的角色，要给被考核者的上级培训绩效考核方法。一旦把这些人教会了，其余的考核工作就和人力资源部没有关系了。

其次，由总经理挂帅，因为绩效考核牵涉员工的利益。

一涉及利益，人们的想法就是：碰别人的行，碰自己的不行；可以给我增加利益，但给我减少，那就不行了。所以，绩效考核又叫一把手工程，需要总经理最终拍板。

再次，被考核者直接上级具体操作。

绩效考核是上级对下级考核，不是越级考核，更不是人力资源部对员工的考核。直接上级最了解部门目标和岗位职责，所以由他们直接对下级进行考核。

现在有很多企业的绩效考核没法推进，把原因归咎于没有人力资源部员工，这是不对的。做不做绩效考核与有没有人力资源部无关。考核和人力资源部的关系并不是很大，而是直接上级对直接下级进行考核。

比如业务员是由销售经理来考核，专家工程师、软件工程师是由技术部门经理来考核，如果让人力资源部对他们进行考核，指标是什么都不一定知道。外行是不可能带着内行走的。

❸ 绩效考核的顺序

绩效考核的顺序，就是指考核时谁先谁后。绩效考核的顺序是自上而下的，主要有两层含义：一是直接上级考核直接下级；二是如果高层不接受考核则不要对中层考核，中层不接受考核则不要对基层进行考核。也就是，考核不是一锅烩。特别是刚刚开始实施考核的企业，如果高层、中层对考核都还没有理解透，甚至方法论、操作还没明白，这时考核就可能出问题。

有两个需要注意的问题：

第一，如果企业有部门与部门之间的考核，建议先停下。不是这个方法出问题了，也不是操作出问题了，而是因为这种方法在中国的文化思想里行不通。行不通不代表一定不行，有个别企业还是能做到的。如果你们公司的员工职业化程度非常高，按照制度流程，情感因素占比很少，这样做是没问题的。否则就会出现两个极端：要么是你死我死，一起死。要么是你好我好，大家好，一团和气。中国的文化里，强调的更多是情感，情大于理。在考核的时候，需要把情放一放，先关注事。

第二，绩效考核打分的时候，尽量选择上下级都打分。不建议上级直接评，除非公司的员工职业化程度没有任何问题。如果只有上级打分，没有下级打分，在一些企业里会出现下级得分多少，取决于其对上级拍马屁和送礼次数的情况。如果上级喜欢这个人，那可能他的分数就高；如果上级讨厌这个人，他的分数可能就低了，人为主观因素占得比较多。

当然也有一些企业由第三方机构打分。这样做听起来很公平，但是从管理角度来讲，我认为还有待商榷。管理者没有对下级打分的权力，那这个上级也就没有意义了。

❹ 绩效考核的意义

绩效考核不是对岗的，而是对人的。因为人的能力不一样，工作重点也不一样。比如业务员，因为负责的市场不一样，工作重点不一样，有的在开发新市场，开发新客户，有的在维护老客户。新员工和老员工也不一样。所以绩效考核是衡量一个人在岗位上的工作品质。工作质量的好坏，不是员工自己说了算，也不是领导说了算，是绩效考核的结果说了算。

如图11-2，绩效考核是从工作分析中来的，同样一个岗位，即便有若干个人，有一张工作分析表也就够了。而工作分析则从部门组织架构而来，组织架构是衡量部门和部门之间的责权利的。有了部门才有岗位。组织架构从企业战略流程而来，战略都一样，但是流程不一样，那么组织架构可能也有区分。也就是说，绩效从工作分析中来，工作分析从组织架构中来，组织架构从战略流程中来。我们做绩效考核，是奔着实现企业战略目标去的，不是为了考核而考核。

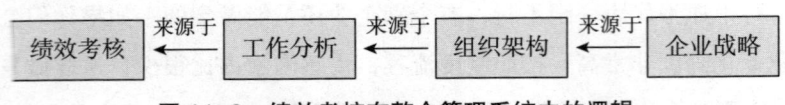

绩效考核 ←来源于— 工作分析 ←来源于— 组织架构 ←来源于— 企业战略

图 11-2　绩效考核在整个管理系统中的逻辑

我们对员工的绩效考核结果，首先要体现在薪酬上。做完绩效考核，给员工打了分，这个分如何转化为收入，是员工的第一个关注点，也是第一个连接点。所以有薪酬就有考核，有考核就有薪酬。如果只有考核没有薪酬，那考核没有太大意义；如果只有薪酬没有考核，那薪酬发放也是没有根据的。发放的薪酬应和一个人的工作成果有关系。绩效考核的结果，第一项要体现在薪酬上。

员工在公司做完绩效考核，有收入了，就一定会在公司干下去吗？也不一定。他一定会思考自己在公司有没有未来，有没有出路。所以绩效考核的结果，同时也要和晋升挂钩。

虽然把薪酬的利益和晋升之路打通了，但通过绩效考核，如果发现员工在岗位上不能胜任，没有达到要求，那就要对他进行培训，因为只要公司在往前发展，员工其实一直是在不能胜任中度过的。未来是不确定的，绩效考核时如果发现员工在岗位不能胜任，就要给予培训。培训的核心是赋能，赋予他解决问题的能力。

除此之外，在招聘的时候，也要考虑绩效和战略目标的实现。

绩效考核的核心意义包含：

- 企业战略流程是匹配企业目标的。
- 组织架构核心是以部门为单位体现的。
- 衡量员工在工作岗位上的工作品质。

- 绩效考核结果体现在薪酬上面。
- 绩效考核结果体现在晋升上面。
- 绩效考核结果体现在培训上面。
- 绩效考核结果体现在招聘上面。

这几项内容放在一起，就构成了一家企业最基本的管理系统——组织系统。企业和企业之间对比，团队和团队之间对比，其实最终的竞争不仅仅是产品的竞争，也不仅仅是营销或技术的竞争，而是组织能力的竞争。现在有很多组织能力偏弱，这导致了他们即便有好的产品，业绩也很难有大的推进。

绩效考核起着一个承上启下的作用，上面连战略，下面连利益，连接着薪酬、晋升、培训、招聘模块。如果说管理者手上只需要两个工具的话，那么第一个工具是工作分析表，第二个工具就是绩效考核。工作分析表让我们知道一个人干什么，干的标准，以及用人标准；绩效考核让我们知道这个人的使用是对是错，是否合理，是否与岗位匹配。绩效考核的核心宗旨，不仅仅是为了奖或罚，也不仅仅是为了升职或降职，而是在达成目标过程中，修正员工的行为和方向。

❺ 组织能力与绩效考核

从时间的角度看，绩效考核是站在当下，面向未来，对过去一段时间的评价。评价的过程，就是一个修正的过程。企业找专家来修正企业，是为了少走弯路。在我们人生成长的过程中，有一个导师来帮助我们指点迷津，让我们少走弯路，这也叫修正。我们不是学会了什么，而是少踩几个雷，就会比别人成功的概率高很多。

如果在给员工做绩效考核的时候，发现有一件事他做得不太好，甚至对公司造成了伤害，当然他自己也认识到了，也改正了，这种情况下考核不扣分行不行？当然是可以的，因为扣分并不是考核的核心，也不是考核的目的。考核的目的是让他修正自己，认知到问题并且改正和完善。

组织能力构成一个环境，而环境是用来消费的，优秀人员加盟一家企业的核心是消费，所以要创造良好的工作环境，才能吸引更好的团队来消费这个环境。把绩效考核从以结果为导向变成以过程管理为导向的方法是绩效辅导，绩效不是考核出来的，而是辅导出来的。

四、绩效考核方法

绩效考核的方法有很多，主要包含以下几种，见图11-3。

BSC考核法
KPI考核法
360度考核法
MBO考核法
EVA考核法
描述性绩效考核法
OKR考核法

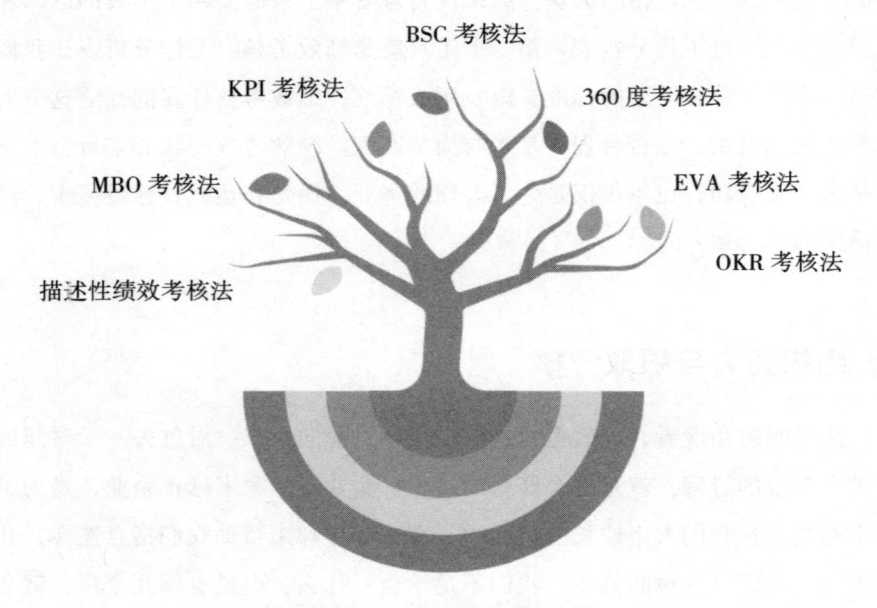

图11-3 绩效考核的方法

❶ 描述性绩效考核法

描述性绩效考核法，就相当于公司制定了一些制度，规定哪些事能做，哪些事不能做。能做有什么奖励，不能做有什么处罚。其实这也是考核，比如上班不能迟到，迟到考核时就要受一些影响。有的企业规定员工迟到1次，乐捐 5 元。也有的企业设置全勤奖，只要员工全勤，额外每月奖励 200 元。这就是描述性绩效考核法。

所以，不要说你们公司没有考核，只要有制度，都算是有考核，只不过这种考核方式比较原始而已。描述性绩效考核法特别适合初创型企业。企业刚成立，没有多少员工，一切都不完善，只是有最基本的制度。个体户也可以用这种考核方法。

❷ MBO 考核法

MBO 考核法就是目标考核法，有时候把它理解为单一指标考核法。它适合目标相对比较单一、管理相对简单的企业。

❸ KPI 考核法

KPI 考核法是关键绩效指标考核法，是抓大放小，抓几个最核心的关键点。抓住 20% 的事，就能产生 80% 的结果。KPI 考核法在中国很多企业都广泛使用，国有企业、外资企业、民营企业，甚至个体户都在用。这是适合绝大部分企业的一种考核方法。

KPI 考核法的最核心思路是强调目标感。有的人好像能力并不是特别强，学习、解决问题的能力，为人处世等都一般，但他成功了。但也有些人能力非常强，带着团队，带着社团，做了各种各样的活动，依然没有成功，或者是没有大成。原因就是在每个人的心目中，对一件事情的理解不一样。对事情的理解的核心，是对目标感的理解，就是我做这件事情，最核心的关键节点是什么。知道这些关键节点，对成功的帮助是巨大的。

我们以业务员的销售基本流程为例进行说明，见图 11-4。业务员的销售节点分别是：发现客户，建立关系，要求成交，交付服务，复购及转介绍。这 5 个步骤里最核心的是要求成交。

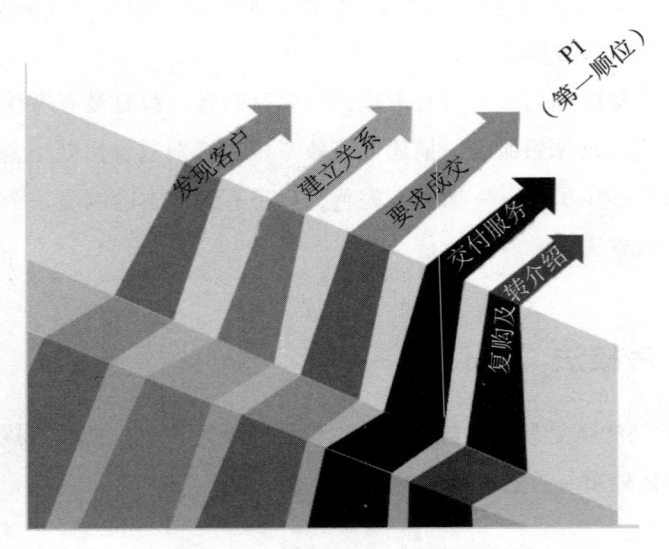

图 11-4　业务员的销售基本流程

现在有很多企业会训练自己的销售团队,让员工去找客户,和客户建立关系,服务好客户,让客户转介绍,但就是忘了教员工如何一锤定音。缺少要求成交这个关键点,一切销售流程都等于零。有很多人对成交是有恐惧的,不敢张嘴要求,怕被别人拒绝,对此痛苦难受、彷徨不安,这就是成交关没过。

销售流程中的这些节点虽然都很重要,但是最重要的是要求成交。即便客户少,有一个成交一个,那也挺好。有一万个客户成交不了一个,那就太奢侈浪费了。所以作为一个销售团队的管理者,要先训练如何成交,这个瓶颈突破了,剩下的都好突破。找到关键节点的核心理念,叫顺位管理。

很多有能力的人之所以没有成功,是因为忘了自己的初心,忘了自己的目标,让第三、第四顺位的事影响了第一顺位的事,导致最终目标没有实现。

比如一家公司今年准备完成 1 亿元的销售额,这是它的总目标,是第一顺位。找客户、招聘员工、处理员工的情绪,这些事也很重要,但是这些事与目标完成 1 亿元销售额相对来说关系不是很大。顺位管理中这些事要放到相对靠后的位置。顺位统一了,目标就统一了;目标统一了,就没有争执了。

很多争执都源于目标不统一。在每个人心中的工作顺位不一样，结果就不一样。我们把实现 1 亿元的销售额目标分为 4 个顺位。用 P 代指 play，就是做的意思。假如这家企业中，利润、销售额是 P1 即第一顺位，必须做的事情，一切资源向其倾斜；团队组织是 P2 即第二顺位，有条件做的事情，在保证 P1 完成的基础上再做；团队氛围是 P3，迟到、早退是 P4，这是第三顺位和第四顺位：可以不做，且可以找其他人代做的事情，老板不要把精力放在顺位靠后的事情上。如果因为 P3、P4 影响了 P1 导致目标没有完成，那就是顺位管理出现问题了。因此，KPI 考核法一般考核 P1、P2，不考核 P3、P4。

做事情一定知道核心目标是什么。之所以很多人很有能力，感觉很忙碌，却没有成功，都是因为 P3 和 P4 的事，甚至 P5 的事，影响了他们核心目标的完成和实现。

❹ BSC 考核法

BSC 考核法即平衡计分卡考核法，它是战略导向的一种考核，更适合战略清晰且以平衡战略为目标导向、员工高度职业化的企业。

BSC 考核法有 4 个维度，分别是财务维度、客户维度、团队维度、流程维度。在设计考核指标的时候，这几大维度都会涉及，追求平衡战略的实现。

❺ 360 度考核法

360 度考核法，又叫全维度考核法。被考核者的上级、下级、平级、供应商、渠道商等，只要和这个人发生关系的，都可以对他做出评价。这种方法，从方法论上来讲非常好，但是在实际中不好操作。我们把它称为"美丽的陷阱"，一般用在人才评价上，但成功的案例不是特别多，绝大部分企业很难用到。这种考核法的缺点是成本很高，执行难度大，建议大家最好不要将这种考核方法用在考核上，尽量不要让评价结果和员工的利益产生太多的关系。

⑥ EVA 考核法

EVA（Economic Value Added）考核法，即经济增加值考核法。经济增加值的基本含义指企业净经营利润减去所投入资本的机会成本后的差额，提倡不包含资本成本的利润不是真正的利润。也可以理解为对单位价值贡献量进行考核，更加关注财务数据，目前多适用于央企，特别是国有军工企业用得比较多。EVA 其实是以财务数据为导向的一种考核体系，就是看财务数据的投入产出比、效益比、资金使用比、资金使用贡献比。

⑦ OKR 考核法

OKR，翻译成中文是"关键业绩及关键成果"，O 是关键业绩，KR 是关键成果。这种方法最早来源于美国，是最近几年才在中国流行的。它是由美国的英特尔公司发明创造的，谷歌公司将其发扬光大后传到中国。OKR 更适合 IT 企业、高科技企业以及知识型企业。简单地理解，这是对学历要求比较高的考核方法。

开发新市场、新项目、新产品的考核，也可以用这种方法。我国现在运用这种方法的企业不是特别多，但是已经有了成功的案例，比如小米公司。

五、OKR 考核法原理

我们重点介绍一下 OKR 考核法。对于 OKR 考核法，有些人可能会感到陌生，因为这种考核方法不常见。不是因为它不好，而是因为它刚刚流行。OKR 是一种理念和沟通的平台，倡导自由、创新的文化。

Part ⑪ ‖ 绩效考核方法 ‖

❶ OKR 与 KPI 的区别

KPI 强调个人完成多少业绩就是多少。OKR 强调团队目标实现的可能性，即让目标有更好的呈现。OKR 最早是一种目标管理的方法，现在又转化为一种考核的方法。比如有一个项目，这个项目由多个人或者是多个部门共同完成，并且员工的工作地点存在不一致性，团队组成存在不一致性，甚至跨国家、跨区域、跨专业。有的时候甚至是临时组建一个团队，比如把销售、生产、研发、质检、市场调研、客服、采购等各个部门的人重新组合在一个部门，发挥每个人的工作能力，与其他人员实现无障碍沟通，以让项目有更好的成果。

OKR 不仅仅是一个工具，更多是一种管理的理念，一种沟通的平台。谷歌现在有很多部门，没有固定的上下班时间，甚至也没有固定的办公场所，员工可以来公司，也可以不来，最终给出结果就行了。

传统的管理中，A 是一个部门的员工，要找 B 协助完成一项工作，A 是不能直接找 B 的，因为 B 的上级会有意见。所以 A 一般会找自己的上级，让自己的上级去找 B 的上级。A 告诉自己的上级说："如果这件事 B 不参与的话，目标实现不了，不但影响我，还会影响到你。"A 的上级一看自己的利益受牵连，就找到了 B 的上级说："我们的 A 想要找你们的 B 共同去完成一项工作，希望我们合作，共同完成目标。"于是 B 的上级再问 B 的意见，B 表示同意。B 的上级对 A 的上级说同意，A 的上级又对 A 说此事可行。A 再找到 B 去一起完成这件事。本来一步可以完成的事，变成了 7 步。

无障碍沟通，又叫端对端的沟通。每一个人都可以找到另外一个人，只要他对你有帮助，对你这个项目的完成有利，你都可以找。端对端，即不需要向任何人请示。所以 OKR 考核法的指标一定是公开的。

传统的 KPI 考核法，我只知道自己的指标就行了。你完成的情况和我没有关系。我完成多少分，对应多少绩效工资。而 OKR 考核法，你光知道自己的指标还不行，还得知道别人的指标，如果别人完不成，你完成了，总目标不一定能完成。从总目标到部门目标，到个人目标，不但做到全员公开，还可以端对端沟通，形成一个沟通的平台。

KPI 是以结果为导向，完成个人目标。OKR 不但强调结果，还强调过程的管控，是事后管理向事中管理进行衍变的一种考核方法，也是一种基于目标管理沟通方式下的绩效考核，它让目标实现具有更多的可能性。

❷ OKR 目标设定原则

OKR 的目标在设定的时候，是有一些原则的。

（1）董事会提出关键目标（O）

关键目标具备以下特征。

第一，能鼓舞人心。

比如长松公司有一个互联网平台，叫营家。我们希望营家能做成收费管理类第一集团的 App，这叫鼓舞人心，就是大家认为做这件事值。所以在定目标，不一定是一个具体的数据，也可能是一件鼓舞人心的事，大家愿意为这件事情去工作。

第二，目标是可控的。

第三，目标是公开透明的。

第四，目标的实现具有一定的挑战性。

第五，实现目标的过程中允许小部分失败。

（2）里程碑（KR）

关键人才对关键目标进行优化，并提出达成目标的关键事项，即里程碑（KR）。

O 有可能是一个具体的数据，也有可能是一个鼓舞人心的方向——大家奔着这个方向，更好地去呈现结果。很多人不愿意为自己的具体数据工作，但是愿意为一个梦想，为鼓舞人心的事去工作。很多人觉得压力就是动力，这句话对优秀者是对的，但是对普通人来讲，压力不是动力，而是恐惧，人一旦有恐惧，做事就开始动作变形，动作一变形，就很难达成目标了。

（3）每一个人做出行动方案，KR 是具体且可量化的

每一个人做出自己的行动方案，KR 是具体且可量化的行为。比如有的公司要上市，上市就是 O，为了完成上市会有具体的 KR，比如对业绩规模、利润规模、财务规范性、人才等都有具体的要求。上市是一个方向，为了上市要做一些动作，这些动作不做上市就没希望。

前两年有一家企业差点出问题，因为它提出来一个"爆款"的理念，结果很多人把它的产品和廉价等同了。这时候，企业利润和现金流出现了问题，甚至出现了客户不信任的问题。于是，他们提出了让消费者可以闭着眼睛买他们的产品的目标。为此他们做了几个动作，就是几个 KR。

第一个 KR 是产品利润率控制在 5% 以内，即便产品价格很高，但利润只在 5% 以内。这个时候，产品即便由原来的低价变成了高价，消费者也可以接受了。

第二个 KR 是要求员工人均产值达到规定的要求。

现在这家企业又活过来了。虽然他们自己不知道怎么定义自己，但是在消费者心目中已经定义下来了——他们的产品可以闭着眼睛去买，他们的产品超值。

所以制定目标的时候，由董事会提出了鼓舞人心的方面，再由各关键人才参与进来，设立里程碑。每个人都做出行动方案，并让每个人都知道别人的方案。因为你的 KR 完成，不代表总目标完成。总目标没完成，你个人完成得再好，等于没有结果。公司没有利润，员工也就没有收入。

❸ OKR 目标调整

一家企业的整体目标，一般不超过 5 个。大家同时干 5 件事，全力以赴把 5 个核心目标都实现已经很难了，目标再多的话精力就分散了。关键节点一般不超过 4 个，一两个最好。

公司的目标下面是各个部门的关键成果，每个员工也有自己的目标。部门的 KR，就是个人 KR 的目标。这是一个自上而下的联动贯穿的过程，是一个平台。如果有需要，彼此相互提供支持，以便于整体目标的实现。OKR 的目标需要具备难受性、挑战性和创新性，且要对目标实施进行检查，以便及时修正目标，如图 11-5 所示。

OKR必须具备：难受性、挑战性、创新性

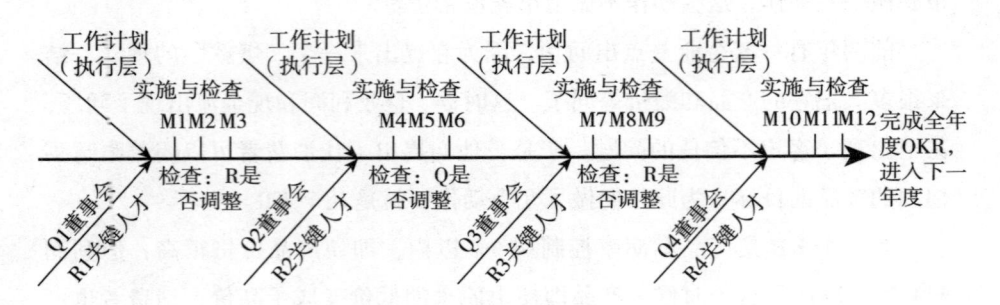

图 11-5　OKR 的目标调整

OKR 是以目标为导向，并且找到关键成果的一种考核方法，让结果具有更多的可能性，且允许一定程度的失败，能让员工始终保持达成目标的信心。因为创新就意味着风险，风险就意味着有可能失败。如何让员工即便失败了，也不至于丧失信心，并且还能够再启程、再出发是关键所在。

OKR 考核法适合的企业类型包含：项目型、科技型、IT 行业、新项目工程型、设计团队、新科技研发、新市场开拓、新渠道开发等。

④ 得分与绩效工资系数转换

在考核的时候，可以把每一个指标用 10 分制来表示，当然也可以用 100 分制来表示。首先，在允许一定程度的失败前提下调整绩效目标。以某个目标为例，0 分指无进展；5 分指有信心、在可控范围内、需要少量指导完成；10 分指结果超出预期。如图 11-6 所示。

```
0分              5分              10分
|────────────────|────────────────|
```

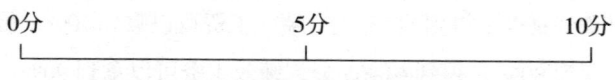

图 11-6　OKR 指标考核的 10 分制示意

一般目标达成在 6~7 分之间，则认为完成优秀；如果超过 7 分，往往认为目标制定偏低，需要调高目标；如果低于 4 分，则认为需要提高岗位胜任力。员工在放松的情况下能够完成 5 分，最终大概完成 6~7 分，是优秀的。一旦超过 7 分，特别是超过 8 分，我们通常不认为是这个人的能力强，而是认为目标定低了，就要调整目标。所以目标是动态的。如果发现大家基本超过 5~7 分了，下个月就把原来定的 7 分变成 5 分，然后调整行动方案。为了让结果更好地呈现，要一步一步往前推进。

比如这个月业绩目标是 1500 万元，在量化里是 7 分，下个月把完成 1500 万元业绩定为 5 分，大家也没有压力，这样总目标实现的可能性就会更大。

具体得分与绩效工资系数如何挂钩，如表 11-1 所示。

表 11-1　OKR 得分与工资系数的关联（100 分制）

得分	系数
80 分以上	115%
76~80 分	110%
71~75 分	105%
66~70 分	100%
61~65 分	90%
56~60 分	80%
51~55 分	70%
40~50 分	60%
低于 40 分	0

得分在 66~70 分之间者，系数即为 100%，由此可见，即使有 30 分拿不到，薪酬也不会受到影响。

小于 40 分，绩效工资就为 0 了，这时候，我们不仅会认为目标定高了，还会认为员工的胜任能力出了问题，要么员工学习提升，要么换人。得到 40~50 分，绩效工资可以拿到60%；得到51~55分，绩效工资可以拿到70%；得到56~60分，绩效工资可以拿到80%；得到61~65分，绩效工资可以拿到90%。

我们希望员工做到66~70分，但核心是51~55分，也就是完成这个目标对大多数人来说是没有问题的，他们可以拿到80%的绩效工资。如果目标定低了，员工拿到90分其实和得到80分是一样的，收入很难有一个大的提升。我们允许员工失败，有30%的事员工可能干不好，或者做得不够理想，没有关系，收入不会受到很大影响。

六、OKR考核表的制作

❶ OKR考核表的制作流程

OKR考核表的制作流程一般分为以下几个步骤。

第一，将公司的必要目标形成文件，传递给各部门。

第二，各部门接到公司目标后，展开内部讨论，做出能够支撑目标的关键任务，通常一个目标对应1~4个关键任务。

第三，在部门内部，进行关键结果、行为的分配。

❷ OKR考核表的制作举例

有一家企业是做App开发的，他们就对项目事业部做了一次OKR考核。他们的"O"有3个：第一个是业绩，第二个是行业排名，第三个是核心功能实现。对App软件负责人的考核表如表11-2所示。

表 11-2 某企业 App 软件负责人考核表

目标（公司上级制定并达成共识）	关键结果（由上级下达目标后，分解为部门关键结果并公布）	定义	关键动作	计算方式
业绩（2000万元）	组建销售团队，包含线下招商团队和互联网精准营销团队	线下招商团队6人，且平均每人每月招商2家；互联网营销团队4人	召开招商会，开展精准推广，策划产品资料，文案书写，营销活动	完成合格10人销售团队，且达到出单指标，得10分；少1人扣1分
	产品结算模型设计	4月底完成VIP卡、付费课、文库及行业结算模式设计并上线	由运营部、技术部联合工作，运营部提出结算文案、技术部实现程序开发	4月底前完成且功能满足得10分
	产品业绩分配	VIP卡1000万元，其他产品1000万元，根据全年进行分配	将业绩分配至线下销售部、互联网销售团队，两者为50：50	按月完成业绩，每完成10%得1分
产品行业排名（同类软件中为第一集团军，下载量至少70000次，购卡量70000人以上，日常使用人员超10000人以上）	下载量	App下载数量至少70000次	通过二级分销、社群营销、搜索广告、线下活动、渠道商直接开发等，增加下载量	下载量分配到月，按实现百分比得分，满分为10分
	购卡量	购买VIP卡的数量达到70000人以上	推广销售VIP卡	总购卡量分配到月，按实现百分比得分，满分为10分
	活跃度	平均日活跃用户数量，达到10000人以上	通过增加E-mail沟通、在线问答、在线学习、增值产品下载等，提高用户活跃度及留存率	活跃人数要求分配到月，按实现百分比得分，满分为10分
功能与价值实现（专家量、符合标准的视频量）	行业研究院	成立10个行业研究院	第一季度2家、全年累计10家，与行业专家建立合伙人关系	每1个行业研究院得1分，满分为10分
	文库建立	6月底前，完成文库建设并投入运行	完成5个文库积累，发动用户+专家共同上传，并形成有效奖励机制	每1个文库得2分，满分10分
	视频量沉淀	管理技能、心态、专业技能的基本视频量积累	增设2个拍摄室，合理安排拍摄并上传内容	视频量分配到月，按实现百分比得分，满分为10分

OKR的目标制定是自下而上的，所以OKR考核不仅仅是一项考核，更是个人成就、团队成就、个人身份认同。长期使用OKR考核，员工会与公司形成共同目标。

比如公司目标是业绩达到2000万元，行业排名到第一集团军，App的核心功能实现有专家量、符合标准的视频量。业绩要实现2000万元，需要做的动作有以下几点：第一是组建销售团队，包含线下招商团队和互联网精准营销团队；第二设计是产品结算模型，就是如果产生销售，给业务员分多少钱，整个团队该怎么分配；第三是产品业绩分配。

这三个KR再进行量化，销售团队的线下团队不低于6人，互联网营销团队不低于4人。线下团队要进行招商，每人每月至少招2个客户。产品结算模型设计，比如设计VIP卡，设计公众号分流。VIP卡不低于1000张，公众号不低于1000人，其他的收费产品不低于1000个等。这就构成了基本业绩要求。大家完成各自的任务，就自然而然会完成业绩目标。

如何进行评分呢？结算模型设计时也可以用10分制，就是每一个KR，都用10分制来表示，低于5分，证明指标完成有问题。超过8分，证明指标定低了，下个月要调指标。

行业排名里要求有下载量、购卡量、活跃度3个指标。下载量会更多一些，购卡量可能会少一些。

核心功能方面，要求成立行业研究院10个，6月底前文库要建立并投入使用。每一项依然是用10分制或100分制打分。

KPI是自己完成即完成，OKR是自己完成不叫完成，团队完成才叫完成。KPI的薪酬结构是固定工资+绩效考核工资+奖金，和每个人有关系。OKR的薪酬结构是固定工资+胜任力工资+项目奖金。项目奖金的收入占比，通常不低于总收入的40%。项目若没有产生业绩，那只能拿两部分收入。KPI是个人部分占比比较大，甚至占100%。有的企业KPI里还会再加一个项目分红，比例较小。对于基层员工来讲，有很多人是没有项目分红的。但是用OKR，全员都和公司的项目利益挂钩，所以项目奖金的收入部分占比相对较高。当然，OKR对胜任力有要求，如果一个"小白"加入，胜任力不足，别人可能有意见，因为会影响进度。

七、看板管理

❶ 认识看板管理

看板管理有两类企业用得比较多一些：一类是需要进行过程管理的企业，比如生产型企业、流程型企业、施工类企业等对过程要求比较高的企业；还有一类是员工学历偏低的企业，没法做考核，所以需要通过整个过程的管控，进行看板管理。比如，一些快餐店都是这样做的。其实从某种意义上来讲，看板管理也是一种考核，只不过这种考核没有落在纸面上，而是做了一个标牌。

看板管理最早来源于日本的丰田公司，也算是来源于生产型企业。看板是动态的，随时更新信息。看板不但和工序有关，还和整个企业有关，甚至和销售都有关，比如1分钟卖掉多少台车，数据随时更新。

2017年我去德国的博世公司参观，这家企业最早是做内燃机点火系统的。由一个70多岁的老大爷带着我们参观，他家三代人都在这家企业工作，他现在是退休了，义务为来参观的客户做讲解。他说他非常感谢这家企业，因为在企业里，他找到了老婆，有了孩子，有了孙子。他为这家企业服务，感觉很自豪。

我们在参观的时候，就看到一个看板，看板上写了两个数据：一个数据是8PPM，一个数据是2PPM。当时他让我们猜这两个数据是什么意思，好多企业家猜测是不是用来检测车间内的空气质量的。他说不是，是对残次品率的要求。8PPM，意思就是从开始到现在，这家公司的残次品率是百万分之八。2PPM，是指本年度目前的残次品率为百万分之二。

看板管理并不难，只要找准指标就行了。比如有一家企业的看板写的是安全生产天数指标。有的人已经连续工作10年，甚至更长的时间，没有出过任何安全问题。也有的人会出现安全问题，出现一次就记一条，并且记录是哪一年哪一月哪一日出现一个什么样的安全事故。

看板一般贴在墙壁上，供员工查看并按照时间表执行。看板管理涉及两个方面：一方面是过程管理，即进度管理；另一方面是过程管理中的财务管理。我们谈管理的时候，更多是指结果管理。缺点就是结果一旦呈现，想再改变是挺难的。有的企业经营状况很好，能经营10年、20年，甚至更长时间，不会亏损。而有的企业，一开始就亏损。是不是业绩好，就一定不亏损？未必。过程管理和财务有关系，财务管理分为事后财务管理（记账、报税），事中财务管理（预算＋核算），事前财务管理（精算）。

很多企业是事后财务管理，就是结果出现亏损了，再告诉老板亏损，那已经形成事实了。我们如何把事后财务管理变成事中财务管理？就是要在整个过程中去把控。也有的企业是事前财务管理，比如保险、银行等行业有精算师职务。

我有一次去日本，与很多企业家一起沟通，他们说日本的经营环境相对比较规范，利润基本是透明的。企业的利润空间在3%~5%，如果做得特别优秀，利润能达到15%。而中国一些企业现在是高利润还能够经营，利润降低就不会经营了。当时我们也非常好奇，3%~5%的利润空间是怎么做到的？

举个例子，一家公司的利润计划控制在10%~15%之间，如图11-7所示，通过看板管理进行监控，如利润低于10%，则企业要开源节流；如利润高于15%，企业会进行客户分析，这些都属于事中过程管理。

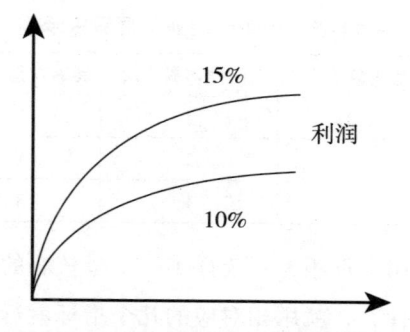

图 11-7　某公司利润计划的看板管理

日本有一家企业叫京瓷，近 60 年没有出现过亏损，就是靠完全把握住事中管理，即过程管理做到的。看板是过程管理中非常重要的一个工具，数据就在这里，碰到这个数据的底线就要调整，要么开源，要么节流；超过这个数据底线，就开始让利，要么让给员工，要么让给渠道，要么让给客户。企业挣在这个区间的利润，让利益链里的人得到更多的好处。这种做法强调了产业生态。

现在有一些企业只管自己赚钱，别人的死活和他们没关系。比如采购别人的原材料的时候，能把价格压到成本以内，甚至亏损。别人都活不下去了，他们还能活多久？中国有一句话叫"大树下面不长草。"大家在一个生态链里都能挣到钱，而不至于就一棵大树。大家都活不下来，最后自己也会不好办。

❷ 看板管理示例

（1）销售部门看板管理

只要数据发生变化，看板就需要进行调整。看板指标一般为 1~3 个，不能太多。如果大家都达不到指标，就没有意义了。下面这是一张针对销售部门业务员的看板，见表 11-3。

表 11-3　销售部门业务员看板示例

业务员	电话量（次）	邀约量（人）	上门拜访量（次）	新客户量（位）	销售业绩（万元）
张三	200	2	1	2	100
王二	150	1	1	1	20
麻子	170	3	1	3	50

表格中的指标不用全都用上，选择 1~3 个最核心的指标应用即可。我们认为这个阶段需要干什么，就用相对应的几个指标就行，并且这些指标是可以变的，当然销售业绩也可以不变。业务员还会涉及的指标有老客户流失、培训次数、客户投诉、投诉解决等。这个看板，是所有业务员都能够看得到的。如果业务员是出差型的，不在同一个区域办公，也可以用 OA、ITpos 等办公软件。

长松公司就用办公软件 ITpos，它可以跨区域应用。当然，我们也可以用最简单的方法，建个微信群，大家每天分享自己的基本情况。我们公司的业务员因为不在同一个区域，规定每天下午 7 点前提交当天的看板，有时会延迟到晚上 9 点，但肯定要在晚上 10 点前提交。

我们的指标有以下几个方面：

第一，业绩。

年度业绩：计划和实际；月度业绩：计划和实际。

客户备案：计划和实际；邀约：计划和实际。

拜访计划：计划和实际。

待收单计划：计划和实际。

第二，今日行动。

第三，明日计划。

第四，今天的成长收获。

第五，我需要的支持。

我们的员工几乎每天都会发这些内容。"计划"方面的内容，都是之前计划好的，"实际"的部分可能会有小调整。"今日行动"，调整幅度最大。"明日计划"一般要调整，"今天的成长收获"肯定是每天不一样。"我需要的支持"则可有可无,有的话就写,没有的话就不写。

出差型员工可以通过微信群解决。其实这也是看板,把这些情况发到微信群的时候,每个人都能看到你有没有工作,工作成果是什么,有没有收获,有没有成长,需不需要支持。比如业务员需要见客户,如果10个业务员都需要总经理帮忙,总经理肯定忙不过来。即便他能忙过来,也需要规划时间。如果总经理前一天就知道有3个客户需要见,上午、中午、下午提前安排好,效率就高,不至于在出现问题的时候才着急协调。

(2)采购看板管理

看板管理的核心在于:由事后管理向事中管理过渡,让结果有更强的可控性和可操作性。

采购工作的看板指标分为订单、预算、供应商标准、门店计划、质检。表11-4是一个总表,比如A产品预算是20万元,供货商标准要求一级,门店计划是A类5家,B类2家,C类1家,D类2家。B产品、C产品、D产品等各类产品分别依次类推,根据指标要求填写。有的企业是做完预算,质检就直接通过;有的企业是质检完,再做预算。这要看企业的具体情况。

表11-4 某公司采购的看板示例

订单	预算(元)	供货商标准	门店计划	质检
A	20万	一级	A:5,B:2,C:1,D:2	质检员
B	10万	二级	—	
C	9万	一级	—	
D	8万	三级	—	

生产方面也可以用看板,比如企业的生产指标包含生产计划、生产用料、生产能耗、用人等,也可以用一张表把它给展现出来。一般优化到1~3个核心指标就行了,剩下的是辅助指标。

Part ⑫

企业绩效考核设计

一、绩效考核的步骤

绩效考核的步骤遵循一个非常大的自循环封闭原则，叫 PDCA 循环。

为什么有些企业做绩效考核，总感觉推行不下去？甚至有时候还出现公司与高管、高管与中层，以及中层与基层之间的矛盾分歧？出现这些情况，说明绩效考核的起点出了很大的问题。

❶ 第一步：确立目标

目标分为公司级目标、部门级目标、个人级目标，还可以分为年度、季度和月度目标。为了完成这些目标会有若干事项，我们要去分配工作任务。也就是，有了目标，还要确定完成这些目标有哪些事要做。要把任务分配下去，让员工各自领取自己的任务，比如销售部门该怎么做，生产部门该怎么做，行政部门该怎么做，研发部门该怎么做，人力资源部门怎么做，财务部门怎么做等。

任务需要分配下去，不过任务也有轻重缓急之分。

不同的企业的目标制定人的思维方式是不一样的。目标会随着环境的变化随时调整。一般在年初或月初由董事会提出目标，同时各部门负责人制定本部门目标，与董事会共同讨论并达成共识。每月目标提出后要执行目标并于月底进行目标比对，参考环境变化讨论目标是否要进行微调整。

在一些民营企业里，会出现这样的情况。每年的目标由老板提出来以后，大家根据情况去完成。如果完成了，员工认为自己有能力；如果完不成，员工就说这个目标是老板自己定的，当时我就知道完不成，但是我没法反驳老板。很多人不认为目标完不成是自己的事情。

所以做管理有一个非常重要的核心，就是让员工能够参与决策，而不是老板来决策。这样做可以让责任下沉。

企业在不同阶段制定的目标，也是分级别的。

一级目标追求利润。企业刚刚成立的时候，目标就是为了赚钱，先活下来再说。

二级目标是在追求利润的同时，追求管理的成熟度。这时候企业的需求不单单是挣钱了，而是需要建一些系统、流程，对人才进行培养。

三级目标是在追求利润和管理成熟的基础上，更多追求效益回报。比如它的指标有资金周转率、人均产值、人均效能、创新等。

四级目标追求的是战略综合指标，甚至有一些上市公司还追求市值管理。

所以制定目标的时候，一定要清晰，不是领导喊一个口号就有一个结果，而是让大家共同参与，将年度、季度、月度，公司、部门、个人的目标基本量化。

一家企业全年的总目标可以有20~40个，但是核心目标一定要清晰。核心目标一般有3~5个，要做到全员悉知。另外，根据公司的部门和员工情况不同，要有一个综合的目标条件。

❷ 第二步：分配工作任务

基于目标，优化内部管理流程，用段、节、点的方式量化工作，并进行工作分配。分配工作任务有一个工具，叫工作分析表，前文已有介绍。通过工作分析表，岗位职责就明确了。

③ 第三步：确立关键事项

确立关键事项，就是找到关键点、重点。明确每一个岗位，或者每一个部门工作的重点、核心指标、核心事件是什么。完成目标的关键成果（战略目标规划）需要若干事项来支撑，从中找出关键事件（工作分析表）和完成关键事件需要的多项关键节点（绩效考核表）。

为了完成目标，会有若干工作事项。这些工作事项，不是每一个都重要，因为企业每个月的工作重点不一样。拿着工作分析表，并不能完全量化一个人工作的重点和次重点，还需要根据每个人在流程环节以及部门中推进关键节点里的重点，挑出考核和关注的关键事项。

不管是工作分析表，还是绩效考核表，都是奔着实现目标去的。

举个例子，完成目标需要完成A、B、C、D事项，若C事项完成，目标即达成，则在操作中关注C事项，将C事项进行流程分解，为1、2、3、4步，若第三步完成，C事项达成，则在操作中关注第三步。其中1、2、3、4步都为关键节点。

关键目标，是以美国企业为代表的管理风格；关键事件的管理方式，通常是以日本企业为代表的管理风格；中国企业更适合的是关键节点+关键成果的管理方式。因此，我们形成了3个工具：

第一个工具是目标规划；

第二个工具是工作分析；

第三个工具是绩效考核，又叫绩效考核点、关键业绩指标、关键点的考核指标。

光有关键点，没有结果也不行。只有结果不考虑关键节点也不好办。所以在中国企业做管理，通常是以结果为导向，抓住节点。而不是抓住事，一旦抓住事，就可能啥事都管不了。

④ 第四步：确定里程碑事件

我们不需要从头到尾关注一件事，而是要找到它的关键成功因子，又叫KPI指标。找到指标的关键节点，把关键节点转化为考核指标。

⑤ 第五步：制作绩效考核表

找到关键成功因子以后，将由上级对下级做一张绩效考核表。这张表是由被考核者的直接上级对直接下级做的，而不是人力资源部做的。这张表还不能直接用，因为前期导入的时候可能存在一些问题需要探讨，比如和目标是否一致，当事人是否可以掌控，是否存在量化不清晰等。

⑥ 第六步：修订、审核

绩效考核表由人力资源部进行修订、审核。公司做到一定阶段以后，特别是绩效考核导入到一定阶段以后，这个步骤可能会有一些省略，但不能完全省略。比如我们最早做绩效考核的时候，是每做一次都要提交人力资源部修订、审核，到后来可能一个季度，甚至一年提交一次就可以了。

绩效考核表修订的原则包含以下几个方面：

- 关键节点与公司目标是否匹配。
- 是否存在量化不清晰。
- 当事人是否可掌控。
- 合并重复项，多用正向指标。

⑦ 第七步：签字确认

由人力资源部修订审核后，将绩效考核表返给被考核者的上级，并由被考核者及其直接上级逐一进行确认并签字。

直接上级让下级进行确认的时候，通常选择的是一对一的形式，而不是一对多的形式。现在有很多管理者，把下级一二十个人的绩效考核表全做出来，开会的时候发给大家，现场签字。这样做好像效率挺高，但背后有一个风险，如果有一个人认为绩效考核不公平，大家都会认为不公平。所以我建议，特别是企业第一次导入绩效考核的时候，领导一定要和下级一对一地沟通确认，这是非常重要的。不要担心在这方面花费的时间太多。不在这儿花费时间，当有员工撂挑子不干的时候，工作开展难度会更大。

⑧ 第八步：绩效辅导

员工签字确认绩效考核表以后，直接上级不是再也不用管了，而是要进行跟踪辅导。绩效不是考核出来的，而是通过进行绩效辅导提升胜任力得来的。培训得到的是知识，训练得到的是技能，行动才能转化为成果。

员工在执行过程中，如果遇到问题，上级要来协助他，帮助他解决问题，而不是袖手旁观。

在企业里最容易出问题的是绩效辅导。如果你们公司有绩效考核，但是这一步没有做，想把绩效考核做好是挺难的一件事。如果你们公司没有绩效考核，但这一步做得挺好，公司的业绩也差不到哪去。所以这一步是很多企业的一个痛点，是容易忽略的地方，只要把这一步加强了，很多事情都会迎刃而解。

那什么叫绩效辅导呢？很多企业告诉员工只要心态好，没有干不成的事。结果员工怀着好心态出去见客户，却完全没有成交客户的能力。一次碰壁，两次碰壁，碰壁多了就出问题了，因为企业没有赋予员工能力，绩效辅导是赋予员工能力。培训得到的是知识，知识本身是没有价值的，把知识转化为成果才有用。企业要少做培训，多做训练。有行动才会有成果，可以说行动高于一切。没有行动，一切都等于零。我最近几年在带团队做管理的时候，其实用的就是这一招。

⑨ 第九步：评估改进

下月初对上个月的绩效考核进行评估、面谈，人力资源部对公司整体的绩效考核评估进行分析，为各部门制定绩效改进计划提供参考，并让员工确认绩效改进方案并签字。

评估的时候，由上下级共同打分。打完分要交给人力资源部，人力资源部对公司整体进行一次评估，看有没有一些部门会出现分数较大波动的情况，是稳定型的还是偶尔跳动型的，是下滑型还是上扬型的。除了人力资源部，每个部门的负责人及员工个人也要根据自己过去月度的情况进行基本的分析，看看自己的成长速度到底怎么样，最后做出改进方案。

⑩ 第十步：绩效结果转化

绩效结果转化，通常是打完分以后一式两份，一份交财务部做绩效工资，一份交人力资源部做绩效评估和面谈。绩效评估和绩效面谈结果可以提供公司层面的绩效改进方案，包括部门层级的绩效改进方案。

绩效考核得分要与薪酬、晋升、培训、福利等模块挂钩，并根据绩效考核结果重新调整目标，进入下一个PDCA循环。

这十个步骤非常关键，一步都落不了。绩效考核不是一件可以着急的事，需要一步一步往前走。

二、绩效考核表的制作原理

❶ 绩效考核表的结构

绩效考核表，不但适用于KPI考核法，也适用于MBO、BA、EVA、OKR考核法。这个表由两部分组成：一部分叫业绩绩效，一部分叫行为绩效。

如果满分是 100 分，业绩绩效与行为绩效的权重比与岗位有很大关系，高层为 75∶25，中层为 80∶20，基层为 85∶15；或者将全员的业绩绩效与行为绩效的权重比统一规定为 80∶20，这是一个常见的分配比例。

绩效考核表背后是有一些基本原则的。

第一个原则：越是高层，行为绩效占比越高。

因为高层的行为通常对团队的影响更大，所以其行为绩效的占比会更高一些，比如 75∶25。高层不只是有业绩要求，还要打造团队，营造氛围，进行文化的统一。

第二个原则：高层、中层、基层的业绩绩效和行为绩效的比例可以统一为 80∶20。

这种做法相对简单。

第三个原则：在考核初期，可以不考核行为绩效。

如果行为考核把握不准，出现争议，甚至不可调和，可以暂时不考核行为绩效。当然我希望大家考核行为绩效，因为行为绩效增加 1 分，工作效率往往会增加 100%，也就是至少增加 1 倍。行为考核有时候确实会出现一些拿不准的情况，但也不能等把它完全弄明白了，再去考核。等大家对行为绩效部分能够理解认可了，再考核也行。

KPI 绩效考核表的核心一般由 5 个部分组成。见图 12-1。

考核指标 → 权重 → 指标定义要求 → 评分标准 → 得分

图 12-1　KPI 绩效考核表的核心内容

（1）考核指标

考核指标基本上是从工作分析表中的内容延伸而来的。不同的人，考核指标可能不一样。但是现在有很多企业为了追求所谓的考核公平性，不管是新员工还是老员工，不管是老市场还是新市场，考核指标定成了一样。原因是假如有 10 项工作内容要去做，每个人的工作重点不一样，如何来强调员工的工作重点？想拿到更好的结果，我们要提炼考核指标，让员工知道工作重点在哪里。

制定考核指标有以下几个原则。

第一个原则：越是高层，核心指标越少。

考核指标数量一般是基层岗位 3~7 个，核心指标 1~2 个；中层岗位 5~10 个，核心指标 2~3 个；高层岗位 7~14 个，核心指标 3~4 个。抓住核心指标，再加一些辅助，比如 P2、P3 的指标，P3 的指标用得相对比较少一点，偶尔会用上一两个，但大部分核心指标在 P1 上。

第二个原则：越高层，指标涵盖的类别越全面。

有一些企业高层的考核指标数量特别少，比如对总经理只要求一个利润指标，但团队建设、系统建设、流程优化、产品迭代、技术优化、生产成本、生产效率、市场开发，这些方面总经理可能都需要关注，他不能只关注一个利润指标。利润指标很好，但是团队搞得乱糟糟，要人才梯队没有，要产品迭代没有，要产品更新没有，要系统建设没有，总有一天，这个总经理会从岗位上下来，管理又回到了原点。

总经理要关注业绩、利润、成本、市场客户、产品、流程、系统建设、团队人才培养和搭建，他的关注面相对多一点。

高、中、基层考核的指标量级是不一样的。高层的指标，更多偏向于面，相对比较大。比如利润、市值管理就属于大指标。利润从两个方向来讲：一个是业绩，一个是成本。光关注业绩，不关注成本不行；只关注成本，不关注业绩也不行。业绩加上成本就是利润，业绩又包含很多，比如不同产品，在不同的客户那里产生的业绩不一样。成本也包含很多，有管理成本、运营成本、公关成本、税务成本、销售成本、促销成本、生产成本、研发成本、员工工资平均成本等。越是高层其考核指标覆盖越全面，如高层岗位包含业绩类指标、财务类指标、人才类指标等多方面指标。

中层的考核指标一般从上到下一条线，不是孤立存在的，而是相互联系的。不但能上下联系，横向可能也有联系。基层的考核指标一般是针对一个关键节点。

第三个原则：同一层级中，上山型岗位目标相对单一，指标数量偏少；平路型与下山型岗位的目标指标数量偏多。

上山型岗位，是以业绩业务为导向，强调结果，比如业务员、销售经理、总经理、生产流水线上的计件工，都属于上山型岗位。平路型岗位，是以职能和职能管理为导向，比如前台、行政、后勤、保洁、保安、小车司机等。下山型岗位，是以技术和胜任力为导向，更多强调的是过程，比如产品经理、技工、软件工程师、咨询师、产品研发经理、财务经理、财务总监，甚至包括生产厂长。

同一层级里，上山型岗位的指标数量通常会偏少。因为上山型岗位的目标相对比较单一，比如营销团队的指标数量就比较少，更多是关注业绩、新市场的开发、老客户的流失、客户的占比等。

有些企业对总经理的考核指标就一个，但是对基层员工考核指标非常多。比如有家企业的机修工的绩效考核表一共有3页，好像啥事都很重要，把迟到、早退等公司纪律全放到一起，一共给了2分。从管理角度来讲，确实管得很细，但是管理得细是需要成本的。也就意味着，这家企业没有把P1理解透。如果迟到都是一家企业的P1，那也是很可怕的。

（2）权重

权重，是一个指标占所有指标的百分比。指标越重要，通常占比越高。也就是说，在工作分析表里我们要求的工作重点，占比是最高的。我们选出5~10个指标，用百分比衡量每一个指标占比的权重。原则如下。

第一个原则：业绩绩效满分为100%，行为绩效满分为100%。

业绩绩效指标是5个，加在一起是100%；行为绩效指标是4个，加在一起是100%。当然有的企业用的不是百分比，而是10分制，也有用5分制或7分制的。这些指标的计数标准没有好坏之分，关键是看习惯。

第二个原则：单指标原则上最高得分不超过35%，最低得分不低于5%。

一般不建议单指标得分超过35%，因为一旦超过35%，这个指标就显得过重。如果别的指标做得也不错，就因为这一个指标完成得不是特别好，而导致绩效得分降低，那就意味着员工的收益会受到一些影响，从而影响到他的情绪。如果这个指标确实很重要，比如销售额对营销团队太重要了，可以占 50%。很多时候一共就两三个指标，怎么分也会超过 35%，那可以把指标进行再分解。比如销售额可以分解为老产品、新产品、老市场、新客户。当然，指标也可以合并。

低于 5%，意味着这个指标不太重要了，它可能在管理顺位里是 P3，甚至 P4，就没有必要把它放到考核里来了。这是给大家的一个建议，有些地方是要遵循原则的，有些地方是可以灵活使用的。

第三个原则：权重设计建议为 5 的倍数，便于计算得分。

大家在做绩效考核的时候，常用的一个习惯性分数，就是权重设计时通常采用 5 的倍数。这样做便于计算。

（3）指标定义要求

指标定义要求，也就是我们如何去界定指标。在做绩效考核的时候，上下级对指标的理解不一样，因为理解不一样，最后评分和得分就会出现差异，一旦上下级出现争执，就会对管理造成一些影响。这有可能不是在增加员工的驱动力，而是在增加员工的障碍或工作阻力。

指标的定义要求，要么用一段话说清楚，要么用一个公式说清楚。比如销售额的界定是以公司实际收到金额为准，如果加个目标值，实际收到金额达 100 万元。但细一想，这个定义好像也有问题。有的企业钱拿回来了，货还没发出去。这种情况，有些企业可能就不能叫销售额了，而叫预收款。所以每一家企业，用一段话去界定某个指标的时候可能会不一样。我们要求的不是咬文嚼字，一个字都不能差，而是把它说清楚，做到上下级理解一致。比如谈到销售额，业务员的理解是只要把钱拿回来就叫销售额，那领导可能不这样理解，领导说钱拿回来不算数，产品得卖出去才算数，这就出现了争议。

当然，还可以用一个计算公式来定义。比如销售计划完成率，就是一个公式。销售计划完成率＝（实际完成销售额÷计划完成销售额）×100%。一段话的表述大家根据情况可以调整，但是公式表述的定义不建议大家调整，因为都约定俗成了。比如资产周转率，不需要做太多改动，直接用就行了。比如合格率、残次品率、上岗率、流失率、投诉率、投诉解决率，都可以直接用公式来表示。当然还有另外一些，比如管理满意度、工作饱和度、员工满意度、客户满意度，这些公式都不需要改，直接用就行了。

我们在运用绩效考核表的时候，指标定义要求里还会加一个目标值。有的企业喜欢在评分等级里直接体现出来，当然不体现也没关系。

（4）评分标准

评分分为层级评分法和加减评分法两种。

A. 层级评分法

在绩效考核表中，有指标、权重、指标要求、评分。见表12-1。比如有一个指标叫销售额，权重是20%，指标要求是完成财务实际收到金额100万元（这100万元，我们叫目标值，可以在这里体现，也可以在评分中体现，同时体现也行），评分为20分。

表 12-1 层级评分法考核标准

指标	权重	指标要求	评分
销售额	20%	以财务实际收到金额，达到100万元	1. 完成100万元及以上为20分 2. 完成95万元及以上为15分 3. 完成90万元及以上为10分 4. 低于90万元为0分

评分的原则如下。

第一，找到目标值，高于目标值为满分；找到底线标准，低于底线，则为0分。

打分的时候先找到最高的，再找到最低的。找到最低，也就意味着我们在做绩效考核评分的时候要有一个底线。很多企业错误地认为扣完为止，这种方法不太对，还是应该有个最低限度。

第二，找到中间得分，通常为权重的一半或5的倍数，等级之间不要出现空档。

比如完成 100 万元以上为 20 分；完成 95 万元以上为 15 分；完成 90 万元以上为 10 分；低于 90 万元为 0 分。中间不允许出现空档。

有的人有这样的评分习惯，完成 100 万元以上 20 分，完成 95 万元以上 15 分，完成 90 万元以上为 10 分，低于 85 万元为 0 分。那完成 85 万元到 90 万元之间就出现空档了。

第三，层级通常为三级，权重占比越高，层级评分越高。

层级也可以为二到七级，最低可以是二级，最高可以是七级。因为最高分原则上为 35 分，基本上可以 5 分一档，分成七级。

第四，财务类、事务类等个别岗位绩效指标仅有两级评分标准，一旦发生错误即为 0 分。

财务类、事务类、差错类、品质类岗位的个别绩效指标只能选择两级评分标准，比如出纳管公司的现金，每个月现金对账出错一次，那肯定不行。他的指标是全对，错一次就是 0 分。再如司机每个月允许出一次事故，那别人敢坐吗？这肯定不行。有些企业生产流水线上存在着隐形事故，但我们不能跟员工说每个月在流水线上允许有一次事故。

第五，上山型岗位的级别通常偏少，平路型、下山型岗位级别通常偏多。

比如会计岗位的打分起点是 100 分，他出错一次，我们就扣一点分数。如果他在执行过程中错了，但把它改正过来了，并且没有对公司造成任何影响，可以不扣分。我们的目的不是扣分，而是让他在执行过程中少犯错误，甚至不犯错误。

业务员的起点一般是 0 分，每个月到月底清 0，下个月从 0 开始。业绩增加，增加分数；拜访客户增加，再增加点分数；市场客户分析，再增加点分数；老客户维护，再增加点分数；新客户开发，再增加点分数。业务员属于上山型岗位，级别会少一点，比如业务员有两种选择：第一种选择，跳 2 次拿到满分；第二种选择，跳 10 次拿到满分。当然，业务员更愿意选第一种，因为刺激着他每天往上跳。

平路型岗位，更多的是追求安全感。而上山型岗位追求机会。下山型岗位，特别是技术类下山型岗位，有时候会存在着一些失败。研发一个新产品，很难一次性成功。如果某个月完不成任务，就把他的绩效工资全给扣了，那对他来说挑战太大了。所以这类岗位的级别会多一点，比如可以是四级、五级，甚至六级。

B. 加减评分法

加减评分法与层级评分法不同的是，加减评分法的评分级差可以不是5的倍数。

如表12-2，比如迟到这个指标，权重10%。根据公司的员工手册要求准时上班，0迟到就是目标值。目标值20分是满分，公司规定，员工迟到1次扣2分。当然干得好的，也会加分。假如某个员工，这个月迟到了10次，肯定不能是负20分。因为员工心里会有阴影，他会想工作干了一个月，还得倒找钱给公司。所以扣到0分就是最低了。那员工迟到5次扣完可以吗？如果允许员工迟到5次，就证明这个指标没有了底线要求和底线标准。所以一般设置成迟到第1次扣2分，迟到第2次直接扣4分，迟到第3次直接扣完。

表12-2　加减评分法考核标准

指标	权重	指标要求	评分
迟到	10%	根据公司员工手册准时上班，0迟到	迟到1次扣2分 迟到3次以上，0分

有的企业比较宽松些，可能设置成迟到3次以上才开始扣分，因为现在上班，交通拥堵已经成为一种常态。

能不能把3次分平均一下，一次迟到扣三分之一，即迟到第一次扣3.33分，迟到第二次扣6.67分，迟到第三次扣10分，也就是扣完？当然也可以，但不建议这样做。我建议前面扣得稍微少一点。就是允许员工有这样那样的问题，但是不能碰底线。只要碰底线，那就直接把分数扣完。

当然也可能会遇到下面的问题，比如完成100万元及以上为20分，某个业务员当日可以拿回来200万元业绩，但他对客户说剩下100万元下月1日再打款。这样他就可以休息一个月，下月1日就完成当月业绩了。

再如我们规定迟到1次扣2分，迟到3次为0分，没得扣了，那员工会不会以后天天迟到？所以，绩效考核不是万能的，不是所有的问题都能解决。现在有很多企业在做绩效考核的时候，把所有任务、所有目标，全部寄托在绩效考核上，指标非常多，事无巨细，这是有问题的。要想解决这个问题，就必须了解薪酬结构。

薪酬结构大致分为4部分，包含固定工资、绩效考核工资、奖金、福利等，绩效考核表评分可以与绩效考核工资相关，也可以与更多变动收益挂钩。

干得好，就加工资；干不好，就扣工资。它是一个对等关系，只加不扣或者只扣不加肯定也不行。比如每增加5万元业绩加5分，假设完成200万元业绩，这一项得分120分。迟到一次扣2分，假设这一个月迟到30次，每天都迟到，那就是负50分。原来的权重是30分，那现在加在一起，120分加上负50，得分70分。

很多企业是为了考核而考核，这个问题非常大。想要解决，就要从薪酬结构去调。比如销售额这个指标，如何把另外的100万元也拿回来，那就要把薪酬结构调整一下，可以增加提成、奖金、福利等项目。销售额做得好了，绩效考核工资也提高，奖金也提高。绩效考核和奖金，我们称作大绩效，又叫完全浮动工资。

销售额在考核和奖金里出现了重叠，它具有双重性，当然也有三重性的。比如业绩完成300万元，基本工资每月3000元；业绩完成500万元，基本工资每月5000元。干得好的，什么方面都好；干得不好的，什么方面都不好。当然，还有的企业把福利也加上去。

考核与奖金具有双重性的企业比较多一些。拿回200万元业绩，就多一些提成；不愿意拿，提成就少一些，甚至没有。是想本月收入5000元，还是想本月收入5万元？员工自己来决定。

考勤也可以和奖金相关联。但如果某个员工生病躺在病床上了，也拿回来1000万元的业绩，领导说这1000万元不算业绩，因为你躺在病床上没有考勤，这好像不符合逻辑。这种情况企业不但不能罚，反而还要重奖。

固定工资通常和考勤有关系，有的企业是为了减少迟到，要求基层员工每迟到1次乐捐5元；中层干部每迟到一次乐捐50元；高层干部每迟到1

次扣捐500元。有的企业更严格，每迟到1次扣1000元，直接从固定工资里扣，和奖金、福利没关系。当然，有的企业还会有全勤奖，员工不迟到、不早退，就可以得到全勤奖。

奖金部分，可以设计得更丰富一些，比如销售额奖金、毛利润奖金、净利润奖金、项目奖金、部门奖金、公司级的分红、公司级的股权、超产奖等。

层级评分法和加减评分法不建议同时使用。因为它们的级差比例不太一样。

（5）得分

得分分为自评得分和上级评分。上下级打分理论上应该一致，出现上下级打分不一致的原因有3个方面。

第一，数据来源不同。比如销售额的业绩数据，下级是昨天拿到的数据，上级是今天拿到的数据。这很简单，到财务对一下账就行了。

第二，对指标的要求，上下级理解不同。领导理解的是货发出去，同时收回来钱才算销售额。下级理解的是不管货有没有发出去，只要能把钱拿回来就算销售额。

第三，评分等级理解不同，出现误解。上下级理解的评分等级不一样，出现了理解的偏差。从理论来讲，评分等级应该是一模一样的。建议尽量提取定量指标用于绩效考核。定性指标，通常用于日常考核。

❷ 计算得分方法

绩效考核表是员工的直接上级做的，大家一定要注意，不是做一份，而要做两份。现在有很多企业只做一份绩效考核表，员工签完字，领导也签完字，就把这张表放在领导那里，员工空着手走了。半个月以后自己的指标是什么，员工都忘了。

所以绩效考核表应该领导拿一份，员工自己拿一份。这样，员工到月底的时候，可以核对，并给自己打分。

从理论上讲，上下级的评分应该是一样的。如果两者打分不一样怎么办，就各取比例。建议上级比例大于等于60%，下级比例小于等于40%。上级占的比例要大一些的原因有两个：

第一，上级的职业化程度通常比下级要高；

第二，上级占的比例大，有利于上级对下级做出管理和要求。

如图12-2，业绩绩效总分，上级打分的比例大于等于60%，下级打分的比例小于等于40%，即业绩绩效总分＝上级分数×60%＋下级分数×40%。

业绩绩效总分＝上级分数×60%＋下级分数×40%

行为绩效总分＝上级分数×60%＋下级分数×40%

绩效考核得分＝业绩绩效总分×80%＋行为绩效总分×20%

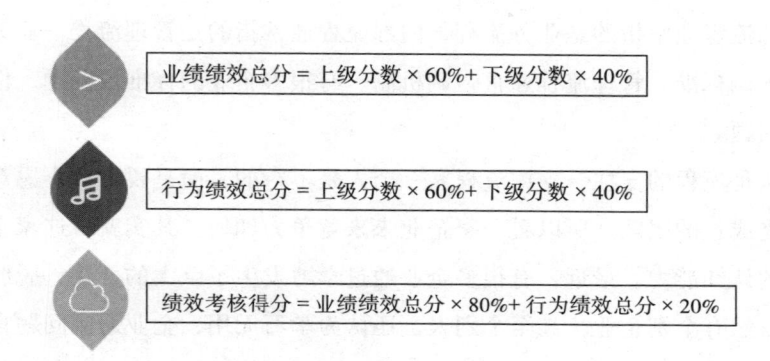

图12-2 绩效考核得分计算方法

行为绩效总分，上级打分的比例大于等于60%，下级打分的比例小于等于40%，即行为绩效总分＝上级分数×60%＋下级分数×40%。

把业绩考核总分和行为考核总分的得分比定为80∶20，那么，最后的绩效考核总得分＝业绩绩效总分×80%＋行为绩效总分×20%。

三、绩效考核表的业绩指标设定

指标的选取有两种方法：一种是以企业战略目标为导向的选举方法；另一种是以部门为导向，以职能为导向的选举方法。

❶ 以公司战略目标为导向提取业绩考核指标

做企业的目的不外乎盈利。但确实有一些企业不盈利。盈利，也就是企业的财务指标要表现良好。

销售额来自客户的体量，而客户满意度决定重复购买力。如何实现客户体量增大和重复性消费，那就必须解决客户的满意度。只有达到超高的客户满意度，客户才愿意转介绍更多的客户，甚至重复性消费。若想提高客户满意度，内部和外部的流程非常重要。

外部流程通常指的是业务流程，内部流程通常指的是管理流程。业务流程通常强调标准，管理流程通常强调机制。有很多企业的标准没问题，但机制出了问题。

团队是流程的支柱，支撑流程靠一个人是不行的，而是要靠一个愿意学习、接受成长的团队。所以看一家企业未来竞争力如何，其实就看这家企业对学习的认知能力。最近，有很多企业通过学习发生了巨大的变化，脱胎换骨。但依然有个别企业，甚至个别人，还认为学习无用，企业遇到问题自己解决不了，也不相信别人能解决。

支撑团队的是关键性人才。一家企业厉不厉害，就看这家企业关键岗位上的关键人才。关键人才强，这家企业就强；关键人才弱，这家企业就弱。所以经营企业的核心本质，是经营关键人才。关键人才，组成企业的核心团队，是支撑企业的台柱子。

一些常规的企业关键人才，包括总经理、营销负责人、技术负责人、财务负责人等，有的企业还包含采购、研发等。

核心团队，也可以理解为嫡系部队，就是打不走、骂不走的那几个人。企业风光的时候，这些人可以和老板一起共享成功；企业遇到困难的时候，他们可以和老板一起东山再起。关键人才造就了团队的不可复制性，核心团队是企业必不可少的。经营企业的核心，不仅仅是看在顺境的时候走多快，更要看逆境的时候能否活下来。核心团队是在逆境的时候也愿意跟随你的人。

现在有一些企业，特别是和别人有松散合作的企业，没有自己的团队，业绩忽高忽低，因为他们之间就是利益捆绑，没有使命价值观的捆绑，更没有命运共同体的捆绑。

一家企业要想有独立发展能力，就必须有自己的团队，有能够自己掌控的团队。这样，在遇到业绩下滑、市场疲软的时候，能够打攻坚战，做到文化统一、行为统一、步调统一。

普通的企业和优秀的企业的区别就在于：以挣钱为目的的企业，将越来越艰难；以成就人才，实现价值为导向的企业，将迎来新的发展机遇和空间。现在社会的认知变了，员工的认知也变了，如果还是用过去的思维方式来经营，企业发展会越来越难。

从公司战略目标来看，业绩考核指标大概分为四大类——财务类、市场客户类、系统流程类、团队人才类。这四大类指标，构成了一家企业的战略目标实现的地图。

（1）财务类指标

财务类指标包含业绩类指标和成本类指标。

A. 业绩类指标

业绩类指标，包含销售额、净利润、毛利率、毛利润、应收款、预收款、呆死账、人均产值。还有一些企业要求更高，比如包括战略性业绩占比、市值。有的企业还会要求产量，要求销销比。销销比指的是一款产品产生的业绩占所有产品的百分比，是新产品投入市场和老产品退市的评估指标。

业务员喜欢卖好卖的产品。公司推出一个新产品，可能很挣钱，但业务员对新产品不熟悉，对产品介绍不清楚，就很难往前推动。但推出的新产品又是公司的战略性产品，必须要占领市场，公司就会要求新产品必须占所有产品销售额的百分比不低于20%。好产品不代表好卖，因为市场有一个接受的过程。

长松公司的销销比是这样做的。我们的产品分为前端、中端和后端。要求前端产品的占比一般不低于30%，因为只有前端产品的口开大了，中端、后端产品才有更好的业绩和利润。

另外，老产品退市也可以参考销销比这个指标。现在有很多企业的产品少则几十个，多则上百个，甚至上千个。每一个产品都有销售额，有些产品的销售额特别低，占着公司的资金、精力、人员、设备、仓储、物流等资源，对公司的贡献并不大。这个时候，就可以通过销销比选择，让其退市。

销销比非常适合用在门店型的企业经营。比如门店经营面积只有100平方米，能够上架的产品品类非常有限，如果某个产品上架卖不了几块钱，那它就等于是白占着你的资源。与其让它占资源，不如直接下架。

很多人的理解有一个误区，认为产品的品类够多，消费者才愿意来买。有的人甚至总想着产品只要多，消费者来了，不出我家门，就把产品全部给买走了。但事实不是这样的，很多超市都开始进行专业化分工了。卖日用品的就是卖日用品的，卖果品的就是卖果品的，不追求大而全。如何衡量每一个产品对公司的贡献，就用销销比。

B. 成本类指标

成本类指标包含运营成本降低率、研发资金使用率、营销成本（含广告成本、促销成本、提成等）、生产类成本（包括制造成本、研发成本、仓储物流成本、税务成本、折旧成本）等。

（2）市场客户类指标

市场保有量、渠道覆盖率、战略性客户占比、新渠道开发、新客户开发占比、老客户流失、品牌美誉度、客户流失率，这些都属于市场客户类指标。当然，有的企业还会有一些别的指标，比如客户满意度、客户投诉次数、客户投诉解决率、客户投诉响应速度等。

我们把客户服务分为几个层级。

第一层级：服务快比服务好更重要，服务客户时要答复"马上"，而不是"请稍等"。当客户对公司有期待，或有抱怨的时候，让客户等待太久会让客户产生情绪。客户一旦有情绪，事情就不好解决了。

比如我们到饭店吃饭，点了一个自己特别喜欢吃的菜。结果上来以后发现不干净，我们就有情绪了。服务员一看，感觉这件事自己解决不了，于是就说："要不我把我们经理或店长叫过来？"其实这时候我们都有情绪了，他的领导如果说："先生，您看这样吧，要不我把我们老板叫来？"这时候我们的情绪更大了，那老板来了，我们恨不得拿碗扣到他头上去。因为有情绪，客户会觉得"你不能帮我第一时间解决问题，你在推诿，在耽误客户的时间。"

所以在服务客户的时候，我们尽量不要说"请稍等"，而要说"马上"。当然，"马上"可能是1分钟，也可能是1个小时，但是这比"稍等"让人感觉舒服。

有一家餐饮企业，他们所有员工都有权利给顾客免单。比如同样遇到上面的问题，服务员会立即把菜拿开，说："先生，实在对不起，这是我们的过错，这道菜免单，我再给您上一道相同的菜。"原来的菜会拿开，但还放在顾客的视线内，这就不会让顾客误以为他到厨房处理了重新端过来，而是重新做一份。一般这个时候，有人接受，也有人不接受。针对不接受的顾客，服务员会说："先生，这样吧。您再额外点一道菜，我们免费送您。"如果顾客还不接受，服务员会说："您这一餐全免单。"如果有人还不满意，服务员还可以说："您除了这一餐免单之外，我再给您一张我们公司的VIP卡，到我们全国各地任何一个店吃饭，拿着这张卡至少打八折。"

第二层级：人为制造不公平，例如VIP会员制。去银行办事的人可能都清楚，银行里就存在人为制造不公平。有人是VIP客户，不管什么时候去办业务，都不用排队。其他人办业务，就要排队。

477

我记得前几年我去银行开通网银,那时候开通网银必须到柜台去办理。当时排队的人特别多,因为我是VIP客户,不用排队。这时候有一个老大爷,看我刚进来,就排到前面去了,他就不干了,开始嚷嚷。他这一吵,大堂经理就来了,问老大爷吵什么。当然大堂经理处理这个问题也是有经验的,他就问:"老大爷,把您的卡拿过来,我看一看。"老大爷把卡一递过去,他就知道这张卡属于普通卡,因为卡的颜色不一样。这个时候,大堂经理就说了:"大爷,他是VIP,他的卡的颜色和您的不一样,您要存够一定量的金额,少的话几十万,多的话几百万,就可以享受优先服务了。"大堂经理说完以后,大爷就安静了。其实这就是差别对待。坐飞机也是这样的,头等舱和经济舱,服务肯定是不一样的。其实这都是人为制造不公平。

第三层级:资源再分配。因为资源是有限的,所以资源需要再分配。比如我们有个客户经营牙科医院,整合了全国最优势的资源形成其核心竞争力。他们的服务对象是高端客户,对自身要求就比较高,但费用也比较高。比如洗一次牙,得几千元甚至上万元,因为为他们提供服务的是全国最好的牙科大夫。客户在医院坐的沙发都是各种品牌沙发。他们的大夫就那么几个人,不可能服务所有人,这就是资源再分配。

(3)系统流程类指标

衡量一家企业是否健康,有两大类核心指标:一是盈利能力,二是发展。如果只有盈利没有发展,那这家企业走着走着,盈利会越来越少。成长型民营企业要想走向正规并发展壮大,是要建一些基本系统的。企业的基本系统大致有五个,分别是组织系统、营销系统、生产系统、财务系统、运营系统。这五个系统,一方面解决公司的利润问题,另一方面解决公司的发展问题。

A. 组织系统

全世界的组织系统，大致可以分为以下几大类：

第一大类是以美国企业为代表的组织系统，强调的更多是自由和创新，但它要结果。比如美国的谷歌公司，员工可以不坐班，可以不打卡，可以不穿工装，只要给结果就行。

第二大类是以日本企业为代表的组织系统，强调过程。所以日本企业有风靡全世界的精益管理，它追求的是过程，把每一步做好。

第三大类是以中国企业为代表的组织系统，其结合了美国和日本企业的组织系统，既强调结果，又强调过程，更强调平衡性。既然强调平衡性，就需要企业有一种能力——发动能力，即动员力。

一家企业建组织系统，起步大概需要 1~3 年，要想完善大概需要 6~10 年，不是一蹴而就的。

B. 营销系统

我们通过研究发现，全世界常用的营销系统大概分四大类：

第一大类，是以菲利普·科特勒为代表的。他的主要著作是《营销管理》，强调策划、定位。

第二大类，是以杰·亚伯拉罕为代表的，强调客户价值。

第三大类，是以 SPI 为代表的，强调流程、规划、步骤，按照现在流行的话是得有套路。

第四大类，是以安东尼·罗宾为代表的，强调面对面的成交，适合直销企业。

我们可以在这四大类营销体系里，选择其中一类进行深入的研究，把它研究透，运用到企业中。

C. 生产系统

大家对生产系统的了解更多的可能是精益生产、5S 管理、ISO 质量管理体系认证等。其实，生产的核心是产品。企业生产再好，做不出产品也不行。全世界研究产品的体系，大概分三大类：

第一大类，是以 IBM 为代表的 IPD（集成产品开发）产品研发体系。很多企业的产品都靠一个人去运行，要么是老板，要么是高工，但一个人是打不过一个团队的。

第二大类，是以苹果为代表的自有产品研发体系。为什么苹果的市值居高不下？因为它有独立的产品研发体系。

第三大类，是以西门子为代表的产品研发体系。

中国企业的产品研发体系还在起步阶段，我个人认为中国的企业更适合选择IPD产品研发体系。

另外还有财务系统和运营系统，其中运营系统就是公司内部的管理系统和对外的管理系统。这五大系统是公司最基本的管理系统。当然随着公司的发展，还会有一些更高端的系统建设，比如战略系统、文化系统。有的企业有接班人系统，又叫传承系统。中国的很多民营企业家，特别是第一代企业家，现在就面临着接班人的问题。

这些系统类指标都包含系统建设个数、系统建设方案制作通过率、系统建设培训小时数、培训通关率、修正完善率等。

（4）第四大类，团队人才类指标

团队人才类指标包含关键人才上岗率、关键人才流失率、团队人员编制达标率、新员工上岗率、员工整体流失率、员工胜任力占比等。有的企业还有猎头指标、团队人员人均贡献利润指标、员工工作饱和度等指标。

系统类和流程类的指标，在考核的时候和其他指标有些不一样。

企业要建一个组织系统的绩效考核系统，可以简单分为四步：第一步，学习并制作出草案；第二步，培训并试运行；第三步，落地导入；第四步，修正完善。

这几步都重要，最容易出问题的是第二步，因为如果做出的方案不培训，领导认为很好，高管也认为很好，但员工不理解，结果一用就可能会出问题了。没培训，没试运行，怎么来考核？

要么按照时间节点，要么按照流程节点，要么按照成果节点，选其中一种方式进行考核。

企业做绩效考核的导入，进行学习做了草案，并且培训试运行了，这两项加在一起就是 20 分了。当然如果只做了第一步，第二步没做，那只得 10 分；如果第一步没做，那第二步肯定也没做，那就是 0 分。做第三步落地导入了，得 10 分；遇到问题修正改善了，再加 10 分。这两项加在一起一共 20 分。如果没有落地导入，也谈不上修正，也就是 0 分。

系统类的指标，通常按照节点两两放在一起。做绩效考核，不是一个月就能做成的。前期需要 1~3 个月的时间。一上来就开始落地，遇到问题再改，这个难度是比较大的。

❷ 按部门职能和关键人才提取业绩考核指标

业绩考核指标可以按照部门职能和关键人才两类来提取考核指标。

（1）部门的考核指标

我们先列一些常见的部门，比如销售部、生产部、人力资源部、财务部、采购部等。这些部门的考核指标具体如图 12-3 所示。

销售部指标：人均销售额、战略性客户业绩占比、新客户业绩占比、销售渠道覆盖率、客户满意度、合同管理等

生产部指标：生产量、能耗、事故、新产品研发、生产成本控制、生产效率提升等

人力资源部指标：人均效能、人才体系建设、公司绩效管理的推进、招聘系统建设、员工档案管理、人才档案库建立等

财务部指标：资金使用率、成本管理、财务风险管控、纳税筹划、报表及时性、财务风险分析报告等

采购部指标：采购资金使用率（类金融）、供应商选择、供应商备案、采购成本、采购质量、采购供应的及时性等

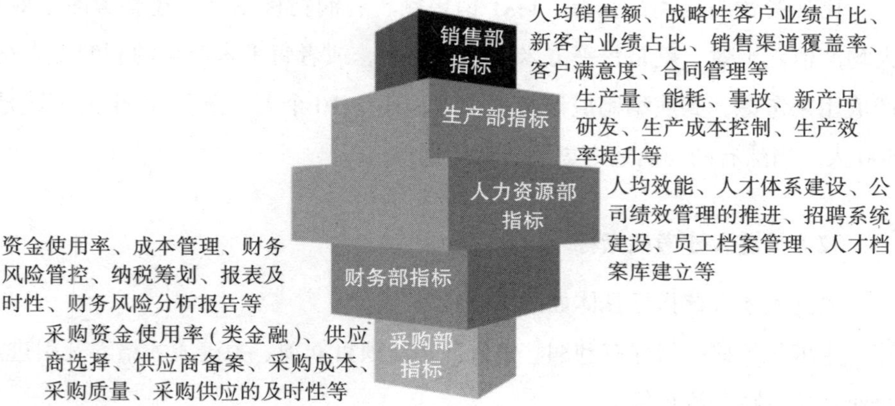

图 12-3　部门的考核指标

比如销售部的指标有销售额、新市场开发、品牌美誉度、市场占有率、费销比、人均销售额、战略性客户业绩占比、新客户业绩占比、新渠道业绩占比、销售渠道覆盖率、客户满意度等。这些都属于销售部常见的指标，当

然有的企业会管得更细一些，还有合同管理等指标。

生产部的核心指标有生产量、能耗、事故、新产品研发、生产成本控制、生产效率提升等。

人力资源部的指标有人均效能、人均利润、人均业绩、人力资源规划、关键人才培养及引进、人才体系建设、公司薪酬的调研、公司绩效管理的推进、招聘系统建设、员工档案管理、新员工上岗前的培训、人才档案库的建立等。

财务部的指标有资金使用率、预算管理、核算管理、成本管理、票据管理、财务风险管控、纳税筹划、报表及时性、财务风险分析报告等。

采购部的指标有采购资金使用率（类金融，就是拿别人的鸡下自己的蛋）、供应商选择、供应商备案、采购成本、采购质量、采购供应的及时性等。采购有三个关键词，一个是成本，一个是质量，一个时间。如果进行排序，作为一个采购，第一顺位应是时间，先保证及时供应，再保证质量，最后才考虑成本。现在有很多企业考虑的顺位，正好弄反了。上来就考虑成本，结果采购的成本很低但质量很差。

比如餐饮门店类的指标，除了销售额、利润指标以外，还会考虑平效、人均产值。平效，就是每平方米产生的业绩，或者每平米产生的利润。人均产值用来考虑，到底编制应该是5个人，还是10个人，还是50个人，还是500人。当然有的门店还考虑周转的周期等。

（2）关键人才考核指标

关键人才考核指标具体如图12-4。

董事长的核心指标有利润、销售额、新项目立项、关键人才培养及引进、企业文化、财务流程等。

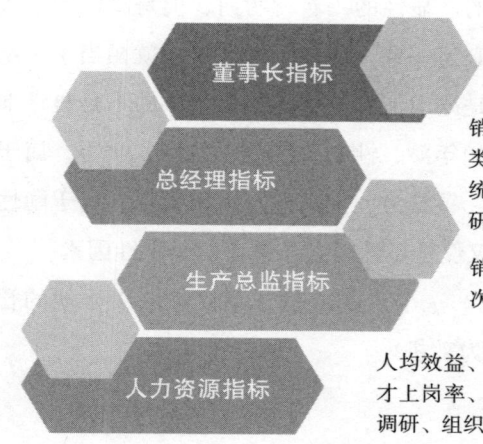

Part ⑫ ‖ 企业绩效考核设计 ‖

董事长指标：利润、销售额、新项目立项、关键人才培养及引进、企业文化、财务流程等

总经理指标：销售额、利润、企业文化建设、平台打造、各类系统建设（组织系统、生产系统、运营系统）、各类流程建设（生产流程、销售流程、研发流程）、人才梯队建设等

生产总监指标：销售生产量、安全、能耗、效率、周转、残次品、合格率、供应及时性等

人力资源指标：人均效益、培训计划完成率、培训通关率、关键人才上岗率、关键人才流失率、绩效考核导入、薪酬调研、组织系统建设、文化系统建设等

图 12-4　关键人才考核指标

总经理的核心指标有销售额、利润、企业文化建设、平台打造、各类系统建设（如组织系统、生产系统、运营系统）、各类流程建设（如生产流程、销售流程、研发流程）、人才梯队建设等。

生产总监，有的企业叫生产厂长，他的主要指标有销售生产量、安全、能耗、效率、周转、残次品、合格率、供应及时性等。

人力资源的核心指标是人均效益，除了这个以外，还有培训计划完成率、培训通关率、关键人才上岗率、关键人才流失率、绩效考核导入、薪酬调研等，有的企业还会有猎头指标。系统建设主要有两个指标：第一个是组织系统建设，第二个是文化系统建设。当然，可以分为很多小系统，比如培训系统、招聘系统、绩效考核系统等。

四、绩效考核表的行为指标设定

在考核业绩指标的时候，基本上以定量为主，定性为辅，甚至不做定性。行为不好考核，但是又很重要。我们很多时候评价一个人，要从两个层面来评价：一个是显性的，一个是隐性的。显性的一看就明白，但是隐性的不太好量，有时候说的、做的和想的未必是一致，所以不好考察。就相当于一座冰山，显性的是冰山上面，隐性的是冰山下面，决定冰山大小的不是显性部分，而是冰山下面的隐性部分。比如年龄、性别、肤色、发型、学历，属于显性部分；价值观、信仰、学习力、领导力、主动性、承担责任，属于隐性部分。决定一个人最终成就的，不仅仅是显性因素，更多的是隐性因素。

什么样的员工才是高绩效员工？一个人的成就，不仅仅取决于他的智商，还取决于他的胜任力，又叫行为动机。

❶ 行为指标选取原则

员工行为大约有 26 个评价指标，考核时通常会选择 10~15 个指标，这是通用版本，不是个性版本，个性版本根据企业不同有所不同。

其中基层一般选 2 个指标；中层一般选 2 个或 4 个指标；高层一般选 4 个指标。

行为指标选取的时候，一定要充分考虑企业的文化和岗位特性，别与公司的文化冲突。比如公司文化强调的是创新，如果把服从放进考核指标，那就冲突了。

行为指标的选取，通常是以企业曾经犯过的错误，或希望达到的行为为标准。比如公司的财务人员曾经挪用过资金，这是发生过的错误，行为考核里就可以加一条不能挪用资金。公司没有犯某方面的错，但是希望员工能达到某种行为规范，往某个方面去引导也没问题。

❷ 各岗位行为指标示例

业务员有两个行为指标，分别是主动性和以客户为中心。选学习力、职业化为行为指标也行。

财务人员的两个行为指标，分别是清财、商业保密。

人力资源经理的两个行为指标，分别是职业化、团队精神。

总经理的行为指标，可以是决策、承担责任、领导力。

产品研发经理的行为指标，可以是创新、商业保密、学习力等。

保安的行为指标，可以是工作服从、纪律作风等。

❸ 个别行为指标选取说明

团队精神，基层员工不选择其为行为指标，中层干部选择其为行为指标，总经理不选择。

慎独，在没有人监督的情况下保质保量完成工作任务，建议所有员工都选择其为行为指标。

忠诚，基层员工不选择其为行为指标，高层员工选择其为行为指标。

❹ 如何判断员工的行为

当我们看员工的主动性的时候，会发现每一个行为指标背后都分了5级。这5级划分是这方面的专家共同达成的认识，是通用型版本，不是个性化版本，个性化版本要根据企业情况制定。如果公司现在还不具备条件制作个性化版本，用通用版本就够了。等企业发展到一定阶段以后，再导入个性化的内容。

比如主动性，如果最低是1分，最高是5分，你给自己能打几分？怎么来界定主动性呢？如何来确定一个人最终的行为呢？打分的时候，分为自评和上级评，一般自己给自己打分都比较高，可能一上来就打5分，但领导不一定这样认为。这就会出现一些争议，领导能找到证据，说员工不主动，员工也能找到自己主动的证据。最终可以从两个层面沟通：一个是宏观层面，一个是微观层面。

第一，宏观层面。判断一个人的行为，往往用表现最差的一次。举例说明，一个好人，一个坏人，坏人整天喊着杀人放火但没有做出来，好人做过

485

很多好事但有一天杀人放火了。从管理学角度评价一个人的行为往往根据表现最坏的一次，管理学假设人都是坏的，要事前预防。在不触碰红线的基础上，就该行为商讨。

第二，微观层面，以主动性指标为例。第一级等候指示；第二级询问有何工作可给分配；第三级提出建议，然后再行动；第四级有行动，但例外情况下征求意见；第五级单独行动，定时汇报结果（从第一级到第二级行为增加1分，效率增加1倍）。若员工要求高一档的分数，首先明确其是否触碰红线，若触碰，则不可；若未触碰红线，要能提供高一档分数的证据，方可给高一档的分数。

行为考核的核心不是让员工做得多么优秀，而是让员工不触碰红线，向着更好的方向发展。

❺ 注意事项

不同层级岗位对行为指标的要求不同，如主动性指标，中层干部最低是3级，总经理最低是4级；前期如果把握不好的话建议暂时不考核行为指标。对于不想放到绩效考核表中，但希望使用行为指标的，具体操作方式如下。

行为自检：把行为指标打印出来粘贴到墙上，按照高层、中层、基层各层级各指标从高到低讲解自己的行为达标点。

小黑旗：行为触碰红线的人挂个小黑旗。

评先进：行为违规者不能评选先进。

福利：行为违规者不享受节日礼品。

晋升：行为违规者至少一年不能晋升。

与薪酬挂钩：如果行为触碰红线，延后调薪。

❻ 行为考核指标库——26个行为指标

行为考核指标库中，有12个行为指标，见表12-3。

表 12-3　行为考核指标库

主动性
1. 等候指示
2. 询问有何工作可分配
3. 提出建议，然后再行动
4. 有行动，但例外情况下征求意见
5. 单独行动，定时汇报结果
承担责任
1. 承认结果，而不是强调愿望
2. 承担责任，不推卸，不指责
3. 着手解决问题，减少业务流程
4. 举一反三，改进业务流程
5. 做事有预见，有防误设计
创新
1. 有对周围事物的关心和兴趣
2. 勤用脑
3. 创造力＝综合能力＋想象力
4. 要唤醒心中的创造潜力
5. 小设想，奇想妙想，创新方案设计，小发明，科学小论文
清财
1. 不违反财务制度
2. 没有任何财务问题，并主动接受监督
3. 不因自身利益而破坏游戏规则
4. 主动节省费用，并不影响工作质量
5. 因为财务明晰，对其他员工产生影响力与威慑力
创业
1. 关心创业案例并主动与人分享创业理想
2. 有创业职业生涯规划，表达出来主观愿望
3. 掌握创业资金、产品、人才三支柱关系并具体化
4. 尝试创业，并不少于一次
5. 有创业成功经验，总能获取成功
忠诚
1. 不散布公司信息、技术、公司不足之处
2. 不在公司需要自己时、公司处于危机时主动离去
3. 生涯规划与公司发展一致
4. 危机时体现出本职工作价值
5. 通过本职工作，扭转局势，创造新局面

（续表）

领导力 1. 任命员工合理 2. 能正确评价员工付出与回报协调性 3. 对员工业绩与态度进行客观评价 4. 掌握岗位精确工作技术及全面专家技术并组织实施产生良好效果，培训员工为胜任力者 5. 影响力大，员工自愿追随并做出贡献
自信心 1. 坚定而建设性地提出观点和想法 2. 没有明确指标也能独立工作并承担后果 3. 接受困难工作 4. 主动对待困境和不利形势 5. 有建设性挑战决策，符合公司战略并获得效果
人际关系 1. 接受邀请他人，与他人维持正常工作关系 2. 与他人建立融洽关系，讨论非工作事宜 3. 注重社会交往 4. 与他人成为密友并能正当拓展业务 5. 亲和力强，能感染不同层次社会伙伴成为战略合作方
决策 1. 能做本职及下级决策 2. 通过讨论，总能获取正确决策 3. 无依赖思想，使用理性工具 4. 有预见性，感性与理性决策误差小 5. 决策超出组织预见，成为组织成员决策依据
成长认知 1. 工作失误时，承认结果，不报怨，不报复批评者与处罚者 2. 绩效分值低于一般分值时，找出工作症结并提出新建议 3. 单位周期内工作链点不出现失误 4. 角色认知清楚，接受现实，工作积极 5. 进步有递进性，工作价值明显提升
纪律作风 1. 工作中阴阳怪气，对人冷漠，经常迟到、早退，无故缺勤，不按规定和缺席办事 2. 工作中偶尔出现迟到、早退等现象 3. 不违反纪律，对同事、上级的态度不坏 4. 不违反纪律，对同事、上级有礼貌 5. 对工作满腔热情，遵守纪律；对同事、上级热情有礼

（续表）

商业保密
1. 知晓商业技术及信息的范围及要点
2. 工作期间遵守公司保密协议，并积极宣传正面信息
3. 不进行商业性信息交易，不透露公司发展的技术及战略
4. 维护公司商业机密并有实际案例
5. 带动他人做好商业保密，有离职后 5 年不脱密的职业操守
学习力
1. 有学习意识但无行动
2. 能主动学习
3. 能自费学习并得到技能
4. 学习后能用于实践
5. 学习后实践并得到良好效果
团队合作
1. 尊重他人，同理心倾听，接纳不同意见，理解和包容
2. 直言，分享观点和信息使团队进步
3. 支持团队（领导者）的决定，即使自己有不同意见
4. 愿意为他人提供即使是不属自己日常工作职责范围的帮助
5. 可以跨边界建立关系以发展非正式及正式工作网络
公平
1. 不对别人指点，不对除下级以外的人进行品格指责
2. 对下级与同事进行正态评定
3. 通过制度对工作做出正确评定
4. 主动为他人提出工作改进方案
5. 对别人提供支持，并产生积极效果
真实
1. 不指责别人与挑起事端
2. 对工作事实进行真实公布，不欺骗员工
3. 承认与尊重事实，对缺点与失误坦诚公开并着手提升
4. 了解认知失误并能对自身进行有效提升
5. 帮助别人产生极大效果，并因为真实性产生重要人格魅力
慎独
1. 工作时不做与工作无关事宜，迫不得已时才突破标准
2. 按制度与工作标准达成结果
3. 没有因为工作质量与业绩扣罚经历
4. 以工作质量为守则，上级是否在场并不重要
5. 认同工作，甘心情愿工作，工作结果超出上级期望

（续表）

宽容 1. 对失误员工有条件谅解 2. 对知错不改员工进行合理处罚并进行指导 3. 有消除误解的沟通案例 4. 通过合理方式，改变或影响攻击他们的员工价值观 5. 激励员工，员工极少出错
职业化 1. 掌握岗位理论基础，能够处理复杂工作 2. 在危机及冲突中，能够通过独特经验化解 3. 在没有监督情况下主动节约，并不占有不属于自己的利益 4. 通过本职工作获取、享受快乐 5. 认知岗位的价值性与高尚性，甘愿为之付出
以客户为中心 1. 提供必要服务 2. 迅速而不辩解地解决客户需求 3. 找出客户深层次（真实）需求并提供相应产品服务 4. 成为客户信赖对象，并在维护组织利益下影响客户决策 5. 维护客户利益，促进组织长远利益增长
指挥 1. 有常规指标并清晰 2. 能详细指导并告知操作方法 3. 能坚决恰当处理不合理要求并对后果负责，控制场面 4. 使团队工作井然，成员离场行为较好 5. 指挥具有艺术性，成员不易违规
团队精神 1. 大方传播必要信息帮助别人成长或工作 2. 与别人合作不会发生情绪隔阂，总能让每一位员工参与会议的讨论（目标、决策） 3. 总能选择最佳赞誉方式并授权准确 4. 亲自或协同解决冲突并有好效果 5. 所处团队成员执行工作氛围良好
工作服从 1. 服从工作安排，并不抱怨 2. 服从上级安排，并能做好工作 3. 服从工作安排，并能对上级不妥的命令提出合理化建议 4. 用绝对忠诚态度工作，并产生良好结果 5. 不需要上级命令就能产生良好工作结果

（续表）

协作性 1. 事不关己，高高挂起，还经常牢骚满腹；对本职工作不满，挑挑拣拣 2. 工作中偶尔发牢骚，表示对本职工作不满 3. 大体上能与同事保持和睦相处、互相帮助的关系 4. 能够与同事协作完成工作目标 5. 能经常不计个人得失，与同事进行协作
服务细致 1. 形成公司 KPI 服务流程 2. 主动问询服务性问题 3. 无客户性投诉的流程执行 4. 提供适用性全面服务与实用性服务 5. 能给客户带来意想不到的服务知识与感受

五、绩效考核表示例

绩效考核表的核心内容一般包括 5 个维度——考核项目（指标）、权重、指标要求、评分等级、得分。下面以人力资源经理和业务员的绩效考核表为例来具体讲解。

❶ 示例 1：人力资源经理的绩效考核表

表 12-4 是某公司人力资源经理的绩效考核表。业绩考核指标有 7 个。

第一个指标招聘达成率权重是 20%，指标要求是提出招聘计划 20 天内完成，完成需招聘岗位数量 90% 以上，评分等级标准是全部完成为 20 分；在规定时间内到岗率达到 80% 及以上，为 10 分；规定时间内到岗率低于 80% 为 0 分。

表12-4 某公司人力资源经理绩效考核表

姓名			岗位	人力资源经理			
	序号	考核项目	权重	指标要求	评分等级	得分	
						自评	上级	结果
业绩考核	1	招聘达成率	20%	提出招聘需求20天内完成，完成需招聘岗位数量90%以上	按照要求完成20分；在规定时间内到岗率达到80%及以上10分；其余0分			
	2	劳动纠纷解决	10%	劳动纠纷在第一时间解决，且没有对公司造成重大影响，无劳动仲裁事件	劳动纠纷解决率100%，未发生劳动仲裁事件10分；发生劳动仲裁事件0分			
	3	培训	20%	按培训计划要求，组织全员或新员工进行培训，包含文化、制度等内容	按照要求完成20分；培训计划实现率在90%及以上10分；培训计划实现率低于90%为0分			
	4	绩效考核指标库的建立	10%	绩效考核指标库建立，按要求进度完善	按进度要求完成10分，进度拖延0分			
	5	薪酬核实	20%	当月5日前完成上月度薪酬核实，且无差错	按照要求完成20分；延迟2日内或出现差错1次扣5分；延迟时间更久或差错多0分			
	6	员工关系管理	10%	员工日常关系维护，员工流失率控制在5%以内	按照要求完成10分；员工流失率控制在10%及以内5分；员工流失率高于10%为0分			
	7	人力资源人才培养	10%	培养主管2名	缺少1名扣5分			
		加权合计						

（续表）

姓名				岗位		人力资源经理		
	序号	考核指标	权重	指标要求	评分等级			
					自评	上级	结果	
行为考核	1	商业保密	50%	1级：明晰商业技术及信息的范围和要点 2级：工作期间遵守公司保密协议，并积极宣传正面信息 3级：不进行商业性信息交易，不透露公司发展的技术及战略 4级：维护公司商业机密并有实际案例 5级：带动他人做好商业保密，有离职后5年不脱密的职业操守				
	2	团队精神	50%	1级：大方传播必要信息帮助别人成长或工作 2级：与别人合作不会发生情绪隔阂，总能让每一位员工参与会议的讨论（目标、决策） 3级：总能选择最佳赞誉方式并授权准确 4级：亲自或协同解决冲突并取得好效果 5级：所处团队的成员执行工作氛围良好				
	加权合计							
总分	总分 = 业绩考核得分 ×80%+ 行为考核得分 ×20%=							
考核人	签字： 　　　　　　　　　　　　　　　　　　　　年　　月　　日							

第二个指标是劳动纠纷解决，权重为10%。指标要求是有劳动纠纷第一时间给解决，且没有对公司造成重大影响，无劳动仲裁事件。根据企业情况，可以约定为3天内解决、1天内解决或1周内解决。评分等级是劳动纠纷解决率100%，未发生劳动仲裁事件10分；发生劳动仲裁事件0分。当然还有另外一种考核方法，是看劳动仲裁事件的次数。

第三个指标是培训，权重是20%。指标要求是根据公司的培训计划，组织全体人员或新员工进行培训，包含文化、制度等内容的培训。评分等级是按照要求完成，得分20分；完成90%及以上，得分为10分；完成低于90%，为0分。当然，有的企业不考核培训计划，而是考核培训执行的次数

493

或培训通关率。培训通关率达到100%，得分为20分；培训通关率达到90%及以上为10分；培训通关率达到80%及以上为5分；培训通关率低于80%为0分。

第四个指标是绩效考核指标库的建立，权重是10%。指标要求是建立绩效考核指标库，按要求进度进行完善。评分等级是通过验证达到100%得10分，进度拖延为0分。

第五个指标是薪酬核实，权重是20%。指标要求是当月5日前完成上个月度薪酬核实，且无差错。有的企业是当月10日前，有的企业是当月15日前，但很少超过15日的。评分等级是按照要求完成，得20分；延迟2日内或出现差错1次，扣5分；延迟时间更久或差错更多为0分。

第六个指标是员工关系管理，权重是10%。指标要求是进行员工日常关系维护，员工流失率控制在5%以内。要从以下几个层面去考核：一个层面是考察员工流失率；另一个层面是考察劳动协议和离职协议的签订。评分等级是劳动协议和离职协议的签订为100%，那就是10分；离职协议只要有一个出现问题，得分5分；出现两个问题及以上，得0分。也可以是员工流失率控制在5%以内，得分10分；员工流失率控制在10%及以内，得5分；员工流失率超过10%是0分。

第七个指标是人力资源人才培养，权重依然是10%。指标要求为培养2名主管。评分等级是按照约定的时间培养成功，得10分；只培养1名，得5分；如果1名都没培养，得0分。

以上是人力资源经理业绩考核指标。

一般情况下，人力资源经理的行为指标会考核两个：商业保密和团队精神。这两个指标的权重分别占50%。

比如商业保密，我们要求做到5级。

1级：明晰商业技术及信息的范围和要点。

2级：工作期间遵守公司保密协议，并积极宣传正面信息。

3级：不进行商业性信息交易，不透露公司发展的技术及战略。

4级：维护公司商业机密并有实际案例。

5级：带动他人做好商业保密，有离职后5年不脱密的职业操守。

考评得分是1级10分，2级20分，3级30分，4级40分，5级50分。

再如团队精神这个指标，5级指标如下。

1级：大方传播必要信息帮助别人成长或工作。

2级：与别人合作不会发生情绪隔阂，总能让每一位员工参与会议的讨论（目标、决策）。

3级：总能选择最佳赞誉方式并授权准确。

4级：亲自或协同解决冲突并取得好效果。

5级：所处团队的成员执行工作氛围良好。

比如红线是2级，如果没有触碰这个底线，每一档就是10分，想要得到50分，那要找出50分的证据。得分分自评和上级评，上级大于等于60%，下级小于等于40%，两者相加为最终得分。

当然企业的发展阶段不一样，工作重点不一样。企业所处阶段不同，对人力资源经理的指标要求也不一样。如果对人力资源经理要求高，还会有薪酬调研、培训课题、招聘渠道等指标。

最后的总分，是业绩考核得分和行为考核得分，分别乘上相应的权重比例之后的和。公式为总分＝业绩考核得分×80%＋行为考核得分×20%。

❷ 示例2：业务员的绩效考核表

表12-5是某公司业务员的绩效考核表，包括考核项目（行为指标）、权重、指标要求、评分等级、得分。

表 12-5 某公司业务员考核表

姓名			岗位		业务员			
	序号	考核项目	权重	指标要求	评分等级	得分		
						自评	上级	结果
业绩考核	1	销售额	30%	指公司到账的现金销售额	100万元及以上为30分，90万元及以上为20分，85万元及以上为10分，85万元以下为0分			
	2	新客户量	20%	新客户开发量不少于5家；按照规定内容建立客户档案，资料齐全；第一时间报客服部备案	按要求完成为20分，每少1家扣4分，未建档或未备案为10分			
	3	参加培训	20%	按时参加培训，考试合格	按要求完成为20分，考试不合格为10分，未参加培训为0分			
	4	客户复购	10%	二次消费客户占已消费总客户量的比例为30%以上	按要求完成为10分，达到20%为5分，20%以下为0分			
	5	转介绍	20%	当月转介绍客户占新增客户不低于20%	完成20分，达成15%及以上15分，达成10%及以上10分，10%以下0分			
		加权合计						
	序号	行为指标	权重	指标要求	评分等级	得分		
						自评	上级	结果
行为考核	1	主动性	50%	1级：等候指示 2级：询问有何工作可给分配 3级：提出建议，然后进行有关行动 4级：行动，但例外情况下征求意见 5级：单独行动，定时汇报结果	1级得10分， 2级得20分， 3级得30分， 4级得40分， 5级得50分			

（续表）

姓名				岗位		业务员		
	序号	行为指标	权重	指标要求	评分等级	得分		
						自评	上级	结果
行为考核	2	慎独	50%	1级：工作时不做工作无关事宜，迫不得已时才突破标准 2级：按制度与工作标准达成结果 3级：没有因为工作质量与业绩扣罚经历 4级：以工作质量为守则，上级是否在场并不重要 5级：认同工作，心甘情愿工作，工作结果超出上级期望	1级10分， 2级20分， 3级30分， 4级40分， 5级50分			
	加权合计							
总分	总分＝业绩考核得分×80%＋行为考核得分×20%=							
考核人	签字：							
						年　　月　　日		

业务员的主要任务是拿到业绩，所以第一个指标是销售额。销售额权重比较大一些，比如占30%。指标要求是以财务实际收到金额为准。有两种评分方法：第一种按百分比，比如完成公司制定的目标为30分，完成90%及以上为20分，完成80%及以上为10分，完成低于80%为0分；第二种直接用销售额，比如完成100万元及以上为30分，完成90万元及以上为20分，完成85万元及以上为10分，完成低于85万元为0分。

第二个指标是新客户量，权重为20%。指标要求是完成新客户开发，业绩达到5家；按照规定内容建立客户档案，资料齐全；第一时间报客服部备案。5家就是目标值。目标值可以在这里体现，也可以不在这里体现。

新客户开发5家及以上为20分，每少1家，扣4分。如果新客户没有建档或备案，得10分。当然也可以用百分比表示完成情况。如果公司营销

497

团队的指标基本上是一致的，用数额感觉不好计算，可以用百分比计算。

参加培训这个指标权重依然是 20%。参加培训的指标要求是按照公司的培训计划按时参加培训，并考试合格。指标也可以再细化，比如客户抗拒处理培训、客户服务流程培训、销售流程培训、销售手册培训等。如果培训很多，没有必要去量化，但培训又是一个常态，用"培训计划"表示就可以。参加培训并通关，这个很重要。参加培训并通关得分 20 分；参加培训未通关 10 分；未参加培训得 0 分。

客户复购这个指标权重是 10%。指标要求是客户产生二次消费金额达到 100 元以上，当然这个消费金额要结合自己企业情况，有可能是 1000 元，也可能是 1 万元，甚至 10 万元、100 万元、1000 万元。也可以用复购率为目标，比如复购率达到 30% 为目标。复购率达到或超过 30%，得 10 分；复购率达到 20%，是 5 分；复购率低于 20% 为 0 分。

转介绍的指标权重为 20%，可以用两种方法来表示：一种是转介绍率，一种是转介绍数。比如用转介绍率作为目标，转介绍率达到 20% 及以上为 20 分，达到 15% 及以上为 15 分，达到 10% 及以上为 10 分，低于 10% 为 0 分。也可以用转介绍数，比如转介绍 5 人次就是 20 分，转介绍 4 人次就是 15 分，转介绍 3 人次就是 10 分，转介绍低于 3 人次就是 0 分。这个数据，大家可以根据自己的情况去界定。

行为考核可以选择两个指标：一个是主动性；如果是出差型的企业，业务员要跨区域工作，还可以选慎独。两个指标的权重都是 50%。

主动性指标，指标要求的底线是 1 级。只要不碰底线，员工想要得到高分，要找出高分的证据。

这两个示例，一个是人力资源经理，一个是业务员。如果把业务员转化为门店，新客户开发指标就可以改为收集客户资料、新客户备案指标，参加培训可以改为平效。

每一家企业对指标要求的界定可能不一样。评分标准可以用百分比，也可以用具体数据。如果前期对行为指标把握不准，出现争议，也可以暂时放一放。指标也可以不和绩效挂钩，只和日常的管理挂钩，比如评先进、福利、晋升、培训等，都可以去运用。

六、目标责任书

过去有很多企业，特别是成长型民营企业、初创型企业，对管理者和员工的管理相对比较粗糙。虽然也定目标，但目标怎么执行，过程如何进行管控和监督，往往有些缺失。

目标责任书是从情感化管理向数据化管理过渡的管理工具，是由若干个工具组成的综合性工具。通常企业制定目标后如果没有实施方案，目标则是无效的，而目标责任书可以解决这个问题。

目标责任书在企业使用的频率比较高，也是企业解放老板的一个非常重要的工具。用这个工具进行数据化管理会更清晰一些，不至于凭感觉。因为凭感觉，往往是错的。

❶ 目标责任书的内容

目标责任书是一个综合性工具，由若干个工具组合而成，包含工作分析、薪酬考核、行为底线（又叫电网指标）等方面。目标责任书大致包含七大内容。

（1）聘用岗位时间及岗位名称

第一大内容就是聘用岗位的时间，时间是一个区间，通常是以年为单位。也就是企业中的岗位，任用的时间通常是一年以上。

（2）乙方的岗位职责

乙方的岗位职责就是被签订者的主要岗位职责是什么，参照工作分析表和公司的目标规划。

（3）薪酬结构及收益说明

薪酬结构及收益说明是指薪酬结构中的每一项是怎么来的，条件是什么，标准是什么，包含薪酬制度、薪酬结构、收益说明等。

（4）绩效考核表

绩效考核表要参照企业目标规划、KPI 等。

（5）双方另行约定的义务和责任

双方另行约定的义务和责任，是指工作分析表、目标规划没有涉及的，但是又需要这个岗位去完成的义务和责任，也相当于关键点的补充。比如企业设的目标里有业绩方面的、成本方面的、利润方面的、产品方面的、能耗方面的，但是发现人才招聘、人才培养、梯队方面建设并没有涉及，这些又很重要，那就要另行约定。有的企业还会约定维护公司的品牌形象、企业的荣誉，不能泄密等。

（6）电网指标

电网指标，就是指在企业里哪些事不能碰，哪些法律、规章制度不能违反，要有清晰的说明。

（7）其他说明

其他说明，就是其他约定和说明，具体到某项要求什么时候执行、什么时候可以终止等。

目标责任书一共七项内容，其中第二、第三、第四、第五项为核心指标，也就是不管是哪个部门、哪个岗位都用得到，核心内容可能有些不一样，但框架都是一样的。

❷ 制作基本原理

（1）签署对象及文件

签署对象包括：部门负责人及部门负责人以上干部、关键人才。

签署文件包括：目标责任书、绩效考核表、工作分析表。目标责任书适用于决策层、高层，绩效考核表适用于中层、基层管理者，工作分析表适用于基层事务性人员。

（2）绩效考核结果呈现方式

岗位职责怎么细化？高层一般用目标责任书，我们希望高层除了目标责任书，还有绩效考核表。如何运用这两者？目标责任书的签订周期通常是以年为单位。但是作为高层和决策层，还是要接受考核的，其考核有可能是以月度为单位的，也有可能是以季度为单位的。千万不能只签一个全年的目标责任书，月度、季度不考核，比如到9月，三季度结束了，目标都没有实现，后面再冲就不好冲了，这是过程管理出了问题。

我们可以每年做一个指标考核，在每个月或者每个季度考核后得出一个分数，按照这个分数将奖金或绩效工资进行转化，当月发60%，剩余40%年底发放。比如某个月绩效考核绩效工资应该发1万元，发放60%，即6000元当月发，剩下40%，即4000元到年底发。每个月都有一个分数，到年底把12个月的分数进行平均，根据转化的系数和得分，发放剩余的绩效工资。

当然高层和决策层也可以按季度考核，当季发放60%，剩余的40%到年底发放。做法与按月发放相同。

第二种方法依然是每月接受考核，当月发放60%绩效工资，剩余的40%绩效工资到年底发放。这40%绩效工资发放的时候，拿年初的绩效考核表进行对照。也就是进行一次全年评价，每个月也做考核。

第一种方法是全年设了一个目标，把全年的目标分到月度或者季度，分完以后，每个月发放60%绩效工资，12个月一除，就是它最后的得分，乘以转化系数，发剩下的40%。第二种方法是每个月发每个月的绩效工资，但

501

每个月只发放60%，剩下的40%用全年的考核表直接进行考核。两种发放方式，第一种是参照每个月的平均数，第二种是参照全年的考核。

（3）工资结构

工资结构一般是固定工资＋绩效工资＋奖金＋福利，其中，固定工资按月发放，绩效工资及奖金、福利的60%每月发放，剩余40%年底发放。

❸ 全年总得分的加减项

我们也可以设定一些额外的加减分政策。

（1）加分项

比如，完成冲刺目标加10分；总经理培养1人并上岗加10分；对公司特殊贡献加5分；公关挽回公司损失加5分；最高分到100分为止。

（2）减分项

比如，因经营不善，对公司造成损失扣10分；关键人才流失扣5分；战略关键事项未达成扣10分。

❹ 调整企业战略目标的情况

企业一般会定一个全年目标，但是随着企业的发展，会出现各种各样的问题、机会和障碍。比如目标调整了，比如员工对公司做出重大贡献了，遇到特殊情况，考核目标也要做出相应的调整。

（1）战略发生调整

当企业战略发生重大调整时，员工的考核目标要进行相应的调整。

（2）企业出现广告大幅度增减

比如最早准备广告投入是 1 亿元，结果发现市场有新的机会了。这时要投入 2 亿元，甚至 5 亿元，员工的考核目标也要调整。因为员工的业绩不仅仅是个人的能力所得，也有公司投入的广告产生的效益。当然也有些企业的广告投入突然减少了，以前准备投入 5 亿元，现在只投入了 5000 万元，员工的考核目标还是一样，可能也不太合适。

（3）模式创新

比如过去是传统模式，突然发现了一种新的模式，这种模式对整个行业具有巨大的冲击，甚至是迭代性的创新，那企业战略目标可能就要调整了。相应地，员工的考核目标也要进行调整。

（4）公司出现有竞争力的产品或迭代产品

如果公司突然出现了好几个独一无二的发明专利，并且把全部产品直接迭代下去了，那员工的业绩目标也要做调整。

（5）公司机制创新

如果企业的机制创新了，比如公司以前是老板个人出资成立的，现在变成合伙制了，有扩张模型了，有股权激励了，大家都有创业机会了，那考核目标可能也要做调整。

（6）公司拥有行业顶端人才加盟

过去公司没有某方面的人才，现在突然来了一个很厉害的人。比如国际顶级专家加盟公司了，那可能员工的考核目标就不一样了，肯定是要进行相应调整的。

❺ 制作考虑的维度

目标责任书制作的时候，需要考虑以下几个维度。

（1）目标实现

业绩方面：保底目标、平衡目标、冲刺目标、对赌目标。

成本方面：成本费用占比、成本红线。

利润方面：平衡利润、冲刺利润。

业务团队更关注市场，技术团队更倾向于有无新产品。

（2）经营管理实现

人才：人才梯队、人才培养、人才引进。

流程：销售流程、生产流程、研发流程、质检流程、客服流程、会务流程。

系统：组织系统、营销系统、生产系统、财务系统。

（3）效率实现

在目标实现和经营管理实现的基础上，有的企业还会有更高的要求，比如会要求效率实现。效率实现包含以下几个指标：

人均能效；

工作饱和度；

胜任力员工占比；

资金回报率；

资产回报率；

费销比。

❻ 签订准备工作

目标责任书是由公司和公司中高层、关键人才签订的。

（1）签订前的准备工作

签订前，需要做如下一些工作：

第一，根据签订人员情况，制作目标责任书。

也就是，公司准备和哪些岗位的人签目标责任书，就在哪些岗位进行制作。

第二，一对一进行确认。

要一对一进行确认，不是一对多，也不是签字认可就行了。公司跟员工签的目标责任书，一共有7项，每一个小项都要跟员工确认是否认可。

第三，召开签订目标责任书的动员会。

确认之后，再进行动员。如果直接开动员会，有一个人说不公平，大家就会有从众心理，这可能导致前功尽弃。

（2）签订时的注意事项

第一，主持人由副总级别以上人员担任。

主持人最好是副总级别以上的高管，当然老板更好。如果人力资源部员工的能力十分强也可担任。

第二，放激励性音乐。

现场要放一些欢快的音乐，比如《隐形的翅膀》《我要飞》《众人划桨开大船》等。

第三，装饰签订台。

签订台要布置、装饰好。

第四，安排见证人。

要设置一个台子，方便签字，后面站几个人见证。

第五，准备照相机、摄像机。

用照相机、摄像机进行拍照、拍摄视频，记录过程。

第六，准备激励性条幅、语言。

现场还要布置一些有激励性的条幅，并准备激励性语言。

第七，布置鲜花、准备礼炮。

准备鲜花、礼炮。大家在签字的时候、签完握手时，可以拿着鲜花照个相，再放礼炮，让整个签订过程呈现出庄重的仪式感。

第八，签订时准备印泥。

准备印泥。现在有很多人喜欢改名，一定要签身份证上的名字。

⑦ 仪式感很重要

要想把目标责任书这个综合性工具用好，先得注意仪式感。

签订目标责任书的仪式感很重要。仪式感越隆重，大家对这件事情越重视。

比如一家酒店餐饮服务型综合体企业签订目标责任书的仪式感是，给每一个签订目标责任书的人做一面大旗。他的下属拿着这面大旗，站在他旁边。领导在上面签字，下属在下面拿着大旗开始摇旗呐喊，同时敲锣打鼓，很热闹，就像要奔赴战场一样。

我也见过一家企业，设计了两排签订台，上面放个碗，里面装满酒，签完以后拿起碗喝掉酒，然后把碗摔掉，也有一种上前线的感觉。

很多企业到年底的时候，会搞一个总结会，或评先进颁奖会。有些企业还会请优秀员工的父母到会场，或带着优秀员工的父母一起旅游度假等。这些都是仪式感。特别是"90后""00后"员工，对仪式感的要求更多。

有仪式感，员工就重视；没有仪式感，员工会认为企业在走过场。特别是一件陌生的事情，对员工的利益有一定影响的时候，企业的表现决定企业对这件事情的重要程度的认识。企业可以通过打造仪式感来营造一些氛围。

企业营造一个爱的氛围，员工就有爱；社会营造爱的氛围，社会就有爱。有些企业，这个方面做得比较好，值得大家借鉴。

⑧ 附：总经理目标责任书

总经理目标责任书

甲方：

乙方：

为加强公司管理，提高公司高管人员积极性，明确甲乙双方劳动关系，经甲乙双方友好协商，特签订本目标责任书。

一、聘用岗位和时间

甲方聘用乙方担任甲方执行总经理职务，负责本公司的全面管理工作，聘任、考核时间为××年10月1日至××年9月30日，考核结束后，双方根据实际情况，签订下年度目标责任书。

二、乙方主要岗位职责

1. 目标实现。

接受董事会制定的企业年度战略规划，制订相应的计划，并部署达成，实现企业战略目标。

其中：销售额目标为1亿美金，保底目标为7000万美金，冲刺目标为1.3亿美金。

其中：利润目标为1000万美金，保底目标为700万美金，冲刺目标为1300万美金。

其中：总资金量必须充盈，保持企业资金量在1000万美金。

2. 经营管理（来源于董事会与7个关键考核人进行绩效面谈时得出的关键动作，没有动作的目标是无效的）。

①通过各种经营手段，让企业业绩保证持续性增长，要求季度业绩增长率达到30%以上。

②流量建设及客户管理：增加网络营销、品牌营销等营销模式，扩大公司流量入口；同时，对客户做深度分析与服务，对重点客户提出服务管理办法，提高客户复购率和转介绍率。

③根据市场需求，推出新品类，打造爆品。

④根据企业目标，开设新市场，提高企业市场占有率，优化各分支机构质量。

⑤实现企业安全经营，做到工商、税务、劳务、营销无风险。

3. 企业效率提升。

通过优化营销模式、人员素质、人才结构、员工训练等方式，提升企业人均效率。

本年度，单店效率平均达到1600美金/天/店。

4. 企业系统导入。

项目	第一季度	第二季度	第三季度	第四季度
原理	根据董事会要求，确立工具方向	确认运用组织系统辅导	无	无
调研	安排2家咨询机构同时调研并竞标，根据外部满意度选择投资标准	选择外部顾问+内部小组，实行调研，并出调研报告	无	无
工具制作	整理现有已经运用的流程和工具	完成工具制作	完成全部工具制作，并进行测试修订	修订工具方案不合理的部分
测试	无	无	实践性测试	无
培训	召开一次动员会议，梳理机制改革的流程表	进行相关人员的理论知识培训	进行实际情景培训，员工技能运用培训，工具培训	一个月1次技能理论培训，且通关
运用	无	无	从营销部、高层、新部门/子机构开始运用	全面导入实施

三、经营指标

	一季度（美金）	二季度（美金）	三季度（美金）	四季度（美金）	全年（美金）	备注
利润	150万	210万	275万	365万	1000万	年度冲刺指标1300万
销售额	1500万	2100万	2750万	3650万	1亿	年度冲刺指标1.3亿
资金量	1000万	1000万	1000万	1000万	1000万	保持资金量在1000万
复活机制：每完成年度单项指标后，返还季度对应项所扣分数，一旦完成超产指标将返还整个绩效考核表中所有已扣分数。						

注：公司需共同完成的核心指标有3~4项，通常为：利润、市场占有率、产品出货量、现金保存量，或企业需要的其他指标。

四、乙方的薪酬结构

乙方工资结构为"工资+利润分红+超产奖或冲刺奖励",其中:

1. 工资:基本工资10000元+岗位津贴2000元+绩效工资5000元(按考核周期发放)。

2. 利润分红:公司核算利润的30%×(11/60.9),当季发放50%,剩余50%与年度考核挂钩,于年底发放,考核系数为0~1.2。

3. 超产奖:完成挑战利润目标后一次性奖励现金50万元。

4. 所有年终所得于次年1月20日发放50%,次年底发放50%。

五、乙方全年绩效考核指标与方法

(一)乙方绩效考核表

总经理考核评分表(年度)

指标	权重	定义	计算办法	数据搜集
总利润	40%	指所有门店+地面销售,所核算出的利润总额,要求年度1000万美金(保底目标600万美金)	每少10万美金扣1分	财务部
门店数	20%	现有12家门店,要求总共20家,即扩张8家	每增加1家得2分	运营中心
业绩增幅	20%	本年度业绩较上一年度业绩,增长30%	每增长1.5%得1分	财务部
人均效率	20%	年度平均1600美金/日/店(保底目标为1000美金/日/店)	从1000美金开始得分,按实际数额均衡得分	财务部

注:

1. 加分后,考核得分总分不得高于100分;

2. 以上考核,由财务部提供财务数据,人力资源部提供流程数据,董事会进行考核,考核分为季度考核与年度考核(季度平均分)。

(二)考核成绩与奖金系数对应表

KPI分数	KPI系数
95分以上	1.2
90~94分	1.0
85~89分	0.9
80~84分	0.8

（续表）

KPI 分数	KPI 系数
75~79 分	0.7
70~74 分	0.6
65~69 分	0.5
60~64 分	0.4
60 分以下	0

注：考核奖金总额＝考核奖金基数×KPI 系数。

六、乙方义务

1. 乙方必须保守甲方的商业信息，如有泄露商业信息将追究乙方的法律责任。

2. 乙方在工作期间，不得利用职权进行违规作业。

3. 乙方若工作成绩非常突出，贡献较大，甲方可适当对乙方进行额外嘉奖。

4. 若乙方在不满服务期主动离开公司，则取消服务期满后的绩效奖励资格；若乙方在不满服务期被动离开公司，则按服务的期限考核兑现。

七、电网指标

1. 公物私用。

2. 不按标准用人。

3. 收回扣。

4. 非公司行为行贿。

5. 泄露机密。

6. 公款私用。

7. 虚报假账。

8. 旷工。

9. 煽动虚假消息。

10. 利用信息获得私人利益。

11. 销毁证据。

12. 虚假预算获得物质开支。

13. 违反行为指标。

14. 利用职务之便制造假数据获得利益。

15. 违法。

16. 出现恶性风险事故（例如：客户欺诈）。

17. 不可兼职同行业或投资同行业，投资其他行业需公司书面申请并备案。

乙方触及电网指标，甲方有权对乙方进行停职、降职、降薪、换岗、调离或解约。

八、其他

1. 本责任书一式二份，甲乙双方各执一份。

2. 如果中间有变化，经双方友好协商调整。

3. 如岗位变更，工资也随之变化。

4. 未尽事宜双方协商确定。

甲方（盖章）：　　　　　　　　　　　乙方：

签名（第一负责人）：　　　　　　　　签名：

年　月　日　　　　　　　　　　　　年　月　日

Part ⑬

绩效考核的实施

一、绩效考核得分与薪酬挂钩

绩效考核的结果仅是一个得分，该得分如何与绩效工资进行挂钩，则需要设计一个"考核得分系数转换表"，将绩效考核的得分转换成绩效工资系数，来计算绩效工资或者与绩效考核挂钩的所有收入。

假如绩效得分是60分，可获得绩效工资的60%；绩效得分70分，可获得绩效工资的70%；……绩效得分100分，可获得绩效工资的100%。员工一看就觉得这是在扣工资，因为一个人想拿到100分，是挺难的一件事。不要说业绩绩效，就是行为绩效，考核时每项都达到5分，要求都有点高，大多数人都很难做到。因此，我不建议这样做。

接下来分享两种方法，教大家如何规避这个问题。

❶ 方法一：考核得分与奖金系数对应法

表13-1是将考核得分转化为绩效工资的系数。考核得分60分以下，则绩效工资为0。60分是企业对所有员工的底线标准。通常建议企业的底线标准，设置在考核得分40~70分之间。因为每家企业的底线要求不一样，这里以60分为例。

表 13-1　考核得分与绩效工资系数表（一）

考核得分	绩效工资系数（K）
95 分及以上	1.2
90~94 分	1
85~89 分	0.9
80~84 分	0.8
75~79 分	0.7
70~74 分	0.6
65~69 分	0.5
60~64 分	0.4
低于 60 分	0

注：考核奖金总额＝考核奖金基数×K。

考核得分 90~94 分可以拿到 100% 的绩效工资。就是允许员工做不到 100 分，只要做到 90 分，就可以拿到 100% 的绩效工资。考核得分 95~100 分，可以拿到绩效工资的 1.1 或 1.2 倍，比如本来绩效工资是 2000 元，1.2 倍就是 2400 元。但我建议不要超过绩效工资的 1.5 倍。有人做得很好，想要激励他，可以调整薪酬结构。

还有一种方案如表 13-2 所示。采用的方式是评级，最好的是 A+，然后依次是 A、A-、B+、B、B-、C 及以下。把考核得分 95~100 分，定为级别 A+，绩效工资系数为 1.2；考核得分 90~94 分，级别是 A，绩效工资系数为 1；考核得分 85~89 分，级别是 A-，绩效工资系数为 0.9；考核得分 80~84 分，级别为 B+，绩效工资系数为 0.8；考核得分 75~79 分，级别是 B，绩效工资系数为 0.7；考核得分 70~74 分，级别是 B-，绩效工资系数为 0.6；考核得分低于 70 分的，级别是 C 及以下，绩效工资系数为 0。

表 13-2　考核得分与绩效工资系数表（二）

级别	考核得分	绩效工资系数（K）
A+	95~100 分	1.2
A	90~94 分	1

（续表）

级别	考核得分	绩效工资系数（K）
A-	85~89 分	0.9
B+	80~84 分	0.8
B	75~79 分	0.7
B-	70~74 分	0.6
C 及以下	低于 70 分	0

❷ 如何判断评分的合理性

那到底员工得多少分比较合适？

第一，80% 的人得分在 80 分左右相对比较合理。

看一下公司员工的得分分布图，大致就知道打分合不合理了。80% 的人得分在 80 分左右，相对比较合理，不能大家都很低或者都很高。得分都很低，员工很压抑；得分都很高，大家很开心，但是公司目标的实现有一点难。

第二，上级得分要小于或等于下级。

平均得分，看部门上下级之间的得分情况是否合理。上级得分要小于或等于下级平均得分。有的部门上级得分极高，下级得分极低。那等于这个部门的活都是上级干的，别人都没干活，而做错了上级没责任。

为什么有的团队执行力强，有的团队执行力很弱？是因为有时候员工的事做得好，领导去抢功；员工的事做不好，领导推卸责任，把责任都推给下级。如果没有人愿意兜底，谁愿意去冒险？这就导致有很多团队根本没有执行力。

长松公司有董事长、副董事长和三个总裁。我作为董事长，是没有考核指标的，其他四个人都有考核指标，那董事长的得分就是这四个人的平均分。所以我经常会问他们，觉得哪个指标有问题，哪个指标有困难，要不要我帮忙。因为我的收入跟他们息息相关。

有的企业老板不考核，只考核下级，老板的分数也没法扣。这样的公司

Part ⑬ ‖ 绩效考核的实施 ‖

在薪酬体系和分配体系上还需要再上一个台阶。

如果员工的考核得分居高不下，基本都在95分及以上，如何处理？

有一次我去连云港的一家房地产企业调研，他们在当地聘请了一个人力资源总监，这个人以前的工作地点不在连云港。他在大城市的大企业工作过，感觉自己很厉害。他拿出他们公司绩效考核的管理制度，我看了两分钟就不看了。因为其中有一条是这样写的：如果员工没有犯原则性错误，得分原则上不低于95分。这样的话，大部分员工都能拿绩效工资的1.1或1.2倍。我当时就在想，只要不犯原则性错误，就可以得这么高的分，这家企业的目标咋定的？是市场好还是大家胜任力强？

人力资源总监问我为什么不看了。我说："看了没意义，最核心的关键点上出了大错误。这样的绩效考核规则，员工很容易拿95分及以上，拿到1.1~1.2倍工资，这不是明摆着欺负老板不懂吗？"我接着又说了句，"如果我是老板的话，可能会把你辞掉。老板让你来，不是为了多发工资，而是让整个管理流程更顺畅、更有效。"

一家集团公司的分公司，在分公司总经理的带领下，他们团队的绩效得分没有低于90分的，基本都在95分以上。人力资源总监、老板都知道有问题，并且找总经理谈过多次这个问题。

有次我去这个分公司调研，人力资源总监说："这个问题，已经困惑我们两年时间了，怎么才能把它解决掉？"我说："这件事好解决。你们集团公司的高管基本都在这个城市吧？两个小时内把大伙儿集合一下。"于是他们征得老板的同意，开始进行集合。其他分公司，以及集团公司的一些高管，到该分公司开现场经验分享会。我让他来讲如何带领团队拿到95分以上。

结果大家一听他的分享就都明白了，因为他的团队其实没有拿到90分以上，而是通过小动作来获得的。我让他分享，他也分享不出什么内容。他

517

说："我以前对绩效考核的理解是有误的，因此给公司造成了一些不好的影响。现在我在这对大家做个表态，今年的绩效工资我不要了。"他下边的高管一听，总经理不要绩效工资，他们也不好意思要了。于是这个问题就解决了。

如果你们公司有员工绩效得分达到 95 分以上，你要立即召开现场经验分享会让他去分享。如果这个人确实是通过自己的努力获得 95 分以上，他分享的经验就值得其他人学习。如果他是通过作弊获得的，也能让大家一眼看出来。

❸ 方法二：双指标挂钩法

双指标挂钩法分两种：一种是公司级，一种是个人级。见表 13-3。

表 13-3　双指标挂钩法

公司级＼个人级	目标完成 100%	目标完成 95%~99%	目标完成 90%~94%	目标完成 85%~89%	目标完成 85% 以下
60 分及以下	80%	70%	60%	50%	0
61~70 分	90%	75%	65%	55%	0
71~80 分	100%	80%	70%	60%	50%
81~90 分	100%	90%	80%	70%	50%
91~100 分	120%	100%	90%	85%	50%

（1）公司级指标

公司级指标，就是公司的总目标，或者团队的总目标。在设定公司级指标的时候，可以考虑几个方面：

第一，可以按业绩、销售额进行对应。

第二，可以按利润进行对应。

第三，可以按产量进行对应。

业绩、利润、产量，选择其中一个就行，当然用毛利润也行。

（2）个人级指标

个人级指标，是 60 分及以下为一档，61~70 分为一档，71~80 分为一档，81~90 分为一档，91~100 分为一档。

表 13-3 是个人完成指标直接对应的绩效考核分数。一般是先考虑公司部门和团队的指标完成情况，再考虑个人的指标完成情况。比如公司指标完成 100%，个人分数即便是 60 分及以下，依然可以拿 80% 的绩效工资，这是双维度考量的。个人得分在 60 分及以下，公司目标完成 95%~100%，可以拿到 70% 的绩效。公司的目标完成低于 85%，个人得分在 60 分及以下，绩效工资为 0。如果公司指标完成 100%，个人得分 71~80 分，个人也可以拿到 100% 的绩效。公司目标完成低于 85%，即便个人得分 90 分以上，也只能拿到 50% 的绩效工资。

双指标和单指标的思维不一样，单指标强调个人，双指标是先强调团队，再强调个人。

如果企业刚开始对目标的理解还不够透，或者是目标的制定和规划还不够清晰，可以用方法一——考核得分与奖金系数对应法。如果公司目标规划很清晰，对个人的要求也很清晰，建议用方法二——双指标挂钩法。

方法二中的数据不建议做调整，大家照表格使用即可，在使用过程中，如果遇到什么问题，再慢慢调整。

方法一里有几个数据是可以调整的。比如低于 60 分这个底线，如果底线是 40~70 分之间，这个可以调。绩效得分 90 分以上的可以拿到 100% 绩效工资，也是可以调整的。

❹ 绩效考核应用

接下来看一看怎么导入。比如某个人的基本工资是 5000 元 / 月，拿出一部分工资做绩效考核，变成 4000 元 + 1000 元。员工一看都明白了：原来没有任何考核，一个月能拿 5000 元，现在绩效不达标，每个月拿不到 5000 元。但如果绩效工资直接是在 5000 元基础上加，公司的成本就增加了。其实，不管是薪酬调整，还是绩效调整，薪酬总量基本是增加的。

随着绩效考核的导入实施，公司薪酬总量会有一定程度的增加，但不代表每一个岗位的收入都在增加，而是业绩优秀的人员较之前收入增加，未达标的人员较之前收入减少。

如果某个岗位人员表现确实优秀，确实重要，那可能就要增加其收入。但是如果某个岗位市场上的人多得是，即使降工资也能招来更好的人，那为什么不降呢？

企业在导入绩效考核之前，通常会考虑给员工增加一定比例的收入，如10%，再拿出高于增加工资比例的钱，如20%作为考核工资，这样做的目的是避免员工因为考核不合格导致收入锐减，心理受挫，对考核产生抗拒。企业可以待考核成为公司的文化并被大家接受和正确理解以后，再对薪酬结构进行合理的优化。

假设某个岗位是平路型岗位，基本工资与绩效工资比例是6∶4，也就是60%是固定工资，40%是绩效工资。某员工原来的基本工资为5000元/月，有了绩效考核后，他的总薪酬是6000元/月，固定工资变成了3600元/月，绩效考核工资变成了2400元/月。有人会觉得以前拿5000元/月，现在只能拿3600元/月的固定工资了，那不是还是扣吗？

其实这里有一个平衡系数，比如本月我们要开始对员工进行考核了，我们找到他上一个月的考核结果，将本月考核指标和上个月进行对比，会得到一个分数，比如这个分数是75分，也就意味着他上个月可以拿到1680元的绩效工资，他这个月和上个月做得一样，没有任何进展，也没有任何倒退，依然可以拿到1680元的绩效工资，加起来5280元。如果他做得更好，则可以往上加。如果他做得不好，那肯定要扣了。

干得好，不但要加工资，还会加得更多。比如完成90分就可以拿到2400元；完成95分以上，就可以拿到绩效工资的1.2倍，有可能工资合计是6480元。平衡系数可以以部门目标为基准，也可以以公司目标为基准。通过两到三个月的试运行，最后转为常态化。

二、绩效面谈与绩效辅导

❶ 绩效面谈

（1）绩效面谈的周期

谈到绩效面谈，很多人感觉发怵，不知道从哪儿谈起，更不知道谈的目的是什么。绩效不是考核出来的，而是辅导出来的。通过绩效面谈，我们可以知道员工哪个地方做得好，哪个地方做得不好。绩效面谈是在导入绩效考核以后进行，通常以月度为单位，基于当月的月度表现和下月的改善计划进行 1~2 小时的深入沟通。最好用两个小时，彻底谈透。现在有很多企业，要么没做绩效面谈，要么就流于形式。

有一次，长松集团的总经理在一起开会，有一个总经理问我："老师，我带团队总感觉到力不从心。有的员工没告诉我就离职了，财务都比我知道得早。"我说："原因非常简单，我问你几个问题，看你能不能回答清楚。你可以不回答，但心里一定要有数。你的团队一共有多少人？男的多少？女的多少？总监几位？经理几位？他们每个人的生日、家庭背景、受教育情况，有没有继续深造的欲望，未来两到三年有什么样的收入规划，他们在哪儿住，平常喜欢吃什么，下班以后回家干什么？这些问题，你都清楚吗？"我一口气问完以后，他一脸蒙。他说："我感觉这些都是很小的事，平时还真是很少关心。"我说："就是因为这些小事你不知道，才导致你的员工离职的时候，财务都比你知道得早，甚至前台都比你知道得早，而你往往是最后一个知道的。"员工需要关注，很多时候员工离职了，我们再去了解情况，那就为时已晚了。

（2）绩效面谈的参与者

绩效面谈要根据时间情况、岗位情况进行，大概会出现三拨人面谈。见表13-4。

表13-4 面谈的参与者

直接上级	人力资源部	绩效考核委员会
直接上级只要进行考核就需要进行绩效面谈	每季度进行绩效面谈，评估效面谈的结果，将部门及个人出现的问题进行反馈	不定期、不定时地进行绩效面谈，核心是绩效考核方案的调整、培训方案的调整

第一拨人是直接上级。这是一个常态，只要做绩效评估，就必须有绩效面谈。每做一次绩效评估，都有一次绩效面谈。

第二拨人是人力资源部。由于上级只了解本部门的情况，平级部门的情况可能还不太清楚，这个时候通常由人力资源部出面，来进行绩效面谈的摸底，看看有没有一些部门和个人的绩效结果忽高忽低，或者是有持续上升或下降的苗头，部门和部门之间的打分是否相对一致，是不是每个部门都有自己的三张。人力资源做完绩效面谈，通常会对个人或部门出现的一些情况给一个针对性的反馈。人力资源部做面谈，可能是以季度为单位，每个季度做一次，也可能半年做一次。

第三拨人是绩效考核委员会，有的企业除了人力资源部以外，还有一个更高的部门，叫绩效考核委员会。绩效考核委员会不仅仅是给大家定目标、定指标、打分、发工资，还要进行绩效面谈。绩效面谈的核心是进行绩效调整。绩效改进方案的调整和培训方案的调整，都是通过绩效考核委员会或者人力资源去做的。

一般情况下，企业是由这三拨人来进行考核面谈的。如果企业里没有绩效考核委员会，那就由人力资源部来提出绩效改进方案。如果有绩效考核委员会，人力资源部也会参与做绩效改进方案。绩效考核委员会的绩效面谈是不定期的。

（3）绩效面谈的三个阶段

怎么才能把绩效面谈做得有效果，而不是流于形式？绩效面谈要分为三个阶段：第一个阶段叫绩效前期准备，也叫面谈前期准备；第二个阶段是绩效面谈的过程；第三个阶段是绩效面谈后的改进。绩效面谈不是一次性的，需要前面有准备，中间有执行，后面有改进。

A. 面谈前期准备

首先来看前期准备阶段，如图 13-1。

上级准备
① 绩效考核完成情况分析
② 清楚每一个指标完成情况，并形成文字
③ 对于下级下一步的要求
④ 确定面谈时间

下级准备
① 个人完成情况分析
② 清楚每一个指标完成情况，并形成文字
③ 需要得到的支持
④ 确定面谈时间

图 13-1　面谈前期准备

第一，上级准备。

首先，上级要准备绩效考核的完成情况。在找别人面谈的时候，不能绩效考核都没有做，凭着感觉和员工去谈，在那儿瞎猜。

其次，上级要准备每一个指标完成的情况，并形成书面文字。指标大致分两类：一类是做得好的，一类是有待提升的。

再次，上级要了解对下级下一步的要求是什么，也就是下级下一步做什么，工作的重点是什么，有哪些地方需要提升，要有文字性的要求，最终的结果需要进行沟通。

最后，需要确定面谈的时间。与下级确定面谈的具体日期和时间段，把别的事情都错开。

第二，下级准备。

作为下级面谈前需要准备什么？基本和上级需要准备的内容差不多。

首先，把自己的绩效考核完成情况弄清楚。

其次，对每一个指标的完成情况进行文字说明。

再次，清楚自己需要的支持是什么。也就是上级对下级有要求，上级也要对下级有支持。比如下级要求上级到自己负责的市场上走一遍，要求上级帮自己见个客户。当然下级提出的要求，上级有可能驳回，但合理的要求还是要提的。

最后，要提前约好面谈的时间。

这是绩效前期准备，不要打无准备之仗，不要过于随意，一定要有目的性地去做绩效面谈。这件事做好了，员工的状态就会好很多。因为只有沟通到员工心里面，给他好的解决方案，员工才会努力向前。

B. 绩效面谈过程执行

绩效面谈过程要营造一个和谐的氛围，别让员工一进来就感觉很压抑。如何让绩效面谈更有成效，关键是这九个问题：

第一，在公司规划中，给你的业绩目标是什么？岗位目标是什么？要求的能力目标是什么？你是否接受？不接受的理由是什么？

第二，业绩指标的保底、平衡和冲刺目标分别是什么？你是否接受？

第三，该岗位的人才、流程、风险、安全指标分别是什么？你是否接受？

第四，该岗位该考核周期创新指标是什么？是流程的？还是技术的、生产的、能耗的、人才的、机制的？需要公司提供什么样的支持？

第五，你的年度或月度挑战目标是什么？需要公司提供什么样的资源，你才能够完成和实现？

第六，以上指标的难度与达成计划是什么？不处罚的界定是什么？

第七，你要完成一项目标，需要公司提供什么样的支持？

第八，你和你的团队，需要接受什么样的培训和学习？

第九，在公司系统建设过程中，你需要完成和完善哪些工作？

这九个问题，要认真地去问，千万不要流于形式。一旦流于形式，员工就会觉得既然领导都流于形式，那我凭什么要全力以赴？这样，管理就成了无效管理。

这些问题，有一些确实存在着难点，双方有时候会讨价还价。在绩效考核指标和量化的时候，出现讨价还价是正常的，这也是对管理者的一个考验。

管理者能不能说服下属，能不能让下属从内心去接受，这是管理水平问题。所以管理既是一门技术，也是一门艺术。如果管理者做到了技术和艺术的融合，那么带团队就会很轻松。除了技术和艺术外，还需要靠经验去做管理。

C. 绩效面谈后的改进

绩效面谈后的改进，可以从以下几个方面入手：

第一，下一个阶段的目标是否需要做出调整。

第二，是否需要赋予员工一些能力，比如让他们参加一些培训，使他们的能力得到提升。

第三，是否有一些改进措施。

不能这个月和上个月一样。如果每个月都这样走下去，还要领导干什么？所以领导不仅仅要自己能做出结果，关键还要看能不能协助员工做出结果。当员工具备能力的时候，个人能力就转化为组织能力。企业和企业最大的区别不是企业有多少能人，而是企业是否有整体组织能力，这一点至关重要。现在企业拼的是组织能力。

企业中有很多能人，凭借个人能力单打独斗没问题，但是要把个人能力转化为组织能力，这个过程是非常困难的。很多企业有同样的想法、同样的技术、同样的人才，唯一的区别就在于是否有组织能力。组织能力是想法、技术、人才等的有机整合，是企业持续发展、基业长青的基石。所以，如何把个人能力转化为组织能力，这是企业要重点思考的一个问题。

❷ 绩效辅导

作为部门领导不仅要自己做出绩效考核结果，而且要协助员工做出结果，即将个人能力转化成为组织能力，绩效辅导的意义也在于此。

（1）示例

下面通过一个示例说明绩效辅导的过程。

我们公司早些年采用的是电话营销的方式。当时一个人来到我们公司做业务员，经理对其进行7天培训后，业务员开始打电话邀约客户，刚开始总是被拒绝。经理作为管理者，首先要安慰业务员，被拒绝是常态，要教他继续磨炼心理素质，不要太介意。同时，鼓励业务员继续熟练背诵营销话术，并且让他把这些话术转化为自己的语言。

业务员将话术转化为自己的语言以后，可以打电话给经理，经理扮演客户进行话术模拟训练，现场跟进辅导。也可以再找几个人扮演客户，让业务员实操电话沟通演练。这个过程，就叫绩效辅导。

员工并不是经过一次培训就都会了。培训一遍，还是有很多人不会操作，就要多进行几次培训。

这里要注意以下两个问题：

第一，针对员工实践操作中出现的问题进行辅导，对员工成长最有效。

第二，错了不改才叫错，员工不相信领导说什么，只相信领导干了什么，行动高于一切。

（2）绩效辅导的步骤

绩效辅导可以分为四个步骤进行：

第一步，讲给他听。

第二步，做给他看。

第三步，共同做一遍。

第四步，告诉他做好的奖励和做不好的惩罚。

绩效不是考核出来的，而是辅导出来的。

（3）绩效辅导的核心

绩效辅导的核心有两个：赋予员工解决问题的能力，调整员工心态。

在企业里，因为技能不好影响心态的人很多。员工加盟公司的那一刻心态都好，佀是干着干着，心态往往就不好了。因为他们没有解决问题的能力。有了解决问题的能力，心态就好调整。越有能力的人，心态越好；越有能力的人，越少抱怨。越没有能力的人，心态越不好；越没有能力的人，越抱怨。

所以要么解决赋能，要么调整心态。

调整心态，要从以下两个方面入手。

第一，要让其有敬畏感。

很多人之所以心态出问题，是因为没有敬畏感，对制度没有敬畏，对朋友没有敬畏，对上级没有敬畏，对客户没有敬畏，对国家没有敬畏，对制度没有敬畏。社会价值越高的人，往往对社会的敬畏感越强。

第二，要让其有羞耻心。

现在有很多人没有羞耻心，有羞耻心就是要颜面，要尊严。

三、绩效考核的推行与导入

❶ 核心原则

在导入绩效考核的时候，有几个非常重要的核心原则。

A. 认同比执行本身更重要

这是第一大原则。员工认同了事就好办；员工不认同，这事推行就有点难度。为什么绩效考核的时候先谈认同？因为不认同，内心会有抵触。抵触会影响情绪，影响效率，影响结果。绩效考核牵涉员工的利益，做得好，皆大欢喜；做不好，要么领导会找你谈话，要么自己会有压力。

认同考核，认同结果，认同被检查，认同被要求，要从思想上认同绩效考核。绩效考核不仅仅是为了奖罚，也不仅仅是为了职务升降，更是为了在达成目标的过程中修正员工的行为和方向。

B. 开始小步走

在绩效考核的时候，我们最怕的是等一等、看一看、看情况。当你认为要看情况的时候，结果就很难是理想的。前期可以走得慢一点，但不能停。就像蒸馒头一样，面发好了，也上笼蒸了，蒸到一半的时候停火了，再想把它蒸好，馒头的口感就不行了。很多企业中的绩效考核在执行的过程中出现问题——开始轰轰烈烈，最终却虎头蛇尾导致失败，因为他们忘了至关重要的一点，开始的时候要小步走。

C. 决心胜于黄金

作为管理者，在导入绩效考核的时候要有决心。如果老板的决心不足，不够坚定，那就是对强者的打击，导入基本泡汤。如果老板有决心，表态"不换脑袋就换人"，导入成功率自然而然会高。因为老板有决心，员工就有信心。

❷ 导入阶段

绩效考核导入大致有四个时期。

A. 形式期

形式期其实就是试运行时期。这个时期也在进行考核，但考核结果通常不和员工利益挂钩，目的是让大家认同。也就是通过绩效考核，知道哪些人做得好，哪些人做得不好。让好的更好，不好的迎头赶上。形式期说得通俗一点就是让员工先试一试，接触一下绩效考核到底是什么。对绩效考核到底是什么，很多人还不能正确理解，认为绩效考核就是扣工资，就是给员工穿小鞋、找别扭。其实不是这样的，它的核心是修正，让大家少走弯路。

让大家认同绩效考核，是修改员工的行为而不是惩罚，需要 1~3 个月时间，第一个月领取指标，第二个月接受考核的员工绩效工资至少发放 70%，不接受考核者的绩效工资是 0，第三个月逐步推进正常的绩效考核方案。

B. 行事期

在行事期，绩效工资开始和员工的利益挂钩。员工干得好就奖，干得不好，可能要受到一些相应的制约，甚至处罚。行事期有 1~2 年。

C. 习惯期

做一件事情要有目标、有要求、有标准。大家如果发现做一件事情没有要求，没有标准，没有里程碑，可能就会不习惯。天天稀里糊涂摸着石头过河肯定不行。到了习惯期，就是要让大家接受绩效考核，把绩效考核当成一种习惯。

比如我们公司每年都会和高管签订目标责任书，如果1月过了还没有签，很多高管就会开始问：为什么不签？是不是有变动？公司到底怎么规划？这就是因为他们习惯了。员工习惯绩效考核过程并完全接受，需1~2年。

D. 文化期

绩效考核成为一种文化，在企业里大家都愿意接受绩效考核的要求和标准，就到了文化期。

我们要把企业文化绩效考核体系，促成目标的实现。

绩效考核有两个非常重要的作用：

首先，提升结果。

把结果往好的方向引导。比如市场要开发得更好，业绩要更好，人才能力要更好，产品要有更多的竞争力，生产要更完善，管理要更完善。

其次，避免错误。

有的公司的结果提升已经到了瓶颈期，在行业里已经是第一集团，甚至领头羊了，很难再有大的突破。这时候绩效考核其实还有第二个作用，就是避免错误，少犯错甚至不犯错。

很多人认为，做绩效考核就是为了目标的实现。这仅是一个方面。其实，少犯错误对目标的实现就有巨大的帮助，也就是可以少踩几个雷，少踩几个坑。

一家企业的绩效考核，从前期的导入到最终文化的形成，大概需要2~3年的时间。不是今天做绩效考核，明天员工就能接受，后天员工都能在心理上认可，并且形成一种习惯，成为一种文化的。这有点过于理想化。

❸ 导入顺序

在导入绩效考核的时候，切入的方向不一样，方式不一样，结果呈现也是不一样的。导入的顺序见图13-2。

先制度，再方案	先高层，再中层，后基层	先营销，后职能	先"新人"，后"老人"	先新部门，后老部门
先导入绩效考核制度，再导入实操工具	接受考核的第一批人员往往是高层员工，逐渐向下过渡到基层。很多企业因为高层是亲属或老员工而出于感情不考核，这样无法达到考核的目的	因营销团队以考核业绩为主，较容易出考核结果，大家看到考核成效后就愿意接受绩效考核了	老人一般不愿意学习，新人更容易接受新事物，所以先从新人开始更容易开展绩效考核	改革是系统性纠错

图 13-2　绩效考核的导入顺序

A. 先制度，再方案

企业要先导入绩效考核制度，员工认可了，再导入方案。也就是说，先把框架导进去，再导实操，再导工具。针对绩效考核制度，我们也会给大家提供一些参考，但大家不能直接照搬，要结合企业具体情况做一些调整，当然调整的幅度不会特别大。

B. 先高层，再中层，后基层

先高层，再中层，后基层，这是一个非常重要的导入理念。接受绩效考核的第一拨人通常是高层，当然也有的企业对高层不考核，只对基层考核。很多人认为，高层可能是自己人，不好意思考核；对基层考核，是因为基层不听话，要"收拾"他们。我们反复告诉大家，这个思维是错的。考核不是扣，也不是罚，它的核心是修正，在修正过程中赋予员工解决问题的能力，让员工少走弯路，少走错路。

高层接受完考核，接下来才是中层，最后是基层，最忌讳的是高、中、基层全面推进。因为全面推进一旦有一个地方出了问题，就可能出现全盘皆输的局面。

C. 先营销，后职能

先营销，后职能，是因为营销部门容易出结果，考核有结果员工才更有信心。大家看到了考核成效，才愿意接受绩效考核，愿意改进。

D. 先"新人",后"老人"

有很多在公司工作了一二十年,甚至更长时间的老员工,他们也知道企业有问题,也希望企业能够有变化,但他们希望的不是自己变,而是别人变。像学习,很多老人希望别人学,自己却不愿意学,因为他们觉得自己年龄大了,再过两年都要退休了,没必要学了。而新人有朝气,有新的知识体系,学完以后导入企业里,也会带动老人进行改革。

E. 先新部门,后老部门

看到新部门拿到考核结果,老部门才愿意接受考核。一步一步地来,渐进式进行。改革其实就是系统性纠错。小改小纠错,大改大纠错,不破不立。

❹ 导入时机

什么时候导入绩效考核,成功率会比较高?相对比较合适?有如下几个时机。

A. 企业战略遇到重大调整

企业战略变了,绩效考核方式也要跟着去变,企业要对员工提出新的要求。

企业战略出现问题的时候,员工会发自内心认为企业需要有些变化,需要导入新的绩效考核方式。所以这个时机尤为重要。

B. 新领导上任

有时候,时机比方案本身重要。中国有一句话,叫"新官上任三把火",意思是新领导上任的时候,希望企业、团队有一定改善,进行一些调整,甚至是改革,这时候导入绩效考核比较有效果。

C. 企业推出新产品

企业推出新产品,特别是推出有竞争力的迭代性产品,搞了发明专利,或者迭代产品在市场上具有唯一性的时候,导入绩效考核比较好。因为大家对新产品的上市有巨大的期待。

D. 新财年

每一家企业，都有自己行业的基本特征。每家企业的财年可能不一样。比如长松公司的财年是从当年3月份到下一年3月份，和国家要求的财年不一样。

E. 企业遇到重大挫折

企业遇到挫折不能等死，可以尝试导入新的绩效考核方式来解决问题。

❺ 考核周期

绩效考核周期多长，执行起来相对比较方便？下面给大家几个建议。

第一，中基层的考核周期，建议以月度为单位。

中基层建议一个月考核一次。不建议每天都考核、每周都考核。

第二，高层和决策层的考核周期，建议以季度为单位。

因为高层、决策层有很多工作，一个月内很难拿到结果。比如人才培养，一个月培养出来一个总经理太难了；开发新市场，组建新项目，一个月内实现不太可能。所以建议以季度为单位进行考核。但如果公司现在的考核是以月度为周期的，并且执行得也比较不错，那就以月度为周期，也没有问题。企业高层和决策层做的事，即使跨季度，也千万不能每年只考核一次，或每年只考核两次，考核周期不要超过季度。即便我们给高层设立的目标责任书是以年为单位，也要分解到季度去，分解到月度当然更好。

第三，项目类、工程类企业，考核周期以项目周期为准。

项目类、工程类的团队，如果考核周期按月度、按季度，有时候会不太合适。比如做软件、编程工作，编一个程序只需要25天，如果按月考核，两个项目会交叉。项目交叉就会出现一些人为的问题。这时候通常是以项目周期为单位进行考核。

比如项目周期是20天，就按20天的周期来考核；项目周期是45天，就按45天的周期来考核。项目周期超过3个月的，比如建楼，有可能需要3年，可以按照时间节点，以月度为单位或者以季度为单位进行考核。

当然也可以按照流程节点考核，比如建楼，图纸设计好了，就算是一个流程节点，打桩算是一个节点，出地面是一个节点，每建五层为一个节点，封顶是一个节点，内饰装修是一个节点，外墙装修是一个节点，绿化是一个节点等。

通常上个月的 25 日前做出下个月的绩效考核表，下个月的 5 日前做出上个月的绩效考核面谈，甚至绩效改进方案。

有的人在月初 1 日到 3 日做绩效考核表，也有人在上个月月底两三天内将绩效考核表和绩效评估面谈一起进行，小团队这样操作可行，团队规模一旦超过 10 个人，就要把时间跨度拉得稍微长一点。

⑥ 三级导入

绩效考核导入不是一概而论的，一般分三级导入，也就是针对不同的人群，指标要求有可能是不一样的。

（1）一级考核

一级考核适合新加入岗位的员工。比如业务员刚来公司，按照老业务员的标准去考核，会把他们都吓跑了。这个时候可以考核其知识体系、对岗位要求基本内容和流程的掌握程度，比如客户拜访流程、抗拒话术、公司的报销流程、公司的制度、公司的接待标准等。

比如我们要招一个前台，假设一个大学刚毕业的来到公司，那他要了解公司的基本情况，比如要了解公司的组织架构，了解公司的部门分布，了解企业文化，了解这个岗位的基本职能。

只有一级考核通过了、合格了，才能够上岗。如果没有通过考核，就意味着不能直接上岗。

（2）二级考核

二级考核针对能够直接开展工作的岗位。也就是说，一个岗位上的员工了解了岗位基本知识，要在岗位开展工作，要考核他对知识的运用情况。

二级考核如果没有通过，只能做辅助工作，可能要以实习工，或者助理做起。

（3）三级考核

三级考核是以结果为导向的考核，和员工利益进行挂钩。

不同层级考核的要求不一样。一级考核要求掌握公司的基本流程和岗位基本知识，二级考核要会运用基本知识，三级考核必须有结果。通过三级考核的人往往是优秀者，优秀者的待遇是不一样的，收入也不一样。

绩效考核是对人的，不是对岗的，绩效考核是衡量一个人在工作岗位上的工作品质的。一个人干得好还是不好，不是老板说了算，而是绩效考核说了算。也不是岗位越高，就代表做得越好。

特别要注意的是，不管怎么导入，记得要加强培训，让员工通关。至少做到五次以上的循环，这样更便于导入。

四、绩效考核的分析与复盘

做完绩效考核，要看绩效结果是否理想。如果结果不理想，是否需要改进？改进点在哪里？如何查漏补缺，让下一步的工作开展有更好的提升？

绩效考核是站在当下，面向未来，对过去一段时间工作的评价，看和目标有没有偏差。绩效分析的目的是在达成目标的过程中对员工的行为和目标进行修正，从而更好地达成公司的总目标。

绩效分析是从公司、部门和个人三个层面来进行的，见表13-5。这样更全面、更科学，并且对接下来的绩效改进和达成，有非常大的帮助。

表 13-5　绩效分析的三个层面

层级	负责人	周期	内容	注意事项
公司	人力资源部以及绩效考核委员会	季度为主，推荐月度	• 绩效结果与目标的差距 • 对部门绩效完成情况及绩效得分分步进行分析，做出同比环比趋势图 • 指标的覆盖面及合理性 • 员工对绩效考核的态度	绩效分析以PPT汇报为主，用数据说话，多图表，少文字，客观为主，少主观 公司层面绩效分析基于"面"，部门绩效分析基于"线"，个人绩效分析基于"点"
部门	部门负责人	月度为主	• 个人思想与团队文化的融合度 • 部门经营分析，包含业绩、人均产出比、客户满意度、成本等 • 团队情况分析，如人员编制、学习成长、人员流失情况等 • 竞争分析，如产品优劣势、团队优势、市场优劣势、市场机会等 • 重新设置部门下一阶段目标 • 罗列完成目标所需资源 • 制定行动方案等	
个人	员工自己	月度为主	• 回顾，包含当初目标、实现情况、复盘分析、总结提升 • 改进方案，包含改进指标罗列、现状分析、目标制定、具体行动方案及所需资源及帮助等	

❶ 公司层面

公司层面的负责人是人力资源部，有的公司更宽泛一些，还有绩效考核委员会。

从时间的角度，公司层面的绩效分析最长以季度为单位，最好是以月度为单位。我也见过很多企业绩效分析半年做一次。如果绩效结果相对比较稳定，那还行；如果绩效结果本身不稳定，一年的时间过去一半了再总结，就有点迟了。我建议绩效分析每季度进行一次，最好每月进行一次。

现在很多公司，核心高层凭感觉看几个数据来进行绩效分析，不是全面性的，也没有分析到位。到了部门层面，就应付一下，到了员工层面更是应付，这样肯定不对。这样的考核没有形成自下而上、自上而下的贯穿思路。

绩效分析通常要用 PPT 的方式来呈现，要形成文字，要有数据，不能凭感觉。业绩很好，什么叫很好？数据在哪里？把数据摆出来。

公司层面的绩效分析，通常 PPT 要分为以下几个部分。

A. 总述，先说结果

人力资源部负责人要为公司做绩效分析，总述里要说清楚绩效结果和目标的关系。绩效结果和最初的计划目标对比，是高了还是低了？

B. 根据数据，制作趋势图

拿过去的数据，有可能是前几个月、前一年甚至两年的数据，与绩效结果进行对比，趋势图可以是柱状图，也可以是曲线图或饼图，最好是用曲线图或柱状图，这样更直观一些。

C. 通过趋势图，判断指标的合理性

通过趋势图，看哪些指标完成度比较高，哪些指标完成度低，哪些指标出现了问题。从中判断指标的合理性。看结果和预设的情况有什么出入，这是为绩效改进、怎么改进做铺垫。

D. 将部门绩效完成情况做横向和纵向对比

横向对比，就是部门和部门之间的绩效对比；纵向对比，就是部门内部前后的对比。

E. 各分数段的分布及对比

我们可以把绩效结果分成多个分数段，比如 60 分及以下为一段，61~70 分为一段，71~80 分为一段，81~90 分为一段，91~100 分为一段。看每一个分数段里有多少人，总比多少，占比多少，过去同比多少。

F. 覆盖面

我们在做绩效考核的时候，要考虑绩效管理覆盖了多少个部门。有哪些人没有被覆盖，全员做绩效考核，也不一定全覆盖到。比如今天刚加盟一个新员工，虽然总人数没问题，但这个人可能在试用期没有绩效考核，还在观察阶段。

G. 员工对绩效管理的认知度

员工对绩效管理是积极的拥抱态度吗？对绩效的满意度是多少？有没有

持反对态度的？要对满意度进行分析。

呈现的时候用PPT，要有数据和图表，并且要有对比。要注意：第一，多客观，少加入个人主观判断；第二，少经验，多数据；第三，少空洞，多实际，别一上来就喊口号。

当然如果想要PPT做得比较漂亮，也可以加一些图案。总之，汇报工作的时候，不能连文字都没有，就是要留下痕迹。

❷ 部门层面

部门层面的考核周期是以月度为单位。部门层面的绩效分析由部门负责人去做，也是用PPT的方式去呈现。它包含的内容可能更细一点。

A. 个人思想和团队文化的融合度

员工个人的思想有没有懈怠？处在什么样的阶段，是蒸蒸日上的阶段还是疲惫的阶段？要说清楚。因为人的思想波动有时候受外界因素的影响比较大。特别是年轻人，思想容易出现波动。

另外一个是团队文化，团队文化纯不纯正？有没有出现一些积极优秀向上的企业文化代表？有没有破坏企业文化的行为？比如团队中有人喜欢散布不好的小道消息，很可能就是团队文化出了问题。

所以我们要从个人思想和团队文化两个方面去汇报。一个部门业绩的好坏和团队的氛围有直接关系。通常氛围好的时候，都是业绩好的时候；氛围差的时候，都是业绩走下坡路的时候。

B. 部门的数据分析，又叫经营分析

要对计划目标、执行情况和执行结果进行分析。当然，分析不仅仅是文字方面的，还要体现在数据上。比如营销团队要做经营分析，首先要分析的是业绩，就是将销售额、业绩和计划进行对比，看是高了还是低了。业绩可以横向对比，也可以纵向对比。横向对比是看各产品业绩贡献比，纵向对比看是同比和环比，比如现在是11月，那去年的11月是什么情况，这叫同比；比上个月、上个季度增减了多少，这叫环比。

还可以做人均业绩分析、费销比分析。有广告推广的企业，还可以做广告投入产出比、客户满意度分析。各个部门的经营分析可以添加成本数据。当然这些数据是基于前期的计划目标来的。

C. 团队情况分析

第一是团队文化。

第二是人员编制。比如按照我们公司的正常编制，给某个部门的编制是33人，假如现在只有20人，那就要分析为什么只有20人，要知道原因是什么。假如现在编制是35人，那就要分析为什么增加了2人？需要把数据变化的理由说出来。

第三是团队学习与成长。比如某个周期对员工有没有培训，那么这些人有没有学习，有没有参加一些认证获得认证资格证书，以此来看团队的胜任力占比。

第四是团队人员的流失及引进。虽然编制是33人，这33人有没有情绪波动？是一直很稳定，还是有人流失了？要进行分析。

部门事情不是人力资源部的事情，比如部门缺人，是部门负责人工作出了问题。人员编制是部门负责人的第一要务，如果连自己部门的人员编制都达不到，人员胜任力都提升不上去，那就说明部门负责人工作不到位。

D. 竞争分析

竞争分析，直接产生业绩的部门用得比较多。比如销售、客服、生产、研发等部门。如果是行政职能部门，可以不进行竞争分析。

销售部做竞争分析的时候，要考虑的竞争分析包含以下几个层面：第一是产品竞争优势，即产品在市场上有没有优势。上个月有优势，不代表着这个月有优势。有可能竞争对手的产品，很快就把我们的迭代下去了。企业产品部门、研发部门的很多信息也是从销售数据来的，销售要有一线的产品敏感度。第二是团队的优势。团队有没有优势？稳不稳定？战斗力怎么样？第三是市场机会。通过竞争分析，去发现市场机会。第四是市场优劣势，又叫竞争优劣势。

E. 重新设定下一阶段目标

做完分析，要根据实际情况做出计划，即做出下一个阶段的目标。

F. 罗列完成目标所需要的资源

做出下一个阶段的目标，要基于对过去的优劣势做的分析。那要完成计划目标，需要哪些资源？需要包括人、财、物等各个方面的资源，比如产品要不要迭代，包装要不要调换，员工要不要接受培训等。

G. 制定行动方案

有了目标，有了计划，接下来要制定好下一步改进的绩效方案。第一要有时间节点，第二要有关键动作，第三要有关键成果。为了这些成果，我们的动作是什么？时间节点是什么？

部门层面的绩效分析和公司层面的绩效分析稍有区别。部门层面的绩效分析，不单单要有绩效情况，更重要的还要有计划和未来的行动方案。

❸ 个人层面

个人层面的负责人就是员工自己。考核周期以月度为单位，最长不能超过一个月。以周为单位进行考核当然也行，现在有很多企业不是按周考核，而是按天考核，甚至按小时做考核。比如最典型的精益管理，都能做到以分为单位进行考核了。发现绩效出现问题，就应该立即开始查，进行改进。

个人在做绩效分析的时候，可以分两大步。

A. 回顾

回顾包含四个步骤。第一是回顾当初的目标是什么。第二是实际完成情况。第三是复盘分析，也就是过程回放，就像看电影一样，看完一遍再过一遍。复盘一下自己哪个地方做得好，哪个地方做得不好。做得好的如何推进，做得不好的如何进行改进。第四是总结提升，可以将其做成一张表，落到文字和数据上。

B. 做出改进方案

知道目标，也知道执行过程、要求的结果及未来的计划，那如何把未来的计划改进得更好？要做一个改进方案。改进方案大致分成五部分，也可以做成一张表。

第一部分，指标罗列。

比如销售额、客户满意度、系统建设、绩效管理，这些都是要改进的指标。

第二部分，现状分析。

比如销售额计划现状是 800 万元，过去的客户满意度是 90%。

第三部分，目标制定。

针对现状制定目标，比如销售额计划目标是 1000 万元，客户满意度希望达到 95% 以上。

第四部分，具体行动方案。

有目标了，也知道现状了，那中间过程就是行动方案，即准备做哪些动作。比如做销售准备出差多少天，有多少个意向客户，要不要开招商会，要不要借助外部力量。很多人的问题是有目标，有想法，就是没有动作。成功的人之所以成功，是因为有了想法，还有具体的动作。

第五部分，寻求资源及帮助。

有些动作能不能完成，需不需要别人来帮忙，要不要跨部门，要不要从外部寻求资源，要不要从公司寻求资金，要不要寻求培训，要不要寻求人力资源找一些好的老师、好的专家，要不要让客户转介绍，需要哪些资源的帮助……如何改变现状，以便完成目标。

公司层面的绩效分析更多强调的是一个面，更多关注的是宏观层面。部门层面的绩效分析更多强调的是一条线，别的部门和我的部门关系不是特别大。考虑自己的部门。个人考虑的是一个个点，把自己的点进行改善就行了。

绩效考核结束以后，要和绩效面谈结合在一起形成绩效分析绩效。分析通常是以领导为导向，由个人、部门、公司参与的、立体化的绩效改进和绩效面谈。

第 04 篇

企业股权设计

Part ⑭

企业股权改革

一、股权设计的核心要素

优秀企业的成功往往缘于股权设计的成功。做好股权设计要注重八大要素，分别为股东选择、主股与间股、股权激励对象、速度与创新、解放老板、优质排他法则、上市、长期收益，见图14-1。

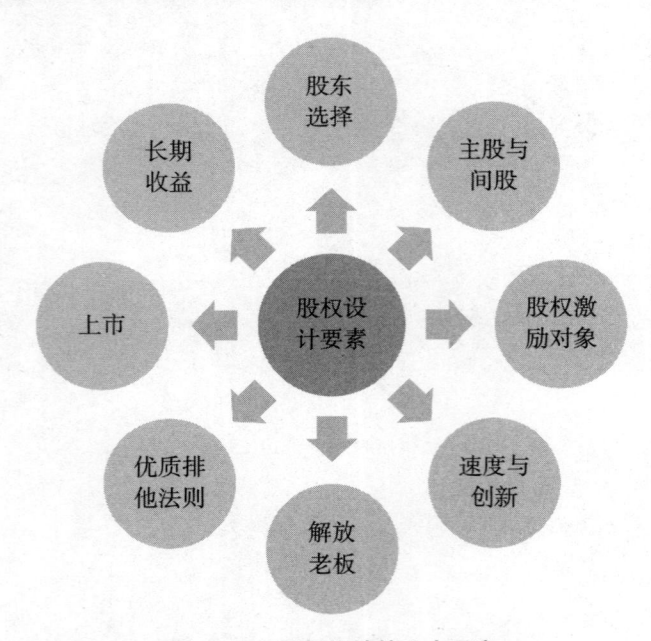

图14-1 股权设计的八大要素

股权，是股东在公司中享有的人身和财产权益的一种综合性权利，可用于公司的激励。做股权改革前，要对股权知识进行深度、系统化的学习。对于企业来说，股权和薪酬是同等重要的。企业的关键人员，比如企业的老板、财务人员，必须掌握这些方面的知识体系，才能灵活地调动相应的技术，服务于自己的企业。

一家优秀的企业，它的成功一定伴随着股权设计的成功。大部分企业的失败，很重要的一个原因是股权设计的失败。这句话可以这样理解：有很多企业，本来发展的机会非常好，但是由于分钱模式和股东结构有问题，导致公司在发展的过程中产生内耗，甚至最关键的有能力的人被迫离场，这对公司的发展影响巨大。最初，中国的民营企业不是非常关注股权结构，大部分情况下，企业只有一个股东或者一对夫妻当家。他们辛辛苦苦地经营企业，走了10年、20年，后来发现企业做不大，这其中的主要原因是企业的精英、特别有能力的人，在企业发展到一定程度就辞职了。企业会发现，有很多竞争对手就是从自己的公司走出去的。但是往往我们在分析的时候，不会认为是股权设计的问题，而可能会认为是能力的问题、环境的问题、发展的问题。

下面给大家介绍股权体系以及它的工具和方法。中国的企业可以分为民营企业、国有企业（中央企业、地方国企）、混合所有制企业、小个体户。一般个体户没有办法做股权激励，它的股东结构很简单，注册资本的结构也很简单。国有企业是国家所有，一般不进行股权激励。混合所有制企业进行股权激励的可能性也比较小，这其中上市公司的股权激励，要么就是内部股权激励，要么就是从市场上买，都比较简单。而在民营企业中，股权激励则是影响其发展的重要因素。

❶ 股东选择

企业在选择股东的时候，一定要非常慎重。一个人的一生，合作伙伴不会太多，或者说与别人合作的轮次不会太多，在这种情况下，选择谁做合作伙伴，需要非常慎重。员工可能会离职，但是股东不存在离职的问题，一般情况下，股东是不会退股的。所以说股权合作一般是一辈子的事情。

关于股权合作，有一个非常重要的细节，就是法律问题。员工和老板之间的利益诉求关系非常简单，就是员工为公司做更多的工作，拿到更多的钱。但是公司和股东的关系是不一样的，股东不但需要钱，还需要各种权益。一个人一旦成为一家企业股东，哪怕只有0.05%的股份，也拥有股东的权益，股东与公司相互之间必须构成命运共同体和利益共同体。所以，在选择股东的过程中，得谈"命运"两个字，一定要非常慎重。我不轻易选择股东，这么多年来，我的股权改革非常慎重，宁可不足，绝不能过，宁可保守，也不要随随便便地把股份稀释出去，因为在法律层面承诺要合作一辈子。

股东选择还有一个重要的层面是性格层面。比如说交友，我们会发现，我们总是和某几个人的关系特别好，大家时常在一起聚会、交流，但是我们会和其他朋友停留在一种相对比较浅的关系层面，比如节假日才会联系。这多半是由性格的相似程度决定的。股东也一样，如果你的几个股东，性格、价值观比较接近，特别是在道德层面比较接近，你们之间的合作就会比较愉快。如果你和你的股东之间相互猜疑，有的股东挪用资金，违反法律，背后说人坏话，那么你们的合作会非常痛苦。

法律的层面、命运的层面、性格的层面，导致我们在做股权激励的时候，要慎重选择合作人，因为这是一辈子的问题。有的人说，我之所以做股权改革，就是为了留住人，但是往往弄巧成拙，股权分得不好，人也没留住。所以，我们在股权改革的过程中，首先要有上述认知。那是不是可以不进行股权改革呢？也是不行的。因为一个行业优秀的人才只有那么多，如果你不改革，人才就会被别人挖走，自身优质的资源为别人去服务了，你的企业就失去了发展空间，这也是非常可怕的。

❷ 主股与间股

主股不是直接股。凡是直接到一家公司注册，成为这家公司股东的，叫主要股东，即主股。主股基本上享有100%的股东权利，包括查账、分红、表决权、被表决权、选举权等。

间股有很多种情况。第一种情况，有一个股东，他并不是直接入股一家公司（母公司），而是和其他几个股东先成立一家公司，这家公司再入股母公司，对于母公司而言，这家公司的股东就是间接股东。间接股东也是公司的股东，但是其权利有限制，不享有主股的所有权利。为什么这样设计？就是因为我们考虑到要合作一辈子，但有一个问题，想让所有的人都有统一的性格，形成命运共同体，这个难度太大了，所以必须增加一定的自由度，成立一家间接持股的公司。在这种情况下，就产生了间股。

第二种情况，你不是投资到一家公司，而是和这家公司一起往外投资。比如我和A两个人共同投资了一家公司，A不是我们母公司的股东，但他是与我们合作的行业公司的一个股东，我们把他叫间接股东。

第三种情况，你不出现在持股平台的名单上。我们有可能单独成立一家公司，你把钱投入这家公司，公司再把这些钱通过一种合作的方式拿出来运作，你和母公司没有关系，但是我们商讨了明确的收益权。所以第三种间接股东，除了收益权，基本上不会有太多的其他权利。

主股与间股之间要做好战略设计。很多人认为，只要做股权激励，一定是让人到公司注册成为股东，后来发现，注册的时候非常容易，但是工作过程当中会遇到很多的问题。比如表决的问题，比如开会的问题。每一次股东会议，要有一大堆人来开会，甚至在未来的日子还会面临一个困难，如果这些股东中有人去世了，股权怎么办？按道理来说，股权是一种资产，如果有人去世，可能会由子女继承。但是前股东的子女你不认识，股东会议上就出现了几个陌生人。我曾经见过一家公司有40多个股东，经过十几年发展，有5个股东去世，股权由他们的子女继承，让人家退股，人家又不退，每次召开股东会，光通知开会这件事情都得忙好多天。所以主股和间股之间要做战略设计，这是一个很重要的问题。

❸ 股权激励对象

股权激励是一项机制，机制是一门哲学，机制的好坏决定了人心所向。

企业制定的任何一项政策、一种内部制度、一种游戏规则，都必须考虑适合什么样的人生长，所以整体来说，机制的本质在于创造一种人文环境。有一家公司的老总问我，在企业经营过程中，影响最大的是什么？我毫不犹豫地说，环境。机制创造了环境，对人的影响最大的就是环境。

举个例子，如果一个地方能长出参天大树，首要因素就是要拥有相应的环境，没有合适的环境，长不出大树。种子在哪儿能生根发芽，首先是要看环境的，这颗种子具备长出大树的能力，但是环境不适合它，也长不成大树。企业也是这种情况。股权激励是一项机制，它是和薪酬、考核、晋升、干部的任免同等重要的一项机制，我们在设计企业股权结构的时候，要思考这一结构是适合"狼"的环境，还是适合"羊"的环境。

一家企业的股权改革，不要考虑过去，不能说谁在公司干了多少年就要给他一点股份，谁跟老板是亲戚就要给他一点股份。这样会出现一个问题，企业特别适合羊生活。因为那拨人有了股份以后，并没有激活自己更多的潜力，反而变得越来越懒。这样的机制对公司的发展起负作用，就是拉倒车。所以我们在做股权设计的时候，谁能拿到公司的股权，这个指标非常重要。我的建议就是要做适合狼的股权激励政策，为狼创造环境，为狼创造一套机制，狼打拼出业绩、指标考核通过以后，可以得到公司的股份。如果企业家能够认识到这一点，企业的股权改革基本上就成功了一半。

一家企业，可能某个角落里藏几只羊，但大部分都是狼，这家企业就是有生命力的。优秀的企业家先不要考虑员工的留存率有多高，重点考虑的应该是当下的人群中是不是有狼。

❹ 速度与创新

企业的发展有两个重要的方向，速度和创新。我们国家的创新能力整体上还是偏弱，尤其是企业。这和环境有关系，创新是需要环境的，营造这个环境绝对不仅仅是股权改革那么简单。

我们应重点思考，股权激励改革是为了让企业发展的速度变得更快，还是为了让企业更加具有创新能力。企业需要什么样的人才，就要通过股权激励创造一个适合这类人才的土壤，这一点非常重要。有很多企业做股权改革，根本不想这些层面的问题，只是考虑股权改革的方法是什么、价格怎么定，核算每一股值多少钱、谁能拿多少股，但是没有考虑一个人是速度型人才，还是个创新型人才。

长松公司在股权改革的过程中相对比较保守，因为我特别想让长松成为一家创新型的公司。尽管长松公司的创新能力在咨询界是比较高的，但是我依然觉得创新型人才太少。我们公司具有适合速度型人才生长的土壤，就目前来看，我们的业绩响当当，做得比较棒的人都在拼速度，他们不考虑方法论，不考虑技术，考虑的就是，你教我怎么跑，我会跑。如果有一天，长松公司的股权改革导向于创新与速度的平衡，那公司的改革就是一个有价值的股权改革，否则的话，就是给别人股权和现金。跑速度的人是喜欢现金，还是喜欢股权？肯定是喜欢现金。白天跑一轮，晚上就数钱，这是速度型的人最喜欢的，但对企业而言不一定合适，所以企业家要考虑速度和创新这两个重要方向的平衡。

⑤ 解放老板

从来没有一个100%持股的企业家的日子是轻松的，虽然企业家都比较辛苦，但是辛苦的程度不一样。有太多企业家，企业的事情都归他一个人管。其实企业家首先要分析一下自己的工作量。一家企业在管理上有五项重要的工作，分别是做战略、决策、执行、运营和监督。最重要的工作就是做战略，战略的下面是决策，决策的下面是执行，执行的旁边是运营，运营的旁边是管理，也叫监督，监督式的管理。

在一家企业，CEO的工作是决策，董事长的工作是做战略。在长松公司，只有我在做战略，高管基于我的战略对具体项目做决策。如果一个老板把企业所有的事情都做了，又做战略，又做决策，又做执行，又做运营，又做监督，这个老板可能会累死。

无论一个企业家如何勤奋，他一个人去做所有的管理工作肯定不行。这里有一个名词叫"代管"，前几年也叫"离场管理"。离场管理的动作有很多，比如给别人做工作分析，做股权激励，做分红，设定目标，设定监督监察的机制，等等。其中最重要的一环，就是股权激励。

在长松公司中，最核心的几个高管各管一摊，就是把决策分开了，决策不是一个人做的，而是由好几个人去做。千万不要小看这个决策分开，它可以节省老板大量的时间。你准备让他人代管多少，就决定了你的股权如何设计。

企业家不要想着自己把所有的事情都做了，要学会把一些事情交给别人做。做决策是有压力的，为什么有的公司高管很累、很辛苦，但是到最后没有分离呢？除了机制、环境、分红等几个主要的原因外，还因为他们有股权。也就是，最核心的几个人应该把公司当成家，压力再大，扛过这个压力，就迎来了下一个红利期。所以代管股权的激励体系有重要作用。有的企业在生意好的时候是狼，在遇到压力的时候，老板感觉到自己就是孤家寡人一个，这就是因为企业的代管股权激励不到位。

⑥ 优质排他法则

什么叫排他性？这个社会非常简单，价值量越重叠的岗位，越可以兼职，而最重要、最优质的资源，是具有排他性的，比如很少有 CEO 同时担任几家公司的 CEO，因为 CEO 这个职位具有排他性。

我们做股权激励的核心就是，寻找并占有优质资源，对竞争对手造成排他性。

⑦ 上市

企业为什么要做股权改革？其中一个重要原因就是上市。股权改革，坦诚地讲，本质上就两种：第一，公司当下特别能赚钱，员工愿意入股，入股以后可以分到钱；第二，不管现在赚钱不赚钱，长期来讲，公司可以上市，它一上市，入股的员工的投资回报率可能到8倍、10倍。举个例子，我入100万元，3年变成800万元，这个回报率非常可观，所以，上市是一个非常重要的目的。大家都知道，在一个行业当中，哪家企业如果上市了，市值变高了，财富也变多了，这家企业就有钱，可以并购其他的公司。

如果企业有望成功上市，企业让员工每个人都赚到钱，那么员工在企业上市前，就一定会全力以赴地工作，保证企业从申请上市到上市的这个阶段当中，业绩平稳过渡。这是一个相辅相成的过程。所以不少企业在做上市战略之前，先会有一个有相应的股权改革，这是非常重要的。

⑧ 长期收益

在薪酬结构里有几个重要的收益。第一个重要的收益是固定收益，也就是工资。当一个人只拿到固定收益的时候，这个人在未来往往混得不会太好，原因是生活中某些固定资产成本特别高。比如房价，如果你只拿固定工资，可能无法保证买一套房子。想收入变高，必须加上提成，就是得有效益工资。获得效益工资的风险变大，但是拿效益工资的人，会比拿固定工资的人收入高。

有股权的人，他的社会维度会发生变化。以前是三维社会，第一维是政府，第二维是企业老板，第三维是员工。员工干活挣钱，老板也挣钱，企业向政府缴税，这就形成了一个生态链。

有了股权激励后，老板和员工之间又有一个股东群体，特别是内部股东群体。股东里既有老板，又有员工，社会就变成了四维社会。

比如我是一家公司的程序员，我拥有这家公司很多股票，但我只有搞技术的能力，没有搞管理的能力。在四维社会中，社会的所有资源可以被有效地利用。在这种情况下，企业的股权改革，就变得有非常重大的意义和作用。

二、股权的相关概念

❶ 企业股权类型

企业股权类型一般分为期权、虚拟股、注册股、小湿股、大湿股、干股。见图14-2。

期权
- 公司出台制度，规定员工所获得的有条件股权。前期先享有分红权，随着时间和考核条件的达标，逐步变成注册股
- 员工无须出资，按达标条件进行期权奖励。员工离职时，公司按照合同或约定进行补偿、回购股份

虚拟股
- 可享受分红的虚拟股权，仅享受分红，无法转换为注册股
- 通常情况下员工无须出资，员工离职时公司亦无须补偿

注册股
- 在公司章程中有体现个人名义的股权
- 注册股股东可以享受公司市值收益

小湿股
- 员工必须出资，出资额按照所处岗位进行配股性出资，当岗位变动时，员工持有股权数亦随之变动
- 离职时必须退股，金额按照当时出资金额进行计算
- 小湿股股东不享受公司市值收益，但可以获得公司利润分红

大湿股
- 大湿股为注册股，但通常为间接股东而非直接股东
- 大湿股股东离职时亦必须退股，退股时可按退股当期市值评估价格（需要事先股权合同约定）

干股
- 干股持有人无须出资、可按约定条件（通常为年限+考核）转换为注册股，通常针对技术型人员
- 考核指标：胜任力、业绩、纪律遵守情况

图14-2 企业股权类型

（1）期权

很多人对期权是有误解的。首先，企业家在跟员工谈期权的过程当中，不要说"股票"俩字，为什么不能说？因为这样说员工不会认为是期权，而可能认为是注册股，就是前面讲到的主股。主股和期权有很大的不同。期权是指公司出台了一个制度，前期让你享有分红权，随着时间的推移和考核指标的实施，你会不断地拥有更多权利，比如期权变成可考核的注册股。一般来讲，期权最大的好处就是，你不用出钱买股票，而是通过干活拿到股票。

员工在离职的时候，可按期权合同获得一定的补偿。补偿方式有很多种，比如多发1个月工资，或者多补4个月分红，或者退注册资本金，虽然员工没有交注册资本金，企业也会退一点钱给他。

（2）虚拟股

虚拟股也叫虚股，它与期权的相同点是可以拿到分红，不同点有两个。首先，虚拟股永远转不成注册股。企业家是给员工期权还是给虚拟股，一定要讲清楚，别让员工误解。其次，在员工离职的时候期权会有象征性的补偿，虚拟股是没有的。因为虚拟股的持有者，与公司在本质上还是一种雇佣关系。综上，虚拟股与期权的相同点就是都能拿到分红。不同点是，第一，虚拟股永远转不成注册股；第二，员工离职的时候，取得的收益不同。

（3）注册股

顾名思义，注册股就是在工商局正式备案登记，可以查询到你的名字的股票。注册股与期权和虚拟股有很多不同。最重要的不同是，注册股有市值。举个例子，如果你拥有滴滴公司1%的股票，你基本上每年分不到钱，原因是公司还要投入研发，增加客流量，所以一般不会把利润分给你。但还是要恭喜你，因为你手里股票的市值很高。市值是一个法律层面的术语，也就是说，有相应的第三方机构证明你这份资产的估值，而期权和虚拟股没有这种评估。

注册股中一种是直接的股东，一种是间接的股东，他们都受法律保护。而因为虚拟股打官司是立不了案的，因为国家没有针对虚拟股的法律条文，最多企业内部有一个补偿制度，或者由劳动仲裁部门根据虚拟股规定的条款来帮助你索要利益。

（4）小湿股

小湿股与期权和虚拟股最大的不同是，小湿股的拥有者一定会出钱，不管你资格再老、学历再高，都要出钱。另外，小湿股必须退股，就是当你离开公司的时候，你得退掉股份。如果你拥有某一家公司的注册股，当你辞职不干的时候，你依然是这家公司的股东；但是如果你持有的是小湿股，你离职时，一定要退股。

小湿股的第一个特征，拿钱入股，没有钱不行。股价怎么算呢？按照当时公司股票的市值。

小湿股的第二个特征，不会涨钱，你200元入股，一定是200元退出。

小湿股的第三个特征，不享受公司市值收益。小湿股既然不会涨钱，那就说明小湿股没有市值这个概念，也就是说不管公司的市值翻了多少倍，但小湿股价值不变。入股小湿股主要的目的不是上市，而是分红，拿到利益。不过这一条在最近有所更改，有的公司规定小湿股入股以后，可以进行股票增长。比如原来1元入股的，现在公司股票变成1.2元了，小湿股也就升为1.2元。

小湿股的第四个特征，随着岗位的变动而变动。比如你入股的时候是人力资源部主管，拿了5万股，但是过了一段时间你从主管升到副经理，从副经理升到经理，从经理升到总监，那你的股本会不断地变大，你的股票会不断地增多。

员工离职的时候，为什么一定要把小湿股退股？因为小湿股的总股本是一定的。比如我们公司规定，有40%的股票用来发行小湿股，如果A退出公司，又进来B，公司对B也需要进行股权激励，就要把A退掉的这部分股票给B。

（5）大湿股

大湿股与小湿股的共同特征是，离职时要退股。大湿股与小湿股的区别：第一，大湿股是注册股，但持有大湿股往往不是直接注册股东，而是间接注册股东，即间接股东；第二，大湿股可以进行市值的评估，就是股票不但可以分红，还可以增值。小湿股和大湿股为什么在市值上不同？一般来讲，企业让员工购买小湿股，就得保证年年分钱，因为人家入股的目的就是分钱。发放小湿股的公司，一般分钱特别及时，大湿股就不一定了。

大湿股有市值，钱在公司账上。往往发放大湿股的公司，会与公司的核心原始股东签员工退股协议，或者叫员工购买退股协议。也就是员工退股以后，他的股票一定会被别人买走，或者说转让，转让的价钱、退出的规则、法律的程序如何走、多长时间退出，一定会在合同里写得非常清楚。

（6）干股

干股又称身股、分红股，是一种虚拟股权。干股与湿股最根本的不同之处在于，干股的持有人不用出钱，湿股的持有人是要出钱的。

干股可以转化成注册股，但是需要考核。期权不一定需要考核，有的公司的期权熬到一定年份，就自动变成注册股。我们公司的分/子公司老总，干5年以上，如果业绩达标，我基本上会给他注册股，但干股往往会给技术型人员，在将干股转为注册股时一定会考核。

那么考核哪些方面呢？第一，考核他的胜任力，就是他能力怎么样；第二，考核他创造的业绩怎么样；第三，考核他是否存在违反公司制度的言行。

❷ 股权配套的相关概念

跟股票配套相关的三个重要名词，第一个是市值，第二个是对赌，第三个是资本公积。

（1）市值

一般来讲，我们向一家公司入股的时候，绝对不能去看这家公司的注册资本，这是没有意义的。有可能这家公司的注册资本是 5 亿元，但是由于经营不善，它已经亏得市值很低了。而另外一家公司的注册资本可能只有 1000 万元，但它的市值价值 10 亿元。

市值的计算方法有许多种，下面简单给大家介绍几种。见表 14-1。

表 14-1 市值评估法

序号	方法	适用企业类型	市值计算方法
1	公式法	通用	市值 = 利润 × 市盈率
2	永续经营法	刚性需求企业且企业经营稳定	根据获取的利润，计算出净现值，再折现得出当下市值
3	资产加利润法	重资产的工业型企业	企业市值 = 企业现金 + 固定资产 + 利润 + 库存折旧 − 应收账款
4	流量评估法	互联网企业	对流量进行估值，转换为市值

第一种，公式法。市值等于利润乘以市盈率，要想提高公司的市值，第一就是做大利润，第二就是增加市盈率。比如我们公司的利润为 1000 万元，市盈率为 20 倍，我的市值就等于 2 亿元，这个很简单就算出来了。但是现在有好多大公司一直亏损，像亚马逊这样的大公司，亏了 20 多年才开始赚钱，但它市值非常高，它的市值是怎么计算出来的？肯定就不是利润乘以市盈率了。

第二种，永续经营法，也叫永续法。永续经营法适合于行业游戏规则特别清晰、年年挣钱，并且属于刚性需求的行业，也就是说这类行业一定会存在，不会随着时间的变化而消亡，比如咨询业就特别适合永续经营法，卖黄金的门店、理发店也适合。它的计算方法，即今年的利润乘以第一年一个比例、第二年一个比例、第三年一个比例、第四年一个比例、第五年一个比例……然后把所有的利润加在一起，得出总和。

第三种，资产加利润法。资产加利润法，顾名思义就是没有利润也有市值，特别适合于重型的投资行业，比如工业企业。

第四种，流量评估法。流量评估法基于一种什么样的逻辑呢？首先这个公司要能吸引流量。比如滴滴、今日头条、抖音都有流量，流量转化成利润，利润转化成市值，市值高了才能上市，上市后又获得新的流量。根据这个链条，公司要想上市就必须有多少市值，想有多少市值就必须有多少利润，想有多少利润就必须有多少流量，简而言之，就是我们把利润、市值去掉以后，流量达到多少就可以上市。一些没有利润的公司想要上市，就会把对市值的评估和流量挂钩。流量评估法是一种全新的市值评估方式，有了这种方式，更多的企业就不再追求今年一定要赚多少钱，而可以把眼光看得更远，把收益放得更长，企业的融资能力也会变得更加强大，这就改善了企业的经营战略。

（2）对赌

公司中的一部分人没有钱但有能力，公司在发展过程中又需要这些有能力的人共同创造财富，于是公司的原股东与新股东这两个群体会采取一种叫作对赌的机制。一般来讲，对赌是需要一些指标的。我们所理解的对赌有两种，第一种是专门对一家企业做投资，这家企业随着时间的推移，发展水平达到了一定要求的时候，我给到你多少股份。比如有的公司首先从各个投资人手中融资，成立一家投资公司，这家投资公司再对那些没有钱又需要钱来创业的个人做投资。也就是说，我们左边有一大堆人，手中有一些钱，但是没有项目，我们右边是一大堆人想干活，但是没有钱，并且右边这些人由于没有资产，甚至没有利润，导致银行也不给他们贷款。左边的人的钱就通过投资公司投给右边的人，右边这部分人与这家公司签订一个对赌协议，约定在多长时间内把公司做到多大的规模，相应获得多少股份，这就叫对赌。对赌在当下非常流行，它有效地盘活了社会的资源，对创业者有很大的帮助。第二种对赌是，我的企业已经做到了一定的规模，但是我的职业经理人兜里都没有钱，他们又希望拿到股票，在这种情况下企业就跟这些经理人签订对赌协议，约定考核指标有四个，分别是利润、总业绩增长率、电网指标和管理满意度，如果经理人在一定期限内达到这四个指标对应的目标，就可以获得实际的股票。

（3）资本公积

如何理解资本公积？比如我的企业注册资本是1000万元，市值是1亿元。现在有一个人要入股我的公司，他入股1000万元，也就是说按照市值来讲，他占1.1亿分之1000万，约等于10%。但是按照注册资本来讲，注册资本才1000万元，入股也是1000万元，那入股应该是50%。一个是10%，一个是50%，这两个账对不上，于是有了一个词语叫资本公积。资本公积，就是在注册资本不变的情况下，我拿这个人投资中的100万元，直接入到注册资本里，把另外900万元变成资本公积入到公司市值里，这个账就做平了。

三、企业股权改革阶段

我们首先了解一下公司常用的三种组织架构模式。

❶ 公司常用的三种形式

（1）有限合伙企业

有限合伙企业的成员分两类：一种叫GP（general partner，普通合伙人），一种叫LP（limited partner，有限合伙人）。

GP代表有限合伙企业行使表决权，承担无限责任，即企业承担的法律责任是有限的，但是负责人对企业承担的法律责任是无限的。通俗地来讲，GP就叫管理员、管理者。

LP就是有限合伙人，纯出资人，不参与经营管理活动，获得投资收益但无表决权。

对于GP和LP，有一个资金规定：GP的收益为2%投资金额（作为营销费用、管理费用、日常成本支出）再加上20%的投资收益。比如某个人有100万元，想入股我的一个有限合伙企业，我做GP，他是LP，那他的这100万元就需要先扣掉2%，也就是先扣掉2万元，还剩98万元。如果企业将来没挣钱，也没有亏钱，只能退他98万元，不是退100万元，因为2%已经作为管理费用扣掉了。

假如剩下的98万元，我们投入某家企业，今年赚了100万元。我作为GP，就可以从赚到的100万元里拿走20%，也就是20万元。

有限合伙企业作为内部员工持股平台时，此费用可适当减少甚至免除，并且有限合伙企业多作为企业持股平台使用，不需缴纳企业所得税，仅缴纳个人所得税。

另外，有限合伙企业作为投资型的对外投资企业，其本身也是不缴企业所得税的，而是直接过渡到个人所得税，按个人独资企业生产经营所得税目缴纳。合伙企业的合伙人是自然人的，缴纳个人所得税；合伙人是法人或其他组织的，缴纳企业所得税。

（2）有限责任公司

有限责任公司是民营企业最常见的组织形式，股东以出资额为限承担有限责任。不担任经营职务的股东，不承担企业经营性责任。

有限责任反过来，就是"责任有限"。有限责任公司，依据入股的最大资金承担责任。只要公司不贷款、不违法，股东在这家公司承担的法律责任，就是入了多少钱，承担多少责任。作为有限责任公司的股东，一般不会因为企业经营对别人造成的伤害或对社会造成的伤害，而额外承担法律责任。

举个例子，我在某公司持有20%的股票，结果这家公司因为偷税漏税做假账而受处罚。我作为这家公司的股东，承担的最大责任就是我投入的这些钱，不会额外再出钱。但有一种情况除外，就是公司贷款的时候，银行为了保证贷款的安全性，一般不会直接贷给有限责任公司，而会让股东签字，股东一旦签字，在这份合同里承担的就是无限责任。如果这家公司破产了，银行还会找股东个人。

网上有很多谣言，比如说到哪一家公司有黑记录，相关投资人就连坐飞机、高铁都会受到限制，还会限制高消费，其实法人代表有可能会被限制，但对股东是不会有这样的限制的。

（3）股份有限公司

股份有限公司和有限责任公司的最大相同点是"有限"。不同之处有两点：第一，股份有限公司与有限责任公司相比较，股东个数更多，一般有限责任公司要求50个股东，但股份有限公司可以扩张到200个。第二，有限责任公司一般不设董事会，只设一个执行董事就可以了，但股份有限公司是要设董事会的，一般董事会成员是5人，还要有健全的监事会成员。

企业想要上市，就必须进行股份制改造，要将有限责任公司改造成为股份有限公司。这里给大家两个建议：

第一，尽快注销不太规范的有限责任公司，然后注册一家新的公司，可以直接就注册成股份有限公司。

第二，合规。以前经营不规范，现在该接受罚款的、该补税的，主动去认罚缴税，转变成为一个相对比较合规的公司，然后进行上市的申报。

我们要对其他公司做投资，可以通过有限合伙企业的形式进行，毕竟有限合伙企业有一个特征，就是LP可以更换，股东的结构相对灵活。而有限责任公司的股东是不能随意退出的。

❷ 企业股权改革的三个阶段

有限合伙企业成为一个入股公司，入股有限责任公司或股份有限公司，往往需要先进行股权改革。股权改革有三个重要的阶段：第一个阶段，员工激励阶段；第二个阶段，员工入股阶段；第三个阶段，私募和公募阶段。

（1）员工激励阶段

员工激励阶段，本质是员工不出钱。此阶段员工靠业绩、能力获得公司的股权，无须出资即可成为公司的主人，股权的溢价倍数一般在 2~3 倍。成立一家公司时，企业家必须思考这个问题，并且思考得越早，做得越规范，企业发展的速度越快。不同的行业，不同的公司，不同的规模，员工激励的方法也不同。

（2）员工入股阶段

员工入股阶段，从某种意义上看是与员工激励阶段并列的，但员工需要出资。通过员工入股，公司获得低成本发展资金，同时让员工稳定。股权的溢价倍数一般是 3~6 倍。

比如，我找三个人和我一起开一家公司。我们几个人之前都没有公司，大家就按照要求各自凑了钱入股一家公司，这就叫员工入股。这个时候员工入股的价钱最便宜，因为大家都是原始股东，但风险大。因为一般的企业往往活不过三年，大部分企业做着做着就死了。

一家企业不管是员工激励，还是员工入股，股东和老板都得有一个在黄金期获得多少利润的指标。

有一位企业家，他的公司市值已经 2 亿元了，每天看似做得热火朝天的，但账上没有现金。我问他："你有没有车？有没有房？"他说："有车没房。"我又问他："你兜里的存款有多少？"他说："几乎没有存款。"我说："你有没有考虑过你公司的指标与个人指标的结合？你都 40 多岁了，你的这家公司如果不上市，公募的话，你作为企业的一把手，个人的利润财富应该有个指标，并且这个指标要越简单越好。"

理想与现实有时候是要进行结合的，企业家不能全身心地投入理想中，大树才能做的事，小草是做不了的。在一家企业没有完全成型之前，员工入股风险是最大的。

一家企业的老板一般会在这家企业利润稳定的时候，开展一轮员工入股。前面开展了员工激励，后面就开展一轮员工入股。公司赚钱了，前景很好，现在大家兜里有钱的话，可以入股公司，成为公司股东。这时候可以用直接注册股的形式，也可以用间接股东的形式，还可以用小湿股的形式。

员工入股有三个好处：第一，可以把员工的钱用于投资，盘活资金；第二，稳定员工的军心，防止形成竞争对手；第三，入股相当于贷款，相当于利用了社会资金。

（3）私募和公募阶段

私募和公募阶段包含五个环节，分别是傻瓜投资、种子投资、风险投资（VC投资）、私募投资（PE投资）、上市投资（IPO），见图14-3。

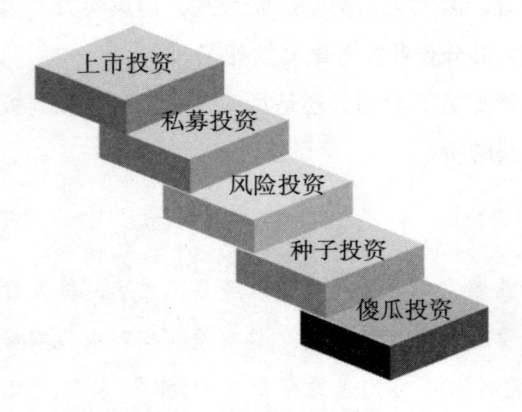

图14-3 私募和公募阶段的五个环节

A. 傻瓜投资

傻瓜投资，就是完全不知道对方的商业模式是否经过社会的验证就投进去了。这种投资失败率非常高，所以被称作傻瓜投资。

B. 种子投资

种子投资和傻瓜投资差不多，但是种子投资需要投资对象的商业报告书（BP）。比如某人有一个项目来找我，问我能不能给他做点投资。我先要他给我一个项目报告书。种子投资的公司是非常规范的，有清晰商业模式，让投资者有可测量的途径。

C. 风险投资（VC 投资）

风险投资包含天使投资，通常是企业运营一段时间后再进行投资。风险投资和种子投资最大的不同是：种子投资有可能在公司还没有注册营业执照的时候就投进去了；而风险投资是公司运营了一段时间，商业报告书经过论证以后再投进去。

D. 私募投资（PE 投资）

私募投资是以资本退出为目标进行的投资，投资人要通过投资获得收益。

前三种投资，都是用个人挣的钱投资。PE 叫小产业投资，也叫私募基金，是投资人先进行社会筹资，再将筹集的资金用于投资的形式。PE 和 VC 投资人，都是把投资当成职业来做的。而种子投资和傻瓜投资的人有可能还有自己的工作，比如我个人就属于傻瓜投资，我一边做咨询师，一边开公司，还一边对别人做投资。

E. 上市投资（IPO）

上市投资，也叫公募基金。就是社会上所有的人，都可以花钱买我的股票，并且随时买卖。

按道理来说，傻瓜投资是最容易赚到钱的，但傻瓜投资的风险最大，如果企业项目死了，钱就打水漂了。傻瓜投资在碰到种子投资和 VC 投资的时候，投资人可以把股票卖掉退出。比如我投了 100 万元，VC 问我 200 万元卖不卖，我就把股票卖给了 VC。VC 也可以跟原始股东签订一个协议，即 PE 进来的时候，VC 可以优先将股票卖给 PE。

股权改革的三个阶段中，员工激励阶段和员工入股阶段一般不存在退出卖股票，因为员工靠股票挣钱。而第三个阶段属于社会融资，社会融资的人的主要目标是投资赚钱，到达一定程度的时候就会退出，挣钱以后就撤了。

各个地方都有很多项目，想让 PE 爱上某一个项目是不可能的，因为社会上的项目永远向前发展。你说这个项目好，过几年会有一个更好的项目。比如微博刚兴盛的时候，大家认为微博太棒了，结果很快微信出来了；微信刚出来没几年，大家感觉微信非常棒的时候，头条又出来了；还没过多长时间，抖音又出来了……像这些公司，都是典型的被 VC、PE、IPO 推起来的公司，它们都有自己的退出标准，所以我们要心态平和地看待这些事情。

如果一家公司提前让 VC、PE 进入公司，就会导致员工股权激励和股权入股的价格偏高。最好是开始时价钱低一点，往后再慢慢地变高。很多企业很早就获得了融资，后来想给员工做股权激励，却发现股价偏高，无法再给员工做股权激励了。

四、企业股权的股东架构与投资架构

企业股权架构分为对母公司的投资和母公司对外投资。母公司股权架构，即传统意义上的股东结构。而母公司对外投资，指以母公司为主体，对外投资或合作投资，即投资架构。

❶ 对母公司的投资

我们可以把钱分多轮投到母公司，这是一种重要的流程。有的企业，做到这个阶段就结束了，原因是企业的目标就是母公司有钱，正常发展就可以了。有的公司，对母公司投资结束以后，母公司还要对外投资。

企业的股权架构，有以下四种方式：

第一，母公司只有原始股东；

第二，母公司既有原始股东，又有投资人；

第三，母公司没有别人的投资，但会投资给别人；

第四，既有别人投资到母公司的，又有母公司投资出去的。

对母公司投资在实际操作过程当中，可能有员工激励，有第一轮、第二轮、第三轮的融资，甚至上市，所以加在一起有七八个环节。但总体上分为五大阶段，分别为：原始股东；控股公司的设立；有限合伙，内部员工的激励；

社会贡献者，有限合伙企业的进入；VC、PE 和 IPO（见图 14-4）。

（1）原始股东

原始股东主要针对实际控制人，其个人前期持股 40% 左右，且保证在 IPO 时至少保留 10% 的比例。

我们在做股权激励的时候，首先要清楚原始股东股权改革的要素和股权改革办法。

原始股东股权改革的动作要素有合规、市值、增长率、股东基础。

A. 合规

合规，通俗地讲就是合法、规范。有很多企业家跟我谈公司要进行股权改革，已经规定好多少个员工成为公司股东，流程都走完了。我会问他们一些问题：公司成立多长时间？以前公司的税务账目是不是合理？有的人会说账目不太合理。既然公司以前的账目不合理，不合规，怎么进行股权改革？

让公司合规是一项非常重要的工作。虽然"合规"就两个字，看似简单，但这件事情要想做好是非常困难的。一家不合规的企业进行大规模的股权改革，让很多员工成为股东，会为这家公司留下内斗的隐患，发生问题之后受伤害最大的肯定是原始股东。

长松公司的股权改革，并不是对其进行股权改革，而是新成立了一家公司，叫长松股份，然后进行股权改革。长松股份从成立的那一天起就是合规的。我是非常注重风险管理的，我也希望各位企业家高度地重视"合规"这个话题。

B. 市值

无论原始股东的股份怎么变动，按道理他都是不需要出钱的，但是需要评估市值。如果要第三方进行评估的话，成本大概不超过 10 万元。不过我个人认为第三方评估不一定是完全科学与准确的。当然，企业做第三方的评估也是有意义的，因为第三方评估后会有法律文件。企业家首先要清楚自己的公司到底值多少钱，然后从前面介绍的企业股权架构的四种方式中选择一种就可以了。

‖ 组织管理系统落地手册 ‖

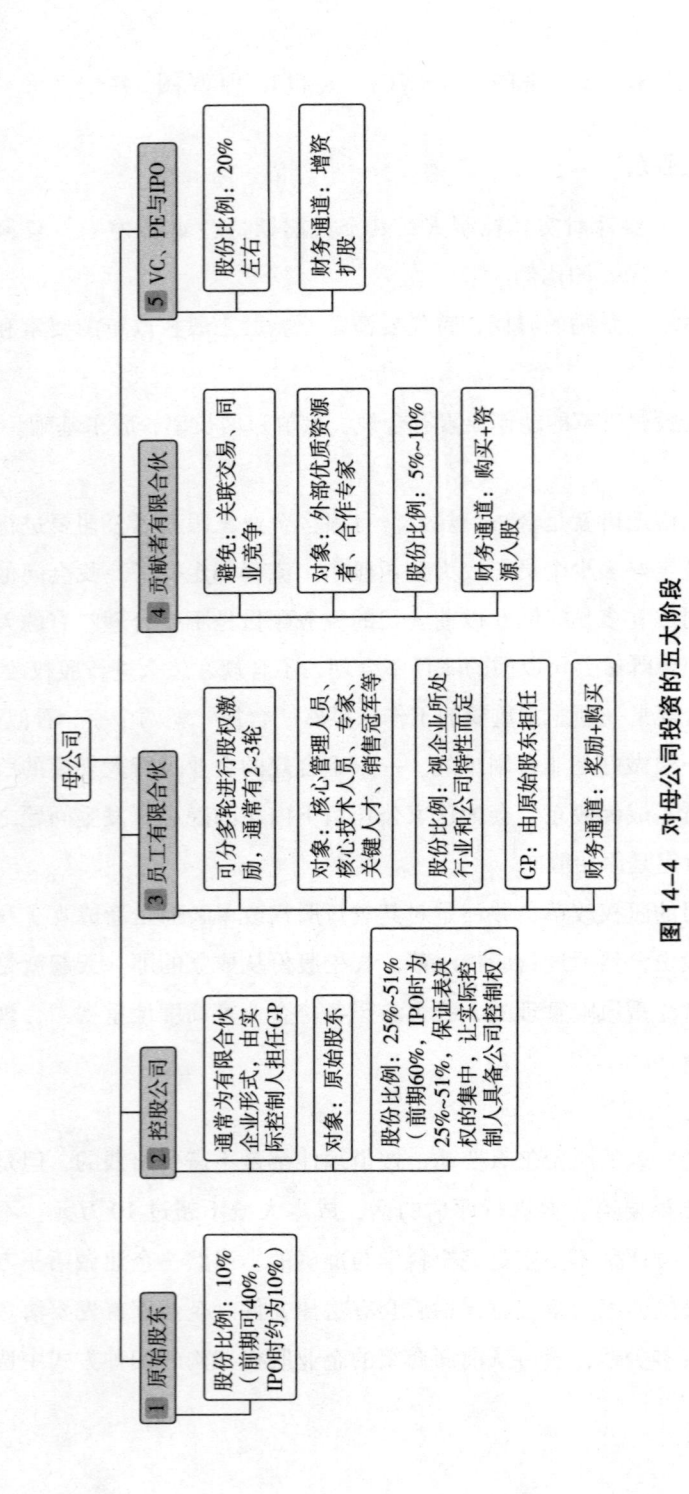

图14-4 对母公司投资的五大阶段

1 原始股东
- 股份比例：10%（前期可为40%，IPO时约为10%）

2 控股公司
- 通常为有限合伙企业形式，由实际控制人担任GP
- 对象：原始股东
- 股份比例：25%~51%（前期为60%，IPO时为25%~51%，保证表决权的集中，让实际控制人具备公司控制权）

3 员工有限合伙（母公司）
- 可分多轮进行股权激励，通常有2~3轮
- 对象：核心管理人员、核心技术人员、专家、关键人才、销售冠军等
- 股份比例：视企业所处行业和公司特性而定
- GP：由原始股东担任
- 财务通道：奖励+购买

4 贡献者有限合伙
- 避免：关联交易，同业竞争
- 对象：外部优质资源者，合作专家
- 股份比例：5%~10%
- 财务通道：购买+资源入股

5 VC、PE与IPO
- 股份比例：20%左右
- 财务通道：增资扩股

566

C. 增长率

增长率与市盈率有很大的关系。市盈率是上市公司的市价总值与税后利润总额之比。假设中国工商银行的市盈率是 5 倍，而另外一家高科技公司的市盈率是 50 倍，那你有可能会买这家高科技公司的股票，而不一定会买中国工商银行的股票，因为它们的增长率不同。中国工商银行的增长率基本上很低，买它的股票可能 5 年才能回本。虽然中国工商银行的市盈率是 5 倍，但是到年底没有分红，股票价格也不涨，买它的股票挣不到太多钱。而那个市盈利率是 50 倍的公司不一样，它的增长率是 10 倍，第一年看可能需要 50 年回本，到第二年的时候，需要 5 年就能回本。如果它用了 1 年的时间就可以回本，再增长 10 倍，到第三年的时候只需要半年，即 0.5 年就能回本。也就是累计用两年半的时间，就可以把所有的投资收回。

一家市盈利率为 50 倍的公司，要比市盈利率 5 倍的公司值得投资，主要的原因就是这家公司的增长率很高。所以我们在考虑员工股权入股定价的时候，要考虑增长率的问题。虽然现在企业的规模小，但增长起来可能速度非常快。

D. 股东基础

股东基础是指公司非常规范，具有良好的基础。

清楚以上四项要素，就可以进行股权改革了。一般公式是这样的：首先将多个股东改造成为只有一个个人股东。比如原来有 A、B、C、D 四个个人股东，我们把它改造成 A+（A+B+C+D），变成个人股东+个人股东合伙企业的股权结构。经改革后，形成 A（实际控制人）+股东合伙企业（A+B+C+D，由 A 担任 GP 行使表决权）的模式。

（2）控股公司

设立控股公司，主要针对原始股东，通常采用有限合伙企业的形式，并由实际控制人担任 GP，股份比例在 25%~51% 之间，其中前期可占 60%，当 IPO 时股份比例保持在 25%~51%。它的优点是保证表决权的集中，使实际控制人掌握公司的控制权。

A、B、C、D 这四个股东在母公司里，他们的表决权、否定权等权利都是一样的，但是到了新的公司，A 被约定为 GP，GP 就是管理员，就等于 A 拥有新公司的表决权。

想做这一系列动作太难了，难就难在原始股东们往往不理解、不认同。其实大家可以想想，在股权改革过程中，一家公司还会遇到各式各样的障碍。怎么办？那就在股权改革的前期，顺势与原始股东签订一系列股权激励方案，把后面进行股权改革的路铺平了。很多企业家没这个意识。一家优秀的企业，一定是设计出来的，不仅是股权的设计，还包含产品的设计、模式的设计、团队的设计、薪酬的设计、营销流程的设计。无序发展是很难发展强大的，适当的失控和创新是可以的，好的企业一定是由较为前瞻性发展观的战略家打造出来的。

有好几个个人股东，同只有一个人股东，这两种股权架构，后者更好。此外，母公司和新公司的母公司，可以是同一家母公司，如果是同一家母公司，它的税收金可能会非常复杂。如果是平价转让，就没有那么多税金，如果是增值转让，税金就会很高。所以一般公司在不急着上市的情况下，会新注册一家公司。这是股权改革的第一步，也是少不了的一个步骤。

一家上市公司，到最后的时候一般会保留 10% 左右的股份，剩余的都是机构持股。以前是 100%，现在变成 10%。机构持股有其好处，比如它可以做税务的筹划，也可以降低个人股东的风险，还可以重新规划表决权。

综上，原始股东假如为 A、B、C、D，那就让 A 做 GP。如果这个工作没有做好，直接让 A、B、C、D 都做成个人股东，这家公司上市的难度就很大。

曾经有一家企业，2017 年准备上市，但没有成功。这家企业大概有 30 多个个人股东，并且这 30 多个个人股东大部分都是股份小于等于 1% 的小股东。后来，有 20 多个股东都陆续离职了，但股份还在他们手里，就比较麻烦，最大的问题就是开股东会，要把这一堆股东们都请到一起,来决策是否重新梳理公司贷款、公司上市、公司融资等各种事情。

(3)员工有限合伙

员工有限合伙主要针对核心管理人员、核心技术人员、专家、企业关键人才、销售冠军等,采用有限合伙企业的形式,由原始股东担任 GP,可分多轮进行股权激励,通常有 2~3 轮左右。持股比例可以视企业所处行业和公司特殊需求而定。财务通道可以采用奖励+购买的形式。内部员工的股权改革一般分为三轮。这是一个动态的过程。在第一轮当中,一般会选择最关键的几个高管进行改革。也就是说,对员工进行股权改革的时候,是从上往下以一个金字塔的形式进行的。比如对最核心的技术、产品、营销人员,最核心的管理人员首先进行股权改革,让他们成为公司股东。

第二轮的时候,前面就整体稀释了。大家一定要记住,这个技术细节不是并列的,也不是换股。

有一位企业家问我:"我自己占公司 100% 的股票,现在对员工进行股权改革,出让 10% 的股票。是不是员工拿钱给我,我给员工 10% 股票?"我说:"这个技术上没有问题,你就是卖股,但是效果不行。你如要对外融资,这种方法我同意。但是你不能把员工的钱装到你兜里,把股份稀释一点给他们,这种方法我们一般是不会用的。我们一般采用的办法就是增股,增股的同时也是稀释的过程。"

对关键人员进行股权分配的时候,关键人员的百分比例与企业的市值一般是成反比的。越早期的员工给得越少。结婚是一样的道理。男人跟女人没钱的时候结婚，他们的婚后财产比例是50%：50%。但是如果男人有10亿元，女人没有钱，他俩结婚的时候进行财产公证，这男人的10亿元还是男人的，并且他名下房产的增值也是他的。结婚以后挣的钱，才是平分的。假如有一天他俩离婚了，女人是拿不走这10亿元中的一半的。

我们会发现，越往后成本越高，付出的代价越大。第一轮，让关键的人员进来，对他们进行激励。第二和第三轮，股权激励就比较有特色了。有的企业是关键人才入完，再入高管，入中层；有的企业是关键人才入完，入技术，再入销售；有的企业是关键人才入完，入已经考核合格的，再入潜在者。不同的企业，采用的办法不一样。

企业每年的变化都很大，所以股权改革不要照抄别人的，一定要找到一条适合自己企业的思路。

一般来说，一家公司的股价会越来越高，如果看好公司的发展，员工能往前挤的，就不要往后靠，不要观望。

> 比如一家重工业型企业，投资非常大，那么给员工股权激励的比例相对就会偏低；如果这家企业是人和型的公司，就是老板的投资并不高，全靠"兄弟们"干活，三轮下来，给员工的股权总比例可能就会变得很高。这家企业越靠前进行股权激励，员工拿到的股份比例就越高，拿5%很正常，越靠后，能拿5%股份已算很多了。

这里有一个重要的概念，财务通道。财务通道就是指做账要做平，前两个阶段的账好做，可以注销再重新注册一个，账本来就是平的。但一到员工有限合伙阶段，就会出现各种情况。比如员工没有那么多钱，你给了他股票，这个账怎么做平？这个问题就会很大。比如他没有向公司出钱，但有了他的股票，这个钱谁来出？那不可能是老板出，我们采用的办法极有可能是做股权激励。员工象征性地出30%的费用，剩下的70%要进行考核。那这个账怎么做？市值怎么核算？这个时候，就用到了奖励＋购买的财务通道。

（4）贡献者有限合伙

贡献者有限合伙主要针对外部优质资源者和合作专家等对象，采用有限合伙企业的形式，同样由原始股东担任 GP。持股比例在 5%~10% 之间。财务通道可以采用购买＋资源入股的形式。股权改革在上市过程中，我们国家会查两个重要的做法：一个叫关联交易，一个叫同业竞争。关联交易就是我拿这家公司去上市，打了我的知名度，但我自己偷偷成立了一家公司，业务赚了很多钱；同业竞争是指我不但入股这家公司，还入股同行业的那家公司。

贡献者是要排除关联交易和同业竞争的。一些非常优秀的资源，我们可以吸纳过来，使其成为公司的股东。因为他们不成为我们的股东，就极有可能成为别人的股东。这时候需要签订相关的协议，规定他们拿出适量的钱，或付出等量的价值，成为我们的股东。

关联交易和同业竞争，从本质上来讲，一个涉及内部的员工，一个涉及外部的资源。企业家最好先规划一下，应该给谁股票，并且这些股票持有者不在其他地方担任股东，只成为我们公司的股东。他们进来以后，能大大推进我们公司的业务发展，我们把他们叫作贡献者。一般对贡献者可以给 5%~10% 的股份。

A. 表决权

原始股东肯定都自己做表决。控股公司最好由原始股东的核心股东担任 GP，原始创业的大老板，既可以将股权激励给别人，又拥有了对公司的控制权。在美国、澳大利亚、中国香港等国家或地区都有 AB 股，但中国内地没有 AB 股，A 是有表决权的股票，B 就是没表决权的股票。我们是同股同权制，就是只要入股，就有表决权。有的公司让间接股东入股，找一个 GP，这个 GP 可以是原始股东，也可以由大老板担任。大家共同享受公司的收益，但是公司的表决权由大老板控制。这样既保证了战略的长期性，又能使公司成为人人可以享受利益的共同体。

根据现实中的经验，企业会提前设计好公司的表决人。表决人如果不是大老板，可以让表决人与大老板签订行为人一致书，使其与大老板的行为决策一致，这样在决策的过程当中，不至于有那么多的问题。VC、PE 和 IPO，一般会牢抓自己的表决权，主动放弃表决权的很少。

B. 股权激励

表决权完全策划好以后，公司就可以进行股权激励了。股权激励会采用不同的表决方法：有出钱的，有不出钱的，有老板代持的，有贷款的，有赠送的，等等。

（5）VC、PE 与 IPO

到了企业上市阶段，可以采用增资扩股的形式，比例在 20% 左右。

总体来讲，母公司的股东结构是有极强的战略性设计的，不可以走一步说一步，也不可以在合规之前进行入股，更不可以按照随意比例没有策划。当我们了解到股权激励的各种技术时，会发现动刀非常难，但是一旦下刀，且动刀动得比较准确，后面的股权改革就会一路开花，非常轻松。

❷ 母公司对外投资的方法

母公司肯定不会只经营一家公司，优秀的母公司会经营多家子公司。大部分股东入股母公司以后，会依托这家公司去做经营，在经营过程当中，根据扩张的需要会同时做很多家公司。企业股权激励，并不建议直接从母公司进行股权激励，而需要与相关人员合作成立新公司，对新公司进行投资或运营，并将新的子公司或合作公司股权转换为母公司股权。

企业股权架构的投资结构主要包含（见图 14-5）：

第一类，项目型公司；

第二类，事业部型公司；

第三类，销售型公司；

第四类，联合创业公司；

第五类，参股公司；

第六类,投资公司。

即使是我们前期没有做员工的股权激励,母公司依然可以和员工独立地合作。

第一种情况,我们既可以让员工入股母公司,也可以让他们投资子公司。

第二种情况,即使母公司不进行股权改革,仅仅有原始股东,依然可以同各个关键人才进行子公司的合作,形成多个合作公司。

很多企业家问我:"贾老师,你最喜欢什么样的股权改革方式?"其实我最喜欢先不要动母公司的股权,和关键人才合作成立子公司。我成立了20家子公司。这20家子公司,加上我的1家母公司,有21家。这21家公司,我担任法人代表的只有1家,其他公司有20个不同的法人代表。从法律责任上进行分散,从责任体系上,谁做经营谁承担法律责任,这是合情合理的。

很多企业家担心别人做了法人代表,自己不好控制公司,干脆就自己做好多家公司的法人代表。其实,我们经营哪家公司,就要承担哪家公司法律上的责任以及享受相应的权利。所以我非常主张,先做一堆子公司,然后根据子公司的公司价值,根据每一个人的贡献,将他们所拥有的子公司股票与母公司的股票进行折算。这个过程不能太急,一定要把握好节奏。

(1)项目入股制:项目型公司

某种意义上来讲,项目型公司不属于一家独立的公司。

假如公司里有无数个项目,项目就分为两种情况。一种情况是不需要再投资,只需要做项目就可以了。比如装修公司就不需要再投资,因为做一个新项目,需要客户先付50%或30%的工程款,由公司再去实施。某种意义上来讲,公司只投入了设计、人力资源管理和技术,这种情况下,就没有必

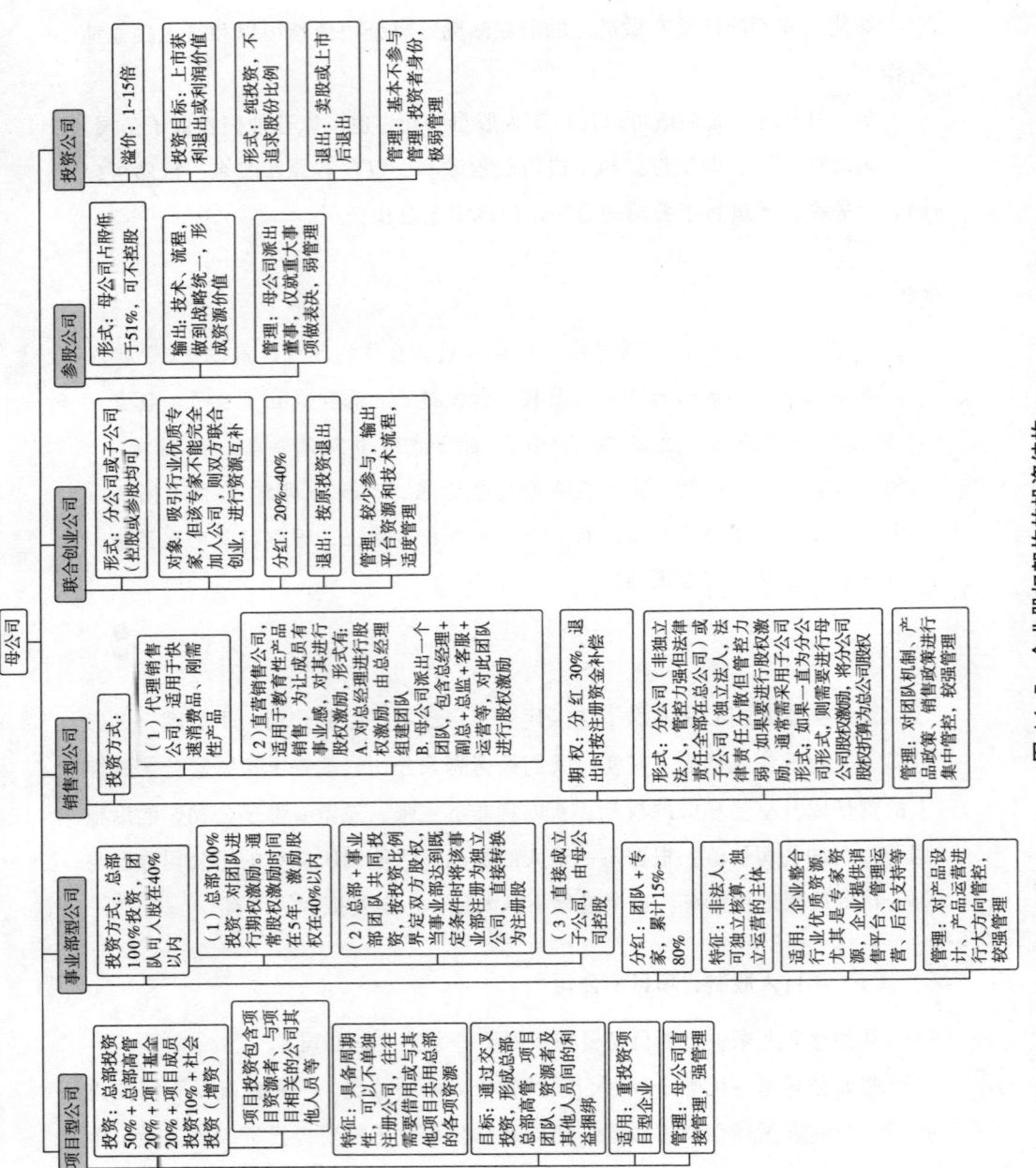

图 14-5 企业股权架构的投资结构

母公司

项目型公司
- 投资方式：总部投资50%+总部高管20%+项目基金20%+项目成员投资10%（增资）；总部投资包含各项奖金+项目基金+社会投资
- 特征：具备周期性，可以不单独注册公司，往往需要借用或共用母公司其他项目的各项资源
- 目标：通过交叉投资，形成总部、总部高管、资源方及项目团队、其他人员间的利益捆绑
- 适用：重要项目企业
- 管理：母公司直接管理，强管理

事业部型公司
- 投资方式：总部100%或团队投入股权40%以内
- （1）总部100%投资，对团队进行期权激励。通常股权激励同时在5年，激励股权在40%以内
- （2）总部+事业部团队共同投资，按投资股比设定双方股权，当事件时将该事业部注册为独立子公司，直接转换为注册股
- （3）直接成立子公司，由母公司控股
- 分红：团队+专家，累计15%~80%
- 特征：非法人，可独立核算，独立运营的主体
- 适用：整合行业优质资源，尤其是行业专家资源，企业提供平台，售平台+启动支持等
- 管理：对产品、产品运营设计进行大方向管控，较强管理

销售型公司
- 投资方式：
  - （1）代理销售公司，适用于子快进消费品，刚需性产品
  - （2）直营销售公司，适用于教育性产品，为让成员有事业感，对其进行股权激励。母总经理进行股权激励。对总经理可以有：A. 母公司派出一个团队，包含总经理、副总+总监+客服+运营等，对此团队进行股权激励 B. 母公司派出一个总经理，由总经理组建团队
- 期权，分红30%，退出时按注册资金补偿
- 形式：分公司（非独立法人，管控力强但在法律责任在总公司）或子公司（独立法人，法律责任分散但股权激励，通常采用子公司形式，如果公司股权激励，则需要进行子公司形式，将分公司股权折算为公司股权股）
- 管理：对团队机制，产品政策，销售政策进行集中管控，较强管理

联合创业公司
- 形式：分公司或子公司（控股或参股均可）
- 对象：吸引行业优质专家，但该专家不能完全加入公司，则双方联合创业，进行资源互补
- 分红：20%~40%
- 退出：按原投资退出
- 管理：较少参与，输出平台资源和技术流程，适度管理

参股公司
- 形式：母公司占股在51%，可不控股
- 输出：技术、流程、做到战略统一，形成原有价值
- 管理：母公司派出董事，仅就重大事项做表决，弱管理

投资公司
- 溢价：1~15倍
- 投资目标：上市获利退出或利润价值
- 形式：纯投资，不追求股份比例
- 退出：卖股或上市后退出
- 管理：基本不参与管理，投资不参与，极弱管理

Part ⑭ ‖企业股权改革‖

要再成立项目的投资公司。

还有一种情况是需要再投资的，比如房地产公司就需要再投资。很多房地产公司是先拿一块土地，经历一定时间的投资，拿到了许可证和销售证后再去销售，销售完以后把钱回笼，算出赚了多少钱。如果只是一个房产项目，有可能母公司的资金是够用的，即使不够还可以贷款。但是如果一家房地产公司在全国各地同时开建100个项目，就形成了项目入股制。

总体来讲，一家母公司根据品牌和商业机会可以拿到很多个项目，他们让社会上的资金进到公司里来，从而达到扩张复制的目的。这种情况，叫项目制管理。

具体的做法一般是，公司选择投入50%以内的启动资金。比如拿到了一块地，开发这块地的启动资金需要2亿元，母公司大概拿出8000万元到1亿元，另外1亿元就需要到社会上去筹集。公司会有无数个项目，有的项目是刚刚开建，有的项目已经销售出去，甚至有的项目已经有利润，就可以把这些资金进行充分的利用。可以把老项目的资金投入新项目，但是如果所有项目都由母公司来投资，钱肯定是不够的。所以我们可以邀请几个项目组进来，第一个项目组由总部的高管组织，我们为了让总部的高管形成凝聚力和利润源，跟他们成立一家合伙公司。总部的高管包括董事长、总裁等。这家公司主要的作用就是，只投资我们的项目，没有其他投资功能，这就形成了第二大股东。很多房地产开发商企业的公司高管负责人，都非常专注于项目经营。

总的来说，项目入股包含五种股东：

第一种股东是母公司；第二种股东是高管；第三种股东可以是专门的项目基金，由社会贡献者和其他公司的高管共同组成；第四种股东是项目成员，即负责项目的操盘手，谁做这个项目，自己一定要入股；第五种股东是社会投资方。

有一家公司不是做房地产的，而是做能源项目的。这家公司以前接的单大概就是2亿~3亿元。后来我们经过设计，将这家公司的项目进行了拆分，第一拨是对国有企业的项目，第二拨是能源节省项目，第三拨是能源

575

创新项目。一般来讲，能源创新的投资比较低，所以它不需要太多的投资。

第一拨对国有企业的项目，刚开始需要拿的单是2亿~3亿元。随着公司规模的扩大，它的每一个单都需要18亿~20亿元，自身的资金是完全不够用的。经过推演，这家企业采用了项目制，使50%的资金源于社会融资，也就是18亿元的项目，公司要找到9亿元，再加上员工（即公司的高管和操盘手）也入股了，统一入到一家有限合伙公司，形成了第二大股东。第三大股东就是自己的母公司，母公司占30%~40%。拿到这个比例以后，他们先做基建，因为只有做基建才能拿到贷款，银行又能贷50%左右。

（2）事业部制：事业部型公司

事业部与项目部最大的不同就是，项目部主要针对一个具体的项目进行管理，它的附属部门非常少，比如没有独立的设计部、生产部、采购部、运输部、仓储部，甚至没有独立的服务部；但是，当一家公司规模做大以后，我们发现项目类型有可能完全不同，没有办法共用部门，于是我们设定一个比项目部级别高的级别，它可以独立核算、独立运营，甚至可以拥有独立的生产体系，这样的部门叫事业部。

事业部和项目部有一个共同的特征是都没有法定代表人机构。我们可以不用成立一家独立的公司，在母公司的体系之内去做就行。目的是激活这些事业部的核心高管，对事业部进行一系列的股权设计。当然，必要的时候可以对事业部做独立公司的设计。比如给事业部的高管5年的期权，5年以后，就可以成立独立公司。

企业在经营过程当中会遇到很多同行。同行里有非常多的优秀人才，如果不把这些人才变成企业的事业部成员，他们一定会成为企业的竞争对手。如果出现这种情况，对企业的发展是非常不利的。所以我们最好把自己的企业整合成有多个事业部的发展规模。

比如我当初做长松股份的时候，想打一个品牌叫"系统"，不但包含组织系统，还有营销系统、财务系统等。在这种情况下，我的时间、精力是根本不够用的。我只好去整合其他优秀人员。像项目部一样，自己研发完交付不太现实，组织系统能做透，都已经相当不易了，自己不可能再重新学习，再进行验证。术业有专攻，我需要去整合别人和我合作。我要为他提供操盘手，提供管理者，甚至提供营销，我可以整合多个事业部，形成一种股权合作的体系。

事业部也分为几种情况。

第一种是最简单的事业部。人才到位以后，事业部干脆就由公司投资、入股。这样的事业部的最大优点就是，人员直接干活就可以了。在这种情况下，我们一般会给人员期权。期权的时间大概是5年。

第二种是不给期权，在入股的过程当中，看事业部的组建需要花多少钱，你出一定的钱，我出一定的钱，一比一购买股票就可以了。这种情况的优点就是，员工直接有了事业。这种事业部的整合能力比较强。

还有一种情况，不只成立一个事业部，而是直接成立一个子公司。这种情况以科技类的公司居多。比如有的公司不但生产电风扇，还生产洗衣机、空调等，它每生产一类产品，就会成立一个事业部，并且成立的这个事业部往往是独立公司。

（3）销售型公司

最简单的销售是代理，就是你成为我的代理商，我把产品直接卖给你，我自己就没有必要建销售公司了。一般快速消费品公司或者非教育型产品公司，比较适合这种情况。因为这些产品对客户来说基本上是刚需。

有一种销售公司是需要去自建的，因为销售要求比较高。比如卖别墅、系统软件等的公司。就拿长松公司的组织系统包产品来说，我们发现随随便便找一个代理商是很难卖出好业绩的。但培养一个销售团队成员又非常困难，于是我们决定对这些团队的领导做股权激励，激励销售公司的总经理这一个人。

自己建立销售公司的模式有两种。

有的公司只需要找到一个销售总经理就可以了。这个销售总经理自己再去找销售副总、销售总监、销售经理、运营经理、财务、出纳、人力、客服等。

我们长松股份，类似这样的大量工作，都是销售总经理做的，我们采用的就是这种激励方式。

还有的公司销售更加复杂，有一个深度的销售流程。所以它在建销售公司的时候，要直接派出去一个团队，这个团队包含了销售总经理、销售副总、财务、运营等，至少有四个人，甚至有的公司还要加上客服。在这种情况下，我们在做股权激励的时候，就需要考虑激励一个团体。

也就是说，有的公司只激活销售总经理，有的公司是激活一个销售团队。

另外，销售公司的设置也分为两种：一种是分公司，一种是子公司。到底哪种形式好？到目前为止尚没有办法评判。分公司没有独立的法人，所有的法律风险都在公司总部。如果你希望公司的资金统筹比较清晰，管理的调动比较灵活，最好的办法就是用销售分公司。

销售子公司是可以有独立法人的，它是一家独立的公司，可以由总部进行统一投资。它最大的优点就是法律责任分散。一家公司发展做大的时候，有可能有上百家销售子公司。值得注意的是，不是所有人都非常职业化，有的人贪钱，在你监督不到的情况下，他会出一些财务上的问题，在这种情况下，势必会出现各种税务风险，因此我建议大家采用子公司形式的时候要注意这方面的问题。

不管是子公司还是分公司，如果最终做股权激励的话，它一定走向子公司，原因是分公司没有办法做股权激励。可以前几年做销售分公司，如果几年以后感觉某个员工特别不错，再让他拿到实股，独立做一家子公司。如果不做独立的子公司，只做分公司怎么办？让做得不错的这个员工，在总部获得股权激励，也就是将他的业绩折算成总部的股票数了。也就是说，一种情况是他直接在子公司拿到股票；第二种就是在分公司拿到期权，考核合格在总部拿到股票。

（4）联合创业公司

联合创业公司既可以是分公司，也可以是子公司。

长松公司吸纳了非常优秀的李哲贤博士,他在企业教练(Business Coach)领域做得特别棒,近几年他又在深度做阿米巴培训,业务做得非常好。李哲贤博士还有一个很大的优势,就是他与超大型的企业的合作经验非常丰富。我觉得我们特别有必要和这位老师一起合作。

经过相互考察,我感觉和李哲贤博士通过事业部与项目部合作都不合适,于是我们决定成立一家独立的公司。这家公司由长松股份和李哲贤博士的公司同时出资,大家的股份差不多,由李哲贤博士的公司控股。这样的合作形式叫联合创业。

项目型公司、事业部型公司、销售型公司的股权激励都有一个特征,那就是员工必须到公司来上班,对外合作的名义中,他必须是公司的员工。但高级人才往往有自己的公司,我们想和高级人才一起合作,挖他到咱们自己的公司来,是一件非常困难的事情。解决的方法就是采取联合创业公司的形式。

我们的学员的企业中,有20多家企业都有联合创业公司。比如我发现李振杰先生的优势是做国际互联网贸易,我的优势是认识非常多的投资人,于是我就整合了一种业态,由李振杰先生做经营,由各投资人进行投资,到今天为止,这种模式创业是比较成功的。

我们要不断地整合高价值的资源,不断将现有的资源做到价值利益最大化。我们在跟任何一个人合作的时候,必须明白自己存在的价值是什么。拿我自己来说,如果我认为和一个人合作,我存在的价值可以用文字罗列出来,我就会和这个人深度地交流;如果我存在的价值写不出来,我没有办法给别人提供价值,那我就不会考虑深度合作。向别人要价值,我是不会的。人没有高低之分,只有相互的价值。如果我对别人一点价值都没有,我不会选择跟别人合作。

(5) 参股公司

参股公司比联合创业公司更宽松。从控制和管理的角度来讲，控制最深的是项目，其次是事业部，再次是销售公司。对于一般的项目，我要保持经常性的存在。我对事业部的管理也不会过多干预，只有事业部出现问题了，我才会出来，我不能影响它的正常经营，但是我像一只无形的手在控制着这个事业部。同样，在销售公司里，一般看不到我的身影，也只有这家公司遇到巨大的问题的时候，我才会出来。

从项目到事业部，到销售公司，到联合企业公司，他们经常想让我出来主持事务，但我不愿意出来。在我和松哲公司的合作中，松哲公司的负责人经常找我说："贾老师，你要多讲几句话，多给一些建议。"其实我不太愿意这么做，原因是我认为我不应该在这个领域当中经常干涉别人的工作。

参股公司有点投资的味道，但它不属于纯投资。如果是纯投资，一般情况下最好不要过问和干涉别人公司的经营。参股公司的特征是你入股了，别人也入股了，并且有一群关键人才，对这一群关键人才还要有股权激励。也就是当你投资一家公司，股份为40%，公司又进行股权激励的时候，你的股份极有可能由40%变成32%，因为有8%的股票用来做激励了。

(6) 投资公司

投资公司的特征就是纯资本投资。如果做了投资，还提供了某一领域当中的价值，这种形式叫参股公司；如果是自己把所有的资源都贡献出来，这种形式叫联合创业公司；如果只是提供销售的功能，不需要职业经理人投资，我们需要对其做股权激励，这种形式叫销售型公司；如果不需要建立独立的法人，只需要和一个团队进行深度的合作，并且给股权激励，这种形式叫事业部；如果说连公司也不用注册，就一个又一个做项目，做完就结算分钱，这种形式叫项目。

其中项目、事业部、销售公司的部分股权激励，都可以到总部的有限合伙公司里进行。关于母公司的投资，我们要灵活多变，不要僵死在某一种形式里。我们要根据当时的资源情况进行灵活调动，我们的买卖和生意才会越做越大。

Part ⑮

员工股权激励

一、股权激励要项

❶ 股权激励相关概念

很多企业老总问我:"现在我准备给员工做股权激励,但是不知道该怎样去做。到底该从何处下手?"做股权激励首先要了解一些相关概念。

A. 总股本

总股本是指企业的总股本数,以数量表达。股本不是按百分比来算的,而是按有多少股来计算的。

B. 每股单价

每股单价指每股价格是多少,通常企业上市时都会制定每股单价。

C. 总注册资本

总注册资本指体现在公司营业执照上的注册资本金额。

D. 市值

市值是指企业所评估的价值。

在股权改革的过程当中,对这几个指标都要有非常清晰的了解。

假设有一天,一家公司要上市了。上市的时候,首先要有一个定价。中国近几年上市股票的平均价格在22元左右。如果价钱是每股22元,市利率为22倍,就是说原始股的价值就是1元。价格分为三类:市场价、资产价(总资产÷总股数)、利润价(总利润÷总股数)。单价就是指,每股的市场价格是多少。

每股单价计算办法分为倒推法和正推法。

一般来讲，这里的 22 元钱就是指单价，也就是市场的价格。一般市场的价格，在上市的时候大约是 22 倍。也就是实际的价格是 1 元钱的时候，市场价是 22 元。倒着来推，一般我们给 PE 的价格大约是 15 倍，也就是 PE 基本上会增加 80%~100%。因为上市的时候是 22 元/股，但是经过几年上涨，有可能会上涨到 100 元/股，上涨到 100 元就增加了 4 倍。PE 的 100% 利润率再乘以 5，就要翻 10 倍，给 PE 是 15 倍的话，我们给贡献者也就是 6~10 倍，给员工的时候是 3~6 倍。经过大规模的测算，得出企业最原始的定价为每股 1.3~1.6 元之间，这个价格是最合适的。也就是用倒推法算出股价的原始定价为每股 1.3~1.6 元。

正推法是：如企业市值 5 亿元，注册资本 1000 万元，设为 1000 万股，则每股单价 50 元。

企业家需要明白这些规则，这些规则制定好以后，就能算出总股本数。首先必须知道公司总共有多少股本，假设总股本数为 1000 万，你拥有 100 万股的时候，就等于占股 10%。

❷ 股权激励前期准备

企业做员工股权激励时，要做哪些准备呢？

（1）在做员工股权激励前，必须有清晰的规划

股权激励，不可以随意地去做，也不可以随意承诺。因为这是一种私有权利。某种意义上，股份类似于家庭财产。比如一个已婚的老总在未征得妻子同意的情况下把自己的股份出让给另外两个股东，这件事情在法律上是不合法的，他的妻子是有权利追回的。当然增加股份是没有问题的，我本来就有 1 亿元的股本，现在可以增加到 1.2 亿元。

员工拥有多少股票，没有标准规定。比如有的企业无论怎么进行股权改

革,就给员工 15% 的股票。有的原始创业股东拥有很少的股本,比如华为的任正非,据说他仅有 1% 左右的股份。但华为这家公司的价值观与其他公司价值观是不一样的。如果你不是拥有超能力和超强影响力,不要像他一样只保留如此少的股票,将剩余 99% 左右的股票都给别人,这样的事情完全没有必要做。

所以,进行员工股权激励前必须进行充分的规划,想清楚股权激励的总比例、股权对象等。

(2)不是所有行业都适合股权激励

除了清晰的规划以外,股权激励也和行业有很大的关系,我们要注意一些重要的细节。

并非所有行业、所有企业都适合进行股权激励。需要对企业所处的行业、企业自身情况进行充分评估,再决定是否采用股权激励,以谁为主体、采用何种方式进行股权激励。总结一下,通常科技型企业、研发型企业、创新型企业,常对员工进行股权激励;项目型企业,可以以项目为主体进行投资性分红,无须对主体公司进行股权激励;重投资的生产型企业、资源型企业,需要慎重进行股权激励,更多采用分红或超产奖方式。

建议科技型公司一定要做股权激励,因为科技型公司的研发基本是靠人才完成的。人的智能水平、学习能力和公司对人才的吸引,对是否能够做出好的产品有巨大的影响。

而配件生产企业,社会已经决定了它的生产流程。在这种情况下,这类企业往往就不适合做股权激励,只需要做分红、超产奖、提成就可以了。再比如类似房地产行业的公司,一般不会在总部的股份上做大规模的改革,而会针对分子公司做股权改革。

(3)需要规划股权激励的节奏

这两年股权改革的风刮得很厉害,这就让企业老板认为如果不进行股权改革,别人就会觉得他的格局很低,如果不把股份出让给别人一点,就是小农主义。其实这样的风气大可不必。跟别的相比，你的企业的背景、行业、规划都不一样，需要自己把握住节奏。任何企业想要动股权，必须先深度地了解相应的知识，并且不能完全依靠咨询别人。

比如我的一个好朋友，花了100多万元请了一家咨询公司给他做股权咨询。刚开始的时候效果非常好，他在我面前炫耀说："贾老师，你看，当时我请教你的问题，你那么保守，不让我动这，不让我动那，你看这家咨询企业给我做得多好。"其实，我深知，他做的PPP行业，原来那两年顺风顺水挺挣钱的，股权改革的效果当然也很好。但风口一过，PPP行业一受打击，货款收不回来，银行不放贷，问题越来越多，于是就会出现员工要求退股的问题。本来公司账上就没出钱，员工还要求退股，老板就更拿不出钱来了。最要命的是一大堆员工跳槽流失，跳槽之后，他们还拥有公司的股份，开会的时候人都很难凑齐。

股权激励的节奏就是成熟一波，改革一波，不要着急，一定要根据企业发展的实际情况和形式去做。

（4）财务必须合规

股权改革这件事情比分红要难。赚了多少钱，分红应该分走多少钱，只要事先规定好了，就很容易执行。股权是一种终身的财产权，在股权改革的过程中，如果企业的财务不合规，或财务能力不够，影响就会很大。我给企业做咨询，都会在关键环节提到财务应该注意的事项和达到的要求。

股权改革必须建立在财务合规的前提下，财务不合规时不能进行股权改革，且股权改革必须经由合法的财务通道。

（5）市值评估

股权激励时，股权定价必须建立在市值评估的基础上，一定要算出企业价值是多少。

（6）准备合同与文书

股权改革的合同与文书，是指我们要准备的大量相关资料。股权改革是一个非常严肃的问题，要提前让律师把相应的资料全部准备好。目前网上有大量的标准化文书模板，但是企业套用这些模板，仍须经律师审定。股权改革过程中的合同、文书必须齐全、合规。

（7）人员考察

鉴于股东合作的长期性，股东间必须具备同频思维。人与人之间的分分合合，圈子由建到散，由散到重建，本质上来讲在于频道和圈子。在股权改革的过程当中，每个人的目的是不一样的。比如老板希望找到同频的人来创造更大的事业，有的人可能仅仅是为了钱，这两种思考模型是不一样的。

所以在做股权改革的过程当中，无论用的方法有多么好，都必须想到：我们最终的目的是找一个同频思维的群体。

有一个老总问我："贾老师，股权改革对股东的学历有没有要求？"我认为股权改革对学历其实是有要求的。因为学历低的人可能有两种情况：一种是可能学习很好，但不具备上大学的条件；一种是确实不太爱学习。大多数不太爱学习的人，到社会上也不太爱学习。这样的人不容易进步，往往也不好沟通，更谈不上与他们思维同频了。

❸ 股权激励的改革流程

第一，准备股权改革的各项文件，包含股东章程、行为人一致书、股权激励合同、保证书、竞业限制书等，且必须在股权改革时一次性签订相关协议。

第二，与员工谈判，给出股权改革方案，核心是股权定价和持股比例、企业现行财务状况。

这里的股权改革方案除了介绍股权定价和持股比例，还要介绍企业目前

Part ⑮ ‖员工股权激励‖

的财务情况。老板不能假设员工都已经知道企业目前的财务情况。虽然高管经常和老板一起开会,甚至每天都拿到与老板相同的报表,但是他们有可能依然不知道公司的财务情况,因为他们关注的指标和老板关注的指标不一样。比如同样一个报表,董事长关注的是利润与负债:每个月能进多少钱,能增值多少钱,公司的风险性多大。也就是说,战略圈群体,关注的是利润增值和负债。而决策圈的人,关注的不是负债,也不是资产,而是利润和业绩。

所以老板要向员工介绍企业经营的实际情况,告诉大家现在发展到哪个地步了。大家千万不要认为,一个决策者每天都只关注利润,其实他更关注业绩。产品圈的人更多关注增长率和业绩,增长率不是利润增长率,而是业绩增长率。运营圈的人关注的是客户量。比如我们公司的运营总监,他每天关注这一堂课来了多少人,反而不关注每个人的单价是多少。执行圈多半不关注整体业绩,更关注自己的工作量。比如我今天打了多少电话,或者我今天工作了多少小时,至于我为公司创造多少利润、增长率是多少、收益率是多少、每股价值是多少,和自己都没关系。所以我们一定要有针对性地给不同群体的人做出不同的介绍。

第三,成立合伙企业,将所有参与股权改革的人员放入有限合伙企业,使其成为间接股东,有限合伙企业的GP由公司指定。

一般情况下,在第一次股权改革的时候,我们就要给核心人员和关键人才解释清楚,不是让他们成为公司的直接股东,而是会成立一家有限合伙企业,将他们整合到这家有限合伙企业,成为间接股东。GP都是由公司提前策划好的,比如长松股份的几轮股改,其实都已经提前策划好了。第一个有限合伙企业的GP,就是我贾长松,第二个、第三个有限合伙企业的GP,就由我们的原始股东担任,再往后的有限合伙企业的GP,就有可能由营销总裁来担任。GP之间的行为人一致非常重要,既要保证收益,又要保证表决权和战略畅通,这是一定要提前进行设计和策划的。

第四,赠予的股权部分并不在账务上显示,财务上只体现购买金额与持有股权部分。

一般注册有限合伙企业的时候,赠予的那一部分直接就减掉了。赠予是公司先给你打一笔钱，让你去注册有限合伙企业，再入股母公司。赠予在账上就不显示了，相当于你以折扣价购买了。所以这种叫赠予加购买，价值等于赠予加购买的价值。

第五，入股母公司，签订入股协议、借款协议（约定借款利息、借款流程等，通常将员工分红优先抵扣借款金额与利息）、行为人一致书、退股协议等。

企业在股权改革的过程当中，一定是先成立有限合伙企业，然后大家交钱，做审计，接着到工商局办理营业执照。办理完营业执照，谈好赠予定价，接着入股母公司。在入股母公司的时候，要签订有入股协议、贷款协议。因为贷款是需要资质的，公司给员工在做贷款协议的时候，往往不叫贷款协议，而叫借款协议。员工借钱，也是要付息的。借款协议里，付息有明确的流程。我们一般是将员工的分红优先扣掉还利息和贷款。同时，还要签GP行为人一致书。

这里有一个需要提示的重要环节——签订退股协议。法律上规定，有限责任公司、股份有限公司，一般是不主张股东退股的。在企业中，一般解决的办法是转让，转让购买就可以了。退股协议中需约定转让条款，包含转让价格、离职时转让承诺等。具体的股权转让办法是：一种按现有的定价进行转让，一种是按入股的定价进行转让。按现有的定价进行转让的时候，有高低之分。如果公司越做越小，入股的时候它的价值高，结果做几年价值变低了，原始股东就会吃亏。至于怎么评判，那就要看公司的老板对现在的发展情况如何评估。

另外，还有一项提留"发展备用金"。当员工离职时，可由公司动用此笔资金先进行回购，暂时由大股东代持。比如我占我们公司股份的60%，我可以先把离职员工3%的股份用公司的钱买下来，但这部分股票不属于我，我只是代持，也不拥有这部分股票的表决权。当下一轮股权改革时，再将此代持股份用于股权激励。

如果是奖励股权，退股时需要有明文约定，方式有：

未出资的奖励股权，离职时无补偿。

未出资的奖励股权，但鉴于工作年限较长且产生相当业绩，离职时可进行适当补偿，补偿有三种方式：第一，注册金补偿法；第二，定价补偿法（在合同中约定股权补偿价格）；第三，补分补偿法（通常按注册资本金进行补偿）。

长松公司采用的是注册金补偿法。注册金补偿法的优点是，有的公司虽然赚钱，但是公司没有钱，因为钱都分了，按注册资本补偿相对来说就比较轻松。

补分补偿法，就是虽然人已经离职，但是公司还可以让员工再分红一定的时间。有的也会采用递减法，比如第一年分持有股票的100%，第二年分50%，第三年分25%，第四年结束。总的来说，企业一定要有一种退股机制。这种机制是入股时就谈好的，而不是离职的时候再谈。

第六，配套考核。企业与员工约定：如在考核期内未达到考核要求，有业绩不达标、违法行为或严重违纪行为，企业可按原价退回给员工，回收激励股权。

即使员工用现金入股，企业也可以与员工签订考核协议，严格来说叫考核期协议。在考核期内，如果员工不符合条件，企业可以要求员工原价退股。我建议，企业在第一次股权改革的过程中，不一定做考核。但如果发生如下情况时，可以双方协商进行退股：比如员工业绩不达标，不符合公司股东的要求，发生法律性的问题，行政拘留等，那企业可以根据考核的要求，或者指标的要求，与员工协商让其退股。

总而言之，企业家要明白，在做股权激励的时候有几个核心问题。第一个是架构，也就是规划架构该怎么做。第二个是融到钱以后怎样投出去，如何实现规模扩张，占领市场？即认清效率与创新的关系。第三个就是企业内部员工具体该如何激励。

④ 股权激励需注意事项

（1）表决权归属

在进行股权激励改革的过程当中，我们会发现原来的股东结构变了。最早只有原始股东，慢慢增加了一个新的群体，叫激励股东。之后，还有可能再增加一个群体，叫投资股东。见图15-1。

表决权集中在实际控制人身上

原始股东 ＋ 激励股东 ＋ 投资股东

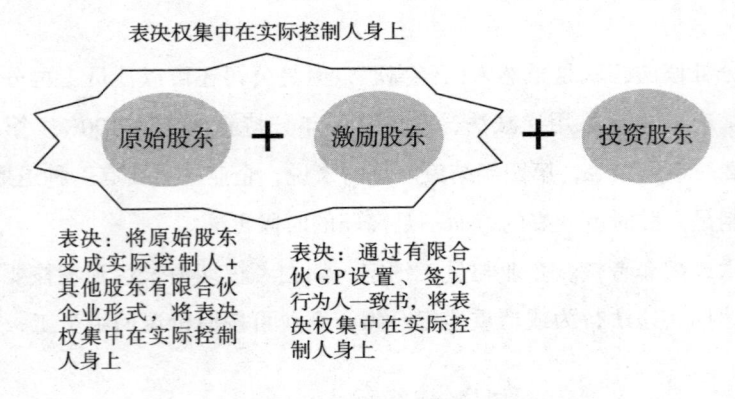

表决：将原始股东变成实际控制人＋其他股东有限合伙企业形式，将表决权集中在实际控制人身上

表决：通过有限合伙GP设置、签订行为人一致书，将表决权集中在实际控制人身上

图15-1　表决权的归属

企业家在进行股权改革的过程中，自己是原始股东，是有表决权的。如果是投资股东，有两种情况：一种是有表决权，一种是没有表决权。一般要通过设置GP的方式，把激励股东的表决权给GP。无表决权的这种情况，一般是和原始股东谈好，就是只在公司做股东，放弃表决权。

原始股东＋激励股东＋投资股东，按股权比例进行表决。实际控制人股权可以不占控股地位，但表决权一定要集中。

（2）董事席位

董事会对企业经营事务有表决权，表决票数与董事席位数有关。因此，控制企业不仅要考虑表决权，还要考虑在董事席位数量上占优势。

一个企业最早的时候，是应该有股东会的。经营过企业的老板都知道，企业不可能三天两头开股东会。股东如果只有3个人，可以天天开股东会，但是随着股东越来越多，大家都有事要做，还有的股东可能都不在同一个城市，甚至不在同一个国家，就不可能天天开股东会。这时需要一个机构代表股东进行经营，这个机构就叫作董事会。

董事会与股东会最大的不同在于，股东会按所占股票的百分比来进行表决，董事会按董事会成员的席位数来进行表决。比如我占51%的股份，我派了一个董事代表我进行表决；另一个人占了20%的股份，也派了一个董事；还有一个人占了29%的股份，也派了一个董事。现在是3个董事席位，表决的时候是1∶1∶1。当遇到重大的问题召开董事会，有2个人否决，只1个人通过，那这件事情就被否决了，哪怕是这个人的股票占了51%。如果大股东对这件事情不满意，可以提请到股东会，但是也不能事事都提请到股东会，所以董事会的设立是有很强技巧性的。

（3）沟通事宜

在进行股权激励时，企业老板要把股权改革当中的几个问题跟员工做深度沟通。

A. 股权价格

比如，股权价格是如何计算而得的。价钱、价格的问题，必须沟通清楚。

有一次，我在做一个小的联合项目创业股权改革，员工购买股票的价格要比原始股东的高。有的员工就不理解，说不愿意进行股权改革。其实很多员工既想拿到股份，又不愿出钱，还想多挣钱，但不想承担责任，这是企业在股权改革过程当中经常遇到的问题。这时就要和员工沟通清楚，价格与岗位、承担的责任都有关系。

B. 股权改革流程

在进行股权改革之前，一定要给员工讲清楚流程，说明每一步员工需要如何配合。否则在股权改革的过程中，很容易出现员工无所适从的状况。

C. 相关的知识要进行培训

关于股权类型、合规性要求等内容，要对员工进行培训，比如什么叫股票、什么叫期权、怎么样考核等。

价格、流程、知识和职责都讲清楚了，股权改革的过程才可能畅通。特别是公司自己出的方案，一定要给员工做深度培训。不是只有参与股权改革的人培训，其他人也可以，有可能这一期没有分到股票的人学到了知识，这样他就会更努力，这样更容易达到企业做股权激励想要的结果。

二、员工股权激励办法

具体而言，员工股权激励可采取如图 15-2 所示的六种主要方法。

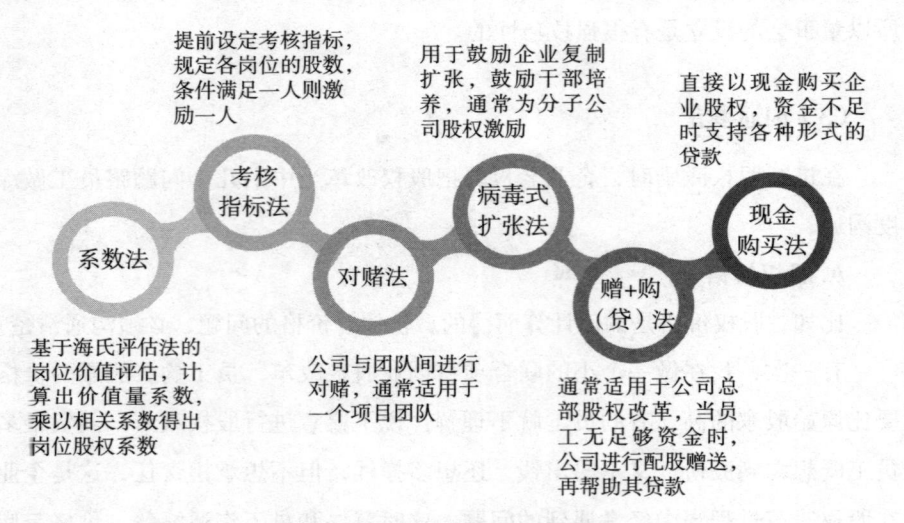

系数法：基于海氏评估法的岗位价值评估，计算出价值量系数，乘以相关系数得出岗位股权系数

考核指标法：提前设定考核指标，规定各岗位的股数，条件满足一人则激励一人

对赌法：公司与团队间进行对赌，通常适用于一个项目团队

病毒式扩张法：用于鼓励企业复制扩张，鼓励干部培养，通常为分子公司股权激励

赠+购（贷）法：通常适用于公司总部股权改革，当员工无足够资金时，公司进行配股赠送，再帮助其贷款

现金购买法：直接以现金购买企业股权，资金不足时支持各种形式的贷款

图 15-2　股权改革的六种方法

股权激励的顺序是自上而下，人员招募的顺序则为自下而上，激励的对象亦有一定的规律可循，考虑到核心高管人员的不可替代性和引擎人员的重要忹，不同层级人员有不同的股权激励方式，具体方式见图 15-3。

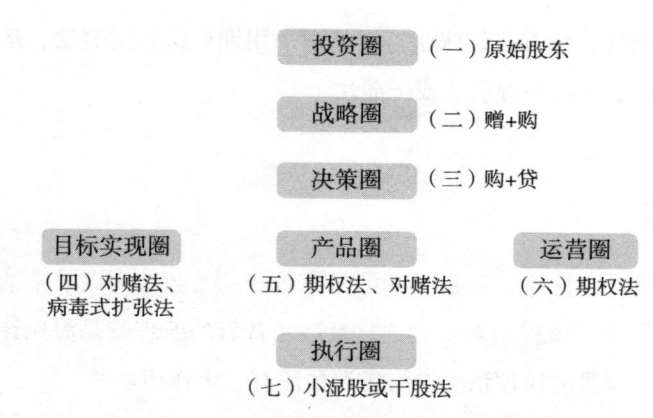

```
                    投资圈    （一）原始股东

                    战略圈    （二）赠+购

                    决策圈    （三）购+贷

目标实现圈          产品圈              运营圈
（四）对赌法、    （五）期权法、对赌法   （六）期权法
  病毒式扩张法

                    执行圈
                （七）小湿股或干股法
```

图 15-3　公司不同层级人员的股权激励

第一是投资圈；第二是战略圈；战略圈下面是决策圈；决策圈下面是目标实现圈、产品圈和运营圈；再往下是执行圈。这是人力资源的分布状况。人才总共有七个圈：投资圈为一，战略圈为二，决策圈为三，目标实现圈为四，产品圈为五，运营圈为六，执行圈为七。在实现的时候，这七个圈是反向实现的。不管有没有战略圈，一般先会有执行圈的群体。比如你开个餐馆，餐馆的创意、餐馆的决策都是你这个老板做的，你招聘的第一个人员绝对不是店长，而是服务员。同样，做生产的时候，肯定先招聘生产员工。所以最容易得到的群体，就是执行圈的群体，然后逐步往上面走，最后才走到投资圈。

而第一批获得股权激励的群体，反而是最上面的投资圈和战略圈的人。原因是拥有战略能力的人力资源的不可替代性最强。一个人收入的高低和他的勤奋程度没有太大关系，和他工作能力的不可替代程度有着巨大的关系。比如我讲"组织系统"这门课，不可替代性太强，有的人懂这个知识，但不会用；有的人会用，但不会灵活变通；有的人又懂又会灵活变通，但他不能讲，因为他不能进行知识的更新，等到他会用了，会灵活变通了，新的知识又出来了。所以一个人勤奋不勤奋并不是最重要的，最重要的是他的能力的不可替代性。

战略圈采用的方式是赠送加购买法。决策圈采用购买加贷款法，目标实现圈采用对赌法、病毒式扩张法，产品圈采用期权法、对赌法，运营圈采用期权法，执行圈采用小湿股法或干股法。

● 系数法

股权激励的方法中，我最推荐的是系数法。系数法可以非常清晰地告诉我们每一个岗位应该得到多少股票。系数法背后的原理就是海氏评估法。前面我们专门介绍过海氏评估法。海氏评估法有三大作用。

第一大作用，发工资。

每个岗位的人员到底应该发多少钱的工资，可以用海氏评估法算出来。

第二大作用，测算每个岗位价值量。

股权改革的过程中，我们要测算出每个岗位的价值量。

第三大作用，海氏评估法计算比较简单。

其实，很多股权改革的企业，没有做过实际测试。我推荐大家用海氏评估法测算，因为这种方法比较简单，并且是一种公用方法。

系数法解决了内部公平性的问题。企业内部每个岗位应该拿到多少股票应相对公平，我们不能做到百分之百公平，但是相对公平是可以做到的。

（1）系数法股权激励需要考虑要素

每个岗位应该怎样分配股票，基本上是由以下几个因素决定的。

A. 岗位价值量

这是必选项，指通过岗位价值评估得出的岗位价值量，推荐使用海氏评估法进行价值评估。长松公司还运用了因素法。一个岗位到底价值有多高，用海氏评估法测算出来岗位价值量的分数在100~1500分之间，这种方法广泛应用于企业的薪酬改革、绩效考核、晋升通道、项目分红、股权改革等方面。

B. 岗位性质

岗位分为职能、技术、营销三类，采用不同加权系数，范围为1.0~1.3。

C. 资质

包含学历、技能等,系数范围为 1.0~1.3。

D. 工作年限

指在本企业的工作年限,系数范围为 1.0~1.3。

E. 绩效考核

这是非必选项,通常要求企业具备成熟的绩效考核环境,至少实施绩效考核两年以上方可使用。

F. 其他特殊要素

主要是人才、系统、研发上的特殊贡献。

我在帮企业选指标的时候,必选的是岗位价值量和资质。然后会针对不同企业的特点,有的选绩效考核+特殊因素,有的选岗位性质+绩效考核。在实际应用时,企业可以在以上因素中选择 4~6 项,将这些因素系数相乘(注意:非相加)得到股权系数。股权系数的计算公式为:

股权系数=价值系数×岗位类型系数×学历系数×历史贡献系数×绩效系数

(2)如何设置加权系数

A. 固定工资+绩效工资,参照正常价值量

虽然系数法规定一些岗位是不能分红的,或者不能给股票。但是我建议大家还是要把公司所有的岗位列出来,分别算出一个得分。岗位的得分有 1.24、1.6、1.9、2.8……这个系数非常重要,一般我们在给工资、发提成的时候,往往就会用这个系数。

B. 提成+分红,不低于正常价值量,同时需要考虑岗位加权系数

我们在测算一个人的工资时,业绩型岗位是提成、分红、管理奖这三项因素相加,得出的总额应该和岗位价值量比较接近。职位越高,总额就越有可能超标,这是正常的。我们给总经理的提成工资是提成+分红+管理奖,给营销总监的提成工资是提成+分红,给业务员的提成工资只有提成。他们各自的提成工资与应该得到的价值量的比值不能低于价值量最低的岗位。如

果管理人员的比值低于业务员的比值，那就没有人愿意做管理，都愿意做业务员了。没有人做管理，公司也就没有办法扩张了。

C. 管理奖 + 超产奖 + 股权，不低于正常价值量，会考虑多项加权系数

指标算出来以后，要有加权。工资结构包含固定工资、绩效工资、提成、分红、管理奖、超产奖、股权。固定工资与绩效工资，低层员工和高层员工是按正常比例、正常价值量走的。提成和分红不低于价值量，意思就是有可能比价值量高。即职位越高，提成与分红的比例就更高。

这导致的结果是，工资有可能是按价值量正常的比例发放，但是分红的比例可能高于岗位价值量。所以在一家企业里，正常情况下董事长的分红最高，因为他的指标结果还要再加权。

岗位类型的加权系数，职能部门直接乘以 1.0，技术乘以 1.1，营销乘以 1.2，顶级技术专家乘以 1.3，就相当于 1.3 的技术岗位要比 1.0 的岗位的分红和股权激励高 30%。

学历系数，也叫胜任系数。很多企业往往把学历系数划分为三级，硕士及硕士以上的是 1.2，本科的是 1.1，专科及专科以下的是 1.0。有的企业可能划分的层级更多，但最高不能超过 1.3。

历史贡献系数主要是指工龄。工龄的系数范围一般为 1~1.3。

我们把几个指标系数相乘，就得出一个岗位应该拿到的股权系数。有的企业还要乘以绩效考核系数，绩效考核的系数一般是 0.8~1.2。

一个员工各个方面的表现都特别棒，他分到股份的系数就高。

（3）系数法股权激励的操作步骤

A. 确定股权激励的资格要求

按表 15-1 的条件经过评估后，找出企业内符合条件的岗位与人员。

表 15-1　股权激励的资格要求

序号	指标	释义
1	价值观	同频思维，认同公司文化与价值观

（续表）

序号	指标	释义
2	岗位级别	上市前：总部总监以上岗位、营销骨干、核心岗位员工
3	在职时间	本岗位任职 2 年以上
4	年龄	启动股权激励时距法定退休年龄至少还有 5 年，且身体状况能够满足工作需要
5	管理满意度	85% 以上认同
6	绩效	平均绩效得分在 80 分以上
7	电网	每年违反次数在两次以下

注：（1）上述条件全部满足方可列入考虑对象；
（2）特殊贡献人才经董事会批准后可适度放宽工作年限限制。

要算出每一个岗位的总比例得分是多少，首先要做的事情就是看什么样的人具备股票激励的资格。当然，也有全员持股的公司。比如迪卡侬从一个小商店能做到市值 800 亿元，公司启动时是全员持股的。再如华为公司，推行全员持股。是全员持股，还是 50% 的员工持股或 30% 的员工持股，要根据公司的情况和发展模型做一个定位，并筛选符合具备股权激励人的资格。比如长松公司推行全员持股，我们就要把标准放到最低。如果公司想 50% 的人符合持股的资格，就从 50% 分位的条件上卡住；如果想 30% 的人持股，就在相应的地方卡住。这个资格标准要符合自己公司的实际情况，不要拿别的公司的。

B. 对各岗位进行岗位价值评估，得出价值量

做价值量的评估，得出价值量，再根据个人的实际情况，算出得分。比如我们公司只有 6 个人 A、B、C、D、E、F，第一件事情就是算出 A+B+C+D+E+F 的总分。假如 A 等于 20，B 等于 18，C 等于 15，D 等于 10，E 等于 5，F 等于 2，总分等于 70，把 70 就作为分母，每个人的得分除以 70，就得出大家各自的比例。

C. 根据符合资格的人员情况，计算出各岗位的股权系数

如表 15-2。

表 15-2　各岗位股权系数计算

序号	岗位名称	价值量	价值系数（%）	人数	分红人背景	股权系数（%）
1	董事长	1750	4.65	1	上山、本科、满10年	7.98
2	CEO	1493	3.97	1	上山、硕士、满8年	7.09
3	销售总监	900	2.39	1	上山、本科、满5年	3.63
4	采购总监	718	1.91	1	上山、硕士、满3年	3.00
5	产品品类经理	621	1.65	1	平路、硕士、满5年	2.51
6	销售经理	516	1.37	2	上山、本科、满2年	1.92
					上山、本科、满5年	2.08
7	财务经理	442	1.18	1	平路、硕士、满2年	1.64
8	产品主管	419	1.12	2	下山、硕士、满5年	1.69
					下山、本科、满2年	1.43
9	人力资源经理	385	1.02	1	平路、本科、满2年	1.19
10	采购工程师	376	1.00	2	上山、本科、满3年	1.44
					上山、本科、满5年	1.52

比如总股本为1000万股，这一次拿出7%作为股权激励，也就是给70万股。我们按照"股权系数＝价值系数×岗位类型系数×学历系数×历史贡献系数×绩效系数"这个公式，计算每个人能获得的股份。反过来，也可以看每个人占规划当中的百分比，然后算出股本是多少。

这里一会儿是百分比，一会儿是价值量，一会儿是总数，容易搞不清楚，总而言之，有两个要素。

一是公司总共多少股本；二是大约稀释多少，比如1000万股稀释7%就是70万股。

我们知道了总股本数，又知道一个人占总股本数的百分比，就能计算出这个岗位能够分多少股。比如A这个岗位就分20万股，价钱是1.3元，就等于26万元。弄清楚这26万元有没有借款、有没有送、有没有贷款等，就可以制定合同了。

C. 计算所有具备资格的人员的股权系数之和

一个重要的环节就是，算出每个员工的分数，看谁够资格分红，然后把所有符合资格的人员的股权系数相加,得出股权系数之和。

E. 计算出每个人所持有的股权数

算出总股本某次股权激励的百分比,并且对应算出每个具备资格的员工能够分到多少股,然后算出每一股的价钱是多少。看员工的钱够不够,再决定选择用哪一种股权激励方法进行股权激励。

公式为:

个人股权数 = 激励总股本数 ×(个人股权系数 ÷ 所有人员股权系数之和)

具体计算数值见表 15-3。

表 15-3 各岗位个人股数计算

序号	岗位名称	价值量	价值系数（%）	人数	分红人背景	股权系数（%）	个人股数（万）
1	董事长	1750	4.65	1	上山、本科、满10年	7.98	15.05
2	CEO	1493	3.97	1	上山、硕士、满8年	7.09	13.37
3	销售总监	900	2.39	1	上山、本科、满5年	3.63	6.85
4	采购总监	718	1.91	1	上山、硕士、满3年	3.00	5.65
5	产品品类经理	621	1.65	1	平路、硕士、满5年	2.51	4.73
6	销售经理	516	1.37	2	上山、本科、满2年	1.92	3.62
					上山、本科、满5年	2.08	3.93
7	财务经理	442	1.18	1	平路、硕士、满2年	1.64	3.10
8	产品主管	419	1.12	2	下山、硕士、满5年	1.69	3.19
					下山、本科、满2年	1.43	2.70
9	人力资源经理	385	1.02	1	平路、本科、满2年	1.19	2.25
10	采购工程师	376	1.00	2	上山、本科、满3年	1.44	2.71
					上山、本科、满5年	1.52	2.86
	总和					37.12	70.00

F. 开展股权激励,签订相关法律文本

这里要提示大家一点,就是不要忘了退出机制,要签订各种合同、保密协议,因为一旦忽略了这些细节,将来可能就会有各种争议和纠纷。

❷ 考核指标法

企业股权激励，可以按批次进行，也可以按人数进行，满足条件有一人激励一人，需提前设立好股权激励标准。此种办法即为考核指标法，简称指标法。

企业的股权激励一般有两种重要方式。

A. 分批次进行激励

比如我创业的时候，我作为大老板，给了大家一定的股权比例。这部分股权主要用于奖励创业人员中的核心股东，不是所有的员工都可以拿到。核心股东是对公司的未来有帮助、不可替代性非常强的人。

长松咨询最早的股权激励设计，是有批次的股权激励。有批次的股权激励，主要适用于具有资本价值、将来市值不断变大、能多轮融资甚至最后上市的公司。因为员工刚开始可能拿1%的股票，随着时间的推移，这个1%会不断地稀释，比如稀释为0.3%、0.4%。但如果公司将来做得很大，一上市变成1000亿元，那么他就拿到了几个亿的收益，如果股票价格再涨一涨，收益就会更高。

B. 按照个人条件进行股权激励

企业不管有没有上市的可能，都可以采用这种形式。我们制定一个标准，谁符合标准，谁就可以进入公司的股权改革序列。这就有点像积分，往往比较适合于员工自己不出钱，靠指标考核成绩进入公司的股东梯队。此种股权激励形式，企业需要员工全情投入，从而同时调动产品方、运营方、营销方三方通力合作。

（1）股东考核的三个阶段

股东的考核一般分为三个阶段。

第一，期权股东阶段：是否获得期权。

第二，注册股东阶段：是否能从期权转为注册股。

第三，注册股增持阶段：转为注册股东后是否能增持股份。

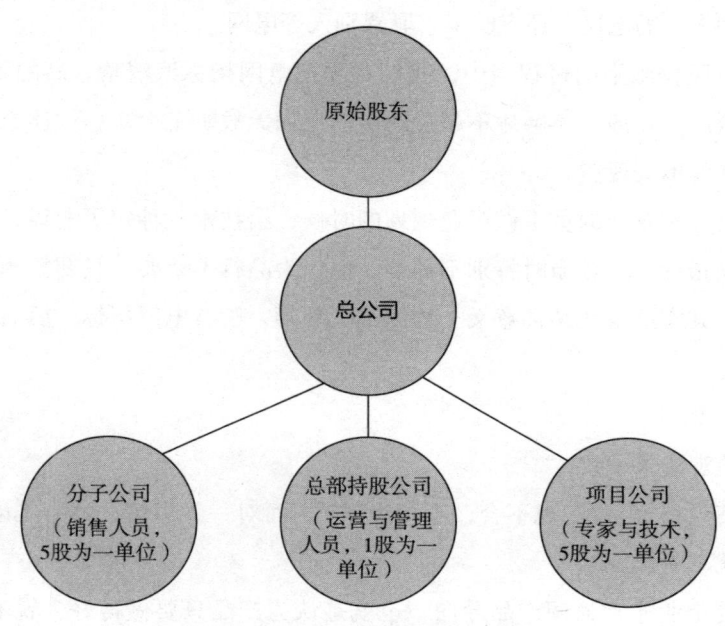

采用指标法的股权结构设计，见图15-4。

图15-4 指标法股权结构设计图

（2）股东的指标要求

A. 级别

通常为营销分子公司副总、技术类工程师、总部副总监及以上级别。

B. 电网

电网，指企业为员工设置的障碍性约束和规则。如拿回扣、不按标准用人、旷工、违法行为等，一般要求一年内违反电网不得超过两次；电网不仅可以用于股权分配，还可以用于晋升、目标责任书的考核、员工劳动关系解除与辞退等。

有的电网是不可触碰的，一碰就"死"。有一个企业家问我："贾老师，我们采购设备的时候，对于员工拿回扣这件事情该怎么办？"我说："我们公司，员工只要出现拿回扣的问题，他在我们这儿的职业生涯就结束了。"

当然，还有一些标准偏低的电网指标。比如有的子公司老总，任用没有业绩的亲属，导致了不公平结果，造成优秀的人才进不来，这就触及了"不按标准用人"的电网。还有旷工、辱骂别人等电网。

进行股权激励的过程当中，我们必须把电网指标谈清楚。高的不能碰，中的、低的，一般一年触碰不超过两次。比如无故旷工七次，你还想成为公司的股东就不太现实。

我给一家企业的员工做职业规划的时候，给技术工种定了七级，并加了一个电网指标。老板当时特别不理解，他认为品行不重要，只要技术水平高就行了。其实这就在某种意义上放纵了工程师，没有电网指标，后面难免会出问题。

C. 价值观

价值观要求一致。

常言说得好，"三观不合，不与为谋"。面对一件事情，站的维度不同，价值观就不一样。

有的企业非常强调产品导向，也就是认为产品只要做得好，就不愁卖。而有的企业非常强调营销价值观，认为要把销售做得淋漓尽致。企业的价值观，往往和企业文化有很大的关系。

比如长松公司的企业文化，强调实干，这就决定了这家公司的业务模型跟很多同行不一样。我们很多同行的营销能力特别强，曾经有一个客户跟我说，长松公司做销售太温柔了，其实这就是由公司的文化决定的。长松公司的企业文化还强调服务和PK等。员工价值观是否一致，通过一定的考察，我们是清楚的。

D. 业绩

这里指累计业绩，如要求累计业绩5000万元。

要成为公司的股东，只有两个途径：第一，出钱。但是只出钱不一定能成为公司的股东。有一个企业老总问我："贾老师，我要跟你合作。"我说："怎么合作？"他说："你做什么项目，我就做什么项目。反正我入股就行了。"我经过深度考察，委婉地拒绝了他，原因还是做事的价值观问题。第二，没钱，那就看业绩。我们在总部持股平台的指标、项目指标和分子公司的指标这三类指标里,分别制定业绩目标。比如你想做一个销售公司的总经理,拿到公司的股票,累计业绩就必须达到5000万元。事实上,它和对赌有点接近。但对赌是一锤子买卖,而股权激励是合格一人就激励一人。

E. 育人

培养人才,不是指把一个人从小白培养成特别优秀的人,而是要把他从一个相对有基础能力的人变成符合公司条件的人。

我们有一门课程叫"企业操盘手",也有同名配套图书,这门课程是我们长松公司的三大课程体系之一。企业操盘手真正的核心能力有三个。第一,关于产品和销售。也就是我这家企业的产品+销售是一个整体,它必须强。第二,关于机制。也就是这家企业创造了一个什么样的环境。环境不好,就长不了大树。千万别让企业的环境每天都处在很冷的状态,那样优秀的人才会跑。第三,关于人才体系。企业的人才体系的逻辑是,最下面的是执行型人才,也是最容易找到的。往上依次是产品型人才、营销型人才、运营型人才,也就是管理型人才;决策型人才;战略型人才;投资型人才。图15-5就是一个企业的人才布局图。我们做股权改革,不是为了让股东成为投资型人才,而是为了投资人才。

人才引进与培养,是老板的要务之一。判断老板是否辛苦,关键是看老板直接对接的是何种类型的人才。如果老板直接对接的是执行型人员,则说明企业缺乏高级人才,需要建立人才逐层培养机制,从而形成人才梯队。

关于人才培养的逻辑,请见图15-5。

企业培养人才,通常要求1+2。1+2是指每层人员都必须至少培养2个下一层的人员。比如一个投资型的老板,他至少要培养2个战略型的人才。2个战略型人才下面至少要有4个决策型人才。

人才的能力包含判断、决策、行动、修复。判断准确却无法决策的人不如判断即决策的人;判断即决策即行动,又与之拉开了差距;最厉害的人才,还具备更正能力——判断即决策即行动即修复。

605

```
                    投资型人才    老板
              培养  ↓↑
                    战略型人才    2个
              培养  ↓↑
                    决策型人才    4个
         培养  ↙      ↓ 培养    ↘ 培养
      产品型人才    营销型人才    运营型人才
         6个          6个          6个
                      ↓ 培养
           培养  ↘   执行型人才   ↙ 培养
```

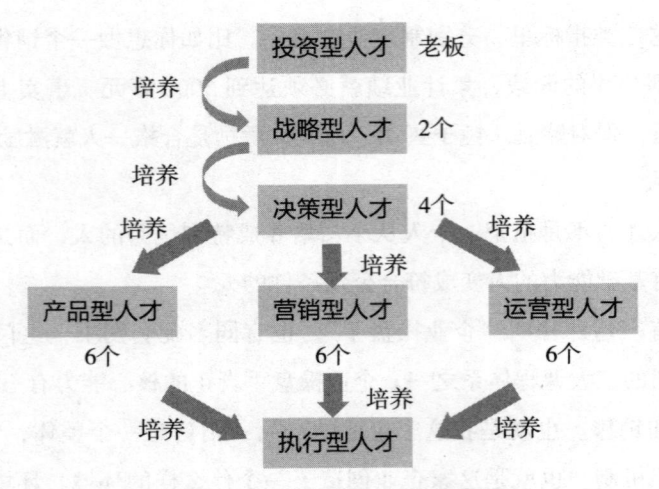

图 15-5　企业人才布局图

　　有的人的判断是准确的，但是他没有决策。判断而不做决策的人，往往占总人数的 90%。有的人从来不做判断，即使做了判断，从判断到决策也非常遥远。而有的人是判断即决策，但大多数人是判断以后，不下决策。所以我们在选择股东的过程中，不但要看一个人的累积性业绩，还要看这个人的逻辑思维和认知能力。

　　有的人是判断马上决策，马上行动。那是不是判断即决策即行动的人就好呢？也不一定。因为行动以后，还有修复，也就是更正。有的人是判断即决策即行动即修复，他是在过程当中修复，他的判断、决策、行动和修复是同时的。而有的人的这几个环节是有先后顺序的。

　　考核指标法，事实上是要寻找同时具备这些品质的人。企业借助股权改革的规则，就能不断选拔人才。

F. 增长率

　　在做股权改革的过程当中，我们要把企业增长率的理念告知员工，因为如果企业每年都有增长率，这家企业绝对是有前景的。同时，增长率和市值有很大的关联。

　　对个人而言，有以下三项重要指标：

　　第一，以 10 年为一个跨度周期的现金收入额。

Part ⑮ ‖员工股权激励‖

有个老板的孩子刚刚研究生毕业,这个老板说:"贾老师,我的孩子在工作的过程当中要注意什么,您有什么建议?"我说:"一个研究生刚刚毕业的人,他第一个重要的目标,并不是收入。因为第一个10年,是为第二个10年的事业打基础的;第二个10年,主要是现金收入;第三个10年主要是事业。"

我们的现金收入以10年为一个单位,在第三个10年的时候,我对我每年挣多少钱的在乎程度,远远不如我创造的价值。这就证明了人在每个阶段中关注的价值点是不一样的。但前提是,你的第一个阶段、第二个阶段是成功的。假如你在第二阶段还穷得叮当响,那到了第三个阶段,你还得走第一个阶段。

第二,收入增长率。

收入增长率的意义在于,不要在乎第一份工作甚至前10年的收入有多高。当你具备了成为股东的能力的时候,你的收入不会低。因为你的工资结构会逐渐变广。在长松公司收入最高的人,一定是职位比较高的人。比如业务员某一个月挣了4万元,他感觉收入很高了,但他不敢保证下个月也能拿4万元。员工不断晋升,能力不断增强,收入才有一定的增长率。

以上两个指标和收入有关,于是很多人疑惑收入与事业是不是矛盾。我这里只想告诉大家,收入不高的事业,根本不叫好事业。当然我这里指的是企业中的事业,不是指科学家、政府部门工作者从事的工作。因为太多行业的优秀专家们,他们的收入并不高。而在企业中,事业与收入往往是相辅相成的。

第三,能力。

第一能力是在一个行业当中行走自如。有90%的人只具备第一能力。比如有很多培训和咨询行业的员工,从这个行业离职以后做其他行业,基本上做不好。

一个人人生的最大挑战,不是在一个领域当中一时做得最好,而是能否与时俱进,持续做到最好,这就是第二能力。以前我们可以一招鲜吃遍天,但在当今一招鲜可能不灵了。比如诺基亚曾把手机做到了极致,但乔布斯做出来的手机把这个行业颠覆了。所以原来的竞争优势,可能被竞争对手弯道超车了。

第三能力是跨国、跨行、跨业态都可以直接自如转换,有这样能力的人可谓凤毛麟角。

事实上,人的一生都是在不断追求中成长的。企业亦如此,不仅要求当下的业绩额和利润额,还需要看重持续增长率。

G. 工龄

工龄这个指标,在期权激励的过程中常使用,如在本岗任职时间至少2年;期权转换为注册股时,如期权持有至少1年;注册股后增持,如注册股东至少1年。所以从期权到注册股到增持股,至少要过4年以上。各企业对于工龄要求不同,有的企业人员流失率特别高,工龄要求期限与企业人才流失率成反比。

根据这些总体的情况,我把考核的指标统一汇总成为期权股东的股权激励指标列表,如表15-4所示。

表15-4 股权激励指标列表

序号	指标	数据要求
1	业绩	年度个人业绩累计500万元,团队业绩累计5000万元
2	级别	分/子公司副总、工程师或总部副总监
3	增长率	每年在10%以上
4	育人	每年培养2个人
5	电网	每年不超过2次
6	价值观	重合度达85%及以上
7	工龄	担任本级别2年以上

这七个指标,构成期权股东股权激励的考察指标。原则是满足条件一人,就进入一人,不是批次的。企业也可以根据实际情况,换一两个指标重新制

定标准。

第一个指标,业绩。

行业跟行业不一样。一个卖糖果的和一个卖房子的,要求的业绩总量肯定也不一样。

第二个指标,级别。

有的企业总经理下面的,可能都叫经理;有的企业可能有副总、副总裁、总裁,由于级别叫法不一样,也要重新进行梳理。

第三个指标,增长率。

行业跟行业的增长率不一样,比如有的公司年增长率要求 100%,有的可能要求 5%。

第四个指标,育人。

培养人才的速度不一样,有的企业培养的速度特别快,因为是外面整合直接培养,流程文化学完直接入岗;有的岗位技术要求高,出师年头长。

这些指标,是股权改革的基础指标。老板一定要下功夫,把企业的指标制定出来。

前面讲到,股东考核有三个阶段:成为期权股东的时候、成为注册股东的时候、注册股增持阶段。

期权股 + 注册股 + 增持股指标要求的列表,如表 15-5 所示。

表 15-5 期权股、注册股、增持股指标要求列表

	期权股条件	转注册股条件	股份增持条件
业绩	年度个人业绩累计 500 万元,团队业绩累计 5000 万元	年度团队业绩 3000 万元、利润 500 万元	年度团队业绩 3500 万元、利润 600 万元
级别	分子公司副总、工程师或总部副总监	无要求	无要求
增长率	每年在 10% 以上	年度增长率 12%	无要求
育人	每年培养 2 个人	每年培养 2 个人	无要求
电网	每年不超过 2 次	每年不超过 2 次	每年不超过 2 次
管理满意度	85% 及以上	85% 及以上	85% 及以上
工龄	担任本级别 2 年以上	成为期权股东 1 年	成为注册股东 1 年

609

在这里有一个细节，增持股的考核不一定有很多指标。你的级别已经到了，育人、工龄指标也有可能到了。所以考核增持的时候，可能只会考核三个指标：第一个，业绩；第二个，增长率；第三个，管理满意度。期权股考核最严。期权股转成注册股的时候，指标会减少。到增持股的时候，指标会更少。

（3）企业股本的规划

激励后的股权结构，见图15-6。

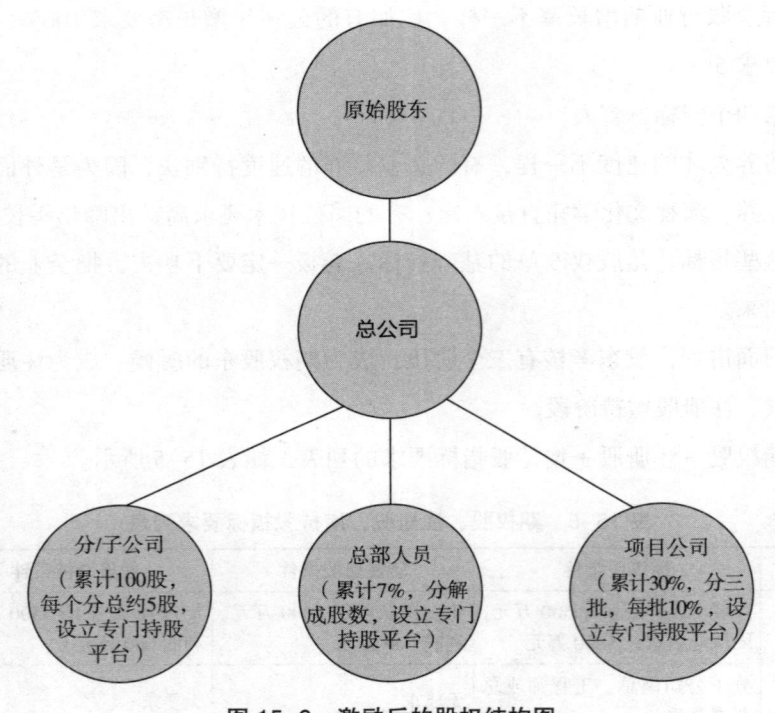

```
                    原始股东
                       │
                     总公司
                  ┌────┼────┐
              分/子公司  总部人员   项目公司
            （累计100股，（累计7%，分解 （累计30%，分三
            每个分总约5股，成股数，设立专门 批，每批10%，设
            设立专门持股  持股平台）    立专门持股平台）
              平台）
```

图15-6 激励后的股权结构图

注：股权价值无变化，但可以根据企业发展阶段提高股权激励的指标数据要求。

在母公司层面，有两种公司可以给员工股权。一种是运营公司，就是运营持股公司；一种是项目公司，由于我们规定了在一个项目当中释放出30%股份，所以会分第一批为10%，第二批为10%，第三批为10%。第一批可能就只有 2~3 个人，因为像总经理这样级别的人，就得给 5 股。项目公司释放出 30% 股份，最多分三批就可以了。运营一般不会单独注册公司，而会注册合伙企业，合伙企业直接入股母公司，运营的股权总比例会小于等于 7%。比如公司总共是 1000 万股，7% 就是 70 万股，这 70 万股再分批次规划给总部人员。

规划了运营公司和项目公司，下面就是分/子公司。一般将 100 股给分/子公司的人，大概每人给 20 股。总经理可能就只有 5 股，我们就按批次轮次加考核的原则，只要够资格，就给股票。

考核指标法有一个优点：股票数量固定，不考虑股价。也就是说，我们不能刚开始股权激励的时候给 5 股，到后面变 2 股了。

❸ 对赌法

谈到对赌，首先得明白"对赌"这两个字是什么含义。人有赌性，购买股票也是赌。买卖股票都是需要手续费的，假如买 1000 万的股票，需要 2‰ 的手续费，也就是 1000 万股就要收 2 万股的手续费，就剩 900 多万股了。股票本身不增值，假设发行股票的企业业绩不增长，那对你来说，你永远都在亏钱。股票在什么时候赚钱呢？那就是有人接盘的时候。比如你买了 1000 万股的股票，每股 1 元能涨到每股 2 元，你卖出去，那你就赚了 1000 万元。炒股永远都有一种赌的性质。

（1）对赌的概念

对赌是指双方想合作创造未来，但是双方具备的资源明显不同，为确保双方利益而进行的一种约定。比如 A 有钱，B 有能力，双方就可以把钱加能力进行组合，赌一次。赌的就是 A 的钱加 B 的能力共同达到的目标。对赌的目标是追求双赢。

企业在对赌的过程当中，有两种赌法：一种就是我找投资，和投资方对赌；一种是我是一个企业家，我与我的高管对赌。第一种情况就非常多，比如著名的投资机构高盛，往往要跟其投资的企业进行对赌。当企业达到相应目标的时候，可以守住必要的股份。但是如果不能达到相应的目标，也就失去了对自家企业的控股权，说白了就是出局了。也就是说，对赌的逻辑是，你创立了一家公司，但是由于缺钱，必须吸引别人的投资，投资人跟你签了对赌协议，规定了你达到多少目标，就能挣多少钱；如果达不到，你就出局。当然，投资方并不是赌你出局，他也希望你对赌成功。因为你对赌成功了，他的产业也增值了。

对赌是 A 希望 B 赢，B 也希望 A 赢。而赌博一定有一方要输的，所以对赌不等于赌博。双方在对赌的时候，逻辑关系是一个人有钱，一个人有能力，大家共同制定了目标，创造了机会。

在股权激励中，老板将公司的股权出让给员工，但员工要做一些特别优秀的事情，让公司能够看到这些指标，从而被吸纳为股东。这一过程中，双方采取了对赌的方式。一般来讲，对赌法比较适合项目团队。对赌法的最大好处是可以形成缓冲。

有一个学员，他作为企业老板，不但给营销副总裁 20% 的股份，还给他买了一套房子和一辆车。可是，第一年营销副总裁的业绩就不尽如人意。因为营销副总裁答应要做到的事情没有做到，于是老板就想让营销副总裁走。但车、房、股票怎么办？最后谈了几轮，车和房归副总裁，股票退了回来。而注册章程已经改过，股票的损失就很大，并且房价那两年也涨了很多。

引进人才，其实没有必要一开始就给买车买房，也没有必要给股票，跟他对赌就行了。比如，给股票没有问题，但是你怎样证明自己具有这种能力？一个营销人员，应该用业绩来证明能力。一个经营管理人员，应该用利润来证明能力。

（2）对赌的目标方向

A. 利润型

利润型目标往往比较适合于成熟型的企业，它的利润是具有可预见性的。比如我就可以跟长松分子公司的老总们做对赌，我出钱，赌他们的股份。如果他们在多少年内创造了多少利润，那么我送协商好的湿股。如果不行，那只能给一些分红。

B. 流量型

流量型目标往往更多用于互联网公司，由于用户仅能记住排名在前面的企业，所以需要想尽办法扩大流量，即使没有利润也可能会这样做。

现在的互联网行业都有一个特征，就是大部分细分领域只有老大、老二，没有老三、老四，甚至有很多细分领域连老二都没有。比如我们点餐经常会用美团、饿了么，几乎不去其他平台了，我们会发现，他们争夺的就是流量。比如刚开始，美团是不收商家的钱的，就是为了吸引商家入驻。

所以像美团这样的公司，它早期只做两件事情：第一，不断吸引商家，到它这里入驻；第二，不断打击竞争对手，直到只剩它自己。像这种互联网公司做对赌的时候，它们永远都是想尽一切办法去打击竞争对手，把流量抢回来。流量跟利润，有时候是一对矛盾。所以有的对赌，要的是流量，并不要利润，这是行业决定的。

C. 市值型

凡是做市值对赌的公司，关注的一定是下一次融资，或企业上市。但对于它而言，最重要的不是上市，而是下一次融资。主要的原因是，有利润的公司和有流量的公司往往会有高市值，所以关注市值就行。

（3）设定对赌指标

跟员工做对赌的时候，基本上有三个指标是不会变的。

第一，业绩增长率，指的是每年度的业绩增长比率。

第二，管理满意度，指团队对于管理的满意度评分。管理满意度不是个人满意度。评价的时候不能评价形象满意度，也不能评价人品满意度、交际满意度。这种评估是有方向性的。

第三，绩效考核得分，指在对赌周期内的绩效考核得分要达到标准，一般不会变。

唯一不同的一个指标，有的企业是用业绩，有的企业是用利润，有的企业是用流量，有的企业是用融资市值。这个指标可以变，企业根据自身情况选择即可。

对赌双方可选择利润＋业绩增长率＋管理满意度＋考核的方式，做一个对赌的模型，这样就可以签订合同了。合同无非是 AB 合同，A 就是我给你签的合同是我向你投资，我们共同做一件事情；B 就是我通过我的能力和团队的能力，做到一些指标，一旦达成对赌目标，B 就可以拥有与之对赌的公司的实股。

（4）对赌的兑现方式

股权激励对赌成功以后，往往不是直接给股份，而是要通过一个良好而清晰的财务通道来兑现。通道要正当，手续要合规，财务手续要清晰。这样才可以去实施，为以后的股权上市及融资打下良好的基础。具体的操作步骤如下：

第一步，企业计算出利润，依法纳税后按照分红比例分配给个人。对赌答应给别人百分之多少，先测算好比例。比如你想要达到的利润按照比例分配给他，但缴完所得税以后不够上缴资本金的话，那这个对赌设定肯定出现了问题。因此我们在计算的时候，一般要算一下这个公司能挣多少钱，再看挣钱以后公司的市值是多少，然后看上缴完企业所得税剩多少钱。最后根据市值的比例，把股份的注册资本金补上。

总结一下，要提前算好账，别到时候缴完税发现资本金都不够了，那剩余的钱到哪里补？所以我们第一个要设定的就是，分配给个人完税后的现金分红。

第二步，财务要对个人进行审计，出具入资报告。

财务要对个人进行审计，开始走入股的流程环节，这时要出具入资的报告。

第三步，个人将资金注入持股平台。

入资报告出具以后，资金要注入到持股的平台，也就是注入到有限合伙企业。

第四步，通过持股平台再投资到母公司或项目公司，个人间接成为股东。通过母公司绩效考核，个人就成为母公司的股东，但是属于间接股东。

（5）多级对赌

多级对赌的方式包括以下几种：

第一，公司与项目团队开展对赌，公司全部出资，项目团队可以直接获得项目的分红。

第二，开展一级对赌，项目团队对赌成功后，项目部直接升为事业部，事业部可以有期权。

第三，开展二级对赌，项目团队对赌成功后，事业部注册为单独的项目公司，期权转成注册股，然后项目公司控股。

第四，开展三级对赌，针对成立的项目公司继续对赌。母公司与项目公司对赌成功以后，项目公司可以继续获得股权，母公司可以由控股权变成参股权。也就是，如果项目公司做得特别好，那么母公司可以变成小股东，项目公司变成大股东。这种方式的作用就是，让优秀人员发挥的价值最大化。

对赌无处不在，企业可以与营销人员、技术人员，以及整合的外部人员、整合的整个团队都谈对赌的方案，企业的发展目标最终只有一个，就是联合人才，创造更大的社会价值，创造更多的利润。

❹ 病毒式扩张法

（1）适用对象

病毒式扩张法，特别适合非上市型的业绩导向公司。公司分为两种：一种是上市型的，一种是非上市型的。从逻辑意义上来讲，没有哪一家公司是不能上市的。但是可能在过程当中，人为的操作形成了企业不具备上市的价值。我们要想在行业发展的红利期赶快挣钱，往往可以采用病毒式扩张法。

病毒有一个非常重要的特征就是，具有传染性。如果一家企业的机制复制采用了病毒式扩张法，它就具备极强的野蛮生长能力。

扩张有两种，一是人才的扩张，二是组织的扩张。

病毒式扩张法，就是人带人，人培养人。在人的培养上，有不可培养和可培养两种情况。你千万不要认为，人都是培养出来的。

比如性格就是不可培养的。其实，性格没有好坏之分，但这是不可培养的一方面。

可培养的有公司既定的流程等。病毒式扩张法，主要是针对可培养的方面。比如营销人员要学习如何经营营销，事业部要学习如何经营事业部。不能把所有工作都交给老板去做。各个部门的负责人要带领大家去学习。培养人，也可以用相应股份奖励的办法，培养了多少人才，就给负责人多少份额的股份。不过使用这个方法要注意，一般都是在分公司持股，不会让负责人在母公司持股，这样的好处就是可以无限地扩张。

再来看组织扩张，如果一个老板自己去扩张，他的精力和时间是非常有限的。所以一个优秀的老板会把扩张交给他的下级或下下级执行，这样扩张的速度就会变快。我们公司在发展的初期，采用的基本上就是病毒式扩张，扩张到几十家公司以后，我们就暂停了这种方式。因为我们是一家咨询型公司，对专家的数量有要求，没有那么多的辅导师和咨询师去完成业务的团环，就无法继续扩张。鉴于病毒式扩张法具备的极强扩张性，可以通过机制设计由老板扩张转为由团队扩张，让扩张变成常态，扩张频率加快且扩张效率提升。

（2）扩张节奏

扩张的速度不是越快越好，而是要在一个合适的节奏下进行。这个合适的节奏是指，让企业稳定地在持续发展前提下进行扩张，而非盲目追求扩张的速度。健康的企业要擅于规避问题的发生，同时具备在扩张过程中处理问题的能力。有的企业扩张的速度非常快，市值也非常高，但过了一段时间以后它崩盘了。

一家健康的公司，不是不会出现问题，而是一方面，它能有效地规避一些问题的发生；另一方面，它具备在合适节奏下处理问题的能力，可以把问题控制在可控范围之内。如果节奏失控，发展得太快，就会出现问题，所以我们必须把握节奏。

> 我有一个朋友是山东莱阳人，专做海鲜饺子，大家都觉得他的饺子特别好吃。有一次我去他家餐厅吃饭，他和我聊天的时候说："贾老师，这是我的第一家门店，我还有7家门店正在同时装修。"我听完以后吓出一身冷汗。原因是，企业的扩张是需要节奏的。如果是我，我不会同时开7家门店。因为我需要建设系统。企业病毒式扩张，要求有节奏，节奏的背后是扩张，扩张的背后需要系统做支撑。就像我们个人，我们工作是为了挣钱，但我们挣钱的背后是需要系统支持的。

道家讲"道生一，一生二，二生三，三生万物"，我们就借助这几句话来看看企业的发展。

第一，道生一，夯实产品系统，产品永远是企业第一竞争力。

一家公司不要大规模地扩张，公司第一要务是把产品系统做好。因为销售技术再好，如果产品不好，销售最终还是会出问题。大部分企业，是先有良好的产品才有销售，所以产品是第一要务。基本上只有把产品先做好的公司，才能持续性发展。凡是在产品上出现问题的公司，无论多么挣钱，过一段时间都很容易出问题，因为产品系统会出问题。

第二，一生二，完善营销流程。打通营销环节需要有营销流程＋营销人才＋营销机制三项共同组成。

一般来讲，产品系统好了，就需要解决营销流程的问题。很多企业产品非常不错，但老板并不懂销售。营销是一套独立的流程。营销流程的主心骨由三个维度组成：流程、人才、机制。任何一个维度没有打通，都极有可能出现问题。营销流程的问题和产品流程的问题，没有一两年，想完全打通是不可能的。

最近我和一家医院的老板沟通比较多，主要是针对产品流程和营销流程。这家医院几乎没有营销流程，全是等客，这就不行。

第三，二生三，设计好机制系统，机制系统要与企业发展阶段相匹配。

优秀的企业会在这个时段规划好下一个时段的机制。一家企业有多大规模，就需要配多大的机制。比如一个个体户，发点提成就可以了；但一个10亿级的公司，可能得有分红、提成、超产奖、固定工资、绩效工资等各种工资形式；如果已经是百亿级的公司，那工资结构、考核体系要更加健全。其实最伟大的公司在规模还小的时候，往往就已经学会了公司做大后的机制设计，这样是很难得的。

企业如果在规模很小的时候，就能知道企业在做大的时候应该采用什么样的机制，那么这家企业基本抓住机会就能扩张。

第四，三生万物，做透人才体系。

企业规模越小，对人的要求越单一；随着企业规模的扩大，对人才质量和人才类型的要求越来越多样化，因此，企业需要培养结构化人才。

第五，从第四家开始，由职业经理人而非老板负责扩张，提升扩张效率。

道生一，一生二，二生三，三生万物，这几条都做好了，企业就具备了病毒式扩张的基础。达到三生万物的效果以后，扩张应该让干部去做，而不是老板去做。我们把这个重要的法则叫干部扩张法则，也叫干部扩展法则。

比如长松公司前15家公司扩张，我都参与了。这15家公司，直接由我扩张的公司是前7家，从第8家到第15家，我点头就行了，基本上都没参与过。从15家以后，所有的扩张都由营销总监、分/子公司老总及副总完成，跟我没有关系。我们公司现在有很多代理商，有些代理商叫什么我都不清楚，因为是干部扩张的。企业扩张到一定地步，老板就不能再自己去一家店一家店地扩张了。老板的目标就是把产品做好，把战略做好，如果每一个小店怎么扩张都要去关注，老板一定会累死。

(3) 扩张机制

A. 扩张角色

公司（指总公司），A（指一代扩张者，为一代扩张的子公司总经理），B（指二代扩张者，为二代扩张的子公司总经理）。

B. 股权比例

如总公司和扩张者共同注册子公司，则总公司占股 80%，子公司总经理 A 占股 20%。

C. 扩张要项

游戏规则是，签订 5 年期权协议，其中 0~2 年分红，2~5 年为期权，退出时适当补偿（分红期延长）。有的人理解 0~2 年就是虚拟股，但是员工更希望是期权。5 年后转为注册股，离职以后要给补偿。5 年以后跟 5 年以内最大的区别就是 5 年以后是注册股，也就是员工走了之后不想撤股，公司还得保留他的股票。

如果 5 年后子公司总经理 A 离职，新总经理 A1 到职，其股权比例分配方式有两种，分别为总公司占股 64%，A 占股 16%，A1 占股 20%；或者总公司占股 60%，A 占股 20%，A1 占股 20%。

如果子公司更换两任总经理后依然无起色，则可注销原有子公司，重新成立新的子公司。

D. 正常的扩张机制

为鼓励子公司总经理继续扩张，机制设计如图 15-7 所示。

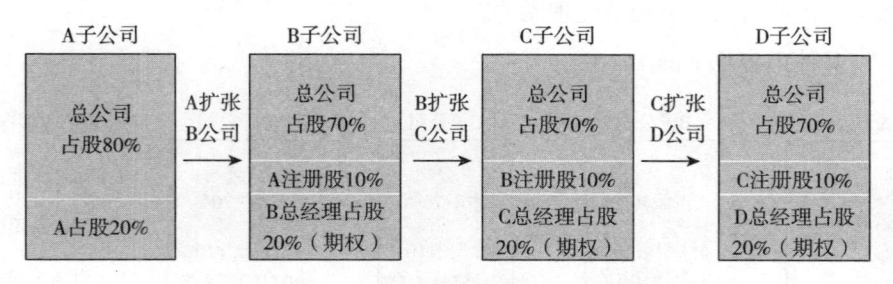

图 15-7 正常的扩张机制的设计

比如 A 开了一家 A 公司，A 占 20% 的股份，那总公司占 80%。接下来就开始扩张了。扩张一个 B 公司，B 占 20%，A 占 10%，总公司占 70%，就形成了两级受益制。就是 A 培养了 B，他又有了发展注册资本金，他就可以直接拿下一个公司的 10%。

当年长松分/子公司的扩张激情非常高，现在过了大量扩张的时间了，因为现在生意难做了，大家更愿意让自己直接挣到钱。当然每个行业不一样，但扩张对人的影响还是很大的。比如 B 又扩张了 C 公司，C 占 20%，B 占 10%，总公司占 70%。C 扩张了 D，于是 D 就占 20%，C 占 10%，总公司占 70%，就以此类推开始进行扩张。

E. 扩张条件

正常扩张需要以下三个条件：

第一，由子公司提供所下一级子公司的扩张资金。

第二，由子公司提供所下一级子公司的干部团队。

第三，下一级子公司在总公司的市场规范版图内。

重点说明：

凡是子公司所扩张的下一级子公司，子公司总经理直接享有下一级子公司的注册股带来的利润收益。

如果由子公司提供下一级子公司的扩张资金，子公司总经理还可以享受一定周期内的下一级子公司的业绩提成收益。

子公司总经理仅享受其直接扩张的下一级子公司收益，下一级子公司扩张得来的收益与子公司总经理无关。

具体内容见下图 15-8。

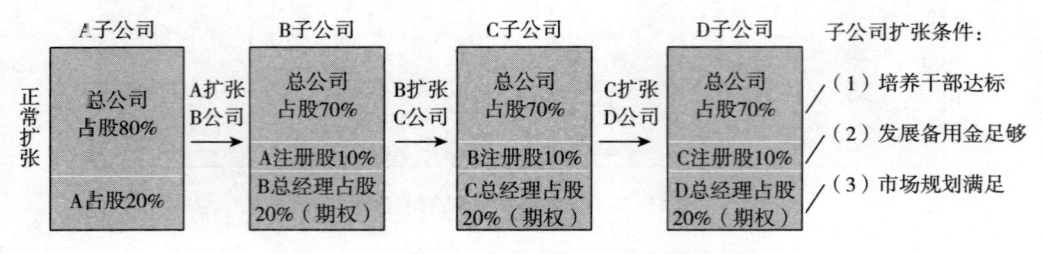

图 15-8 子公司与下一级子公司扩张示意图

有钱、有人、有规划，具备这三个条件的时候，就可以扩张了。像长松公司，我们规划鉴定以后，发现基本上在省会城市，公司就可以存活下来。但如果到县里面，公司就活不下来，因为我们的客户相对比较高端。所以每家公司都有每家公司的重要要素。

F. 猛烈的扩张机制

如果希望鼓励子公司总经理加大扩张力度，则机制调整为图15-9。

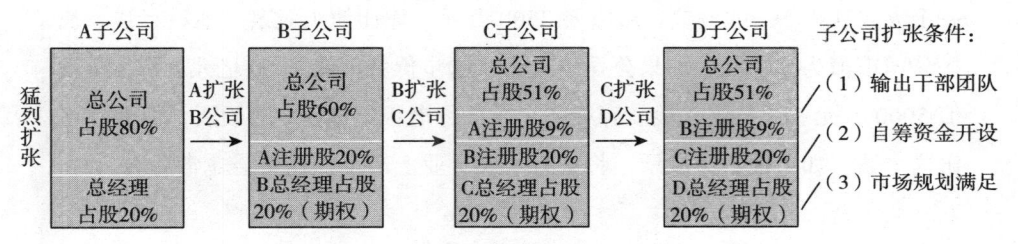

```
            A子公司          B子公司          C子公司          D子公司      子公司扩张条件：
         ┌─────────┐      ┌─────────┐      ┌─────────┐      ┌─────────┐
         │ 总公司   │      │ 总公司   │      │ 总公司   │      │ 总公司   │   （1）输出干部团队
 猛烈     │ 占股80% │ A扩张 │ 占股60% │ B扩张 │ 占股51% │ C扩张 │ 占股51% │
 扩张     │         │ B公司 │         │ C公司 │ A注册股9%│ D公司│ B注册股9%│   （2）自筹资金开设
         │         │  →    │ A注册股20%│  →  │ B注册股20%│  →  │ C注册股20%│
         │ 总经理   │      │ B总经理占股│    │ C总经理占股│    │ D总经理占股│   （3）市场规划满足
         │ 占股20% │      │ 20%（期权）│    │ 20%（期权）│    │ 20%（期权）│
         └─────────┘      └─────────┘      └─────────┘      └─────────┘
```

图15-9　猛烈的扩张机制示意图

猛烈扩张与正常扩张对比说明：正常扩张时，子公司总经理仅享受一级收益，即其直接扩张的下一级子公司；而猛烈扩张时，子公司总经理可享受二级收益，即其直接扩张的下一级子公司＋下一级子公司所扩张的公司的收益。

注意事项：无论如何扩张，总公司占股最低不低于51%，即保证控股地位；同时，股权激励的具体比例需根据企业所处行业而定，20%股权激励比例仅为教学数据。公司实际发生的情况，一定要根据公司的测算做出来。

⑤ 赠＋购（贷）法

赠＋购（贷）法非常适合于总部的股权改革。特别是进行第一次股权改革的时候，经常用这种方法，因为总部股权的市值都比较高。

像长松公司，市值评估在5亿元左右。很多科技公司，根本就没有长松这样的业绩，但市值都在20亿~30亿元。对一家投资公司来讲，投资没有问题，原因就是它的钱也不是自己的，都是从别人那儿融资来的。所以它今天投几千万元，明天投几千万元，后天投几千万元，失败率还非常高。但是对于高管来讲，他们其实没有太多钱。比如在北京生活的高管，买一套房子就要上千万元，然后贷款几百万元，就终身负债了，哪儿还有钱去买公司的股票？但公司还得进行股权改革，原因就是公司不进行股权改革，这些关键人才的心不定。

5亿元的市值，说多不多，说少不少。5亿元的1%就是500万元，如果一个人要获得5%的股票，就需要2500万元。你让他买股票，他没有钱。长松公司市值为5亿元，如果公司一上市，起步价就可能是50亿元，那1%就值5000万元。让员工入股就存在一个矛盾，老板给他1%的股票，但他拿不出这个钱。如果他不买股票，将来有一天企业上市了，他又会非常后悔。

我有一个朋友，他们公司市值那一年评估是5亿元，给了他1%的股份，采用的是赠+购的形式，即赠50%，购50%，就是他出250万元入股。过了一段时间以后，公司又新来了一批高管，出台了新政策，谁的股票想卖，公司可以回购。我朋友脑袋一发热，250万元的股票卖了500万元，当时感觉自己发财了。两年以后公司上市了，经过几轮上涨，市值达到了180亿元。180亿元的1%是1.8亿元，它的本金是250万元，为了拿到一点点当下的现金，就失去了变成亿万富翁的机会。所以在当下利益和长远利益当中，很多公司，很多个人是矛盾的。

员工可能没太多的钱，这时，让员工用自己不多的钱去购买公司的股票，这就是"割韭菜"了，割完之后员工的生活水平不升反降，就达不到激励的效果了。公司想让员工留在公司，又想让员工拥有公司的股票，常采用的办法就是"贷"，即贷款。

有的贷款公司专门给股权改革提供贷款，但他的业务对象一般不是民营企业，而是国有企业、中央企业。前几年国有企业股权改革比较多，企业要上市，上市前员工都要持有股票，但员工又没有这么多钱，于是就有人专门成立了这样的贷款公司，只做股权改革的贷款。

如果没有这个外部的贷款公司，很多企业往往会在内部成立一家小额贷款公司，或者干脆直接出台一个政策，允许员工向公司借钱，这就叫赠+贷法。赠+贷法的好处是企业既没有降低股票的价格，又达到了员工个人出很少的钱，甚至不出钱就拿到公司股票的目的。

像长松公司这500万元，我一般采用的方法就是赠+购与赠+贷相结合的方式，见图15-10。但赠和购之间会有一个比例，有的公司一般购买60%，赠予40%，就是1%的股份要出300万元。我经过深思熟虑以后，发现这个比例也不行，于是我们采用的办法是对半的方式，购买50%，赠予50%。出250万元就可以拿到1%的股票。可能员工连250万元也没有，于是继续可以细分为首付和贷款。一般首付和贷款的比例是4∶6，就是250万元首付100万元，贷款150万元。采用这种办法，就解决了员工购买股份的问题。原则上，购的股权数额不得超过赠的股权数额。

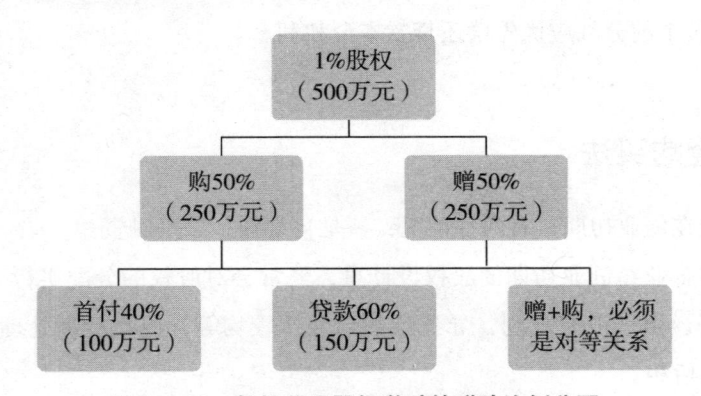

图15-10 长松公司股权激励的赠购比例分配

这里的重要问题就是解决定价。要拿到1%的股份，定价该怎么去做？怎么去推演？第一步先设计出它的市值，如果自己设计不出来，就找一家第三方机构做一下评估，一般评估的结果我们会打一个折。比如评估机构评出来我们价值8亿元，有可能就按5亿元计算。打折具体打到多少，完全取决于老板的看法。

对公司的市值做出定价后，再算出 1% 的股份价钱是多少。因为有的人会买 1%，有的人会买 5%，也有的人会买 0.5%，有的人会买 0.7%，只要我们能算出 1% 的价格，基本上其他的价格就都算出来了。

假如一家公司发展势头很猛，投资人都急着投资。这时候很多老板不太愿意赠予员工股票。但是公司必须让核心的干部来干活，所以必须赠予核心干部一些股份。想把核心干部留下来，老板的格局就要大一点，有赠 60% 的，也有赠 40% 的。

赠+购（贷）这种方式，一定要比融资 PE、VC 早，必须在 PE、VC 等外部投资机构进入前完成，避免后期因股价过高导致无法进行内部员工的股权激励。

很多老板说："贾老师，我融了 2 亿元以后，再给员工做股权激励，投资公司不愿意。"投资方不愿意再股权改革是一定的。因为这等于将公司的价值变低了。

贷款偿还方式是员工向公司贷款，需要计算利息（利息通常不高于商业贷款），员工的分红应优先偿还贷款本金和利息。

⑥ 现金购买法

企业在创业初期，有两种情况：一是自筹钱，二是融资。

很多企业在创业初期的股权设计里，经常会对股权的分配实行五五开或三三三开，由于没有规划，导致虽然出钱比较均等，但日后在处理矛盾时，会有许多后患。

事实上，企业老总在股权改革和融资之前，首先要做股权的规划。规划好将来公司的股份留给别人多少。一般的原则是原始股东的持股不低于 50%，实业型企业、创新科技型企业等除外，这样的企业员工股权激励最高可达到 30%。

在企业想融资较多的情况下，融资的节点越靠后越好。所以有一些行业的融资是偏靠后的。还有一些企业要烧钱，它们就必须不断评估自己，提高市值。

员工资金不足时，可进行贷款，购买股权的方式有以下几种：

第一种，公司可以直接贷款给员工，利息不高于商业贷款利息，首付不低于30%。

第二种，公司成立贷款公司，在内部提倡创业文化。

比如某企业为支持开设销售公司，出资比例为总部30%、团队70%，由于销售公司需要资金进行进货和运营，团队没有足够的资金，为此公司成立专门的贷款公司，允许团队在贷款公司进行贷款。团队最高贷款额度为总比例的70%，即团队首付为总股权的21%（70%的30%），贷款为总出资额的49%。见图15-11。

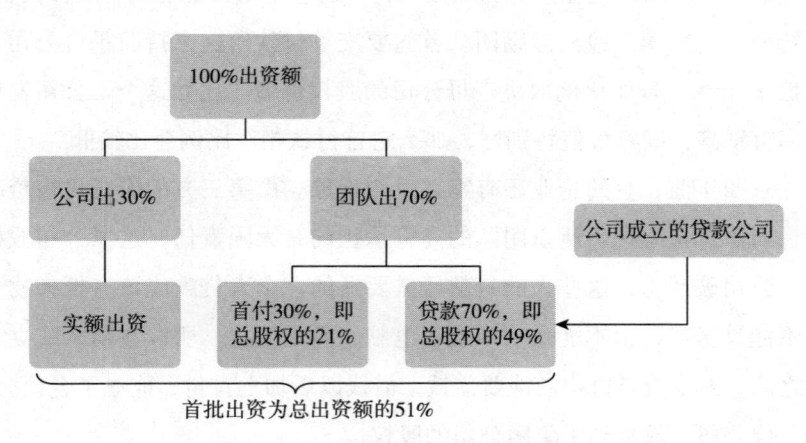

图 15-11 公司成立贷款公司的出资比例

这家企业在极短时间内扩张了60余家销售公司，当然这家企业赶上了国家的红利，所在的行业发展特别快。通过这种方式，他们为员工规划了从员工到股东的全路径。其路径为：冠军业务员→业务员+管理→业务员+决策→决策+股东。老板个人的资金并没有受到损失，反而有了收益，并且这家公司也在不断扩大，又形成了无数个小股东，这是贷+购法运用比较成功的一家公司。

第三种方式，设立持股平台，间接持股总公司/集团公司。

有的公司的股权设计，不是用分/子公司，而是用总公司来做的。一般

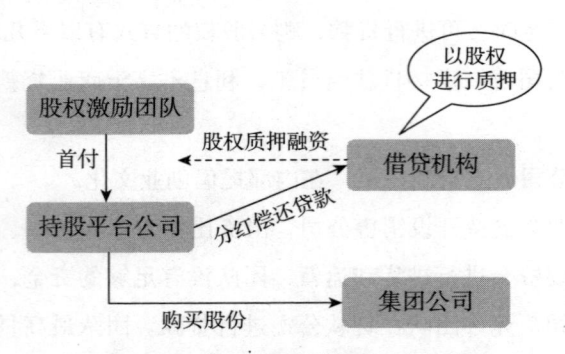

情况下，如图15-12所示。

图 15-12　总公司设立持股平台的做法

比如我们的团队现在没有那么多钱，于是老板先成立一家有限合伙企业，作为持股平台公司。股权激励团队首先要交首付款给这家持股平台公司，首付不低于30%，具体比例取决于母公司的股权价值。比如这个母公司发展的增长率特别高，股权价值特别好，那么它首付款相对比例会比较低。

在三四年前，有的企业还有零首付的现象。由第三方的借贷机构贷款给个人，而非合伙公司。所以团队的高管承担的是无限责任，这家公司股权贬值了、公司破产了，这些人的贷款还是要还的。个人贷款应该有抵押物，抵押物不能是房产，也不能是书本或者电脑，而是股权。所以在团队成立合伙公司之前，先找借贷机构商谈要借钱，借钱以后加上首付，成立了合伙公司。这家合伙公司，就拿到了集团公司的股权。

按道理来说，集团公司的分红应该先给持股平台，再给股权激励团队。但是由于抵押的是股权，财务就将贷款直接还掉。账是这样走的，但是法律合同规定的是另外的履行方式。就是我给你分钱了，但是为了防止你不还钱给借贷公司，于是公司就以股权分红直接偿还贷款了。

不管是哪种方案，我们都必须提前识别企业的团队是狼还是羊，不能仅仅为了形式主义去做贷款的改革。主要的目的，还是要把优秀的人才吸引过来，让其出适量的资金，达到企业扩张和整合人才的目的。

这种方法的优点有三个：第一，盘活了资金；第二，吸引了关键人才；

第三，绝对是一种扩张产物。

但是现金购买法也有一定的缺点。

第一，增长率较高的企业，比较适合于这种方法。如果是平稳发展的企业，让员工花太多的钱去做股权激励，他们可能不会太有兴趣。

第二，很多企业在做股权激励的时候，合规性差。如果企业不上市没有问题，一旦上市，股权改革就会有各种问题。所以很多企业在用这种方法的时候，必须借助相应的法律手段，做到具有合规性。

第三，变更不易，手续烦琐。我们的贷款往往有可能是5~10年，结果民营企业有很多高管干不了几年就走了。人走了，股份要变更，他的贷款又不还，可是股份还在公司，这就会造成各种矛盾，这些问题都留给了公司。

三、股权激励的配套文本

❶ 股权激励配套文本介绍

不管我们采用的方法是什么，都必须有合规的合同。规范的合同既保护个人，也保护企业。一家正规的企业在做股权激励的过程当中，需要以下相关配套文本来保护股本。

（1）分子公司扩张合同

分子公司扩张合同指成为分子公司的直接注册股东所签订的合同（此合同同样适用于项目公司）。长松公司的所有分子公司，都签订有相应的合同。

（2）有限合伙企业合同

有限合伙企业合同指成为有限合伙企业的LP，作为母公司的间接股东所签订的合同。

如果你不是企业的直接公司股东，包括不是分子公司的股东，也不是总部的股东，那就要签第二个重要的合同，有限合伙企业的合同。签了分/子公司的合同，就说明你一定是直接股东，只不过有可能是母公司的直接股东，也有可能是子公司的直接股东。如果你没有签它，而是签了有限合伙企业合同，那就说明你是间接股东。

（3）行为人一致书

行为人一致书用于统一其他股东与实际控制人的意见。

根据公司股权改革的建议，我建议大家做行为人一致书，规定在表决的过程当中，要以谁为最核心的战略决策。

我有一个朋友是富二代，接了他爸的班，发现公司有100多个股东，开股东会时，股东们很难到齐。当然，这些股东也没有签过行为人一致书，所以公司想做点什么决策很难。

像这样有100多个股东的公司，至少也得做4~5个有限合伙企业，再入股母公司，形成一整套股权结构架构体系，同时签订行为人一致书，就不会有这么多的问题了。

（4）价值观一致承诺书

价值观一致承诺书，也叫价值承诺书，通常指承诺认同企业的经营范围、价值观、文化等。

价值观承诺书，内容要求主要是尊重这个行业、尊重国家的政策、尊重税收政策、尊重产品。股东开会的时候分两拨：一拨要搞服务业，另外一拨要搞工厂，这样的股权激励不仅没有提高效率，反而会引发争吵。决策系统就怕吵架，吵架就把问题搞大了，大家也没心思做股权改革了，到最后就会影响公司的发展效率。

（5）刻章及授权

当股东人数众多时，其他股东可刻制个人章，并出具授权委托书，委托实际控制人或大股东代为表决或决策。

不管是分子公司，还是有限合伙企业，如果出现股东的增减，比如有的股东离职了，他在走的时候要写一个授权书，并签上字，这个时候就需要公司用章。表明在股东增减的时候，大家是同意公司的增减办法的。因此要把章、签字和股东增减提前签好的协议，放到公司备案。

否则会出现一个问题，就是有限合伙企业有8~10个股东，其中一个股东离职了要退股，其他所有人都要签字，非常麻烦。所以刚开始这几项都要准备好。

（6）股权章程

股权章程通常采用标准文本。

股权章程在成立股份公司的时候，是固定的。一般情况下在这个范围中，不会做大规模的修改。这里不再详细介绍。

（7）股价核算文件确认

股价核算文件包含第三方的市值评估书、股份计算文件。

股价核算，一般来讲要提供两个文件。第一，第三方对市值的评估书。如果你不是第三方，自己也可以评，但前提是大家要认同。如果不认同，这个问题也比较大。第二，股份计算文件，就是激励的方法及考核标准。

（8）股权分配及激励办法

股权分配及激励办法是指导本企业员工进行股权激励的办法，要形成制度文件，相关人员签字。

（9）期权激励合同

期权激励合同说明投资的方式和形式，约定认购期、预备期的分红说明，约定行权期的考核条件，以及失去行权资格的处理办法。

❷ 关键文本的关键条款介绍

（1）分子公司扩张合同

A. 合同中需约定的纠纷条款说明

分子公司的股权协议，除了国家法律以外所有的约定，都应该在这里进行约定。股东决策、经济纠纷、利益分配、增加股东、股东退出、商业保密、管理决策、权力分配、财务管理、公司解散等重大决策，均以这个文件为准。过去的这些年，长松公司分子公司出现的各种纠纷有如下几类：

第一类，分子公司总经理不愿意再合作。

这时，以这个合同为蓝本，双方按照股权的比例承担相应的责任。

第二类，期权考察期，分子公司总经理数据不达标。

在期权股考察阶段，分子公司总经理数据不达标，总公司以他为蓝本，继续委派新总经理经营这家公司，但相关债务与责任由总公司和新总经理共同承担。

第三类，分子公司总经理严重违纪。

如果分子公司总经理严重违纪，就直接把总经理换掉。然后按照合同拿走他的股权。

第四类，注销分子公司。

由于经营不善，分子总经理和公司共同协商，分子公司进行债务清盘，给予员工适当的补偿，然后清退，公司注销。公司和分子公司负责人共同注销它。

B. 注册形式说明

在第一个条款里，我们要明确到甲乙双方的出资。在股权激励中，一般总经理是不出钱的。在注册的时候，往往有两种情况要解决。

第一，分子公司成立之初，在公司章程中显示被激励的分/子公司总经理名字，直接给注册股，且由该分/子公司总经理担任法人代表，企业需要在股权激励合同中明确这一约定。这种注册的好处就是，员工安全感比较强，愿意创造利润；缺点是容易引起纠纷。

第二，分子公司成立之初，未体现被激励的分子公司总经理名字，而是在5年考核周期结束后再体现。此种形式对员工驱动性更强，但安全感弱。

C. 关键条款

第一，时间及考核要求：公司总经理_____拥有_____的股票期权，工作两年内离开公司，不再拥有股票期权；工作两年以上，拥有的期权转为注册股，两年以上总经理主动离开公司，公司可以把注册股份按原始注册资本进行回购。

第二，二次股权激励。

比如我现在和一位总经理两人合作开了一家公司，他没有出钱，我出钱给了他20%的股份。随着时间的推移，我们希望这家公司能继续吸纳优质的人才，结果这位总经理不愿意稀释他的股份。

所以在股权激励里，一定得明确这些细节。针对再次进行股权激励的情况，要约定好双方都同意，防止临时变卦。股权激励这件事情，不能光激励到你这里，还得往下激励，分出百分之多少，一定要规定清楚。

第三，分红与股权。

对优秀的管理人员进行奖励股份分红权，一般针对的是分公司高级优秀管理人才、核心专家、总公司的优秀管理人才。股权激励，会给1~2个人。但是分红往往会给2~10人。奖励股份分红，主要是对利润进行分配，获奖股份分红后，不具备原股东的相关权利与义务。分红权的奖励不超过公司或分公司的总利润额的20%。

有的股东有了股权以后，不愿意分给别人钱。但不分给别人钱，只靠自己做经营，肯定不行。所以一定要在合同里规定好分红与股权之间的关系。

第四，义务。

- 必须在本公司合作两年以上。
- 股东合作务必是长期性的、志同道合的。公司经营破产时或全部股东通过表决时，必须得到100%的股权比例表决，才可以退出合作。
- 股东合作决心与行动是合作成功的前提，所以乙方需要投入足够大的精力、足够多的时间作为必要的公司前期运作支持。

- 公司经核准登记注册后，甲方不得抽回资本，不得无故退出合作。
- 合作双方本着互信的原则，遵守公司章程，保守公司秘密；不得从事与本合作相近或相似性公司的合作（如到同行业竞争对手公司进行原始股东的合作）。

第五，股东入资书。

公司成立后，需向股东备发股东入资书，入资书包括股东实际资金、比例，股东的权利、义务，股东基本情况、身份证号、住所等相关内容。

第六，董事约定。

一般来讲分子公司的扩张，应该让分子公司的总经理担任，兼法定代表人。也就是这家公司扩张了40家子公司，应该有40个法定代表人，而不是只有1个。执行董事由股东会选举产生，股东会是由大股东决定的，所以大股东就指派总经理，并出任法定代表人。

第七，公司项目。

一般分子公司的营销比较简单，这个合同里面一定要明文约定以下内容：

公司项目：＿＿＿＿＿＿＿＿＿＿＿＿＿＿＿＿＿＿＿＿＿

基本愿景：＿＿＿＿＿＿＿＿＿＿＿＿＿＿＿＿＿＿＿＿＿

企业文化：＿＿＿＿＿＿＿＿＿＿＿＿＿＿＿＿＿＿＿＿＿

奋斗目标：＿＿＿＿＿＿＿＿＿＿＿＿＿＿＿＿＿＿＿＿＿

目前公司主要产品：＿＿＿＿＿＿＿＿＿＿＿＿＿＿＿＿

第八，与总公司的关系。

这里写明与总公司之间是一个直接隶属管理的关系，并且财务管理权归总部的董事会。当企业在这方面约定比较清晰的时候，我们可以按照有限责任公司的章程，对其他的事项做出约定。由于公司经营的特殊性，总公司采用子公司制，所有子公司由总公司控股。

（2）有限合伙企业合同

一家分子公司同时还可以作为项目公司。有限合伙企业合同作为总部的间接股东的合同，它的特征就是双线制。企业对总公司或母公司进行股权激励时，通常以有限合伙企业作为持股平台，将被激励人员作为间接股东。所以在这里一定要由律师进行鉴定，做出一套股东的权益合同。这个合同也可以拿到工商局去备案。

有限合伙企业与有限责任公司最大的不同就是在做经营的过程当中，它分为投资型经营和自主型经营。投资型经营的企业所得税的办法和有限责任公司完全不同，所以这个合同是非常重要的。

目前所有向我咨询过的企业，我都会让他们签订这个合同。合同关键的条款需要包括以下几个方面：

第一，约定普通合伙人（GP）和有限合伙人（LP）。

普通合伙人就是管理者，有限合伙人就是投资人。一般来讲，普通合伙人只有一个，一般是指派的，他的责任也是无限的，并且他不能随意退出。不管是普通合伙人，还是有限合伙人，他们的出资都是按照约定的比例进行的。普通合伙人并不是出资额最高的人，而是管理者与召集者。有限责任公司是先有股东，再有法定代表人。而有限合伙企业是先有管理召集人，再有投资人。也就是法定代表人和董事长是能被股东任免的。而管理者不会，因为管理者召集了大家，不会自己召集完大家，结果自己被大家推翻了。

对合伙人的出资额、出资方式、缴付期限要做出明确规定。

- 全体合伙人出资总额为_____万元。
- 各合伙人出资方式、出资额、出资比例如表15-6所示。

表15-6　合伙人的出资方式、出资额、出资比例表

序号	姓名	身份	出资方式	出资额（万元）	占总出资额比例	备注

第二，有限合伙企业分红与亏损承担。

有限合伙企业的亏损是按出资比例承担的。利润分红按出资额比例享有。

普通合伙人或其授权代表为执行事务合伙人，授权为企业的管理合伙人，也叫董事合伙人，对外代表企业。不执行合伙事务的合伙人有权监督执行事务合伙人执行合伙事务的情况。执行事务合伙人执行合伙事务所产生的收益归合伙企业，所产生的费用和亏损由合伙企业承担。

利润分配原则上按照出资额比例共享，但出现如下情况之一时，相关合伙人不享有按出资比例分配利润的权利。

• 合伙人与合伙企业（有限合伙）（含子公司及执行事务合伙人控制的其他公司）解除劳动关系。

• 合伙人在合伙企业（有限合伙）（含子公司及执行事务合伙人控制的其他公司）工作期间，年度考核不合格。

第三，有限合伙企业的退出办法。

有限合伙企业的退出办法，相关条款如下。

第四十八条　合伙人有下列情形之一的，当然退伙：

（一）作为合伙人的自然人死亡或者被依法宣告死亡；

（二）个人丧失偿债能力；

（三）作为合伙人的法人或者其他组织依法被吊销营业执照、责令关闭、撤销，或者被宣告破产；

（四）法律规定或者合伙协议约定合伙人必须具有相关资格而丧失该资格；

（五）合伙人在合伙企业中的全部财产份额被人民法院强制执行。

合伙人被依法认定为无民事行为能力人或者限制民事行为能力人的，经其他合伙人一致同意，可以依法转为有限合伙人，普通合伙企业依法转为有限合伙企业。其他合伙人未能一致同意的，该无民事行为能力或者限制民事行为能力的合伙人退伙。

退伙事由实际发生之日为退伙生效日。

第四十九条　合伙人有下列情形之一的，经其他合伙人一致同意，可以决议将其除名：

（一）未履行出资义务；

（二）因故意或者重大过失给合伙企业造成损失；

（三）执行合伙事务时有不正当行为；

（四）发生合伙协议约定的事由。

对合伙人的除名决议应当书面通知被除名人。被除名人接到除名通知之日，除名生效，被除名人退伙。

被除名人对除名决议有异议的，可以自接到除名通知之日起三十日内，向人民法院起诉。

第五十条 合伙人死亡或者被依法宣告死亡的，对该合伙人在合伙企业中的财产份额享有合法继承权的继承人，按照合伙协议的约定或者经全体合伙人一致同意，从继承开始之日起，取得该合伙企业的合伙人资格。

有下列情形之一的，合伙企业应当向合伙人的继承人退还被继承合伙人的财产份额：

（一）继承人不愿意成为合伙人；

（二）法律规定或者合伙协议约定合伙人必须具有相关资格，而该继承人未取得该资格；

（三）合伙协议约定不能成为合伙人的其他情形。

合伙人的继承人为无民事行为能力人或者限制民事行为能力人的，经全体合伙人一致同意，可以依法成为有限合伙人，普通合伙企业依法转为有限合伙企业。全体合伙人未能一致同意的，合伙企业应当将被继承合伙人的财产份额退还该继承人。

第五十一条 合伙人退伙，其他合伙人应当与该退伙人按照退伙时的合伙企业财产状况进行结算，退还退伙人的财产份额。退伙人对给合伙企业造成的损失负有赔偿责任的，相应扣减其应当赔偿的数额。

退伙时有未了结的合伙企业事务的，待该事务了结后进行结算。

第五十二条 退伙人在合伙企业中财产份额的退还办法，由合伙协议约定或者由全体合伙人决定，可以退还货币，也可以退还实物。

第五十三条 退伙人对基于其退伙前的原因发生的合伙企业债务，承担无限连带责任。

第五十四条 合伙人退伙时，合伙企业财产少于合伙企业债务的，退伙人应当依照本法第三十三条第一款的规定分担亏损。

第四，有限合伙企业的获利办法。

利润分配方式，利润分配原则上按照出资额比例共享。经营一段时间后赚钱了，怎么分，要列清楚。

第五，用于股权激励的有限合伙企业的原则。

在有限合伙里，有以下几个原则：

第一原则，行为一致性，指普通合伙人与有限合伙人的行为一致性。

由于我们签订的合伙人一般不是公募的，即不会到社会上随便找几个人合作，因此我们要提前就商量好以谁为主要决策人，签订在协议里。

第二原则，专投性。

专投性，就是约定了普通合伙人不能拿着公司的钱随便到处投资。公司主要做什么，提前就商量约定好，通常作为股权激励持股平台的有限合伙企业，投资仅针对母公司。

第三原则，约定退出。

作为项目投资的有限合伙企业，必须约定退出条件。有很多企业不是永久存在的，我们约定10年，到了10年完成使命，我一定会退出。比如有一家企业叫蒙草生态，他们动员内部员工对自己的公司做投资，投资3年以后，这家公司一定要解散。约定退出办法，并且包含解散办法。

这几个原则搞清楚以后，合同基本上就没什么问题了。同时，签署这些协议的时候，可以了解一下某些地方在税收政策方面的优惠。

（3）员工期权股权激励计划协议书

员工期权股权激励计划协议书（该协议书模板参见本章"附录"部分的内容），非常重要。

首先规定设立一家有限合伙企业，在设立的过程当中要包含哪些人，每个人要有一份合同。合同的第一条就介绍,大家将投资的这家母公司是什么情况,注册的新公司又是什么情况。

员工投资新公司,新公司投资母公司。这里会把这个股权激励计划给大家做详细的介绍。然后,约定什么时候开始认购股票,并规定它的权利是什么。在认购预备期,股票一般属于原公司,只有度过预备期以后,股东才可以享受分红。大部公司是预备期到入股的当年不分红。

度过预备期,就进入了行权期。行权期就是你成为公司的股东,可以行使权利了,但是你仍然不具备正式股东的资格。这两年你具备了有限合伙企业的股东资格,但是没有具备母公司的分红资格,所以要注意这个细节。在这两年行权期里会有考核,考核结束以后就可以成为正式的股东。

如果行权期过了,你就成为公司的正式股东。这时公司会跟你签订母公司的股东协议,发放股东权益书,也会规定哪些权利属于你、哪些权利不属于你,这个合同的核心目的就在这里。

(4) 行为人一致书

行为人一致书是一个法律文件,约定的是与核心行为人的一致性。它包括了经营的方针、投资的计划、董事会决议、董事会的报告、监事的报告、预算方案、利润分配方案、亏损弥补方案、增加和减少注册资本方案、发行债券的方案,以及公司合并、分立、解散、清算、变更等决议及修改章程。

签订行为人一致书时,如果没签订商业保密书,可以在行为人一致书里规定好商业保密书的条款。当然,行为人一致书也可以添加其他你想规定的东西。作为被激励的员工,你也不要觉得签了行为人一致书,就像签了卖身契一样,其实所有企业的股权改革,这一套流程不会缺少,目的是保护员工的利益。

协议各方的权利义务包括以下几个方面:

协议各方应当在决定公司日常经营管理事项时,共同行使公司股东权利,特别是行使召集权、提案权、表决权时采取一致行动。

包括但不限于：

- 决定公司的经营方针和投资计划。
- 选举和更换非职工代表担任的董事、监事，决定有关董事、监事的报酬事项。
- 审议批准董事会的报告。
- 审议批准董事会或者监事的报告。
- 审议批准公司的年度财务预算方案、决算方案。
- 审议批准公司的利润分配方案和弥补亏损方案。
- 对公司增加或者减少注册资本做出决议。
- 对发行公司债券做出决议。
- 对公司合并、分立、解散、清算或者变更公司形式做出决议。
- 修改公司章程。
- 公司章程规定的其他职权。

（5）价值观一致承诺书

价值观一致承诺书就是简单列几个大纲发表承诺，它是一种仪式性的东西。模板如下：

我认同公司价值观，具体的行为有：
1. 董事会通过的战略发展纲要。
2. 薪酬委员会通过的薪酬机制和考核机制。
3. 战略委员会通过的产品战略。
4. 股东大会表决的企业文化、企业使命、企业价值观。
5. 相应的公司发展必需的银行贷款、并购重组。
6. 关键人才的用人决议。

我承诺：如公司出现以上事项时，我服从董事会决议。

员工期权股权激励计划协议书、行为人一致书和价值观一致承诺书，这三个文件签完，才完成了成为直接股东或间接股东的流程。此外还有几个文件，比如股份章程、股东转让章程，以及公司章程。但是股份章程不是所有的员工都要签的，如果你加入有限合伙公司，你不是GP，只是LP，那就不用签订。

上述一系列文件非常重要。千万不要一眼不看，就直接套用，一定要根据自己企业的实际情况，进行修正、调整。

❸ 附录

员工期权股权激励计划协议书模板

第一条　甲方为×××（以下简称"公司"）的原始股东，公司设立时注册资本为人民币_____元，甲方的出资额为人民币_____元，本协议签订时甲方占公司注册资本的_____%，是公司的实际控制人。甲方出于对公司长期发展的考虑，为激励人才、留住人才，甲方授权乙方在符合本协议约定条件的情况下，有权以优惠价格认购甲方持有的公司_____%股权。

第二条　乙方对甲方上述股权的认购预备期共为两年。乙方与公司建立劳动协议关系连续满三年并且符合本协议约定的考核标准，即开始进入认购预备期。

第三条　预备期内甲乙双方的权利。

在股权预备期内，本协议所指的公司_____%股权仍属甲方所有，乙方不具有股东资格，也不享有相应的股东权利。但甲方同意自乙方进入股权预备期以后，让渡部分股东分红权给乙方。乙方获得的分红比例为预备期满第一年享有公司_____%股东分红权，预备期第二年享有公司_____%股权分红权，具体分红时间依照《×××章程》及公司股东会决议、董事会决议执行。

第四条　股权认购行权期。

乙方持有的股权认购权，自两年预备期满后即进入行权期。行权期限为两年。在行权期内乙方未认购甲方持有的公司股权的，乙方仍然享有预备期的股权分红权，但不具有股东资格，也不享有股东其他权利。超过本协议约定的行权期乙方仍不认购股权的，乙方丧失认购权，同时不再享受预备期的分红权待遇。

股权期权持有人的行权期为两年，受益人每一年以个人被授予股权期权数量的二分之一进行行权。

第五条 预备期及行权期的考核标准。

A. 乙方被公司聘任为董事、监事和高级管理人员的，应当保证公司经营管理状况良好，每年年度净资产收益率不低于_____%或者实现净利润不少于人民币_____万元或者业务指标为_____。

B. 甲方对乙方的考核每年进行一次，乙方如在预备期和行权期内每年均符合考核标准，即具备行权资格。具体考核办法、程序可由甲方授权公司董事会执行。

第六条 乙方丧失行权资格的情形在本协议约定的行权期到来之前或者乙方尚未实际行使股权认购权（包括预备期及行权期），乙方出现下列情形之一，即丧失股权行权资格：

A. 因辞职、辞退、解雇、退休、离职等原因与公司解除劳动协议关系的；

B. 丧失劳动能力或民事行为能力或者死亡的；

C. 刑事犯罪被追究刑事责任的；

D. 执行职务时，存在违反《公司法》或者《×××章程》，损害公司利益的行为；

E. 执行职务时的错误行为，致使公司利益受到重大损失的；

F. 没有达到规定的业务指标、盈利业绩，或者经公司认定对公司亏损、经营业绩下降负有直接责任的；

G. 不符合本协议第六条约定的考核标准或者存在其他重大违反公司规章制度的行为。

第七条 乙方同意在行权期内认购股权的，甲乙双方应当签订正式的股权转让协议，乙方按本协议约定向甲方支付股权认购款后，乙方成为公司的正式股东，依法享有相应的股东权利。甲乙双方应当向工商部门办理变更登记手续，公司向乙方签发股东权利证书。

第 05 篇

企业人才管理

Part ⑯

企业招聘体系

一、招聘概述

招聘对于企业来说是再正常不过的事情,招聘包含两个层面的含义:"招"是一种选择,可以从企业外部吸引人才,也可以进行内部选拔;"聘"的意思是任用,包含人员的试用与转正。

招聘是企业永恒的话题,企业的发展过程中人员会出现一系列波动。员工的流失是非常正常的事情。有的企业没有这套技术,也没有科学的流程,就会出现一些问题。

中国的成长性民营企业的人员波动,从招聘的角度大概可以分为两类。

一类是员工开除企业,一般企业不敢,也不会主动开除人。有的企业开除员工以后,发现人招不来,于是就会出现不同程度的让步,甚至没有底线的让步。所以很多时候,员工的离开都不是企业的主动所为,而是被动接受。

另一类是企业掌握了人才密码,熟知了人才招聘的整个流程、方法和工具,会根据企业的目标找到合适的人才。如果员工不合适,公司有可能会主动辞退。

招是选择,可以从外部选择,也可以从内部选择。所以招聘不仅仅是外部的事,也是内部的事。比如现在很多企业的岗位,特别是管理岗位竞聘上岗,其本质上也是招的一部分。我们到外面去引进人才,是因为发现内部的人不够合适,或者是不能胜任。很多企业家明知道从外面引进的风险大一些,也不从内部提拔,原因非常简单,就是内部的人不合适。

任用也分两个动作：第一个是试用，第二个是转正。现在有很多企业任用流程不规范，特别是从外边引进一个高端人才的时候，通常省略了试用期，这就有一定的风险。

我们选择的人有可能来自内部、外部，或是内外结合。所以招聘不仅仅是到外面去招，选拔内部的人才也是招聘的一部分。

❶ 对招聘的理解

第一，招聘就是一场营销。

优秀的企业在招聘员工的时候，营销动作做得非常好。之所以有很多企业招人的时候不够理想，就是因为营销没做好，没有打动优秀的人才。

现在有很多大型企业，和学校联合搞职业生涯，为学生讲解与专业有关的一些技术，并且还为学生提供寒暑假或节假日到企业里参观和实习的机会，这些动作其实就是在营销。

有的企业到大学招聘的时候很随意，手写的海报上的字很多人都认不清，更别提让别人了解企业了。而有的企业的海报做得非常精美漂亮，一看就是经过精心设计的。招聘就是一场营销，我们想招聘到高端优秀的人才，就必须让优秀人才感受到公司的企业文化。

第二，招聘是一个吸引的过程。

人都是被吸引来的，股东之间相互吸引，夫妻之间相互吸引，朋友之间相互吸引，企业的员工也靠相互吸引。普通者吸引普通者，优秀者吸引优秀者。

比如有的企业的招聘专员是刚大学毕业的学生，让他到人才市场招聘，招来的人可能以刚大学毕业的学生居多，甚至有还没毕业的学生。为什么稍微高端的人才，比如部门负责人、总监、副总，他招不到呢？因为不对位。副总、总监们一看这家企业是一个刚毕业的学生做招聘都懒得理，自然招不到高端优秀的人才。

假设企业要到人才市场去招聘业务员，只能去一个人，销售冠军最合适。

因为销售冠军凭着语言、行为，甚至肢体动作，就能把同类的人吸引过来。招聘就是一场吸引，招聘是所有管理者的事。要想找优秀者，就让优秀者出面去招聘。作为一个管理者，要把更多的时间用在找人上。人找不对，将会非常麻烦。

第三，招聘是一次价值观重塑。

如果一个人在过去的两年内换过好几份工作，那他到一家新公司后稳定的可能性也不大。因为A公司有A公司的文化，B公司有B公司的文化，C公司有C公司的文化，这家新公司，也会有新公司的文化。

价值重塑，其实就是通过教育和引导，让新员工的价值观与企业文化相符。比如公司本来是一杯清水，但新员工喜欢喝咖啡。谁都没有错，但是两个味道不一样，他和公司的文化价值不匹配，后续工作时就容易出现问题。新员工与企业文化做不到完全一致的话，接近也行，但绝对不能相反。所以企业在招聘的过程中，也会有给新员工价值重塑的过程。

一个新员工上岗前，要进行一周到一个月的岗位培训，如果企业对某个岗位要求高，可以进行两个月的培训，有的企业甚至能做到一年。这个过程就是在不停地进行价值塑造，让大家拥有公司的共同语言，让文化渗透进新员工的工作当中。当然文化也会升级，一家企业在发展过程中，还需要随时进行文化的引导、渗透。

❷ 企业的人才路径

第一步：找到好苗子。

通常优秀的管理者总想找到合适的苗子进行培养，而普通管理者总想改造员工成为自己希望的样子。天赋不等于兴趣，也不等于特长。天赋是做同样一件事情，付出同样的努力，有些人就是比别人获得的成就要大。有的人有语言天赋，学几门语言都没问题，而有的人连中文都说不明白。所以如果是天赋所在，可能干得不累，还能取得好的结果。找苗子，就要找到在相关方面有天赋的人。苗子找对了，培养的时候就轻松很多；苗子找错了，培养起来就太难了。

第二步：敢于用人，给新人机会，不怕在试错中成长。

优秀的管理者总是花大量的时间去找苗子，然后信任这些新人，给他们很多机会。

第三步：采用科学的路径和方法培养人才，为企业所用。

以上这三步是有次序的，我们发现某人具备某种潜力和天赋，然后把他引进到公司，给他机会，并采用合适的方法培养他，使他成长为公司的人才。

二、人力资源盘点与规划

企业都会定期进行人力资源的盘点与人才的规划，来支撑企业目标的达成。人力资源规划包含以下六步。

❶ 第一步：确立目标

目标包含三个层面，分别是公司级目标、部门级目标和个人级目标。

比如公司级目标，我们可以从两大方向来思考：一是管理目标，一是经营目标。管理目标分为产品目标、人才目标和系统目标。经营目标包含业绩目标、成本目标和市场目标，即两个大方向，六个小维度。见图16-1。

```
                    企业目标
           ┌───────────┼───────────┐
        部门级目标   公司级目标   个人级目标
                  ┌─────┴─────┐
               经营目标      管理目标
           ┌─────┼─────┐  ┌─────┼─────┐
        业绩目标 成本目标 市场目标 产品目标 人才目标 系统目标
```

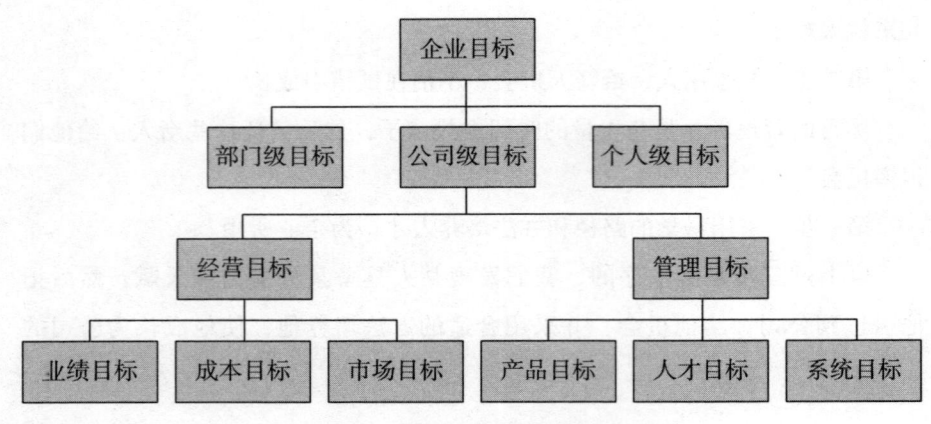

图 16–1　人力资源规划目标的层级

在确定目标的时候，很多企业会把目光集中到经营目标上，觉得制定好业绩、成本等目标，企业就能顺利发展。但是光有这几个最简单的、最直接的结果性目标还不行，企业要发展起来，还需要有管理目标做支撑。所以人力资源规划的第一步是确立目标，不仅是经营目标，还要有管理目标。

❷ 第二步：优化流程设计

我们想要完成这些目标，就要进行内部的流程设计。流程设计的思维就是企业以客户为导向进行流程的优化，目的是让客户最终复购、转介绍。我们可以考虑将公司的整个流程按照"段节点"进行细分。

复购、转介绍的上一级是服务，服务的上一级是交付，交付的上一级是成交，成交的上一级是市场规划，市场规划的上一级是产品，产品的上一级是生产，生产的上一级是产品研发，产品研发的上一级是市场需求，而市场需求是基于公司的总目标。

我们要基于以上的"段节点"，对公司的流程进行优化。其中"段"相当于中心，"节"相当于部门，"点"相当于岗位。形成"段节点"以后就意味着我们的流程设计好了。当然每一家企业的流程可能不一样，但是思路是一样的，先让客户从总目标开始，到最后让客户复购、转介绍。不同的是如何设计中间的流程，需要做哪些工作、哪些动作。

对流程进行优化的时候，要注意形成"段节点"。"段"就相当于各个中心，比如很多企业有战略中心、生产中心、营销中心、行政服务中心；"节"就相当于部门，就是每个部门需要干什么，承担什么样的职能；"点"就是具体岗位。用"段节点"的思维倒推，就是如何让客户产生复购和转介绍，总的出发点是什么，然后往中间去推演。

❸ 第三步：找出关键岗位

通常对公司运营结果起生死作用的岗位叫作关键岗位，比如 CEO、COO、CHO、CTO、CFO、CSO 等。我们可以把关键岗位理解为段的段长，相当于一个团队的大队长，带着团队去作战。

比如一个药店的关键岗位，第一是店长，第二是药剂师。再如长松公司第一个关键岗位是分子公司的总经理，第二个关键岗位是专家。

快速消费品行业的关键岗位是策划。策划好了，销售就简单；策划不好，销售就很难。所以快速消费品行业请专家给企业做咨询，很重要的一个内容就是定位问题。

服务行业的关键岗位是负责扩张的店长。服务行业想要有一个好的结果，就要把产品本身变成一种服务。服务都是有半径的，所以有没有一个团队来解决扩张的问题就非常关键，比如开店的问题、技术标准的问题、服务的问题、产品标准化的问题，能不能解决到位。扩张的意思，不仅仅是指区域的扩张，还有人才的扩张，服务半径的扩张。

工业品行业的关键岗位是技术研发人员。工业品对技术要求比较高，技术不仅仅是专利，更是转化能力，即能不能把技术转化为实际的产品。

再如代理商行业，在中国做代理的日子越来越不好过，因为中间太透明了。很多代理商就成了搬运工，甚至很多地方把代理商描述成为"向前一步是老板，向后一步是保安。辛辛苦苦几十年，一夜回到解放前"。代理商还有一个特征，就是做小缺小钱，做大缺大钱，反正一直在缺钱。代理商行业的关键岗位是渠道整合者，也就是这个人的整合能力要比较高。

关键岗位找到以后，有人扛旗了，团队组建起来就简单了。这些关键岗位又叫关键按钮，其动作直接关系到结果。比如做软件的关键岗位不是总经理，而是软件工程师，软件工程师是企业的关键按钮。

❹ 第四步：量化关键岗位的关键能力

针对关键岗位的关键能力，美国心理学家麦克利兰提出了"胜任力模型"。我们评价一个人的时候，不是凭感觉，也不是随便拿出一个数据，而是要综合评价一个人的胜任力模型。麦克利兰在1973年发表了一篇《测量胜任力而非智力》(Testing for Competence Rather Than for "Intelligence")的文章，指出决定一个人成就的不仅是智商，更是他的胜任力。现在中国的很多企业都在用胜任力模型，其特点如下：

第一，它可以通过学习获得，可以复制、传承。

第二，它是优秀员工表现出来的，是对优秀者的优秀基因进行提炼。

第三，通过胜任力模型了解员工的潜力。

第四，它是评价人才的一套语言。

胜任力是有维度，有模型的。就像营销有营销语言，编程有编程语言，我们评价人才的语言就是胜任力。

现在很多企业招聘团队员工，包括国家公务员的招考，都把胜任力放到了一个非常重要的位置。

胜任力包含两个层面：一个是显性，一个是隐性。见图16-2。

显性方面包含三个内容：第一个是资质，第二个是经验，第三个是技术，又叫技能。隐性方面的内容：素质。学历、长相、身高、肤色、发型，这些都属于显性内容。价值观、信仰、领导力、学习力、沟通能力、协调能力、抗压能力，这些都属于隐性内容。

Part ⑯ ‖ 企业招聘体系 ‖

显性：
- 资质，包含学历、语言、资格证书、培训经历等
- 经验，包含从事的行业，取得的业绩及认可
- 技术，包含初学者、基层主体、岗位骨干级、专家级、领袖级
  技术分为四级：我知道、我参与、我主导、我策划

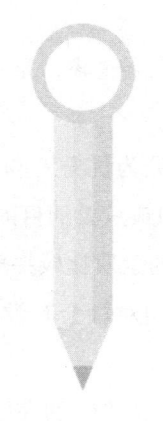

隐性：
- 素质，包含价值观、信仰、沟通能力、抗压能力、学习能力、协调能力

素质是底层逻辑，是一种能力

优秀者思考如何发挥自身能力，普通者思考收入；
优秀者是向内看，普通者是向外看

图 16-2　胜任力的显性与隐性内容

其中，资质包含了学历、语言、资格证书、培训经历等。

经验包含了所从事的行业，取得的业绩及认可。经验分为岗位经验、行业经验。光有相关经验还不行，还要有对经验的结果证明，比如曾经取得哪些业绩和认可，是国家级的认可、公司级的认可，还是行业级的认可，这些都属于业绩证明。

技术包含初学者、基层主体、岗位骨干级、专家级、领袖级。如果公司需要一个对产品有自己独特见解，能够根据市场的需求和客户的需求，研发出具有竞争力产品的人，就要到专家级里去找；如果公司需要的技术人员仅仅要求在某一个段上去工作，那么岗位骨干级就行了；比如整理文件，做PPT，收发或搜集信息，那么初学者就够了；如果某个项目需要更专业的人参与进来，那就至少需要专家级，甚至领袖级的人参与进来。刚刚大学毕业的人，懂得不多，就在某一个点上发挥功劳，这些人叫基层主体；岗位骨干级的人，是在流程的某一段上发挥作用；到了专家级和领袖级的人，要求不但能在某段上工作，还要清楚明白项目全流程，并有能力教导别人。

对技术级别的区分可以总结成：我知道、我参与、我主导、我策划。当然，我们评价一个人的技术能力水平时，不仅仅要看当下，还要看到他的未来发

653

展趋势。

素质，就是一个人内心的底层逻辑，是真正决定一个人工作成果的最终因素。

比如在公司里，员工可以分为优秀者和普通者。优秀者的素质比较高，他的思考逻辑是，我到一家公司最重要的目的是让我的能力得到提升和发挥，这是优质的思考方式。普通者的素质比较一般，他的思考逻辑是，我到一家公司能挣多少钱，至于这家公司对社会有没有贡献，能不能实现他的抱负，都不重要。

二者的思考逻辑完全不同。优秀者的底层逻辑是向内看，找自己的原因，而不是找别人的原因。普通者都是向外看，遇到困难、问题、争议的时候，总是在推卸责任，认为都是别人的问题。比如业绩不好了，他往往会认为是市场环境的问题，是行情的问题，和自己没关系。

底层思维是一种能力。比如抗压能力，有的人抗压能力没问题，认为压力就是动力。但有的人认为压力就是恐惧，他选择逃避。有的人喜欢做自己喜欢的事，有的人是做自己应该做的事。很多人年轻时只做自己喜欢的事，一切以我为中心，这种做法没有错，但是，这些人大部分很难有大的成就。人在年轻的时候，就该多学习和成长，学会承受压力。最好把应该也变成喜欢，做好应该做的事。

❺ 第五步：人才来源与引进

知道了目标、流程、关键岗位，以及关键岗位需要的一些能力，接下来需要知道人才在哪里，即人才来源及引进。

❻ 第六步：试用并实施考核

知道了人才在哪里，也成功引进后，下一步要进行试用，并且做出有针对性的评价，即实施考核。

三、人才来源

❶ 人才种类

我们知道了企业都需要哪些关键人才,哪些人才属于关键人才,才能有针对性地去找寻。找寻企业人才的途径有很多种,比如通过圈子、论坛、QQ群、微信群等途径。企业人才的种类大致包含五种,如图16-3。

> - 帮助企业提升业绩的人才
> - 帮助企业进行产品升级和技术升级的人才
> - 帮助企业进行规范化管理的人才
> - 帮助企业进行资本、资产运作的人才
> - 引领企业国际化的人才

图16-3 企业的人才种类

第一类,帮助企业提升业绩的人才。

能帮助企业提升业绩的人,到哪儿都有人要。

第二类,帮助企业进行产品升级和技术升级的人才。

这些人一般都比较厉害,他们属于企业的中坚力量,是企业发展壮大的有力推手。

第三类,帮助企业进行规范化管理的人才。

中国很多的民营企业有业绩、有技术,但一谈规范化管理就开始头疼了。在企业储备好前两类人才之后,就需要管理类人才帮助企业管理前两类人才,这样企业才能顺利走下去。

第四类,帮助企业进行资本、资产运作的人才。

等企业有业绩,有技术,管理也规范化后,接下来就要有能够帮助企

放大企业市值以及市场规模、具有更强竞争力的人才。

第五类，引领企业国际化的人才。

企业想要扩大开放，就需要有国际化的人来引领企业，特别是做外贸的，一旦进入行业第一集团军，面对的竞争对手不仅仅是国内的，有可能是全球的。要面对全球市场，就要有全球化视野，全球化的人才，全球化的思维，以及全球化的资本。

知道了有哪些关键性人才，以及找到这些人的核心理念，企业就会发现找人并不难。找人不但要找到更好的人，还要找到更多的人，不想受困，就需要进入人才圈子。

比如企业想找人力资源总监，到人才市场上找肯定不好找。但如果进到一个人力资源群或人力资源论坛，就会发现很多相关的资源。所以我们得进入相关的圈子。再如公司上市准备找一个董秘，那我们首先得认识一个董秘，这个董秘就能把他圈子里的人推荐给我们。要找营销高手，首先得想办法认识一个营销高手，他可能不为你工作，但是他有可能为你推荐一批优秀的人。所以我们得找到这个领头的人，就像针穿线，通过找到一个，连成后面一串。

人才真正的来源不是人才市场，也不是招聘网站。要得到真正的优秀人才，就是要找对圈子。进入相应的圈子非常重要。

❷ 人才信息库建设

既然我们要做人才的基本规划，知道人在哪里，就要用到人才信息库这个工具。人才信息库包含竞争对手人才信息库、专家信息库、内部人才盘点信息库三类。

（1）竞争对手人才信息库

竞争对手人才信息库由人力资源部去做，入库的对象都是竞争对手部门经理级别以上的关键人才，数量建议最好在500人以上。竞争对手人才信息库具体内容如表16-1所示。

表16-1　竞争对手人才信息库

姓名	岗位	同行业工作年限	现企业工作年限	日常爱好	近期规划	主要业绩	联系方式（电话或邮箱）

　　这里还可以写上是否拥有公司股份、和老板的关系、未来生涯计划等内容。当然也可以根据自己企业的情况来增加想了解的信息。信息收集得越全越好，也可以包括家庭情况、日常的朋友圈信息。对一个人了解得越细，在和这个人沟通的时候准确度就会越高。

　　竞争对手人才信息库的使用步骤如下：第一步，确定表中信息的真实度。我们收集到的信息不一定是准确的，需要打电话确认。第二步，通过短信或微信维护。维护包括很多层面，可以是公司利好消息，比如公司准备上市，开发了新市场，做出了具有替代性的产品，员工有良好的表现，政府对企业进行表彰，等等。还可以有情感的连接，如刮风了，下雨了，天热了，天冷了，要关怀问候一下。竞争对手人才信息库里的人，是公司未来的核心，有可能成为公司的合作伙伴，多一些关心肯定是没有错的。第三步，当我们准备和他接触，挖他来我们公司的时候，人力资源或者是用人部门就可以与他进行面对面的沟通。比如请他吃顿饭，聊个天，畅想未来，谈一谈行业实际情况。如果竞争对手人才信息库里的信息准确可靠，那么我们吸引到人才的概率就会大增。

（2）专家信息库

　　企业家一般拥有两个团队，分别为执行管理团队和专家团队，帮助老板解放手脚,以及协助老板进行战略规划。专家信息库的对象包括营销专家、管理专家、财税专家、技术专家、法律专家、健康专家等,通常由企业老板亲自建立,或者由战略委员会建立。这些人对企业来讲起着生死攸关的作用。很多优秀企业家不是一个人在工作,而是背后有一个团队在支持他们。

如果公司有一个战略委员会,这个部门在组织架构里面属于上层的顶层设计部分,专家信息库就应该由这个部门去做。如果没有,就需要老板亲自去做。专家信息库的信息也可以做一张表出来,具体内容如表16-2所示。

表16-2 专家信息库

姓名	擅长领域/课题/方向	在本行业内的工作时间	主要业绩	本领域主要成就/著作/发表刊物或论文	日常爱好	现所在企业	联系方式(电话或邮箱)

这个表里面有很多的内容,比如姓名、性别、联系方式、擅长领域、主要著作、就职单位、主要成果、兴趣爱好等。收集这些信息的目的是找准聊天话题,因为专家都比较忙,可能没有太多时间留给你,如果能了解他们的研究领域和日常爱好,就能找准重点,迅速拉近彼此的距离,那么引进专家的希望也就会很大。

(3)内部人才盘点信息库

内部人才盘点有三个维度,包含:

A. 按层级进行人才盘点

比如高层多少人,中层多少人,基层多少人。

B. 按部门和职能进行人才盘点

比如销售部、生产部、研发部、行政部、财务部、人力资源部等,在盘点的时候，我们按部门盘点干部有多少人，核心员工有多少人。还可以分得细一些，比如完全具有胜任力的有多少人，通过一到两年的锻炼能成长起来的人是谁，有没有一些储备干部。

C. 按岗位编制进行人才盘点

比如我们有一个销售分公司，要求是总经理1名，总监4名，经理12名，业务员36名，行政加前台1名，运营加后勤1名，财务1名，人力资源1名，这就是我们的正常编制。进行岗位编制的时候，要从"胜任""合格""欠资格"三个层面去评价一个人，结合人员编制进行盘点，并结合时间的三个跨度"现有人员""需要招聘与引进人员""内部成长人员"进行说明，做出人才信息库的盘点。

内部人才盘点信息库的具体内容如表16-3所示。

表16-3　内部人才盘点信息库

编号	部门	职位	姓名	性别	籍贯	手机	QQ	邮箱	入职时间	备注
1										
2										
3										
4										
5										
6										
7										
8										
9										
10										

四、高级人才引进

企业缺乏人才，有时候甚至会动用猎头去找。本来培养人才这项工作公司内部是可以完成的，但是公司内部如果没有做这项工作，需要优秀人才时只好把钱放到市场，放到第三方机构，让猎头帮我们找人才。找猎头是一件好事，但是公司的成本压力就大了一些，因为猎头有基本的费用要求。用猎头挖来的人，企业一般要付出这个人20%的年薪作为猎头费用，有的甚至高达50%。

企业在引进人才的时候，需要慎重思考一些问题。比如现在有很多企业在引进一些高端人才的时候，高端人才会提出很多的要求：第一，不坐班，不做考勤；第二，无责任底薪，不考核；第三，收入均为税后收入。企业为了留住人才，采取错误的包容方式，一味地让步而失去底线，导致有些高端人才来到企业以后胡作非为，不懂得满足，存在用工风险。

这是因为前期的工作没有做好。前期工作如果做好，这些问题都可以解决掉。怎样把事后转到事前呢？就是要把关键人才转到事前，事先把事说清楚。当然这背后是有逻辑和方法的。光靠人力资源很难把这个动作做得完整，所以很多时候老板会参与进来。

❶ 与关键人才的沟通步骤

老板和关键人才的沟通大致分为三步。

（1）谈使命、谈未来、谈胸怀与梦想

老板放弃谈细节，就谈使命、谈未来、谈责任、谈胸怀。这一切，我们可以用一个词来代表，即"梦想"。有的企业为什么招不到高端人才？因为梦想小。梦想就是未来，未来就得有使命、有责任、有胸怀、有情怀、有格局，通过这些来吸引关键人才。企业与员工需要建立共同体，才能走得更长远。

如果谈完以后，对方对我们所说的一切都不感兴趣，再谈后面的具体细节也没有什么用。如果这些都不谈，只谈利益、年薪、股份，那么来的人就只是奔着利益，没有利益可能转身就走，形成不了共同体。

企业和员工之间的共同体，一共分为三个层面：第一个层面是利益共同

体，就是给钱干活；第二个层面是梦想共同体；第三个层面是生命共同体，又叫命运共同体。见图 16-4。

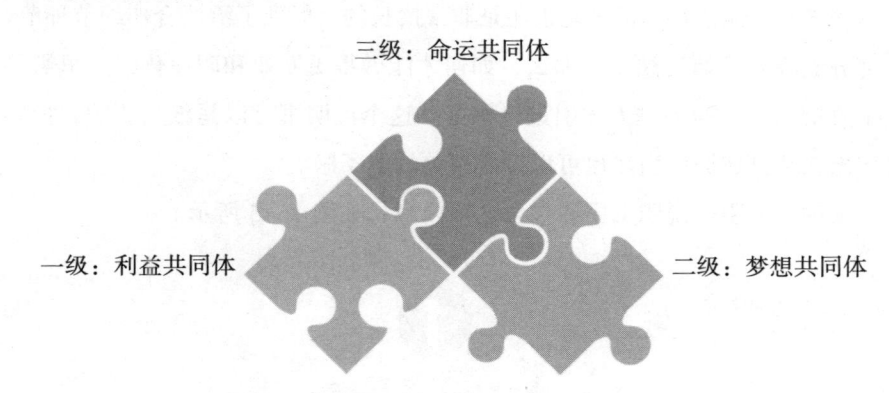

三级：命运共同体

一级：利益共同体　　　　　　　　　　　二级：梦想共同体

图 16-4　企业和员工之间利益的三个层面

如果高端人才只谈利益，不谈梦想，也不谈命运，那这些人在一起也很难共事。核心圈的人，比如老板、CEO 等，要有命运共同体的思维；中高层干部要有梦想共同体的思维；基层员工要有利益共同体的思维。所以引进人才的第一步，就是吸引和我们有共同价值观的人一起奋斗。

（2）提出方案，洽谈合作细节

双方不仅面对面谈话，而且要用文字去谈细节，就是出个方案给对方看，对方认可后再接下来谈更细的内容。如果方案满足不了他，可能就直接不谈了。方案是企业与人才沟通时的一种必要手段，可以展示企业的诚意和可靠程度，增加人才对企业的了解和好感度。

（3）确认合作细节，并进行岗位试用

这一步的关键就是要确定好合作细节，并进行岗位试用。这样，人才能力的真实情况马上就知道了。

❷ 人才引进的工具——关键人才引进说明书

谈未来、谈情怀，很多老板还是非常擅长的，但到了洽谈合作细节环节，大部分老板就开始发愁了。那么，如何才能做得更专业和职业化？这里需要一个关键工具，叫关键人才引进说明书。这个说明书可以是纸质版的，把它打印出来装订成册，当然也可以做成精美的电子版。

关键人才引进说明书主要包含七项内容，如图16-5所示。

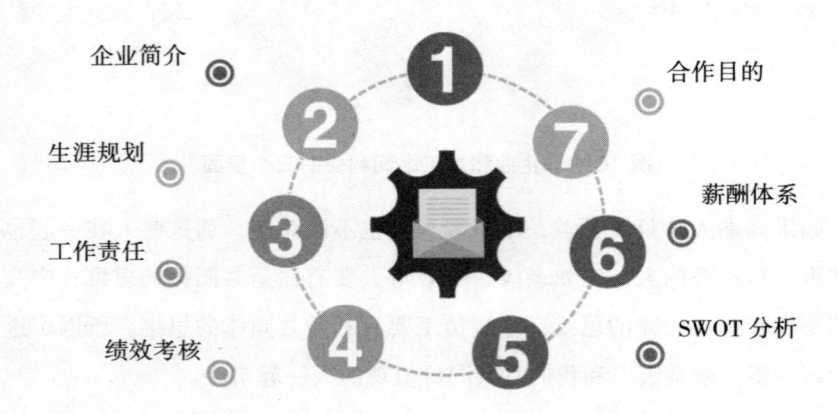

图16-5 关键人才引进说明书的七项内容

（1）企业简介

企业简介，包含行业发展前景、企业在行业中的位置、企业主营业务、企业大事记、企业荣誉以及核心价值观等。

（2）被引进人才的生涯规划

被引进人才的生涯规划，包含当下的安排和未来的长远规划。可参考使用后文介绍的生涯规划路线图工具。

（3）被引进人才的工作责任体系

阐述被引进人才的工作职责，可参考使用工作分析表工具。除了工作分析表外，有的企业还会用目标责任书。目标责任书里会列出一些数据，有可能数据有些过时，不够准确，但没有关系，目的是让人才知道他有哪些事要干，不能只拿无责任底薪。

（4）绩效考核

可参考使用绩效考核表、目标责任书、企业目标规划等工具。特别是绩效考核表里有一些指标和权重，还包含绩效和薪酬的转换系数。不管是谁来到公司，都要接受考核，接受考核就是对双方的共同约束。

（5）对引进人才进行 SWOT 分析

企业需要提前收集人才信息，途径包含互联网、同事、微博、朋友等，以求全面了解人才的优劣势。

SWOT 分析，就是指一个人的优势（strengths）、劣势（weaknesses）、机会（opportunities）、风险（threats）。如果我们准备引进一个人，就要去大量地收集他的各种信息。收集信息的方法非常多，可以通过互联网去收集，如果互联网上没有，就可以去看他朋友圈、微博，或者找他的同事、朋友了解情况，也可以见面沟通。我们通过这些搜集到的信息，对这个人就可以做基本的分析。

比如分析他过去取得的成绩，可不可以更好？如果有一些短板，到我们公司后可不可以弥补？带团队有哪些优势，有哪些短板？当然我们也可以分析他的家庭状况，如果合作，对他的父母、孩子、爱人，也可以一起进行规划。

（6）薪酬体系

薪酬体系包含薪酬结构和收益说明。我们要注明薪酬结构，并进行收益的测算与说明，以吸引人才的加入。

薪酬结构，就是一个人在公司的薪酬水平的比例关系。固定工资是多少，绩效考核工资是多少，奖金怎么发，分红怎么分，有没有股权激励。发放的周期是以月为单位，还是以季为单位，还是以年为单位。

收益说明，是对薪酬结构中各项占比的解释，比如收入具体和哪些指标挂钩，做到的奖励是什么，做不到的惩罚是什么，都要注明得清清楚楚。

（7）合作目的

企业的目的是坦诚邀请人才的加入。我们要让合作者清楚：我今天和你的合作，不是心血来潮，我是有计划，有目的的。

关键人才引进说明书适用于高层人员，如总监及以上的人员，以及技术型人才等。让关键人才感受到公司的诚意，那么他来到公司后才会有安全感。

❸ 其他事项

试用期期间需要签署相关的协议，如劳动合同、竞业协议、亲人联系表等。

第一，劳动合同。

根据国家相关法律规定，试用期也必须签订劳动合同。

第二，竞业协议。

有一些岗位要求保密，需要签保密协议。当然保密协议既可以包含在竞业协议里，也可以单独签订。

第三，亲人联系表。

亲人联系表最少填六个人，第一类包含直系亲属，比如父亲、母亲、爱人、子女。第二类包含朋友、同学；第三类可以是同事。其中后两类不是必填项，但第一类必须有。这样做的目的是防范风险。为了避免有人写虚假的信息，人力资源部可以打电话求证。

试用过后，申请转正时需要评估以下相关事项。

第一，合规。

合规就是要合理合法，不能违背《公司法》和《劳动法》，现在国家法律的要求越来越严，企业千万不要有侥幸心理。

第二，业绩证明。

业绩证明里边，第一个是工作职责；第二个是绩效考核和目标规划；第三个是管理满意度；第四个是认可公司文化并践行。

这几个条件都满足就可以转正，转正后就是正式员工。正式员工和非正式员工最大的区别是，正式员工受法律保护，并且享有公司的各种福利，而非正式员工不享有。

人才引进说明书，针对的更多是高端人才，对中小企业来说，可能就是部门经理级别以上的人才，比如总监、副总，甚至总经理。这些关键人才，都可以用这个说明书进行招聘。

五、会议式结构化面试

会议式结构化面试主要适用于大规模的团队招聘，如招聘营销团队等。除了营销团队以外，行政、财务、人力资源、生产等人员，也可以用结构化面试。

会议式结构化面试的流程包括以下几个环节，见图16-6。

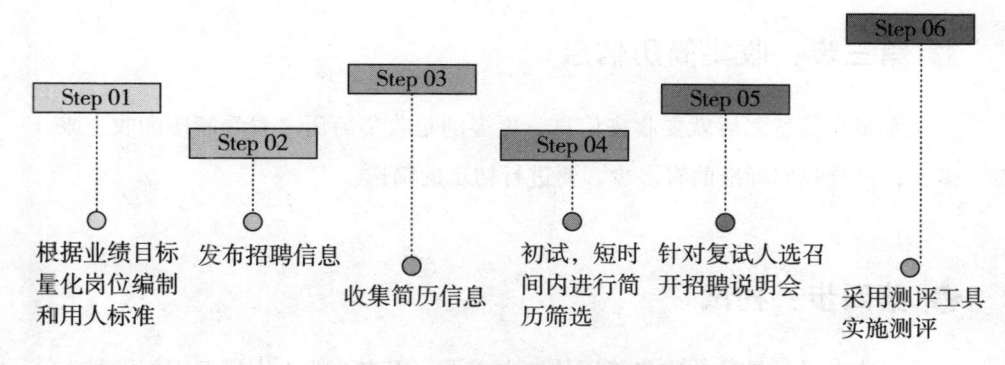

Step 01	Step 02	Step 03	Step 04	Step 05	Step 06
根据业绩目标量化岗位编制和用人标准	发布招聘信息	收集简历信息	初试，短时间内进行简历筛选	针对复试人选召开招聘说明会	采用测评工具实施测评

图16-6 会议式结构化面试流程图

❶ 第一步：量化用人标准

企业根据业绩目标，量化岗位的人员编制和用人标准。用人标准方面，我们会用到胜任力模型工具。也就是，我们招人时要明确知道目标人群在哪里。

❷ 第二步：发布招聘信息

招聘渠道包含互联网、人才市场、相关圈子。比如我们要招人力资源的人员，就在人力资源的圈子里找；我们要招技术人员，就在技术圈子里找；我们要招销售人员，就到销售圈子里发布相应的信息。我建议企业介入的人才圈子不低于四个。当然，我们在人才信息库里，也可以发布招聘的消息。

招聘信息的发布标准及要求还是比较高的。如果企业用人的标准出了问题，别人看到我们的信息肯定会望而却步，那么最后肯定招不来合适的人。所以发布信息时，要有准确和详细的用人时间、用人地点、用人具体标准等。当然也可以根据企业情况发布一些企业的福利内容，比如发布一个薪酬的区间，包含基本工资、福利保障、员工培训、技能提升、未来的职业生涯规划等。这样的招聘信息，才会让人觉得这家企业是有未来的、有希望的、有发展空间的。

❸ 第三步：收集简历信息

发布完信息之后就要收集信息，更多的是收集简历。看看简历能收上来多少，符合我们标准的有多少，要进行初步的筛选。

❹ 第四步：初试

人才市场是最适合收集简历的地方之一，很多企业人力资源部门的员工到人才市场去招聘以及筛选、收集简历信息的时候，不知道从哪里开始，问的问题也比较分散,没有重点。假设我们在人才市场和应聘者进行面对面的沟通,因为时间和空间有限,公司最优秀的一面展示出来会比较难。在这里因为环境问题,做第一次初试面试的时间应该少一点,面试一个人最好不要超过 3 分钟,问话最好不要超过 5 句。

对一个人的初试感觉还可以就进入下一环节,到公司以后再由更高层的管理者进行面试。如果二次面试的时候发现这个人不行,让他再走也不晚。如果面试后感觉这个人合适,就要想尽一切办法留下他。可以让他多了解我们的产品、内部流程和企业文化,增加对公司的好感。

在人才市场上,遇到优秀面试者的机会一般不多,所以如果碰到优秀面试者,第一时间就要做到信息隔离,不要让他在人才市场流失。初试一般相对比较简单,可以结合岗位的简历标杆对简历进行快速筛选。对简历也可以进行评级,分为 A+、A、B+、B、C 五级。发现 A+ 级的人才,立即发送复试通知单,注明地点、路线和相关事项。

到人才市场招聘,如果企业有考核指标,那么第一个考核指标是收集现场有效简历数。一般省会城市一天的有效简历收集数要不低于 200 份。第二个考核指标是立即复试人数,如果当时感觉某个人不错,就可以立即带到公司进行复试。

❺ 第五步:召开招聘说明会

针对复试人选进行现场招聘说明会,需要创造一定的气氛,并现场观察应聘者的反应,看他们是否认同公司文化。

进入面试的如果只有一个人肯定不行。假如我们准备招一个业务员,至少要筛选 10 个人进入复试,即比例要达到 1:10。如果我们招行政类的、职能类的岗位,比例要达到 1:4,技术类的建议达到 1:6。这也就意味着进入复试的人数要足够多,才能形成招聘的氛围。

所有人来了以后,可以给每个人发一个牌子,上面写上他的姓名、组号或编号。之后,企业要派专人去观察这些人,主要从两个方面去观察。

第一，在讲解我们公司时，这些人的反应如何。比较认可公司的人，他的坐姿原来是往后的，现在会往前。以前无精打采，现在开始兴奋。当然也会有另外一类反应，就是不管我们怎么讲，他都用一种怀疑的态度来对待。

第二，这些人的参与度如何。比如要搞氛围的时候，他带头鼓掌；让自由发言的时候，他带头发言；让小组讨论的时候，他积极讨论，说明他参与度比较高，也就证明他愿意放开自己、接受挑战。

现场招聘说明会的流程分为以下几个步骤，见图16-7。

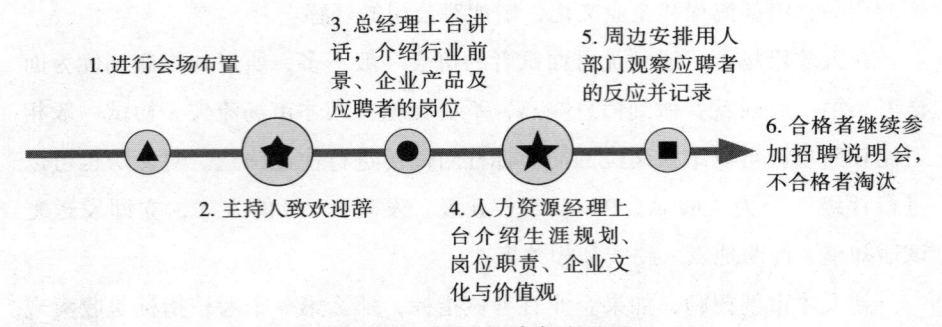

1. 进行会场布置
2. 主持人致欢迎辞
3. 总经理上台讲话，介绍行业前景、企业产品及应聘者的岗位
4. 人力资源经理上台介绍生涯规划、岗位职责、企业文化与价值观
5. 周边安排用人部门观察应聘者的反应并记录
6. 合格者继续参加招聘说明会，不合格者淘汰

图16-7 现场招聘会流程图

第一，进行会场布置。通过现场布置，把公司最优秀的一面展示出来。

第二，现场要有主持人，开场致欢迎辞。当应聘者来到会场以后，主持人要开始不停地进行宣导。

第三，由公司的总经理进行致词，介绍行业发展前景，公司3~5年的发展战略、组织架构、主营业务，以及应聘者的工作岗位。

第四，由人力资源经理上台介绍员工的生涯规划、岗位的基本职责、企业的文化价值观。

第五，在会场的旁边要安排一些用人单位的管理者，对参与现场说明会的应聘者进行观察，看看他们的精神状态，认不认可公司，并做好记录。

时间控制在两个小时以内，中午要留出1个小时的吃饭时间，吃饭的时候可以分小组，比如3~5个人为一小组。最好再派公司的老员工跟随，进一步了解应聘者对公司的感受情况。

第六，老员工感觉某个人合适，下午让其接着参加招聘说明会；感觉不合适的,就及时劝退。当然劝退的方法也要注意,不能直接说不合适,让他走人。我们可以这样说:"我们看到你的简历非常优秀,也看到你今天上午的表现,我们公司对你也非常认可。但是我们发现你的能力已经超越了我们公司对该岗位的要求。我会把您的简历留下来,如果未来有机会的话,希望您可以来加盟我们公司。"让别人有面子地离开。

⑥ 第六步:采用测评工具实施测评

现场招聘说明会后,企业要用一些工具进行测评。比如晚上9点以前,凡是接到电话的,第二天再次进行复试,又叫二试或三试。到第二天,开始给面试者讲部门、文化、业务流程,工作开展顺序,以及岗位所需技能。

在整个过程中,要随时随地和面试者保持深入的沟通。这种会议式结构化面试,一般至少会用两天的时间。如果企业允许,做到7天也没问题,我们可以把岗位技能拆分得更细一些。

六、评价中心

评价中心是人才选拔的重要测评形式,主要适用于技术类岗位。它和结构化面试有很多相似的地方。

❶ 评价中心的步骤

第一步,发布信息。

第二步,收集信息。

第三步,根据目标岗位职能设立用人标准。

第四步,根据用人标准设立题库。

设计这个题库的原则是：第一，以解决当下问题为导向；第二，以企业内部实际案例为基础，不能瞎编；第三，素质要求，比如考察学习转化能力、技术能力、团队管理能力，每家企业的重点可能都不一样。

第五步，设立评价中心专家团。

我们把题库设计出来后，由谁来评价这些人的表现是好是坏呢？要由评价中心的专家团来做这件事。

第六步，使用评价中心的工具，包含个人素质类、个人技能类、团队协作类等。

本质是看个人对某个问题的基本看法和观点。

第七步，基于测评给出结果。

测评做完以后，要由评价中心给出结果，这需要专家团共同评审后得出。

第八步，用人单位进行一对一沟通，给出反馈。

一对一沟通的目的就是给出反馈，行是因为什么行，不行是因为什么不行，让人清楚明白。

第九，签订试用协议、竞业协议、亲人联系表等。

这一步意味着开始进行试用，试用的时候签试用上岗协议，也就是劳动协议或试工劳动协议。同时，还可以签竞业协议、亲人联系表等。除此之外，还可以根据企业的实际情况，加一些如岗位职责表、目标责任书、绩效考核表等内容。我们会根据这一整套内容在试用期对面试者进行综合评价。

❷ 评价中心的特征

评价中心与会议式结构化面试有几个共同的特征：

第一，在面试的时候，入围人数通常较多。

第二，需要全方位评价。

这里不是靠一个人去评价，而是靠一个团队去进行评价。会议式结构化面试更多适用于营销岗位，评价中心更多适用于技术类岗位。会议式结构化面试，负责人为人力资源和用人部门的负责人。评价中心评价技术类岗位，负责人要有人力资源、用人部门负责人，以及相应的专家团。这些专家有可能是内部专家，也有可能是外部专家，他们负责对人员进行评价。

第三，每一关都相对独立，只有通过一关，才能进入下一关。

如果第一关都没有过，也就进不了第二关。只要有一关没过，就立即淘汰。

这就避免了领导者个人的喜好或知识的误区，得到的结果也会准确很多，还能降低错误的成本。

❸ 附录

技术总监引进说明书

目录

1. 招聘测评
2. 企业愿景及个人前景
3. 未来五年公司组织机构图
4. 工作分析
5. 薪酬设计
6. 绩效考核表
7. 晋升通道
8. 晋升标准表
9. 目标责任书
10. 亲人联系表
11. 保密协议书

第一步：招聘测评

1）简历标杆

表1 简历标杆

项目	4分	3分	2分	1分	0分
年龄	35~38岁	30~35岁	27~30岁	38~45岁 25~27岁	其他
性别		男			女
籍贯		本省农村	外省农村	本省城市 外省城市	
婚姻状况			已婚	未婚	
学历	专科	本科		中专 研究生	其他
行业经验			有	无	
岗位经验			无	有	

注：
- 简历标杆的标准生成是将本企业目前或过往优秀的"技术总监"，以及本行业优秀的"技术总监"人员进行关键因素的汇总与总结。
- 经过对张先生简历的评估，其符合我们公司的要求标准。

2）价值需求测评

价值需求测评是一套准确率相对较高的人员需求测评工具，通过该测评结果，可以了解到该人员在近几年的需求点，以及此人的优势特征方向。

表2 价值需求测评

项目	说明	匹配文化	激活建议	得分
财富需求度	财富需求度是指通过项目运作与自我努力得到财富自由的需求度，此项得分高的人是社会工作者的典型代表，具有努力工作并得到清晰投资回报的特征	比赛结果	合作回报清晰 信任合约清晰	
健康需求度	健康需求度是指通过身体健康与情绪管理而获得心灵自由的需求度，此项得分高的人多是工作与生活追求平衡，不会为了事业而占用太多生活时间，具有典型的调和工作与生活的特征	服务关爱	安全感 工作时间清晰 关怀	
享乐需求度	享乐需求度是指物质成就而得到财富自由的需求度，此项得分高的人需要加大理财增值能力，得分高者追求时尚，具有典型的物质激励型特质	英雄诚信	自由度 物质奖励	

（续表）

项目	说明	匹配文化	激活建议	得分
工作需求度	工作需求度是指获得工作的幸福感与成就感的需求度，此项得分高的人有具体事务性工作好，职业化程度合格的表现，具有很好的自我激励能力的特征	结果 规矩	重大机会 赞赏	
权力需求度	权力需求度是指获得较强的现场控制能力，清晰管理权力的需求度，此项得分高的人有极强的领导力与责任感，具有很好的掌握能力	规矩 结果	重要职务 清晰管理权力	
研发需求度	研发需求度是指获得较强的战略分析能力与技术操作能力的需求度，理性思维能力强，此项得分高者具有逻理分析力强，但对激励与情感管理不敏感的特征	创新 成长	特别的认同 情谊	
激励需求度	激励需求度是指工作与生活平衡需求度，以情感为导向的特征，具有一定的对外激励性与情感依托性，规则基因不明显，此项得分高者具有极强的报恩思维	关爱 诚认	给予帮助 恩德	
成就需求度	成就需求者具有他人利益导向特征，具有社会荣誉感与成就感，是规则的遵守者与倡导者，具有社会慈善基因，此项得分高者具有很好的社会认同需求	规矩 比赛	荣誉 社会认同	

注：

• 针对"技术总监"岗位的价值需求，一般重点需求体现在"研发"，即价值需求测评八项得分中一般是第六项"研发需求度"得分为最高。

• 同时"技术总监"岗位的优势特征建议体现为"技术特征"，"技术特征"的四种分值组合分别为"146、468、678、467"，即除去第二项"健康需求度"得分，其余七个分值进行前三个最高分组合。

• 经过对张先生价值需求测评的分析，张先生第六项"研发需求度"得分最高，较为符合公司需求要求，同时张先生的优势特征为"技术特征"。

第二步：企业愿景及个人前景

1）公司愿景

两年内成为区域排名第一的企业，五年内成为国内排名前三的企业。

2）愿景量化

表3 愿景量化

时间	销售额（元）	项目成果	人才培养	市场
第一年	8000万	新技术效益1000万	两名技术人员	增设广州市、珠海市、东莞市分公司
第二年	2亿	新技术成果五项	一个技术团队	增设佛山市、中山市、惠州市、江门市分公司
第三年	5亿	新技术成果五项	两个技术团队	销售区域拓展福建省、浙江省、北京市、上海市、江苏省、河南省等区域，在河南省建设第二个生产基地
第四年	9亿	新技术成果十项	两个技术团队	销售区域拓展江西省、河北省、安徽省、山东省、山西省等区域
第五年	15亿	新技术成果十五项	三个技术团队	扩展其他空白区域

3）奖励计划

- 每个技术团队由四名技术研发人员、一名技术经理组成，每三个技术研发团队有一名技术总监，在实现公司销售目标情况下技术总监将获得5%的总公司股份分红。

- 每个销售公司配备一名总经理、一名副总经理、两名销售总监。每个销售总监管理四名销售经理，在实现公司销售目标情况下总经理将获得15%的分公司股份分红，副总经理获得分公司8%股份分红，总监获得分公司3%股份分红。

- 生产基地产值满足研发、销售需求，在实现销售目标的情况下，每个生产基地负责人将获得4%的总公司股份分红。

第三步：未来五年公司组织机构图

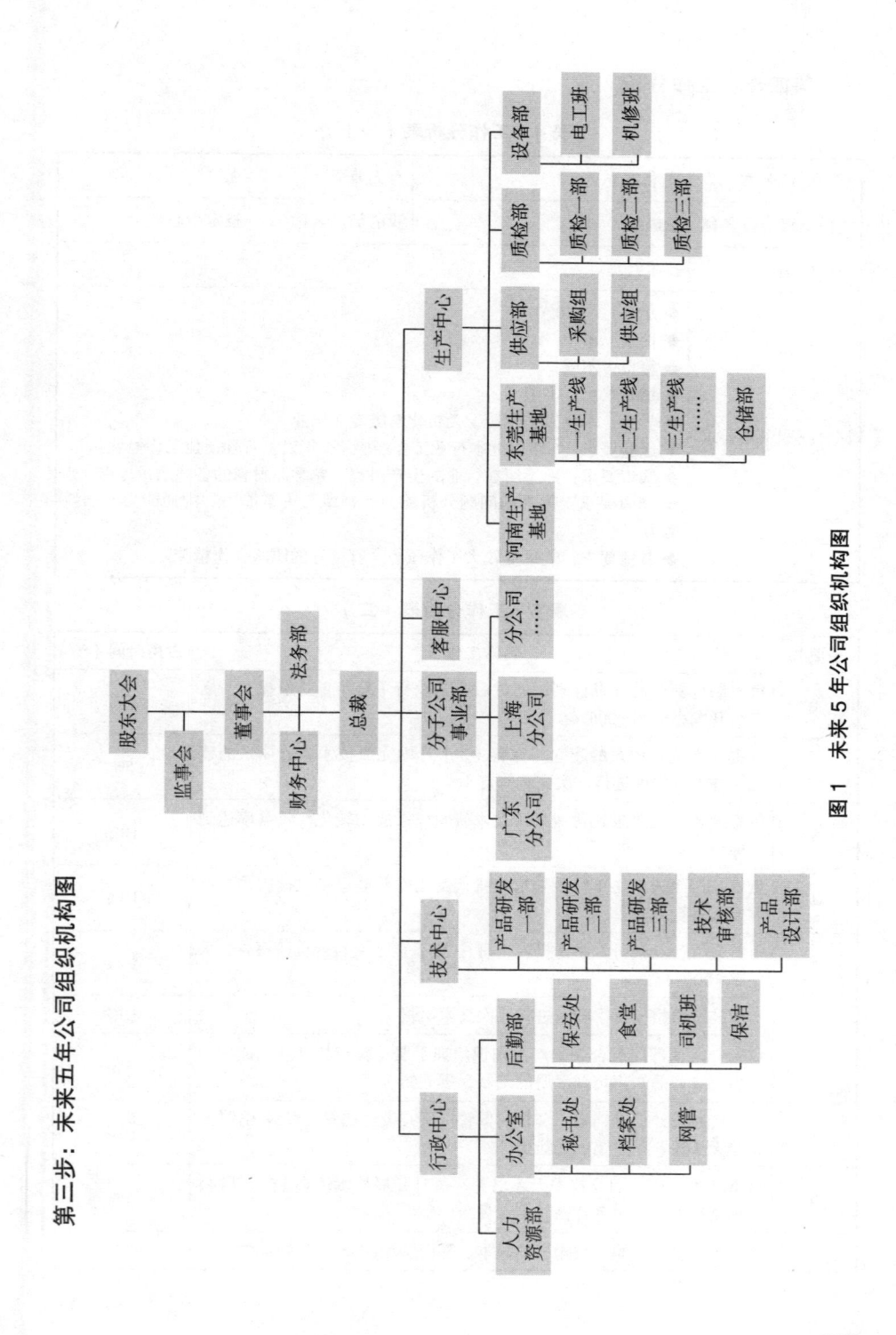

图 1　未来 5 年公司组织机构图

第四步：工作分析

表 4　工作分析表（一）

从事岗位名称	技术总监	有无兼职	无
我的上级岗位名称	总经理	我的部门名称	技术中心
下级的岗位	技术经理		
岗位任职资格要求	◆ 年龄：35~40 岁 ◆ 性别：不限 ◆ 籍贯：不限 ◆ 婚姻状况：不限 ◆ 学历：本科以上学历，无机化学类专业毕业 ◆ 经验要求：8 年以上本行业工作经验，5 年以上管理岗位工作经验 ◆ 知识要求：熟悉所在行业的生产过程，熟悉原材料的各项质量标准 ◆ 能力要求：优秀的问题分析能力、判断与决策能力、沟通能力、创新能力 ◆ 其他要求：能承受较大工作压力，有良好的团队合作精神		

表 5　工作分析表（二）

重要性	具体工作	占用时间（%）
1	负责制订新产品开发计划，通过后实施执行（每年 1 月份提交，新产品开发完成率 100%）	30%
2	负责技术流程体系的建立与完善（3 个月内完成技术流程体系的建立，并于每季度进行一次完善修订）	5%
3	负责技术研发成果转化效果（技术研发成果成功转化，收益率达到目标设定）	10%
4	负责按照当天施工单位的要求安排调配工作及监督每一批次均按配方要求进行生产	10%
5	负责进行行业调研并制作报告（每月 25 日前上交行业调研报告，采信率 100%）	10%
6	负责技术申报（每季度末进行一次技术申报）	10%
7	负责与其他部门配合编制产品知识培训手册（新产品开发完成后一周内完成产品知识培训手册的编制，零差错）	5%
8	负责产品设计记录档案、资料的保管（所有设计档案、资料的保管，完整无丢失、无差错、无泄密）	10%
9	负责技术知识培训及技术人才培养（每月开展技术培训 15 个课时，每季度培养至少一名合格技术专员）	5%
10	负责部门费用控制（技术研发成本、部门费用控制在预算内）	5%

第五步：薪酬设计

1）技术总监的薪酬结构

固定收入＋商业保密金＋提成。

2）岗位工资分级

分为五级工资：7600元、8800元、10000元、11200元、12400元。再按照固定与绩效比例80%：20%，将五级工资进行分解。

3）提成

分为两部分：

- 项目申报扶持金提成：以企业所得到的项目扶持金数额为基数，按5%提取。
- 产品利润提成：以年度企业核算账为准，提取比例为利润的5%。

表6　薪酬结构

五级工资	固定工资	绩效工资	商业保密金	项目申报提成	产品利润提成
12400	9920	2480	1000元（商业保密金一般为固定工资的10%）	5%	5%
11200	8960	2240			
10000	8000	2000			
8800	7040	1760			
7600	6080	1520			

注：

- 绩效工资与月度绩效考核挂钩，具体为将月度绩效考核得分转化为考核系数，然后通过实际绩效工资与考核系数相乘得到实得绩效工资。
- 针对"技术总监"岗位，当连续4个月绩效考核得分85分（含）以上，可主动申请工资上调一级；当连续4个月绩效考核得分70分以下，工资将下调一级。
- 年度绩效考核90分（含）以上，且满足晋升标准，主动申请、考察通过、岗位空缺可以进行职位的晋升。

4）绩效考核系数对应表（月度）

表7　绩效考核系数对应表（月度）

考核分数	绩效工资系数（K）
95分以上	1.2
90~94分	1.1
85~89分	1
80~84分	0.9

（续表）

考核分数	绩效工资系数（K）
75~79 分	0.8
70~74 分	0.7
65~69 分	0.6
60~64 分	0.5
60 分以下	0

5）绩效考核表

表8 绩效考核表（月度）

×× 年 01 月 01 日

<table>
<tr><th colspan="2">姓名</th><th colspan="3">岗位</th><th colspan="3">技术总监</th></tr>
<tr><td rowspan="2" colspan="2">序号</td><td rowspan="2">考核项目</td><td rowspan="2">权重</td><td rowspan="2">指标要求</td><td rowspan="2">评分等级</td><td colspan="3">得分</td></tr>
<tr><td>自评</td><td>上级</td><td>结果</td></tr>
<tr><td rowspan="7">业绩考核</td><td>1</td><td>产品研发量</td><td>10%</td><td>每月产品研发量在1个以上</td><td>新产品研发顺利推出，产生效果得10分
无推出得0分</td><td></td><td></td><td></td></tr>
<tr><td>2</td><td>配料适用率批次</td><td>20%</td><td>每月每次配料适用率100%的批次</td><td>全部适用得20分
一次不适用扣5分</td><td></td><td></td><td></td></tr>
<tr><td>3</td><td>行业调研报告</td><td>15%</td><td>每月25日前按要求提交行业技术信息调研报告</td><td>按时按质提交得15分
按时提交，采信率在90%以上得10分
按时提交，采信率在80%以上5分
延时提交或不予采信得0分</td><td></td><td></td><td></td></tr>
<tr><td>4</td><td>技术申报</td><td>10%</td><td>每季度进行1次新技术申报</td><td>有新技术申报得10分
没有得0分</td><td></td><td></td><td></td></tr>
<tr><td>5</td><td>技术资料编制</td><td>15%</td><td>针对新技术、新工艺编制相应技术文档</td><td>20天内按质完成新技术工艺技术文档编制得15分
30天内完成得8分
超过30天或质量不达标0分</td><td></td><td></td><td></td></tr>
<tr><td>6</td><td>技术流程体系的建立与完善</td><td>20%</td><td>建立技术管理管理制度、方法、流程</td><td>完成率在90%以上20分
完成率在80%以上10分
完成率低于80%为0分</td><td></td><td></td><td></td></tr>
<tr><td>7</td><td>技术人员培养</td><td>10%</td><td>培养至少1名技术骨干</td><td>缺少1名扣10分</td><td></td><td></td><td></td></tr>
<tr><td colspan="2">加权合计</td><td colspan="6"></td></tr>
</table>

（续表）

	序号	考核指标	权重	指标要求	评分等级	自评	上级	结果
行为考核	1	主动性	25%	1级：等候指示 2级：询问有何工作可以分配 3级：提出建议，然后再做有关行动 4级：行动，但例外情况下征求意见 5级：单独行动，定时汇报结果	1级5分 2级10分 3级15分 4级20分 5级25分			
	2	商业保密	25%	1级：明确商业技术及信息的范围及要点 2级：工作期间遵守单位保密协议，并积极宣传正面信息 3级：不进行商业性信息交易，不透露单位发展的技术及战略 4级：维护公司商业机密，并有实际案例 5级：带动他人做好商业保密，离职后5年不脱密的职业操守	1级5分 2级10分 3级15分 4级20分 5级25分			
	3	创新	25%	1级：对周围事物的关心和兴趣 2级：勤用脑 3级：创造力＝综合能力＋想象力 4级：唤醒心中的创造潜力 5级：有奇思妙想，创新方案设计，小发明，科学小论文	1级5分 2级10分 3级15分 4级20分 5级25分			
	4	学习力	25%	1级：有学习意识但无行动 2级：主动学习 3级：自费学习并得到技能 4级：学习后用于实践 5级：学习后实践并得到良好效果	1级5分 2级10分 3级15分 4级20分 5级25分			
	加权合计							
总分	总分＝业绩考核得分×70%＋行为考核得分×30%＝							
考核人	签字： 　　　　　　　　　　　　　　　　　　　　　　　　年　　月　　日							

第六步：晋升通道

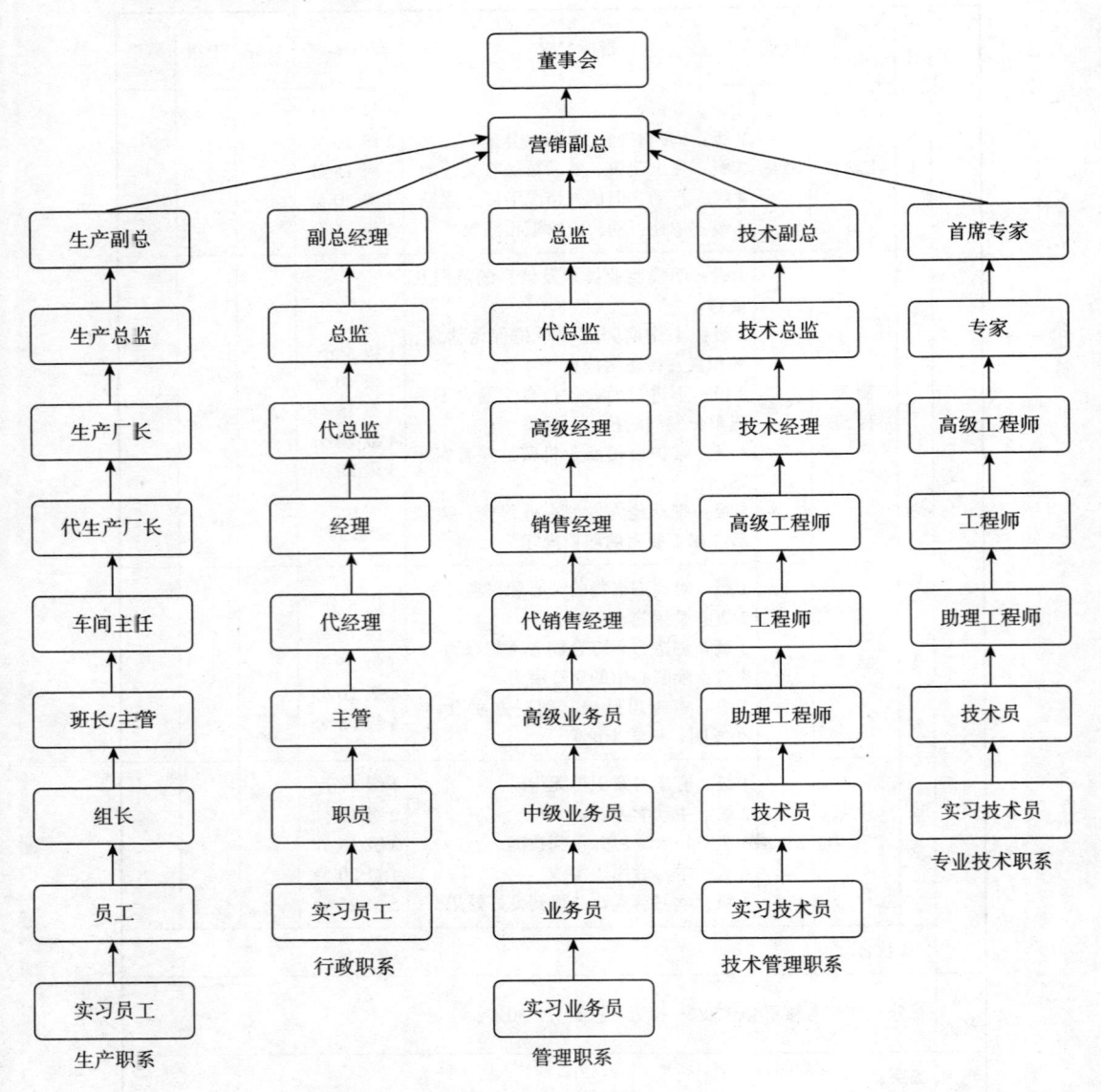

```
                              董事会
                                ↑
                              营销副总
          ↗      ↗       ↗      ↑      ↖      ↖
    生产副总   副总经理    总监    技术副总   首席专家
      ↑         ↑         ↑        ↑         ↑
    生产总监    总监      代总监   技术总监    专家
      ↑         ↑         ↑        ↑         ↑
    生产厂长   代总监    高级经理  技术经理  高级工程师
      ↑         ↑         ↑        ↑         ↑
   代生产厂长   经理     销售经理  高级工程师  工程师
      ↑         ↑         ↑        ↑         ↑
    车间主任   代经理   代销售经理  工程师   助理工程师
      ↑         ↑         ↑        ↑         ↑
    班长/主管   主管    高级业务员 助理工程师  技术员
      ↑         ↑         ↑        ↑         ↑
     组长      职员    中级业务员  技术员   实习技术员
      ↑         ↑         ↑        ↑
     员工     实习员工   业务员   实习技术员  专业技术职系
      ↑               ↑
    实习员工          实习业务员   技术管理职系
    
    生产职系  行政职系  管理职系
```

图 2 晋升通道图

第七步：晋升标准表

表 9　技术团队晋升标准表

岗位	业绩	技能	培养干部	关键指标	降级指标
实习技术员	完成环节工作，完成项目工作	基本知识学习通关，差错率为 0	—	岗位的核心胜任力（以工作分析表为准）	差错率 3 次以上，环节交付不及时 3 次以上
技术员	具有一个环节的完成能力，日常无差错，月度任务交付	1）胜任模块技术 2）前后模块技术体系 3）参加助理咨询师培训并通关	—	掌握行业优秀的工作环节或一个环节的信息库	差错率 3 次以上，环节交付不及时 3 次以上
助理工程师	协助工程师完成项目，达到目标，完成指派的工作项目	1）项目理论体系 2）带领项目完成 3）参加工程师培训并通关	实习技术员或技术员 2 名以上	确保技术保障工作	项目交付率不及时 3 次以上
工程师	完成独立项目，实现项目目标，研发产品并产生销售额，日常交付产品	1）项目交付能力 2）项目理论能力 3）参加高级工程师储备干部培训并通关	技术员 2 名以上	团队满意度 80% 以上，电网次数 0	产品不正常交付次数高于 3 次以上（不含委托交付）
高级工程师	具有行业先进产品研发实例	1）国内领先技术 2）行业领先技术 3）参加技术经理培训并通关	工程师、助理工程师 2 名以上	团队满意度 80% 以上，电网次数 0	研发产品交付次数少于 3 次
技术经理	具有行业先进产品研发实例	1）国内领先技术 2）行业领先技术 3）参加 CTO 培训并通关	工程师、助理工程师 4 名以上	团队满意度 80% 以上，电网次数 0	研发产品交付次数少于 3 次
技术总监	完成季度利润目标	1）技术信息库 2）技术培训师 3）事业部总经理培训并通关	工程师、高级工程师 2 名以上	管理满意度 80% 以上，产品成为公司支柱产品	销销比超过 30%，电网指标达到要求
技术副总	产品符合国内外权威项目交付，有产权	具有权威项目技术能力	整合技术人才、技术营销，实现编制	事业部战略目标	公司电网指标，合约履约指标

第八步：目标责任书

工作目标考核责任协议书

甲方：××公司

乙方：

为加强公司人力资源管理，提高公司高管人员积极性，明确甲、乙双方劳动关系，经甲、乙双方协商，特签订本目标协议书。

一、聘用岗位和时间

甲方聘用乙方担任甲方技术总监职务，全面负责××公司的技术研发工作，聘任、考核时间为20XX年01月01日至20XX年12月31日，考核结束后，双方根据实际情况，签订下年度目标责任协议书。

二、乙方的主要岗位职责

1. 产品技术研发

要求：制订年度产品技术研发工作计划，待审核通过后按工作计划执行。

检测标准：

①阶段工作结果与该阶段工作计划对比，检验是否按工作计划推进。

②阶段产品研发技术成果转化。

2. 国家科技项目扶持申报

要求：负责按国家／地方有关部门文件要求执行审批程序，申报项目扶持金。

检测标准：以企业该项目可取得的国家项目扶持金基数为准。

3. 专利申请

要求：年度完成专利申请5个。

检测标准：规定时间内完成专利申报。

4. 技术档案

要求：

①备案所有技术会议工作安排。

②备案技术团队所有人员阶段技术资料与图纸，并做分类与说明。

5. 技术工作计划、工作分析、工作总结

要求：按季度做该阶段技术工作完成情况的汇报与分析，以及下季度工作计划。

检测标准：计划与结果是否吻合。

三、乙方的薪酬结构

乙方工资结构为"固定收入＋提成"。

1. 岗位固定收入

分为五级工资：7600元、8800元、10000元、11200元、12400元，目前乙方处于第三档，即合格档工资10000元人民币/月。

2. 提成部分

①项目申报提成：以企业得到的项目扶持全数额为基数，按5%提取。

②产品利润分红：以年度企业核算账为准，提取比例为利润的5%。

表10　薪酬结构

	固定收入（元）			商业保密金	项目申报提成	产品利润分红
	总额	基本工资	绩效工资		5%	5%
五级工资	12400	9920	2480	1000元（商业保密金一般为固定收入的10%）		
	11200	8960	2240		-	
	10000	8000	2000			
	8800	7040	1760			
	7600	6080	1520			

四、乙方全年绩效考核指标与方法

1. 乙方年度绩效考核表

表 11 绩效考核表（年度）

20××年01月01日

姓名			岗位		技术总监			
	序号	考核项目	权重	指标要求	评分等级	自评	得分	结果
业绩考核	1	产品研发数量	20%	每月产品研发量在1个以上	新产品研发顺利推出，产生效果，达到要求数量，得20分；每少一次扣5分			
	2	行业调研报告	15%	每月1日前按要求提交行业技术信息调研报告	按时按质提交得15分 按时提交，采信率在90%以上得10分；按时提交，采信率在80%以上得5分；延时提交或不予采信得0分			
	3	技术申报	15%	每季度进行1次新技术申报，全年共4次	按要求完成得15分；每少一次扣5分			
	4	技术资料编制	15%	针对新技术、新工艺编制相应技术文档	20天内按质完成新技术工艺技术文档编制得15分；30天内完成得8分；超过30天或质量不达标0分			
	5	技术流程体系的建立与完善	20%	建立技术管理管理制度、方法、流程	完成率在90%以上得20分；完成率在85%以上得10分；完成率低于80%为得0分			
	6	技术人员培养	15%	培养至少4名技术骨干	缺少1名扣5分			

（续表）

姓名			岗位		技术总监			
加权合计								
	考核指标	权重		指标要求	评分等级	自评	上级	结果
行为考核	1	主动性	25%	1级：等候指示 2级：询问有何工作可以分配 3级：提出建议，然后再做有关行动 4级：行动，但例外情况下征求意见 5级：单独行动，定时汇报结果	1级 5分 2级 10分 3级 15分 4级 20分 5级 25分			
	2	商业保密	25%	1级：明知商业技术及信息的范围及要点 2级：工作期间遵守单位保密协议，并积极宣传正面信息 3级：不进行商业性信息交易，不透露单位发展的技术及战略 4级：维护公司商业机密并有实际案例 5级：带动他人做好商业保密，离职后5年不脱密的职业操守	1级 5分 2级 10分 3级 15分 4级 20分 5级 25分			
	3	创新	25%	1级：对周围事物的关心和兴趣 2级：勤用脑 3级：创造力＝综合能力＋想象力 4级：要唤醒心中的创造潜力 5级：有奇思妙想，创新方案设计，小发明，科学小论文	1级 5分 2级 10分 3级 15分 4级 20分 5级 25分			
	4	学习力	25%	1级：有学习意识但无行动 2级：主动学习 3级：自费学习并得到技能 4级：学习后用于实践 5级：学习后实践并得到良好效果	1级 5分 2级 10分 3级 15分 4级 20分 5级 25分			
加权合计								
总分	总分＝业绩考核得分×70%＋行为考核得分×30%＝							
考核人	签字：　　　　　　　　　　　　　　　　　　　　　　　年　　月　　日							

2. 年度考核成绩与奖金系数对应表

表 12　年度考核成绩与资金系数对应表

考核分数	奖金系数（k）
95 分及以上	1.2
90~94 分	1.1
85~89 分	1
80~84 分	0.9
75~79 分	0.8
70~74 分	0.7
65~69 分	0.6
60~64 分	0.5
60 分以下	0

注：考核奖金总额 = 考核奖金基数 ×k。

五、乙方义务

①乙方必须保守甲方的商业信息，如有泄露商业信息，要追究乙方的法律责任。

②乙方在工作期间，不得利用职权进行违规作业。

③乙方若工作非常突出，贡献较大，甲方可适当对乙方进行额外嘉奖。

④乙方在不满服务期主动离开公司，则取消服务期满后的绩效奖励资格；若乙方在不满服务期被动离开公司，则按服务期考核兑现。

六、电网指标

①公物私用。

②不按标准用人。

③收回扣。

④非公司行为行贿。

⑤泄露机密。

⑥公款私用。

⑦报假账。

⑧旷工。

⑨煽动虚假消息。

⑩利用信息获得私人利益。

⑪销毁证据。

⑫虚假预算获得物质开支。

⑬违反行为指标。

⑭利用职务之便制造假数据获得利益。

⑮违法。

乙方触及电网指标，甲方有权对乙方进行停职、降职、降薪、换岗、调离或解约。

七、其他

①本责任书一式两份，甲乙双方各执一份。

②如果中间有变化，经甲乙双方友好协商调整。

③如岗位变更，工资也随之变化。

④未尽事宜双方协商确定。

甲方：   乙方：

签名（第一负责人）：   签名：

　年　　月　　日   　年　　月　　日

第九步：亲人联系表

表13　亲人联系表

关系	姓名	联系方式 （手机、微信、电话、电子邮件）	通信地址 （务必能收到信件）

第十步：保密协议书

甲方：

法定代表人：

地址：

乙方：

联系地址：

甲乙双方根据《合同法》《劳动合同法》《保守国家秘密法》《反不正当竞争法》等有关法律的规定，基于甲乙双方劳动合同关系在遵循平等自愿协商一致诚实信用的原则下，就有关乙方有义务保守甲方商业秘密事项达成如下协议：

一、保密内容

乙方需要保密的内容包括但不仅限于：

1. 因履行职务或者因工作原因接触或使用到于甲方的业务信息；

2. 因工作产生的发明创造，工作作品、电脑软件新的管理方法、技术秘密和商业秘密；

3. 属于甲方的专利、注册商标、软件等；

4. 协助甲方取得和行使的其他知识产权；

5. 与甲方有关的财务信息、现金信息、合作财务信息、财务预算；

6. 甲方的交易秘密，包括客户渠道、客户名单、合作意向、成交或商谈的价格；

7. 甲方的经营秘密，包括经营方针、投资决策意向、认证服务定价、市场分析、广告策略；

8. 甲方的管理秘密，包括财务资料、人才资料、工资薪酬资料、课程资料、管理性文件（作业指导书、记录表格等）；

9. 甲方的技术秘密，包括产品设计、产品资料、研发成果。

二、保密约定

1. 甲方为乙方履行职务提供必要的条件，甲方根据乙方完成的知识成果所产生的效益，依据甲方已有规章制度给予乙方物质或精神奖励。

2.乙方必须按甲方的要求履行工作，并及时完成任务，同时资料上交甲方，除乙方事先已说明属于其个人所有的资料或知识产权外，乙方持有的全部工作成果，甲方拥有所有权和处置权。

3.乙方必须严格遵守甲方的保密制度，未经甲方书面同意，乙方不得将甲方的商业秘密向第三者公布。

4.双方解除或因劳动合同到期后，乙方不得向第三方公开甲方所拥有的未被公众知悉的商业秘密。

5.乙方承诺遵守以下保密义务：

5.1 各级会议内容文件在没有下发前不向会议以外的人员透露、传阅。

5.2 未经允许，不查阅复印涉及中心财务信息、客户信息、合同协议、工资劳务费用等保密内容的保密材料。

5.3 不将甲方重要文件资料等带出甲方办公场所或提供给竞争者或有竞争可能的单位和个人。如确属工作需要将材料带出甲方办公场所，必须经法定代表人批准。

5.4 机密文件资料应在有利于保密的地方存放，不将秘密文件、资料乱丢乱放。

5.5 不得在亲戚朋友中谈论甲方的机密，有客户来访，不当众谈论甲方内部事务和保密事项，不随意向客人提供甲方的各类文件。

5.6 因工作需要打印、复印涉及甲方财务信息、客户信息、合同协议、工资劳务费用等保密内容的文件之后，应及时销毁残缺的复、打印件。

5.7 删除在非保密设备上留存的文件或信息，保证下班后电脑中及桌面上没有记载甲方保密信息的文件资料及纸张。

5.8 工作变动离开甲方时，不带走甲方任何文件、资料、图表等。

5.9 发现甲方秘密已经泄露或者可能泄露，应当立即采取补救措施并及时报告主管负责人。

6.甲方实行薪酬保密制度，乙方不准打听他人薪酬，或将本人薪酬告知他人。

7.未经甲方事先书面同意，乙方不得泄露、传播、公布、发表、传授、转让，或者以其他任何方式使任何第三方（包括按照甲方的保密规定无权知悉该项秘密的甲方职员）知悉。属于甲方或者虽属于第三方，但甲方承诺有保密义务的技术秘密或商业秘密，也不得在履行职务之外使用这些秘密信息。

三、保密金额

1. 甲方每月在为乙方支付薪酬的同时，向乙方支付保密费，标准为乙方劳动合同中约定工资的____%，即____元，或____元；

2. 双方劳动合同解除后，甲方不再支付保密费。

四、竞业限制

乙方因任何原因离职后两年内（自离职之日起计），乙方到与本单位生产或者经营同类产品业务的有竞争关系的其他用人单位，或者自己开业生产，或者经营与本单位有竞争关系的同类产品业务的，仍应当保守在甲方任职期间接触并知悉的、属于甲方或者虽属于第三方但甲方承诺有保密义务的技术秘密和商业秘密，承担同在甲方任职期间一样的保密义务。

根据约定，甲方向乙方一次性支付竞业限制补偿金：____元。

五、违约责任

1. 在劳动合同期内，乙方违反此协议，甲方有权将乙方调离任职岗位。如造成甲方经济损失的，双方解除劳动合同同时甲方有权要求乙方赔偿，赔偿数额不少于由于其违反义务所给甲方带来的损失。

2. 乙方如违反竞业限制的约定，愿意向甲方支付相当于在甲方工作全部期间的收入标准做为违约金，同时返还甲方支付的竞业限制补偿金。

3. 损失赔偿按照如下方式计算：

3.1 损失赔偿为甲方因乙方的违约或侵权行为所受到的实际经济损失，计算方法是：因乙方的违约及侵权行为导致甲方的产品销售数量下降，其销售数量减少的总数乘以每件产品利润所得之积。

3.2 如果甲方的损失按照方法3.1所述的计算方法难以计算的，损失赔偿额为乙方因违约或侵权行为所获得的全部利润，或者以不低于甲方商业秘密许可使用费的合理数额作为损失赔偿额。

4. 甲方因调查乙方的违约或侵权行为而支付的合理费用。如律师费、公证费、取证费等，应当有含在损失赔偿额之内。

5.因乙方的违约或侵权行为侵犯了甲方的商业秘密权利的，甲方可以根据国家有关法律法规要求乙方承担侵权责任。

6.因乙方恶意泄露商业秘密给公司造成严重后果的。公司将通过法律手段追究其侵权责任，直至追究其刑事责任。

六、其他

本协议一式两份，甲乙双方各执一份，经甲乙双方签字盖章之日起生效。

七、争议解决

甲乙双方因本协议发生的争议，应本着平等协商、减少损失的原则解决，协商不成交由甲方所在地人民法院诉讼解决。

甲方（盖章）　　　　　　　　　　乙方（签名）：

　年　　月　　日　　　　　　　　　年　　月　　日

Part ⑰

企业招聘测评

一、简历标杆

简历标杆是指，一个团队或一个组织经过一段时间的沉淀，针对优秀员工当初入职时的信息进行分析发现，优秀的员工具有共同的特质，将这些特质归类后即可形成该岗位的简历标杆。

企业到人才市场去招聘，要能够从简历上获得第一手信息。在前期特别是第一次面试的时候，看一个人的简历最好控制在3分钟以内，问话最好不要超过5句。

我们建议，企业到人才市场去招聘的时候，可以用企业自己的简历模板。简历模板可以做成一张纸，分正反面，让应聘者填写简历的时候，不要提醒他还有背面。比如我们公司要招一个财务，等应聘者填写完交上来，如果发现他第一面写得特别漂亮，第二面空白没有写，就知道这个人不够细心，不适合财务这个岗位。

❶ 简历标杆的结构

看简历的时候，要看最有效的信息。最有效的信息包含如下8个维度，分别是：年龄、性别、学历、婚姻状况、籍贯、行业经验、岗位经验、简历完整度。

（1）年龄

这里指容易出高业绩的年龄段，我们设定满分为 4 分。假设一家公司业务员岗位的年龄段要求的是 18~29 岁，把总分值定为 4 分，即 20~22 岁是 2 分；23~25 岁是 2 分；26~29 岁是 2 分；18~19 岁是 1 分；29 岁以上是 1 分。

我们看一份简历，第一眼就能明确他的年龄段大概在什么位置，他和我们公司最优秀的年龄段是否匹配。因为按照我们总结出来的晋升规律，发现如果 22 岁做了业务员，通过 3 年的努力，能做到经理；再通过 3 年的努力，能做到总监；再经过 3 年努力，能做到营销总经理（CSO）；再过 3 年可以成为总经理，正好是 34 岁，身强力壮。但如果年纪太大，50 岁了才能做营销总经理，体力、精神状态等肯定不如年轻人。

（2）性别

这里可以设定满分为 3 分，可设定为女性优先或男性优先。如果一个岗位只有女士，没有男士，女士得 3 分，男士得 1 分；如果这个岗位没有女士，只有男士，那么女士得 1 分，男士得 3 分；如果这个岗位女多男少，女士得 3 分，男士得 2 分；如果这个岗位男多女少，男士得 3 分，女士得 2 分。当然还有一种情况，这个岗位的男女相对比较均衡，也就是这个指标不够显性，那么可以不管男女，都统一给 3 分。

（3）学历

这里指容易出高业绩的学历段，满分为 4 分。比如一家公司对学历的要求是大专和本科，就是因为企业发现大专和本科生是业务员出业绩比较好的学历段。大专或本科是 4 分；中专是 2 分；高中以及高中以下是 1 分；研究生是 2 分；博士是 1 分。我们不是说博士不好，而是博士和这个岗位的学历匹配度不够高。每一个岗位对学历的要求是不一样的，每一家企业的要求自然也不一样。

（4）婚姻状况

这里设定满分为3分。如果我们发现某个岗位优秀的员工都是未婚，那么在招聘的时候，就设定未婚为3分，已婚为1分。比如我们公司在招业务员的时候，对婚姻状况就有一些要求。因为我们公司未婚的和从来没恋爱过的员工都很少出业绩，并且我们发现一个现象，恋爱次数越多的员工，出业绩的可能性往往越大。简历标杆就是一种规律，这种规律就是大数据。

（5）籍贯

这里设定满分为3分。有一家企业在招业务员的时候，喜欢招外地农村的。因为本地城市的人，招来以后留存率比较低。招来100个人，3个月以后能走99个。但外地农村的人，招来50个，3个月以后往往能留下48个。

这家企业最后留下来的优秀员工的基本特征是外地农村，那么籍贯这一项，外地农村为3分，本地城市为1分，外地城市为1分，本地农村也是1分。当然有的企业还会这样分，外地农村为3分，本地农村为2分，外地城市为2分，本地城市为1分。所以本地户口不一定占优，关键看这个岗位的需求的基本规律是什么。我们在招人的时候，不能因为一个个案，就把它变成普遍性。那样招聘的试错成本就会增加。

（6）行业经验

这里可以设定满分为3分。现在有一些企业在招聘员工的时候，要求有行业经验。当然，也有企业希望没有行业经验。比如我们公司营销团队在招聘业务员的时候，就希望没有行业经验。也就是在培训公司干过的人，我们并不是很看好。我们过去用过一些同行业的人，我们发现一个普遍现象，就是这些人前3个月没问题，业绩很好，但3个月以后业绩很难有快速的提升。

我们公司在招聘业务员时对行业经验的要求并不是很高，有行业经验算1分，无行业经验得3分；而在招聘咨询师时，有行业经验得3分，无行业经验得1分。可见，即便是同一家公司，不同的岗位，对人才的需求标准也可能不一样。

再如招人力资源经理，有的企业要求从事人力资源5年以上经验，两年以上人力资源经理经验。当然，有的企业要求还会更高一点，要求曾经在500人以上的企业担任过人力资源经理。有的企业对专业经验有要求，比如要求掌握人力资源6大模块，更细一些还会要求擅长绩效和薪酬。

做会计的财务人员，很多企业要求必须使用OA系统/ERP系统/财务系统。因为现在提供财务体系的企业比较多，这几家的软件之间端口没有接通，如果招一个和公司用的软件不匹配的人，他的适应周期就会比较长。

（7）岗位经验

我们公司在业务团队方面，喜欢用有岗位经验的人。比如我们要招业务员，那么他得在营销业务岗位上干过；我们要引进一个技术专家，他在这个岗位上要有经验；我们要找一个营销总经理，那么他得做过营销，带过营销团队，并且从零组建过团队。这叫岗位经验。

岗位经验也可以设定满分为3分。干过2~3年的得3分，没有做过业务员的得1分。那是不是没有做过业务员的就不能要呢？也不一定，他的总分高就可以。我们公司也出现过以前没有在业务员岗位上干过，来到我们公司以后，干一段时间干出结果的。针对这样的人员我们也会有岗位经验评分，只不过这一项的分偏低一些而已。

（8）简历完整度

前文提到过，我们会故意把简历分为正面一页，反面一页，这里边有很重要的有效信息。比如年龄、学历、性别、婚姻状况、籍贯、岗位经验、行业经验，这些都是有效信息。简历完整度满分是4分，如果有效简历都填写了，还有一些非有效简历，就是非有效的一些信息，不是很重要的没有填写，我们可以给4分；如果核心有效简历部分有两项没有写，那直接给1分。当然有的企业苛刻一些，直接给0分。因为有些企业认为，你连填写简历都不认真，那干脆直接不用你了。

当然我们也可以这样细分，比如整个简历填写超过80%，得4分；有效完整小于或等于80%，得3分；有效不完整，缺失在两项及以内，得2分；有效不完整，缺失超过两项，得1分。

下面以会计岗位为例，说明简历标杆的设计思路，如表17-1所示。

表17-1 简历标杆设计表（会计岗位）

年龄		学历		行业经验		岗位经验	
条件	得分	条件	得分	条件	得分	条件	得分
23~27	4分	大专	4分	非同行业	3分	岗位工作经验3年以上	3分
36~40	3分	本科	2分	同行业	1分	1年以上	1分
28~35	2分	中专、高中	2分			无经验	0分
其余	1分	其余	0分				

性别		婚姻状况		籍贯		简历完整度	
条件	得分	条件	得分	条件	得分	条件	得分
女性	3分	已婚	3分	本地农村	3分	完整	4分
男性	1分	未婚	1分	外地农村	2分	1/2完整	2分
				城市	1分	1/2以下	0

❷ 注意事项

第一，在根据评价标准打分的时候，大家考虑的第一个问题就是选择指标。在岗位内，显性越明显，分值差越大；显性越不明显，分值差越小。

第二，我们把岗位员工人为地分两成类：一类是优秀者，一类是普通者。优秀者，就是高绩效者。我们在定标准的时候，用优秀者作为样本，而不是以普通者作为样本，因为优秀者代表岗位的先进性。

第三，新岗位设计简历标杆的方法，包含：

根据目标法设置。我们对这个岗位会提出目标，为了完成这个目标，会对这个岗位赋予什么样的职责。

采用工作分析法设置。除了目标以外，还会根据工作要求分析新设立的岗位，明确这个工作岗位是怎么要求的。

结合同行业同岗位的基本要求设置。如果上面这两种方法都不合适，企业还可以结合同行业同岗位的基本要求，参考同类型企业的方法，并将其运用到自己企业中。

第四，在用简历标杆的时候，要根据企业的特征设新指标。如果发现某个新指标具有一定的显性，就可以将它设为简历标杆。如肤色、信仰、特长等。

第五，每一个指标最高分为4分或3分。建议大家设为4分，普通设为3分，要注意这里用十分制。

第六，将得分从高到低统计并排名，前五名的人可以进行复试，简历标杆在初试阶段起到的是简历筛选的作用。

有了简历标杆，就可以大面积做招聘了，同时看简历也不那么麻烦了，真正做到简单有效。

二、价值需求测评

价值需求测评是指由被测评者填写价值需求测评题，根据其测评分值结果，分析被测评者目前的状态和潜在的需求倾向。价值需求测评工具常应用于招聘中，目的是分析应聘者的价值需求倾向与所申请岗位特性是否匹配，为企业的用人决策提供依据，以降低招聘的主观性，一般有效期为2.6年。

大家可以先做一下价值需求测评的相关试题，下面共有64道题，把题做完以后计算出分值。

价值需求测评问卷

填写说明：

（一）请把所得的分填到题号的前面。

（二）请回答下面的问题：完全相符，请打2分；基本符合，请打1分；

完全不符，请打0分。

1）我渴望创业，并有所行动
2）我会理财，让钱生钱
3）我的收入跟其他朋友或同学相比较高
4）我有独特的项目并形成了行动力
5）我对未来的事情分析较准
6）我为团队成功可以得罪人
7）我善于社交
8）我经常做而不是经常说
9）我吃饭很在意营养而且并不多吃
10）我一天睡眠平均不少于七小时
11）我看待钱很平淡
12）我时常忘记苦恼的事情
13）我几乎没有仇人，我不恨别人，也不报怨社会制度
14）我每周都运动，不少于两小时
15）我可以为了身体停下工作
16）我明白不良的习惯对身体的危害
17）我认为生命是艳丽的，我可以着装与众不同
18）我没有手机简直不能生活
19）我知道很多时尚品牌
20）我经常参加娱乐活动
21）我身上至少有两件饰品
22）我对一件物品动情即买之
23）我经常没钱，并喜欢借钱
24）我对度假娱乐有兴趣
25）我想有更大的压力，只要事业可以更好
26）我强调付出，从不强调收入

27）我认为只要是为公司着想，突破制度也有必要

28）我想一生都不停工作

29）我常常为公司的发展写报告或文字

30）我经常谈论我对公司发展的看法

31）我没有吃回扣等公司严防的事情

32）我经常做家务或公司事务，在别人并没有要求的前提下

33）我与别人谈话是为了影响或控制别人

34）我没有给别人进行过情感性打分

35）我不会拍马屁

36）我能控制混乱的局面

37）我喜欢人力资源管理胜过研究与技术

38）我想做管官的官，让下级为此而快乐

39）我喜欢哲学，并了解宗教

40）我认为能处理好下级的分配问题，让他们没有怨言

41）我喜欢物理

42）我有特殊的创意，尝试且有效果

43）我有专利或专利级的产品或技术

44）我学习力强并精通某一方面

45）我不在意工作对我的回报，而在意兴趣

46）我经常思考或工作得不知时间

47）我爱看科普类栏目

48）我逻辑力强

49）我认为家是第一位的

50）我工作不是为了钱，而是情感

51）我不说假话

52）我为了爱人失去了很多

53）我认为承诺比生命更重要

54）我会因为情感而放弃工作或生活的城市

55）我时常想起初恋

56）我发现爱情对我的激励作用很大

57）我经常原谅别人

58）我认为我身后有追随者

59）我认为自己有品位，而且从不说脏话

60）我是一个项目的专家，并培训别人成为胜任者

61）我出席各种名流活动

62）我绝不拿不属于自己的东西

63）我喜欢教下属做好事

64）我赞同现行的规则，并主动提出见解而不是抱怨

❶ 评分规则

价值需求测评共 64 道题，请选择在安静的环境下 15 分钟内完成，要求是对自己进行真实、客观的打分。评分规则如表 17-2 所示。

表 17-2　价值需求测评评分标准

题目	结果	题目	结果
1~8	一	33~40	五
9~16	二	41~48	六
17~24	三	49~56	七
25~32	四	57~64	八

每 8 道题统计一个得分，分别统计出"一、二、三、四、五、六、七、八"这 8 项得分。

❷ 价值需求测评结果对应的含义

岗位价值需求测评，是为了测出一个人来到一家公司，或者在一个岗位

上，当下的需求是什么，最大的需求是什么，想要干什么。这里不是在反映一个人的能力，而是需求。比如有的人的需求是能挣到钱；有的人是为了实现价值；有的人想在这里得到安全感；有的人想在这里得到一些技术上的突破；有的人来到这个地方，就想拥有权力；有的人就想活在当下。每个人的需求是不一样的。

价值需求测评结果，可以反映出这个人和岗位的契合度。如果他来到公司以后，自身需求和岗位的吻合度偏低，那就意味着这个人的流动性有可能会增加；吻合度越高，他的稳定性就会越强。

很多人带团队感觉到力不从心，其中有一个问题就是，并不清楚员工想要什么。领导只是站到自己的角度和位置去看问题，认为下面的人需要什么，但有可能这些都不是下面的人真正的需求。

测评结果能够持续大约 2.6 年。有的人发现，这个测评结果和自己来的时候想要的可能不太一样。如果自己想有一个大的突破，可以在 1~3 个月后再测一下，分数可能就会有所变化。超过 2.6 年，基本上再测都会有变化。

大家在这 8 项得分里，可以先找到自己的最高分。当然，最高分有可能会出现并列，比如 1~8 得 14 分，25~32 也是 14 分。

此 8 项得分分别代表不同的需求类型，如表 17-3 所示。

表 17-3　1~8 项代表的需求类型

项目	类型
第一项	财富型，追求金额，目标感极强
第二项	健康型，追求安全感
第三项	享乐型，追求自由和个人享受
第四项	工作型，追求机会，勤奋
第五项	权力型，追求控制，权力欲望强
第六项	研发型，追求思考，战略思维能力强
第七项	情感型，追求号召力
第八项	成就型，追求荣誉，希望被认可

此 8 项中，得分最高的项目代表被测评者最敏感的需求，得分最低的项

目代表被测评者最不敏感的需求。

测完之后，我们看的不仅仅是一个方面，而是这8个方面的相互作用，并不是得分高就好，也不是得分低就不好，关键是对应什么样的岗位，这才是我们做测评的意义。

❸ 矛盾体得分

这8项得分背后是有矛盾体的。

第一项财富与第二项健康是矛盾体。

第一项财富型，目标感极强，为了追求目标，很多人会想尽一切办法扫平一切障碍，可能会牺牲健康，牺牲情感。为了达成目标，他们对健康的关注度就会偏弱。

第三项享乐和第四项工作是矛盾体。

工作和享乐是一对矛盾体。因为追求享乐，有可能很难静下心去工作。

第五项权力和第六项研发是矛盾体。

第五项追求的是权力，而第六项追求的是研发，有人在公司不喜欢权力，他宁愿自己一个人默默研发。所以，他不要权力，要的是技术研发、要的是科技规划。

第七项情感和第八项成就是矛盾体。

第七项追求的是情感，第八项追求的是认可、成就和荣誉，它们也是一对矛盾体。

一、四、五、八项分别与二、三、六、七项是矛盾体。这是存在的整体矛盾。我们分析的时候，不是看哪个分高就好，或者哪个分低就不好，我们要看他们之间有什么联系，也就是整体的协调性。

❹ 甄选人才的思路

把一、四、五、八相加，等于A；把二、三、六、七相加，等于B；然后 A 加上 B，等于 C。

（1）需求测评的人才三类型

A. A 减 B 超过 3 分，为社会型，上山型岗位一般都是社会型

比如一个人当下的需求是以工作为重。如果某天家里面有事，公司也有事，他宁愿放下家里面的事，委托别人去做，也会回到公司把自己的工作做完，所以他的需求是工作。

B. B 减 A 超过 3 分，为家庭型（生活型），下山型、平路型岗位可以考虑

家庭生活型的人，虽然在公司也很努力工作，但他更看中的是家庭。

有很多企业在招人的时候会遇到一些女士，她们结完婚生完孩子，孩子差不多可以放手了，家里也不缺钱，就想找份工作做着，所以多少工资无所谓。这类人更多的是关注家庭，如果家里有事，公司也有事，那么她宁愿跟公司请假，也要把家里的事干了，这是她的需求。

C. A 与 B 间正负相差不超过 3 分，为平衡型

不管是 A 减 B，还是 B 减 A，得分在 3 分以内（含 3 分）的，可以算是做到了家庭和事业的平衡。现在有很多人，特别是一些老板，该打拼也打拼完了，到了一定阶段就会开始照顾家庭。也有的人是家庭不需要他再付出更多了，他需要在工作上进行突破，那么他就会把重心多放到工作上，做到这样的一个平衡。

总结一下，A 减 B 大于 3，重心在工作；B 减 A 大于 3，重心在家庭；不管是 B 减 A 还是 A 减 B，得分在 3 分（含 3 分）以内的，做到了家庭和事业的平衡。

（2）得分类型与管理风格

C 的得分是 A 加 B 的总分，分数高低有时候并不是特别重要，只是代表不同需求。不同得分类型与管理风格及特征见表 17-4。

表 17-4　得分类型与管理风格表

得分	类型	管理风格	特征
A+B>90 分	正面进攻型	关系管理 激励正面管理	进攻性强，乐观，防守性弱，企业主攻手，喜欢直接攻关，对事情评价一般较高
A+B 得分在 65~90 分之间	正面思考型	职业化 制度化	阳光，先看到事情好的一面，再看到事情不好的一面，乐观在前，消极在后
A+B 得分在 50~54 分之间	监督思考型	精细化 分工化	消极在前，乐观在后，思维稳重，需要建立信任感，具有监督气质
A+B 得分在 50 分以下	监督防守型	任务型 被激励型	认真，防守性强，监督能力强，能看到不足之处，心细

A. 正面进攻型

A、B 相加得分，在 90 分以上，就属于正面进攻型。

分数高意味着进攻强，防守弱。比较乐观，是企业的主攻手，喜欢直接攻关，不绕圈。对事情的评价，一般相对比较正向。他的管理风格是正面激励，正面管理。

B. 正面思考型

得分在 65~90 分之间，叫正面思考型。当一件事摆在眼前的时候，他想的更多的是成功的一面，失败的一面在他的印象中偏少，他总能看到积极的一面。公司安排一件事，还没分析，他就说这事能干，现在就要去干。到底有没有一些失败的因素，他不太清楚，先干了再说。所以他更多的是看到好的一面，乐观在前，消极在后。这些人通常用制度来进行管理，对他们的职业化程度要求要高一些。

C. 监督思考型

得分在 50~64 分，属于监督思考型。就是当他想问题的时候，总是先想影响成功的因素是什么。所以他比较稳重，拿不准的事一般都不干。

D. 监督防守型

得分在 50 分以下，属于监督防守型。就是防守能力强，监督能力强，他往往会看到不足之处。

如果用踢足球来比喻，正面进攻型就是前锋，正面思考型是前卫，监督思考型是防守后卫，监督防守型就是守门员。如果用开车来比喻，正面进攻型的人属于只踩油门不踩刹车，即使发现前面有障碍物了，他也不愿意刹车；正面思考型是有刹车，但基本不用，只偶尔用一下，基本是以踩油门为主；监督思考型是经常踩刹车，还没走几步就刹车，油门也偶尔踩一踩，但更多的在踩刹车；监督防守型是只有刹车，没有油门。

如果公司财务的 C 得分在 90 分以上，那财务就是前锋，这种人做财务肯定不对；那么公司财务的 C 得分在 50 分以下，好不好？财务按制度办事，老板想动一分钱都不行，这是监督防守型，这种财务才是合格的。财务天天捣鼓着老板花钱，那就有问题了。如果公司里的 C 得分在 50 分以下的人都去做销售，想一想是什么场景？

（3）管理需求

岗位价值需求测评得出来 8 项分。这 8 项分代表着不同的需求，有表面需求，有内心需求，当然也有管理需求。8 项分值代表的具体需求见表 17-5。

表 17-5 人才测评的 8 项及代表的需求

项目	管理需求
第一项财富	管理需求是金钱
第二项健康	管理需求是安全
第三项享乐	管理需求是自由
第四项工作	管理需求是机会
第五项权力	管理需求是职务
第六项研发	管理需求是殊情
第七项情感	管理需求是恩德
第八项成就	管理需求是认同

第一项财富，管理需求是金钱，就是让他能够挣到钱。

第二项健康，管理需求是安全，公司要给他安全感。

第三项享乐，管理需求是自由，就是给他自由。自由不是我行我素，自由是在自律下的自由。

第四项工作,管理需求是机会。

第五项权力,管理需求是职务,就是让他当官。

第六项研发,管理需求是殊情,就是给予特殊的情感关照。

第七项情感,管理需求是恩德,就是给予他恩德。

第八项成就,管理需求是认同。就是他有这样的需求,企业应该有相应的动作来满足他的需求,如果满足不了,他的效率可能会打折扣。

(4)企业角色得分类型

这8项得分里,去掉第二项得分,剩下7项得分里的3项最高分(允许并列),通过排列组合,可以判断被测评者是否与当下从事的工作岗位相匹配。如果不匹配,工作效率、对工作的认知度及工作的成就感,就会大幅度降低。

• 一、八两项为最高得分者,一般为创业者。如果公司里有一个员工,他不是老板,但是他这两项的得分很高,那这个人可能有创业的想法了,那我们要认真找他谈一谈,稳一稳他的心。

• 凡是第三项得分高、第六项得分低者的女性,偏感性,甚至极感性,特征为比较意气,韧性偏弱。

• 老虎得分(管理者):一、四、五、八4项里有3项是高分的,大概率就是管理者。

• 黄牛得分(行政负责人):一般是四六八、一四六、四六七、四五六、四七八这几项中的得分较高。

• 猎狗得分(销售):公关型猎狗,得分高的是这几项中的,一三四、三五八、一四五、一三八、一八;流程型猎狗,就是不靠公关而是靠流程,一步一步形成漏斗,形成步骤的一个团队,得分高的一般是一四八、一五八、一四五、一八中的。

• 快马得分(服务型的人):得分最高的是一四八(和流程型的一样)、一四五、一七八、四五八中的。

因此，不同的优势特征有不同的特征要点，如表 17-6 所示。

表 17-6　企业角色不同优势特征的要点

优势特征	特征要点	符合区间
营销倾向型	成交习惯，营销思维	一四八、一四七、一五八、一三四
生产倾向型	理性程序习惯，生产思维	一四六、一五六、四五六、四五八
技术倾向型	研发战略习惯，技术思维	一四六、四六八、六七八、四六七
人力资源倾向型	人才管理习惯，人资倾向	一四五、一五八、四五七、四五八
职能倾向型	事务流程习惯，职能倾向	一四五、一五七、一四七
客户服务倾向型	细致管理习惯，客服倾向	一三四、一三八、一三七

知道了这样的匹配关系，企业在选用核心高管，比如"6O"团队的时候，得分参考如表 17-7 所示。

表 17-7　6O 团队得分参考表

职位	得分参考	职位	得分参考
CEO	一、四、五、八	COO	一、四、五
CTO	五、六、八	CSO	一、四、八或一、五、八
CFO	四、六、八	CHO	四、五、八

- CEO，通常选择的得分是一、四、五、八的。
- COO，通常选择的得分是一、四、五的。
- CTO，是抓技术和产品的，通常五、六、八这 3 项得分最高。
- CSO，是负责营销和销售的，通常得分最高的是一、四、八或一、五、八，这两种都合适。
- CFO，通常会选择的得分是四、六、八的。
- CHO，通常会选择的得分是四、五、八的。

在实际操作过程中，企业有时候很难遇到 CHO 恰好是四、五、八 3 项最高的，当然遇到更好。至少适合两项，千万别 3 项的分都不高，这样 CHO 工作起来压力就会很大。

测评不是一劳永逸的，不是测评完，一辈子就这样定型了。它是基于过去的结果，站在当下的需求环境的一个判断。它测的不是一种能力，而是一种需求。每一个人在不同的阶段，是有不同需求的。

我们不能拿同样的需求去对照所有的人。年龄不一样，家庭环境不一样，学历背景不一样，工作环境不一样，工作区位不一样，对应坐标不一样，价值观不一样，这些因素都会导致一个人的需求发生变化。

刚才是第二项不允许存在，因为通常二得分高，六也得分高的，这类人追求自由、安全，天天不想干活。不能选择的小白兔得分：二三六、二三七。这几项同时得分高的人，企业要慎重考虑，一般不选择，但不代表所有企业都不需要这类人。这类人不好找，但对企业来说也可能是完美的匹配，所以没有好坏之分，结合企业实际情况就好。假如我们允许第二项存在，先找到一个最高分，再找到一个最低分。最高分放在前，低分放在后，形成两个编号。比如十四、三、五、十二、十一、七、八、十三，我们发现这8个得分，最高的是14，第一项得分就写成前面是一，最低分是二。把最高分放在前，最低分放在后，于是就形成前高后低两个数，就变成了一二，允许并列。也有可能会出现比如第三项也是三分，就是一二、一三。有人说并列多意味着这个人当下有点纠结，太复杂了。现在有很多企业家，这一项得分基本都是要钱不要命，为了公司的利润，为了员工的工资，牺牲一些身体健康是可以接受的。

（5）状态解析表

根据前面算出的得分，由目前状态分析取最高得分与最低得分的排列，选出符合的项目。见表17-8。

如果第一项得分最高，第二项得分最低，我们记录为1.2，用一个词表示叫"透支"，就是干活太多，没有休息。

1.3就代表第一项最高，第三项最低，用一个词表示叫"付出"，就是现在需要工作，需要多一些付出，多干点活。

那么1.4，就是第一项最高，第四项最低，简单的理解就是，想要钱不干活，用词表示就是"寄生"，就是付出比收入少，挣钱与花钱不成比例。

1.5是观望，就是不在状态，行动力未充分展示。

这其中也会出现有一个最高，也有一个最低，但是表 17-8 里没有对应的解释。这只能说明，现在找不到合适的语言去评价，但有可能也会同时对应的评价比较多。比如最高分重 2 项，最低分重 2 项，这就 4 项了；如果最高分重 3 项，最低分重 3 项，那就有 9 项了。

举个例子，3.6 婚变，就是第三项得分最高，第六项得分最低。可能婚姻上存在问题，要么刚刚离婚，要么准备谈离婚，要么夫妻关系不和谐。

表 17-8　状态解析表

1.2 透支	1.3 付出	1.4 寄生	1.5 观望	1.6 无规	1.7 无爱	1.8 违法
2.1 后穷	2.3 自在	2.4 体弱	2.5 放手	2.6 职能	2.7 感悟/自闲	2.8 自大
3.4 浪费	3.5 品位	3.6 婚变	3.7 服务	3.8 富贵		
4.1 被剥	4.2 盲目	4.3 勇者	4.5 辛苦	4.6 苦力	4.7 远行	
5.1 权力	5.2 领袖	5.3 领导	5.4 精神	5.7 亲为	5.8 事业	
6.1 设计	6.2 谋士	6.3 发明	6.4 空想	6.5 无力	6.7 执着	6.8 无果
7.1 情种	7.2 无憾	7.3 号手	7.4 懒惰			
8.1 精神	8.2 路上	8.3 行僧	8.4 超越	8.5 保守	8.6 大家	8.7 冷漠

下面详细说明每个状态对应的分析：

- 透支——干活太多，没有休息
- 寄生——付出比收入要少，挣钱与花钱不成比例
- 观望——不在状态，行动力未充分展示
- 付出——收入少、付出多
- 体弱——身体不好
- 违法——极有可能因违法而功亏一篑
- 浪费——花得多、干得少
- 富贵——渴求物资享受，花钱厉害
- 放手——让别人干活，领导欲望不强
- 感悟——总结能力强，控制欲望较低
- 盲目——缺少目标方向和安全感
- 辛苦——拼命工作而不是为追求权力的提升

- 勇者——冲到最前面的那个人
- 路上——离目标还很远
- 谋士——规划能力强
- 领袖——不一定在领导人岗位上，却起到相应的领导作用，偏精神型
- 领导——在其位，谋其政，偏执行型
- 设计——擅长规划
- 情种——为了自己的亲人，愿意付出一切
- 号手——非领导的激励者，团队外激励型
- 行僧——干得多，吃得少
- 保守——在意外界的看法
- 远行——去外地发展
- 无爱——表达爱的能力偏弱
- 无规——不重视规则，理性思考力弱
- 自大——目无一切
- 品位——偏侠客型，管理欲望不足
- 服务——用行动提供帮助
- 职能——辅助管理、协助管理角色
- 自闲——自我放松、偷懒
- 被剥——干得多，得到少
- 苦力——非常辛苦，未获得期望报酬
- 后穷——越过越穷
- 自在——放得太开，压力太小
- 权力——管理欲望较强
- 亲为——事务性工作太多，操心太多
- 精神——位置比较低，影响力比较大
- 事业——关注个人事业发展
- 发明——擅长研发
- 空想——理想主义者，行动力不足

- 无力——掌控力不足
- 执着——理性型，不易受外界影响
- 无果——现在还没有达到想要的结果
- 无憾——过来人
- 懒惰——行动力弱
- 精神——注重荣誉多过金钱
- 超越——超脱具体事务
- 大家——社会使命感强，有风范、有格局
- 冷漠——激励能力偏低，情感表达不突出
- 婚变——感情生活可能发生变故

（6）岗位得分的规律

下面是一般岗位的基本得分规律，仅供大家在招聘的时候进行参考。一般情况下 12~16 分为高，8~11 分为中，8 分以下为低。

- 分子公司总经理：高低低高高中（低）低高。
- 财务主管：中低中高中高（中）中高。
- 人力资源总监（偏快消行业）：高低低高中高低中。
- 主动型销售店长：高低低高中中低高。
- 服务型销售店长：高中高中中低低高。
- 主动型行政经理：中中低高高（中）中（高）中高。
- 老资格型行政经理：高低低中中中低中。
- 业务员：高低低（中）高中（低）中（低）低高。
- 技术生产工程师：中中低中中高低高。

一共是 8 项，符合此规律 6 项以上的，可直接录用。因为 8 项全都合适还是有难度的，所以找到有 6 项合适就可以了。

（7）人才间的匹配

人才间的匹配是指作为公司的老板，要去匹配人才的时候，所匹配的人

才哪些项得分和老板的得分之间匹配度更高。8项得分如果匹配人才，符合以下规律：

- 第一项得分最高的人才最需要的人才：一、六、四、八。
- 第二项得分最高的人才最需要的人才：一、五，尤其是五。
- 第三项得分最高的人才最需要的人才：五、六。
- 第四项得分最高的人才最需要的人才：五、八。
- 第五项得分最高的人才最需要的人才：一、四、六。
- 第六项得分最高的人才最需要的人才：一、八、三。
- 第七项得分最高的人才最需要的人才：四、八。
- 第八项得分最高的人才最需要的人才：三、四、六。

假如老板的第一项得分最高，那么，第一项得分最高、第六项得分最高、第四项得分最高、第八项得分最高的人，和其匹配度更高。这个准确度是相对比较高的。

（8）价值需求测评的使用方法及注意事项

第一，找安静场所，进行一对一测评，不能作弊。

第二，找价值需求最高的得分，确定被测评者的价值需求。

财富（金钱）、健康（安全）、享乐（自由）、工作（机会）、权力（职务）、研发（殊情）、情感（恩德）、成就（荣誉、认同）。

第三，找到最高分以后，就可以找到自己的合作伙伴。

第四，找到A、B、C的得分，进行岗位选择。

第五，通过得分，测评出老虎、猎狗、黄牛、快马、小白兔，然后进行团队组合。

第六，根据各岗位标杆的高中低要求，选择符合条件的人员。

第七，去掉第二项得分，找出优势特征，直接与对应的优势特征相比较，进行任务安排。

第八，根据高低分，检查目前的状态。

注意事项：

- 测评前需要进行沟通，说明测评的重点和意义，消除被测评者的心理顾虑。要跟应聘者说清楚，即使他作弊，为了迎合公司打出高分，在这个岗位上肯定会不适应，到时候伤害的不仅仅是公司，也有他个人。所以真实的测评结果是对自己负责，对团队负责，当然也是对公司负责。测评要遵循内心，千万不要作弊。
- 测评后要进行打分和分析，主要是人力资源部的工作。员工打完分以后，就开始进行分析。这个工具仅仅是一种参考，我们在做招聘的时候，测评工具最好用4个以上，因为一个一个工具只能代表某一个维度或某一个方面。比如这个工具代表的不是一个人的能力，而是这个人当下的需求，即便不入职我们公司，他到了别的公司，也还是有同样的需求。所以企业能不能满足他的需求要说清楚。
- 测评时环境要安静，匹配无干扰。在测评前，要让员工有一个相对安静的环境，不被打扰，当然也不要让他看别人的，因为参考或讨论出来的测评没有意义。企业用测评表的时候也不要盲目，前期稍微有点复杂，要尽量多看几遍，多去琢磨，多去理解。不是分高就好，也不是分低就不好。把90分以上的人放到财务岗位，老板也头大；如果把50分以下的人放到营销岗位，也不一定能办好事，所以匹配成功极为重要。我们要奔着对员工负责，对团队负责，对企业负责的态度去测评。

三、文化匹配度测评

每个人都有自己的价值观，所以价值取向没有好坏之分，而是团队成员之间有没有相应的吻合度。文化匹配度测评是用来测评应聘者与企业现行文化、岗位现行文化匹配程度的有效工具。

一个员工来到公司，我们先要看他的价值需求的文化导向和企业的文化导向是否一致或相匹配。如果出现文化不匹配，就会导致一些冲突。就像吃饭一样，有人喜欢吃川菜，有人不能吃川菜。这两个人之间没有对错，关键是能不能进行融合。

有的企业追求的是创新，有的企业要求的是服从，所以在招聘时就要考虑文化的底层逻辑。比如有的人面对复杂性的问题，有自己独特的解决思路；而有的人希望解决问题的时候，快刀斩乱麻，越快越好，用简单来做衡量的标准。我们要看自己需要什么样的。

企业引进高层的时候，发现某个人很多地方都很优秀，比如工作的经历、过去做出的成果、兴趣爱好，甚至学历背景。但是如果他的文化导向和公司的不一致，就会产生很大的矛盾。所以，很多企业在选择高层的时候，对文化的重视度远远高于能力本身。

❶ 测评原则

第一个原则，根据实际情况做出选择。

我这里给大家提供了 26 个项目，主要测评一个人追求的文化价值观和公司价值观的匹配度。见表 17-9。测试的时候，根据你的实际情况做选择，不要一味迎合公司。否则结果很可能会和你本身的价值观不一致，到公司工作的时候，你就会极其痛苦。

比如一家企业要求员工要持续不断地去学习，除了学历教育以外，还有技能教育、岗位教育，甚至还有未来趋势发展的教育。有的人认为自己已经学几十年了，早就不想再学了，这样的人对此就会感觉非常痛苦。

第二个原则，选择 5 个喜欢项目与 5 个不喜欢项目进行评分。

在这 26 个项目中，选出你最喜欢的 5 个和最不喜欢的 5 个。假如有人说这 26 个项目他好像都喜欢，那肯定是说假话了。因为这 26 个项目中有矛盾的指示，都喜欢那就是自相矛盾。如果选了 4 个喜欢的项目后，发现剩下的差不多，不好选，那就找你相对喜欢的一项。

第三个原则，参与测评人员包含：决策层、高层、中层、基层。

第四个原则，需要上下级共同参与测评。

表 17-9　文化匹配度测评表

序号	项目	描述	最喜欢	最不喜欢
1	独立处理	独立工作，不需他人监督		
2	沟通能力	能与同事、客户、供应商等进行有效沟通		
3	需要他人支持和鼓励	需要受到他人的欣赏、鼓励和支持		
4	领导他人	能有效地组织并影响他人		
5	重视工作	将工作放在个人的利益之前		
6	升职机会	担任更大职责或更高的职位		
7	应付重复性的工作	工作方法固定，程序经常重复，变化不大		
8	进行多元化的工作	同时进行多项工作		
9	取悦	在与陌生人打交道时能很快让对方感到愉悦		
10	包容性	设身处地为他人着想		
11	忍耐性	长期面对不愿接受的事物时仍然保持常态		
12	写作能力	习惯于将自己的思想通过文字表达出来		
13	分析能力	对数据敏感并能找出其中的规律		
14	成就感	成功面对工作上的不断挑战		
15	获得别人的注意和器重	获得处理组织内重要工作项目的机会		
16	指导他人	帮助他人学习提升业绩的工作技能		
17	奖金制度	接受不稳定收入的观念，收入（如奖金）取决于工作业绩		
18	应付复杂的工作	工作程序多，人际接触广泛		
19	不断学习	工作上要求不断学习，增加知识，改进技能		
20	创造性	运用个人的创意，以完成工作或解决问题		
21	处事细心	需要细心处事，关注细节，以完成工作		
22	能接纳不同观点	能与不同背景及思想的同事合作		
23	工作节奏快	能迅速完成工作		
24	成就获得赞赏	因工作成就而获嘉奖		
25	鼓励积极参与的领导方式	建立鼓励员工参与和自主管理的工作环境		
26	积极参与	积极投入和参与管理决策，以求达到自主管理的境界		

❷ 评分原则

找出了 5 个喜欢的和 5 个不喜欢的项目以后，如何去统计一个人与公司的文化是否匹配也非常重要。评分表见表 17-10。我们统计分数的时候，要考虑以下 4 个原则。

第一个原则，以公司文化为导向。

就是不要违背公司的文化和价值观。当老板的文化和这家公司的整体文化有矛盾的时候，老板也要进行自我的调整。

第二个原则，以公司高管的管理风格为导向。

除了公司的文化以外，对管理的风格也有一定的要求。

第三个原则，以公司负责人文化为导向。

公司的负责人实际上就是老板，要以老板的风格为主进行评价。

第四个原则，以公司想要达到的文化为导向。

现实与理想的文化肯定还有一段距离，我们要考虑它未来的发展性和成长性。

表 17-10　文化匹配度评分表

最喜欢的 5 个（吻合度 +）	最不喜欢的 5 个（吻合度 -）

❸ 打分方法

在打分的时候，一个人打分是没有意义的，要分为决策层打分、高层打分、中层打分和基层打分。在成长型民营企业里，很多时候决策层就是老板。如果一家公司股东相对比较多，这个时候除了要考虑第一执行人的文化，还要考虑整个公司管理层的文化。

决策层及高中基各个层级都要把这 5 个喜欢和 5 个不喜欢的项目全部统计好。一个层级不打分，其他层级即使打了也是没有用的。所以这是一个联动的过程，一定是上下级都出结果才有最终的结果。如果只有你一个人打了分，发现结果不太准确，你就可以选择让你的上级给你打分，或者选择让你的下级给你打分。

统计分数的原则是，与上级测评结果比对，按照重复项加 1 分，冲突项扣 1 分，计算得分。比如上级打的 5 个喜欢的项目有一、三、五、七、九，5 个不喜欢的项目有十一、十二、十三、十四、十五。下级打的 5 个喜欢的项目，有一、七、二十一、二十二、二十三，5 个不喜欢的项目，有三、十一、十七、十八、十九。不管是喜欢还是不喜欢，下级和上级之间进行匹配，重叠的加 1 分，冲突的扣 1 分。这样上下级之间打分，才能形成企业文化匹配。

一个人到底能不能录用，和公司的文化是匹配的还是冲突的？是有一定标准的。

（1）打分方法一

第一步，老板选出 5 个喜欢和 5 个不喜欢的项目。这些选出来的项目就代表着公司的文化。

第二步，公司高管选出 5 个喜欢和 5 个不喜欢的项目。

第三步，老板和高管之间进行第一次匹配。重叠一个是正 1 分，冲突一个为负 1 分。对于冲突的项目我们要考虑调整。

第四步，各部门负责人选出 5 个喜欢和 5 个不喜欢的项目。这里需要注意的是，如果企业比较小，老板下面直接就是部门负责人，就可以直接把第二、第三步去掉。企业里除了老板以外，总经理、副总等级别的人叫高层，总监属于中层。很多企业的副总有很多个，有抓生产的副总，抓营销的副总，抓行政的副总，抓财务的副总，这个时候各个部门负责人就要和高层之间进行匹配。如果没有高层，而是由老板直接到部门负责人，这个时候就是各部门负责人直接和老板进行匹配。

第五步，匹配之后，形成本部门文化的 5 个喜欢和 5 个不喜欢的项目。

在实际使用的时候，如果老板要招一个高层，就可以拿出表17-9，让他选出5个喜欢和5个不喜欢的项目，再拿出老板的直接和他进行比较，看文化是否匹配。如果发现全是负分，都没有正分，说明他和公司的文化完全不匹配，如果招进来，肯定大家都不好受。

如果公司有高层，高层选出5个喜欢和5个不喜欢的项目，将冲突项目和老板进行协商，扬长避短，就做出了高层的项目标准。高层在招部门负责人的时候，就拿这个标准直接和要招的新的部门负责人做匹配，看双方文化是否冲突，之后决定录用不录用。如果公司没有这一层级，就直接和老板进行匹配。

我们在招基层员工的时候，不是拿老板的项目标准进行匹配，因为每一个部门的文化是不一样的，虽然核心价值观是一样的，但主导方向还是有一些区别。比如做行政的需求文化和做销售的、做技术研发的、做财务的都不一样。所以，应该拿部门的5个喜欢和5个不喜欢的项目，直接和新招的基层员工进行匹配，匹配以后如果合适，就进入下一步的面试或测试环节。

当然，这只是我们测试的其中一部分，这种方法相对粗糙，难免会有一些误差。因为有时候老板的项目标准，和公司本身的文化，以及公司所在的这个行业的特性未必是一致的。所以这种方法仅供参考，公司还需要和其他考察项目搭配着应用，才能选出适合企业的人才。

（2）打分方法二

方法二可以做得相对细致一些。

第一步，企业老板选出5个喜欢和5个不喜欢的项目。

第二步，将老板选出的5个喜欢和5个不喜欢的项目，结合公司的文化价值观进行优化，如果不是特别匹配，那么还要做一些调整，调整的幅度不超过20%。也就是5个喜欢和5个不喜欢的项目中，最多各调1个指标，调整成和公司文化之间的优配，形成公司的文化。

第三步，各部门负责人选出5个喜欢和5个不喜欢的项目，与公司级的文化进行匹配。部门的特性不一样，调整的比例也是不超过20%，也就是5

个喜欢和 5 个不喜欢的项目里，允许各拿出来 1 个指标进行调整。调整的目的是形成部门级的 5 个喜欢和 5 个不喜欢的项目。中间如果有冲突的项目，肯定是要放弃的。

第四步，各个部门在招基层员工的时候，参照的指标是部门级的 5 个喜欢和 5 个不喜欢的项目，并与其进行匹配。

第二种打分方法比第一种打分方法科学一些。但是，对公司的要求也会更高。随着公司的发展，对文化的要求会升级，也会慢慢发生一些变化。环境变了，大家对学习的理解也变了，甚至行业也发生了变化，我们的文化可能也要跟着变化。

第二种打分方法进行了一个基本的调整，相对科学一些。这样，我们在招人的时候，不至于因为文化差异产生冲突。如果招来的人能力很强，但融入不了企业，也很麻烦。

❹ 结果判断

上下级打完分，如果得 7 分及以上叫极为匹配，5~6 分为匹配。5 分及以上，基本上算是匹配了。4 分为一般匹配，3 分及以下为不匹配，0 分及以下为冲突。

公司在招人时，4 分就可以进入备选。我们公司的底线是 3 分，3 分以下会非常慎重地对待。0 分的进不到下一轮筛选。

❺ 数据参考示例

我们通过大量数据，也得到了企业的不同岗位通常喜欢的和不喜欢的项目是什么。表 17-11 里的数据仅供大家参考，企业可以根据自身情况进行调整。如果你们公司能按照刚才介绍的两种方法，把文化匹配度测评数据表做出来，就可以直接用你们公司的数据结果。如果你们不知道自己做出来的数据是否准确，就可以用此表作为参照。

表 17-11　文化匹配度测评数据参考示例

	最喜欢	最不喜欢
高层管理人员	1—独立处理：独立工作，不需他人监督	3—需要他人支持和鼓励：需要受到他人的欣赏、鼓励和支持
	5—重视工作：将工作放在个人的利益之前	10—包容性：设身处地为他人着想
	16—指导他人：帮助他人学习提升业绩的工作技能	11—忍耐性：长期面对不愿接受的事物时仍然保持常态
	19—不断学习：工作上要求不断学习，增加知识，改进技能	15—获得别人的注意和器重：获得处理组织内重要工作项目的机会
	21—处事细心：需要细心处事，关注细节，以完成工作	18—应付复杂的工作：工作程序多，人际接触广泛
业务人员	1—独立处理：独立工作，不需他人监督	4—领导他人：能有效地组织并影响他人
	2—沟通能力：能与同事、客户、供应商等进行有效沟通	7—应付重复性的工作：工作方法固定，程序经常重复，变化不大
	14—成就感：成功面对工作上的不断挑战	8—进行多元化的工作：同时进行多项工作
	19—不断学习：工作上要求不断学习，增加知识，改进技能	11—忍耐性：长期面对不愿接受的事物时仍然保持常态
	20—创造性：运用个人的创意，以完成工作或解决问题	12—写作能力：习惯于将自己的思想通过文字表达出来
生产管理人员	13—分析能力：对数据敏感并能找出其中的规律	7—应付重复性的工作：工作方法固定，程序经常重复，变化不大
	16—指导他人：帮助他人学习提升业绩的工作技能	9—取悦：在与陌生人打交道时能很快让对方感到愉悦
	19—不断学习：工作上要求不断学习，增加知识，改进技能	12—写作能力：习惯于将自己的思想通过文字表达出来
	23—工作节奏快：能迅速完成工作	18—应付复杂的工作：工作程序多，人际接触广泛
	26—积极参与：积极投入和参与管理决策，以求达到自主管理的境界	20—创造性：运用个人的创意，以完成工作或解决问题

Part ⑰ ‖ 企业招聘测评 ‖

（续表）

	最喜欢	最不喜欢
职能管理人员	2—沟通能力：能与同事、客户、供应商等进行有效沟通	1—独立处理：独立工作，不需他人监督
	4—领导他人：能有效地组织并影响他人	7—应付重复性的工作：工作方法固定，程序经常重复，变化不大
	12—写作能力：习惯于将自己的思想通过文字表达出来	11—忍耐性：长期面对不愿接受的事物时仍然保持常态
	13—分析能力：对数据敏感并能找出其中的规律	18—应付复杂的工作：工作程序多，人际接触广泛
	25—鼓励积极参与的领导方式：建立鼓励员工参与和自主管理的工作环境	24—成就获得赞赏：因工作成就而获嘉奖
技术岗位	5—重视工作：将工作放在个人的利益之前	7—应付重复性的工作：工作方法固定，程序经常重复，变化不大
	14—成就感：成功面对工作上的不断挑战	12—写作能力：习惯于将自己的思想通过文字表达出来
	19—不断学习：工作上要求不断学习，增加知识，改进技能	13—分析能力：对数据敏感并能找出其中的规律
	20—创造性：运用个人的创意，以完成工作或解决问题	17—奖金制度：接受不稳定收入的观念，收入（如奖金）取决于工作业绩
	21—处事细心：需要细心处事，关注细节，以完成工作	18—应付复杂的工作：工作程序多，人际接触广泛
营销职能岗位	1—独立处理：独立工作，不需他人监督	7—应付重复性的工作：工作方法固定，程序经常重复，变化不大
	2—沟通能力：能与同事、客户、供应商等进行有效沟通	9—取悦：在与陌生人打交道时能很快让对方感到愉悦
	3—需要他人支持和鼓励：需要受到他人的欣赏、鼓励和支持	11—忍耐性：长期面对不愿接受的事物时仍然保持常态
	14—成就感：成功面对工作上的不断挑战	22—能接纳不同观点：能与不同背景及思想的同事合作
	19—不断学习：工作上要求不断学习，增加知识，改进技能	23—工作节奏快：能迅速完成工作

723

高层管理人员，通常喜欢的项目是1、5、16、19、21。1独立处理，5重视工作，16指导他人，19不断学习，21处事细心。5个不喜欢的项目是，3需要他人的支持和鼓励，10包容性，11忍耐性，15获得别人的注意和器重，18应付复杂的工作。

业务人员的5个喜欢的项目是，1独立处理，2沟通能力，14成功感，19不断学习，20创造性。5个不喜欢的项目是，4领导他人，7应付重复性的工作，8进行多元化的工作，11忍耐性，12写作能力。

生产管理人员的5个喜欢的项目是，13分析能力，16指导他人，19不断学习，23工作节奏快，26积极参与。5个不喜欢的项目是，7应付重复性的工作，9取悦，12写作能力，18应付复杂的工作，20创造性。

行政、财务等职能管理人员的5个喜欢的项目是，2沟通能力，4领导他人，12写作能力，13分析能力，25鼓励积极参与的领导方式。5个不喜欢的项目是，1独立处理，7应付重复性的工作，11忍耐性，18应付复杂的工作，24成就获得赞赏。

技术岗位的5个喜欢的项目是，5重视工作，14成就感，19不断学习，20创造性，21处事细心。5个不喜欢的项目是，7应付重复性的工作，12写作能力，13分析能力，17奖金制度，18应付复杂的工作。

营销文员、客服等营销职能岗位的5个喜欢的项目是，1独立处理，2沟通能力，3需要他人支持和鼓励，14成就感，19不断学习。5个不喜欢的项目是，7应付重复性的工作，9取悦，11忍耐性，22能接纳不同观点，23工作节奏快。

如果公司想省事，或者自己做不出来测评表，那么参照表17-11是可以的。但是一定要记住，表17-11是通用版本，不是个性化版本。

四、经验面试

经验面试，是用来判断应聘者的经验与岗位所要求的经验匹配程度的招聘工具。经验面试表的出发点是基于过去的结果，以解决当下问题为导向，来预判应聘者是否具备担任某岗位的胜任力、相关经验，以及未来的潜力和成长性。公司前期需要准备好工作分析表，并将工作分析表转化为经验面试表。

如果公司招一个财务，虽然对方是大学本科毕业，但是到税务局报账这件事从来没做过，那公司可能就会慎重地去考虑是否招他。因为以公司的现状来讲，需要的是一个成手，而不是没有任何经验的新手。当然，有的企业财务体系很健全，可以从零慢慢培养新人，那也没问题。但是对很多成长型民营企业来讲，财务制度不健全，甚至会有高管连财务报表也看不明白的情况。所以，我们要对应聘者过去的经验做一个基本的判断，这时候就需要用到经验面试表。我们在用经验面试表时有几个前提需要注意：

第一，基于应聘者过去的结果。

比如某企业想从外面引进一个总经理，希望这个人之前有做总经理的经验。假如设定总经理的年薪是 200 万元，我们问他做过总经理吗？他回答做过，并且已经做过 10 年了。又问他做了 10 年总经理了，现在在哪儿住？他说某某小区租的地下 2 层，一个 8 平方米的出租屋。那么，这个总经理我们敢用吗？是否用他是基于过去的结果，来推演他未来有可能的情况。

第二，以解决当下问题为导向。

我们招人不是让他来给我们畅想未来，也不是让他来给公司挑毛病，而是让他来解决实际问题的。比如我们公司现在的产品研发遇到了瓶颈，他来了能不能把公司当下产品研发做好，这才是关键。如果这个人，只是给我们畅谈未来 AI 发展前景多么美好，而不能把当下的问题先解决掉，就证明我们的招聘是失败的。再如我们招人是为了组建团队，快速占领市场，那我们就要求他从招聘渠道、招聘标准、培训标准以及人才制定标准，做出方案并执行出结果。如果他只谈一大堆幻想的事，而不会解决当下的问题，肯定是没有用的。

第三，兼顾未来的成长性。

未来的成长性包含了稳定性和知识体系，主要是指一个人的原始知识体系够不够，爱不爱学习，有没有冲劲儿，有没有前瞻性的想法，但这些只要能兼顾就好。我们招人，不一定是要做储备型人才计划，而是为了解决实际问题，所以我们要以解决当下问题为导向，兼顾未来的成长性。如果一个人能当下问题解决，但这个人的成长基础很薄弱，并且很不稳定，那么我们未来还要再招人，或培养他，让他变得稳定，并迅速成长起来。

做经验面试表，可以借鉴的工具有工作分析表，有的又叫岗位职责表、岗位说明书。我们也可以把它转化为经验面试表。如表17-12所示。

表17-12 经验面试表基本表

日期：

姓名		岗位			上级		
编号	关键经验指标（来源于工作分析表，根据工作的重要性，选择10项或5项）	我知道1分	我参与2分	我主导3分	我策划4分	备注

经验问话（在岗人员在岗位上的重要工作内容）

经验经历重点记录	结果	与企业要求符合3分	评语

实操记录（通过实操可以验证的技能）

技术点与工作点	结果	与企业要求符合3分	评语

结论

得分	匹配	级别	结论
		优秀　　一般　　差	

❶ 经验面试表的结构

关键经验指标一般来源于工作分析表，根据重要性选择5项或10项。评分分为4级，分别为"我知道"1分、"我参与"2分、"我主导"3分、"我策划"4分。最后一项是备注，又叫结果。

内容方面，因为是以解决当下问题为导向的，所以就是在公司岗位上具体解决哪些问题，干哪些活儿。很多时候，大家选择5项的比较多一些，当然也不排除有的岗位确实需要处理比较多的事，要写10项。这些项目来源于工作分析表，是为解决当下问题的。

经验问话，主要是考察马上上岗需要参与的工作与需要解决的问题的匹配度。

实操记录，通过实际操作实现，通常指在实际工作当中可以进行实操性面试的工作环节。

结论，即最后的评价，是对应聘人员的综合评价。

❷ 问话方式

比如财务要熟悉票据、账务、预算、成本、OA 系统、ERP 系统等，在招财务时，我们通过问这些具体的事就可以有效考察对方。问话内容一般选 5 项或 10 项关键经验指标，根据情况分成一、二、三、四级。企业在招人的时候，基层员工通常是"我知道"就行了，当然到"我参与"更好；中层干部，必须要"我主导"；高层干部，得懂策划，必须要"我策划"。我们想要哪个级别的人，就要对应去问哪一级的相关问题。

在招聘中，你问一个应聘者："你爱学习吗？"一般会回答："爱。"再问他："你每年看多少书？"他说："我一年至少能看 20 本书。"接着问他："这 20 本书是你买的还是你借的？还是在网上免费看的？"一般会说："哎呀，现在谁还买啊？互联网上免费下载的。"再接着问他："那你看的书都是哪一类的？"他说："我看的都是网络小说。"

在招聘的时候，很多人特别会伪装自己，但是我们一追问，就会发现事情不是自己想的那样。所以我们要不停地追问，刨根问底，就知道应聘者的真实情况在哪个层面了。他的层面决定他在所应聘岗位的匹配度。

工作分析表可能有 10 项 20 项，可以把我们想要员工做的事都转到经验面试表里去。我们拿经验面试表问他："这个工作你会不会？怎么证明你会？证明人是谁？可以把他的联系方式告诉我，方便我向他求证吗？"当然我们还可以继续问："当时你承担的角色是什么？是'我知道'？还是'我参与'？还是'我主导'？还是'我策划'？"当然，我们也可以不要问得这么直白，而是灵活巧妙地去问他。我们要一步一步进行证实，避免被应聘者的谎言欺骗。

我们在问话的时候，需要注意，有一些问题是不能问的：

第一，不要问理论性问题。

比如："什么叫营销？你认为企业管理是什么？"这些都是理论性的问题。

第二，不要问假设性问题。

比如："如果你担任我们公司的营销总监，你会如何做？"现在有很多人喜欢假设，但其实对考察人才来说意义不大。

第三，不要问未来性问题。

比如："如果企业面临危机，你会如何处理？"没有发生的事，员工还没干呢，有可能就吓跑了。所以，未来性问题也尽量少问。我们是以解决当下问题为导向，兼顾未来性的，但是我们不能拿未来性去谈当下性。

第四，不要问说谎性问题。

比如："你忠诚吗？"他要怎么回答？正常人都明白应该怎么说。还有："我们公司工作相对比较困难，面对困难，你会主动克服吗？如果公司在发展过程中遇到瓶颈，你对公司的发展有信心吗？"这其实就是逼着人家说假话。所以说谎性问题，要尽量避免。

我们从工作分析表里选出 5 项或者 10 项，一对一去问，了解应聘者解决当下问题的能力。当然，企业对工作的要求不一样。有的企业对岗位的和经验的要求并不是很高，通过简单的培训就能上岗，那么这一项的要求就低一点。而有的企业对岗位的要求确实很高，比如做设计的，做软件开发的，对过去的经验要求就比较高了。有的企业对高层管理人员的要求特别高，对从业经验、从业经历、过去的业绩证明、经验证明、成功的案例等都有一定的要求。有要求的，我们要尽量每一项都打分，并进行最终评价。

③ 工具运用

企业招聘要有的工具包含简历标杆、价值需求测评、文化匹配度测评以及经验面试，这 4 种测评工具并非相加使用总分，而是将每一种工具的得分按从高到低的顺序排名，取前几名进入复试，继续测评，再按照从高到低的顺序排名，取前几名进入终试，最终成为公司的员工。

即第一步先过关，按照得分从高到低排名次，进入名次的才进入第二轮，没有进入名次的就直接淘汰。所以不是总分相加，而是一关一关按分数排名通过。如果最后一轮通过的只有4个人，但我们的目标是招5个人，那这时候我们不能回头把之前的简历重新筛一筛，看谁合适往下走，而是要重新进行信息发布。

企业需要将招聘作为一种日常工作。现在很多时候企业招不来人，尤其是传统型企业，招人就更难了。这主要是员工的需求和企业之间不够匹配。特别是做营销的，很多交易都特别难成功，因为新人的思维更多的是互联网思维。让他们面对面做销售，出差去搞定客户，我们会发现他们完全不匹配，他们也不想干。所以在招聘时我们要一关一关地过，一轮一轮地筛，让工具运用成为一个常态。

Part ⑱

企业晋升体系

设置晋升体系，就是让员工看到希望和目标，生涯规划路线图是影响员工与企业共同成长的重要因素。

一、企业在晋升管理中经常存在的问题

❶ 为什么员工只能升级不能降级

在企业里，我们都遇到过员工只能升不能降的现象。升上去皆大欢喜，降下来员工要么有情绪，要么走人。原因是我们只告诉了员工如何升职，从来没有告诉他如何降级。一谈晋升，很多人理解的就是升职。其实晋升不但包含升，也包含降，还包含调岗、轮岗、转岗等。

❷ 是否所有员工都需要设置生涯规划路线

在企业里，是不是每个人都要设置职业生涯规划路线？答案是需要。年龄大，不代表没有追求；学历低，不代表没有梦想。有些管理者，总是一厢情愿地认为员工不用什么规划。我们设置了生涯规划路线，员工能不能做到，是他的事。但设不设置，就是我们的事了。通过设置生涯规划路线来打通员工晋升的需求，这样员工才有动力一步一步往前走。如果在企业里一定要找出一个人，不用设置生涯规划路线，这个人可能是老板。因为老板在企业里的生涯规划已经是在最顶端了。

❸ 生涯规划路线的终点是哪里

在企业里，每个人都要设置生涯规划路线。生涯规划路线就像楼梯，员工要像爬楼梯一样，一步一步往上爬，一直到做股东。因为很多人有一个梦想，就是不干活也能挣钱，而作为股东就可以通过资本的杠杆力量获得一定的收入。

一般情况下，员工可以获得两种收入，第一种是在公司里有行政职位，通过行政职位获得收入；第二种就是作为股东有股东收益。当然，企业里还会有另外一种情况，就是股东不参与任何管理和经营，只有股东的收益，没有管理的收益。

二、设置生涯规划路线的原则

设置生涯规划路线的原则主要有三个，分别是：
第一个原则，员工通过晋升改变自己的命运。
员工通过四到五次的晋升，可以改变自己的命运。很多人在工作的时候，不但要考虑当下，还要更多考虑有没有未来，如果只有当下没有未来，员工就会没有安全感。
第二个原则，员工通过晋升提升管理能力。
通过晋升，可以增加员工的竞争力。一个员工过去管好自己就行了，现在需要他带一个团队，或者跨部门管理，甚至跨项目管理。能力提升，意味着回报也会有一定的变化，竞争力也会有一定的提升。
第三个原则，员工通过晋升有更多的安全感。

很多人成为股东后，安全感会更强，这叫身份认同。很多企业和员工成立合伙公司，甚至让员工成为公司真正的股东，通过这种让员工获得身份认同的方式，带给员工极大的安全感。

三、员工的需求

一个员工因为阶段不同，时间不同，所处层级不同，所以需求点也是不一样的。员工一般会有六种需求，见图18-1。

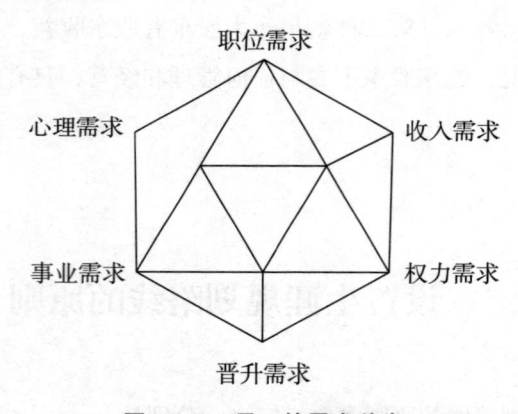

图 18-1　员工的需求种类

❶ 职位需求

职位需要，即员工到岗18个月内，要有清晰的工作流程和工作标准。员工来到公司，要知道自己需要干什么，有没有相应的能力，公司能不能给予一些指导和标准。要解决这个问题，关键点是公司要有清晰的工作任务，并且员工能认可公司的文化，有成长的机会，比如得到赋能培训的机会。

❷ 收入需求

收入需求,是指员工通过一段时间的成长,对收入有了明确的要求。

大学刚毕业时,员工对收入的要求并不会太高,因为他还是一张白纸,在职场往往能力不足。但是通过一两年的成长,他具备了一个岗位上最基本的能力,甚至相对比较优秀,那么他对收入就有了一定的要求。

这个时候,企业的关键是设计有激励性的提成与分红机制,并及时兑现承诺。员工能看到自己的收入,并且能计算自己的收入,甚至看到自己可能有高收入的机会。员工就会过努力拼搏,以获得更多的回报。

❸ 权力需求

权力需求,指的是当员工介入管理层后,需要有自由的管理权。当员工有权力需求的时候,企业要和他明确提出:权力和责任是对等的关系,你有多大的权力,就要承担多大的责任。当然,责任和收益也是对等的关系,收益和权力也是对等的关系,它们形成一个等边三角形。我们在管理上容易出的问题就是,某一边放大,而导致某一边变短,责任、权力、收益失去了平衡。一旦失去平衡,管理就会出问题。也会出现员工流失、员工有情绪等问题。

这就要求企业要做到责任下放,责任下放意味着要给出更多的权力。责任下放,是一个管理者,特别是企业的负责人,要去认真思考的重要问题。如果做不到责任下放、权力下放、收益对等,所有的事都一个人扛,做出的成果肯定不如一个团队的好。

这里的关键点是责权利清晰、有明确的工作分析与目标规划,并签订目标责任书。让权力、责任和收益形成等边三角形,权力需要监督,责任需要下沉,收益需要清晰核算。

❹ 晋升需求

晋升需求，指管理成熟后，员工需要晋升通道。企业需要为员工打通晋升通道，要让员工知道，今年他通过努力工作，明年会到一个新的高度，最终很可能会升到公司的管理级，甚至决策级。

有一次，我在重庆遇到一位企业家，他说他的门店店长一般只能干两三年，流失相对比较严重。他自己也想了很多办法，但是不知道核心问题出在哪里。我去他公司，一进去就看到公司墙上挂着员工的晋升路线图，但是只到店长就没有了。比如大区、督导、副总、总经理等晋升路线都没有。我看完以后就告诉他，可能就是晋升通道出了问题。因为员工在公司时间久了，会发现自己可能最高就做到店长，未来很迷茫，看不到希望，自然会选择离开。

晋升需求的核心关键点是设计晋升通道、晋升标准，以及学习地图。每一个阶段，需要匹配什么样的能力，以及需要哪些知识体系，都要让员工清楚知道。

❺ 事业需求

事业需求，是指员工晋升达到高层后，要实现合作制和合伙制，甚至成为核心股东。在民营企业中员工的流动性比较大，因为在民营企业中很难获得好的保障。所以员工需要在事业上有更多的要求。比如成为合伙人，成为股东，获得更大的权限，有更稳定的收益，这样安全感就会更强一些。

针对员工的事业需求，突破的关键点是企业以股权或期权为纽带，与员工形成事业合作或合伙制，甚至让员工与母公司成立合作的分公司或者子公司，进行战略合作。如果公司成长了，公司就可以扶持高层员工共同参股来做一家公司，或者是在公司的平台上做一个事业部。公司可以参股，可以给开放平台，可以给开放资源，大家抱团打天下。这样做就会形成强大的竞争力。

当一家企业快速壮大发展以后，肯定会遇到一些骨干员工离开成立新公司，变成竞争对手的情况。老公司往往成了行业的黄埔军校。成为黄埔军校本身是一件好事，可以抱团打天下。但因为机制没有打通，导致很多人孤苦伶仃地成为一座孤岛，之间没有借力，反而互相牵制，最终两败俱伤。

最近几年有些企业刚刚创业，就快速发展到了一定阶段，有的人一看自己翅膀长硬了，就要去创业，自己做老板。10个人离开原有的平台，大概有7个人碌碌无为，甚至有可能出现返贫的情况，剩下有2个人大概持平，跟原来差不多，大概有1个人可能会比老东家稍微好一些。这些人都是从原公司的基层一直做到公司高层，甚至核心高层的，但他们出去创业的成功率都比较低，能超越老东家的不多。

所以，员工如果有创业的想法，不要着急立刻行动，不妨先思考几个问题：第一，你有老东家的势能吗？第二，你有老东家领头羊的格局吗？第三，你有超越老东家的模式吗？有一种人的创业模式是，挖老东家的人，撬老东家的客户，卖和老东家基本一致的产品。这种完全照搬的创业模式失败率非常高，主要原因就是没有原来老东家的势能。所以大家要慎重创业，千万不要冲动，因为返贫的比率会非常大。

⑥ 心理需求

心理需求，是指员工拥有公司股份或成为合伙人以后，还会有实现自己的情怀和个人梦想的需求。

我认识一个中国书法家协会的成员，他的文字功底非常强，想等自己退休以后开一家书店。这家书店是综合型的，他不一定要靠书店挣钱，主要是想满足自己的情怀。我还认识一个企业家，他从小吃苦受累，肚子挨饿。他成功后开了一个会所，做自己的私家厨房，他会亲自下厨，当然全是免费的，人来就行了，这就是情怀。现在有很多的企业家，成功以后做慈善，开饭店，这些都属于情怀，是心理需求。

针对有类似心理需求的员工，我们要对他进行股权激励，或者设计安全退休计划。安全退休计划是指员工退休以后，依然享有公司的一些正常福利，甚至可以完全享有工资。因为他对公司做的贡献比较大，所以可以给他更多的奖励，让他更有安全感。

针对不同阶段的员工，甚至不同年龄的员工、不同身份的员工，要有针对性的规划。当然在规划里，晋升只是其中的一个部分。不是所有人都需要晋升，有一些人来到公司就没有想着晋升，但这个比例不高。当然也不是个别人没有晋升的需求，就代表公司所有人都没有晋升的需求。

四、岗位黏性

一个人在一个工作岗位上工作一段时间以后，可能失去工作的新鲜感和目标感，并产生惰性，即为岗位黏性。

员工通过几次晋升，往往改变命运。企业通过提升员工的竞争力，让员工更有安全感以外，其实还有一个指标需要考虑，叫岗位黏性。一个人在一个岗位上待的时间长了，就会对这个岗位产生一种依赖，甚至一种惰性。比如业务员在岗位上超过3年，一般就会出现惰性。因为他对整个流程已经非常熟悉，对产品、市场都非常熟悉，甚至不努力也不会出大问题，但是想有大的突破也变得很难，于是就形成了岗位黏性。

不同的岗位类型，它的岗位黏性周期是不一样的。

上山型的岗位黏性周期，一般不超过3年。业务、营销，包括生产的计件工，都属于上山型的岗位。

平路型的岗位黏性周期，一般不超过7年。比如行政、职能型岗位，都是平路型。

下山型的岗位黏性周期，一般不会超过11年。下山型的技术岗、研发岗，包括知识型岗位，对自己要求会比较高。因为这样岗位的晋升空间相对比较小，出成果的周期相对也偏长，不像营销短时间内就可以出结果。所以要给他们机会，让他们有机会晋升。

在企业里，有些岗位的晋升机会确实很少。针对这样的岗位，我们要想让员工在公司里积极主动工作，通常会选择级内晋升，也叫作岗内晋升。比如保安，我们可以把其岗位设成5级，不同级别对应不同的工资标准。每一级的能力要求不一样，年限要求也不一样，所得到的回报工资也会有所差别。

国有企业里有一些岗位，晋升通道也不多。比如电焊工，让他做主管，他有可能做不了，那我们就可以选择级内晋升。比如将电焊工分17级，达到标准后就可以往上升1级。他知道在公司里可以升到17级，工资也会随着升级不断提高，工作效率自然就会跟着上升。

五、晋升的综合评估

❶ 个人的需求与成长路径

如前所述，在企业里，不是所有员工都需要晋升。但绝大部分员工，还是有这种需求的。因为晋升给人希望，给人未来，给人竞争力。企业做晋升，主要是为了激活员工。

员工个人的需求包含收入、成长和心情愉悦。收入、成长、心情愉悦，其实都要通过一定的晋升空间实现的。成长，就是自己的能力得到提升。一个人在一个岗位上待的时间久了，收入有瓶颈，成长也有瓶颈。当一个人在工作中有不胜任的情况出现时，其实就是开始成长的标志。一个人在岗位上认为自己能完全胜任，没有任何问题，也就说明这个人已经失去了成长的动力。

其实成长的路上并不拥挤，大家之所以觉得竞争激烈，是因为还在起跑线附近。如果用收入来衡量个人的发展阶段，那么可以得出下面的结论，如图 18-2 所示。

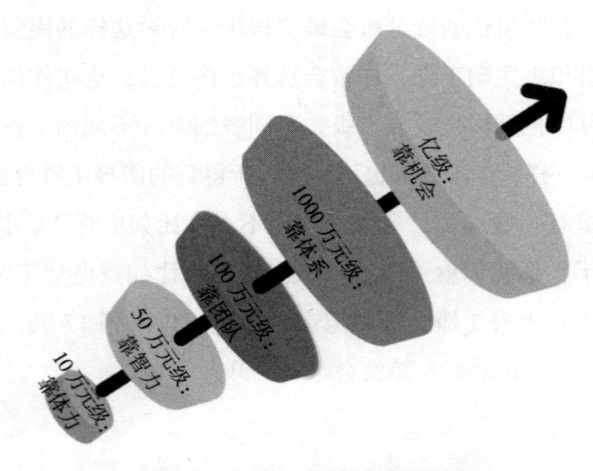

图 18-2　收入与个人发展阶段

起点的人会非常多，这个阶段的人一般年薪在 10 万元以下；有的人不甘寂寞，想提升自己，这时往上走的人相对比前面的人少一点，这些人的年薪收入大概在 50 万元；之后再往上走，年薪 100 万元的人就变得更少了；年薪千万元的人，更是凤毛麟角；年薪亿万元的人会发现身边没几个人了。所以成功的路上并不拥挤，感到拥挤是因为离起点太近，还不够成功。人们每往前走一级，就相当于晋升一级，除了收入会不一样，对能力的要求也是不一样的。

要想赚到 50 万元，就必须靠智力，也就是要通过知识体系掌握一些技能，来获得更高的收入，收入和能力有一个对应关系。要想收入过 100 万元，靠个人的能力挺难，需要有带团队的能力。员工有成长的需求，也有收入的需求，这些都和晋升有关系。一个人收入要想过 1000 万元，不仅仅是靠小团队，还要靠大团队，必须能建立自己的系统。挣 1000 万元的企业家或者说企业精英，他们都是懂体系，懂系统的。他们不仅能把团队带好，还会把产品、流程、机制、人才各个方面都全方位打通。收入达到亿元的人，他们会动用更多的资源，包括社会资源、资本资源、杠杆资源、人才资源等，他们拥有的更多的是跨产业，甚至是跨国家的国际型思维。这里还有一定机会的成分。当然，当机会摆在我们面前的时候，我们能不能抓得住，能不能看到未来的趋势，只有我们的能力水平达到一定的高度后才能实现。

从发展阶段来看，最顶层的人挣的是未来的钱，其他几类人靠自己过去的积累，自己的知识、经验、团队和体系，挣的都是当下的钱，解决的是当下问题。顶层企业家都能活在未来，抓着趋势的机会，获取红利。

做晋升的时候，要先对员工做综合的评估。从对员工的评估，到对团队的评估、企业的评估、行业的评估。评估之后，我们才知道给员工一个什么样的位置，员工会有什么样的机会。

❷ 晋升的综合评估

我们要从以下几个维度进行评估。

（1）路径图

围绕企业目标规划设置员工晋升路径图，做到组织和个人目标的匹配。

如果我们公司让员工去参加马拉松比赛，肯定要先规划一条路径。如果不先划定一条路径，让员工随便跑，那最后就没有规范的评价标准。公司给员工设置晋升路径图的时候，一定是围绕着公司的发展战略和人才战略去设计，让员工按照晋升路径图的需求进行成长，做到组织需求和个人需求的匹配。不能公司发展了，员工没发展；也不能员工发展了，公司不发展。这两者是相辅相成的关系。

路径图如图 18-3 所示，就是一个员工来到公司，从基层到中层，然后到高层，最后到决策层的路线。比如在基层的时候，首先有一个实习期，接下来应该是正常的转正期，转正后就是公司的正式员工，再接下来叫优秀期。

优秀期的人可进入中层。

成长型民营企业的中层有的是一级，有的是两级，有的是三级。一级的就是经理级，二级的既有主管又有经理。当然有的企业的编制比较多，有三级。三级的有主管、经理和总监。中层可分为代主管、主管、高级主管、代经理、经理、高级经理。如果一家公司相对比较稳定，扩张计划并不是很强烈，建议用一级就可以了。如果企业需要扩张，需要人员大幅度增加，需要大量的人才梯队，进行新市场的开拓，比如要做几千家门店，甚至几万家门店，这个时候建议用三级的模式，这样储备人才更容易。

高层包含副总，有的企业叫高级总监，有的企业的高层还包含总经理。

决策层就是董事长，有的企业总经理也在决策层里，当然股东、老板都在决策层。决策层的人，除了在公司正常任职的以外，还有一些外派的，或者是聘请的智囊团。

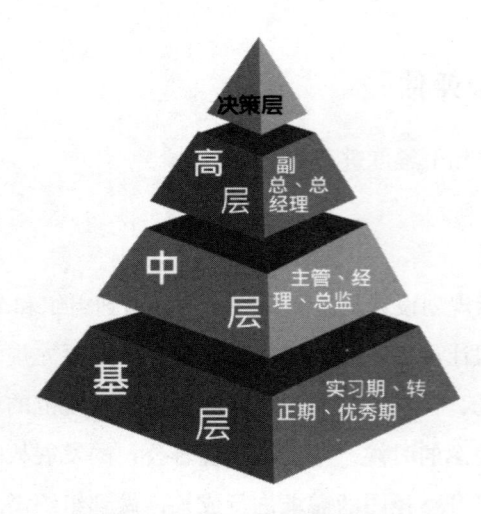

图 18-3　员工晋升路径图

路径图即使到了决策层也没有结束。路径图除了正常理解的职位以外，最后要延伸到身份的层面。第一，成为合伙人，第二，成为股东。公司的股权分红激励其实是在岗位职责，还没有到身份职责。身份职责就是，你已经是公司的人了。身份职责意味着责任与权利，从职业经理人，转化成为合伙人、股东，有股份就是公司的所有者，即老板，所以这是身份的转化。当然成为合伙人或股东是需要考察的。当我们达到制定的条件以后，才有资格晋升。因此，路径图既是岗位的晋升，也是身份的转换。

（2）薪酬（收入）

企业要根据员工晋升路径图，推导出员工收入在每一层大概是什么水平，要给出一个清晰的路径规划。特别是在招新人的时候，我们要告诉他，在公司正常的收入区间是什么样子。

以营销团队为例，业务员收入 4 万 ~6 万元/年；经理级别，收入大约 12 万元/年；高级经理级别，收入大约 20 万元/年；营销总监级别，收入 20 万 ~40 万元/年；副总级别，收入大约 40 万元以上/年；总经理级别，收入 40 万 ~100 万元/年。岗位级别不同，收入差距很大。

这是一组教学数据，让大家明白，每个层级大概的收入区间。我们要提前公开企业的收入区间，区间要基于过去的历史数据，是员工真正能拿到的收入区间，使员工往前走的时候更有安全感。

（3）赋能，即解决问题的能力

企业如果发展得很快，那么突发的很多问题就会没有借鉴的经验。严格来说，很大一部分员工属于欠资格上岗，这个时候需要企业进行技能训练，提升其岗位胜任力。最重要的是，训练需要分层。所以第三个综合评估的维度是赋能，即赋予员工解决问题的能力。

绝大部分民营企业，总是希望让员工多干活儿，但缺少给予员工解决问题能力的赋能培训，所以从老板到基层，不少人都是在欠资格上岗。有人只有在欠资格中才能够成长。我们认识欠资格，承认欠资格，并且及时弥补欠资格，就是一个赋能的过程。如果一个人欠资格，还不承认自己欠资格，那这个人就是在堕落，而不是在成长。

赋能分为几个层面。其中培训是最低层面的。培训效果一般不太好，因为培训得到的是知识。真正有用的赋能不是培训，而是训练，因为训练得到的是技能。就像学开车,你让教练教你开车,天天给你讲技术,让你看视频,给你讲原理,讲完你还是不会开。真正学会开车,就需要你往车上一坐,教练陪着去练。当然让一个人成长更快的,不仅仅是训练,还有陪伴。陪伴解决问题,又叫复制。

(4) 人才规划

企业的目标达成离不开团队,对于人才的规划需要从人员编制、扩张计划以及行业排名的目标来确定。

比如我们过去有20家门店,今年准备做200家门店,需要180个新店长,意味着人才需求更旺盛了,就需要在人才编制上提前下功夫。

我有一个朋友,做的是小众行业的产品。在这个小众行业里,他的排名是第六七名。他想在新的一年进入行业前三,问我是不是扩大规模就能实现。我说:"你想进入前三,扩大规模的同时,最重要的是拥有行业前三的人才。比如可以从行业前三的企业里去寻找人才。"

六、晋升路径图设计

❶ 晋升路径图设计的八个步骤

晋升路径图设计的步骤共计八步,如图18-4所示。

Part ⑱ ‖企业晋升体系‖

```
第一步：根据公司战略目标、业务流程以及组织架构，罗列出各岗位 — 第六步：对员工进行技能培训，又叫晋升赋能 — 第七步：设计并确定晋升标准
                                                                                                │
第二步：根据岗位类型和部门职能设置晋升职系 — 第五步：根据公司业务流程，公司必备岗位但非常设岗位，可设立辅助职系 — 第八步：整个过程中进行绩效评估，建立能上能下的文化
                                                                                                │
第三步：细化晋升体系的岗位，并把握关键节点岗位 — 第四步：设计晋升路径时，在基层允许转岗
```

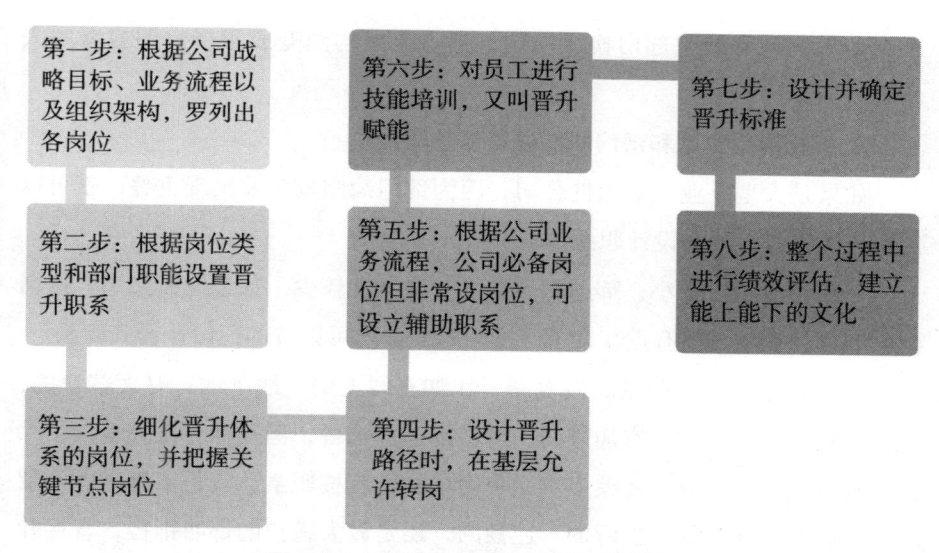

图 18-4　晋升路径图设计的八个步骤

A. 根据公司战略目标、业务流程以及组织架构，罗列出各岗位

这一步的关键词是组织架构和罗列出各岗位，也就是组织架构是基于战略和流程设计的。没有战略和流程，组织架构也设计不出来。组织架构不是人员架构图，更像是流程架构图，它是基于流程存在的。组织架构部门包括销售部、生产部，之后把这些部门转化为对应的岗位，如图18-5所示。

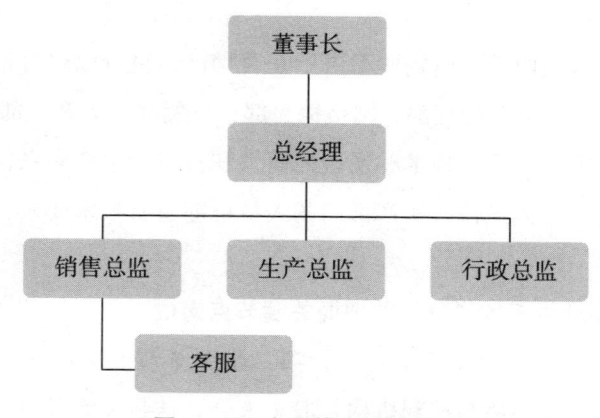

```
          董事长
            │
          总经理
            │
   ┌────────┼────────┐
销售总监   生产总监   行政总监
   │
  客服
```

图 18-5　企业的流程构架图

最上面是董事长，他下面是总经理，再下面是销售总监、生产总监、行

745

政总监等，这样就把部门换成岗位，把组织架构图变成了岗位图或者叫人才图。

B. 根据岗位类型和部门职能设置晋升职系

如果是大型企业、集团性公司，因为部门编制较多并出现重叠，就可以用岗位类型进行编制设计职系。

如果企业相对较小，部门相对独立，交叉性较少，甚至没有交叉，按岗位类型设计职系，就有点复杂了。这个时候，就可以按部门设计晋升职系。

有的企业销售部门就比较复杂，比如有线上的，线下的；有大客户的，有外贸的；有直营的，有加盟的。虽然都是做销售，但是种类比较复杂，并且出现一些重叠，部门还偏多。这个时候我们就按职系，就是不管是做外贸的、直销的、加盟的、直营的、连锁的，还是做大客户的都叫销售，直接并到一起。等到分配的时候，我们对职系进行以下分类。

第一类，专业技术职系。包含研发人员、生产技术人员、设计师、工程师、质检人员、财务人员等。

第二类，管理职系。公司任命的主管及主管以上的管理人员，都可以走管理体系。

第三类，行政职系。一般指一线人员，包含行政、后勤、保洁、保安、行政人事人员。

第四类，营销职系。营销职系可以是营销部，也可以包含销售部、客服部、直营管理部、加盟管理部、网络销售部、外贸部、大客户部等。

第五类，生产职系。技术职系偏向研发和技术，生产职系偏向生产，就是要求动手去做具体工作。生产部门的人员可能也有技术要求，但不是研发性技术要求。

C. 细化晋升体系的岗位，并把握关键节点岗位

第一个关键节点岗位是合伙人；第二个关键节点岗位是进入股东大会做股东。一家企业的最高权利机构是股东大会，这是关键节点，是最重要的通道。

D. 设计晋升路径时，在基层允许转岗

晋升路径中，层级越高，转岗的概率往往越小；反而在基层，转岗的概率会更大。如果某员工是做业务的，自己也信心满满，公司通过测评发现这个人可以做销售，他很认可公司文化，也非常努力，但是在岗位上业绩特别差。结合他的情况，我们就要思考，他能不能从销售转到行政，去到他更适合的岗位。

所以我们在招人用人的时候，要能够灵活运用转岗功能，才不会造成大量的人力资源浪费。

E. 根据公司业务流程，公司必备岗位但非常设岗位，可设立辅助职系

辅助职系通常是晋升的充分必要条件。也就是说，要晋升会拿这个作为尺子衡量一下。

以长松公司为例，我们有一个必备但又不能常设的岗位，就是"会务"岗位。因为我们做培训时每个月都有课，每个月都需要有会务人员。会务人员包含场内总指挥、场外总指挥、后勤总指挥、主持人等。一个会议要想顺利成功举办，这些岗位都要有。但又不能常设这个岗位，因为我们每个月就开两场课，不可能专门招几十个人，甚至上百人来支撑这个会务。我们的做法通常是从各个分子公司调人承担不同的会务角色。会务一结束，他们又都回到自己的岗位上，进行正常的工作。这样的职系叫辅助职系。

我们公司在员工晋升的时候，通常会从辅助职系里看指标，当然这只是其中一个指标。比如看他有没有参加过大课的会务，有没有做过会务的总指挥，有没有获得过会务的先进个人，获得过几次。比如我们公司经理要想成为总监，就要求他必须做过会务总指挥，而且至少要做过三次以上。

F. 对员工进行技能培训，又叫晋升赋能

业务员工作做得不错，如果让他做销售经理，就不一定能做好了。因为两个岗位要求的能力不一样。晋升培训，也叫晋升赋能。晋升不是一个孤立的动作，我们要综合评估，它包括有晋升路径图、薪酬、培训、人员规划，是一个整体的规划。

G. 设计并确定晋升标准

第一，不考虑亲戚等特殊关系因素，所有人均在公平的环境下晋升。我建议，企业如果确实有内部的亲戚关系，对这些人的要求应该比其他人更严，甚至机会更少。

第二，晋升标准、方法、数据都必须透明和公开。让每个人清楚自己做到什么程度能够晋升。

在晋升及干部任命上，要跟员工讲清楚，我们的情感是在数据和成长的基础之上牢固建立起来的，并把这个理念传递出去。

企业设计晋升，就是要与员工建立恩德关系，风雨同舟。恩德关系，就是因为公司的存在，给了员工机会，员工通过努力改变了自己的命运，同时回报企业。一些从外面引进的人才，往往讨价还价的时候比较多。他们有钱挣就好好干，没钱挣就选择离开，与企业没有建立恩德关系。而内部的员工，通过公司的内部培养成长起来的人才，往往会有更好的基础维系公司与个人的关系，相互之间信赖就会好很多，沟通成本也会低很多。而且内部晋升的员工，其文化也会比较纯正，与人的沟通障碍会很少。在公司遇到困难的时候，这些人也不会轻易选择离开。公司要跟员工建立这种关系。员工强大，公司会给予他回报。即便员工离开，这样的公司依然有着强大的竞争力。

同时，内部培养核心管理人才，可以让优秀者看到希望，让大家公平晋升。所有人在数据下都是透明的，大家在公平的环境下竞争与成长，可以让内部的人才优先成长。

H. 整个过程中进行绩效评估，建立能上能下的文化

企业要对员工说清楚，如果达不到标准和要求，就会降下来。下来也不要有情绪，后面还有机会再上去。公司要愿意让员工去试错，因为人只有在试错中，才能知道自己的不足，从而更加努力学习。

❷ 营销团队路径图示例

图18-6是一个整体的营销团队成长路径图，帮助大家进行理解和运用。

我们以营销团队为例,做一个全面的应用性分析。

图18-6是一个坐标图,中间这条斜线就是晋升路径:从职员,到主管,到经理,到总监,到副总,到总经理,到区域总经理。

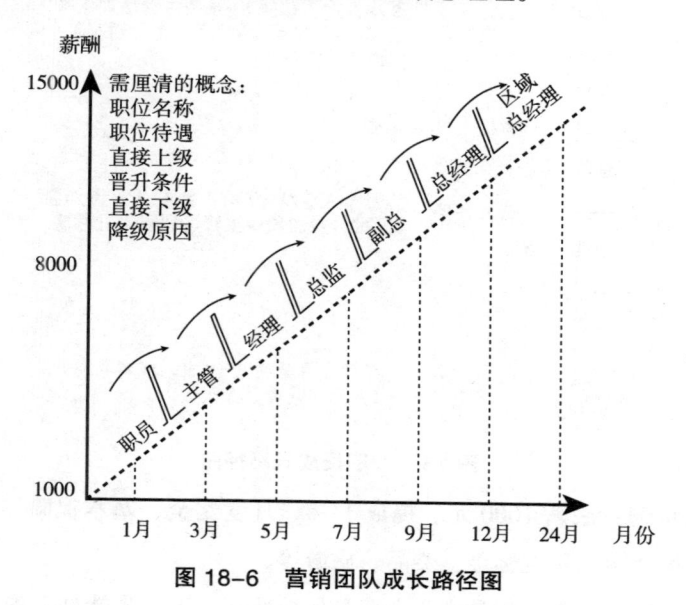

图18-6 营销团队成长路径图

纵轴是一个人在公司里大致的收入,就是在什么样的位置,就会有相对应的收入。横轴是日期。这个人加盟这家公司,有可能1个月就转正了。这个人只要工作努力,有可能3个月成为主管,5个月成为经理……整体上,这家企业的晋升还是比较快的。从中我们看到,这家企业是扩张型企业,需要大量的人才,所以企业给大家提供的机会相对比较多。比如在这家企业,12个月就有可能成为总经理。

我们还要厘清几个概念,如职位名称、职位待遇、直接上级、晋升条件、直接下级、降级原因。

(1)职员成长路径图

图18-7是职员成长路径图。

职位名称	职员
职位待遇	底薪1000元+提成11%+月度奖金（品）+基本保险（社保）+预备主管培训+季度奖金+年度奖金+奖品（宝马轿车）+旅游（国内外）
直接上级	主管
晋升条件	当月个人业绩8万元，增员1人，参加会务3次，参加预备主管培训并通过考核
直接下级	无
降级原因	连续两个月邀约低于5家，或者业绩低于1万元，或者会务次数为0

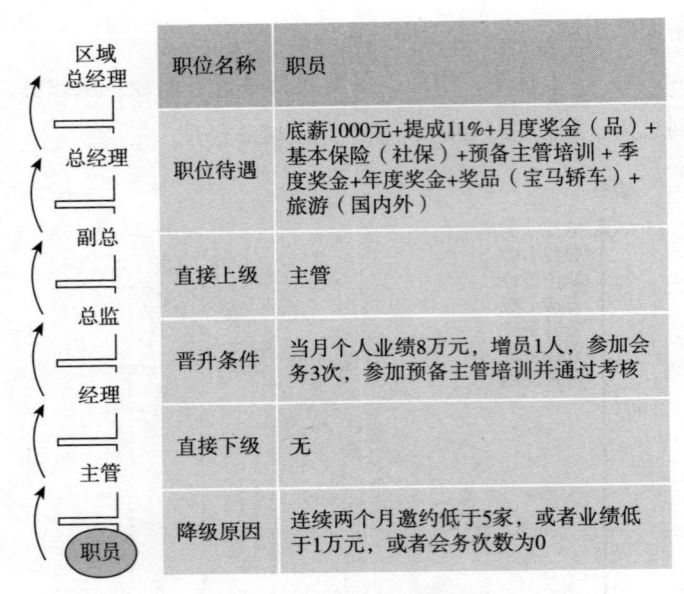

图18-7 职员成长路径图

职位待遇：底薪 1000 元、提成 11%、月度奖金、基本保险、预备主管培训、季度奖金、年度奖金、奖品、旅游等。

直接上级：主管。就是指一个职员如果晋升，下一步就是主管。

晋升条件：当月个人业绩完成 8 万元，增员 1 人，参加会务 3 次，参加预备主管培训并通过考核。

直接下级：无。直接下级从某种意义上来讲，就是如果做不好，就要接受降级。职员，没有下降的空间，再降可能就是离开公司，或者调岗、转岗。

降级原因：连续两个月邀约低于 5 家，或者是业绩低于 1 万元，或者会务次数为 0，不参加会务，可能就要降级了。

（2）主管成长路径图

图 18-8 是主管成长路径图。

Part 18 ‖ 企业晋升体系 ‖

职位名称	主管
职位待遇	底薪1400元+提成12%+团队管理奖1%+基本保险（社保）+月度奖金+预备经理培训+旅游（国内外）+季度奖金+年度奖金+奖品（宝马轿车）
直接上级	经理
晋升条件	当月个人业绩8万元，团队业绩（含个人业绩）15万元，参加会务3次，参加预备经理培训并通过考核
直接下级	职员
降级原因	当月个人客户邀约低于3家，或团队业绩低于5万元，或会务次数为0

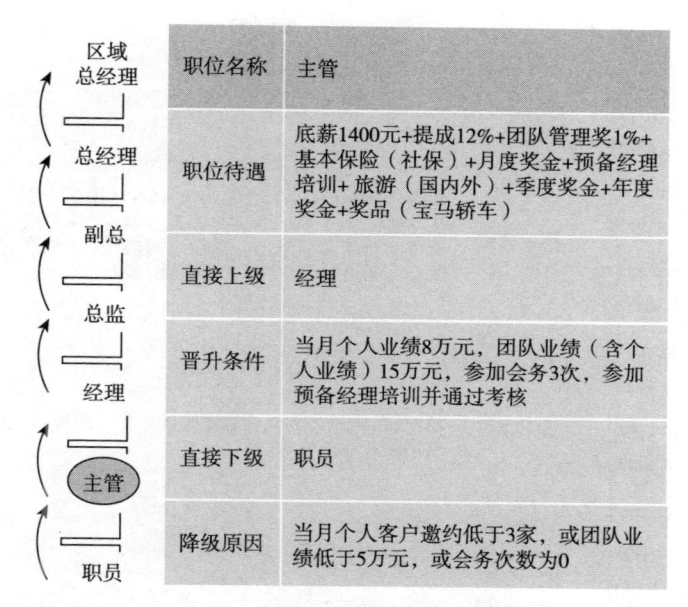

职员 → 主管 → 经理 → 总监 → 副总 → 总经理 → 区域总经理

图 18-8　主管成长路径图

职位待遇：底薪 1400 元、提成 12%、团队管理奖 1%、基本保险、月度奖金、预备经理培训、旅游、奖品、季度奖金、年度奖金等。

直接上级：经理。

晋升条件：当月个人业绩完成 8 万元，团队业绩（含个人业绩）15 万元，参加会务 3 次，参加预备经理培训并通过考核。

直接下级：职员。

降级原因：当月个人客户邀约低于 3 家，或团队业绩低于 5 万元，或会务次数为 0，即降级到职员。

（3）经理成长路径图

图 18-9 是经理成长路径图。

职位待遇：底薪 1800 元、提成 15%、团队管理奖 3%、基本保险、月度奖金、预备总监培训、旅游、季度奖金、年终奖金和奖品等。

直接上级：总监。

晋升条件：培养 3 名经理，员工满意度达到 80%，参加预备总监培训并

751

通过考核。

职位名称	经理
职位待遇	底薪1800元＋个人业绩提成15%＋团队管理奖3%（4%、9%）＋基本保险（社保）＋月度奖金＋预备总监培训＋旅游（国内外）＋季度奖金＋年度奖金＋奖品（宝马轿车）
直接上级	总监
晋升条件	培养3名经理，员工满意度80%，参加预备总监培训并通过考核
直接下级	主管
降级原因	团队业绩低于10万元

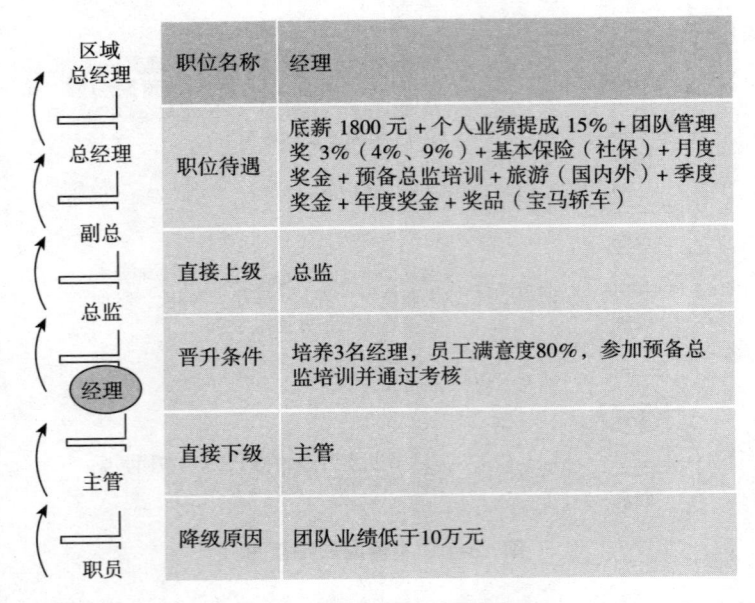

图18-9 经理成长路径图

直接下级：主管。

降级原因：团队业绩低于10万元，即降级到主管。

（4）总监成长路径图

图18-10是总监成长路径图。

职位待遇：底薪3000元、提成15%、团队管理奖0.4%、分红2%、基本保险、月度奖金、预备总经理培训、旅游、季度奖金、年度奖金、奖品、荣誉冠名等。

直接上级：副总。

晋升条件：培养3名经理，员工满意度80%以上，参加预备总经理的培训并通过考核。

直接下级：经理。

降级原因：3个月业绩累计低于270万元，或团队业绩低于100万元，或员工满意度低于70%，即降级到经理。

Part ⑱ ‖企业晋升体系‖

职位名称	总监
职位待遇	底薪 3000 元 + 个人业绩 15% + 团队管理奖 0.4%（统一运作）或 0.8%（分团队）+ 分红 2%+ 基本保险（社保）+ 月度奖金 + 预备总经理培训 + 旅游（国内外）+ 季度奖金 + 年度奖金 + 奖品（宝马轿车）+ 荣誉冠名
直接上级	副总
晋升条件	培养3名经理，员工满意度80%以上，参加预备总经理培训并通过考核
直接下级	经理
降级原因	3个月累计业绩低于270万元，或分团队运作所属团队业绩3个月低于100万元，或员工满意度低于70%

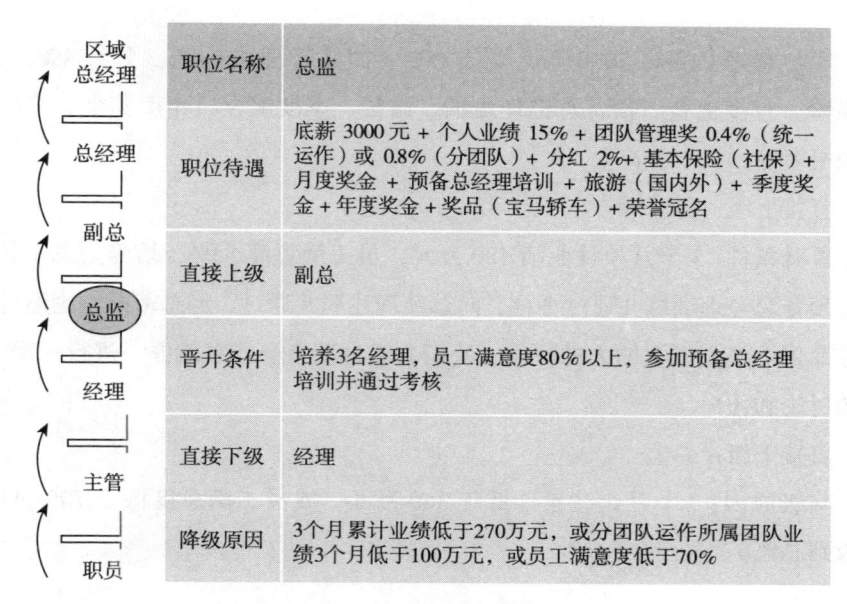

图 18-10　总监成长路径图

（5）副总成长路径图

图 18-11 是副总成长路径图。

职位名称	副总
职位待遇	底薪 5000 元 + 提成 15% + 团队管理奖 0.4% + 分红 4% + 基本保险（社保）+ 月度奖金（奖品）+ 预备总经理培训 + 旅游（国内外）+ 季度奖金 + 年度奖金 + 奖品（宝马轿车）+ 荣誉冠名
直接上级	总经理
晋升条件	3 个月累计业绩 480 万元，员工满意度 85%，培养副总 1 名，参加预备总经理培训并通过考核，向总经理述职并通过，经总裁办讨论通过
直接下级	总监
降级原因	3个月累计业绩低于360万元，或员工满意度低于70%

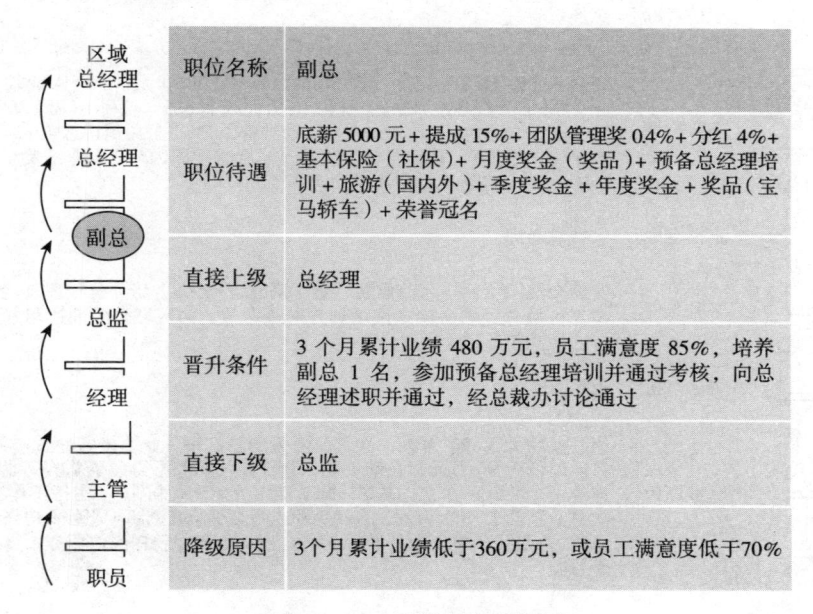

图 18-11　副总成长路径图

753

职位待遇：底薪 5000 元、提成 15%、团队管理奖 0.4%、分红 4%，基本保险、月度奖金、预备总经理培训、旅游、季度奖金、年度奖金、奖品、荣誉冠名等。

直接上级：总经理。

晋升条件：3 个月累计业绩 480 万元，员工满意度 85%，培养副总 1 名，参加预备总经理训练并通过考核，向总经理述职并通过，经总裁办讨论通过。在任命副总级别以上的人的时候，我们会通过董事会或总裁办，进行一次专门的讨论和任命。

直接下级：总监。

降级原因：3 个月业绩累计低于 360 万元，或员工满意度低于 70%，即降级到总监。

（6）总经理成长路径图

图 18-12 是总经理成长路径图。

职位名称	总经理
职位待遇	底薪 5000~10000 元（亏损 5000，盈利 10000 元）+ 个人业绩提成 15% + 分红 5%~12%（盈利 10 万元以下 5%，盈利 10 万 ~30 万元 10%，30 万元以上 12%）+ 活动经费 1.5%（公司销售总额）+ 基本保险（社保）+ 月度奖金（奖品）+ 旅游（国内外）+ 季度奖金 + 年度奖金 + 奖品（希望小学命名）
直接上级	区域总经理
晋升条件	业绩在集团年度排名前两名，员工满意度 85%，培养总经理 1 名，参加区域总经理多项多次培训并通过考核，向区域总经理述职并通过，经总裁办讨论通过
直接下级	副总
降级原因	当月业绩低于 90 万元，次月起降为副总；每月业绩排名最后一名，且业绩低于 90 万元，自动免职，新任岗位职务不得高于总监；业绩连续两个月最后 3 名，并累计低于 200 万元，降为副总（主持工作）；次月业绩低于 100 万元，自动免职或降为总监或调离（职务不得高于总监）；业绩连续 3 个月最后 3 名，自动免职，新任岗位职务不得高于总监

图 18-12 总经理成长路径图

职位待遇：底薪 5000~10000 元、个人提成 15%、分红 5%~12%、活动经费 1.5%、基本保险、月度奖金、旅游、季度奖金、年度奖金、奖品等。

直接上级：区域总经理。

晋升条件：业绩在集团年度排名前两名，员工满意度 85%，培养总经理 1 名，参加区域总经理多次培训并通过考核，向区域总经理述职并通过，经总裁办讨论通过。

直接下级：副总。

降级原因：当月业绩低于 90 万元，次月起降为副总；每月业绩排名最后一名，且业绩低于 90 万元，自动免职，新任岗位职务不得高于总监；业绩连续两个月最后 3 名，并累计业绩低于 200 万元，降为副总（主持工作）；次月业绩低于 100 万元，自动免职或降为总监或调离，新任岗位职务不得高于总监；业绩连续 3 个月最后 3 名，自动免职，新任岗位职务不得高于总监。

总经理的基本待遇底薪有一个区间。干得好的总经理底薪可能是 1 万元，一般的总经理的底薪可能是 5000 元，总经理的工资也就有区分了。如果亏损是 5000 元，公司出现盈利就是 1 万元。总经理是有活动经费的，活动经费是公司销售总额的 1.5%，这个 1.5% 是实报实销，只要不超过 1.5%，报多少给多少。但最多只报 1.5%，多余部分由个人承担。这个月 1.5% 没花完，不能累计到下个月。没有花完的钱算公司的利润。

（7）区域总经理成长路径图

图 18-13 是区域总经理成长路径图。

职位名称	区域总经理
职位待遇	底薪 1.5 万元＋区域分红 2%＋基本保险（社保）＋月度奖金（奖品）＋旅游（国内外）＋季度奖金＋年度奖金＋国外深造
直接上级	事业部总经理
晋升条件	业绩在集团年度排名前两名，满意度 85%，培养区域总经理 1 名，参加事业部总经理多次培训并通过考核，向事业部总经理述职并通过，经总裁办讨论通过
直接下级	总经理
降级原因	区域业绩连续两个月排名后两名，所属区域总经理满意度低于70%

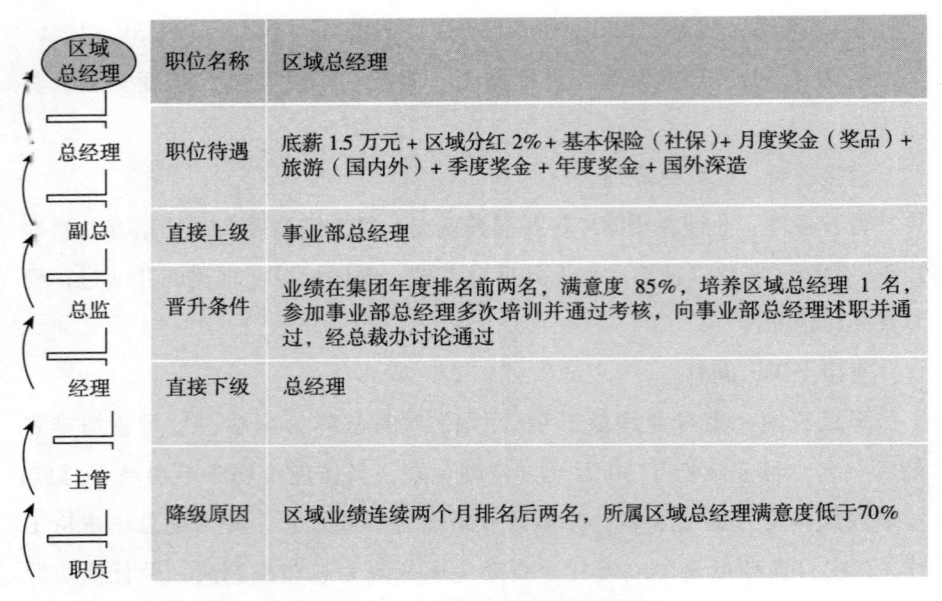

图 18-13　区域总经理成长路径图

职位待遇：底薪 1.5 万元、区域分红 2%、基本保险、月度奖金、旅游、季度奖金、年度奖金、国外深造等。

直接上级：事业部总经理。

晋升条件：业绩在集团年度排名前两名，区域总经理满意度 85%，培养区域总经理 1 名，参加事业部总经理多次培训并通过考核，向事业部总经理述职并通过，经总裁办讨论通过。

直接下级：总经理。

降级原因：区域业绩连续两个月最后两名，所属区域总经理满意度低于70%，即降级到总经理。

❸ 公司晋升路径图示例

图 18-14 是我们公司其中一年设计的路径图，包括管理职系、技术职系、团队职系、辅助职系。其中辅助职系，即助教晋升线，就是从助教到总指挥，

Part ⑱ ‖企业晋升体系‖

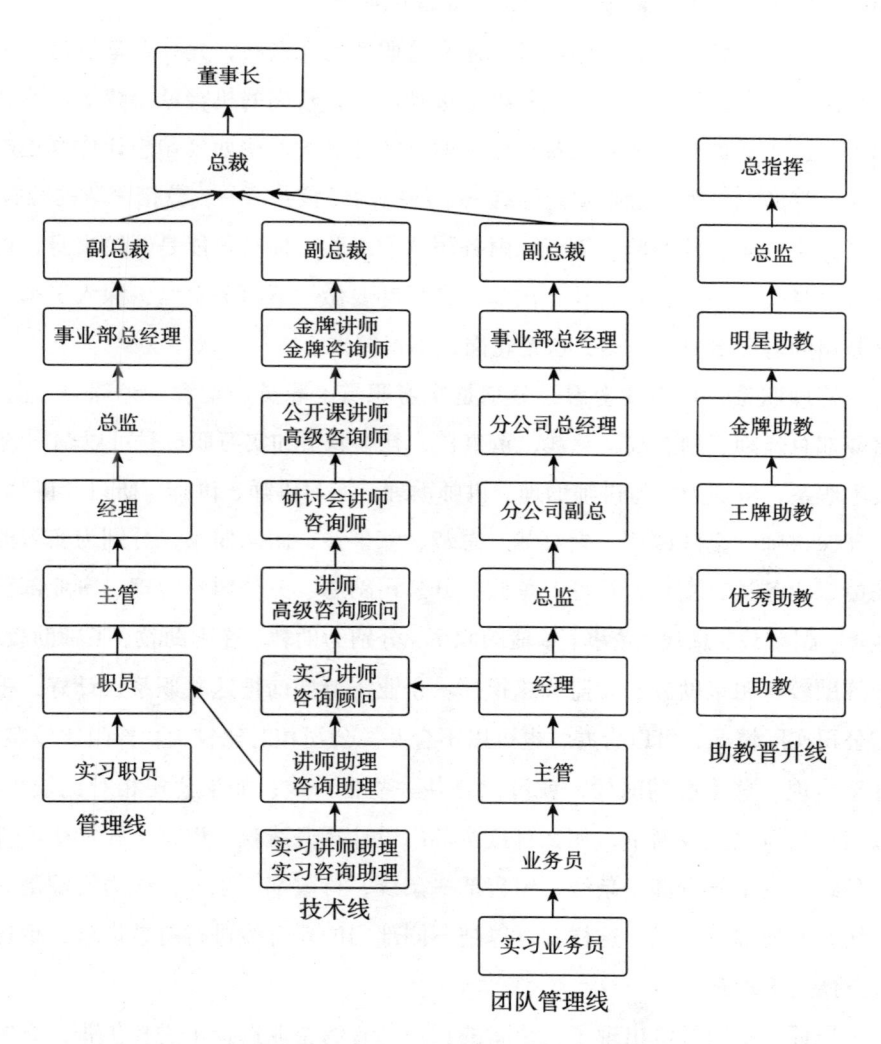

图 18-14 长松公司员工职业生涯规划图

是单独的一条晋升线。管理职系，即管理晋升线，就是公司管理人员的晋升路线。技术职系，即技术晋升线，就是公司技术人员的晋升路线。团队职系，即团队管理线，也就是分子公司的营销团队职系。

除了各自独立的晋升路线外，还有跨职系的几条线，允许在基层进行一些转岗，但一旦到中高层，尤其副总级别以上，转岗的机会就很少了。要么你不行，想让你走；要么准备重用你的可能性极大。比如公司想让你真正成为一个好的总经理，就必须让你有三个部门的经验：第一，营销团队的经验；第二，生产团队的经验；第三，财务团队的经验。你有可能是营销出身，也有可能是技术出身，不管什么出身，最后都要做一下财务总监，深入了解一下公司的财务情况。当然，这是轮岗，不是调岗。

管理职系，从下往上看，分别是实习职员、职员、主管、经理、总监、事业部总经理、副总裁、总裁、董事长，其中职员和实习职员是可以调岗的；技术职系，分别为实习讲师助理、讲师助理、实习讲师、讲师、研讨会讲师、公开课讲师、金牌讲师、副总裁、总裁、董事长；团队职系，分别为实习业务员、业务员、主管、经理、总监、分公司副总、分公司总经理、事业部总经理、副总裁、总裁、董事长；辅助职系，分别为助教、优秀助教、王牌助教、金牌助教、明星助教、总监和总指挥。企业需要提前把这些职系设计好，根据公司实际情况，可以合并，也可以不合并。公司相对比较大，部门比较多，甚至出现一些重叠的时候，就可以合并一些晋升线；如果公司相对比较小，部门规划得也比较简单，那么直接按部门设计晋升线就可以了。比如生产部一条线，技术研发部一条线，销售部一条线，行政部一条线，人力资源部一条线，财务部一条线。这样就可以把不同部门的晋升线进行有效区分，也比较方便员工理解。

最近，中国经济出现了一个新的拐点。有的企业选择了进攻扩张，有的企业选择了保守退缩。选择保守退缩的企业，人才的运用量和前几年比可能会减少。这也就意味着有一些人，虽然可能达到了更高的标准，但是没有晋升的机会，因为没有扩张计划，人才没有实现流动，晋升机会就会偏少一些。如何在这种情况下留住员工，给他们晋升的希望，是目前这些企业需要首先考虑的问题。

（1）营销职系

不同职位在设计晋升线的时候，升和降都有一些具体的条件限制。营销职系的具体标准如下：

第一，业绩指标一般是要求销售额的数据，当月达到多少，或者累计达到多少。也有些是要求完成公司的冲刺目标。

第二，学习指标是参加公司的成交流程学习并通过考核，或是参加公司的客户培训体系并通过考核。

第三，人才指标是指经理晋升总监的条件之一是需要培养1名经理；总监晋升副总的条件之一是需要培养1名总监。

第四，客户指标主要是指客户保有量、客户满意度、复购率、客户转介绍率等。比如客户保有量要达到1万个，客户满意度达到90%以上，客户复购消费达到30%以上，客户转介绍率达到20%以上。

第五，行为指标是以客户为中心，员工的行为不低于二级。低于二级证明行为不对，有待提升。

以上是升的标准。除了有升的标准，还要有降的标准，当然也有调岗、转岗的标准。降的标准如下：

第一，业绩指标低于保底指标，或者是业绩累计低于公司水平线，直接降级。

第二，团队建设和员工流失率不符合公司标准，比如公司营销团队的流失率要求不能超过20%。

第三，客户满意度较低，不符合公司标准，比如客户满意度不低于60%。

第四，行为指标出现问题，如果主动性低于一级，或触碰国家的法律，直接降级。

行为指标的一级叫等候指示，低于一级就是不挂级，就是员工不但公司安排的工作他不干，而且还对着干。

（2）职能职系

以行政岗位为例，升的标准如下：

第一，工作分析表中，关键事项达标率超过 90%。

第二，关键工作环节实现关键成果，并通过考核。

第三，参加相关学习并通过考核。比如公共关系、档案管理、客勤关系等培训学习。

第四，人才培养达标，员工胜任力比例超过 90%，或成功培养 1 名主管。

第五，有培训讲授能力，能独立开展公司的内部培训，或者根据公司的需求设计新员工培训，或者组织新员工培训次数不低于 3 次。

下面是降的标准：

第一，管理满意度低于 60%。

第二，未达成工作分析表中的关键事项。

第三，触碰公司红线或触犯行为纪律。

第四，带领团队中的员工流失率超过 20%。

（3）客服体系

客服体系主要关联的是企业的客服部，其晋升的标准包含以下几个方面：

第一，业绩指标。孤儿客户销售额达到公司要求。（孤儿客户，指的是业务员离职后，该业务员的客户就定义为孤儿客户。孤儿客户通常不归销售部管，而是直接转到客服部，所以客服部也有一定的销售功能。）孤儿客户转介绍率达到 20%，存活率达到 80%。

第二，学习指标。完成公司制定的有关客户处理的学习、培训，并通过考核。

第三，关键能力指标达标。这里以工作分析表中的要求为准。如客户风险管控管理、客户投诉解决率为 100%。

第四，人才培养。内部增员 1 人。（这里可能不用培养干部，也不要求能力提升,只要求增员1人。)

第五,行为指标。以客户为中心,行为不低于二级。

下面是降的标准:

第一,差错。关键事项差错超过两次,客户投诉超过两次,客户备案次数差错超过两次。

第二,学习指标。未参加公司学习,或参加公司学习未通过考核。

第三,团队建设。团队人数流失率超过20%,客户满意度低于60%。

第四,行为指标。主动性低于二级。

(4) 生产体系

生产体系升的标准如下:

第一,岗位专业技能。包含国家认证、企业认证、岗位技能通关培训。

现在,企业在员工技能培训方面出现了两种不同的现象。一种是宁愿在员工上岗之前付出更多的努力和代价,培养员工在岗位上的胜任力。不合适的淘汰,合适的上岗,前期工作做得比较扎实。还有一种是企业因为缺人,只要有人愿意来,就可以马上入职,到岗位上慢慢地去培养。但这样做员工的流失率往往更高。而且没有通过训练,没有达到相应技能的员工,其培训成本是最高的。

第二,生产产品指标。交付计划实现度100%,残次品率低于1%,紧急订单处理响应100%。交期未出现逾期,即按照交期正常完成。当然这也要结合公司过去的数据制定,不要照抄其他公司的模板。

第三,人才指标。增员1人,培养干部1名,岗位胜任力比例超过90%。

第四,安全指标。重大事故发生次数为0,或按照公司操作手册执行率100%。

下面我们再看一下降的标准:

第一,批次成本超过平均成本3%。

第二,团队人员流失率超过30%。

第三，管理满意度低于 60%。

第四，生产目标未达成。

第五，因操作失误经济损失达到 5000 元以上。

（5）技术职系

技术职系升的标准包括以下几个方面：

第一，具备环节工作的操作能力，可以在配合下完成项目。在研发一项产品的时候，技术环节非常多。主要看员工在某个步骤中有没有操作能力，能不能在其他环节共同配合下，完成项目的总任务。

第二，基础知识学习通过考核，差错率为 0。

第三，人才指标。例如工程师晋升高级工程师的指标是需要培养两名助理工程师。

第四，团队管理满意度达到 80% 以上。

第五，产品研发产生的业绩不低于总业绩的 20%，或产品研发发生的费销比不高于公司规定的标准。

现在很多企业感觉考察技术人员很困难，因为研发产品周期比较长，并且存在着一定的失败概率。有的企业甚至申请了很多专利，但是发现这些专利未必能产生业绩。我们如何把一个技术型人才，转化为一个具有经营思维的人才呢？主要考虑的就是转换他的思维，以结果为导向，研发的产品都要到市场上去验证一下结果。

下面我们看一看降的标准：

第一，岗位核心胜任工作的能力低于 75%。

第二，项目交付不及时在两次以上，或环节交付不及时两次以上，或出现差错两次以上。

第三，团队的管理满意度低于 60%。

第四，行为触碰公司电网或国家法律。

第五，出现重大事故。

以上是企业常见的岗位晋升和降级的标准，包括我们在设计标准时的一些思路、维度和指标。当然，企业要根据自己的实际情况，做一些数据的转化，运用起来才会更好。

对于中小型民营企业，建议将设计好的晋升路径图，挂到公司墙上，不管是老员工，还是新员工，每个人进到公司都能看到这张图，知道自己目前在公司的位置，以及未来的机会在哪里。当然，企业组织架构发生变革的时候，晋升线也有可能会随着改变，它是动态的，要根据企业情况随时调整。

七、晋升标准

现在有很多企业，特别是成长型民营企业，在提拔干部的时候只凭感觉，指标相对单一，甚至有时候完全没有固定的标准。

比如晋升业务员，就看他的业绩数据，至于能力有没有达到，胜任力有没有达到，都没有考虑。有的行政职能人员，他平常做事不错，加上公司正好缺人，就把他提上来。这样就形成了感性偏多、理性偏少的提拔机制。其实评价人也好，提拔干部也好，给人设计晋升也好，一定要看数据，因为数据不会骗人。

不管是企业内部员工晋升，还是引进猎头人才，甚至储备干部，一定要考虑到员工在公司的工作效率最高的年龄段。比如一个员工从22岁毕业开始工作，25岁工作初步稳定，30岁时开始发挥最大能效，到45岁时精力开始下降。据此分析，员工最有效的工作年限大约为14年。所以，企业招聘人员和设置晋升规划时要考虑年龄因素，这样才会更清晰地知道该用什么样的人，用什么样的标准，通过培养员工最终会成长到什么样的状态。

不妨推测一下，假设一个人要成为公司的中流砥柱、核心骨干的年龄是多少岁。比如营销团队里，一个人要做到营销总经理，或者做到CEO，那么通常的发展是，22岁来到公司做业务员，做3~4年后，也就是26岁要晋升到主管；从主管到经理可能需要两年，到28岁；经理到总监可能还需要两年，到30岁；从总监到营销总经理，也得需要2~3年的时间，也就是32岁或33岁。也就是说，如果他在35岁之前能达到总经理的级别，那么这个人成为营销总经理或CEO的机会就会很大。这也就意味着，我们招人的时候就有了一个基本的年龄设限。如果一个人来公司做业务员，年龄是30岁，那么通过几年的成长，等他成为营销总经理的时候，年龄有可能会超过40岁，40岁以后可能体力跟不上，身体素质也跟不上。所以企业要根据不同岗位类型，员工大概每年能够晋升到哪个级别，进行一个基本的预判。

对于年龄设限的问题，身体素质是一方面的考虑，还有另一个方面的考虑，就是知识体系的老化。因为知识体系也存在着迭代，大致5年就要迭代一次。很多传统企业招业务员很困难，特别是最近几年更不好招了，一方面是因为互联网已经代替了很多业务员工作，另一方面是很多"90后""00后"已不愿意做面对面的线下销售工作。但我认为最主要的原因是，这些传统企业的老板与刚毕业的年轻人，出现了知识的代差。年轻人在上学的时候有了手机、平板电脑，所以他们偏向于线上的交流，让他们去做面对面销售，因为没有接触过这样的知识体系，自然就会不适应，做出的业绩肯定也不尽如人意。

❶ 设计晋升标准的前提条件

设计员工晋升标准，会有几个前提条件作为限制，具体是：

第一，通常不越级晋升。

比如公司准备晋升一个总经理，肯定不能是一个前台或刚毕业的大学生，因为他的知识不对等，经验也不够，如果把他晋升上去，就属于越级晋升了。

第二，采用申请制。

在设计晋升标准的时候，我们要有一个申请制。如果没有申请制，我们只是感觉某个人的指标达到了晋升标准就自动让他晋升，就会完全忽略这个人自己的意愿。因为有时候他未必愿意晋升，他可能会考虑到家庭等方方面面的因素。申请是用来考察一个人的意愿程度的。如果他没有晋升意愿，把他硬提上来，他会感觉心里不舒服，工作效率反而会降低。

当然也不能随便申请，只有指标达到标准才可以申请。就像考大学时会有分数线。达到分数线后，才有资格去申请大学。

第三，要数据化。

我们提拔干部，不能凭感觉，而是要有数据。要做数据化管理，一个核心内容就是用数据去评价，不能一厢情愿。在个别企业领导和员工之间存在着一些情感上的连接，领导因为非常喜欢某个员工，可能就会重用他；如果不喜欢某个员工，可能就一直不会重用，这样对企业发展来说肯定是不好的。

第四，要公开化。

我们提拔干部时不能搞突然袭击。一定要公开化，不要搞成一言堂，让每个人对结果都可以心服口服。

❷ 晋升指标的四个维度

晋升指标主要有四个维度，分别是业绩指标、人才指标、学习成长指标和行为指标。见图 18-15。

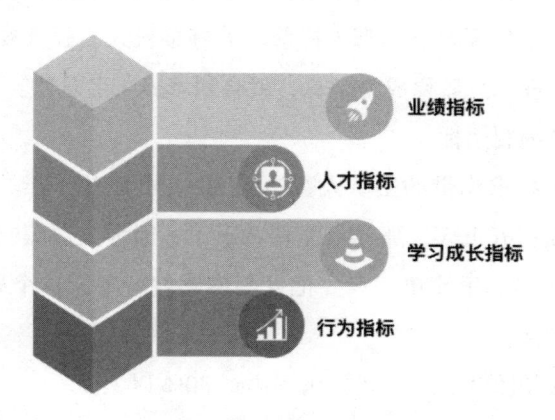

图 18-15 晋升指标的四个维度

（1）业绩指标

业绩指标包括三个方面：

第一，业绩类指标，指达到公司规定的业绩目标，通常会设定为保底、平衡和冲刺三级目标。晋升则需要达到冲刺目标，低于保底可能就要降级了。

第二，非业绩指标，有些岗位不直接创造业绩，对应工作分析表内容删掉超过90%。比如客服、生产、研发，都属于非业绩岗位。

第三，通用指标，用绩效考核结果衡量，如连续三个月达到85分以上。当然这个指标可以根据企业实际情况调整，也可以调整六个月或一年。

在进行员工提拔的时候，通常是选择其中一个，如果三个都用，员工会感觉指标有点多，不知道哪个算重点指标。

（2）人才指标

人才指标具体包含以下几个方面：

第一，培养接班人。

如果一个人要晋升，但由于没有人接他的班，而导致这个岗位出现空缺，那他就暂时不能晋升，所以他需要培养一个接班人。比如在我们公司就有一个要求，所有干部想要晋升，都要提前培养好接班人。经理要成为总监，就必须培养1名经理；总监要成为副总，就必须培养1名总监。

第二，人员编制达标。

比如，公司要求你带的团队人数达到50人才可以晋升。如果你一直就只带两三个人或三五个人，那你可能晋升不了，因为人员编制没有达标。有人认为人员编制达标很简单，只要把人头凑够就行了，这个思路肯定不对，还要求有其他指标。

第三，所带领团队员工胜任力比例达到80%以上。

把人招过来后得能干活，并且干活的人胜任力不能低于80%，当然高于90%更好，这要看企业用人的具体标准。

(3) 学习成长指标

一个业务员做业务没问题，业绩非常好，成交客户非常好，服务客户也非常好。如果让他做销售经理，不但要做业绩，还要带团队、管团队，包括招聘、培训、激励员工、情绪疏导等一系列事情，他不一定能胜任，那就要接受学习。学习成长指标的具体内容有：

第一，参加相关培训并通关。

公司组织的一些培训，比如销售成交、客服的服务标准、前台的接物标准、财务的账务标准等，这些都属于相关培训。

第二，获得国家或企业认证，并获得证书。

比如财务人员，要有会计证。当然还有一些是企业单独认证的，虽然说国家现在有很多证已经放开了，但是还是有一定作用的。证明一个人系统地去学习了一些东西。有很多企业对技术人员做认证，认证的级别不一样，收入也可能不一样。

(4) 行为指标

具体的行为指标，包含以下几个方面：

第一，企业评先进次数。

现在有很多企业设置了各种各样的先进奖。比如年底的先进、日常的先进等。获得的先进次数越多，晋升可能越会优先考虑他。

第二，行为不触碰公司的红线。

比如吃回扣就是 A 公司的红线，搞小团队可能就是 B 公司的红线。公司要根据实际情况列出红线的行为有哪些，员工触碰红线肯定不行。

第三，不触碰国家法律。

不触碰国家法律是底线，比较好理解，这里就不展开说明了。

需要企业注意的是，不是满足一个维度就可以晋升，而是这四个维度都满足才可以晋升，要看累加的结果。在实际运用的过程中，有可能这只是一种理想化的状态。特殊情况下，企业也可以考虑适当减少指标或降低指标标准。比如业绩指标、人才指标、学习指标、行为指标里可以各自选择其中一个指标，当然也可以选择其中的两个或三个指标。比如人才指标里我们既要考虑接班人，也要考虑胜任力比例。当然也会出现比如公司刚成立，按照这个标准去评价人才，压根找不到人的情况。所以在特殊情况下我们可以特殊处理，只要每个维度中一个或者两个指标达到就可以直接提拔。

有的老板觉得应该宁缺毋滥，不合格就不提拔。很多时候，我们总想找现成的人才，但是这种人往往很难找到。我们需要破格去用一些人，当然这是特殊情况下，人为降低一些标准。他承担不了100%，能承担50%~60%也行。这种情况在初创型企业中尤为明显。

❸ 降级指标的四个维度

晋升包含升和降，降级指标主要也是这四个维度，与晋升维度一致，但标准不同。

第一，业绩指标，业绩低于保底目标，工作分析内容胜任未达到60%，绩效考核低于60分。

第二，人才指标，没有培养接班人，人员编制未达标并低于60%，所带领团队员工胜任力比例低于60%。

第三，学习成长指标，未参加培训，没有掌握关键能力，没有获得相应的资格认证。

第四，行为指标，受到公司处分，行为触碰红线或国家法律。

升和降还是有区分的，升是几个都满足才可以升，降是只要有一个条件满足不了马上就降。企业中会出现一种特殊情况，比如总经理岗位就一个。通过这样一个升降的标准，发现总经理保级不成功需要降，但没有人适合做总经理，这个时候，我们可以把总经理降到副总，他是副总的职位，拿副总的基本工资，但是干的还是总经理的活。这就是责任、权力和利益的对等。承担不了那么大的责任，先主持这个工作，达到一定阶段以后，可以再升上去。

在公司里，有一个岗位比较特殊，即总经理助理。如果这个岗位晋升，去做总经理有点勉强。现在有很多企业，总经理助理这个岗位就是为了培养特定员工做总经理的。这个思路是有问题的。

其实，总经理助理如果从路径图的职系上来讲属于行政职系。他在行政这条线，不在管理这条线。我们清楚这个人是重点培养的对象，但他从哪儿来的要清楚，是从营销来的，还是从生产来的？如果他既不是从营销部来的，也不是从产品部来的，那总经理助理在公司里工作起来挑战还是很大的。企业靠两条腿走路，一条腿是营销，一条腿是产品，两者都不懂，肯定要摔跤。所以，总经理助理要想晋升，一定要在营销、产品上下功夫。

八、晋升标准示例

出纳如果晋升，很多人认为是会计。但会计和出纳两个岗位是平级关系，不是上下晋升关系。出纳如果要晋升，应该是会计主管，而不是会计。下面以财务团队为例，通过晋升标准表的设计来说明晋升路径，如表18-1所示。

表18-1 财务团队晋升标准表

职位	业绩	技能	培养干部	关键指标	保级指标
出纳或会计	完成工作要求，达到报税、现金管理、报表无差错，业绩考核在优秀以上	1）了解《劳动法》《公司法》，掌握公司注册、报税、凭证、财务账务知识并应用	——	岗位的核心胜任力（以工作分析表为准）	目标完成度为80%以上，遵守纪律，差错率每月两次以内，服务满意度在中度以上

（续表）

职位	业绩	技能	培养干部	关键指标	保级指标
会计主管	1）达到管理员工满意度合格 2）固定资产管理合理，并能做到报税、报表分析、成本分析、财务综合管理	1）一定的财务分析能力 2）精确了解国家相关企业法律，具有应用财务知识的能力 3）能拿出某一项工作方案并有效果	培养财务办事员2名，培养管理人员4名	岗位的核心胜任力（工作分析表为准）	目标完成度为80%以上，遵守纪律，差错率每月两次以内，服务满意度在中度以上
财务代经理	1）达到管理员工满意度合格 2）财务管理优秀 3）预算工作优秀 4）具有财务分析工作经验，受到其他部门认同	1）精确了解国家相关企业法律，具有应用财务的能力 2）能拿出某一项工作方案并有效果	培养主管2名	财务流程规范无漏洞	目标完成度为80%以上，遵守纪律，差错率每月1次以内，服务满意度在中度以上
财务经理	基本制定公司财务考核制度与财务管理制度规则，并能应用于企业	1）精确了解国家相关企业法律，具有应用财务知识的能力 2）具有报告与方案制订能力 3）具有制度的规划能力	培养主管2名	财务流程规范无漏洞 团队满意度80%以上 电网次数为0	财务运作良好，无财务现金差错，预算成熟，公司对财务部工作满意
财务高级经理	基本制定公司制度，设计税务、财务管理、预算及财务分析规则，并能应用于企业	1）具有财务培训讲师能力 2）精确了解国家相关企业法律，具有应用财务知识的能力 3）具有报告与方案制订能力 4）具有制度的规划能力	培养主管2名	预算体系完善，成本控制达标，团队满意度80%以上，电网次数为0	财务运作良好，无财务现金差错，预算成熟，公司对财务部工作满意
财务总监	政府关系良好，融资合格，能合理制订财务制度并实施	1）具有财务理论系统及制度建设的能力 2）具有战略财务思想能力 3）具有独立管理集团公司财务的能力	培养经理1名，培养管理人员7名	管理满意度80%以上 财务系统建设完善并落地执行	财务运作良好，无财务现金差错，预算成熟，公司对财务部工作满意

在财务团队中,最低级别的是出纳、会计,往上晋升是会计主管,再往上晋升依次是财务代经理、财务经理、财务高级经理、财务总监。这是财务岗位晋升的路径图。

❶ 出纳或会计

出纳或会计的业绩要求是,完成工作要求,达到报税、现金管理、报表无差错,业绩考核在优秀以上。优秀以上即分数基本在 80 分以上。考核一章提到过考核的基本要求指标的制作,以及评分的一些标准。其中,80% 的人得分在 80 分左右相对比较合理,所以优秀至少得定到 80 分。

技能指标要求,了解《劳动法》《公司法》,掌握公司注册、报税、凭证、财务账务知识并应用。没有培养人才的指标要求。

关键指标要求岗位的核心胜任力,以工作分析表为准。

保级指标是目标完成度为 80% 以上,遵守纪律,差错率每月两次以内,服务满意度在中度以上。服务满意度,也可以理解为员工的投诉率。作为出纳或会计,报表的数据出来后可能会有员工投诉。

❷ 会计主管

会计主管第一个业绩要求是达到管理员工满意度合格。其次是固定资产管理合理,并能做到报税、报表分析、成本分析、财务综合管理。

技能要求有一定的财务分析能力;精确了解国家的相关企业法律,具有相应的财务知识管理能力;能拿出某一项工作的方案并有效果。

培养干部指标要求培养财务办事员 2 名,培养管理人员 4 名。

关键指标是岗位的核心胜任力,以工作分析表内容为准。

保级指标是目标完成度为 80% 以上,遵守纪律,差错率每月两次以内,服务满意度在中度以上。

❸ 财务代经理

财务代经理的业绩指标是达到管理人员的满意度合格；财务管理优秀；预算工作优秀；具有财务分析工作经验，受到其他部门的认同。

技能指标是精确了解国家相关企业法律，具有应用财务的能力；能拿出某一项工作方案并有效果。

培养干部指标是要培养主管2名。

关键指标是财务流程规范无漏洞。

保级指标是目标完成度为80%以上，遵守纪律，差错率每月1次以内，服务满意度在中度以上。

❹ 财务经理

要达到财务经理级别，业绩指标有基本制定公司的财务考核制度与财务管理制度的规则，并能合理合适应用于企业。

技能指标有精确了解国家相关企业法律，具有应用财务知识的能力；具有报告与方案制订的能力；具有制度的规划能力。

培养干部指标是能够培养主管2名。

关键指标是财务流程规范无漏洞，团队满意度达到80%以上，电网次数为0。不触碰公司的红线，不触碰法律。

保级指标是财务运作良好，无财务现金差错，预算成熟，公司对财务部工作满意。

❺ 财务高级经理

财务高级经理的业绩指标是基本制定公司制度，设计税务、财务管理、预算及财务分析规划，并能合理合适应用于企业。

技能指标是具有财务培训讲师的能力；精确了解国家相关企业法律，

具有应用财务知识的能力；具有报告与方案制订的能力；具有制度的规划能力。

培养干部指标是培养 2 名主管。

关键指标是预算体系完善，成本控制达标；团队满意度 80% 以上；电网次数为 0。

保级指标是财务运作良好，无财务现金差错，预算成熟，公司对财务部工作满意。

❻ 财务总监

CFO，有的企业也称为财务总监，业绩指标是政府关系良好，融资合格，能合理制订财务制度并实施。

技能指标是具有财务理论系统及制度建设的能力，具有战略财务思想能力，具有独立管理集团公司的财务能力。

培养干部指标是要求培养经理 1 名，培养管理人员 7 名。

关键指标是管理满意度在 80% 以上，财务系统建设完善并落地执行。

保级指标是财务运作良好，无财务现金差错，预算成熟，公司对财务部工作满意。

这些地方一旦出问题，比如财务运作不良好，财务现金出现差错，预算出现问题，公司对财务部的满意度低于 70%，那可能就会出现降级。

一般情况下，副总经理、总经理级别再往上晋升的时候，除了有指标要求以外，还要通过董事会决议。董事会决议如果没有通过，就算所有指标都达到了，可能也上不去。

有一个员工符合晋升的路线图，晋升的标准也达到了，是不是就一定会晋升？答案是不一定。关键还要看上面有没有空位子。如果没有空位子，只能叫储备干部。也就是说，一旦有了位子，这个员工就会是第一选择。

公司在大面积招人的时候，建议把晋升标准做成工具表格，方便给员工讲解。特别是要给新员工讲清楚，让每个人知道自己升和降的标准，让每个人知道自己如何通过努力，多长时间能达到自己想要的结果。我们用数据化去管理企业，根据企业具体的情况做出晋升标准表达这个工具并进行运用，可以帮助企业得到好的结果。